四更说收藏系列丛书

四更一剑◎著

瓷片古玩鉴赏录

九州出版社
JIUZHOUPRESS

图书在版编目（CIP）数据

瓷片古玩鉴赏录 / 四更一剑著. —北京：九州出版社，2022.1

ISBN 978-7-5225-0608-1

Ⅰ.①瓷… Ⅱ.①四… Ⅲ.①瓷器(考古)—鉴赏—中国 Ⅳ.①K876.3

中国版本图书馆CIP数据核字（2021）第217712号

瓷片古玩鉴赏录

作　　者　四更一剑　著

责任编辑　周红斌

封面设计　中尚图

出版发行　九州出版社

地　　址　北京市西城区阜外大街甲35号（100037）

发行电话　（010）68992190/3/5/6

网　　址　www.jiuzhoupress.com

印　　刷　炫彩（天津）印刷有限责任公司

开　　本　889毫米×1194毫米　16开

印　　张　52

字　　数　954千字

版　　次　2022年1月第1版

印　　次　2022年1月第1次印刷

书　　号　ISBN 978-7-5225-0608-1

定　　价　398.00元

序言

　　高君殿东先生（笔名"四更一剑"）是我们北京收藏家协会的老会员，协会经常组织收藏鉴赏方面的交流和学习活动，我作为协会常务理事、瓷器专业委员会主任，会上会下常和他见面，也时常互相交流一些收藏经验和学习体会，交流之中能感觉到他对收藏事业的挚爱，也常能听到他对古物藏品鉴赏方面的独到见解。一次活动期间，他拿出一本自己撰写的有关收藏鉴赏方面的书稿，厚厚的一本，让我观看。浏览之余，他希望我能为之作序。看着沉甸甸的书稿，我能体会到他为之付出的心血和这本书在他心目中的分量，觉得实应尽我所能做点儿什么，于是慨然应允。

　　文物，特别是古瓷，凝聚了中国古代劳动人民发明创造和聪明智慧的精华，承载着中华民族悠久的历史和灿烂的文化，是人类文明发展史的亲历者和最真实的物证。人们对文物的了解通常有文献与实物两种途径，文献方面古往今来多少前辈和学者们都尽自己的所学在所认知的范围撰写了大量的文献，为后人了解历史上不同时期人们的生产生活状况和文明发展脚步等方方面面都提供了珍贵的史料。作为后来人，我们应该向这些前辈和学者致以崇高的敬意！社会发展的脚步永不停息，各行各业都在与时俱进，收藏领域也在潜移默化中逐渐改变着自己特有的方式。收藏、欣赏和把玩古物在过去曾经是帝王或达官贵人的特权，社会发展到今天，国家进入强盛时期，盛世兴收藏，寻常百姓也能有机会参与其中并能近距离地接触到文物，鉴赏和研究文物，感受传统文化的魅力和收藏带来的快乐，这不能不说是时代与社会的一种进步的表现，也从侧面映衬出国富民强、百姓安居乐业的盛世局面和人们对传统经典文化的自信。由于文献资料受作者所处的社会环境、知识的局限性、视野的范围大小以及认识主观性等多方面因素的影响，因而在对客观事物的描述中难免有时会出现偏差，于是代表文物本身的具体实物就成了人们研究和揭示其蕴藏的历史信息和事实真相的最真实、最直接的证据，博物馆也就理所当然地成为如今人们经常光顾的地方，个人收藏也随之成为一种潮流和时尚。现在的文物、古玩等收藏市场上，伪品、仿品随处可见，虽然其中不乏一些人由于嗜古、尚古的摹古之作，但大多数还是某些人受利益驱动所制作的伪品或赝品，因而鱼目混珠、真伪难辨的情况也就在所难免。这就需要我们擦亮眼睛去仔细辨别，并通过不断学习和实践来充实自己，提高鉴赏水平，一些理论与实物相结合的书籍自然而然地成为百姓收藏的良师益友。高君的这本《瓷片古玩鉴赏录》做到了理论和实物相互印证，对收藏和鉴赏知识方面做了很好的诠释。

翻阅了高君的这本厚厚的草稿，感触颇深。为了撰写这本以古陶瓷为主又兼顾其他收藏门类知识的综合性著作，他尽自己之所能，二十年如一日，不知疲倦地在收藏的道路上耕耘着，从民间收藏的角度和视野做了一些有益的探索和研究工作。特别是书中大量标本实物均为他的藏品，今毫不保留地公之于世，为世人所借鉴，其精神难能可贵。为了使描述更加生动翔实、引人入胜，他独自驱车行程两万余里，遍访各大名窑窑址及沿途各大博物馆，亲身触及历史脉搏，汲取营养，并形成窑址访古记附于书中，使得本书内容更加丰富。访古旅行中自然会经历很多辛苦，但他却总能以收获知识为快乐，执着向前，这是怎样一种精神动力所在！没有对收藏事业的热爱和对知识的求索精神是无法做到的。遍览本书稿，洋洋洒洒几十万言，可谓图文并茂，内容丰富，叙述详简得当，此书实为喜爱收藏的朋友们不错的选择。

中国是瓷器的发源地，有瓷国之称，是世界瓷文化的摇篮和故乡。作为中国人，了解和掌握包括古陶瓷在内的文物所蕴含的历史文明和时代信息并世代相传是我们的责任。高君在这方面做了很好的尝试和行动，相信此书必将为传统文化再添一束星光、一叶新绿，为祖国文化和文明的传承增光添彩！

是为序。

北京收藏家协会常务理事、瓷器专业委员会主任

小聚的地方创始人

己亥年 清荷月 于北京小聚的地方

中国是一个有着悠久历史和灿烂文化的文明古国，中华文明源远流长，史籍文献浩如烟海，我们的先人创造了辉煌灿烂的人类文明史，在世界文明史中占有十分重要的地位。岁月的长河虽然逐渐淹没了曾经的历史和逝去的光阴，但文明的信息、密码却依靠它固有的载体为后人所发现、解密并千载传承。今天，我们沿着史料的记载和实物的遗存去探索和追寻历史痕迹的同时，也会拉近我们与古人的距离，走进他们生活的时代，并揭开那不尽的奥秘和历史疑团。那么文明的载体是什么？那就是祖先和前辈们用智慧通过劳动和发明创造、创作等形成的历史遗存，诸如古陶瓷、书画、玉器、铜器、钱币、漆器、木器、历史文献等，都属于这一范畴，它们是文明信息和文化内涵的实实在在的载体，其中所包含的历史、科学、文化和艺术信息是无比珍贵的。这些遗存的内容包罗万象，包括建筑、材料、器物、书法、绘画、典籍、工艺、文学、艺术等在内的方方面面，其中很多实物遗存成了今人所说的古董或古玩。

俗话说："盛世藏古董。"如今喜逢盛世，全国上下掀起了收藏热潮，这说明很多人热爱传统文化。能有这么多的普通百姓加入收藏队伍，说明我们文明的传承是有希望。但如今收藏市场器物种类繁多，加之假冒伪劣、鱼龙混杂，使得真假难辨，犹如雾里看花。收藏的过程就是辨别真品与伪品的过程，真和伪犹如一对孪生兄弟，总是如影相随，换一个角度来看，伪品的出现也说明了人们对真品的喜爱。如果我们仅仅是出于对古物的喜爱或以研究、传承为目的进行仿制或仿古，自然无可厚非，但现实生活中作伪者总是绞尽脑汁，或是依葫芦画瓢，或是主观臆造，或是以各种手段作伪或"做旧"，以伪品冒充真品价格出售，蒙骗藏家和消费者，其背后是利益的驱动。有些伪品通过作伪做旧等手法具有了一定的蒙蔽性，于是不断有人"中招"或"打眼"，使得收藏市场有了水深莫测的说法，也罩上了一层神秘的色彩。

那么如何才能练就一双慧眼，在真真假假的众多藏品中找到自己喜欢的古玩真品呢？这就需要我们找到一种有效的方法。很多人平时要工作、上班，仅仅是做业余收藏，由于时间有限，要像历史及博物馆专业的学生那样进行专业和系统的学习，显然是不现实的，所以我们需要的是一种相对来说比较快捷的方法。

首先，我想我们应找到一本较为适合自己的教材，这样的教材应该是既有较全面的收藏知识的介绍，同时又要突出重点；既要注意点和面的结合，又要侧重于藏品产生及发展脉络的清晰介绍；既要注重理论讲解，还要通过实物来说话；既要能突出当今收藏热门话题，又能覆盖不同门类的藏品知识；叙述既能深入浅出，又要具备易于接受和领会的特点，还要能引起人们的兴趣。编写这样一本书实属不易。本书的编写，正是尝试着做这样的事情：那就是力求给爱好收藏而又不知从何入手的初学者，以及从事多年收藏并希望能进一步提高收藏知识水平的朋友们提供一些力所能及的帮助。如果通过我的努力能为广大热爱收藏的朋友们提供一把方便的钥匙，哪怕仅仅是起到抛砖引玉的作用，或者能为丰富大家的业余生活提供一点素材资料和些许帮助，并能增添一份快乐，我也会感到十分欣慰。

其次，我觉得从事收藏必须要学会用两条腿走路，即一方面注意积累理论知识，一方面要注重实践。我见过有一些人，他们并不注重理论知识的学习却把很多时间用在了古玩市场，本着碰见什么，学习什么的想法。这样得到的知识通常会很肤浅，不但浪费时间，也会错过很多机会；也有一些人非常注重收藏方面理论知识的学习，但一见到实物鉴定就一头雾水，不知从何说起，这是实践经验的不足所致。理论是基础，没有理论指导的实践具有盲目性和随机性，而实践是一个大学堂，离开实践的任何理论只能是空谈。做收藏像做其他事情一样，要想获得成功，理论知识和实践经验缺一不可。现在随着收藏热的兴起，全国各地涌现出成千上万的古玩市场，给我们提供了很方便的锻炼机会，多去市场转转，多去博物馆对真品进行观摩和学习，多和收藏界有这方面兴趣和水平的人交流、切磋，对遇到的不懂的问题，逐一请教和查解，日积月累，我想一定会有进步和收获的。

此外，我们一定要有一颗平常心，玩收藏不要急于求成，而要循序渐进。对于收藏队伍中的一部分人来说，玩收藏主要是丰富自己的业余生活，开阔视野，增强文化素养。比如，在家居的摆设品中，如果我们具备一些收藏和鉴赏方面的知识，就会有选择地摆设一些高雅的古代或现代艺术品。当我们的理论知识和实践水平积累到一定高度，眼力和审美水平得到提高后，收藏的藏品质量和档次就会有一个较大幅度的提升。当然也有很多人把收藏或投资古玩作为一项主业，在买、卖、藏的过程中体会着得与失、苦与乐、失败和成功的人生哲理。

众所周知，收藏的种类是五花八门的，那么，究竟从何种藏品入手比较合适呢？如果把古玩藏品看作一座宝库，而进入这个宝库又有多种渠道，我们当然希望能找到一条最简捷有效的途径。其实我们只要掌握其中一把钥匙，叩开一扇大门，一切都会迎刃而解。与其说是钥匙，不如说是一种方法，方法就是我们应首先从自己最喜欢、最感兴趣的一类藏品入手，具备一定的知识和经验后，继而再涉猎其他种类的藏品，这样就会容易得多。切忌一开始什么都学而不抓重点，结果到头来只能学到些表面肤浅的东西，费时费力不说，这些一知半解的知识和经验在收藏过程中也很容易造成经济损失并最终导致失去兴趣。历史上最令国人骄傲的是我们的先人在陶瓷上的成就，因此古陶瓷是收藏中最主要和重要的门类。叩开古陶瓷收藏的大门，你会觉得豁然开朗，其他门类的收藏也会触类旁通，容易得多。所以本书重点是介绍古代陶瓷收藏方面的内容，而对于玉器、书画、铜器、钱币、木器及杂项等只做收藏入门、辨伪和鉴赏等简单知识的介绍。继本书之后，如果条件允许，我将陆续出版其他有关收藏鉴赏方面的书籍，例如，瓷谱、鉴赏知识、收藏精品相册以及收藏故事、小说等方面的书籍，以飨读者。在瓷谱中，我将把自己多年收集到的和藏友提供的有代表性的瓷片和整器汇聚成书，供大家鉴赏；在鉴赏知识方面，将对理论知识和实践经验做出更加经典的总结和归纳；在收藏精品相册一书中，我会提供多年来收藏的一些有代表性的精品图片，供大家赏析；在收藏故事一书中，我将给朋友们讲述收藏中既辛苦又十分有趣的有关收藏的一些故事，不但能提高大家的收藏兴趣，也能给大家介绍收藏的一些技巧。

在此，我也忠实地告诉朋友们，任何一本书都有一定的局限性，如果想在收藏的道路上走得更远、更高，多阅读些有关收藏方面的业内书籍以及关注媒体的介绍等，对提高收藏水平肯定有帮助。同时我们应在不断积累理论知识的前提下多实践，多和收藏界的朋友交流，并在收藏的市场潮流中逐渐练就自己的一双慧眼，日积月累，相信终会有所收获和成功。我要特别感谢北京收藏家协会常务理事、瓷器专业委员会主任张戈兵老师为本书作序。文化的传承需要无数人的参与，从事收藏事业功在当代、利在千秋。

四更一剑

2020 年 12 月 于北京

目
录

目 录 二

第一讲 古玩收藏 价值无限

　　本书总共有十讲，前两讲相当于本书的序曲或序幕，主要给大家介绍和古玩收藏领域相关的一些话题。比如，我们为什么要喜欢古玩，为什么要收藏古玩艺术品，收藏古玩艺术品和我们现代人的生活有什么关系，在古玩艺术品收藏和投资当中有什么风险，在收藏当中有什么陷阱，怎样找到一条通向收藏成功的简捷之路等。在后面的连续七讲当中，将通过一些具体的瓷器实物，先介绍一些大家容易接受的、喜闻乐见的、容易上手的、经常能见到的一些古代的瓷片，并从瓷片讲起，探讨瓷片所包含的历史和文化信息，然后再拿出一部分或者说相当数量的一部分整器，供大家鉴赏。本书主要是以瓷器为主，在讲的过程当中，争取在有限的篇幅内，把读者朋友们比较关心的五大名窑、七大窑系，还有各个时期的主要瓷器品种及其时代特点给大家做一个介绍，使大家对瓷器收藏和鉴赏能够有一个全面的知识性的了解。同时，除了瓷器以外，在第十讲还会给大家简要地介绍一下其他常见种类藏品的基本收藏和鉴赏知识。比如，铜器、玉器、书画、木器、漆器、钱币等收藏知识。本书的最后还附有我在2018年和2019年间去窑址和博物馆参观的纪实——窑址访古记，记录我在窑址访古过程中的所见所闻，既有知识性，还有趣味性，并采用了大家喜欢的游记的写法，为的是使大家能有身临其境的感觉，我想大家一定会喜欢。本书能够满足读者对收藏知识的不同程度的需求，因此我非常真诚地希望喜欢收藏的朋友，不要错过这个时机，耐心地坚持把本书看完，我想大家一定会收到一个意想不到的效果。本书的内容编排既照顾刚入门的朋友们，也能给在古玩行里从事收藏和相关活动十年、二十年，甚至更多时间的朋友们提供参考，但愿本书能从客观实物的角度带给读者朋友们一些实用的收藏知识，并成为大家收藏过程中的良师益友。

古董（骨董）、古玩、文物的含义

首先给大家介绍几个与收藏直接相关的概念。可能有好多朋友做收藏有很长一段时间，但是有些概念还是需要了解一下。

什么叫古董？古董是指古代留传下来的、可供了解古代文化时作为参考的器物。古董这个名称最早提出来大约是在元代，元以后明、清、民国一直延续到现在，大家仍在使用。古董又叫"骨董"，骨董是什么意思呢？它是指古代留传下来的珍贵的器物。"骨"指骨头，它有这样一层含义在里边，那就是"肤去骨存"，意思是说，肉腐败了，没有了，骨头留下来，即精华部分留下了，因此使用骨头的"骨"字，强调了器物的珍贵性。骨董的提法最早可以追溯到宋代，宋、元、明、清，一直到民国，这种叫法还是比较多的。现在我们多称为"古董"，大家也比较习惯这个称谓。这两种叫法没有根本性的区别，只不过是不同时代的人们的叫法习惯不一样而已，大家可以通用。

接下来介绍大家平时接触最多的"古玩"的概念。古玩是指古代留传下来的可供把玩和欣赏的东西。同样是古代留传下来的，但是古玩强调可供"把玩"，可供"欣赏"。古玩的概念中虽然没有提到文化，但是实际上其文化内涵是内隐的，可供观赏、把玩的器物一定有它的文化在里边。"古玩"一词最早见于元代一些文献中，但较为广泛使用"古玩"的叫法却是在清代乾隆年间，以后一直延续到现在。与古董、骨董、文物等词汇相比，现代人很习惯也很流行使用古玩一词，也显得不那么神秘。

与古董和古玩相提并论的，有时候容易混淆或区分不清的，还有一个概念，就是"文物"。"文物"一词的使用最早可见于春秋战国时期的有关文献，但那时文物大致是指礼乐制度之类，与现在文物的含义不同。唐代一些文献中出现的"文物"一词的含义已接近于现代文物的含义，指前代遗物。现代文物的含义是指历代（包括古代、近代或现代）遗留下来的在文化发展史上有价值的东西，其具有历史、艺术和科学价值，分为可移动文物和不可移动文物，如建筑、碑刻、工具、武器、生活器皿和各种艺术品等。《中华人民共和国文物保护法》中规定，可移动文物分为珍贵文物和一般文物；珍贵文物分为一级文物、二级文物、三级文物。依法传承和依法获取的文物可以在民间流通。这是国家保护文物、鼓励和促进文化市场繁荣的一个举措。

现在我们对古董、古玩和文物之间的关系做一个总结：古玩、古董，大家可以理解为是一码事，从时间上来说是指古代留传下来的东西，而文物可以是古代遗留下来的，也可以是近代或现代的，只要是文化发展史上有价值的并且从时间上看是过去的东西都可称为文物。古玩、古董基本上或者说大多数都属于文物范围，但文物却不一定是古玩、古董，因为文物在时间的涵盖范围上要大于古玩或古董。

这里还要提出的一个问题就是今天的我们会经常听到或看到"文玩"的词汇或标志，大家常常会把它与古玩的概念混淆，也有人把它理解为现代或当代的艺术品。赵汝珍在《古玩指南》一书中说古玩是古代文玩的简称，这里的文玩指的是文人把玩的东西。据此，我们可以理解为文玩是一个广义上的概念，文玩应有古代文玩和现代文玩的区分。只有古代文玩才能称为古玩，而现代文玩只能称为"现玩"，因此还是区分开来好些。

人们喜欢古玩的原因

或许有人要问，我们为什么要收藏古玩艺术品呢？现在生活、工作及各方面都挺好的，您在书中讲收藏，我们为什么一定要读，读完了之后我们做什么，或者说有什么用？这里，我想跟广大读者朋友们说，我的目的是希望大家在看完这本书中的内容以后，首先能够对古玩艺术品产生兴趣，如果能够加入收藏和保护古玩、文物的队伍中来，那么对传统文化的传承也尽到了我们应尽的一份责任。其次，这本书的内容十分丰富，在讲述收藏知识的同时也深刻挖掘了与之相关的一些信息，这对丰富读者的业余文化生活和提高各方面的修养能起到很好的帮助作用，也能提高我们认识事物的能力，了解这些古代器物中所包含的历史信息，借鉴其中包含的正能量，能够帮助我们更好地了解历史、面对现实和规划未来，所谓的博古通今就是这个道理。

我们喜欢古玩艺术品还有一个客观原因，那就是古玩艺术品有它自身的特点。古玩艺术品具有市场价值、历史价值、科学价值、艺术价值，更重要的是具有文化价值。下面我逐一介绍具体的内涵和信息。

古玩的市场价值

大家可以想一下，如果收藏一件东西而它没有任何价值，大家就不会产生足够的兴趣，那么收藏它干什么呢？大家会打个问号，说你再怎么讲，我也不会去收藏它。这里，我想用几个例子跟大家剖析一下、解读一下。首先我们用瓷器来解释一下古玩艺术品巨大的市场价值。众所周知，2005 年在英国伦敦佳士得拍卖会上拍出了一件天价的瓷器，那就是震惊世界的中国元代青花瓷鬼谷子下山大罐。当时是按英镑来计算

图1-1　清 慈禧 设色富贵长春图 （局部）（沈阳故宫藏）　　图1-2　民国 张大千人物画　　图1-3　民国 傅抱石晋贤酒德图轴（南京博物院藏，天津博物馆展出）

的，如果结算成人民币则价格高达2.67亿。这个消息传出来后，在国内外引起了巨大的轰动，大家纷纷开始寻找元青花，后来也确实找出了一部分，价值也非常高，时至今日元青花仍然是人们收藏领域中津津乐道的一个话题。除了元青花以外，媒体上经常报到五大名窑——汝、官、哥、钧、定器物的拍卖信息，每一件少则几百万，动辄千万，甚至上亿，比如宋代的汝官窑器物价格就非常高。南宋的修内司官窑和郊坛下官窑器物，还有宋代（或元代）具有金丝铁线特征的哥窑器物，以及宋代的官钧窑（具体烧造时期还需进一步研究确定）、定窑等器物都曾拍卖出神话般的价格。如果能够收藏到一件汝、官、哥、钧或精品的定窑器物，那是我们梦寐以求的事情，而且这种器物一旦以较低的价格收藏之后，它将面临巨大的升值空间。

　　除了五大名窑，还有些比较著名的瓷器，如成化斗彩。其实成化斗彩器物当时做了很多，但是后来由于种种原因，有的埋到了地下，有的经过几百年留传出现了损坏，现在就很难得一见了，因此价格非常高。尤其是名噪一时的明成化斗彩鸡缸杯，前几年拍出了上亿的价格。除了成化斗彩，比较有名的一些瓷器还有清代的珐琅彩瓷器，或者称之为瓷胎画珐琅，是在康熙晚期烧制成功的。这种珐琅彩都是御用器物，民间留传十分稀少，因而现在价格也非常昂贵，也是动辄几千万，甚至上亿这样的价格。

前几年我看到一则这样的消息，有一位藏友以极低的价格收到了一个永乐的苏麻离青料的官窑梅瓶。据说这种梅瓶当时在国际上拍卖的价格能达到人民币四千万元以上。这一消息又使得广大收藏爱好者受到了极大鼓舞，由此极大地促进了民间收藏活动的发展，收藏领域的好消息也层出不穷，使得很多人加入了这个领域。

除了瓷器，书画收藏也是很重要的门类。现在拍卖会上的名家画作，如八大山人、石涛、齐白石、张大千、李苦禅、傅抱石等名人画作的价格很高。如果是古代帝王的画作，如宋徽宗的一幅画，那要过亿。几年前，有人以十几万的价格获得了一幅乾隆的御笔画，转手竟然拍出几千万的价格，轰动一时。

以上我给大家举了瓷器、书画的例子，说明我们收藏古玩艺术品，确实在某些情况下能够保值，而且有巨大的升值空间。因此，未来一个时期，古玩艺术品是一个很好的投资领域和投资方向，这是古玩的市场价值。当然，作为收藏家，我们的责任应当是发现、研究、保护和传承古代艺术品，而市场价值仅仅是促使我们收藏的因素和动力之一。

古玩的历史价值

下面说一说古玩艺术品的历史价值。古玩本身就是见证历史的证物。我收藏有一个碗的残片，其外底用青花书写着"CHINA"，引起了我极大的兴趣。英文 China 有中国（瓷国）、瓷器的含义，那么外国人从什么时候开始把中国称为 China 的呢？瓷器上标注 China 始于何时呢？ China 一词从什么时候开始具有"瓷器"的含义呢？于是我开始查询有关这方面的资料，大致得出下面几种说法：

第一种说法是商代、秦汉说。认为称呼中国为 China 最早源于古印度梵文中对中国商朝所治国度的美称"Cina"（其原义为"智巧"）或对中国秦代（秦朝和先秦）的"秦"的发音"Chini"。古罗马人称中国为"Seres"或"Serice"，因此有人认为 China 一词或源于西汉时期丝绸之路打通以后丝绸的"丝"的发音并逐渐演变而来。例如，国家教委社科司编写的《中国革命史（试用本）》开篇这样写道："早在汉唐时期，我国的丝织品就通过丝绸之路源源不断地输往中亚、西亚和欧洲，深受各国人民喜爱。古罗马人称中国为 Seres，即丝的转音。唐宋以来，中国的瓷器远销海外，至今英文中瓷器也称作 China。"[1] 由于中国历史上成熟的瓷器烧成于东汉中晚期，即使东汉中晚

---

[1]　国家教委社科司. 中国革命史（试用本）[M]. 北京：高等教育出版社，1997：1.

期出现成熟的瓷器后在短时期内也不可能有大量瓷器用于与西方贸易，因此秦汉以前 China 一词不会有瓷器之意。

第二种说法为唐朝说。瓷器成为主要外销产品是从唐代早期通过陆上和海上丝绸之路才开始的。唐代的中国与东南亚和西方各国文化交往和商品贸易频繁，瓷器贸易有通过陆地进行的，如经长安通往西域各国的陆上丝绸之路，但更多还是通过海上丝绸之路，唐代中后期尤以海上贸易为甚。例如，"黑石号"唐代沉船上就载有大量的长沙窑和其他窑口的瓷器。在湖南长沙铜官窑博物馆"大唐丝路遗珠'黑石号'文物回归展"的资料中有如下记载：

南方所有的城市以及外国人聚居的所有乡镇，没有一处比广州巨大的海港更加繁荣的地方，阿拉伯人将广州称作"Khanfu"，印度人则将广州称作"China"。

——[美] 谢弗（E.H.Schafer）著，吴玉贵译：《唐代的外来文明》

这段记载说明早在唐代已有印度人把广州称作"China"，这里的 China 主要指广州城市的名称。由于广州是当时瓷器输出的主要港口，所以 China 一词从某种程度上已经初步具有"瓷器"的含义。

第三种说法认为 China 源于宋代的景德镇。宋代，景德镇大量生产瓷器并销往海外。宋真宗景德元年（1004 年）改称景德镇，之前景德镇因位于昌江以南曾被称作"昌南镇"，因此外国人用地名"昌南"来指代瓷器及其产地，后来按其谐音英文就叫成 China 了。

第四种说法为明代说。明代晚期，中国瓷器通过海上丝绸之路大量销往西方。西方把瓷器称作 Chinaware，即"中国瓦"，可见这时 China 一词已具有中国的含义。

第五种为晚清说。一些人认为直到晚清时期西方人才把中国和瓷器都称为 China（用小写第一个字母的 china 来表示瓷器更准确些），也就是说这时 China 才包含了中国和瓷器的双重含义，而且这时出于对外贸易的需要在一些外销瓷上开始有"CHINA"的款识标记。

关于以上话题的探讨实际上说来说去还是一个证据问题，包括资料上的证据和实物上的证据。我收藏的这件瓷片（图 1-4）是一个碗底，从它的胎、釉及手工成型等各方面的综合特征来看，我认为它属于清晚期，尤其重要的是后面有个青花的"CHINA"款识，它的含义在瓷器上作为款识时主要目的是表示该器物的产地，也就是中国。这

图1-4　清晚期"CHNIA"　图1-5　光绪至宣统"太昌"款碗　图1-6　民国"江西太昌"款碗残片
款碗残片　　　　　　　　　　　残片

是一个有力的物证。这种在瓷器上注明产地的方式应当是出于当时瓷器对外贸易的需要。这件残片也正因为有了这样的款识而拥有了历史证据的价值，显然写有这样款识的瓷器属于外销瓷。此外，这个款识出现在瓷器上，从某种程度上也具有了一些"瓷器"的含义。由于清末（指1903年至宣统年间）和民国时期洋瓷大量涌入，中国的外销瓷数量急剧减少。为适应新的形势，从清光绪二十九年（1903年）至宣统二年（1910年），全国各地先后成立了许多瓷业公司，包括宣统二年江西瓷业公司的成立，这时瓷器生产已有了机械化和半机械化手段。而这件瓷片手工制作的痕迹明显，进一步确定了这个带有CHINA款识的碗应该是1903年前即晚清时期生产的作为外销瓷的产品，大致属于嘉庆或稍晚时候的产品，从而为晚清说提供了在瓷器上的实物证据。

图1-5的碗底上写有"太昌"款识，从特征上看应是清末（指1903年至宣统年间）产品。图1-6写有"江西太昌"的碗底已经明显具有民国时期机械化生产的新瓷的特征了。这三个残片的造型、釉色一脉相承，反映了清晚期、清末至民国这一过渡时期旧瓷与新瓷面貌的变化情况及瓷器贸易的历史进程。因此，通过深刻阐述这三个瓷片所蕴藏的历史信息，我们就揭示出了它所包含的纵向的历史和文化内涵并确定了它们在历史时期中的坐标和地位，这是收藏的意义所在和收藏所追求的最高境界。通过这样的瓷片，以物证为基础和依据进行追本溯源，我们会逐渐揭示和了解很多以前不为人知的历史，这也是收藏的魅力和乐趣所在，体现了古玩的历史价值。

我再举一个青铜器的例子。大家知道，铜器上面有时会有一些铭文，铜器的铭文最能反映真实的历史信息（古代青铜器都属于文物，但在此书中，我都是用古玩这个

图 1-7 西周早期 何尊（宝鸡 青铜器博物院藏，中国国家博 物馆展出）　图 1-8 何尊铭文（拓片）　图 1-9 著者和何尊合影

名词来称之）。我想给大家讲一个故事，那就是非常令人振奋、震惊全世界的发现——饕餮纹青铜器何尊的故事。1963 年，陕西宝鸡一个叫陈堆的老人，有一天夜里到屋外解手。他们家后边是一个断崖，因白天刚刚下过一场雨，这时他突然发现不远处有一件器物在星光下发着幽幽的绿光，他吓得够呛，赶紧跑回去了。第二天，他和老伴儿一块来到发现器物的地方，并用镢头把器物挖出来，发现原来是一件长满绿锈的铜器，当时也没把它当回事儿，回家就把它当作装棉花、粮食的器具。转眼之间两年过去了，到了 1965 年，陈堆老人跟老伴儿离开家，找活儿做去了，用现在的话就是出去打工了，临走的时候将这件青铜器寄存在他的哥哥陈湖那里。由于家庭比较拮据，陈湖把这件青铜器卖给了废品收购站。多少钱呢？30 元。那时 30 元也不少了，他用这 30 元买了一斗高粱，来维持全家生活。后来，宝鸡博物馆一位叫佟大放的工作人员，到废品收购站查看有没有古代的一些有价值的器物，结果就发现了这件青铜器，并把它拿到博物馆。专家们一起"会诊"后发现，这是一件西周时期的青铜器。

10 年以后的 1975 年，时任上海博物馆馆长的著名青铜器研究专家马承源先生，在为一次出土精品展做准备的时候，在宝鸡博物馆发现了这件青铜器，他觉得器物上应该有铭文，派人用科学的方法把绿锈除掉以后，出现了 12 行共计 122 个字的铭文，其中最重要的四个字是"宅兹中国"。这是中国历史上首次在器物上出现"中国"这两个字。由于这件青铜饕餮纹尊的铭文上记载的是一位姓何的人铸造的，年代大概是西周早期，也就是周成王时期，因此就以何姓的姓氏命名这个尊，即"何尊"。据载，最早到西周时期一些典籍上已有"中国"二字，但一直以来没有实物见证。何尊上记载的铭文对中国这个名字的由来从实物证据的角度在历史上第一次和文献记载互相印证，起到了互相佐证的作用，意义十分重大。何尊的发现震惊了全世界，很多人员到博物馆参观，博物馆的讲解人员说这是我们的镇馆之宝。后来马承源先生说，这不仅仅是镇馆之宝，可以说是镇国之宝。2002年，何尊被国家文物局列入第一批64件永久不准出国展览的国宝器物名录。2020年，何尊在国家博物馆展出，我有幸近距离真实地目睹了它的尊容和风采。

无论是古代瓷器、青铜器、玉器、字画还是其他种类的藏品，这些古玩都包含着、记录着重要的时代和历史信息，这正是古玩的历史价值所在。

古玩的科学价值

春秋时期著名的越王勾践剑（图1-10），虽然历经两千多年，但出土时剑身不但没有被锈蚀，而且还锋利无比，寒气袭人。用剑锋在一摞纸上轻轻一划，20张纸就被划透了。它的剑身呈金黄色，上面还有黑色的菱形花纹。科学家们一直在研究，它的表面是采用了何种工艺，才能保持千年不锈。尤其是黑色的菱形花纹，据专家推测很有可能是中国最早采用的一种化学方法。这把剑不但采用了先进的冶金技术，而且也采用了当时最先进的表面处理工艺，对研究古代冶金技术、表面处理工艺和古老的化学方法都具有重大的科学研究价值。

图1-10 战国 越王勾践剑（湖北省博物馆藏 1965年江陵望山1号墓出土）

我们接触比较多的比如一些古代瓷器，研究它们的胎釉的化学成分和配比，研究它们的制作和烧造工艺，对于我们了解和掌握那个时代的工艺技术情况、生产力水平及通过上面的纹饰内容来了解和解读历史文化信息，都具有重要的科学研究价值。现在，人们由于尚古从而产生了仿制古代陶瓷的现象，如五大名窑、七大窑系的器物都被仿制过。人们不但采用现代工艺和技术去仿制，还探求如何恢复古法并试图恢复古代的制作过程，可见古代工匠创造的辉煌历史和不朽作品到今天仍然具有强大的艺术魅力。比如，宋代的汝窑器物，其釉料成分中含有玛瑙，它的胎釉成分及制作工艺，大家都在研究。因此，古玩有很重要的科学价值。

古玩的艺术价值

古玩一个很重要的特征是具有很高的艺术价值。对于青铜器而言，商周的青铜器古朴、敦厚、典雅，有的铸造工艺极其复杂，艺术感很强，因此很受后世的尊崇；对于瓷器而言，艺术价值主要体现在造型、釉色和纹饰上，比如，唐代的唐三彩风格上的雍容富贵、宋代瓷器婉约秀美的造型都给我们留下了很深的印象。再比如明代德化窑的雕塑、明清广东石湾窑的陶塑、清代道光至咸丰时期著名的瓷雕匠师陈国治的仿牙雕的瓷雕作品，都精美异常，有着浓厚的地方特色和鲜明的时代风格。尤其是大名鼎鼎的唐三彩器物，无论是人物俑还是马、骆驼等动物俑，因为其造型均来源于现实生活，加之工匠的高超技艺，因而塑造得都是惟妙惟肖，具有很高的艺术水准。再有就是家具，收藏家具的人知道，明代的家具朴素典雅、端庄秀丽，清代的家具纹饰繁缛、富丽堂皇，都具有很高的艺术感染力。对于我们做收藏的人来说，收藏前和收藏过程中就一定会研究这些器物，因此就会具备一种独到的眼光和见解。现在在街头上，我偶尔会发现个别城市雕塑没有真正体现出艺术美，有的体现在做工上，有的体现在造型设计、比例及轮廓线条上没有恰到好处，寓意不明确，表现力不强，缺乏艺术美感。研究古玩收藏就一定会研究器物的外观、造型、纹饰及其所蕴藏的文化内涵和历史信息，这对提高我们的审美能力和对艺术的欣赏能力是有一定帮助的。

瓷器的釉色也反映了不同时期人们的审美观，唐之前的器物大都为青黄色，表现出当时人们崇尚朴素和古拙的自然美，但釉色品种较为单一。唐代由于饮茶之风的兴起，带动了人们对瓷器釉色的狂热追捧，一时间"南青北白"成为时代主色调。更有唐三彩华丽的釉色，其中不同色料相互融合流淌形成的斑块，是一种釉色的写意美的表现手法，被工匠们挥洒和装点得淋漓尽致，成为展现盛唐风貌的大手笔之作。进入宋代，延续了唐代的饮茶时尚且斗茶之风兴起，建窑黑釉茶盏又成为一大时代亮点。此外，由于宋代皇帝提倡节俭和崇尚道教，素雅清静的审美观占据了人们的头脑，如玉般温润素雅的青白釉瓷器被大量烧造，而青如天、明如镜的汝瓷也被披上了神秘的色彩以至于被后世追捧千年而不衰。元明一代，青花瓷闪亮登场并很快形成一股强大的潮流，此后长盛不衰几乎占据了瓷器的大半个江山，各种彩瓷也在不断诞生并逐渐壮大。清代的御窑厂，更是把多彩的釉色演绎到极致，颜色釉器物色彩纯正，彩瓷绚丽华美，象生瓷、仿生瓷惟妙惟肖，康乾时期的某些品种的器物甚至成了千古绝唱，达到后人难以企及的程度。古瓷的釉色，本身就是一种艺术美，这种美结合时代的审美观，使古代陶瓷艺术在历史的长河中熠熠生辉，令人陶醉。

古瓷的纹饰，经历了从简单到繁缛的过程。从最初的点彩和几何纹装饰发展到在瓷器表面创作精美的绘画，再到宋元时期在瓷器上绘制书画内容，古代工匠向世人展示了他们对美和艺术的表现和追求。这些纹饰广泛涉及山水、人物、花鸟并融合历史典故，并将诗、书、画、印巧妙结合在一起，采用或写意、或工笔、或淡描等手法，并结合多种皴法，从釉上到釉下再到釉上釉下于一身，达到了挥洒自如的程度。其运笔或古拙、或流畅、或洒脱率意，反映了古代工匠高超的艺术功底和深厚的文化沉淀，因而凝聚了这些创造性的智慧而产生的作品就具有了很高的欣赏价值和艺术感染力。

古玩的文化价值

古玩艺术品往往蕴藏着丰富的历史文化信息，因此古玩本身通常具有巨大的文化价值。古玩的艺术价值和文化价值决定了古玩具有观赏性和教化性，收藏古玩从某种意义上说是一种高雅的文化。比如，古代瓷器的文化价值体现在造型、釉色、纹饰及铭文等各个方面，包含着很强烈的文化信息。

图 1-11 清中期 龙泉窑印花人物纹碗

我收藏了一件清中期的龙泉窑大碗（图 1-11），在碗内壁上印着几个人物，一个是楚霸王项羽，握着一把宝剑骑在马上，旁边一个女子好像做舞蹈状，这个人应该是虞姬。我们看到的不仅仅是一件瓷器，而且还有瓷器上的纹饰内容带给我们的一种文化信息。看到这个纹饰，我们就会联想到楚汉相争时，项羽兵败垓下的那一幕悲壮场景。《史记·项羽本纪》记载，项羽一边舞剑一边吟诗："力拔山兮气盖世，时不利兮骓不逝。骓不逝兮可奈何，虞兮虞兮奈若何！"意思是说我虽然有这么大的力量和豪气，但时局对我不利，乌骓马也跑不起来了，我该怎么？虞姬啊，你该怎么办呢？相传，虞姬拔剑起舞并以歌和之："汉兵已略地，四方楚歌声；大王意气尽，贱妾何聊生。"歌罢自刎。这是一段惊天地、泣鬼神的生死别离！

想起这段故事，我感触颇深，古代频繁的战争，给帝王将相和普通黎民百姓都带来了深重的灾难。古人时常要面对自然灾害、饥饿、疾病和战争，处于社会普通阶层的劳动人民生活得实为不易，直到新中国成立后劳动人民才真正过上了幸福的生活，因此我们今天更应该珍爱和平。

在这个碗里还印有一个人物，就是李白。他坐在桌前，桌子上面放着一把酒壶、一个酒杯还有一盘菜，天上有星斗。看见瓷器里面这个纹饰，我就想到了李白给朋友王昌龄写的那首诗。王昌龄被降了官职，李白听到消息后做的这首诗，非常凄美。因中国诗词大会的热播，唐诗宋词再次成为社会热点话题，在这里我和大家一起把这首诗再重温一遍："杨花落尽子规啼，闻道龙标过五溪，我寄愁心与明月，随风直到夜郎西。"朋友有难就是我有难，朋友快乐就是我的快乐，所以从这首诗中，我们体会到了朋友之间真挚的感情。

瓷器上面也经常写有一些诗文。我收藏的一些顺治时期或者是康熙早期的瓷片上面写有"梧桐一叶落，天下尽皆秋""惜花春起早，爱月夜眠迟"。前两句诗是从一片叶子落掉，看到了满园秋色，这是以点带面的手法。后两句诗是说正因为我喜欢看花，所以早晨我才早早起来，看着花儿顶着露珠在晨曦中开放，很有生机；晚上喜欢看月亮，我才迟迟不想入眠。多么美好的意境！我收藏有一个小杯子（图1-12），旁边好似有一朵花儿（局部已残缺），上面写着两句话"江南皇帝有，独占一枝春"，非常有韵味。你看皇帝拥有天下，江南江北都是你的，我就是一朵花儿，在这里绽放，我在享受春天的大自然带给我的这种气息和这种快乐，自由自在地生长。古代工匠在陶瓷上书写的诗文很多，如果大家有机会到长沙铜官窑博物馆欣赏长沙窑器物上众多的唐诗，就会切身感受到大唐盛世工匠们的豪迈潇洒的情怀和丰富的艺术想象力。这些瓷器上的一些诗词作为唐诗的补遗是再好不过的历史物证了。以上为大家介绍的是瓷器上的诗文，而其他古玩艺术品也具有非常浓厚的文化信息。比如青铜器上的铭文，就记载着很多书中没有的信息，而书画上表现的文化信息就更多了，在此就不一一介绍了。

图1-12　清早期　青花诗文杯残片

古玩收藏对现代人的影响

下面谈谈古玩收藏对现代人的影响。有人会问，收藏跟我们现代人有什么关系呢？这里我简单地谈一下我的看法。收藏其实跟我们的衣食住行都有关系。关于现代人衣服的颜色、纹饰，细心的朋友可以发现，在古代的陶瓷上都能追溯到它的根源。我们讲究饮食，吃饭的时候所用的酒具、餐具大都是瓷器，如白瓷、青花瓷、颜色釉瓷或者是彩瓷，这些都是在先人的制瓷基础上由我们继承下来或者是有所创新的结果。谈到住，有人喜欢古典的风格和韵味，包括古典的建筑和装饰，通常要摆设一些古典家具包括桌椅、书架等，装修时还要做一些古典风格的装饰，还有很多人喜欢摆几件古董，这种古朴、典雅的气息，真是别有一番韵味。出行方面，其实收藏、喜欢古玩艺术品对此也有一定的影响。喜欢收藏的人旅行时大都喜欢到一些有历史文化底蕴的地方，比如历史名胜或古迹。如果你喜欢古玩艺术品，那么每到一处，在观赏的同时你就一定会深入地了解或研究该处名胜古迹所包含的历史、文化信息。也许你会记录或查阅一些资料，在这些过程中你的审美力就会提高。这种审美力的提高会对你的生活和行为产生影响。比如你在选购一件东西的时候，会有意识地用这种审美能力从多方面去判断这件东西。再比如现在汽车的应用很普遍，大家在选车的时候，如果没有一定文化底蕴，估计选的车从款式到颜色也不一定合适。比如我去选车时，主要考虑以下几点：外观颜色、油漆质量、轮胎匹配及质量保证。车的外观，好的车，从前面、后面、左面、右面怎么看都舒服，都漂亮。油漆要么乌黑发亮，要么纯净素雅。轮毂轮胎尺寸与整车大小匹配比例协调，安全及质量性能方面要为经过多年道路实践认可的老款，而不是刻意追求新款。这些看似与收藏无关的话题，其实都与一个人的眼力和审美力有关，而收藏和研究古玩艺术品，对提高一个人的审美水平会有一定的辅助作用，甚至会影响到生活中的方方面面。

除衣食住行外，喜欢和收藏古玩艺术品能使我们在精神享受方面得到满足和快乐，它能陶冶我们的情操，使得我们能够有机会广交志同道合、有一定艺术品位和兴趣爱好的朋友。假如业余时间无所事事、精神空虚，或天天沉醉于麻将，或酗酒伤身，或沉溺于游戏中的空虚世界，生活和事业上也就会逐渐失去向上的动力。如果我们喜欢收藏，就会有机会结交好多志同道合的朋友，闲暇时我们三三两两，或者是到小茶馆，或者是到古玩店，或者是到各自家中，我们一边欣赏古代工匠留给我们的艺术品，一边品着茗茶，试想那将是多么悠然自得、多么开心的一件事。

通过收藏、研究和欣赏古玩艺术品，通过对它们的文化内涵和历史信息进行解读，也可以提高我们自身的文化素质和道德修养。研究和收藏古玩，就一定要研究它的历史、文化，还有它里面所包含的一些内涵的东西，尤其是书法绘画。我们知道，很多古玩器物上面都有纹饰，包括有绘画、书法、铭文等。很难想象一个对书法、绘画不了解或者说不太懂的人如何能收到一件好的瓷器。我们从喜欢古玩、收藏和欣赏艺术品过程中也就能逐渐达到提高我们的素质和积累知识的目的，这也正是现如今很多人喜欢参观博物馆的原因。现实生活中我们大多数人还是喜欢或者比较乐于接近一些有文化修养的人。我在读大学的时候，学校里有好多学生在业余时间学习了一些才艺，有的善于写作，有的喜欢唱歌、书法、绘画，也有的喜欢乐器……这些才艺展示作为桥梁和纽带，不但提高了个人修养，增进了友谊，也丰富了学生时代的业余生活，甚至成就了不少美好的姻缘。我这里想表达的意思是：人要有一定的修养和素质，"秀外"固然好，但"慧中"更重要。古人将琴、棋、书、画并称"四艺"，现代人也一样，喜欢者大有人在。如果说一个人什么业余爱好都没有，那么生活就会显得单调和枯燥乏味，而收藏过程中能接触到丰富的知识，给我们带来了无穷的乐趣。

我还是从器物上给大家讲起。我收藏的一件龙泉青瓷瓷片（图1-13），上面写了四个字"孟宗欲笋"。这是唐代二十四孝中的故事。当然这件龙泉青瓷的瓷片本身不是唐代的，而应该是元代或元末明初的。这个故事很感人，传说孟宗是三国时期吴国人，自幼父亲就去世了，与母亲相依为命。一年冬天母亲生了重病，呢喃自语着说想要喝鲜竹笋做的汤，喝下去病就会好，于是孟宗就跑到山中寻找竹笋，可是大冬天哪来的鲜竹笋呢！孟宗无奈地抱着竹子痛哭，他的孝心感动了天地，泪水落地时，突然出现了咔吧咔吧的地裂之声，随着响声，许多竹笋破土而出。孟宗喜出望外，把竹笋采到家去，给母亲做了汤。母亲吃了笋汤，病情逐渐好转，得以安享晚年。后来，孟宗也

图1-13　元　龙泉窑印花
二十四孝纹碗残片

因为孝道和自己的才学做了官。这个故事也叫"孟宗哭竹"或"孟宗哭竹生冬笋",所体现的是一种传统的孝道理念。从瓷器上读出的一些有关孝道的故事,如果能够感动我们的内心,并用以解决我们现实生活当中的一些问题,就会平息很多的家庭矛盾,比如财产争执问题、赡养老人问题,等等。我们从瓷器上能解读到它深刻的内涵,带给现代人一些善意的启示。

我还收藏有一把壶,这是唐代的一把执壶(图1-14),上面写了几个铭文"羊甲跪乳之恩"。该铭文来源于古代一则谚语故事,其原文是"鸦有反哺之意,羊有跪乳之恩"。故事讲的是当乌鸦老了,不能亲自捕食了,小乌鸦会把吃到肚里的或衔在嘴里的食物吐出来给它吃,从不感到嫌弃和厌烦,直到老乌鸦死去,这是一种至孝的行为;小羊羔在吃奶的时候是跪着的,这是小羊对母羊养育之恩的敬意和感恩。动物尚且如此,何况人乎!这几个字是古人为了提倡和鼓励年轻人对长辈应持有一颗孝顺和感恩的心所写,从这件器物身上我们能强烈感受到传统文化对现代人的影响力。

最后我想谈的是关于收藏与旅游的话题。旅游的时候如果我们有一定的文化修养和具备一定的审美观,那我们选择的地点和所得到的感受就会有所不同。我因为研究和收藏古玩,所以我就不断地在研究历史、研究艺术、研究绘画,包括研究古代建筑、青铜器、玉器这些相关领域的知识。我还亲自动手去学着画,学着练习书法。我去一个景点旅游,往往想解读它的历史,寻找已揭示的和不为人知的奥秘。现在一到旅游旺季,旅游景点里人山人海、摩肩接踵,如果你没有这种文化修养和知识积累,到时候累得一身汗,谈及感受也只能说"这挺好啊""哎呀,这宫殿、这建筑、这宝贝,好啊!"说它好,它好在哪里呢?比如,你不了解古代宫殿建筑屋顶的歇山顶、庑殿式屋顶以及斗拱、藻井、琉璃瓦的颜色使用规定等,不了解看到的宝贝比如瓷器的种类名称和烧制工艺以及它的历史背景等,也不了解相应的历史人物和历史事件,你就揭

图1-14 唐 长沙窑青釉褐绿彩"羊甲跪乳之恩"铭文执壶

示不了它更深一步的文化内涵，对于它们如何之美的更深层次的东西也就无从谈起。只能是点滴、片面的认识，或人言亦言，并不知道它之所以好的真正原因所在。当你到故宫参观，去养心殿一看，这挺好，那也挺好，那么你是不是应该深究一下，当初这个养心殿都有一些什么用途呢？皇帝起居是不是在这里？垂帘听政是不是在这里？养心殿还有个造办处，那么珐琅瓷是不是在此烧的？再比如明代十三陵中的定陵。定陵地宫的中殿有两个非常漂亮的青花云龙纹大缸，如果你喜欢收藏，参观的时候就一定会关注它的胎、釉和纹饰特征，特别是上面的青花五爪云龙纹的凶猛的程度等，而且有意思的是，它上面写着"大明嘉靖年制"，却出现在了万历的地宫中。大家知道定陵是万历皇帝的陵墓，但是瓷器上怎么不写"大明万历年制"，而写"大明嘉靖年制"呢？也就是说，万历皇帝将他爷爷那个年代烧造的青花瓷缸放到自己的地宫中，其实这反映了到万历时期，明代御器厂在瓷器的烧造上经历了辉煌时期的永乐、宣德、成化、正德、嘉靖后逐渐走向衰落的事实，万历时期也难以烧造出更好质量的这种青花大龙缸。我们这样一解读，是不是觉得很有意思呢？清代的雍正皇帝非常勤政，他也具有极高的审美眼光，在雍正时期，瓷器的烧造取得了极高的成就。如果我们通过资料了解了雍正的性格、爱好、审美观以及一生的阅历，了解了雍正一朝所发生的历史事件，那么我们再到位于河北易县清西陵参观雍正的泰陵陵园时就会有不一样的感受。

中国具有五千多年的文明史，古代还有著名的四大发明，如果加上瓷器，可以称为五大发明，因此我们是具有悠久历史和灿烂文化的文明古国。现在全国人民都在努力奔小康，实现伟大的中国梦，那么我想，中国梦可以包含有国家、民族的梦和我们

图1-15 故宫博物院太和殿（高博先生 拍摄）

图 1-16 定陵地宫   图 1-17 万历皇帝宝座前的
                                青花龙纹大缸（复制品）

个人的梦。中国梦当中一个很重要的部分就是文化强国之梦。怎样才能实现文化强国？
那就需要更多的人加入传统文化的守护、继承和发展的队伍中来，从事收藏事业是传
承和保护传统文化的重要方式，我们从事收藏的目的是继承传统文化，弘扬传统文化，
发掘时代精品。从事收藏事业，只收藏也不行，我们还要读懂它。关于"古董"一词，
在民国期间，有一位叫赵汝珍的收藏家曾说，古董这个"董"字，是说你要明白、要
读懂。我们不但要收藏它，还要研究它，读懂它，探讨它内部所包含的一些历史和文
化信息，同时我们还要在世界范围内不断地、广泛地宣传我们优秀的传统文化，让我
们优秀的、经典的传统文化能够更加深入地影响到全世界，从而进一步增强我们的文
化自信心和民族凝聚力。据载，1958 年宋庆龄先生在参观定陵的时候，她说了这样一
句话，她说：文化不仅仅属于我们，它高于民族，属于人类。在传承和保护传统文化

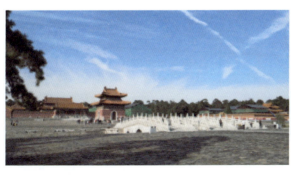
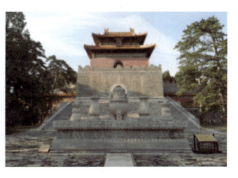

图 1-18 风景优美气势恢宏的清西陵泰陵（雍正陵园）

第一讲 古玩收藏 价值无限

017

图 1-19 著者在故宫延禧宫体验古代宫廷文化

中我们每个人都应该尽职尽责，共同努力，为实现伟大的中国梦、强国之梦做出我们的一份贡献。

收藏是一门很深的学问，因为涉及的知识点很多，但不是遥不可及，也有一定的方法可循。收藏的道路上会有很多风险，确实需要我们付出很多，但同时也会给我们带来收获和快乐。那么古玩艺术品的收藏和投资有多少风险呢？我们在收藏道路上会经历哪些陷阱呢？能否找到一条通往成功的捷径呢？请看下一讲。

古玩收藏中的风险和陷阱

这一讲是我们在做瓷片古玩鉴赏之前的基本知识介绍部分，仍属于本书的序幕部分，我把它的题目取为"辨伪存真，传承发展"。大家在收藏古代艺术品的过程中，经常会遇到各式各样的陷阱，因而会给我们收藏带来一定的风险。在这里我选择一些我们收藏过程当中常见的、可能会遇到的一些陷阱和风险跟大家揭示一下。

第一种，通过作伪来以假乱真。针对古代艺术品作伪的方法有很多种，这里我想仅以瓷器为例选择几个主要的作伪方法简要介绍一下。

后加彩。即瓷器是老的，但是上面的彩是后加的。为什么要这样做呢？其目的当然是追求更高的市场价值，这是大家要注意的一点。后加彩的部分一般色泽比较鲜艳，器物上原有的划痕经常会被后加彩所覆盖，彩绘的手法和体现的韵味也与古代器物不同。

后接底。器物的底是老的，其他部分是新近烧制的，两者结合在一起，形成老接底、新器身。这种方法，也是目前仿品当中常用的一种作伪方法。现在随着基本工程的建设，出土的瓷片数量很多，一些作伪者就专门收集了老瓷器的底足部分，然后把这些老底"再利用"，使之重新做成胎体的一部分，用老底加新器身做成一个完整的器物。这种作伪的方法通常包括在新的器物底部直接粘接老底再施釉烧成，以及在老底的基础上延续接成新的器壁再上釉烧造两种方式。这类伪品大家从底足和款识上乍

图 2-1　当代 仿清嘉庆后接底祭蓝釉大碗

一看感觉器物是老的，如果仔细观察其他部分，就会发现破绽。这就要求我们在观察的时候要全面地看，不能通过底部的局部特征来做出整体的判断。识别这类后接底的器物主要应注意以下几点：一是伪品器物往往器壁较厚，这样做的目的是为作伪者动手脚留出了空间，器物也不易变形，因此伪品器物往往手头感较重；二是作伪器物底足外侧胎釉结合之际往往出现不规则现象，甚至出现局部露胎，而真品胎釉结合自然、规整；三是伪品器物和底足往往搭配大小不成比例，比如上图中的碗口沿直径较大而圈足直径较小，看起来很不协调；四是在器物的外部近底处往往会出现不自然的接痕现象。这种后接底的作伪方法往往带有一定的蒙蔽性或欺骗性，所以大家一定要注意。

水煮法。我们常见的是作伪者用茶水加碱来煮瓷器的方法，它的目的是为了去除瓷器表面的浮光。这也是常见的一种作伪的方法。

酸洗法。这种方法的目的也是为了去除新瓷器表面的浮光。现在常用的酸，一个是醋酸，一个是氢氟酸。氢氟酸的腐蚀性很大，表面的浮光是腐蚀掉了，但瓷器表面往往会产生一些坑坑洼洼的现象，这是腐蚀过度的结果。或者有的地方被腐蚀了有的地方没有腐蚀到，形成很不自然的表面现象，大家经常观察还是容易辨别的。

高锰酸钾氧化法。经常有人利用高锰酸钾溶液的氧化性能，对瓷器的表面进行去除浮光处理。我曾经在某古玩市场的一个古玩的商家那里亲眼见到他戴着手套用高锰

图 2-2　仿古者使用高锰酸钾溶液来去除新瓷器浮光　　图 2-3　图古玩市场上的伪品（土埋冒充出土古物）

酸钾溶液在涂抹瓷器，我问他在做什么，他说是在去浮光。经过这样的处理，器物表面的浮光就会减退或消失，从而产生一种古旧的感觉。

土埋法。有些古物由于长时间在地下埋藏，出土之后常常会带有土壤的气息。作伪者就抓住了这一特点，把新瓷器埋到土里若干时间再拿出来，有些人鉴定的时候习惯用鼻子闻一下，感受一下是否有土壤的气息。如果我们一闻，好，有土壤的气息，就认为这是出土的真实的古代器物，那可能就会出现错误的判断，甚至上当受骗。所以大家要特别注意，不是说闻起来有土壤气息，这个器物的年代就没有问题。有的作伪者甚至随仿品一起还带有墓碑或墓志铭的拓片，证明该器物是古墓"出土"，甚为好笑。

抹泥法。把新做的陶瓷器物表面抹上泥巴，冒充出土器物。因为如果把新器物埋到土里需要一定的时间才能有土壤的气息，于是有些作伪者急不可待，就把器物表面抹上了泥，代表这个器物刚出土。曾经在马路边或者是一些古玩市场地摊上，有一些人拿着一件抹满泥的器物正在把泥往下剥离，旁边还有人在装腔作势地神秘交谈或点评，实际上神秘交谈和点评的人与从瓷器上剥泥的人通常是一伙儿的，也就是我们常说的"托儿"，说这个东西是真的，你别剥了，多钱多钱，我要买，等等。大家不要相信这个，这个假的可能性非常大。当然，市场上有可能出现把真的也用泥包上，但是大家要注意，虽然被抹上泥的器物或许是老的，但它基本上是一件极常见极普通的器物，它的价格一定是虚高，所以今后要是遇着这种表演的方式，你可就要特别小心了。

油污法。有些作伪者把年代不久的瓷器放在灶台旁任烟熏，或用油抹布擦拭，以形成老物件的假象。我的一个朋友就买了这样一件满是油污的，甚至都无法看出纹饰内容的青花瓷大瓶，价格还不低，几千元买的。我看了一下，告诉他这是件仿品。

锈迹法。由于出土的器物经常会黏附着一些金属的锈迹，于是作伪者便故意把一些铁器或铜器与器物放在一起，加些盐、水等物质，放在外边，过一段时间器物上也会有锈迹出现。还有的干脆把铁锈、铜锈用胶水黏附到器物表面以蒙骗买家，这都是大家要特别注意的。这些锈蚀物往往与新器物黏附不牢固，很容易去除而露出真相。

土黏法。用土和上胶水或其他黏合剂黏在器物上，形成牢固的附着物，造成长时间与土壤作用的假象。由于这种黏结很牢固，难以清除，藏家很容易误认为是自然作用的结果，从而把仿品误认为真品来收藏。目前这种作伪的方法主要出现在定窑白瓷的器物上，我在市场上就遇到很多这样的赝品。

图 2-4　古玩市场上用水沁法粘有贝壳的当代器物

水沁法。中国古代有很多外销瓷，经过海上丝绸之路或海上陶瓷之路运到世界各地，也有很多不幸的沉船。沉船里的瓷器由于各种原因被渔民打捞上来或者被海边上的人捡拾到，然后到市场上来销售。于是作伪者利用这种出水陶瓷的特征，把新做的瓷器放到海中或湖中，经过一两个月或者更长时间，会有一些珊瑚、贝壳、小虫子或动植物的尸体之类的附着在上面，再捞出水来出售，甚至有些器物表面的贝壳干脆就是黏上去的。有些收藏初入门者一看，这个是海里捞，或者是水里捞，肯定没问题了。我就遇见过这样的事情，我的一位朋友在古玩市场上曾见到过一件这类的青花瓷，然后就来问我，我说这个不大好说，你要特别小心，真的确实有，但作假的人也这么做，甚至把表面的纹饰大部分都遮盖了。试想一下，有谁会连表面上的纹饰都没有看清楚就急着拿来出售的？因此一定是值得怀疑的。

打磨法。用酸洗、用茶水加少量碱煮、用高锰酸钾擦拭，都是一些化学腐蚀方法。还有用机械打磨方式来去除表面浮光的，比如用兽皮或者其他一些毛发类的工具，对瓷器表面浮光进行打磨。经过这种方法处理的器物通常大家是容易分辨的，只要在显微状态下或者是肉眼的状态下就能看见器物的表面有很多平行的打磨痕迹或划痕，如图 2-5 所示。因为通常情况下，古代器物在正常的留传过程中，这种划痕或痕迹不会或很少出现绝对平行的现象，所以大家要注意到作伪器物的这个特征。

图 2-5　作伪瓷器表面在微观状态下呈现的平行打磨痕迹（该样品为现代仿古德化窑器物）

第二种，高仿品。高仿品也称作仿古艺术品，包括全国各主要的陶瓷生产基地，还有古代的各大窑口，当今大都有一些仿古制品。这些仿古制品的数量很大，既有对高端的古玩艺术品进行仿制，包括皇家御用品和官窑器物的仿制，还有对低端的大家普遍能见到的一些日常用品或者叫饭冒器之类的进行仿制。

第三种，"李鬼"骗术。这个说起来挺有意思的，《水浒传》中假李逵被戏称作"李鬼"，做拦路劫财的勾当。我这里说的李鬼不是劫财的，而是骗钱的。现在由于基本工程建设，可能被动出土了一部分古玩或瓷器之类，有些人特别相信农民工、建筑工人，因为他们在生产一线，所以认为他们手里的器物肯定是真的。于是个别人就打起了这个歪主意，冒充农民工，戴上安全帽，穿上黄胶鞋，当有行人经过时便从马路旁边噌地窜出来，拿着一件糊满泥或土的器物说："哎，先生，您要不要这个？刚出土的。"大家可要小心，类似情况我遇见过几次，我还在想，为什么我遇见得多？可能是因为我日常经销古玩，对方事先已经做好计划，看我什么时候去店铺，什么时候回来，经过哪个路口，人家都策划好了。这种情况下，真品的可能性几乎没有，所以大家一定要避免上当受骗。另外，新出土的文物通常也是不被允许随意流通的。

第四种，以次充好。就是说这件东西是真的，但是这件东西的收藏价值、市场价值和艺术审美价值没有那么高，商家为了获得更大的利润，于是就把这件东西说得神乎其神，年代尽量往前说，档次尽量往官窑去靠，尽量把不精美的纹饰说成精美的。那么大家就要小心了，这取决于你的眼力和你的审美水平。你的眼力和审美水平从哪来呢？我希望做古陶瓷收藏的朋友们，日常闲暇时间多接触一些书法和绘画的知识，不妨也动手临摹。如果你对书法和绘画有一定的了解，那么你再看这件东西，它到底是一个低等品或普品还是一个较高档次的藏品，你就会具备一定的审美能力和分辨力。否则你花了很多钱，东西买的是对了，可是你买贵了，这个将来也不会保值，甚至是贬值。

第五种，拍卖会上的器物。拍卖的器物也不一定保真。这些年拍卖很火，全国各大城市的拍卖会（拍卖公司）风起云涌，而买家一窝蜂似的，认为拍卖的东西一般不会有错。实则不然。拍卖的东西也不一定保真，因为没有人给你保这个真。原因在哪呢？根本原因在于古玩自身的特殊性，鉴定专家也好，鉴定机构也好，或者有一定经验的收藏界人士，对同一件器物的鉴定往往会持有不同的意见。比如，到不到代的问题，赝品的问题，鉴定结论会受到各种因素的限制，因而鉴定结论也不一定全都可信。同时拍卖会当中也不排除有假拍和炒作的可能，因此我们在拍卖会上竞拍器物的时候，一定要在拍之前认真地观察，不妨请几个有经验的朋友帮助把一下关，举牌儿的时候慢几拍，仔细去考虑一下有无风险以及自己的承受能力。这样能够最大限度地降低竞买时的风险。

第六种，回流的器物。购买回流的器物也有风险，现在有好多器物，大家在购买的时候，商家往往说这是回流的，肯定没问题。这里大家要注意了，确有一些回流的是真正到代的东西，或者说是老物件或古玩，是古代我们外销出去的、贸易出去或流散的东西，如今回流；还有一种就是当代一些艺术品以前跟国外交流，到了国外去，现在又把它买进来，因此回流的这些艺术品也不一定都到代，也不排除有一些赝品，所以我们还是要看实物去说话，不要只听卖方讲故事。

第七种，收藏中的陷阱，"埋地雷法"，也叫作"埋地雷""踩地雷"。这是古玩购买当中比较容易使购买者上当的一个陷阱，这里我想跟大家简单提一下。这个叫法挺有意思的，但后果往往很严重。这种埋地雷的方法是针对一件器物，卖方给你讲一个故事，来说明这件器物的来历，有时还制造一个神秘的收藏背景。当然故事大多情况下是编造的，这个故事就是一个"套儿"，或者称之为导火索。你相信了这个故事，这根导火索就被点燃了。当你把这件东西以高价买到手里的时候，这个雷就"炸"了。这个雷一炸，受伤的就是你，也就是我们买家或藏家。和现在的电信诈骗类似，其实古玩行中这种埋地雷的手法也是属于一种诈骗的勾当，只不过形式不同而已。雷一旦炸了，受伤的总是买家，最终给买方物质上、财产上和精神上都会造成巨大的冲击和打击。在这里，我想给大家讲两个具体的故事。

我曾听说过这样一个故事：前些年，有一位老先生专门上建筑工地从农民工手里收一些所谓的出土器物。他认为这些出土的东西肯定是真的。结果有个农民工就抓住了他的心理，先卖了他一些出土的简单的小的器物，如瓷片等，老先生很高兴。后来有一次，这个农民工预先准备了一个新的大的粉彩瓶子，埋到土里，故意弄上一些土埋的痕迹。等老先生去了，这个农民工就告诉老先生，这个瓶子是昨天晚上刚出土的。老先生坚信不疑，花一万块钱买到手里。后来找专家鉴定一看，地地道道的"新活儿"（指现代器物）。这就是典型的"埋地雷"的方法，你信了他这种环境，信了他这个人和他编的故事，高价买了赝品，"地雷"就炸了，你因此受到伤害。

我再讲一讲我亲身经历的一件事：很多年前，我和几个朋友到一个著名的风景旅游区旅游，当时还花钱聘了一位老先生做向导。据老先生自己说，他是清代爱新觉罗的后裔，七十多岁了。我们被这种环境，被这个老先生的身份，还被他所讲的一些早年经历所吸引，于是说："我们喜欢古玩，您能不能领我们去周围买一点？""好。"

老先生一听很是高兴，满口答应下来，参观完景点，我们兴致勃勃地带着探秘的心情跟他来到了一户据称是当地财主后代的人家里，那是在一个小村落里边，几间民房，看着很古老很破旧。进去以后，发现主人是个五六十岁的先生，我们说明了来意，他把他们家大柜里的东西从上边一层一层往下拿，一直拿到柜底，拿出一把粉彩的壶来。这位主人说，他都快六十岁了，他很小的时候，家里就有这把壶，这是他们祖上留下来的东西。当时我们有点像鬼迷心窍似的，心里认定这件东西没错，于是说："好啊，多少钱？"主人说："1500元。"我说："贵了。"再往下砍价，砍到最后认为满意的价格，用600元把它买到手。然后我们问他还有没有老的物件，主人就把我们带到他家的柴堆旁，从柴堆里搬出一件很大的玉兽，说也是老的。我一看心里生疑，这么大的玉兽出现在他家里，如果真是古代的，那概率有多大？当时我还有些古玉的常识，觉得有些问题，然后就准备离开，哪承想主人突然说这曾经是一对玉兽，但只收了这一个，这一来我愈发生疑了。壶已经买了，按约定给了做向导的老先生120元介绍费，中午还邀请老先生和我们共进午餐。我千里迢迢地将这把壶抱回家，看了一段时间，怎么看怎么不对；又找朋友们一块切磋、观看，最后断定必假无疑，也中了"雷"，损失了几百块钱，也换回了教训。后来我以极低价格把它卖掉了，也跟买家说清楚了这是件仿品。我通过这个故事想跟大家说：千万不要听故事，也不要看环境，从柜子里拿出的也不见得是真品。现在作伪的方法不断地翻新，听说有的甚至发展到把仿品埋到土里，来个现挖现卖，也有预先把仿品藏到古井里的，实际上这是最大的、最危险的"地雷"。有些人认为自己亲眼看到的，坚信不疑，其实也是一场骗局，所以大家一定要小心。在我经历的故事里，我也算是踩了一次"地雷"，还好，伤得不深。不过现在眼力提高了，基本上不会出现这种情况。大家在收藏过程中一定要注意上面讲的这几种作伪的方法和一些欺骗的招数，避免造成经济上的损失和精神上的伤害。

仿古之我见

现在制作仿古作品通常有两个目的：一种是出于崇尚古人的作品，力求表现当代工匠的模仿能力和技艺水平，这有利于陶瓷技艺的传承；另一种是受利益驱使来制作仿古的作品，即我们通常说的伪品或赝品，其目的是为了盈利或追求高额利润。有的朋友问我：为什么当代人无法仿造出与古代器物一样的作品？现在很多人，包括一些大师级的人物也在研究古瓷的制作工艺，从而想仿烧出和古代器物一模一样的作品。但无论怎样，其结果总是与古代的真实器物有这样那样的差异。那么当代人仿古究竟能不能达到与古代作品完全一致或者天衣无缝呢？这里我想谈谈自己的观点。

我认为现代人或当代人是无法或不能烧造出与古瓷无差别的器物的。这里有以下两个主要原因：一个就是时过境迁，现代的或当代的制瓷原料以及烧成环境与古代不同。我们现在用的瓷土和釉料与古时用的成分会有些差异，现代的工业生产造成水和空气的成分以及其他气候环境因素与古时候也不可能完全相同，甚至我们用于柴窑烧制的木材的成分，由于今天工业和人类活动影响它的长成环境可能与古代燃料的成分也不尽相同，所以想要烧造出与古代一模一样的瓷器是不可能的。第二个很重要的原因，就是人的因素的影响。我们现代人或当代人接触和生存的环境与古人不同。我们从懂事的那一天起，接触的都是现代的一些元素，比如火车、飞机、汽车、电脑、手机、现代制品等，也就是说现代元素装满了我们的头脑。当我们在仿古制作的时候，有意或者无意中就会把我们头脑中储存的一些现代的元素和意识融入产品的制作过程中，因此现代人烧造的瓷器一定会或多或少地带着现代人的风格和特点。

举一个有趣的例子。在位于俄罗斯圣彼得堡郊外的叶卡捷琳娜二世夏宫后面的亚历山大花园中，俄罗斯著名设计师为花园设计的一座中国桥上，有四位身着清代服饰的中国清代人物造像，但他们的脸看上去高鼻深目，貌似欧洲人，概因这些造像的俄罗斯设计师并没有到过中国，仅凭资料和自己的想象设计出的中国清代人物，还是形似他们自己的面相。这和今天的人们仿制古代瓷器有着类似的道理，现代人没有身处古代的环境，头脑中充满现代环境信息，其仿制的作品就一定留有现代元素，这些正是我们鉴定时要找的证据。

因此综合以上各种因素，我认为无论现代人采取什么样的方法，要想仿到和古代瓷器完全一样的效果是不可能的，也不可能达到古瓷所特有的韵味。至于一些高仿品甚至能以假乱真的情况，那是我们暂时还没有发现其所隐藏的现代特征，或是我们自身的认识能力所限。据说唐英在担任督陶官的时候，烧制出的仿古器物能以假乱真，连当时的大臣都看不出来，我认为这在当时可能是一个特例。毕竟唐英所在时代并非现代社会和现代环境，古人去仿古，他们的头脑中还没有现代的一些新的事物元素，因此仿得就会像些，但也一定会有所不同。此外也可能是当时的大臣已经看出来了，限于某些原因或考虑各方利益没有说出真情，并且大臣们也未必就是鉴赏专家。随着现代科技的发展，新的检测仪器和新的检测方法已经应用到了古玩的断代和鉴定领域，这种科技鉴定的手段与传统经验鉴定方法的有机结合，会越来越容易使我们对器物的时代和真伪做出正确的判断。

古玩鉴定的方法

古玩鉴定是将待鉴定的器物与已经确认的器物即参照物或称标准器物进行比较的过程。当没有参照器物时，可按照业界公认的这类古器物所具有的特征进行确认。那么具体到一件古玩，我们怎么对它进行鉴定呢？鉴定的方法有哪些呢？这里我以陶瓷为例选几个主要的鉴定方法跟大家介绍一下。总体上讲古陶瓷的鉴定无碍乎就是三种方式：一是科学鉴定，二是传统经验鉴定，三是将科学鉴定和传统经验鉴定相结合的方法。我选择其中主要的方法跟大家介绍一下，包括科技鉴定法中的元素成分分析法、碳 14 测定法、热释光法、微观结构状态及痕迹鉴定，此外还有最为普遍的传统经验鉴定法。

元素成分分析法

先说科学鉴定，首先就是化学成分分析。做化学成分分析，比如陶瓷，通常的方法需要对胎釉进行取样，这样难免会对器物造成一定程度的损坏。取样后分析它的元素成分，然后要建立一个信息库，记录器物是哪里出土的，哪个窑口的，什么时期的，以及化学成分是什么等，以后再有一件器物需要鉴定时，可以分析一下被鉴定的器物的化学成分跟信息库中的数据是不是一样，如果一样或相似，就可以说它们窑口、年代相符或相似，从而对被鉴定器物做出判断。这种方法的缺点是取样时会造成器物的局部损坏，特别是完整的器物。现在化学成分分析法还有一种新的方法叫作 X 射线荧光分析法，它的原理是用仪器发射的 X 射线去照射陶瓷，然后激发陶瓷里面的元素使之发射出一定特征的 X 射线光谱，再用专门的仪器去定量分析，就可得出被测对象的化学成分。这种方法优点是不破坏陶瓷，不用取样，而且速度非常快，几分钟结果就出来了，很是方便，但缺点是仅能测定陶瓷胎釉的表面及近表面部位的成分，当胎釉厚度较大时对测量结果就会产生影响。但是无论是取样分析，还是用 X

射线荧光法去分析，都需要建立一个数据信息库，但中国古代有那么多的陶瓷品种，历经了几千年，又有那么多的窑口，想建立一个规范的、完整的数据库，谈何容易，所以这种方法受到了一定的局限，其分析结果也限于仪器和操作过程等因素的影响而产生一定范围的误差。

碳 14 测定法

有一种科技鉴定的方法叫碳 14 测定，我们简单地介绍一下它的原理。对一个陶瓷器物来讲，对它本身是不能测定的，必须要对伴随着它出土的一些有机物才能进行测定。这种碳 14 测定的方法，是利用了碳 14 这种元素本身的半衰期的规律性特点，比如某种动植物，它活着的时候，它的体内的碳 14 存量是基本稳定的，但从它死亡开始，每隔固定的周期，大约是 5700 多年，它体内的碳 14 元素的存量就要减少到上一次存量的一半，如此规律性进行，这个固定的周期就叫作碳 14 的半衰期。利用这个特点，我们只要对陶瓷出土时本身附带的或遗址环境的有机伴生物进行碳 14 存量的测定，就可以计算出伴生物有机物死亡的时间，从而确定和它一起出土的陶瓷器物的年代。但是这种测定和计算方法的前提条件是，假定自古以来大气中的碳 14 的浓度是固定不变的，然而实际情况是大气中碳 14 的浓度并非是固定的。因此依据这种假设做出的测试和计算结果就会有一定的偏差，越古老的器物测出的偏差就越大。此外，陶瓷本身附带或出土环境的有机伴生物的死亡时期，与陶瓷的烧造时期也不一定相同，因此对鉴定古陶瓷的年代也会有一定的影响。

热释光法

先介绍一下热释光法的原理。比如陶瓷，它在炉里加热烧制的时候，其内部晶体中的能量几乎全部释放出去了。从它出炉那天开始，经受外界各种放射性物质的照射，包括自然光、各种自然射线辐照、热源影响等，它的内部就重新积聚了一些能量，并通过应变的方式储存在陶瓷的晶体中，其储存的能量与时间成正比。如果我们通过一些人为施加的外部的能源来激发它，让它里边后来吸收的那些能量重新再以光的形式发射出来，然后测出它发射光的总能量，并与数据库信息比对，就可以测定出该陶瓷烧成的年代，这种科技鉴定的方法叫作"热释光法"。当然热释光的方法也需要建立数据库信息，因此它还是受到一定的限制，而且现在有些作伪者把新的瓷器也拿过来进行人为辐照。比如故意加热或经过人为射线辐射等，经过这样作伪处理的陶瓷器物再经过热释光机器测试，就会出现误判，例如本来是现代仿古作品，经过测试后就会得出是清代的、明代的、宋代的或更早一些的器物的结论，所以热释光法有它的局限性。对于出土的器物，热释光法较为准确的测量时机就是器物刚一出土，不经过任何的外部的自然或人为辐照，直接做热释光测试，这样结果会比较准确。另外，热释光测试也需要取样，破坏器物，所以也增加了它应用的局限性。总体上讲，热释光这种方法在排除人为的影响条件下，其测定出的器物年代是较为接近真实的，因此目前这种方法在对陶瓷进行断代的过程中也较为普遍地被采用。

微观结构状态及痕迹鉴定

还有一种科技鉴定方法，也是现在比较实用的方法叫微观结构状态及痕迹鉴定法，也就是借助于显微镜或其他设备观察待鉴定器物的陶瓷釉子表面或内部结构状态，比如气泡、晶体结构、开片的特征以及表面自然老化的状态，还有表面的网状或条状纹理、腐蚀造成的粗糙程度以及划痕等，再与已确定的古代陶瓷器物的结构状态及其他特征进行比较从而做出断代的方法。这种鉴定方法还是比较准确的，当然严格意义上讲它也需要建立一个数据库或信息库，但这与化学元素成分分析等方法面临同样的问题，中国古代这么多陶瓷窑口，这么多陶瓷品种，不可能建立那么全面的、完整的数据，特别是有些传世的明清瓷器，有时其微观特征并不十分明显，因此这种方法也受到一定的限制。我们现今在一些重要场合鉴定古陶瓷器物的时候，以上这些科技鉴定方法得出的结果还经常用以断代时的重要参考，并结合下面我们要讲述的这种传统的鉴定方法（目鉴）来相互佐证，综合判断再得出结论。

传统经验鉴定法

传统经验鉴定法是指以传统的方法，包括眼睛看、鼻子闻、耳朵听和手摸来鉴定古陶瓷的方法，相当于中医上的望、闻、问、切。当传统鉴定方法出现争议时，也常以科技鉴定为辅助。

眼睛看，看什么？比如一件瓷器，看它的造型，它的胎釉，它的纹饰，它的颜色以及它的外部表面特征。

鼻子闻，闻什么？有没有出土的气息，有没有刚出窑的那种火气味儿。

耳朵听，听什么？我们用手指轻轻地去弹一下或用竹筷轻轻敲击一下瓷器，古代的器物往往声音比较清脆，如果有损坏的话，声音还会带有杂音，有一些沙哑的声音或杂音。现在新做的器物，声音比较糠散沉闷。听的另一个含义就是我们有时候还可以问问藏家关于藏品的来历，听一听藏家讲藏品的收藏故事，听故事的过程中有时也可发现破绽，因为卖伪品者有时会难圆其说，但听故事只能作为参考，关键还是要看实物。

手摸。我们说眼睛看、鼻子闻、耳朵听，这些还不够，很多情况下需要用手去抚摸器物，感受一下它的重量、它的造型、它的壁厚，以及它表面粗糙、润滑、莹润的这种感觉。有时候我们做收藏的朋友在一块，大家偶尔也会打个趣儿、逗个乐，说鉴定一件东西，你拿过来，我闭着眼睛，用手摸一下，有时不睁眼睛就能知道真伪，讲的就是这种方法。常听到古玩行的一些老师傅说，闭着眼睛仅用手摸的方法就能鉴定器物真伪。我也试过，确实有一点效果，这需要多年的经验积累，但是无法保证每次都准确。其实手摸通常都是在眼观的情况下进行的，主要感受表面的状态以及器物的重量。古代工匠做瓷器的时候对于器物的重量掌握得非常好，薄了，烧制过程中容易变形，厚了，浪费胎釉材料。出于成本考虑，古人在不断实践的基础上，制作同一种器形和尺寸的器物，它的重量几乎是一致的，但是这不是绝对的。有些官窑器物上手的感觉也很重，还有一些很薄的，那是特殊情况。

以上是我给大家介绍的科技鉴定和传统鉴定方法，实践中我们最好将这两种方法结合起来，相互佐证。对于普通收藏者来讲，出于条件的限制，还是要掌握并侧重于传统的鉴定方法。当然在传统方法的鉴定过程当中，比如使用了放大镜或者是显微镜，实际上这已经是接近于一种痕迹鉴定了，也就是说传统鉴定和科技鉴定之间也有交叉之处，互有补充。

古玩鉴定的现状

某些器物鉴定的困难

有些器物由于本身的特殊性，鉴定起来很困难。以陶瓷为例，一些单色釉比如酱釉、黑釉、白釉、青釉、红釉器物的鉴定难度就很大。粉彩、青花是常见的瓷器品种，我们一旦掌握了它的鉴定方法，就会觉得相对容易一些。而某些单色釉器物，比如德化窑白瓷，当时主要是出口欧洲，国内少见，藏家见到真品的机会不是很多，上手的机会就更少了，所以鉴定起来有一定难度。

再有一个就是某些特殊的古玩艺术品鉴定起来非常困难。我这里给大家举一个例子。书画的鉴定在古代艺术品中难度相对要高一些。例如五代十国时期南唐著名画家董源画的《溪岸图》。20世纪30年代，徐悲鸿从桂林买到了董源的《溪岸图》。1938年，张大千把这幅画从徐悲鸿的手中要过来并带到了四川。没过多久，张大千就拿自己收藏的一幅清代金农的《风雨归舟图》跟徐悲鸿换，将这幅《溪岸图》给换来了，变成了张大千的藏品。20世纪50年代，张大千把这幅画又卖给了美籍华人收藏家王己千。王己千得到这幅画也是如获至宝，视为珍品。王己千在1997年将这幅画捐赠给了美国纽约大都会博物馆。本来这个故事到这里，该画上一个句号结束了，可是下边又产生了新的故事。纽约大都会博物馆对外宣称，董源的《溪岸图》，与中国台北故宫博物院的两幅画——范宽的《溪山行旅图》和郭熙的《早春图》，堪称中国早期绘画的世界三大名迹。此消息一出，整个书画界、收藏界都轰动了。大家关注的焦点在于这幅《溪岸图》是不是董源的真迹。于是，美国纽约大都会博物馆在1999年12月召开了一个中国书画鉴定世界学术研讨会，请来了世界上一些著名专家，有中国的，有日本的，还有美国的专家等，最后鉴定的结论分成四大派。第一种观点认为，这幅画是董源的，年代没有问题；第二种观点认为，这幅画的年代是北宋早期，没有问题，但它是不是董源画的，这个没法断定；第三种观点认为，这幅画的特征具备明代著名书画家董其昌的特点，所以认为这是董其昌画的；第四种观点认为，这幅画就是张大千仿的，他将仿品卖给了王己千，为什么呢？因为张大千被称为中国仿古第一高手，有这种可能，所以持这种观点的人很多。大家争论来争论去，直到现在也没有一个定论。对于这幅画的鉴定，这些世界顶级的专家最终都没有达成一致结论，那么对于我们这种普通的收藏者来讲，现在给你一幅画让你来鉴定，判断属于哪个年代的，谁画的，是不是真正本人画的，是当时仿的，还是后仿的，这确实有一定的难度。

其实古代就有仿制当朝和前朝书画的情况，如今书画市场上仿制古代的书画作品更多，仿制手法也多种多样，要想鉴定书画的真伪，需要对各个时代画家的风格和作品特征十分熟悉，还要熟悉历史上不同时期画材的质地和使用情况等，有相当的难度。类似的例子还有宋徽宗的《雪江归棹图》是否为宋徽宗本人的画作，明清以来直到现在还没有定论。启功和杨仁恺认为应是徽宗本人之作，特别是启功认为在没有确凿证据的前提下，这幅画还是应归属于宋徽宗的名下。可见书画鉴定的难度。

亟须高水平的鉴定人员

目前收藏鉴定市场上高水平的鉴定人才不多。我们经常见到这种情况，在古玩行里，有些玩了若干年的朋友见面时，对一件器物的看法互相争执不休，我认为我的观点是对的，你认为你的观点是对的，到代不到代，真的仿的，常常是每个人持有不同的看法。于是人们就习惯于听信专家的观点或意见，而真正高水平或称得上专家的人并不是很多，这些高水平的人正是我们现在鉴定市场上亟须的人才。也许大家会问，什么人算得上是高水平的专家呢？

以古陶瓷鉴定为例，要成为高水平的专家，我认为至少要具备以下几个条件。第一，理论知识必须扎实。第二，实践经验非常丰富，常年在收藏市场磨炼，尤其是看过的出土的属于不同品种的瓷片至少得在几万甚至几十万件以上，还要上手过大量的器物，见过大量的真品及仿品。不但要知道真品的特征还要知道仿品的作伪方法和特征，要经常到博物馆去参观实践，不是写了一两本书就是高手或专家了，还需要很丰富的实战经验。但也不是说没有理论知识，只要有实践经验就行，比如判断这件器物是真品，但真到什么程度，说的又不准确，这也不行。第三，我认为高水平的古陶瓷鉴定专家也必须熟悉或具备书画知识，甚至能亲自动手来书写和绘画，这样对陶瓷纹饰的鉴定会有很大帮助。此外，高水平的鉴定人员还需具备正直诚信、德才兼备的素质和修养，不为利益所动，客观公正地参与鉴定工作。

鉴定资格证书与实际鉴定水平

目前，少数鉴定人员是持有相关鉴定资格证书的，但是资格证书只代表该人员具有了执业资格，真正要想达到鉴定高手或专家的水平，还得不断地在实践中去摸爬滚打，去锻炼。我也见过个别持证人员，跟没持证的高手、专家比较起来，还是有一定的差距。所以，无论是持证也好，不持证也好，一定要不断地实践，不断地充实自己，不断地在实践中磨炼，才可能成为高端的收藏或鉴定人才，才能够具备一双火眼金睛的这样一种判断的能力。前些年，我也曾想考个证，当时在外地出差，网上一查，当地有这类古玩鉴定师培训班，学费也不是很多，学习时间为三个月内的周六、周日，包括理论和实践。由于工作原因，我没赶上最后一期报名，现在回想一下，如果我通过三个月的学习拿到了古玩鉴定师的证书，也不能说明我的实际鉴定水平如何。毕竟古玩的鉴定经验需要几年、十几年甚至更漫长的时间去积累。现在，有些机构或单位也办了一些取证班、学习班，尤其还可以去景德镇参观一些窑址包括御窑厂、湖田窑等，我觉得很好，我就希望这种势头能够持续下去，为满足目前日益扩大的收藏市场鉴定人才的需要，提供一个很好的人力资源的保障。但短期的培训是远远不能满足实际鉴定要求的，我觉得对欲取得鉴定资格证书的人员要有基本的申请资格要求，比如必须有实践年限的限制和必备的理论知识，或者通过申请资格的初步考试才能进入培训班学习。这样有一定的基础学习起来会更好些。而短期培训只能起到深化、提高和规范的作用。收藏鉴定市场需要持有职业鉴定师资格证书或具有相应鉴定资质的人员，所以相关的考核制度也要加强和完善，但参加培训学习和取证的时间毕竟短暂，要想成为真正高水平的鉴定人才，还需要终身学习和实践。真正的专家必须是具备扎实的理论知识，并经过多年市场磨炼的实战型的人才。

藏品的鉴定证书

一些古玩鉴定机构出具的藏品鉴定证书往往带有模棱两可的结论。我也见过一些朋友拿着一件器物，带着某某鉴定机构出具的证书，证书上在鉴定方法中有时还使用了分析仪器，证明这个东西是古代器物，但我看来东西却是有疑问的。现在的证书通常有两种情况，一种情况是鉴定证书的结论表明器物的年代具备古时候某个时期的器物的特征，但不能做出肯定的结论；还有一种证书的内容表明，仅仅是具备某朝代器物的特征，这是初步鉴定结论，还需进一步鉴定，包括采用科技手段等等。这样按步骤来，当然费用也少不了。我曾亲眼见到过带着证书的那些瓷器，实际上有的是高仿的明清官窑，还有高仿的宋代的汝窑以及元青花等。因此对带有证书的器物，证书只能是参考，关键还要看实物，何况有些证书本身的真伪就是一个问题。

如何提高自己的眼力

古玩收藏存在陷阱和风险，那么怎样才能找到一条通向收藏成功的捷径呢？在这里，我想把我多年的经验跟朋友们坦诚地交流一下。

首先，大家要有几本较为适合的书籍。有的朋友说："我见到古玩和收藏方面的书就买，买了很多，然后不停地看，不是说读万卷书走万里路吗？"当然，这种方法我并没有完全否定，但是我强调的是你没有抓住重点，到头来有些基本常识还没有理清。我见过一些人收藏瓷器，玩了一辈子，但是连基本的概念都说不清楚。因此有几本合适的书对于收藏入门也好，或者说对掌握和提高收藏鉴赏知识也好，非常重要。比如陶瓷收藏，冯先铭先生主编的《中国陶瓷（修订本）》这本书的理论就比较系统、完整。这本书是2001年出版的，随着考古和新的发现不断地出现，将来可能还需要改版，但是这本书目前来讲还是比较全面地反映了中国陶瓷的发展、各个窑口的基本情况。在这里我想对阅读这本书提出一点体会，大家看书的时候重点是各个时期的陶瓷上的胎釉特征，特别是釉料和彩料的使用情况，包括青花、颜色釉及彩瓷等的釉料和彩料的情况，比如各个时期青花瓷使用的钴料的品种及特点。再有就是清代蓝浦先生和他的学生郑廷桂编著的《景德镇陶录》，因为他们是乾隆、嘉庆时期的人，在景德镇亲身感受了制瓷的过程，其内容对今天的我们而言十分珍贵。我也看过《陈万里陶瓷考古文集》这本书，陈万里先生是我国陶瓷考古界的大师，有中国古陶瓷泰斗之称，一生考查各大窑址，记录了很多真实的第一手资料。一些博物馆如故宫博物院以及考古方面的书籍也值得阅读。对于陶瓷而言，要紧紧抓住官窑器物的来龙去脉以及五大名窑和宋代七大窑系的知识来展开。此外，一些优秀学者有关收藏鉴赏方面的书籍也可以适当阅读一些。

其次，要找到一位好的老师来帮助入门、提高和把关，这也是学习收藏非常重要的一环。这名老师必须是一位理论和经验都很丰富的实战高手，而且他还必须具备很

图 2-6 瓷片

图 2-7 故宫博物院延禧宫举办的中国古陶瓷窑址标本展

好的人品，找对这样的人，也不是易事，要有机遇。

再次，要理论联系实际，多到博物馆观摩，多到古玩市场亲身体会，最好从瓷片开始。瓷片能用事实说话，能锻炼眼力，而且价格相对较低，可以上手。因而，瓷片是初学者最好的实物老师，但是要从诚信的古玩商或朋友那里购买和观赏，因为近些年瓷片中的现代仿品也很多。

最后需要的就是要坚持。《诗经》云："靡不有初，鲜克有终。"说的是大家做事的时候，很多人都有一个良好的开始，但是很少有人能坚持到最后。这里我想谈一谈热播节目《中国诗词大会》。有一位女士，在现实生活中既要照看生病的弟弟，自己本身还有疾病，但她能够十年如一日地去研究和学习唐宋诗词，这样一路坚持下来终有收获，并在诗词大会上表现得很优秀。这是一种什么精神？这是一种执着的精神，一种对中国传统文化的热爱，有了这种精神，我们做什么事情都会取得成功。

以上是我总结的成为成功的收藏者的所谓捷径。绝对的捷径是没有的，看完几本书，到几家博物馆看一下，再到古玩市场转一圈，回来就成高手了，这怎么可能呢！大家还是要一步一步地、脚踏实地地去学习，将理论和实践结合起来，持之以恒，才能取得好的效果。

古玩收藏品的来源

我们的藏品从哪里来呢？在这里我简单说一下。按照《中华人民共和国文物保护法》最新修订本（2017 年 11 月 5 日起施行）第五十条规定如下：

> 文物收藏单位以外的公民、法人和其他组织可以收藏通过下列方式取得的文物：
>
> （一）依法继承或者接受赠与；
>
> （二）从文物商店购买；
>
> （三）从经营文物拍卖的拍卖企业购买；
>
> （四）公民个人合法所有的文物相互交换或者依法转让；
>
> （五）国家规定的其他合法方式。
>
> 文物收藏单位以外的公民、法人和其他组织收藏的前款文物可以依法流通。

依法继承。我们常可见到持宝人讲到藏品来源时说，我的这个藏品是我祖上传下来的，这叫继承。但这里强调的是依法继承，这是藏品的一种来源。

从文物商店购买。文物商店的器物，据我了解在销售之前要经过鉴定。实际情况是不是这样呢？我实地走访过很多家文物商店，老板都很热情，拿出一些东西，我看器物年代也有些问题。这些文物商店有国营的，也有个人经营的，所以购买者一定要慎重。即使是正规的文物商店，由于古玩鉴定的特殊性，器物的年代也无法保证全部准确。

拍卖会上竞拍而来。上面我说了，拍卖会上的器物不一定都保真，大家也要十分小心。

古玩市场上购买。目前的文物保护法当中没有"古玩市场"这个概念，现在全国各地的古玩市场风起云涌，是很多藏友的藏品的主要来源，那么我想古玩市场的地位也就相当于文物保护法当中所说的属于"国家规定的其他合法方式"。古玩市场上仿品和新品也很多，大家收藏时要注意仔细识别真伪。

古玩收藏和现玩收藏

下面我想和大家探讨一下古代艺术品（古玩）和现代（或当代）艺术品（现玩）收藏的一些话题。古代的艺术品，古玩也好，或者文物也好，数量是固定的，尤其是一些很难得的珍品，由于数量已经是固定了，不会增加了，因此我们收藏古代的艺术品才能够真正地或潜在地有较大的保值和升值的空间。现代艺术品，收藏界称之为"现玩"，主要是指新中国成立后的一些艺术作品，也可称为"当代艺术品"，这里我们笼统地把它们称为"现玩"。古玩从年代上一般来讲常指清代（含）以前的器物，民国时期我认为属于一个过渡期，它既具有古代的特征，又具有现代的特征，当然我们要把民国时期笼统地划归为古代的范围也可以。对于收藏现玩，要想保值或升值，需要记住三点（三个要素）：第一点，要具有很高的文化价值，也就是说作品本身所蕴含的文化内涵比较丰富。第二点，必须是精品。当然名头大的作品固然好，但如果是应付之作，价值也不会很高。第三点，数量一定要稀少。大家掌握了这三点以后，在收藏现代艺术品的时候就有据可循了，你去分析一下，判断一下，具备这三个特点的，将来也有一定的保值和升值的空间。

收藏过程中也常听到有人说淘到了一件宝贝。作为宝贝，我认为必须具备三个属性：一是材料珍贵并能长久保存；二是制作工艺精美；三是数量稀少。参照这个判断方法，大家可以判断自己手中是否有宝贝了。古玩和现玩都可以成为宝贝。

中国文化源远流长，我们形容一个人有才，会说这个人才高八斗，但对于我们中国博大精深的传统文化来讲，个人的才高八斗也可以说是九牛一毛、沧海一粟、黄河水的一滴。收藏文化是传统文化的重要组成部分，需要我们不断地去学习和实践。在收藏过程和现实生活中我们每个人都好比一滴水、一朵浪花，只有融入祖国传统文化的长河当中，才能尽情地去享受古代艺术品和古典艺术带给我们的快乐。

这一讲主要讲了古玩作伪和鉴定的方法，目的是使大家在收藏的过程中具备最基本的常识。由于收藏过程中真品和伪品总是如影相随，因此收藏的过程也就是辨伪存真的过程。更进一步讲，辨伪存真的目的是为了更好地传承和发展中国传统文化。我希望每位朋友在享受收藏快乐的同时，能够积极地为文物的保护和传统文化的传承做出自己应有的贡献。

在本书创作期间，很多朋友问我为什么用"四更"或"四更一剑"作为笔名，这里我想说：四季更替，周而复始，文化根脉，薪火相传。我写这本书的目的，就是想把我多年积累的经验非常坦诚地、毫无保留地奉献给朋友们，让大家少走弯路，多走捷径。以上两讲作为本书的序幕到此就结束了，从下一讲开始的连续八讲，将要以实物来具体地揭示古玩本身所包含的历史文化信息，以及实战中的鉴定方法，让器物本身来讲述自己的中国故事。我尽力把每一讲的内容都安排好，让每一讲内容甚至对每一个瓷片或器物的赏析都会成为藏友们获得收藏鉴赏知识和精神享受的一顿饕餮盛宴。我希望朋友们仔细阅读这本书的内容后，对从事古玩收藏和投资方面能有些许帮助，也许会有意想不到的收获，倘能如此我会感到由衷的欣慰和快乐。

王者青花　雅洁幽靓

第三讲

　　蓝色来自自然，晴朗的天空、浩瀚的海洋、靓丽的蓝宝石、蓝色的花朵总是惹人喜爱。蓝色象征美丽、宽阔和永恒，也是希望之色，在伊斯兰教中，蓝色是纯洁的象征。蒙古民族生活在广袤的草原和蔚蓝的天宇下，逐草而居，因而喜欢蓝色的天空和朵朵白云，加之蒙古族人素以"苍狼白鹿"子孙自居，所以最为尊崇蓝白两种颜色。元朝时，白色也是蒙元人、波斯人、西方人崇尚的色调，蒙古贵族"国俗尚白，以白为吉"。当蓝色与白色结合在一起并以瓷器这一世界语言的身份出现在世人面前时，全世界为之倾倒和疯狂，这就是中国古代工匠创烧出来的使世界为之震惊和追捧的神奇之物——青花瓷。

　　早在唐代，青花瓷即以朦朦胧胧的原始姿态崭露头角，似乎小探世人的情趣和喜好，但仅仅是昙花一现，博得人们眼前一簇闪亮，在随后宋人迷恋单色釉的潮流中静静地沉寂了四百多年，终于在蒙元人尚白、尚蓝的豪情奔放的追求中再一次以全新的姿态登上历史舞台。它洁白的胎质、幽靓的蓝色，在洁净的透明釉下悠然雅静，元人从此宣告成熟的元青花诞生，世界为之哗然。人们纷纷涌向景德镇一探究竟，从此一艘艘满载青花瓷的商船漂洋过海，驶向东南亚、西亚、波斯湾、欧洲乃至全世界。青花瓷以其世人宠爱的蓝白色调、精美的绘画和良好的耐蚀性能，博得了上至皇亲国戚、王公贵族，下至黎民百姓的全世界人们的喜爱。青花瓷当之无愧地从诞生之日起至今以王者风范独领风骚七百余年，是当之无愧的瓷坛霸主。明代，景德镇青花瓷无论是质量还是数量都得到了空前发展，大量的青花瓷被销往海外，被世人奉为至宝，景德镇也因此被冠以中国和世界瓷都之称。

瓷片与器物鉴赏

元青花简介

元青花的概念最早是在 1929 年由英国人霍布逊提出来的，他是对一对元至正十一年（1351 年）青花云龙纹象耳瓶（英国大维德中国艺术基金会藏）做了仔细观察后，发表文章公布了他的研究成果。到了 20 世纪 50 年代，美国人波普继续研究这对云龙纹象耳瓶，并发表了一些文章，从而引起全世界包括中国人的关注，于是人们才逐渐认识并研究元青花，并把传世和出土的器物与公认的元青花标准器对比，又陆续发现了一些元青花器物，这类青花瓷被称为"至正型"。国内最早的一件元青花器物是元延祐六年（1319 年）纪年墓出土的青花牡丹纹塔式瓶，被称为"延祐型"，该瓶现藏江西九江市博物馆。延祐型青花瓷数量较少，属于定烧器或随葬器，不属于外销瓷，仅在国内有少量发现，其釉色大都为青白釉，青花发色蓝中偏灰，属于早期青花。自从 2005 年元青花鬼谷子下山大罐以 2.35 亿元的天价拍出后，元青花在收藏界成了人们争相追捧的器物，市场价格也居高不下。不但整器难得一见，连元青花的瓷片价格也随之高涨。我收藏这么多年，釉色和纹饰好一点的元青花瓷片也没有收藏到。

元青花使用的青花钴料有三种。第一种为进口料，称作苏麻离青（或苏泥勃青），简称苏料。据说苏料最早来自西亚地区，即今天的伊朗、伊拉克及叙利亚一带。还有一说是用来自苏门答腊的苏泥和槟榔屿的勃青制成，关于其来源现在人们大都偏向于前者。由于苏料的成分中高铁低锰（铁元素的含量高而锰元素的含量低），因而烧成后青花色泽幽艳，常有铁锈斑（或称锡斑）析出现象。第二种为国产料，色泽较暗淡，但绘画精美的也是价值极高的稀罕之物。第三种为苏料和国产料掺在一起配合使用的，随着配比的不同，其青花的发色也有所区别。实际上苏料很少单独使用，其中大多掺有一些国产料。元青花器物无论采用何种青料，大都有铁锈斑现象出现，随着窑口和青花钴料成分的不同，元青花铁锈斑出现的轻重情况也不一样，但也存在没有铁锈斑出现的情况。

元代青花瓷全部为民窑生产，元代生产青花瓷的主要窑址有景德镇的湖田窑和云南的玉溪窑、建水窑以及浙江江山窑，从数量和规模上看都以景德镇为主要产地。景德镇的元青花主要是作为外销瓷出口中东一些伊斯兰国家和地区，因为青花的钴蓝色调符合伊斯兰国家的宗教信仰，因此纹饰和造型也具有浓厚的伊斯兰风格特色。元青花数量稀少，价格也极高，据《帝王与宫廷瓷器》一书中记载：

图 3-1　元　高足青花瓷碗（高博先生拍摄，霍城县阿力麻里遗址出土，新疆维吾尔自治区博物馆藏）

传世的元代青花瓷器以伊朗阿迪比尔寺和土耳其伊斯坦堡的托布卡比博物馆收藏最丰富，英国、美国、日本的一些博物馆也有收藏。目前国外见于著录的元青花瓷大约有 200 件左右，在国内近年来随着考古发掘不断深入，虽然从窖藏、墓葬中陆续出土一批元青花，数量也仅在 300 件左右。

目前，世界范围内元青花收藏数量位居第一的是土耳其伊斯坦布尔的托布卡比博物馆，为 39 件；位居第二位的是伊朗阿迪比尔寺（现伊朗国家博物馆），为 33 件；位居第三位的是江西省高安市博物馆，为 19 件，且为同一批出土。高安窖藏出土的 19 件元青花包括 6 件梅瓶（图 3-3、图 3-4）、1 件青花云龙纹兽耳盖罐（图 3-5）、2 件青花云龙纹荷叶盖罐（图 3-6）、9 件高足杯和 1 件青花蕉叶纹觚，其中 6 件元青花梅瓶的盖和器底部分别墨书"礼""乐""书""数""射""御"六个字；一件元青花菊纹高足杯（图 3-7）杯心上有青花草体诗文"人生百年长能醉，算来三万六千场"的诗句，颇耐人寻味。高安市博物馆内已建有一个专题性质的元青花博物馆。

图 3-2　高安市博物馆

图 3-3 元 青花云龙纹带盖梅瓶
（图左）

图 3-4 元 青花缠枝牡丹如意云
肩纹梅瓶（图中）

图 3-5 元 青花云龙纹兽耳盖罐
（图右）

图 3-6 元 青花云龙纹荷叶盖罐
（图左）

图 3-7 元 青花菊纹诗文高足杯
（图右）

（高安市博物馆馆藏）

　　湖北省博物馆藏有两件元青花梅瓶，也异常精美，分别为元青花四爱图梅瓶（图 3-8）和元青花龙纹梅瓶，均为 2006 年湖北钟祥市郢靖王墓出土。特别是青花四爱图梅瓶，腹部绘四幅古代高士图，分别为"王羲之爱兰""陶渊明爱菊""周敦颐爱莲""林和靖爱梅鹤"，吸引了大量的观众驻足参观，观众络绎不绝，流连忘返。

图 3-8 元 青花四
爱图梅瓶（湖北省
博物馆藏）

图 3-9　元末明初　青花"萧何月下追韩信图"梅瓶（图左）（南京市博物馆藏）

图 3-10　元　青花缠枝牡丹纹梅瓶（图右）（景德镇中国陶瓷博物馆藏）

　　南京市博物馆藏有一件元青花（博物馆说明中其年代定为"元末明初"）"萧何月下追韩信图"梅瓶（图 3-9），青花采用苏料，青花发色浓淡适中，绘图生动形象，为该馆的镇馆之宝。据载该梅瓶为 1950 年南京江宁将军山明洪武二十五年（1392 年）沐英墓出土。我在窑址访古期间曾观摩过此梅瓶，因拍摄距离较远以及光线等因素，拍摄效果不甚理想。景德镇中国陶瓷博物馆中的一件元青花缠枝牡丹纹梅瓶色泽靓丽，腹部可见明显胎体接痕（图 3-10）。

　　元青花器物甚至连残片都数量稀少，因此目前市场上仿品很多。有些仿品仿真程度很高，收藏时要仔细辨别。收藏到真正到代的元青花真品的机会很少。

元 青花高足盘残片

　　图 3-11 所示是一件元青花高足盘的残片，连同下一个元青花高足碗残片均为赵春猛先生所收藏。为了我的直播讲座和本书的编写，我曾仔细观摩这两件残片并拍摄了照片，所以才有机会将这两件标本介绍给大家，在此对赵春猛先生表示衷心感谢。首先展示的这件是一个高足盘的残片。从这件残片上看，这个高足盘尺寸应该较大。为什么说它是一个高足盘呢？首先看它的反面，这里原有一个高足柄，虽然断了，但仍有柄的根部痕迹残留。其次看它的纹饰，里边用青花画了两只鸳鸯，旁边还有莲花，这叫作鸳鸯莲池纹。最后看它的青花的用料特征，青花料表面有铁锈斑现象，发色有蓝艳的感觉，这是典型的苏料特征。

　　鸳鸯莲池纹是元青花瓷器上的一种纹饰，这种鸳鸯莲池纹现在给瓷器命名时也有称之为"满池娇"的。满池娇本为古代宫廷服饰上的图案，有莲池及鸳鸯等水鸟。元代皇

图 3-11　元　青花高足盘
残片（赵春猛先生藏）

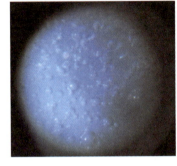

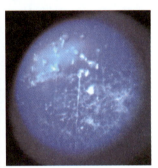

图 3-12　元　青花高足盘
残片上青花部位的微观图
（80倍）（赵春猛先生藏）

帝的衣服上也有这种纹饰，元人称这种绘有莲池和水鸟的图案为"池塘小景"。元代画家柯九思在《宫词十五首》中有这样的描述："观莲太液泛兰桡（划船的桨），翡翠鸳鸯戏碧苔。说与小娃牢记取，御衫绣作满池娇。"可见最迟到元代已有满池娇的称谓了。

这件高足盘使用的应是进口苏料和国产料的混合青料，但苏料的比例应该较大，所以青花的发色显得十分幽艳、明快。这两只鸳鸯一只画得像凤鸟，应该是雄性，另一只应是雌性，这是鸳鸯戏水的画面，寓意爱情幸福、家庭美满。画面的线条洒脱、自然、流畅、粗犷。我在市场上也曾见到仿这种鸳鸯戏水图案的元青花器物，仔细观察，会发现仿品的绘画与真品相比显得线条呆滞、不流畅，整体上缺乏真品的那种韵味和幽雅情趣。鉴定就是做比较的过程，见过真品的画面并体会它的韵味，再看仿品，很容易就能做出真伪的判断。因此说多看一些瓷片真品，对于我们鉴定是很有帮助的，瓷片是最好的老师。

我们再看它的外壁。外壁绘有仰莲瓣纹，每个莲瓣都分开绘制，有独立的边界线，即两个相邻的莲瓣纹之间互相独立，并不相连，而且每个莲瓣纹的边缘都是用双线绘出，外边的线条较粗，里边的线条较细，这是元青花莲瓣纹的典型画法。明初个别器物仰莲瓣纹的画法也有这种特征，当然现在仿品也模仿真品来画，大家要综合地去辨别。这个高足碗外面的青花发色比较灰暗，我觉得它使用的应该是国产料，所以这个高足碗的青花用料非常有特点，里面用苏料，而外面用的是国产料。

元 青花高足碗残片

图 3-13 所示是一件高足碗的残片，也是赵春猛先生所藏。它的下面是一个竹节形的柄，上面的高足碗还残存一部分。碗的外面用青花绘制了一条三爪龙纹；里面碗心处用青花绘制了花卉纹，碗的内壁采用印花的工艺印有一条四爪龙纹，龙纹残了，还剩下一部分清晰可见。元青花器物上面的龙纹通常为三爪龙和四爪龙，也有五爪的，但非常罕见。元青花器物鉴定最重要的是看它的青花用料特征、纹饰的时代风格和元青花的胎质。我们看这件元青花高足碗的胎质情况，这是元青花瓷器通常采用的一种胎土，叫麻仓土。麻仓土是一种出产于景德镇瑶里麻仓山的高岭土。我们制作瓷器所用的胎土从广义上讲都被称作高岭土，只不过这里使用的是麻仓山上出来的胎土，所以叫麻仓土罢了。通常麻仓土也不是单独使用，还要加入其他黏土或瓷石配比使用。麻仓土所占的比例越大，瓷胎就越显得细腻。后世把高岭土加瓷石称为"二元配方"，为元代工匠在制作瓷器坯胎过程中所首创。据《景德镇陶录》记载，麻仓土是从元代开始发现和使用的，它是一种优质的制瓷原料，并一直沿用到明代隆庆万历年间，以后麻仓土已经用竭，但还有的资料说麻仓土到清代还在使用，因此对麻仓土使用延续的年代还不能下定论，还需以后继续研究。本书以《景德镇陶录》所述为依据，把麻仓土的最后使用时期定为隆庆万历时期。在有关瓷器的理论知识中也经常提到高岭土

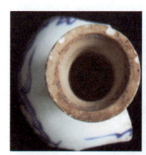  

图 3-13　元 青花高足碗残片
（上图）（赵春猛先生藏）

图 3-14　元 青花高足碗残片
局部图（左图）（赵春猛先生藏）

的概念。高岭土实际上是景德镇一座名为"高岭山"的山上所产的黏土，这是高岭土名称的由来。现在高岭土的概念有广义和狭义之分，狭义上专指高岭山出产的黏土，而广义上泛指性能相类似的这一类黏土，不考虑它的产地，一律称作高岭土。因此不但高岭山产的黏土叫高岭土，麻仓山产的麻仓土叫高岭土，其他地方类似性能的黏土也叫高岭土。高岭土从广义上讲是一个通称，大家要注意高岭土这个概念的含义。

可能很多人没有见过高岭土原料是什么样子的，这里我展示一下高岭土的标本。图 3-15 是一盒矿物岩石标本图，每一种标本都标注了编号和名称。既然我们要从事收藏事业，还是应该尽可能多地了解这方面的知识，不能说研究和收藏瓷器，但是连制作瓷器常用的胎土高岭土都没有见过。这里编号为 18# 的就是高岭土的原料标本（图 3-16），大家可以清晰地看到高岭土的外观形态，它的颜色呈灰白色调。这里我再扩展一下相关的知识，实际上高岭土不能单独用于瓷器胎体的烧造，那样既浪费原料也容易产生缺陷。据说元代的时候，景德镇的工匠发明了在高岭土中按照一定比例掺入瓷石的方法制胎来烧造瓷器。景德镇高岭土的质量是比较好的，在高岭土中加入瓷石后提高了瓷器的烧成温度，减少了变形，也可以烧造出大件的器物，使瓷器的烧造技术进一步成熟。看过了这个标本后，就知道了高岭土是个什么样子，这对瓷器的深入研究和鉴定是有一定帮助的。

图 3-15　矿物岩石标本

图 3-16　高岭土

元 青花花卉纹瓶残片

图 3-17 所示残片上青花钴料采用了进口的苏料 ①，铁锈斑自然明显，青花发色浓淡相宜，纹饰绘画率意流畅。胎质细实而洁白，使用了景德镇的麻仓土。该残片应该为一个瓶子的肩部残片，其胎质、青花用料与纹饰绘画风格与江西高安窖藏出土的 6 件

---

① 本书中所讲的苏料指并非单独使用的纯粹的苏料，而是苏料和国产料的混合料，但其中苏料所占的比例较大，而国产料是指纯粹的国产料。

图 3-17 元 青花花卉纹瓶残
片（邓晓冰先生藏）

图 3-18 元 青花花
卉纹瓶残片（邓晓冰
先生藏，微观放大
图，~80X）

元青花梅瓶表现出基本一致的特征，应属于同一时期的作品。该残片是典型的元青花标本，十分难得。

元 青花连座香炉残片

香炉（图 3-19）通高 5 厘米。唇口、短颈、球腹、三足，下连束腰圆形底座，炉内有一插香的柱状圆筒，腹内有明显的环状接痕，口沿上部局部有明显的断痕，原来应对称有一对炉耳。青花钴料颜色灰蓝，应为典型的国产青料。腹部青花所绘纹饰不可识，似乎为桃和石榴，口沿处一道青花弦纹，颈下部两道青花弦纹。胎质较白，表面罩透明釉，外底无釉。该炉尺寸较小，便于携带，是元人出行期间礼佛之器物。高安市博物馆有类似元青花香炉（图 3-20，仿品，原件现藏于萍乡市博物馆）。

图 3-19 元 青花连座香炉残片　　图 3-20 元 青花菊花纹连座香炉（仿品，原件现藏于萍乡市博物馆）

元 青花缠枝菊纹盖罐

如图 3-21 所示,这是一个小罐,上面还有一个盖子,是一件完整的元青花器物。罐的外部施釉并没有到底部,罐的底部露胎,胎体使用了景德镇的麻仓土。这个小罐的麻仓土含量比较高,所以它的胎质很细实。那么如何用语言来描述麻仓土胎质的颜色呢?这个小罐底部露胎部分的颜色,就像面粉和成面团以后,放置一段时间,表面所呈现的颜色,就是麻仓土胎体烧成后的颜色,这个小罐的胎质就是这种颜色。这个罐子的釉没有完全施到底部,这是早期元青花的特征,与同时期的钧瓷及磁州窑器物的施釉特征相同。罐的外表纹饰是用青花绘制出的一周缠枝菊纹,共绘有四朵菊花。罐的胫部有在胎体上凸印的仰莲瓣纹,纹饰部分露胎,部分在釉下。罐体的肩部在胎上凸印了一周花卉纹,由于施釉很薄,局部已经隐现出胎体的颜色。这个罐子绘制青花使用的钴料应是苏料。由于绘制纹饰时青料的使用较少,所以元青花所特有的铁锈斑现象不是很明显,但仔细观察,还是有这种铁锈斑现象存在。这个罐体是分两段制作的,并在肩部黏结而成,因此在罐内肩部的部位可以看到有明显的一周接痕,这是元代罐类器物制作的典型工艺特征。罐的盖子的里面没有施釉,外面的青花纹饰由于施釉很薄和不均匀,使得局部纹饰暴露在胎体表面因而颜色有些发黑。

据原藏家介绍,这个元青花小罐是他们家传世的,一直就带着这个盖子。我们看盖子的胎质比较粗糙,显然不是麻仓土,青花的发色与罐体上青花的发色也明显不同,除部分露胎处呈现偏黑色外,其余部分青花发色呈现亮丽的蓝宝石的色调。针对这个

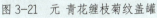

图 3-21　元 青花缠枝菊纹盖罐

盖子有两种不同的说法，一种说法认为当初这个盖子和罐体就是采用了不同的胎土，或者根本就不在同一个窑炉烧造；另一种说法认为罐体是元代所烧造，而盖子是之前某一时期的产物。有一位朋友看了之后惊讶地说，这是一个唐青花的盖子，这是唐青花的盖子与元青花的罐体的组合，就更有研究价值了。当然，如果从元明清成熟的青花瓷工艺上看，目前学术界还没有确定唐青花和宋青花的存在。以上仅仅是我们的一种揣测，关于这个盖子所隐藏的真相和信息还需要深入研究。

元青花器物非常珍贵，目前全世界已经发现的完整器物也就 500 件左右，且大都在博物馆收藏。不用说完整的器物，现在市场上一件精致的元青花残片也一片难求。这个罐子较小，但这是一件元青花整器。这是当时出口东南亚地区的典型的小型日用器物，而出口西亚和中东地区的都是大罐、大盘、大瓶等器物。这个小罐造型和纹饰都非常古朴，散发着古典美，非常难得，填补了我元青花完整器物收藏的空白。

截至目前，还没有证据证明这种苏料的或国产料的元青花器物是在官府监督下生产的。当然，元代也没有真正意义上的官窑，也就是说元青花应该是民窑所生产并通过民间贸易销往海外的。

明洪武 青花花卉纹碗

由于洪武时期的瓷器至今未见可确认的款识标记，所以辨识洪武时期的瓷器具有一定难度，目前可以确认的洪武青花无论是官窑和民窑数量都比较少。

图 3-22 明洪武 青花花卉纹碗

这是一个经过拼接的完整的青花碗（图3-22），碗侈口，弧壁，圈足外墙下部内斜，足脊内外双斜削而成尖棱状。足脊、足内墙及外底无釉，胎质灰白。釉面满布开片。碗内底心及外壁青花绘花卉纹，画工草率，青花发色灰黑。从胎釉和青花发色看，应属于景德镇以外地区的地方窑口烧造，有元代器物遗风，属于洪武早期的民间日用瓷。

明永乐 青花婴戏图纹碗残片

这是一件青花碗的残片（图3-23），说是残片，实际上仅残缺了少部分，纹饰大体上保留了下来。碗的内外壁总共绘制了10个孩童（其中两个孩童局部纹饰残缺，但仍可辨认出），其中4个孩童跪拜在一塔前呈祷告状，2个孩童跪坐在桌前观看，其余4个孩童或在放风筝，或在低头摆弄风筝线。绘画线条粗犷流畅，面部神态生动自然。画面上方水波纹状的云纹恰似空白期铁索云的滥觞时期。釉色白中微微泛青，肥厚莹润，同时有一种油脂的感觉。青花发色浓蓝幽雅。器物没有款识，这也是明代初期瓷器的共同特征。原藏家大致断定，这个残碗的年代为明代成化时期。我经过仔细揣摩和观察，觉得大致符合永乐时期器物的特征，我判断这应是一件明代永乐时期民窑青花的器物。永乐十年（1412年），为报答父母恩德，明成祖朱棣在南京开始修建大报恩寺，并修建大报恩寺塔，寺院历经19年建成，后毁于清代咸丰年间的一场大火。上行下效，该碗外壁上绘制的四个孩童跪拜塔前的画面正是反映了那一时期民间崇尚佛教、祈福感恩的时代背景。

图3-23 明永乐 青花婴戏图纹碗残片

明宣德 青花缠枝花卉纹盘残片

宣德帝朱瞻基在位 10 年，时间虽短，但烧造了大量的官窑瓷器。由于宣德皇帝精于书法和绘画，因此对瓷器的品鉴水平很高，这一时期烧造出了很多精品器物，尤以青花为最，并以蟋蟀罐最为著名。

这是一件青花瓷盘子的残片（图 3-24），从残留的图案上看，内壁画的是缠枝莲，外壁画的是缠枝菊，缠枝菊的画法很有洪武瓷器的遗风。它的青花的发色虽然历经岁月的洗礼却不失艳丽之感，而且青花纹饰的部分带有铁锈斑。从绘画的风格和技法上看非常的粗犷、豪放，也非常流畅，反映出整个瓷片以及原本的整个器物应该非常的精美和古拙。这件盘子残片的胎质并不十分洁白，也不够细实，但我还是偏向于这是明代宣德官窑大盘残片，或许当时制作大尺寸的盘子就是使用的这种胎料。宣德时期官窑器物上青花钴料的使用有三种情况：一种是苏麻离青，一种是国产钴料，一种是苏料和国产料的混合使用。针对这件瓷片上使用的钴料，应是两种料的混合使用，而且苏料的成分含量较大，因此它的青花的发色既深沉又不失艳丽。由于青料中含铁量较高，因而铁锈斑或者说锡斑现象也非常明显，而且铁锈斑处有明显向釉内凹下之感。

此外，大家在鉴定宣德大盘的时候，还要注意盘子的底部特征。部分宣德大盘的外底通常不施釉，这件盘子就属于这种情况，外底裸露素胎，并且呈细砂底状，手摸起来感觉到非常细腻和光滑。外底露胎部位呈现明显的"火烧红"现象。关于"火石红"和"火烧红"现象，这里做一个区分。当胎的表面出现点状或斑块状等较少的红色（氧化铁呈色）现象出现时，通常称为"火石红"，当出现较大区域或整体上出现红色现象时称为"火烧红"。这是胎体在烧造过程中铁元素的析出并氧化后自然形成的，

图 3-24 明宣德青花缠枝花卉盘残片

而并非人为地涂抹一层所谓的"护胎釉"或仿造者故意施加的一种颜色。这里我特别强调的是它的圈足特征，它的圈足呈倒三角形或者近似倒梯形。如果试图用手抓住圈足把盘子抓起来，我们会发现很难抓起，器物往往会从手中脱落。这是因为它的底足较矮，其内墙自上而下向外倾斜，这是宣德官窑青花大盘器物造型中的一个重要特征。清代仿烧的宣德大盘其底足通常较高，且内墙往往垂直或略向内倾斜，因此很容易从底足处被抓起。明代从嘉靖开始有仿制宣德青花，清代康熙、雍正、乾隆三朝仿制宣德青花较多，但清代由于已经没有进口钴料，多采用加重笔触（点触）从而使钴料加重的技法来模仿宣德苏料的铁锈斑效果。宣德大盘的盘底都呈现较为明显的下塌现象，这是明代器物的一个重要特征。而清代器物的底通常都较平，没有明显的下塌现象。此外，清代仿烧的宣德砂底大盘的外底面也没有或少见火烧红、火石红现象。

明空白期瓷器介绍

在讲明代空白期青花瓷瓷片之前，先给大家讲一点历史故事，这些历史故事能帮助我们了解空白期瓷器烧造的历史时代背景。空白期是指明代的正统、景泰、天顺三朝时期，这三朝实际上只经历了两个皇帝，因此称三朝两帝，共历时 29 年。在明代正统年间，正统皇帝明英宗朱祁镇认为青花瓷只配皇家使用，百姓不得烧造。正统三年，明英宗朱祁镇下了第一道禁烧令，禁止民窑烧造跟官窑器式样相同的青花瓷，也就是说民窑可以烧造青花瓷，但不能仿烧官窑的样式。百姓烧造青花瓷等瓷器，无论是试样还是纹饰内容，原来都是民跟官走，官窑引领时代潮流，现在不让仿官了，百姓只能自己改成其他样式。到了正统十二年（1447 年），皇帝又下了一道禁烧令，规定百姓不可以仿官窑的样式，民窑也不可以烧造青花瓷、彩瓷。这段历史就记录在《明英宗实录》中，内容如下：

> 禁江西饶州府私造黄、紫、红、绿、青、蓝、白地蓝花等瓷器。命都察院榜谕其处，有敢仍冒前禁者，首犯凌迟处死，籍其家赀，丁男充军边卫，知而不以告者，连坐。

这是明英宗下的第二道禁烧令。这道禁烧令内容非常严厉，不但"白地蓝花"（指青花瓷）包括彩瓷都不允许民窑烧造了，如敢烧造，首犯要凌迟处死。虽然禁烧令是如此规定的，但随后出现了一些政局形势的变化，使禁烧令的执行并不彻底。

　　第二道禁烧令颁布后不久发生了一件事。时值春节，皇帝在光禄寺宴请外国使节，为了显示皇家风范，宴会餐具、酒具一律使用青花瓷。这些外国使节一看，大明朝这青花瓷太精美了，于是把一些小件的酒盅、碟子装口袋里给拿走了，结果一场宴会下来一检查，损失了 580 件之多。皇帝非常恼火，刚下完了禁烧令，现在他们又给偷走了这么多，皇宫里的用瓷都不够了，怎么办？于是跟大臣商量，最后的结果就是允许民窑再烧造一些宫廷用的青花瓷器。因此正统年间景德镇民窑曾向朝廷进贡过瓷器，其实早在正统元年就有这样的例子，据《明史》记载："正统元年浮梁民进瓷器五万余，偿以钞。"

　　我再讲一讲三朝时期的一些时局形势方面的变化。1449 年发生了明王朝历史上最著名的"土木堡之变"，在河北怀来的土木堡这个地方，明朝的军队跟蒙古部落瓦剌的部队打起来了，后来瓦剌的军队把明英宗朱祁镇给抓走了，并且瓦剌的军队一直打到北京的德胜门下。国不可一日无主，最后就让明英宗朱祁镇的弟弟朱祁钰临时做了皇帝，年号景泰。后来的战争中瓦剌的军队没有取胜，瓦剌的首领叫也先，就把朱祁镇给放回来了，七年之后又发生了"夺门之变"，朱祁镇又取代他弟弟朱祁钰做起了皇帝，改年号为天顺。实际上明代宗景泰帝朱祁钰一共做了七年皇帝，而前后两次朱祁镇总共做了 22 年皇帝。由于当时的战争和宫廷局势的变化也就没有人去顾及景德镇的瓷器生产了，因此这一时期对瓷器的烧造也有一定的影响。

　　这里还有两段历史记录。第一段记录是在景泰五年的时候，有文献记载，朝廷允许饶州府岁造瓷器可以减少三分之一，也就是每年烧造瓷器的数量减少了三分之一。天顺三年还有一段文献记载，朝廷允许景德镇烧造官窑瓷器的订单由原来的 13.3 万余件，减少到 8 万件。估计当时的财力也不行了，瓷器烧造的产量也供不上。这两点文献记载说明在三朝二帝时期，确实有官窑烧造过瓷器。虽然下了禁烧令，那么禁烧令之前民窑也肯定烧造过青花和彩瓷，即使下了禁烧令，民窑烧造的器物包括青花瓷也不可能一点也没有，因此这个时期，民窑青花瓷、官窑青花瓷都有烧造过，只是没有款识。一件瓷器下面的款识实际上代表了它的生产时间。那么空白期的器物没有款识，到底是什么原因呢？就是由于这一时期皇帝的变更和局势的影响，窑工们都害怕了，也不知道是写大明正统年制、大明景泰年制，还是大明天顺年制，最后干脆什么也不写，以前写了款识的那些器物全部砸碎。谁敢留那些款识？如果写错年号，轻者损失惨重，重者有杀头之罪，所以空白期的官窑器物都没有正式的款识，民窑也罕见有款识的器物。我收藏了一件碗心带有"天顺年制"款识的青花碗残片（见图 3-25），青花发色灰蓝，纹饰草率，属于天顺时期的民窑制品。以上我把空白期瓷器烧造的基本情况做了介绍，现在空白期青花，专家们还在研究，很少或者说没有足够的证据证明属于这个时期的瓷器，一些有空白期朝代款识的可能是后世仿的。

天津博物馆有一件青花大罐（图3-26），大罐的主体纹饰画的是天降麒麟，麒麟上面画的是云彩，云彩画得好像一条条索链，所以把它叫作"铁索云"。天津博物馆藏的这个大罐，现在是公认的正统年间的标准器物，下面也没款。现在存世的一些器物当中，就可以根据这个大罐的风格以及铁索云的这种特征去区分出一些瓷器来属于空白期的，至少是正统年间的这种瓷器的类型。尤其是这种铁索云，其雏形应在永宣时期即已出现，空白期更为典型和常见，并影响到后世瓷器的绘画。

图 3-25　明天顺 青花碗残片

图 3-26　明正统 青花麒麟纹罐（天津博物馆藏）

图3-27 明天顺 "天顺年"铭青花波斯文三足炉（故宫博物院藏）

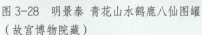

图3-28 明景泰 青花山水鹤鹿八仙图罐（故宫博物院藏）

图3-29 明天顺 青花携琴访友图梅瓶（故宫博物院藏）

图3-30 明天顺 青花携琴访友图罐（国家博物馆藏）

国家博物馆也藏有一件绘有铁索云的罐子（图3-30），注明是天顺朝的器物。据景德镇中国陶瓷博物馆图片资料记载：

"天顺年"款官窑制品现见有青花波斯文三足弦纹炉[1]，其造型与宣德官窑炉的形制如出一辙；另北京出土有"大明天顺年制"龙纹盘残片。

现已发现明代民窑有"天顺年造"款识的器物残片。因此关于空白期的瓷器还需新的发现和继续研究。

故宫博物院藏有一件明代景泰年间的青花大罐（图3-28）和一件天顺年间的梅瓶（图3-29）。

---

① 该炉现藏故宫博物院。

明空白期 青花铁索云纹碗残片

这件瓷片是碗的一部分（图3-31），画面中的云纹像索链包裹着水波纹一样，具有铁索云的基本特征，线条流畅，青花发色亮丽，应属于空白期青花。

据考古发掘资料介绍，现在空白期的青花民窑器物当中含有苏料，也有单纯的国产料。这种铁索云加水波纹一起共同表现云纹，是正统年间单纯铁索云的一种发展和延续形式，铁索云加水波纹表现的云纹在宣德时期的器物上也有出现。

图3-31 明空白期 青花铁索云纹碗残片

明空白期 青花铁索云临江垂钓图碗残片

这是一件大碗的残片（图3-32），一个碗底，还带着一部分碗壁的残片。碗里绘铁索云纹，像铁链似的一圈一圈的，碗心的画面有部分残缺，但仍可看出有一高士似乎在垂钓，因此可称作临江垂钓图。空白期战争和局势的变化，对百姓的生活和心态也有一定影响，一些文人高士崇尚清静悠闲的隐居生活，因此这种垂钓画面较多地出现在瓷器上，所以当时民窑的青花就画了这么一种纹饰。碗的外表面画的是仰莲瓣纹，上面残缺的画面应该是庭院栏杆。这应该是一个空白期青花碗的瓷片。

图3-32 明空白期 青花铁索云临江垂钓图碗残片

明空白期 青花铁索云携琴访友图碗残片

这是碗的一部分（图 3-33），也是铁索云，画面为一位高士拿着一把琴，这种纹饰称作"携琴访友"。青花色泽明艳，应含有苏料的成分。携琴访友、临江垂钓是明代空白期直至明末典型的青花纹饰，表现了当时文人高士追求清闲、安逸的生活的一种心态，是道家清静无为理念在现实生活中的写照，颇有魏晋时期士大夫的优雅情趣。

明空白期 青花铁索云人物月影梅纹碗残片

这个碗几乎是全的（图 3-34），只缺了一小部分，内壁绘梅花和一弯明月，这种纹饰称作"月映梅"，也有称"月影梅"的。月亮画的两笔中间开口了，很随意的一画，就像剪刀一样，所以这种图案也被我趣称为"一剪梅"。碗的外壁绘有一个老者，似乎在钓鱼，天空云彩近似铁索云，但铁索云的下面更多地出现了水波形云纹。青花发色有点发蓝、发艳的感觉，可能含有苏麻离青的成分，应该是苏麻离青和国产料两种料的混合。这个碗所绘的画面意境清幽，野趣自然，展现了一派孟春时节傍晚临江垂钓的韵味十足且充满诗情画意的江畔风光。

明空白期 青花仕女图纹盘残片

从图 3-35 所示的这件盘子的胎釉色泽上看，这件器物应该不是景德镇窑的作品。景德镇地区由于有高质量的黏土（高岭土）及丰富的瓷石，所以器物的胎质一般都比较洁白。它的圈足制作较为粗糙，盘底下塌，这是典型的明代民窑器物的特征。画面表现的是两个仕女在翩翩起舞的场景，线条流畅洒脱，但画面精美程度不足，略显率意。关于这类纹饰的盘子的年代，一种观点认为是明代万历时期的，另一种观点认为是明代空白期的。我偏向于这是空白期的器物。

图 3-33　明空白期　青花
铁索云携琴访友图碗残片

图 3-34　明空白期　青花铁
索云人物月影梅纹碗残片

图 3-35　明空白期　青花仕
女图纹盘残片

图 3-36　明中期 青花人物波涛云气纹碗

明中期 青花人物波涛云气纹碗

图 3-36 所示的碗拼接完整。口沿直径 14.5 厘米，高 7 厘米，釉面白中泛灰青。外壁表面有开片，底部无款，圈足，足脊向外斜削。外壁绘一坐姿呈回头状男子，发丝、衣带飘逸，右腿屈膝，左腿平伸，脚前好像有鱼竿，似乎在钓鱼，并绘有海滩、椰子树、海水和云气纹，纹饰率意流畅，男子回头的姿态似乎流露出其对世态的不满和不屑一顾的心情，是封建落魄士大夫消极处世的心里写照和对和平安逸生活的向往；碗内壁口沿处绘一周锦纹，碗心双圈内绘制写意月影梅纹。青花发色灰蓝，局部有灰绿之感。从该碗的釉色、青花发色、纹饰内容等综合特征来看，应属于明代中期民窑青花的作品，纹饰风格有空白期瓷器的遗韵。该碗历经 500 多年岁月洗礼，愈发显得古朴幽雅、陈而不俗、古色古香。

明中期 青花铁索云风景人物纹碗残片

这是一件青花碗残片（图 3-37），胎质呈灰白色，釉色白中偏灰，釉面有开片，青花发色灰蓝。碗内壁近口沿处一圈锦纹，碗心青花双圈内绘梅花纹，残缺部分原本似有弯月，形成所谓梅花月影纹。碗外壁绘坡地、人物、铁索云、竹子及太阳纹，近口沿、近底处及足墙外部共绘青花弦纹六道。人物身穿长衣坐于地，左腿前伸，右腿

图 3-37　明中期 青花铁索云风景人物纹碗残片

屈膝，右手执扇放于右膝盖上，似乎在摇扇纳凉，天空缠绕铁索云纹，远处一轮太阳当空悬挂，不远处几枝翠竹点缀其间，一幅夏日乘凉的场景。该碗造型规整，纹饰较为流畅，古朴典雅，为明中期民窑中的上乘之作。

明成化 青花碗残片

成化青花官窑器物总体上来讲质量都比较高，是继永宣青花后明代瓷器代表之作。成化早期的官窑青花还有用苏料绘制的，到中期以后全部被产自江西乐平的平等青料代替，其发色展现出幽雅浅淡的蓝色，给人清心雅致的感觉。成化器物的造型多小巧秀美，其绘画也十分精美，这与成化帝的欣赏水平不无关系。

图3-38中是一件成化青花碗的残片，实际上它的圈足直径较长，也似乎是一件盘子的残片，很难准确判定，我姑且把它称之为碗。它的胎质比较洁白细腻，略呈现油脂感，但并不十分明显。这件残片的圈足较高，内墙高度达1.5厘米，圈足下部向内倾斜，外底向胎内部形成所谓的"挖足"现象，造成了碗底的厚度小于碗壁的厚度。碗的内部残留着青花绘制的如意形云纹，云纹外部绘制双圈；碗的外壁接近底足处残留着仰莲瓣纹，相邻莲瓣之间共有5条线隔开。碗的外底上有青花双圈款，款识已经残缺，从剩余的文字仍可判断出应为"大明成化年制"。纹饰绘制有较明显的笔触感，青花发色淡雅，有气朗风清的意境。需要特别指出的是，它的釉色有油润之感，光滑细腻，抚之如玉，十分温润，可见成化时期釉料的调制已经十分精细。成化时期的器物釉色通常有两种，一种是较白，一种是白中略泛青。这个碗的釉面属于白中略泛青。

图3-38 明成化 青花
碗残片（官窑）

图 3-39　明成化 青花秋葵纹盘残片（官窑）　　　　　　图 3-40　明成化 青花秋葵纹盘残片（官窑）

明成化 青花秋葵纹盘残片

这是一件明成化青花秋葵纹盘的残片（图 3-39）。盘子的内外壁用青花绘制秋葵纹，青花的发色十分淡雅，为当时使用的平等青钴料。纹饰绘制部位可呈现较为明显的笔触感，不见一笔平涂的痕迹。外底与圈足内墙的积釉处呈现优美的湖水绿色。盘子的外底表面局部可见缩釉。盘底内心向上突出，盘底外心向下突出，但并非明代器物常见的底部下塌或内凹现象，而是盘底心部位壁厚明显厚于盘底周边所致，此种制作工艺可能是为了防止盘底出现较大的变形而采用的心部加厚的工艺，为其他器物所未见。这件盘子的外底并没有任何款识，但从使用的上等的平等青料以及精美细致的绘画工艺上看，应属成化官窑的作品，属于无款官窑器。据传明清官窑器物的款识书写有时采用"兼职"的方式，当书写人员不足时，或许产生了这种无款官窑的器物。

图 3-40 也是这类盘子的残片，与图 3-39 盘子基本具有相同的特征。盘底中心部位稍厚，盘底略微下塌；釉色润白略泛青，积釉处呈水湖绿色调；青花发色极为淡雅，也是采用了典型的平等青料，秋葵纹绘制工整；足脊修整较圆，足墙向内倾斜；外底无款。综合来看，仍属于成化时期官窑的作品。

明弘治 青花花卉纹碗残片

弘治皇帝在位十八年，按理说官窑瓷器的产量应该很多，实际上并非如此，因为弘治皇帝非常勤俭，官窑烧造活动不多，甚至有三次明文禁停烧造瓷器，所以弘治官窑器物并不常见，瓷片也较为少见。这一时期的瓷器如无款识通常不易分辨。这是一件青花花卉纹碗的残片，胎质洁白，青花发色淡雅，为平等青料。纹饰首先采用勾画，

图 3-41 明弘治 青花花卉纹碗残片（官窑）

然后再涂抹渲染，但已不见成化之前器物绘画时的笔触感，而平涂感强。外底呈现明显的下塌状，这是明代器物的典型特征之一。碗底壁厚小于碗壁，呈现所谓的"挖足"状态。足脊修胎较滚圆，制作精细。足墙外侧胎釉交接处呈现明显的火石红现象。外底书"弘治年制"两行四字青花双圈楷书官款，"弘"字部分残缺，字体规整清秀。款识外部的双圈、圈足外墙的青花双弦纹及圈足根部的青花弦纹绘制工整，这是官窑器物的工艺特征。综合以上各种情况可以断定这是一件弘治时期的官窑器物。这种四字款"弘治年制"的瓷片极其少见。

明弘治 青花贴露胎鱼纹碗残片

这组的两件瓷片（图 3-42），里心周围采用青花绘有水草、花草，中间有一条露胎的鱼，这两件瓷片的纹饰基本一致。鱼采用了露胎的表现手法，也就是说鱼的表面没有施釉，仅仅罩一层釉浆，即护胎釉。烧出来后，鱼的颜色有点发红、发褐，显得

图 3-42 明弘治 青花贴露胎鱼纹碗残片

 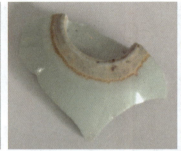 

图 3-43 明弘治 青花贴露胎鱼纹碗残片　　　　　　　图 3-44 明弘治
青花贴露胎鱼纹碗
残片

这条鱼非常活泼、非常生动。用露胎的方法去表示局部效果，这是古代窑工表现鱼纹的一种创造性的手法，早在元代的器物上就有通过露胎的手法来表现人物的露肤之处。这两个瓷片属于明代弘治时期的民窑器物，古玩行里称这种纹饰为"弘治鱼"。我们常见碗的下边都是圈足的形式，这两个碗的碗足部分却只有内墙，没有明显独立的外墙，外墙和碗的外壁连在一起了，这种样式的底足称作"卧足"。因此这两个碗的外面是卧足，里面是露胎的鱼，这是典型的弘治时期的风格。

图 3-43 这件瓷片与上面的瓷片形式基本相同。但重要的是，从这件瓷片的断面上，能够看到露胎鱼纹下面有一层明显的透明釉，这表明鱼纹应该位于釉上。也就是说鱼纹是在青花瓷烧造后贴在釉上再二次烧成的，这是一个奇怪的现象，很难用常理来解释。因为这样制作和烧造势必会增加成本，但是事实的确如此。还有一种解释是罩完透明釉后即贴上鱼纹，然后高温一次烧成，所以在鱼纹下面出现了透明釉。除了在碗心贴露胎鱼纹的形式外，还有在碗外壁出现这类纹饰的，但极为少见（如图 3-44所示）。

明弘治 青花松树纹三足炉残片

这是一件三足炉残片（见图 3-45），仅残留一马蹄形小足，其他两足已残缺，造型古朴。外壁青花绘松树、山石纹，其余残缺，但这一时期类似香炉的外壁常绘骑马的高士游春图或人物故事图。内壁腹部上半部分施釉浆保护层，其余处露胎无釉。外底心不施釉呈圆形露胎，胎釉相接处呈现一圈火石红。釉面布满开片，釉色白中泛青。青花发色淡雅，为平等青钴料。这属于明代弘治时期的作品。

图 3-45　明弘治 青花松树纹三足炉残片

明弘治 青花山水人物图纹碗

　　该碗拼对完整（图 3-46）。碗心绘仙人乘槎，碗外壁绘携琴访友图及春江泛舟图，人物有飘逸之感。携琴访友为成化以来瓷器上经常出现的画面；春江泛舟表现了文人士大夫眷恋山水的悠闲舒爽的生活情趣。仙人乘槎其意之一是表示仙人登天的情景，其二据说表现的是汉武帝时张骞奉命出使西域乘槎（一种简易的船）寻找黄河源头，开拓疆域的故事。古人关于仙人乘槎的诗句很多，其中最著名的当属杜甫的诗句《有感五首》之一："将帅蒙恩泽，兵戈有岁年。至今劳圣主，可以报皇天。白骨新交战，云台旧拓边。乘槎断消息，无处觅张骞。"

　　弘治时期的器物青花发色大都淡雅，有平等青的色调，人物、动物大都飘忽率意。弘治以后，仙人乘槎纹饰较多地出现在明晚期、明末瓷器上，尤其在高足碗心上常可见到。

图 3-46　明弘治 青花山水人物图纹碗

图 3-47　明正德 青花
海水飞翼龙纹碗残片

明正德 青花海水飞翼龙纹碗残片

这是一件绘有龙纹的瓷片（图 3-47），瓷片的下边画的是海水，汹涌的波涛之上是一个龙纹，龙有两翼，腾空飞起，这叫飞翼龙。碗的外面也是卧足的形式，卧足加上飞翼龙的纹饰，是典型的明代正德时期的风格，图中所示是一件正德时期民窑青花碗的残片。大家要记住它的特征，以后我们再看见其他器物，如果造型、釉色包括青花的发色以及纹饰与这件瓷片相类似，就可以据此推断器物所属的大致年代。这是鉴定当中的一个方法和思路，通常称之为"比较法"或"对比法"。因此说瓷片是最好的老师。像这种飞翼龙的纹饰并不是很多，我现在收藏就这一片，它是一件民窑的东西，是一件造型、釉色和纹饰都比较有代表性的瓷片标本。

明正德 青花鹿纹碗残片

正德皇帝明武宗朱厚照在位 16 年，崇信佛教和伊斯兰教，瓷器上较多出现的是伊斯兰风格纹饰和阿拉伯文字。这是一件青花瓷碗的残片（图 3-48），由于碗的大部残缺，从残存的部分看，内壁菱形开光内为鹿纹，碗心残存很少的似乎为龙的头部；外壁残存仰莲瓣纹和璎珞纹，纹饰绘制精细。圈足修制规整。外底青花双圈内仅残存一"制"，从字体和外部双圈大小比例看，应为四字双圈款"正德年制"。碗的釉色肥亮，白中偏灰青；青花色泽青中偏灰，为典型的石子青料。正德早期的官窑用料为平等青，可能部分已开始用石子青；中期为石子青；晚期为回青料。综合青花发色及纹饰风格上判断，大致属于明代正德年间的器物，并属于正德尊崇佛教时期的作品，底部款识

图 3-48　明正德　青花
鹿纹碗残片（官窑）

应为"正德年制"，属于官窑作品。由于正德时期官窑青花的纹饰主要为伊斯兰纹饰和
龙纹，或较多出现植物纹，动物纹十分少见，因此该残片具有非常重要的研究和史料
价值。

明正德 青花刘海戏金蟾人物故事图碗

该碗为拼对，口沿局部残缺（图 3-49）。碗心青花绘仙人乘槎图，碗外壁青花绘
刘海戏金蟾人物故事图。碗釉面白中泛灰青，满布开片，青花发色灰蓝，似为石子青
钴料。人物绘画率意流畅，生动有趣。表面有不规则缩釉和棕眼现象，外底釉色较碗
壁偏白。此碗为正德时期民窑的作品。

图 3-49　明正德
青花刘海戏金蟾
人物故事图碗

官古器户烧造情况简介

传统说法认为从明代嘉靖开始实行"官搭民烧"制度，但从有些资料记载看，或许正统年间已出现官搭民烧现象，并一直延续到清代。明清时期的官搭民烧是由"官古器户"来承担瓷器烧造任务的，官古器户为宫廷烧造部分瓷器，承担的仅是烧造工序，占用的是窑位，而器物的制作、绘画和上釉还是在御器厂或御窑厂内进行。明代嘉靖年间，宫廷下给景德镇的订单是60万件瓷器，嘉靖之前的前朝订单这时还有没完成的，比如弘治以来的订单，没有烧造完成的还有30多万件，到嘉靖时期加一块儿总计数量可达100万件。这100万件官窑瓷器，数量非常巨大，所以景德镇御器厂自己就没办法完成任务，因此其中的一部分不得不指定由民窑中的官古器户来烧造。到嘉靖朝的时候，这种官搭民烧的情况就特别的多，那些承担官搭民烧的窑户叫官古器户。这里我根据《景德镇陶录》的内容，介绍一下这个知识点。

大家可能经常听到有人说这个瓷器是官窑的，或者说这个是官古器户烧的，实际上从明代开始在景德镇替皇家烧造瓷器的官古器户烧造的瓷器质量是非常高的，基本上能达到官窑瓷器的标准。这些官古器户在宫廷有任务要求时就按指定的标准进行烧造，没有任务的时候就自己烧造一些高质量的东西。除官古器户外，在景德镇，还有比官古器户制作、烧造质量稍微差一点的叫"假官古器户"。在明清时期的景德镇，官窑器物代表了陶瓷业最高水平，官窑制品的样式引导着时代的审美取向，因此产生了民窑仿制官窑的器物，尽管有时民仿官是被禁止的，但民仿官的器物仍有相当的数量存在。这些民仿官的窑户被称作"假官古器户"，产品称为"假官古器"，当然他们的作品由于受到诸多条件的限制其质量要比官古器户差些。还有比假官古器户烧造质量略微低一些的窑户，其烧造出的器物叫"上古器"，这些窑户叫"上古器户"。除了上古器，按质量逐渐降低的还有"中古器户"烧造的中古器。官古器户除了给皇家烧造以外，平时烧造的这些精品，还有假官古器户，以及上古器户和中古器户烧造的这些瓷器，都是给官僚和富豪使用的。这些瓷器价格比较贵，普通百姓没有经济能力购买和使用这四种窑户烧造的瓷器。那么普通百姓使用什么呢？就是下面按质量等级分再稍微差一些的，比如一些民窑烧造的"釉古器"，依次还有"常古器"，这些瓷器的质量就相对差一些。还有专门烧造小件器物的，如小杯子、小碗、小酒盅等。这些小件器物景德镇称之为"小古器"，窑户叫"小古器户"。这些名称中都使用了"古"字，指尚古、仿古的意思，所以名称都带一个"古"字。景德镇还生产一些最普通的日常用器，被称作"饭器"。饭器这个称呼实际上略带贬义，就是说这类窑户烧出的瓷器质量比较差，是百姓吃饭用的东西，有些还有盖子，这盖子在明清景德镇叫"冒儿"，所以饭器有时候也叫"饭冒器"。

以上我讲了除了官古器户，依次还有假官古器户、上古器、中古器、釉古器、常古器、小古器和饭冒器，这是景德镇当时按窑户生产的瓷器质量的一个大致分级。有时候我给朋友们鉴赏瓷器，我说你这个碗既不是官窑，也不是民窑细路，就是饭器，大家一笑了之。但是作为专业收藏，一定要了解这些基本知识。

明嘉靖 回青料青花碗盘残片

下面要介绍的这三个瓷片的纹饰都使用了回青钴料来绘制纹饰，青花发色蓝中有些发紫、发红的感觉，这种青料叫回青，属于青花钴料的一种。回青料不能单独使用，需要与国产料配比出不同的深浅颜色。其中图 3-50、图 3-51 的残片上分别用青花绘制了夔龙纹和鱼纹，图 3-52 的残片上绘制了螭龙纹（草龙纹）。据记载，这种回青料早在明代正德年间就已经由云南的一个当权宦官发现了，后来景德镇御器厂就开始用这种回青料烧造官窑瓷器。由于景德镇御器厂管理不善，这种回青料曾有一段时间流散到民间，因此民窑的器物也常见有回青料的制品。回青料的使用从正德晚期开始，历经嘉靖、隆庆直到大约万历中期以前。有资料记载，万历三十四年，景德镇御器厂回青料没了，时任督陶官的太监潘相写了一封奏书告诉皇帝，说回青告罄，并建议选用浙料。现在也有人认为，明代御器厂由回青料改用浙料的时间并非恰好在万历三十四年，而应该是从万历二十四年到万历三十四年这个时间段的某一个时间点。大家收藏和鉴赏瓷器时必须要了解回青和浙料在这一时期的大致使用情况。夔龙纹的残片基本上可以判定为碗的残片，而鱼纹的残片从口沿外壁向下在很短的距离处即向内收敛，可以判定这是一件较浅的小盘子的残片。

图 3-50 明嘉靖 青花夔龙纹碗残片　　　图 3-51 明嘉靖 青花鱼纹盘残片

仔细观察图 3-50 和图 3-51 这两个残片，在回青料中偶尔可以看到较小的颜色较深的斑点，这是由于钴料在研磨的过程中遗留下的较小的颗粒所致。在图 3-50 碗的纹饰中还有一枝花，根据明代这类纹饰的特征可以推断出这枝花应被衔在夔龙的口中，形成所谓的"衔花龙"。此外，图 3-50 碗的纹饰中回青钴料的使用呈现出三种深浅不一的色泽，其中花卉和龙纹的渲染中使用了深浅不同的两种色泽，它们轮廓的勾画使用了更深的色泽，可见这种青花分色的技法在明代早已有之，但它们的分色是通过回青料和国产料配比的不同来实现的。而到了清代康熙时期则被演绎到极致，出现了"青花分五色"甚至更多层次色泽的情况，但康熙时期的分色主要是通过使用的青料（主要是浙料）与水配比的浓淡不同来实现。在图 3-51 盘子的残片的纹饰上还可以看到在色泽浓重的部位已经出现了铁锈斑现象，这是铁的氧化物结晶析出的结果。

图 3-52 的残片外底上写有"大明嘉靖年制款"，总体上看这件瓷片属于嘉靖时期的，也证明了嘉靖时期民间确有使用回青料的情况。

关于正德年间官窑使用回青料以及正德、嘉靖年间回青料流散在民间的情况，《景德镇陶录》中有如下记载：

> 正德中厂器。土埴细，质厚薄不一，色亦分青、彩，惟霁红尤佳。嗣有大珰镇云南，得外国回青，价倍黄金，知其可烧窑器，命用之，其色古菁，故正窑青花多有佳品。按，回青以重色为贵，当日厂工恣为奸利，出售民陶。迨嘉靖间，邑令朱景贤设法调剂，其弊稍息。

这段记载说明，正德时期官窑已经开始使用回青料了，回青料价格昂贵，已从御器厂流散到民间，故民窑也有使用回青料烧造瓷器的，这种现象一直持续到嘉靖时期。

图 3-52 明嘉靖 青花螭龙纹碗残片

明嘉靖 青花芦雁纹杯残片

这是一个青花小杯子的残片（图3-53），残存的部分还很多。内心画着一个休憩状的大雁，旁边有芦苇，我们习惯上将这种纹饰称为"芦雁纹"，大雁又称芦雁，这只芦雁似乎正在回头梳理着自己的羽毛，也好像在休息；杯子的外壁也绘有一些芦雁，有浮在水面上的，还有在天空中飞行的，远处是一轮明月，因看不出颜色所以也可能是太阳，下面还有浮云，展现了一幅非常祥和、恬静的自然风光画面，底部写着"大明嘉靖年制"两行六字楷书青花款。从这个杯子的胎釉、外底、造型、青料及纹饰内容上看，应是明代嘉靖本朝所制，整体做得比较规整。那么这个杯子是不是官窑的器物呢？我认为它不是御器厂官窑全程的作品，可能是官古器户在承担官方任务时烧造的属于官搭民烧的器物（广义上的官窑作品），也可能是假官古器户、上古器或中古器户烧造的，供官僚和富豪使用，属于民窑中较为精致的器物。

明嘉靖 青花鱼藻纹杯残片

图3-54是一个青花的小杯子的残片，里面没有特殊纹饰，非常简单，我们主要看外面。外面这种纹饰叫鱼藻纹，鱼藻纹寓意年年有余；此外，由于鱼会产很多的鱼子，所以鱼纹有祈福求子、多子多孙之意。外底写着"大明嘉靖年制"，这件也是嘉靖本朝的，其窑口和上面所讲的青花芦雁纹的杯子相同。

图3-53 明嘉靖 青花芦雁纹杯残片　　　　　　　　　　图3-54 明嘉靖 青花鱼藻纹杯残片

图 3-55　明嘉靖　青花
寿中寿纹盘残片

明嘉靖 青花寿中寿纹盘残片

图 3-55 这件瓷片的图案比较特殊，盘心有一个寿字，寿字当中还画了一个坐着的人。这个人的头部，或者说额头画得比较长，应是南极老人、寿星（南极仙翁），具有长寿的寓意，这种图案叫作"寿中寿"。它的外面，底足的形式是卧足，而不是碗盘类器物上常见的圈足形式。这种卧足形式的瓷器还有属于弘治和正德时期的。嘉靖皇帝崇信道教，追求长生不老，这件器物从纹饰内容上看是嘉靖时期的民窑作品。对这类器物的断代大家要注意从造型和纹饰内容结合时代背景等多方面因素综合去判断。

明嘉靖 青花铭文坛盏残片

这是一件小茶杯的残片（图 3-56），这个杯子表面施的是白色的透明釉，杯子里面的中心部位用青花写了一个楷书"茶"字，外底用青花写着"金箓大醮坛用"。"金箓"应指"经箓"，这个文字记载非常重要。据《景德镇陶录》记载："郭《纪》云：世宗经箓醮坛用器，有小白瓯，名曰坛盏，正白如玉，绝佳。"世宗就是明代嘉靖皇帝，经箓醮坛在古代是指诵经祷祀的场所。这段话的大意是，明世宗嘉靖皇帝在醮坛上用于诵经祷祀的器物中有一种小茶盏，叫作"坛盏"，白色纯正像玉一样，非常好。史料上虽然有这样的记载，但实物却不多见。这个杯子虽然很小，但杯子的底部略微有些往下塌，器物的底部下塌变形这是明代烧制的器物的普遍特征。我们再看这个青花的用料情况，嘉靖时期官窑青花用料有江西乐平的平等青（也称陂塘青）、瑞州的石子青和西域的回青三种，这个杯子上的青花用料显然不是回青，大致属于平等青一类。这个杯子洁白如玉，字体端正，有清雅莹润之感，非常漂亮，印证了史料的记载。除

图 3-56 明嘉靖
青花铭文坛盏残
片（官窑）

这种带有"茶"字的器物外，当时还有带"酒"字的醮坛用器。明代民窑也烧造在碗、盏内心用青花书写"茶汤"的器物。

嘉靖皇帝信奉道教，崇信方士，经常到醮坛祈福，所以被人们称为"醮坛皇帝""醮斋皇帝"。这种杯子属于明代景德镇官窑的器物，收藏过程中不易遇到，我也就遇到这么一件残片，有天（口沿）、有地（底足），还有文字，洁白如玉，真如古人所说的"绝佳"品相。这种形式和铭文的杯子我在市场上也见到过做工和烧造呈色都不算好的作品，说明嘉靖以后的民窑也在烧造，直至清代。我也见过带有这类铭文的大碗的残片，样式很像康熙的，说明康熙时期也在烧造这类醮坛用器。

在廖宝秀《历代茶器与茶事》一书中有如下记载：

> 明高濂《燕闲清赏笺》及《博物要览》皆载嘉靖有"小白瓯，内烧茶字、酒字、枣汤、姜汤字者，乃世宗经箓醮坛用器，亦曰坛琖，制度、质料迥不及武陵（宣德）亦"。嘉靖白瓷内底部有"茶"字者则是沿袭宣德制度。

从这段记载可以看出，早在宣德时期就烧造过类似器物，但嘉靖时期这种用于醮坛的瓷器却烧造了很多，据《明史》记载，嘉靖"十六年新作七陵祭器。三十七年遣官之江西，造内殿醮坛瓷器三万"，记录的就是这类器物的烧造情况。

嘉靖万历年间瓷器烧造故事

为了使本书读起来有些趣味性，所以在中间偶尔插些小故事，大多是跟瓷器有关的。嘉靖皇帝朱厚熜在位总共 45 年，嘉靖朝瓷器质量较好，但与永乐、宣德和成化朝

图 3-57　明嘉靖 青花大缸残片
（官窑）　　　　　

图 3-58　定陵地宫中的青花龙
纹大缸（定陵博物馆图片资料）

图 3-59　定陵地宫中的青花
龙纹大缸（复制品）

的相比，还是要差一些。各个朝代的瓷器品种不尽相同，也有不同的特点。比如嘉靖
一朝成功烧造了青花大龙缸，也就是给皇帝烧造的外面有龙纹的青花大缸。万历皇帝
定陵地宫中用作万年灯的那两口青花大龙缸，还是嘉靖那个时期烧造的。

　　据《风雪定陵》一书记载，嘉靖四十一年，一个督工大臣被派到景德镇，在完成
了 12 口青花龙缸的烧造任务以后，准备回北京向皇上请赏。临走的时候，督工大臣请
窑工喝酒吃饭。掌握火候是瓷器烧造过程中最重要的工序，窑工中有一个专门管烧窑，
也就是掌管窑火的窑工也在场喝酒吃饭。督工大臣就问这个窑工："我回到北京以后，
你还能不能烧出这样好的龙缸呢？"窑工听了这话也没往心里去，喝着酒，高兴了，
随意地说："艺无止境。"结果督工大臣听了以后，派人往他喝的酒里下药，把这个窑
工给毒死了。所以从嘉靖朝以后，有明一代，再没有人能烧出那么漂亮的大龙缸了。

　　到了万历时期，朝廷也要烧造青花龙缸。据资料记载，当时景德镇御器厂有 32 座
龙缸窑，当然这个数量还需要去进一步核对。龙缸窑是专门给皇帝烧造青花大龙缸的。
万历二十七年，皇帝下达烧造龙缸的旨意。开始的时候烧不出来，主要是烧造的火候
很难掌握（掌握火候的工作在古代叫"把桩"）。督陶官是一名叫潘相的太监，他恼羞
成怒，下令打罚窑工，给窑工们断粮，结果几天之内死了好几个人。有个叫童宾的窑
工，看到同伴被折磨甚至致死，心里非常难受，对朝廷极为不满。有一天晚上，他把
窑门打开就跳进去了，以骨作薪、以身祭窑。窑工们第二天打开窑炉一看，龙缸烧成
了。童宾的死引起了窑工们的暴动。也有资料记载，是在万历三十年激起景德镇民变，
焚毁了御器厂。朝廷为了平息暴动并安抚人心，就在御器厂里供奉了童宾的牌位。现

在景德镇御窑厂有座火神庙，里面供奉的是童宾像，世人称之为"风火仙师"。童宾祭窑是一种传说，但据一些资料描述，明代确实有用女子祭窑的情况。

太监潘相初来景德镇时的职务是江西矿税监，万历三十四年以后获准专理陶务，成了专职督陶官。明代派宦官去督陶的情况比较多，据载明代曾有9名太监任督陶官。这些督陶太监对窑工大都凶狠残酷，比如宣德初年（即洪熙元年），宣宗皇帝派往景德镇督陶的太监张善就因残酷对待窑工和私自将御器送人而被宣宗处死。《明宣宗实录》载，宣德二年"十二月癸亥，内官张善伏诛。善往饶州监造磁器，贪酷虐下人不堪，所造御用器，多以分馈其同列，事闻，上命斩于都市，枭首以徇"。明代参与督陶的太监通常也被称为"中官"或"内官"，除太监外，明代也有很多正式官员任督陶官。清代则派正式的官员任督陶官，如康熙时期的臧应选、郎廷极，雍正时期的年希尧以及乾隆时期的唐英等。

在定陵考古发掘的过程中，考古人员从孝靖皇后的棺椁里发掘出一件上衣，这件上衣的名字叫"绣百子暗花罗方领女夹袄"，夹袄的黄缎面上绣有100个童子，这叫"百子婴戏图"。婴戏图中有沐浴图、打猫图、考试图、跳绳图、放爆竹图，还有小孩扮演的官员出行图。这些图中，童子有扛着旗的、敲着锣的、放爆竹的，还有扮演科举考试的，都是表现孩子戏耍的场面。万历一朝做了许多佛事活动，都是为了给皇帝求子，延续皇家血脉，因此表现婴戏内容的器物较多。这件衣服也证明那一时期流行婴戏图。其实不但衣服上，在瓷器上万历一朝也特别流行婴戏图，尤其是民窑器物。了解这些故事和时代背景，对我们鉴定瓷器会起到一定的帮助作用。

图3-60　百子衣（复制品，定陵博物馆藏）

万历皇帝在位时间长，官民窑烧造数量很大。出于外销的需要，明代晚期景德镇生产了大量的以青花瓷为主的外销瓷，景德镇窑场昼夜连续烧造，有关这方面最经典的记载是万历年间王世懋在《二酉委谭》中对当时景德镇的描述："火光炸天，夜令人不能寝。戏呼之日'四时雷电镇'"。万历四十八年，御器厂基本上停止了烧造，此后直到明末，御器厂虽偶有生产，但从胎釉、纹饰和其他质量方面已没有真正意义上的官窑精品了。

明万历 青花蹴鞠婴戏图碗残片

这个碗（图3-61）的碗壁残缺了一部分，底部中间还有一个洞。这个碗的外壁画了很多小孩，有跑的、有跳的、有打着小旗的、有手里拿着鞭炮的，还有扛着戟的。通过前文讲的有关万历时期的故事，结合这件器物的造型、胎、釉和纹饰，可以断定这件瓷片应是万历时期的。大家在鉴定瓷器的时候，还要了解一些与瓷器相关的或边缘性的历史知识，对鉴定会很有帮助。这个碗的内壁图形残缺不全，应该是两个小孩在踢球，踢球在古代又称"蹴鞠"。

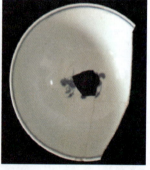

图3-61 明万历 青花蹴鞠婴戏图碗残片

图3-62　　　　　　　图3-63　　　　　　　图3-64

这件瓷片（图3-62）也应该是万历时期的。万历皇帝在位48年，景德镇官窑的大规模烧造活动直到万历三十八年，无论是官窑还是民窑，烧造的瓷器都比较多，婴戏图是这一时期常见的纹饰，民窑器物上常见蹴鞠图，古代的蹴鞠运动就相当于现代的足球运动。除蹴鞠运动外，古代还有两种比较常见的运动方式：一种是击鞠，相当于现代的马球运动；还有一种是捶丸，类似于现代的打高尔夫球，高尔夫运动就是这么演化过来的。这件残片上的两个小孩在踢球，本是祈子之意，寓意早生贵子、多子多福，在古代这是一种非常吉祥的图案，也是寄予一种希望，希望孩子们能够健康快乐地成长。从古至今人类的繁衍生存和健康成长都是一个永恒的话题。

这个碗（图3-63）上面的蹴鞠图更加简练，腿部被画成了线条，并偏画在身体的一侧，衣服被画成了V字形，一个小孩的五官也省略掉了，脚下的球也看不到了，仅仅表现出两个人的形态，又好似在跳舞的样子，十分滑稽可笑，但线条刚劲，笔画流畅，纹饰古朴并显得妙趣横生，表明工匠已经很熟悉这种纹饰的绘制，由于数量大，最终演变成一种简化的图案，图3-64中的残片上也是这类简化的图案。明代沿用元代的制度，实行"匠籍制"，陶瓷工匠都被登记造册，祖祖辈辈要从事同一工作，这种匠籍制直到清代康熙三十六年才被解除。这是古代制瓷作坊里的画工日复一日、年复一年绘制同一种图案的结果。

明万历 青花慈母教子图碗残片

该碗（图3-65）拼对，部分残缺，碗壁较薄，釉色白亮莹润。内壁口沿处一周锦地纹，碗心绘一手执笏板的官员，有平步青云之意；碗外壁绘有4个妇人和8个小孩，

图3-65 明万历
青花慈母教子图
碗残片

局部纹饰残缺。孩子在妇人的指导下正在做各种动作或嬉戏，人物形象生动，场面活泼有趣。该碗纹饰寓意教子有方，仕途顺利。外底两行六字楷书款"大明万历年制"，外底微下塌，这是明代器物的普遍特征。该碗为万历时期民窑较为精致的作品。

明万历 青花云鹤纹碗残片

这件瓷片（图3-66）碗心周围画的是云，中间画的是一只飞翔的鹤，外底写着"福寿康宁"楷书款，它的底是往里凸，从碗内部看，略有馒头状的感觉，因此俗称"馒头底"。鉴定明代瓷器要抓住两点重要特征：第一点就是明代器物的底，要么往下塌，要么往上凹，像这种往上凹的馒头底的不是很多，下塌底或上凹底都是明代瓷器的典型特征，特别是民窑器物显得更为突出，而清代瓷器的底由于制作和烧造工艺控制得好，大都非常的平；第二点就是看圈足的足脊，明代民窑碗盘类器物的圈足基本上都不做修整，足脊大多呈尖状、锯齿状或棱状且比较粗糙，用手一摸会感到棘手，其形状似鲫鱼后背因而被戏称为"鲫鱼背"，也有呈平脊的，官窑器物的修足不像清代的那么滚圆，但规整了许多。清代从康熙中期以后，足脊修得就像滚圆的"泥鳅背"。以上两点是鉴定明清瓷器的重要参考依据或分界标。由此可以判断这件瓷片的年代属于明代，但具体到哪一时期，还要结合纹饰内容来综合考虑。明代嘉靖皇帝在位四十五年，一生崇信道教，为了长生不老，常常进行炼制丹药、设坛祈祷活动，因此这一时期云鹤等象征长青的纹饰和款识就较多地出现在瓷器上，并影响到万历以后的器物。上行下效，民窑的器物也常把云和鹤作为瓷器纹饰的内容，但"福寿康宁"款的器物较多出现在万历时期。据载，万历十一年官窑有"福寿康宁"（篆书）铭文的碗，而万历三十八年官窑已经大规模停止烧造活动，工匠流散社会。受官窑器物纹饰的影响，民窑也会出现这类纹饰。因此大致推断这件瓷片应是万历时期民窑的产物。

图3-66 明万历 青花云鹤纹碗残片

明万历 青花福禄封侯纹盘残片

这是一件小盘子的残片（图3-67），盘子内壁用青花绘了四种动物：蝙蝠、鹿、蜜蜂和猴子。它的内容有一定的寓意。蜜蜂和猴子组合在一起称为蜂猴，谐音"封侯"，寓意升官晋爵；鹿谐音"禄"，寓意高官厚禄；蝙蝠的"蝠"与"福"同音，寓意幸福。所以这四种动物蝙蝠、鹿、蜜蜂和猴子寓意"福禄封侯"，是一种吉祥的纹饰，这种纹饰在明清瓷器上较多出现，我们要能够解读出来这种纹饰的寓意。外底青花楷书两行四字款"万历年制"，字体部分被粘连的窑渣覆盖，因此这件残片从整体上看应是明代万历时期的器物。除了"福禄封侯"这种纹饰以外，常见的还有"福禄寿喜""指日高升"等吉祥纹饰。这件盘子的外底沾有很多砂粒，这是盘子直接放在砂子上或通过堆砂叠烧的结果。

图3-67 明万历 青花福禄封侯纹盘残片

明万历 青花高官厚禄图纹碗残片

该碗外底略内凸（图3-68），碗外壁绘青花人物图已残缺，碗心双圈内绘一头戴乌纱帽、怀抱笏板的官员，身旁卧着一头小鹿。"鹿"谐音"禄"，官员和鹿在一起，寓意"高官厚禄"，因此也称之为"禄官图"，此种纹饰常见于明代瓷器上，其目的在于鼓励学子们勤奋学习，将来通过科举考试走上仕途。外底青花两行六字楷书款"大明万历年造"，字体率意，为万历时期民窑的作品。

图3-68 明万历 青花高官厚禄图纹碗残片

图 3-69　明万历　青花仙人纹
碗残片

图 3-70　明万历　青花莱菔纹
盘残片

明万历 青花仙人纹碗残片

这是一件碗的残片（图 3-69），釉色白中闪青，青花发色明快。碗心云朵上绘一背着宝剑的仙人，似为传说八仙中的吕洞宾；外壁从残存的纹饰上看亦主要为人物纹。整体上看，该碗内外壁所绘似为八仙人物，因此可称为"八仙人物碗"。从青花发色和绘画风格上看，应属于万历时期的民窑器物。通常明代民窑器物的足脊部位修整较为草率并呈现尖棱状，而此碗足脊修整圆滑呈现"泥鳅背"状，这种情况较为少见。除此碗所绘八仙人物外，明代还有穿着类似官服的人物踏着云朵的图案，寓意官场上仕途顺利犹如平步青云、青云直上或独步青云。

明万历 青花莱菔纹盘残片

该盘内壁绘蝴蝶及花卉（图 3-70），"蝶"谐音耄耋的"耋"，寓意长寿；内心绘莱菔纹，莱菔本为萝卜，因莱菔谐音"来福"，所以纹饰含有吉祥寓意。外壁主绘云纹，外底青花书"富贵佳器"款，书写较为潦草。盘塌底，足脊有棱，为明代万历时期民窑的产品。

明万历 青花鱼纹高足杯残片

图 3-71 是一件青花鱼纹高足杯的残片，残存部分为高足杯柄和部分杯壁。杯壁内外绘波涛鱼纹，足柄表面绘如意绶带纹，足底为四字楷书双圈款"玉堂佳器"。该高足杯做工规整，胎壁很薄，杯壁残留部分较薄处仅 1.5 毫米，呈现蛋壳杯特征。该高足杯釉色莹润细腻，青花发色纯正，绘画流畅自然，款识书写极为工整，应为万历时期民窑的精品之作，堪比这一时期的官窑作品，推测应为万历三十八年御器厂停止大规模烧造活动后官匠流散到民间后所制作。

图 3-71 明万历 青花鱼纹高足杯残片

明晚期 青花草龙纹残片

明晚期指嘉靖至万历时期。图 3-72 是一组瓷片，这些瓷片的内底绘有一个圆形的龙的图案，我们习惯上叫"草龙"，实际上这种纹饰叫"螭龙纹"。这一组总共有 5 个瓷片，内底都是这种草龙的图案。外底写有款识，一个瓷片的款识是"大明嘉靖年制"；一个瓷片的款识残缺了，就剩一个"庆"和一个"制"，可能是"大明隆庆年制"；一个瓷片的款识是"大明万历年造"，这是有纪年款的瓷片；还有一件堂名款的，写的是"富贵佳器"；一件是"上品佳器"。我讲这些款识的目的是，在做鉴定的时候，它们是我们参照和对比的依据。有的朋友拿来这样的碗，我一看就肯定地说这件东西是嘉靖到万历时期的。因为我通过这些瓷片，通过实物的纹饰和款识，就能够对类似的瓷器做出一个接近正确的判断。即我们鉴定瓷器的时候要以实物作为借鉴和证据，让实物来说话是最好的方法之一。这些有款识的残片及一些特征纹饰对我们瓷器的断代是非常有帮助的。

图 3-72 明晚期 青花草龙纹残片（一组）

第三讲　王者青花　雅洁幽靓

079

明晚期 青花魁星踢斗纹碗盘残片

这件瓷片（图 3-73）很小，是个小的碗底，或者说小杯子也可。里面画着一个鬼怪模样的人物，右手拿着一支笔，左手捧着砚台，前面绘有星辰，后面绘有斗，这种纹饰叫作"魁星踢斗"或"魁星点斗"。从考古发掘看，这种纹饰最早出现在带有"大明成化年制"款识的器物上（应该是成化本年的民窑器物），较多地出现在明代晚期的瓷器上，到清代尤其康熙年间的瓷器上也有出现。明代虽然出现了这种纹饰，但是我们见到的带有这种纹饰的明代瓷器却不多。

魁星踢斗这个典故很有意思。传说魁星是一位才子，人们对他的仕途有两种看法：第一种是，他先后三次参加科举都没有考上，原因是相貌丑陋，他一气之下把装书的斗踢翻了，然后投江而死，民间百姓仰慕魁星才华，将其塑造为主管文运之神；第二种是，殿试的时候，皇帝问魁星脸上为何全是麻子，魁星说麻子好，麻子好比满天星，皇帝又问魁星他的腿为何是瘸的，魁星说这叫作单腿跳龙门，皇帝认为他回答得好，于是点他为状元。魁星踢斗也好，魁星点斗也好，反映了古代士子希望通过科举考试来改变人生的一种愿望，因此古代的人们一直把魁星作为科举考试的神来供奉。这个图案中魁星一手握着一支笔，一手捧着墨（或盛墨的砚台），前面是几颗北斗星，这是魁星点斗，他点中了谁，那么就意味着谁会在科举考试中夺魁。魁星的左脚往后踢，把斗给踢翻了，这叫魁星踢斗，所以这个图案是魁星点斗、魁星踢斗两者结合在一起的图案。有些传说中描述他一只脚踩在鳌头上，寓意魁星点斗，独占鳌头。所以这个小瓷片的文化内涵十分丰富，非常有意思。

我们看它的外底，碗底上写了四个字：五文聚奎。五文在科举考试的乡试当中指的是诗、书、礼、易、春秋，五文聚奎的意思就是希望你每一科都能够考到第一，每一科的第一名叫经奎，五科都考第一叫五经奎，也叫五文聚奎。这件瓷片揭示出了这么多历史文化的信息。这种纹饰出现在瓷器上，也表明了古代学子对科举考试的重视程度和寄予的厚望，也时时在提醒着他们不要忘记学习。现在每个家庭对孩子的培养也都非常重视，虽然没有了科举考试，但名校或好的专业竞争依然激烈。现代社会成才也有很多种途径，但不管怎么说现代人都应该具备一定的知识储备，因为科技的发展日新月异，没有知识将无法融入社会，跟上时代的步伐。

图 3-74 是一件青花碗的残片，上面开光图案（已残缺）上绘制的也是魁星踢斗，这里魁星的左侧还画了一只蝙蝠，因此也有幸福之意。青花发色蓝中泛紫，应是嘉靖时期的制品。

图 3-73　明晚期 青花魁星踢斗纹碗残片

图 3-74　明嘉靖 青花魁星踢斗碗残片

图 3-75　明嘉靖 青花魁星踢斗盘残片

图 3-76　明晚期 青花魁星踢斗纹盘残片

　　图 3-75 为绘制有魁星踢斗盘子的残片，青花发色蓝中泛紫，也为嘉靖时期的产物。

　　图 3-76 也是一件盘子的残片，画面上表现的也是魁星踢斗的故事，但很明显，与上面讲过的魁星踢斗的瓷片相比，这是十分简单的画法，前面的斗（或书）省略了，后面的星星也简化了，整个图案近似于形式上的表现，而不再追求细致的内容，虽如此，但其表达的目的和蕴含意义却没有改变。上文讲过，从近年来考古发掘出现的这类纹饰并带有款识的器物上看，这类纹饰出现在器物上最早可追溯到明代成化时期。据载，广东南澳一号明代古沉船上出水的一件盖碗的盖子上也绘有青花魁星点斗图案。

图 3-77　明晚期 青花状元及第碗残片　　　　　图 3-78　明晚期 青花金榜
题名碗残片

图 3-79　明晚期 青花金榜题名碗残片

明晚期 青花状元及第金榜题名碗残片

这是一个碗的残片（图 3-77），碗壁局部残缺。碗的外壁写有一个"元"字和一个"及"字，推测其原文应该是"状元及第"四字。碗的内壁有一个"贵"字。从这件残片的造型、胎、釉、底足形式及青花用料的各方面看，这是明代晚期的碗的残片。古代特别重视科举考试，即使在瓷器上也要写上这些吉祥用语，使学子们每天吃饭的时候，都会看到"状元及第""金榜题名"这类文字，也有在水滴（"水滴"为文房用具）上用青花书写"状元及第"的。

以明清科举考试为例，古代的科举考试分为这样几个级别：参加各省举行的考试，称乡试，考中者为举人，乡试第一名称为解元；举人到京城参加考试，比如明清时期到顺天府（今北京）的考试，称为会试，考中者为贡生，会试第一名称为会元，贡生其实已经具有了进士的资格，但需参加宫廷举行的殿试，进一步检验和确认；贡生参加宫廷举行的考试，称为殿试，明清时期在北京的紫禁城举行，考中者为进士。进士又分为一甲、二甲、三甲进士，一甲三名，按顺序分别为状元、榜眼和探花，二甲和三甲进士名额不定，多者有几百人。朝廷公布殿试结果并排定名次称为"传胪"，并由皇帝赐予进士相应的头衔，赐予一甲三名进士为"进士及第"，二甲进士为"进士出身"，三甲进士为"同进士出身"。状元及第指考中了一甲第一名，并被皇帝赐予进士及第的头衔。我也收藏有一个内心用青花写有"会元"铭文的小杯子的残片，如果一人连续获得乡试第一名、会试第一名和殿试第一名则称为连中三元。

图3-78也是一个碗的残片，外壁写着"榜题名"三个字，应是缺了一个"金"字，原铭文应为"金榜题名"，其寓意与上面的碗（图3-77）基本相同。图3-79也是"金榜题名"碗，拼对，局部残缺，与图3-78不同的是，图3-78外壁上的文字为从左至右书写，而图3-79碗外壁的文字为从右至左书写，其碗心还有一个"贵"字。金榜题名是古代读书人梦寐以求的目标，是古代士子走向仕途的最主要途径。时至今天，读书仍是自我素质提升和走向成功的必经之路。

明晚期 青花大房二房三房四房铭文碗残片

图3-80是我收藏的四个青花碗的残片。这几个残片上的铭文很特殊，用青花书分别写着"大房""二房""三"和"四房"。其中的"三"，我猜测就是"三房"的意思，因为我曾经看到过有类似的瓷片，上面写着"三房"。这些瓷片应该是明晚期或者是明末时期的一些青花瓷碗的残片。中国古代男女不平等，一夫多妻制，大房就是正室，除了大房以外，还有二房、三房、四房等，还有若干小妾。虽然资料

图3-80 明晚期 青花大房二房三房四房铭文碗残片

上这类记载很多，但这些瓷片上的文字从实物上对记载进行了印证，从而证实了古代的男尊女卑的婚姻制度。

看到这些瓷片时我感觉到也很好笑，为什么在瓷器上要写上大房、二房、三房、四房呢？我想这些标识表明了拥有和使用它们的主人身份，也有财产和安全方面的考虑因素，为了避免妻妾们相互之间日常产生矛盾，于是有了这些标识的需求从而专门购买或定烧了这类可以识别的碗。窑户们也就适应市场需要专门制作和烧制了带有这样文字的

图 3-81　明天启 青花兔纹碗残片

碗来售卖。有了这些标识，我们也就从这些瓷片当中解读出了古代社会的一些生活信息。当然，古时候男女不平等，但现在男女平等，这是社会的进步和文明的表现。

明天启 青花兔纹碗残片

图 3-81 是个碗的瓷片，内壁绘有一只小兔子，外底写着"兔香"两字，字是从右往左念的，意思说兔子的肉香，很好吃。早在明代正德年间，兔子纹饰就出现在青花瓷器上，以后一直有这种纹饰出现，并以天启年间较多。这件瓷片具有明代瓷器的特征，我判断大致属于明末天启时期，因为这一时期的瓷器上较多地出现这类纹饰并一直延续到清代。这个纹饰描绘了一只小兔子站在山坡上呈回首眺望的状态，我们习惯上称为"天启兔"。

关于瓷片外底写的"兔香"二字，我想谈一谈我从中得到的启示。大家知道野兔的肉很香，但是现在我们也不能随意地去狩猎它们，包括个别人打鸟的行为都是不可取的。人类和动物同处于一个星球，相依相伴从远古一路走来，实为不易。古时候人类为了生存，不得不适当地、有限度和定期地猎取一些动物，但现在人类已经解决了粮食问题，完全可以通过饲养动物来获取肉类，而不应伤害野生动物。人和动物应该和谐共处，试想如果地球上所有的野生动物都灭绝了，只剩下人类，我们将多么孤单和无聊！这甚至终将威胁到人类自身的命运。每种动物都是生物链的一部分，生物链如果被破坏了，可能给人类带来意想不到的灾难。即使是必须使用一些有丰富资源的野生动物比如海洋中的鱼类，也要有计划地捕捞和利用，我国沿海地区每年规定的休渔期就是一个很好的例子。这里我想说的是，普通的野兔也是生物链的一部分，我们要爱惜它们，把它们当作人类的朋友，不要故意伤害它们。

天启年间官窑器物十分罕见，据景德镇中国陶瓷博物馆图片资料记载：

现藏于日本根津美术馆的"大明天启年制"两行六字青花楷书双圈款青花花篮图盘即可证实当时官窑的存在，该盘制作规整，绘画精细，料色淡雅，具有明代官窑制品的艺术风格，是目前发现的唯一一件完全无争议的天启官窑瓷。

明崇祯 青花龙纹烛台

该烛台（图3-82）高21厘米，分上盘、连接圆柱、下盘和高足柄四部分，高足柄有一处拼接。上盘形状为盘口，口沿处涂护胎釉，中心有一圆孔，用于插烛；下盘为盘形，用于承接蜡滴，盘内绘三个"卍"字符，盘的口沿和外壁折腹处涂一周酱釉；上下盘之间为连接圆柱，圆柱上部稍细，下部略粗，圆柱外表绘四爪龙纹和火珠，龙纹绘画随意；高足柄为长柄喇叭状，足下部外撇形成台座，足柄内施釉，足柄外表面下部绘海水江崖纹，纹饰草率。整个烛台釉色白中闪灰青，青花色泽发灰。烛台为庙宇供器，属佛前五供（香炉一、烛台二、花瓶二）器物。该烛台为崇祯时期民窑烧造的器物。

图 3-82 明崇祯 青花龙纹烛台

图 3-83　明崇祯至康熙　青花公孙大娘舞剑器图笔筒（珠明料，花冲先生藏）　　图 3-84　明崇祯至康熙 青花公孙大娘舞剑器图 笔筒（表面放大图，50X）（珠明料，花冲先生藏）

明崇祯至康熙 青花公孙大娘舞剑器图笔筒

　　笔筒（图 3-83）口沿直径 19 厘米，高 18 厘米，有拼接。笔筒口沿和底部外径相同，略束腰，平底，底外周锓削一圈，形成二层台底。内外施白色透明底釉，釉色青亮，外底无釉呈砂底。外壁口沿处釉下一周暗刻卷草纹，底部一周釉下暗刻几何纹。笔筒外壁青花绘人物故事图，故事图出自典故"公孙大娘舞剑器"。传说公孙大娘是唐代一位女子，善于舞剑，游走于宫廷和民间，为达官贵人乃至皇帝表演舞剑，深受时人欢迎。唐代诗人杜甫曾作有公孙大娘舞剑的诗句"昔有佳人公孙氏，一舞剑器动四方。"图中公孙大娘手持宝剑在一张锦纹垫上翩翩起舞，腰姿婀娜，旁边一男子端坐案（桌）旁在观赏舞剑并正欲持笔书写，身旁站立四人也在观赏女子舞剑，后面一童子模样的人正从门后走出。栏杆旁还有两童子模样的人正忙碌于伺候主人。画面中栏杆院门，洞石修竹，云气缭绕，意境清新幽雅。纹饰绘画娴熟，山石有康熙时期斧劈皴画法，人物生动形象，面目传神。器物应为景德镇制作，但青料采用产于云南的珠明料，发色清爽明快，蓝艳靓丽。青花未出现锡斑（铁锈斑）现象，釉面无缩釉。总体上看，该笔筒具有明末清初过渡时期的器物特征，兼有崇祯、顺治、康熙早期瓷器特点。该笔筒尺寸硕大，拼对完整，绘画精美，故事内容罕见，且采用较为少见的珠明料，因而十分珍贵，是研究明末清初过渡时期瓷器特征的很好的标本器物。

明—清 青花福禄寿喜善贵铭文碗盘残片

图 3-85 是一组青花瓷的残片。这些瓷片上都写着字：福、禄、寿、喜、贵、善。这些基本上都是明代晚期到清中期的器物残片，其中内壁写有"寿"字和绘有"寿中寿"图案的大致为嘉靖一朝的器物。外壁布满了"寿"字的残片是康熙、雍正、乾隆时期的瓷器风格。这里我想说，在古代由于战争、疾病、贫穷和饥饿，通常人的寿命都不是很长，古人讲，人到七十古来稀，认为人能活到七十岁那不得了，都是稀罕事，所以希望长寿这是古人的普

图 3-85　明—清 青花福禄寿喜善贵铭文碗盘残片

遍愿望，因此古代瓷器上这种表现长寿题材的纹饰或铭文也就出现得比较多。现在生活好了，条件也好了，人们自然长寿了，百岁以上老人很多。社会在进步，人们的生活质量也在不断提高，这是勤劳的人们用劳动换来的，因此我们要珍惜今天的幸福生活。这里我想提一下这个"善"字，古人就讲人生在世要多行善事，有句话叫作："一人行善，家有余福。"我们要多做善事，古往今来，行善是一个永恒的话题。再看这两个"福"字，是用草书写的，很漂亮，说不定康熙那个御笔的"福"字，就是照这类字体仿写的。

清顺治 青花花蝶纹花插

清代宫廷中在厅堂和书斋常用瓶子插花来作为摆设和观赏，民间也有这个习惯，很多瓷器都被用于插花，大的叫花瓶，也有叫大花觚的，可以同时插很多相同或不同种类的适时季节的花卉，稍小一些的叫梅瓶，最小的通常只能插一枝花的，叫花插。这个器物（图 3-86）像一个很小的花觚，实际上它不是小花觚，有人猜测说这个东西是香插，插香用的，也有人说是插花的，我认为这个东西是插花用的，叫花插，插一两枝花在床头或书房的案头上摆放，非常漂亮。

图 3-86　清顺治 青花花蝶纹花插

图 3-87　清顺治 青花竹石花鸟纹花觚残片

　　这个花插在口沿上涂了一圈酱釉而成为酱口，并且口沿部分局部残缺。从它的造型、纹饰和釉色上看，我认为是顺治时期的器物。这个花插的外面画的是一些花草，还有竹子、石头，上边画了一个小蜻蜓或者是蝴蝶之类的，天空中还有太阳（圆形的通常理解为太阳，而月牙形的可理解为月亮），描绘的是一个静谧的、天气晴朗的野外小景。这种器型的东西不是很多，我的一个朋友爱不释手，他知道这是顺治时期的一件标准器物。当然我也非常喜欢这个小花觚，稍微可惜的是它口沿的部位有点残了，完整的这类器物却不易见到。

清顺治 青花竹石花鸟纹花觚残片

　　该花觚（图 3-87）高 20.5 厘米。撇口、平底，底外部镟削一周呈凸台；内外施透明釉，釉色白中泛青；口沿一周酱釉，底无釉。外壁青花绘制竹石、树木、花鸟，天空中画有太阳。纹饰绘画精美，画面比例及布局合理，青花为浙料而发色蓝艳，加之造型规整及轮廓线条优美，不失为顺治时期青花瓷的精致作品。因这类器物整器极难见到，因此即使残器也尤为难得，凸显珍贵。这个纹饰中天空中的太阳之所以没有认定为是月亮，首先是它用圆形作为表现形式，而月亮常用月牙来表示；其次是画面上有鸟儿在飞翔，这大都是白天鸟的活动状态，而夜晚鸟儿大多在栖息。

　　清代寂园叟《匋雅》载："明瓷花觚与康、雍迥别，康、雍觚式腰际凸起，而明瓷直下无波折也。"可见顺治时期的花觚还保留有明代遗风。这件花觚的口部直径大于底部直径，而明代崇祯时期常见口底直径大致相同的花觚。

图3-88　清顺治 青花花卉纹花盆残片

清顺治 青花花卉纹花盆残片

这是一件花盆的残片（图3-88）。它的口沿部分和棱角部位涂了酱釉，虽然是残留下的一部分，仍然可以看出它原来应是一个花盆，属于花盆的一角，里边没有施釉。通过刚才对那件花插的分析，我认为这件东西也是顺治或者再晚一点到康熙早期的一个器物的残片。大家如果再见到类似瓷片或者具备这种特点的器物，就基本可以认定是这一时期的。因此，学习和鉴赏瓷片，对器物的断代会有所帮助。

据《景德镇陶录》记载，顺治十一年景德镇御窑厂才恢复瓷器烧造，到顺治十七年又停止，主要烧造龙缸和栏板（一种用于装饰的方形瓷板），但未获成功。推测其他小件的器物应该有烧造，但实难查证。因此能确认为顺治官窑的器物很少，而且质量也不高。明末清初属于社会过渡时期，虽然官窑的生产受到影响，但民窑的生产始终未断。由于这一时期民窑青花大都没有款识，所以能确认为顺治时期的器物也不是很多。顺治花觚和花盆都是这一时期的典型器物，即使是残片也具有一定的历史和研究价值。

清顺治 青花松鹤延年纹罐残片

图3-89 罐唇口、短颈、丰肩、弧腹、圈足。外壁肩部锦地四开光，开光内绘折枝桃纹。腹部绘竹子、松树和鹤纹，松树枝干横伸，松针茂盛；仙鹤神态生动，飘飘欲飞。松树纹、鹤纹出现在同一画面中表松鹤延年，寓意长寿。釉面白中泛灰，青花暗

图 3-89　清顺治 青花松鹤延年纹罐残片

蓝。腹部一周接痕明显，圈足修足不规整，有明代遗风，为顺治时期的民窑器物。我曾见过类似纹饰的一个完整的大罐，口沿涂酱釉，也是典型的顺治风格的器物。

顺治时期由于皇帝的节俭以及处在社会环境转变的过渡期，朝廷对瓷器的烧造并不重视，因此顺治官窑器物极其罕见。这方面的资料可见《骨董琐记》中的记载：

> 顺治八年正月壬戌，江西道额造龙碗。得旨："方与民休息，龙碗解京，动用人夫，苦累驿递，造此何益！以后永行停止。"故传世顺治窑瓷极罕。

由于朝廷不重视瓷器烧造，这一时期民间的烧造活动也处于低谷，因此即使是民窑的顺治瓷器，现今在收藏过程中也不常见到。

清早期 青花树叶诗意纹盘残片（一）

这是一个盘子的残片（图 3-90）。我们看它的纹饰绘画风格，也是画了一个树叶，树叶内好像还画有花朵，旁边写有诗句，从风格上看也是康熙早期的器物。上面写的字，最下边两个字残缺掉了，它原来应该写着八个字，现在就剩下六个字了。最初，我通过字面的意思推测诗句应为"看花有意，落叶无声"。后来在收藏的瓷片（图 3-91）上，证实了这八个字确是"看花有意，落叶无声"。看花有意，描写的是人的行为和心情；落叶无声，表达的是自然界的静谧和无情。总体上表现的是一种复杂而又略带伤感的内心感受。

图 3-90　清早期 青花树叶诗意纹盘
残片（一）

图 3-91　清早期 青花
树叶诗意纹盘残片（一）

清早期 青花树叶诗意纹盘残片（二）

　　这件瓷片（图 3-92）上面的诗文写的是"黄叶落兮白云飞"，描述
的是秋天树叶黄了、落了，秋高气爽，白云在空中流动，一片北方地区
秋高气爽、蓝天白云的场景，诗情画意，跃然眼前。给人带来的是一种
天高地远、心情开朗、海天一色的壮观感受。它的外底款识是"玉堂佳
器"，这是明代瓷器已有的款识，但该盘从形制和风格上看，应属于顺
治时期或康熙早期的器物。图 3-93 的残片上面的诗文有残缺："秋风起
兮雁□□，□叶落兮白□□。"我推测完整诗句应为："秋风起兮雁南归，
黄叶落兮白云飞。"诗句描述的也是秋天的景象。这类诗句或许受到汉武
帝刘彻《秋风辞》的影响。

图 3-92　清早期 青花树叶诗意纹盘残片（二）

图 3-93　清早期 青花树叶诗意纹盘残片（二）

图 3-94 清早期 青花树叶诗意纹盘　　图 3-95 清早期 青花　　图 3-96 清早期 青花树叶诗意纹盘残片（四）
残片（三）　　　　　　　　　　　树叶诗意纹盘残片(四)

清早期 青花树叶诗意纹盘残片（三）

我们再看这一件（图 3-94），也是清早期的器物。画面上画了一片树叶，树叶中是两行诗句，树叶旁还草率地画了一个其他纹饰，但究竟为何物，却不易判断。树叶当中写的诗句是"惜花春起早，爱月夜眠迟"，其意是说因为爱惜花卉，春天才起早赏花，看着花朵上的一层露水，恰如"露似珍珠月似弓"的境界，不久，残月隐退，东方天际抹上了红色，在晨曦的映照下，各种花卉流香吐蕊，万紫千红，娇艳欲滴，若是到了中午，那露水都没了，花就会有些疲惫的样子；爱月夜眠迟，是说因为喜欢月亮，因此赏月很晚，睡得也就迟些。唐代诗人李白就十分喜欢月亮，他经常晚上喝酒而且常常喝到半夜，喝酒赏月，正应了"爱月夜眠迟"的意境，他的著名诗句"举杯邀明月，对影成三人"就是描写喝酒赏月的情景。这两句诗被窑工写到这个青花盘子的树叶中了，是用青花料画完了树叶以后，直接在树叶上面采用划写的方式写上了这样的诗句。这两行诗的字体采用行书，写得非常流利，非常漂亮，可见其书法具有很深的造诣。除青花瓷外，在龙泉窑器物的残片上，我也见过这样的诗句。

清早期 青花树叶诗意纹盘残片（四）

图 3-95 和图 3-96 是两件类似盘子的残片。这两个盘子的上面写的是"一叶得秋意，新春再芳菲"，图 3-96 的盘子外底为两行四字楷书"玉堂佳器"双圈款。这里就不

图 3-97　清早期 青花树叶诗意纹盘残片（五）　　图 3-98　清早期 青花树叶诗意纹盘残片（六）

像下文将要讲的残片上的诗文里所表现的"天下尽皆秋"的悲观心理，而是看到了春天的希望，并把现实和未来有机地结合在一首诗句中，给人以希望。北宋晏殊诗句"无可奈何花落去，似曾相识燕归来"，也是从秋天萧瑟的景物中联想到美好的春天时节。

清早期 青花树叶诗意纹盘残片（五）

这是一件清早期青花树叶纹盘子的残片（图 3-97），残片的周边为人工打磨而成的花边。在树叶上写着诗句"弟是朝中真翰苑，哥付御满返故人"。其中"哥"字为古体写法，刘景生先生辨识后认为应是"哥"。诗句的意思是弟弟还在翰林院做官，而哥哥已经功成名就，告老还乡，表明一家兄弟二人在朝中为官。其用意是表达人生得志，功成名就之意，同时也鼓励后人以此为榜样，发奋读书，夺取功名。从青花的发色及树叶诗文的表现风格，结合外底和圈足的情况看，这件器物应为顺治到康熙早期的器物。

清早期 青花树叶诗意纹盘残片（六）

图 3-98 这件盘子残片内的树叶旁写着"满地梧叶月明中"，描述的是月明星稀、满地梧桐落叶的静谧的秋天夜晚。隐喻着对时间流逝、人生短暂的一丝伤感，也有向往和珍爱宁静生活的美好意愿。

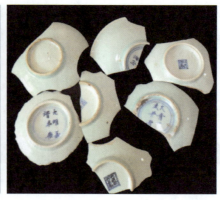

图 3-99　清康熙
青花梧桐叶落诗意
纹盘残片

清康熙 青花梧桐叶落诗意纹盘残片

图 3-99 是一组青花小盘的残片。这些残片的里边都画着一个树叶，旁边写了一行字，瓷片上大都写的是"梧桐一叶落，天下尽皆秋"，描述的是秋天的场景，因此画的树叶应是秋天里的一片落叶。还有写"梧桐叶落，天下皆秋"，是把前面的文字做了简化的一种写法。我还有一个瓷片，上面写着"□桐一落，□□尽秋"，字有残缺，推断应该是"梧桐一落，天下尽秋"。这些瓷器的口沿部分通常为酱口。酱口是顺治时期或康熙早期瓷器的典型特征，那么这些瓷片到底属不属于清代的呢？这需要进一步确认。我们看一看这些瓷片的外底，其中一个写着"大清丁未年制"，属于干支款，大清丁未年比较靠谱的应该是 1667 年，1667 年是康熙六年，因而这是康熙早期的器物。这片上面残留着一个"丙"字，还有一个"制"，上边残缺了，估计这个款识应该是"大清丙午年制"，这种我是见过整个的碗底的，那个碗底上是写着"大清丙午年制"，那么这个应该是 1666 年，也就是康熙五年。这件写着"乙巳年制"，应该是 1665 年的产品，也就是康熙四年。所以这三件瓷器分别是康熙四年、康熙五年和康熙六年的产品。这些瓷片我们从正面上虽然不能判断，但是从背面碗底的款识上，就确定了它们烧造的年代应是在康熙早期。康熙在位总计 61 年，前 19 年属于康熙早期，因此它们是康熙早期的器物。

其中一个瓷片外底写着"大明嘉靖年制"，这个叫作"寄托款"，它不是嘉靖时期的，而是康熙早期仿嘉靖的作品。这件写着"大明成化年制"，款识是寄托款，也是康熙时期的。这些器物都属于古代民间日用瓷器，古人称作"客货"，现今称之为"大路货"。

古人在做瓷器的时候，把秋天的萧条叶落景象融入所制作的瓷器上，实际上表达的是一种心情。一年四季，春天能给人带来愉悦和欢快，夏季酷热难熬，秋天万物衰败和萧条，秋天过后就是寒冷的冬天，内心中有一种无可奈何花落去的感触。随着岁月的流逝，感到人生的短暂，或者壮志未酬的这样一种气氛和心情。

还有一个瓷片什么款识都没写，但是通过观察它的釉色、造型、纹饰还有酱口，我们也可以断定它是康熙早期的器物。我曾经和一位朋友聊天，他拿出一件类似的器物，虽然距离很远，但是我说："你这是康熙早期的器物。"他说："你怎么看一眼就知道，你水平太高了。"实际上并非我的水平如何，只不过我是把理论和实践能够紧密结合起来，而且见的器物或瓷片多了，这些知识和信息从器物和瓷片上我看到了，所以判断起来就容易些。这些瓷片上有的写着非常清楚的纪年款，虽然有些是寄托款，但从总体特征上很容易把它们确定为康熙早期的作品。一个人鉴赏水平的提高离不开理论，也离不开实践，而实践过程中瓷片通常具有品种丰富、价格低廉的优势，通过收藏不同时期以及各个品种的瓷片作为标本，亲自上手研究并获得第一手资料，就一定能在短时期内使眼力得到提高，因此说瓷片是最好的老师。

清康熙 青花折桂图碗残片

图 3-100 是半个小碗，上面画着一个小孩，小孩站在板凳上，旁边似乎是一棵柳树（其本意应为桂树），看这个意思，他好像在折柳枝。

《古代外销瓷器研究》记载，有一件清康熙青花折桂图盘，盘内的纹饰为一个稍大一些的小孩站在摞起的凳子上折下一个树枝，递给地面上站着的一个稍小一些的孩子，地上还有一位妇人领着一个更小些的也拿着树枝的孩子。文中称此种纹饰为"折桂图"，并有如下解释：

> 折桂图，描绘母教子上进，孩儿争摞凳折桂枝的情景。其画意源于"臣举贤良对策，为天下第一，犹桂林之一枝，昆山之片玉"。"折桂一枝先许我，杨穿三叶尽惊人"。[1]

① 张凯. 清代外销青花瓷概貌与研究 [M]// 古代外销瓷器研究. 冯小琦. 北京：故宫出版社，2013：279.

图 3-100 清康熙 青花折桂图
碗残片

这件青花瓷碗上的纹饰应该与上面书中介绍的纹饰大致相同，同属于折桂图的画面，寓意科举考试高中榜首。画面中的树看上去为柳树的样子，其实指代的应该是桂花树，而地上还应有妇人和孩童。清代的器物还有见在碗的内底上用青花描绘一只三爪蟾蜍衔着一枝花卉，寓意蟾宫折桂，表达的都是同一类内容。宋代词人李清照有赞美桂花的词《鹧鸪天·桂花》："暗淡轻黄体性柔，情疏迹远只香留。何须浅碧深红色，自是花中第一流。梅定妒，菊应羞，画阑开处冠中秋。骚人可煞无情思，何事当年不见收。"

清康熙 青花一甲传胪纹碗残片

清代康熙、雍正、乾隆三朝青花瓷器的总体特征是釉面清亮、光滑、硬朗，即"紧皮亮釉"，而绝无清晚期瓷器上出现的所谓"波浪釉"现象。釉面普遍白中泛青，康熙晚期民窑中也有一种釉色很白的器物，白得像雪和白纸一样，这类器物市场上常见到的有一种白釉地青花三爪、四爪龙纹草帽碗（碗沿斜折向上）。此外，康熙时期也有一种专门用于外销到欧洲地区的瓷器，釉色呈现特有的奶白色；康熙、雍正时期也有个别釉色较白的器物。

图 3-101 是一个清代康熙时期的青花瓷片，碗心绘有一只螃蟹衔着一枚谷穗或芦苇叶子，螃蟹的后背上还特意绘制了一枚钱纹。由于螃蟹身上有甲壳，因此寓意古代科举考试中高中头甲（头甲也称一甲，一甲中的前三名依次为状元、榜眼、探花），同时寓意五谷丰登、富甲天下之意。这种螃蟹纹早在明代的瓷器上面已经出现了。据说

图 3-101 清康熙 青花一甲传胪纹碗残片

螃蟹纹饰被绘制在瓷器上应在明代著名花鸟画家徐渭开始以螃蟹为题材作画以后。因为螃蟹是横向爬行的动物，因此有一种说法是它起初表达的是对官僚恶霸横行霸道的痛恨，外边的青花双圈表达的是对它的活动范围的限制。但后来这种螃蟹纹饰逐渐演变成了人们对科考高中榜首和对富足、美好生活的期盼。这个螃蟹的嘴上还衔着一枚植物的叶子，我推测应是一枚芦苇叶。古代宣布科考殿试结果也就是公布进士考试排名信息的时候称为"传胪"，而芦苇的"芦"与"胪"同音，因而这种纹饰最恰当的寓意应是"一甲传胪"。

这是一个碗底，圈足足脊被修成滚圆的所谓"泥鳅背"形状，这是清代康熙中期以后瓷器底足具有的普遍特征。此外，外底上绘制了一束花卉外加青花双圈作为款识，属于图案款。康熙时期的民窑器物曾被禁止书写年号款，据《浮梁县志》记载："康熙十六年，邑令张齐仲，阳城人，禁镇户瓷器年号及圣贤字迹，以免破残。"朝廷不让民窑在瓷器上书写"大清康熙年制"等类似的年号款识以及一些圣贤的文章墨迹，因为一旦书写后瓷器坏掉了就会感觉到不吉利，但也说明了康熙十六年以前的一些民窑器物是有年号款的。即使颁布此禁令后，民窑书写年号款的习惯也不会全部消失。为了规避此禁令，大部分窑户还是不敢写，怕受处分，因此康熙时期的器物上常见写明代寄托款、无款、仅使用双圈款、花鸟图案款以及双圈和花鸟图案的组合款，来代替年号款的现象，但官窑不受此限制。本瓷片即是这一现象的例证。

清康熙 青花昼锦堂记铭文碗残片

图 3-102 残片为碗的一小部分，残留处为口沿附近，口沿处外撇，弧线优美；其胎质洁白细实，釉面洁白细润；釉下青花书写欧阳修《昼锦堂记》，仅残存少部分字体，采用小楷（但有些隶书的倾向），书写十分规范，应为康熙时期的作品。

图 3-102　清康熙 青花昼锦堂记铭文碗残片

图 3-103　清康熙　青花
海水江崖鹤纹碗残片

清康熙 青花海水江崖鹤纹碗残片

　　图 3-103 是一个碗的残片。碗心下方画的是海水江崖，海水江崖寓意江山永固，
上方画了两只仙鹤，每只仙鹤的嘴里还分别衔着一朵灵芝，其中一只仙鹤在向前飞，
另一只仙鹤在回头，这两只仙鹤好像在相互守望。这件瓷片还残留着部分碗壁，外壁
下方也是绘制海水江崖图案，上方仅残存一只鹤纹，也是嘴里衔着一朵灵芝。青花绘
画的笔法非常娴熟流畅，这种纹饰描绘出了海天空阔的意境，下面海水激荡着礁崖，
天空中万里无云，仙鹤在款款地飞翔，给人一种海天一色、波澜壮阔的感觉。仙鹤衔
着灵芝，代表长寿之意。可以想象，每当我们看到这个碗或者端着这个碗吃饭的时候，
就会有心胸非常开旷的感觉，心情一下子开朗起来，愁绪和烦恼就会全都忘却。

图 3-104　清　金嵌珍珠宝石八宝（北京故宫博物院藏）

这件瓷片的外底画了一个双圈儿，里面画了一个海螺，这是一个图案款。海螺图案是八宝纹饰之一，八宝纹包括有轮、螺、伞、盖、花、罐、鱼、长（也有写作"肠""吉祥结"的），八宝纹饰经常出现在瓷器上，北京故宫博物院也藏有八宝器物（图3-104）。我们再看它的青花钴料的使用情况，康熙时期有一种名为浙料的青料，它的发色呈翠毛蓝，好像翠鸟的羽毛的颜色。这件瓷片达不到典型的翠毛蓝色调，但基本上还是属于浙料，因为即使同是使用浙料，烧制过程中的发色也不可能完全相同。这件瓷片是具有典型康熙特色的器物。

清康熙 青花云鹤吉祥纹盘残片

康熙十年，景德镇御窑厂开始烧造祭器，康熙十九年九月开始烧造宫廷御用器物，从此景德镇御窑厂进入了有清一代瓷器烧造的辉煌时期。

这件瓷片（图3-105）是个小盘子的残片。它的里面画的是云、鹤，还有一些八宝吉祥纹的图案。它的外面，虽然盘壁部分已残缺，但残存的纹饰还能看出绘制的内容，属于轮、螺、伞、盖、花、罐、鱼、肠这八种吉祥图案，叫八宝纹或八吉祥纹，这里仅剩下了部分图案，其中一个很明显是盘肠纹。我们看它的外底，仅残存"康"和"制"两个字，还有双圈，这里原来应该写的是"大清康熙年制"。我们再看它的胎，不管是用肉眼还是借助放大镜来观察，都会发现其胎质洁白，呈现所谓的"糯米汁"特征。这件器物上绘有一种传统纹饰，叫作"云鹤吉祥纹"，是康熙时期的一种典型纹饰。这件器物上的纹饰线条比较流畅，造型规整，结合它的胎和釉色情况，应该属于康熙官窑的作品。康熙十六年曾禁止在瓷器上写年号，那只是对民窑的限制，而不是禁止官窑书写，官窑还是照常写"大清康熙年制"。

图3-105 清康熙 青花云鹤吉祥纹盘残片（官窑）

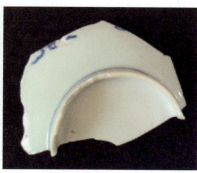

图 3-106　清康熙
青花云鹤吉祥纹盘
残片

这件瓷片（图 3-106）也是一个盘子的残片，胎质很细腻。内壁的纹饰跟图 3-105 那件差不多，也是云鹤吉祥纹。云鹤纹代表一种天上的仙境，嘉靖时期曾大量出现在瓷器上，后世瓷器上也不断出现这种纹饰。这件盘子的外壁纹饰基本残缺殆尽，从残留的一点纹饰上看也应属于八宝吉祥纹。它的外底什么款识都没有。这里我想跟大家介绍一下，康熙时期一些官窑瓷器也是不写款的，但仍然属于官窑烧造的范畴，所以大家在鉴定康熙时期瓷器时要注意到这一点，并不是说有康熙年号款的才是官窑瓷器，没有年号款的就不是官窑瓷器。这件盘子的残片上没有款识，胎质也很精细，很有官窑器物的感觉，但仔细观察它的纹饰，就会发现笔法并不流畅，线条略显呆滞，这是民窑绘画的特征，因此我偏向于该盘属于康熙时期民窑的器物。

清康熙 青花洞石花蝶纹碗残片

康熙时期为了缓解满汉之间的矛盾，实现民族的融合，从而巩固政权，因此允许在瓷器上书写一些明代年号的款识。康熙时期很多器物都书写明代的款识，有官窑的，也有民窑的，称之为"寄托款"。

图 3-107 这件瓷片的口沿部位为酱口，外面画的是一些洞石，里面画的是一些蝴蝶和花草，有"蝶恋花"之意境，但蝴蝶的"蝶"与耄耋的"耋"谐音，因此主要还是寓意长寿。碗底虽然残缺了，但从外底上残存的文字仍可辨认出这里原来书写的应是"大明嘉靖年制"，是一种寄托款。这个碗的纹饰绘制得比较规整，青花发色较为纯正，但胎质不如官窑器物洁白细腻，纹饰绘画技法上也略逊于官窑作品，因此这件东西应该属于民窑之中较为精细的作品。

图 3-107　清康熙
青花洞石花蝶纹碗
残片

图 3-108　清康熙
青花云鹤纹碗残片
（官窑）

清康熙 青花云鹤纹碗残片

　　图 3-108 是一件官窑碗的残片。胎质洁白、制作规整、纹饰精美以及足脊呈现滚圆的"泥鳅背"状是清代官窑的普遍特征，这个碗也具有这些特点。通常大家在鉴定一件器物是否属于官窑制品时，还有一个小窍门，就是仔细观察款识外面的双圈及口沿部位、底足外墙上的青花弦纹是否规整，官窑器物的弦纹线条粗细均匀，接头处对接端正，没有明显偏离。古时候这些青花弦纹是统一由固定的工序和固定的人员来完成的，尤其是官窑作品，其弦纹绘制的工具的精度及工匠的操作水平绝非普通民窑可比。这个碗的底足呈现滚圆的泥鳅背，表明它具有清代官窑器物的基本特征。这个碗的款识是"大明嘉靖年制"两行六字楷书款外加青花双圈，表明这是康熙仿嘉靖器物的寄托款，但由于这个碗的纹饰在明代嘉靖年间也曾出现过，碗的器型又是明清常见的器型，所以这样的器物又被看作是康熙官窑仿嘉靖的器物，其款识也被称作"仿款"。该器物"紧皮亮釉"，符合清三代器物的釉面特征，其中的"紧皮"是指釉面没有橘皮和波浪；"亮釉"是指釉料透明，即通常说的"玻璃釉"，属于薄釉。

图 3-109　清康熙 青花花卉纹碗残片（官窑）　　　　　图 3-110　清康熙 青花留白冰梅纹罐残片

清康熙 青花花卉纹碗残片

图 3-109 胎质洁白细实，内外绘青花花卉纹，外壁下部绘变形仰莲瓣纹，外底青花书三行六字楷书双圈款"大清康熙年制"（已残缺）。青花发色纯正，纹饰流畅精美，胎壁较薄，做工规整，釉面紧皮亮釉，为康熙时期景德镇御窑厂青花器物精品之作。

清康熙 青花留白冰梅纹罐残片

图 3-110 是一件青花大罐的残片，它上面绘有白色的梅花，用蓝色做底纹，也称蓝地白花。它的蓝色的底纹类似于冬天冰面的特征，有冰裂状的裂纹，所以我们把这种纹饰叫冰梅纹。它的青花发色呈现"翠毛蓝"的湛蓝色调，应属于康熙年间的器物。康熙青花钴料是产自浙江的一种上等青料，称为"浙料"。明代晚期，提炼钴土矿的工艺由水沉法改进为煅烧法，因此以这种煅烧法得到的钴料绘制的瓷器烧成以后青花发色就特别的艳丽、明快。从万历中期直到整个清代，官民窑青花都在使用这种浙料。康熙时期的青花发色尤为明显，呈现典型的"翠毛蓝"色调，像翠鸟的羽毛那种蓝色，非常漂亮。考古界泰斗陈万里先生对这种青花的色泽有一个八个字的评价"色调深蓝，浓重明爽"，再恰当不过了。

这类冰梅纹罐又被称作"梅花罐"，《饮流斋说瓷》一书中描述："周身绘冰纹，藏梅花片片。制始康熙，历代均有之。"梅花枝干多遒劲苍老之态，因此被寓意长寿之意；梅花花分五瓣，民间将其指代为福、禄、寿、喜、财五福；古代同一瓷器上常见松、竹、梅纹饰，被文人称为岁寒三友，因此梅花又是文人雅士和君子的象征。

图 3-111　清康熙 青花花卉纹双圈足盘残片

清康熙 青花花卉纹双圈足盘残片

图 3-111 这件瓷片我主要介绍它的底足形式。通常碗盘类瓷器下边都是单圈足，而这件盘子的形制是双圈足，而且里边的圈足比外边的圈足略微要矮那么一点点，也就是说放到桌面上里边的圈足是悬空的，不与桌面接触。这种底足形式是从古代陶瓷器物的玉璧底（底足足脊平而宽，呈现玉璧的形状）形式演化来的。古代陶瓷的底足有很多种式样，有平底，有单圈足，有玉璧底，而盘子常见的底足形式是单圈足。那么这件盘子为什么不做成单圈足的形式呢？原因在于这件盘子的尺寸较大，我认为古代工匠考虑的是采用单圈足会导致烧造和使用过程中强度降低而容易损坏，特别是烧造的时候容易变形或裂纹。如果做成玉璧底又过于沉重，而且浪费原料，也容易产生缺陷，所以古人就特别聪明地想到，在玉璧底的基础上中间再给它刮一刀，形成双圈足，这样既美观又省料，还能保证有足够的强度，而且把里面的圈足做成低于外面的圈足，减少了摆放时的接触面积，使得盘子更加平稳，反映了古人的聪明和智慧。这种双圈底足较多地被使用在康熙时期的大盘上，通常只是在大尺寸器物的情况下才使用这种双圈足。

清康熙 青花披麻皴山水纹碗残片

这是一个碗的残片（图 3-112），这里主要介绍两点：第一，我们看它的外底，外底残缺了一部分，但底款还可以看出属于图案款，底款的位置画了两条鱼，鱼的头部位置画了一

图 3-112　清康熙 青花披麻皴山水纹碗残片

图 3-113 清康熙 青花
披麻皴山水纹碗残片

只鸡，鱼的下方画了一个像灯笼这样一个东西，还带点穗儿。鸡谐音"吉"，灯笼有欢庆的含义，鱼谐音"余"，因此这种图案叫"吉庆有余"，这是康熙年间常见的一种图案款识；第二，我们再看碗壁绘画的风格，画面主要是山石，采用的是一种绘画的皴法，就像麻绳从山上铺下来一样的效果，绘画上把这种绘画的方法叫作"披麻皴"。它是宋元时期在纸绢上的一种绘画方式，工匠把它使用到了瓷器的绘画上。采用披麻皴的画法在瓷器上的出现是在康熙晚期。图 3-113 也是一个碗的残片，也采用了披麻皴的技法，外底还写有"大清康熙年制"的款识。康熙时期瓷器上还有一种常见绘画皴法叫"斧劈皴"。对于古陶瓷的鉴定人员或藏家而言，必须要掌握绘画的基本知识，比如各种皴法。绘画技法当中的皴法有很多种，比如有长披麻皴、短披麻皴、大斧劈皴、小斧劈皴、折带皴、云头皴、雨点皴、马牙皴等。掌握绘画知识对古陶瓷的鉴定能起到很大的帮助作用，因为陶瓷纹饰中采用的绘画技法、画面内容、线条笔法及时代风格等，与陶瓷烧造的年代背景有很大的关系。可以说，任何一个高水平的鉴赏家，必须具备书画方面的知识，这是必不可少的条件。

清康熙 青花太极八卦纹碗残片

图 3-114 是半个青花瓷碗，碗心画的是阴阳鱼，外壁画的是太极八卦图。外底款识为"永怡卞玉奇珍"，这是堂名款或记号款，属于一个堂口烧造的瓷器。从它的造型、胎釉和款识上看，我认为这件东西是康熙时期民窑的器物。我们做古玩收藏一定要发掘古玩自身的文化内涵，那么解读这个碗所蕴藏的文化，我读到了这样的信息：第一，太极八卦图常出现于道教中的炼丹活动，表示长寿之意；第二，如果用这个碗吃饭，尤其是中老年人，看着这个太极八卦图，就会得到提醒，饭后不要马上睡觉，休息一

图 3-114　清康熙　青花
太极八卦纹碗残片

段时间后还要适当地进行体育锻炼，如太极拳；第三，太极八卦图是从周易里衍生出来，道家认为太极八卦包罗万象，包括东西南北天地人，并衍化出阴阳、刚柔等众多含义，还认为这种太极八卦神通广大，古人认为用带有这种纹饰的碗给小孩吃饭能够避邪，孩子会平安健康地成长；第四，还有一种说法认为有这种纹饰的碗应是专为道家所用。既然这种纹饰包含如此多的吉祥含义，所以我想这种纹饰的碗在古代一定很流行。除青花瓷上有这种太极八卦纹外，在磁州窑的器物上也比较常见，其他品种的瓷器上相对少些。

清康熙 青花福寿葡萄纹器物残片

元青花瓷器上已出现葡萄纹，现藏土耳其托布卡比博物馆的元青花雉鸡牡丹花卉纹花口盘上就绘制有葡萄纹，葡萄纹在明代成化器物上也有出现。这是一个碗的残片（图 3-115），外壁绘葡萄松鼠纹，松鼠正在偷吃葡萄；碗心也是类似的纹饰，但已残

图 3-115　清康熙　青花福寿葡萄纹碗残片　　　　　图 3-116　清康熙　青花福寿葡萄纹盘残片

缺了。葡萄寓意多子多福，松鼠为兽类，且尾部较长，"长兽"谐音"长寿"，因此这类纹饰蕴含子孙万代、幸福长寿之意，通常称作福寿葡萄纹。

图3-116是一个青花小盘子或称作小碟子的残片，口沿处酱口，内绘葡萄纹，旁边书写"福寿葡萄"，寓意幸福长寿；外底青花两行六字楷书双圈寄托款"大明成化年制"，为康熙时期民窑的作品。

清康熙 青花仰莲瓣花卉纹碗残片

图3-117 清康熙 青花仰莲瓣花卉纹碗残片（官窑）

图3-117这件瓷片内壁绘有一枝花，碗壁残存不多，外壁下部绘仰莲瓣纹，莲瓣纹里边画了宝珠，这叫宝妆莲瓣纹。外底两行六字楷书"大明宣德年制"双圈青花款。底足的足脊修得比较滚圆，这是清代瓷器的特征。我们看青花的发色比较亮丽，但还没有达到翠毛蓝的程度。康熙青花中无论官窑还是民窑的器物，有些器物青花的发色呈现翠毛蓝，还有相当一部分器物青花色泽达不到这个程度，发色略显暗蓝，即使它们用的同为浙料。这个碗使用的也是浙料。它的款识属于官窑性质的寄托款。通常宣德官窑器物的碗上也有这类纹饰，所以也可称作官窑的仿款。我们看它的胎质，仅用肉眼观察就会发现胎质非常细腻，有糯米汁一样的光泽，所以这应是一件康熙年间的官窑作品。康熙时期寄托款或仿宣德款的器物较多，器物大都紧皮亮釉，器型也比较大气。现在很多收藏家和收藏爱好者都在收藏瓷片，特别是好的瓷片标本。

清康熙 青花龙凤纹碗残片

图 3-118 这个碗的底款也是大明宣德年制，釉为紧皮亮釉；碗外壁的纹饰就剩下一点，应该是一个凤尾纹；碗心绘制五爪云龙纹，这条龙的两个眼睛给人的感觉是一前一后，龙的形象画得非常凶恶，龙身细长，脖子也非常细，像蛇一样，这是典型的康熙时期龙纹的画法。这是一件康熙仿宣德款识的官窑瓷器，我们对它的纹饰及特征做了解读以后，再遇到类似的瓷器，判定它是不是康熙官窑的器物，就会有一定的依据可以参考，这就是瓷片带给我们的好处。

图 3-118　清康熙　青花龙凤纹碗残片（官窑）

清康熙 青花花卉纹碗残片

《饮流斋说瓷》谓："青花幽靓而雅洁。硬彩、青花均以康熙为极轨。"可见康熙青花的成就之大和在前人心目中的地位之高。这是一件清康熙青花花卉纹碗的残片（图 3-119），外底款识仅残留"熙""年"两字，字体为馆阁体小楷，十分工整，按常理推断原来的款识应为两行六字青花楷书双圈款"大清康熙年制"。从该残片看，该碗造型规整，胎质洁白细实，碗底处壁厚较薄并明显低于碗壁处的厚度，呈现所谓的"挖足"状态，不知是工匠有意为之还是操作失误。釉面洁白光亮，青花发色纯正接近翠毛蓝色泽，绘画流畅精美。足脊滚圆，呈典型的"泥鳅背"状。该碗应为康熙中期的作品，这类发色纯正靓丽犹如翠鸟羽毛色泽的青花又被称作"康青"，该碗属于康熙官窑青花器物中的精品，质量极高，非常少见，为景德镇官窑中的御窑作品，应为康熙本人或皇室人员之使用器物或摆设而非日常宫廷用品。图 3-120 碗的残片也是这类器物，但并没有明显的挖足现象。

图 3-119　清康熙　青花花卉纹碗残片（官窑）

图 3-120　清康熙　青花花卉纹碗残片（官窑）

图 3-121 清康熙 青花寿字纹 碟残片（官窑）

图 3-122 清康熙 青花寿字纹碟

清康熙 青花寿字纹碟残片

图 3-121 是一件青花碟子的残片，胎质细腻，釉面紧皮亮釉，釉色白中泛青，细腻如玉。外底局部可见古代瓷器特有的缩釉现象。内壁光素无纹，外壁用类似篆书写有一周青花寿字，每个寿字的写法均不相同。足脊滚圆如泥鳅背，外底为"大明成化年制"两行六字楷书青花双方栏款，为康熙官窑烧造的仿成化款识或称寄托款的器物。从断面上看，该碟子的壁厚从底心向口沿处均匀减薄过渡，可见拉坯制作十分精细，从外面透光照射，碟内壁处青花寿字清晰可见。该碟局部残缺，但从残存的这部分看，其制作十分精美。据资料记载，清代乾隆年间权臣和珅家产被查抄的器物清单中就有类似的青花瓷寿字碟器物。这个碟子属于祝寿瓷，最典型和最著名的祝寿瓷是故宫博物院收藏的一件康熙时期的青花万寿字大瓶，上面用篆书写满了一万个不同形体的寿字。

清康熙 青花寿字纹碟

图 3-122 也是一个青花寿字纹小蝶，拼对基本完整。内外壁类似篆书写满变形的寿字，内心书一"福"字，外底为图案外加双圈款，青花发色蓝艳纯正。从外观和风格上判断，这个碟子应属于康熙时期的产品，从款识和碗心福字书写的规整程度上看，很明显这是一件民窑烧制的器物。

图 3-123　清康熙 青花后赤壁赋铭文永乐年制款碗残片

清康熙 青花后赤壁赋铭文永乐年制款碗残片

图 3-123 这件瓷片的碗心写着"永乐年制"四个字，周围是花卉和八宝纹。这里有必要介绍一下明代永乐年间青花瓷器款识的情况。

现在公认的说法是明代自永乐年间才有在青花瓷器上写青花年款的，而洪武年间的器物没有纪年款识，并且通常认为属于永乐年间并带青花"永乐年制"款的器物，只有四件青花压手杯（亦称"押手杯"。陈万里先生当年发现和记载的共三件，包括一件狮球心和两件花心的图案）且都在故宫博物院，据说有一件还是有点儿残破的，这四件压手杯的内底心分别绘有被称作双狮绣球（狮球心）、鸳鸯心和花心的图案，图案内有"永乐年制"四字青花篆书款。近年从景德镇御窑厂遗址明代永乐地层的考古发掘中也出土了一件永乐青花压手杯残器（半个压手杯，在杯子内底花心内有篆书"永乐年制"款识，但字体已残缺）。此外，别的地方包括考古发掘多年来一直没有发现可确认的带有永乐年款的青花器物，因此，通常我们看到一个青花瓷片或器物上面写着青花的"永乐年制"款，如果有人判定这是永乐本年的，就值得注意，需要仔细辨别，但并不是说今后这类永乐款识的器物就不会出现。永乐带款识的青花压手杯最开始仿烧的或许是在万历时期，以后也应该一直有仿品，比如康熙开始往后一直都有仿，这里指的是仿制的压手杯，主要是仿制器形。大家鉴定的时候一定要注意器物的时代特征并综合地考虑。

这件瓷片的外底虽然写着"永乐年制"款，但它的底足被修成了滚圆的泥鳅背形状，且紧皮亮釉，青花发色蓝中略暗，这是清代康熙年间器物的特征。碗的外壁写了很多的字，大部已经残缺，还剩下一些字，我查阅了一下，这是苏轼写的《后赤壁赋》，

图 3-124　明永乐 青花压手杯（花心）（故宫博物院藏）　　　图 3-125　明永乐 青花压手杯（狮球心）（故宫博物院藏）

康熙的瓷器上面经常会写有圣贤的文章，如《后赤壁赋》《圣主得贤臣颂》等，这都是康熙时期瓷器的一个特点。

图 3-123 这个碗的外底上是双圈款，里面写着"松柏长青"，因此我认为这件瓷器应该是一件定烧的专用瓷器或者说是一件祭器。这件器物做工比较规整，尤其外壁的文字，采用蝇头小楷来书写，其书写功底达到了相当高的水准，但碗心上"永乐年制"这几个字写得感觉平常一些，因此可以判定它不是一件官窑的制品，或许是官古器户的一个普通产品，或在假官古器户、上古器户、中古器户定烧的这样一件瓷器。这种康熙时期写永乐款的瓷片能见到的不是很多，其时代特征明显，是一件很好的瓷片标本。

清康熙 青花满池娇花口高足盘残片

这是一件青花瓷的高足盘（图 3-126），局部残缺了，就剩下一半。这一半基本上显示了它的造型和纹饰内容。这件盘子的口沿和碗壁是花棱形状的，口沿为花口，下面是一个直径较大的外撇式的高足柄或称高圈足。盘子的内壁绘制的是鸳鸯莲池纹，外壁也是鸳鸯和莲花，这种纹饰也有叫作鸳鸯卧莲纹的，据记载由于这种纹饰在古代曾用作皇帝衣服上的纹饰，被称作"满池娇"，所以现在也有人把瓷器上的这类纹饰称作"满池娇"。

中国文化和外国文化是有差别的，体现在方方面面，反映在瓷器上的造型和纹饰也有着不同的风格。我们看这件器物为花棱形并带有花口沿，这是欧洲的造型特征，但它的纹饰又是典型的中国传统纹饰，因此这件器物应该是外销瓷。什么年代的呢？我这里拿它做例子的目的是要跟大家介绍这样一个瓷器品种：这是典型的康熙年间的

图 3-126　清康熙 青花满池娇花口高足盘残片

外销瓷的一个品种。之前给大家讲了一些康熙时期的瓷片，它们大都属于国内使用的器物。康熙青花大都使用浙料，发色有鲜艳的，也有偏灰暗的，发色也不一样，而且在纹饰和器物表面上罩的透明釉的釉色呈白色或白中泛青的颜色，但是这里跟大家介绍的是康熙瓷器的另外一种釉色，称之为奶白色。这个高足盘的釉色呈现出牛奶一样的白色，我把它称作奶白釉。康熙年间这种奶白色的外销瓷很多，我见过很多这一时期的外销瓷都是这种釉色，当时应该很受欧洲人的喜欢。这种奶白釉和我们国内使用的一些青花瓷的釉色完全不一样，大家也容易分辨。这是我介绍的康熙瓷器的一个很重要的釉色品种，如果不了解这方面的知识并且没有看到过这类釉色的瓷器样品，那么遇到类似的器物就难以辨其真伪。

清康熙 青花诗文杯残片

这是一件小碗或小杯子的残片（图 3-127），这类器物在有些书中也称为"茶钟"。它残留的部分包括部分口沿、碗壁和底部，外底写有"大明成化年制"寄托款。它的釉是紧皮亮釉，紧皮亮釉是康熙、雍正、乾隆三朝时期瓷器的主要特征，尤其是康熙时期这种紧皮亮釉的瓷器比较多。那么这件到底是不是康熙时期的呢？它的外壁上面写了一首诗，局部诗文内容残缺不全了，剩余部分写的是"鹊舞翩翩远树鸣，野鹿翘首望桃林；游蜂遍处寻芳草"，最后一句上边这个字残缺了，"□立高枝爱果新"。意思说这种动物喜欢吃新鲜的果实，起初我猜测可能是"猴立高枝爱果新"，因为四句诗中"鹊、鹿、蜂"，如果加上一个"猴"字，其谐音应表示"喜禄封侯"。最后这个落款也不全了，应该是"岁次"，"岁"字也掉了，剩了一点点，然后是"庚子冬月"，最

图 3-127　清康熙 青花诗文杯残片

图 3-128　清康熙 青花诗文杯
（藏友收藏）

后这几个字应该是"恭晋（'晋'应是同'进'）兄　清玩"这么几个字。庚子年比较靠谱的应该是 1720 年和 1780 年，康熙是 1661 年登基，1722 年去世，如果这件器物是1720 年烧造的，那么应该是康熙晚期的器物；如果是 1780 年烧造的，是乾隆时期的器物。由于底款"大明成化年制"是康熙时期器物上较多出现的寄托款，因此我倾向于这是康熙时期的器物。

　　这个杯子上面的字体属于蝇头小楷，写得非常漂亮；它的胎质非常洁白，非常的细实，有糯米汁的感觉，杯子的造型制作得也非常规整。那么这件器物是不是官窑呢？由于后面的落款是"恭晋 兄　清玩"字样，所以我认为这件瓷器应该是康熙年间为友人定烧的一件文房内使用的器物。后来一个偶然的机会，我从一位藏友那里见到了类似瓷片的照片（图 3-128），才最终确定诗句中缺失的字是"猿"字，也就是"猿立高枝爱果新"，其实"猿"所代表的也是"猴"。诗文后面的落款也说明了这是一件为朋友定烧的器物。

　　这件器物很可能来自专门烧造这种精品的窑户，或在官古器户定制和烧造的一件精品，也不排除通过一些关系在御窑厂制作和烧造出来的，它质量上乘，是当时比较精致的一个作品。康熙时期官窑重视的是颜色釉（仅用釉色表现美感，不用纹饰，通常为单色釉，即一种釉色，但也有多色釉的）瓷器的烧造，青花瓷不是康熙官窑的重点产品，而这一时期民窑的青花烧造却大有起色，无论质量还是数量都达到了相当的程度，有些器物可与官窑相媲美。像这个杯子，就非常漂亮，堪比官窑，民间俗称"气死官窑"。

　　康熙三十六年，由于彻底废除了御窑厂工匠的匠籍制，此后在御窑厂专职的"官匠"也就不复存在，取而代之的是从民间招募的"民匠"。民匠们既在御窑厂工作，有时间也可以服务于民窑，因此促进了民窑制瓷业质量的提高。由于御窑生产技术的外散，康熙三十六年以后民窑出现精品瓷即"气死官窑"瓷是合乎史实和正常的现象。即使在明代嘉靖至康熙三十六年之间，民窑的技术也不容忽视。特别是万历三十八年后御窑厂停止大规模的烧造活动，致使大批失业的官匠流向民窑，促进了民窑烧造技术的发展。此外，明清两代的"官搭民烧"说明了部分民窑已经掌握了高超的烧造技术。

清康熙 青花一束莲纹碗残片

图 3-129 这件瓷片的外底款识为"大明成化年制"寄托款，釉面为紧皮亮釉，是一件康熙时期的产品。它的碗心用青花绘制了一束莲花，莲花有含苞欲放的，也有盛开的，荷叶下边还绘有水波纹，这种纹饰通常被称作一束莲。也有下部用飘带状的绳系结在一起的，称作"把莲纹"。以莲花为题材的纹饰经常出现在瓷器上，莲花代表清廉之意，也有佛教色彩。明清瓷器上画莲花的目的是告诫人们为官要清廉。莲花出淤泥而不染，也是君子的象征。

图 3-129　清康熙　青花
一束莲纹碗残片

清康熙 青花瑞麓山房监（佳）制款碗残片

这件瓷片（图 3-130）很小，里面是用青花绘制的纹饰，外底为双圈款，残了，双圈内只剩下"山"和"监制"这几个字，"监"字的上面好像是"太"字的残迹。刚得到这件瓷片的时候，揣测后面三个字可能是"太监制"，也感到挺奇怪的。明代经常有太监去景德镇督窑，比如明早期的太监张善、万历年间的太监潘相，难道太监还给自己烧了一件有款识的瓷器？由于这件瓷片上原有的圈足也已残缺，起初我还不好判断它的烧造年代，但外底面较平，有些清代的特征，如果是清代的，那么当初是谁监制的呢？清代并非派太监督陶，而是委任正式的督陶官在景德镇督陶。比如康熙时期的臧应选、

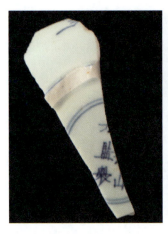

图 3-130　清康熙　青花瑞麓山房监制款碗残片

图 3-131　清康熙　青花瑞麓山房监制款碗残片

图 3-132　清康熙　青花瑞麓山房监制款碗残片

图 3-133　清康熙　青花瑞麓山房佳制款碗残片

郎廷极，还有著名的督陶官唐英就曾是在雍正和乾隆两朝被委派到景德镇的，前后共计做了大约28年的督陶官。唐英在做督陶官时期还真有他署名的瓷器，并署名沈阳唐英，或蜗居居士，但并非什么监制等一类的款识，所以对这件瓷片款识的解读就很长时间没有找到答案。后来我又收藏到一个残片（图3-131），残存的款识为"瑞麓□房监□"。

一个偶然的机会，我收藏到了一件有完整款识的这种类型的瓷片（图3-132），上面的款识"瑞麓山房监制"清楚地揭示了它的款识信息，圈足的形制也表明了它属于清代瓷器的特征，或者具体讲应属于康熙时期的器物。至此我恍然大悟，答案终于水落石出，原来这是一个具有堂名款监制性质的瓷器。因此这里我想说，当真相没有被解开之前，任何一种假设只能是一种揣想，我们应不断地去探求、去研究，力求揭示其中蕴含的真实信息，这就是研究和收藏古玩的魅力所在。

再后来一个偶然的机会，我又收藏到了一个带有"瑞麓山房佳制"款识的碗底（图3-133），应该与"瑞麓山房监制"的器物为同一窑口所出，但有一字之差，如果这上面的"佳"字残缺了，很多人都会根据上述前三个瓷片的款识来猜测这里也应该是"监"字，那就错了，从这个例子上我们可以得出这样的认识，那就是在做出任何结论之前，都应该让事实来说话，不要想当然，其实古人的想法和做法，今天我们不见得都能猜得到。

清康熙 青花莲托团龙纹大碗残片

图3-134碗心双圈内绘团龙，碗外壁绘莲花托团龙纹，龙纹为三爪夔龙，尾部分叉，嘴衔莲花，也称作衔花龙。外底款识为"□石美玉之珍"两行六字双圈款，一字残缺。康熙时期，官窑不重视青花的生产，专注于颜色釉的研发和制作，而民窑的青花作品有很多上乘之作。该碗胎质洁白，釉面光亮，青花发色纯正，绘画流畅，为康熙时期民窑中较好的作品。

图3-134 清康熙 青花
莲托团龙纹大碗残片

清康熙 青花开光博古纹碗残片

　　这是一个青花大碗的残片（图 3-135），这个碗的底款是"大明成化年制"，这是一个寄托款。碗内壁绘制了一些瓶瓶罐罐的图案，外壁也是这类图案，这叫博古纹。外壁的三组图案分别绘制在有边框的几何图形内，这种表现手法在瓷器上叫作"开光"。所谓开光就是在器物的表面采用常见的圆形、方形、扇形或菱形等几何图形，把所要表达的纹饰绘制在这些几何图形内，而几何图形以外采用光素无纹、锦地儿纹或其他纹饰来装饰。开光的表现手法用在瓷器绘画上会产生一种"楼外有楼、山外有山""柳暗花明又一村"的感觉，特别是大多情况下给人以一种透过窗棂从屋内观外景的感觉。开光的手法借鉴了中国古代园林的造景艺术，比如墙上的和建筑物上的花窗、月亮门、扇形门等，产生一种远近层次、景中之景的感觉，装饰效果十分强烈，给人以清新美妙、豁然开朗、别有洞天之感。据载，康熙时期采用开光手法进行装饰的官民窑瓷器很多，但这种带开光纹饰的大碗及残片比较少，因为开光的技法大都用于瓶类、罐类等摆设器物上，而碗通常属于实用器物，开光画法又需要一定的绘画技法和功底，时间和人力成本较高。我们常见的博古纹大都是分散地绘制在器物的表面上，而民窑碗类采用开光的手法并绘画精美的目前即使是瓷片也并不多见，更甭说完整器物了。

　　博古纹图案在明末的瓷器上就有出现，康熙时期器物上这类纹饰也比较多。这个碗也属于康熙时期的作品，青花发色接近翠毛蓝，色彩比较蓝艳、靓丽。康熙青花无论是官窑还是民窑，部分青花发色艳丽，有翠毛蓝的感觉，但由于浙料的原料成分不可能完全相同或有其他青料掺入混合以及受烧造温度等条件的影响，也有呈现深浅不

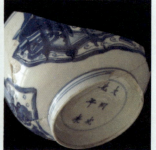

图 3-135　清康熙 青花开光博古纹碗残片

一，甚至有些发灰发暗的色调。当然，有一些民窑也不一定使用浙料而使用当地出产的青料，俗称土青。这个碗的博古纹中绘制了一些特殊造型和纹饰的器物，比如蒜头瓶以及带冰梅纹的器物等，这样我们就知道了最晚在康熙时期就有了这类造型和这种纹饰的瓷器。这件康熙博古纹大碗制作较为规整，纹饰内容古典雅制，绘画精美。属于这一时期民窑具有时代特征的代表作品。

清康熙 青花兔纹慎德堂款碗残片

慎德堂是道光皇帝在圆明园居住的场所，道光时期御窑厂专为道光皇帝烧造了署名"慎德堂制"款识的御用瓷器。早在康熙时期民窑也有慎德堂款识的瓷器，清代晚期的器物上也常见这种款识，这些属于一般堂名款的器物。图3-136这件碗的残片上有"慎德堂制"青花款识，是康熙时期一般的民窑堂名款的器物，碗内画有一只兔子正在警觉地回首张望，其神态及画面风格显然有明代天启年间兔子画法的遗风。

清康熙 青花兔纹碗残片

碗修足不整，外底青花单圈款（图3-137）。碗心处青花绘树下一只兔子在注视上方的简化的一只蝴蝶，兔子眼神专注，神情憨态可掬，一幅野外自然宁静的画面跃然眼前。综合观察其造型。青花发色及绘画风格，应为康熙早期民窑的制品。

图3-136　清康熙 青花兔纹慎德堂款碗残片　　　图3-137　清康熙 青花兔纹碗残片

图 3-138　清康熙 青花凤穿牡丹纹盘残片　　　　　图 3-139　清康熙 青花莲托团凤纹净水碗残片

清康熙 青花凤穿牡丹纹盘残片

这是康熙时期出现的典型纹饰的盘子（图 3-138），画面上绘有两只凤凰相对鸣叫，寓意"喜相逢"；凤凰漫步和飞舞在牡丹花卉之间，因此这种纹饰叫凤穿牡丹纹。凤凰是瑞鸟，百鸟之王，是吉祥的象征，牡丹代表富贵，所以这是一幅祥瑞的画面。

清康熙 青花莲托团凤纹净水碗残片

图 3-139 这个器物的造型很特殊，也不常见。它的整体造型好像一个钵盂，但并非平底，下面有较小的底足。这是古代寺庙中僧侣用于饮水和洗手的净水碗，属于佛教用器。它的外壁绘制的图案是莲托团凤，绘制得比较精细，青花发色蓝艳，紧皮亮釉，属于康熙时期的一个器物。这件器物略有残缺，但由于这种器型十分少见，因而有一定的史料和标本价值，也是一件康熙时期的代表性器物。

清康熙 青花凤纹陀螺形鸟食罐

这是一件青花团凤纹间以变形莲花的陀螺形鸟食罐（图 3-140），口沿直径 7 厘米，与常见的鸟食罐相比更大一些，所以应该是体形较大的鸟如鹦哥的食罐。下面的尖底造型主要是使食物下聚便于吃净。该罐器型硕大，纹饰精美，造型独特，青花发色纯正幽雅，且紧皮亮釉，应是康熙时期的一件珍贵器物。该罐原为梁浩先生所藏，后来得知我为著述正在收集标本，便转让给了我，谨对梁浩先生的帮助表示诚挚的谢意！

图 3-140　清康熙 青花凤纹陀螺形鸟食罐

清康熙 青花渔家乐纹盘碗残片

这两件瓷片（图 3-141）上的画面所表现的内容叫作渔家乐，旁边一条船，岸上两位男子在喝酒，其中一个瓷片的画面上还有一个女子在一旁侍候着。这两个瓷片画面内容大意相同，桌上放了一碗鱼，旁边有酒壶，还有几个小杯子、筷子，男子在划拳或饮酒，这是渔民打鱼归来饮酒欢聚的场面。这种渔家乐画面主要出现在康熙年间的瓷器上，乾隆时期的器物也有这种渔家乐的画面，画面反映的都是享受太平盛世的欢乐情景，工匠把它画到了瓷器上。这个女子在旁边侍候着，不上桌，这是古代的一种风俗，只有男人在桌上喝酒吃饭，男人吃完后女人才能吃或在旁边吃，小孩也不能先上桌吃饭。记得我小的时候也要等客人吃完才能上桌，这是过去遗留下来的一种习惯，一种风俗，也是对客人的尊重。现在时代不同了，家人也好，朋友也好，大家吃饭的时候，无论是男士、女士，还是孩子，都可以在一起吃，大家都平等相待，欢聚一堂，其乐融融。现代社会更以老人和孩子为中心，讲求男女平等，这是社会进步的体现。

图 3-141　清康熙 青花渔家乐纹盘残片

图 3-142　清康熙 青花渔
家乐纹盘残片

图 3-143　清康熙 青花渔家
乐纹盘残片

图 3-144　清康熙 青花渔家乐纹碗残片

　　这件瓷片（图 3-142）上绘有两个人在岸上举着酒杯喝酒。他们身着长衫，好像是高士或文人士大夫，正在划拳或起舞。这件瓷片（图 3-143）的画面被一条横线（应为船身）分成两部分，画面中的女子应该是在船上并且正在蒸包子，手里还拿着一把扇子在扇风。这两件瓷片的画面属于渔家乐题材。类似渔家乐纹饰还有女人在照顾孩子的，清代粉彩瓷器渔家乐纹饰也有人喝多了坐着低头休息而酒杯倒放一旁的画面，把喝酒的场面描绘得活灵活现。

　　这件碗的残片（图 3-144）尺寸较大，几乎有半个碗大小，也是表示渔家乐内容的。船上一个女子拿着扇子在扇风，可能也是蒸包子的画面，但已经残缺掉了。岸上两个男子正在划拳，一个男子半卧在地上，另一个男子站着拉开架势比画，地上放着酒杯、筷子和一盘鱼，旁边是一棵大柳树，两个人行酒令的叫喊声仿佛回响在耳畔，喧闹声中衬托着祥和、惬意的场景。

　　讲瓷器，要挖掘它的历史文化信息，历史上酒的出现可以追溯到新石器时代，中国人喜欢喝酒的习惯自古有之，特别是到了唐代，唐人酷爱饮酒，唐太宗李世民曾亲自写诗鼓励饮酒并亲自酿酒："欢乐难再逢，芳辰良可惜。玉酒泛云罍，兰肴陈绮席。"唐代诗人留下了许多与酒有关的脍炙人口的诗篇，刘禹锡《百花行》："长安百花时，风景宜轻薄。无人不沽酒，何处不温乐。"可见唐代上至宫廷，下至黎民百姓，喝酒之风盛行。

划拳是喝酒时一种取乐助兴的方式，但是在现实生活中，在公共区域喝酒也好，划拳也好，一定要把声音放低，不要影响其他人。我们无论是喝酒，还是乘坐交通工具或在其他公共场合，一定不要大声喧哗，也不要把手机音量放大，以免影响他人。除划拳外，古人在喝酒时还有行酒令等游戏，我收藏的一个陶质正方体骰子的六个面上就分别刻划着"陪饮、同饮、□酒、沽酒、相□、友□"字样，其中"□"字不可识。

由此我也想到，现在生活条件好了，各种聚会也多了，提醒大家一定不要酒后驾驶，酒后驾驶十分危险，对人对己都可能造成伤害。大家无论到哪里赴宴，如果想饮酒，那么乘坐公共交通工具应是首选项，其次代驾也是一个不错的选择。

清中期 青花鸡心碗残片

这是一件小碗的瓷片（图 3-145），首先说说它的造型。它的腹部呈弧线急剧下收，外底往下凸出，形成所谓的乳突，好像鸡心的形状，因此我们把这种碗称作"鸡心碗"。这个碗虽然残缺了，但仍部分地保留了口沿、外壁和底足，这在瓷器当中叫作"有天有地儿"，也就是说基本上能看出它整个的器型。由于这种碗的形状还类似于莲花的莲房或叫莲蓬，所以这种碗又被称为"莲子碗"。这种器型的碗，最早的烧造时期应该是在明代的永乐年间，也就是说永乐是它的创烧期，宣德也烧过这种器物，清代也烧造过这种造型的碗。它外壁的纹饰是简化的莲瓣纹，由于莲瓣细长，又有些菊瓣纹的样

图 3-145　清中期
青花鸡心碗残片

子；内壁画了好多的石榴，石榴代表多子多福、子孙万代之意。现在这种鸡心碗的仿品特别多，有的还在碗里加上了"永乐年制"的款识。带有"永乐年制"款的永乐本年的青花器物除了北京故宫博物院有几个压手杯，杯里面写着"永乐年制"外，现在公认的存世的器物还没有发现属于永乐时期的带年号款识的青花瓷器物，但后世可能有仿品。所以鸡心碗里面写有"永乐年制"的青花款的器物大都不可信，或许是后世仿品，需仔细研究。这种外底乳突的风格也影响到其他器物上，如盖碗的盖子的圈足形盖钮内就可见到这种特别明显的乳突结构。

清康熙至雍正 青花鳜鱼碗残片

碗（图3-146）残缺，残存部分存有四对锔孔，碗敞口，圈足较高且内倾，足脊修成滚圆如泥鳅背。釉面白中泛青，内外青花绘四条鳜鱼，鱼纹部分残缺，青花发色较好。鳜鱼中的"鳜"谐音"贵"，"鱼"谐音"余"，因而瓷器上较多出现这种纹饰，寓意"富贵有余"。从滚圆的足脊、青花的发色、鱼纹的率意画法及较大敞口的型制上看，应属于康熙时期民窑的器物。图3-147也是绘有鳜鱼纹饰的残片，但其圈足除了较高且内倾外，呈现雍正器物足脊较平的状态，且釉质更加细润、清亮，纹饰也更加拘谨，应属于雍正时期民窑的器物。

图 3-146　清康熙 青花鳜鱼碗残片　　　　图 3-147　清雍正 青花鳜鱼碗残片

清雍正 青花凤穿花卉纹碗残片

这是半个碗（图 3-148），外壁绘有一只凤，周围是一些花卉，这种纹饰叫凤穿花卉纹。在残缺的部位还剩下一个凤尾，说明这应该还绘有一个凤纹。碗的外底画了两柄如意、一支毛笔，还有一枚银锭，这是一种图案款，笔、银锭和如意这种图案组合谐音叫"必定如意"，是一种寓意吉祥语的图案，带有这种必定如意款识的瓷器比较多的是出现在清代的雍正年间。雍正年间的器物无论官民窑造型大都比较规整，足墙较高，纹饰比较严谨，整体上给人一种清秀的感觉。这个碗胎体轻薄，胎质细实，釉色白中泛淡淡的青色，纹饰采用绘画中的双勾线描的形式，不加渲染，率意流畅，具有雍正时期瓷器的风格和特征，属于雍正时期民窑的器物。

清雍正 青花莲托八宝纹碗残片

这是碗的残片（图 3-149），釉面白中泛青，足脊修整滚圆，碗的外壁所绘制的主题纹饰是莲托八宝纹，下面是宝妆莲瓣纹。莲托八宝纹是清代瓷器上的主要纹饰，较为多见。外底画了两柄如意、一支毛笔，还有一枚银锭，寓指"必定如意"，是雍正时期民窑的一个日常用品。

图 3-148　清雍正 青花凤穿花卉纹碗残片　　　　图 3-149　清雍正 青花莲托八宝纹碗残片

图 3-150 清雍正
青花石榴纹盘残片

清雍正 青花石榴纹盘残片

图 3-150 是一件青花盘子的残片。从残存的部分看，它的圈足直径较大，圈足断面呈三角形，盘子较浅，因此属于阔足、浅盘。胎质洁白坚实，釉色洁白光亮，底足内有针尖状缩釉。内壁近口沿残存处为青花留白辅助边饰，内底青花双圈内为三颗石榴，画工细致，外壁近底足处为两道青花弦纹，底足内画一四足鼎，画法较为随意，外加双圈，圈足内画鼎较多出现在雍正时期的民窑器物上。石榴纹因籽粒较多，出现在瓷器上常代表多子。古代瓷器上常见石榴、佛手、桃子，寓意多子、多福、多寿，被称为三多纹或福寿三多纹，为瓷器装饰上的吉祥图案。

清雍正 青花缠枝花卉盘残片

仔细观察就会发现，这件瓷片（图 3-151）上面绘画的特点是通过加重笔触来形成和表现青花发色的深浅不一，有铁锈斑的效果，青花的发色也不够亮丽。实际上它并没有使用苏料，而是一种国产料，但画工绘画时运用加重笔触的技法来模仿宣德时期青花大盘的铁锈斑现象，这是清代官窑模仿永宣器物时常用的绘画技法。这件盘子的圈足做得比较高，是雍正时期器物的常见特征，圈足内墙自上而下与外底接近垂直并向内略倾斜，因此用手很容易抓起来，而真正的宣德大盘底足的内墙却自上而下向外倾斜，不易被抓起，可见这件器物就是后世仿宣德的一个作品。这件大盘应属于雍正时期官窑仿宣德的器物。这件盘子的外底没有施釉而成为砂底，抚摸时有光滑细腻之感，没有火烧红现象。宣德时期常烧造这种砂底大盘，但多出现明显的火烧红现象。

图 3-151 清雍正 青花
缠枝花卉盘残片（官窑）

清雍正 青花家庙祭器铭文碗残片

这是一件透明釉的白色碗的残片（图 3-152），碗心有青花铭文八个字"渤海高氏家庙祭器"，显然这曾经是一件定烧的祭器。古时候定烧器物的种类很多，除了这种祭器外，还有专门给寺院定烧施舍的供器，这类供器的上面往往有施舍人的姓氏或姓名以及祈福的内容。此外还常见专门为友人定制的瓷器，上面经常出现一些诗文。从这件器物的底足上看，足墙较高，底足直径较大，做工较规整，判断应是清代雍正年间的制品。渤海高氏原为东汉时期发轫于渤海郡的高氏郡望。这件瓷器为清代制品，其上的文字显然具有怀古的意味，应是渤海高氏家族的后裔为祭祖专门定烧的器物，有一定的史料参考价值。我还收藏有一件在碗心用青花书写铭文"梓成置用"的残片，也是定烧的器物。此外还有在碗心用青花书写"忠孝节义"的，并非定烧器物，而是宣传道德伦理、思想文化的。我收藏的另一件碗的残片外底上写有"祠堂供器"，也属于祭器。

图 3-152 清雍正 青花
家庙祭器铭文碗残片

图 3-153　清雍正　青花
过墙龙盘残片

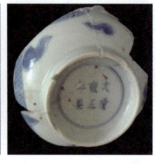

图 3-154　清雍正　青花
过墙龙浅碗残片

清雍正 青花过墙龙盘碗残片

这是一件青花大盘的残片（图3-153），盘子的里面用青花绘制了一条四爪龙。民窑的器物通常画的是三爪龙、四爪龙，而五爪龙在明清时期是皇权的象征，通常只有官窑和被许可的官古器户在官搭民烧的时候才能烧造带有这种纹饰的器物。据记载，绘有五爪龙纹的民窑器物十分稀少。这件盘子上面的龙纹并没有全部画在里面，而是沿着口沿画到了外壁上，我们通常把这种从一面通过口沿延伸画到另一面而形成完整图案的画法称为"过墙"，所画的龙纹称作"过墙龙"。这件盘子整体上看应是清三代的器物，再具体一些我觉得应属于雍正晚期至乾隆时期的，暂把它定在雍正晚期。现在也有很多仿过墙龙大盘的器物出现在古玩市场上，大家收藏的时候一定要特别小心，要从胎釉特征、青花用料和绘画的韵味上去仔细体会真品和仿品的差异，即体会古瓷特有的"神韵"。但是不管怎么说，即使你掌握了很多书本知识，如果你没有亲眼看见过或上手过真品，那么判断的时候肯定会有困难或出现偏差。

图3-154是一个浅碗的残片，从残留的纹饰上看，绘制的应是过墙龙的纹饰。外底为三行六字楷书双圈青花款"大清雍正年制"，明确了烧造时间为雍正时期，可见雍正时期很流行这种过墙龙的纹饰。

图 3-155 清雍正 青花
螭龙纹盘残片

清雍正 青花螭龙纹盘残片

这是一件小盘的残片（图 3-155），圈足较高且内倾，通过圈足用手可轻易抓取盘子，具有雍正器物的常见特征，胎质洁白坚实，釉色白中泛青，釉质细腻，釉面光亮，青花发色蓝艳，应为浙料。盘外光素无纹，盘内青花绘两条盘旋相对的螭龙（纹饰部分残缺），间以如意头形花卉，纹饰绘制流畅细腻。此盘应为雍正时期民窑的精细之作，堪比无款官窑。

清乾隆 青花鸡心碗残片

这是鸡心碗残片（图 3-156），就剩一小部分了，外壁绘有简化的莲瓣纹，又好似菊瓣纹，内壁绘有变形的莲花托着梅花。我们发现在绘制的莲瓣纹中有很多加重笔触和色泽的小点，借此方法来加重青料的局部颜色。其实这是仿永乐、宣德时期苏料青花所呈现的铁锈斑的效果，因为清代已经没有苏麻离青这种进口料了，画工就用笔去点这种小点儿，模仿铁锈斑的效果。这件瓷片的胎质非常细腻，做工规整，纹饰线条精致流畅、刚劲有力，应该是乾隆时期官窑仿永宣时期鸡心碗的一个作品。

图 3-156 清乾隆 青花
鸡心碗残片（官窑）

图 3-157　清乾隆　青花琴棋书画纹碗残片

清乾隆 青花琴棋书画纹碗残片

这是一件青花小碗的残片（图 3-157），它的外壁绘有一把琴、一张桌子，桌子上面放着围棋。古人讲琴棋书画，这个小碗的四周原来画的应是琴棋书画的内容，书和画残缺掉了，只剩下了琴和棋。碗的内壁写着"文房焕彩"几个字，表明这个小碗可能是书房中的用具。外底上依稀可以辨出成化年制的款识，但从其具有的比较浓厚的文化气息的风格上看，我觉得它的年代应归属于乾隆时期。这种纹饰的瓷片市场上也不常见。古人重视琴棋书画，其实是注重人的素质、修养或者说一种爱好、一种技艺的培养，有些人甚至终生以此为业。当今社会家长重视孩子的爱好和技艺的培养也是与之一脉相承的，这件瓷片也启示了生活在当下的我们，即文化知识固然重要，但能及时发现和引导孩子的兴趣和爱好对孩子的全面发展也非常重要。

清乾隆 青花钱塘梦铭文碗残片

这是一件很小的青花瓷片（图 3-158），好像是小碗的残片，圈足已经残缺掉了。这上面写着"钱塘梦"三个字，带有这种文字的瓷片很少见。钱塘梦肯定与钱塘江或杭州西湖（又称钱塘湖）有关，中国古代有很多诗词和文学作品都与钱塘江或西湖有关，大多是一些赞美之词，景德镇的窑工也把它作为了一个题材用在瓷器的纹饰上。由于这件瓷片很小，我们无法看到器物原貌，好像描绘的是船篷，字的旁边还有一个人物。这件器物上原本一定还有更多的文化信息，可惜残了，没办法进一步解读。但这种诗情画意的画面通常较多地出现在乾隆时期，因为乾隆皇帝十分喜好赏景吟诗，

图 3-158　清乾隆 青花钱塘梦铭文碗残片　　　　图 3-159　清乾隆 青花鱼化龙纹盘残片

上行下效，景德镇的画工或许就做出这样一件器物来，所以我大致判断它应属于乾隆时期的器物。将来或许发现这类较为完整的画面，才能进一步揭示它包含的更多的信息并最终确定烧造的年代。

唐代白居易有《钱塘湖春行》一诗，描述的是有关西湖的景致，诗曰："孤山寺北贾亭西，水面初平云脚低。几处早莺争暖树，谁家新燕啄春泥。乱花渐欲迷人眼，浅草才能没马蹄。最爱湖东行不足，绿杨阴里白沙堤。"读起此诗顿觉湖光树影、芳草茵茵、鸟语花香、春意盎然之美景跃然眼前。试想此时此刻如能邀上朋友三两人，泛舟湖面，摆上几件此类青花纹饰的器具，把酒临风，吟诗抒怀，人生惬意也不过如此。宋代诗人杨万里也有诗《晓出净慈寺送林子方》，诗曰："毕竟西湖六月中，风光不与四时同。接天莲叶无穷碧，映日荷花别样红。"

清乾隆 青花鱼化龙纹盘残片

这件瓷片被打磨成了圆形（图 3-159）。作为标本，通常我是不提倡对瓷片进行修磨，应保留其全部原始信息，如果为了美观和便于保存必须要修整，也应该保留其残存的全部纹饰和具备特征的部分。这件瓷片上面画的是一条龙穿出水面，龙的前面还有一个火珠，这是龙戏珠，水面还有一条跳跃的鲤鱼，这种纹饰叫作鱼化龙，是明清瓷器上常用的一种纹饰，尤以清代为多，表示望子成龙之意，希望在科举考试中能金榜题名。鱼化为了龙，寓意士子通过科举考试走上了仕途之路，跟鲤鱼跳龙门大致是一个意思。这个四爪龙纹画得软弱无力，龙也不凶猛，线条也不很流畅，好像一种程序化的画法，应大致属于乾隆晚期以后的民窑的器物。

第三讲　王者青花　雅洁幽靓

图 3-160　清乾隆 青花缠枝花卉纹赏瓶残片（官窑）

图 3-161　清乾隆 青花缠枝花卉纹赏瓶残片（官窑）

图 3-162　清乾隆 青花缠
枝莲纹赏瓶（避暑山庄博
物馆藏）

清乾隆 青花缠枝花卉纹赏瓶残片

赏瓶是雍正时期才有的器形，最早称为玉堂春瓶，因其通常作为赏赐王公大臣之用，所以又名赏瓶，其造型为撇口，细长颈，球腹，圈足。这是一件赏瓶的残片（图3-160），下部还残留有圈足的残痕，胎质洁白，内表面可见明显的手拉坯旋痕，外表面腹部青花描绘缠枝花卉纹，下部为仰莲瓣纹，纹饰规整，用笔流畅。值得一提的是，绘画中较多地采用了加重笔触即点触的技法，形成许多小点，其用意是为了仿永宣青花苏料呈现的铁锈斑现象。雍正、乾隆时期景德镇官窑器物中有采用这种技法烧造的仿永宣青花的器物，尤以乾隆朝为多。这件残片大致属于乾隆时期官窑的作品。

与赏瓶造型类似的还有一种叫"天球瓶"的器物，其造型与赏瓶差不多，但其底部为平底，口部外撇程度也没有赏瓶明显而略呈敞口。青花天球瓶最早见于明永乐时期，是仿伊斯兰金属器烧造的，因其造型好像是从天上降下来的圆球，所以叫天球瓶。

图3-161也是乾隆时期官窑的一个赏瓶的残片，胎质洁白，内表可见拉坯旋纹。

外壁绘青花花卉纹，也采用了点触的技法，铁锈斑现象较为明显，也是仿永宣青花苏料的特征，但青花纹饰呈现明显的晕散现象，即视觉上看纹饰呈现模糊炫目的感觉。这是烧造时温度过高导致钴料流动或与周围釉料过分浸润所致。赏瓶和天球瓶通常器形硕大，官窑制品都较为精美，完整的官窑器物市场上较为少见。

清乾隆 青花五福捧寿纹玲珑盖碗（盖子）残片

这是一件青花盖碗的盖子的残片（图3-163），内壁中心双圈内绘五只蝙蝠（仅存三只）围绕一枚寿桃，寓意五福捧寿，碗沿处绘一周锦纹。外壁盖钮内书三行六字"大清乾隆年制"篆书款（局部残缺），盖钮根部外壁上绘一周简化了的覆莲瓣纹，口沿处一周绘如意云头纹加弦纹一道。这个盖子的特殊之处在于盖子的中间部位装饰有一圈镂空的花形纹饰，镂空处无胎并被釉料填充而呈现青色，透光观察呈现玲珑剔透的效果，因此采用这种技法装饰的瓷器被称为玲珑瓷。这件盖子的胎质与官窑器物相比略显粗松，款识也显得不够规整，应属于乾隆时期的民窑制品。玲珑瓷早在康熙时期已有，乾隆时期较为盛行，除青花外，还出现在斗彩和青花五彩的器物上。

图3-163 清乾隆 青花五福捧寿纹玲珑盖碗（盖子）残片

清晚期 青花柳树骏马图盖缸（盖）残片

这是一件盖缸的盖子的残片（图3-164），缸体已散失。盖子外表面呈现半椭圆形，釉面光滑，圈足形抓钮较高且外撇明显，适于提捏，盖子的口沿部位采用字母口形式与缸体配合。从造型上看，这个盖子及其所属的缸体（合起来称为盖缸）应属于清代晚期作品，由于其胎质显得不够细腻，所以应属于民窑烧造的器物。这个盖子外

图 3-164　清晚期　青花柳树
骏马图盖缸（盖）残片

表面用青花绘制了坡地、洞石、柳树及两匹卧在地上呈呢喃相依状的骏马，表面上看，似乎图案可称为二骏图，但我认为在盖子残缺的部分以及散失的缸体上，或许还有骏马的图案存在，可能总计为八匹马，即瓷器上常见的八骏图，但如今已不能定论。我见过画有八骏图的碗并藏有这类碗的残片，碗外壁用青花绘有七匹马，内壁碗心绘有一匹马，加起来共计八匹马，被称为八骏图。这种碗大致属于康熙到雍正时期的器物，画工较为草率，属于民窑的日用瓷。这个盖子上的青花发色蓝艳纯正，绘画极为工整，为民窑中的精品，堪称"气死官窑"。盖缸大约出现在明代万历时期，以后各朝均有烧制，以清代同治时期较为盛行。盖缸由于开合方便，容物空间较大，因此其应用范围较广，特别是小型盖缸较多地用于装白糖而被人们称为糖缸。

清嘉庆 青花麒麟送子纹印盒残片

这是一件青花印盒的残片（图 3-165），上面圆形开光内画的是一个小孩骑在麒麟上，前边一个小孩打着旗，后边一个小孩打着伞或者华盖，侧面一周绘有很多小孩，有跳的，有坐的，还有下围棋的，围棋代表多子之意。这件器物应该是一个印盒的盖子，这种纹饰图案叫麒麟送子。中国古代尤其是明清的时候，无论是皇家还是普通百姓人家，都希望多子多孙，认为多子就会多福，所以这个图案表达的是祈福送子之意。这个印盒的青花发色润泽蓝亮。我有一对民窑的盘子，与这件瓷片的青花发色几乎一模一样，盘子底部写着"大清嘉庆年制"，因此我认为这个盖子也是嘉庆年间的器物。此外，其纹饰绘制采用了青花白描或称淡描的技法，画面全部用单一线条描绘而成，不加渲染，人物众多，有乾隆时期瓷器绘画繁缛的遗风。淡描源于明代万历时期瓷器纹饰绘制技法。

图 3-165 清嘉庆 青花
麒麟送子纹印盒残片

清嘉庆 青花菊花纹盘残片

这是一件青花小盘的残片（图 3-166），里面采用白描或称铁线描的技法绘制了菊花纹。外底款识写得非常草率，但笔画看上去很流畅，字体也基本能够认出来为"嘉庆年制"，这样它的烧造年代就确定了，是清代嘉庆年间。这件盘子的后面有很多小孔，孔钻得很圆，也没有穿透盘子，这些不通透的孔正式名称叫作"沉孔"，瓷器上也叫作"锔孔"。古代对产生裂纹或损坏的瓷器通常采用锔补的方法修复，锔补之前要在裂纹或拼缝的两侧钻出一定数量的沉孔，然后用锔钉加固。瓷器上钻孔并非易事，俗话说："没有金刚钻，别揽瓷器活。"这句话不仅指的是工具要恰当，同时也指人的技艺水平要很高。锔补在古代由专门掌握这门技艺的锔补匠来完成。

这个小盘的背面有很多沉孔，我想当初一定是这件盘子损坏了，所以古人利用这件盘子残片练习锔补，不断地练习才能掌握修补瓷器的手艺，才能够去招揽修补瓷器的生意，否则瓷器没有修补好，又可能造成新的损伤。

今天的我们也一样，无论是学习还是做事，都要进行艰苦的磨炼，"梅花香自苦寒来""只要功夫深，铁杵磨成针""冰冻三尺，非一日之寒"说的都是这个道理。把一件事做成功，需要的是坚韧不拔的毅力，这是我解读这件瓷片信息时的体会。

图 3-166 清嘉庆 青花
菊花纹盘残片

图 3-167 清道光 青花钱纹
碗残片

图 3-168 清道光 青花
钱纹碗残片

清道光 青花钱纹碗残片

这是一件青花瓷碗残片（图 3-167），碗外底上的纹饰叫作"盘肠纹"，属于图案款。盘肠纹是八宝纹饰之一，八宝纹为轮、螺、伞、盖、花、罐、鱼、肠，经常出现在瓷器上。碗的外壁残留的纹饰为四枚钱币纹兼以寿字纹，钱币纹也称钱纹。钱币，收藏界也戏称为"孔方兄"，因它的中间是一个方的孔。钱币通常中间有一个方孔，外周为圆形，这也符合中国传统的"天圆地方"的理念。钱币纹在瓷器上并不多见。这件瓷片上的钱纹包括有两枚洪化通宝、一枚道光通宝，另一枚文字残缺了，残存一个"正"和一个"通"字，应该是正德通宝。通过这几枚钱纹，可以判断这个碗的烧造年代为道光时期。从残片上看，这个碗制作得比较规整，尤其釉面包括外底面还没有出现清代同治、光绪年间瓷器釉面上常见的波浪釉。令人感到不解的是，它为什么要绘制洪化通宝钱纹？洪化通宝属于地方浇铸的藩钱，是明末清初吴三桂的孙子吴世璠浇铸的钱币，很难理解当时的画工为什么要把洪化通宝这种钱纹画到瓷器上面。也许是吴三桂的后裔定烧的一种在特定区域或场合使用的瓷器，旨在提高藩钱的级别以及人们的认同感，或者是有其他信息，还需要继续探讨。

也许有人会怀疑这件瓷片的真伪，如果拿个仿品来说事就没有任何意义，因此我把该瓷片的来历简单地介绍一下，说起来这里还有一段有趣的故事。好多年前，我在上海浦东出差，因为喜欢瓷器，工作之余就常常逛上海的古玩市场。可能是日有所思，夜有所想的缘故，一天晚上，我突然间做了一个梦，梦里只见周围的土堆上全是古董和瓷器，醒来后我心说，难道这是好的兆头？恰好第二天是休息日，于是我就背上包，装些面包和一瓶水，到附近转转看，想寻找一些工程废土中的古代瓷片。中午的时候经过一个废旧的土场，走到近前一看，我当时就震惊了，放眼望去，这片工程废土上遍地都是"古董"，所谓古董其实就是瓷片，几乎全部为青花瓷片。也许是因为地点偏僻，或许附近的居民还没有认识到瓷片的价值，因此没人捡拾它们，几场大雨过后，瓷片都暴露出来，有在土里插着的，有层层叠压着的，场面好不壮观！其中就有这件瓷片，所以它的来源是可靠的，当然这个故事中的梦境和现实仅仅是一种巧合。至于这件瓷片究竟还包含着何种不为人知的信息，只能留待未来的发现和研究了。后来我又收藏了一件带有道光通宝钱纹的碗的残片（图 3-168）。

清咸丰 青花笔筒残片

古玩市场上带有咸丰款识的官民窑器物很少见。咸丰在位十一年，时间也不算很短，但是咸丰帝沉迷于酒色歌舞，治国无能，这一时期战争不断，民不聊生，朝廷无力顾及御窑厂的生产。咸丰五年，太平军烧毁了景德镇御窑厂，御窑厂被迫停止烧造，此后的一段时期御窑厂一直处于停烧状态，直到同治五年李鸿章筹银十三万两重建御窑厂；咸丰十年，英法联军入侵北京，咸丰逃至热河，英法联军火烧圆明园，犯下了人类历史

图 3-169 清咸丰 青花笔筒残片

上的滔天罪行。因此咸丰时期的官民窑产品无论从数量上还是质量上都达到了有清以来的一个低谷，但咸丰一朝还是有少量官窑器物，其中一些仿雍正朝的瓷器落款为"大清雍正年制"，而不落咸丰款。因为仿品的制作通常是以真品为样本，而这一时期的官窑作品很少见，所以目前古玩市场上很少见到咸丰瓷的仿品，但也不排除少数作伪者出于居奇和赢利的目的主观臆造。

这是一件茶壶的残片（图 3-169），胎釉都不是很细致，但造型基本规整，款识也书写得工整有力，与典型的咸丰官窑器物款识相比还是有差距，因此属于民窑产品，质量和清代鼎盛时期的民窑精品器物无法相比。

清咸丰 青花大清年制款器物残片

这是一组四件带有"大清年制"底款的青花器物残片（图 3-170），器形有小碗和

图 3-170　清咸丰 青花大清年制款器物残片

盖碗。据《古玩指南》记载：

　　清瓷有但书"大清年制"四字款者，乃同光间肃顺当国所制品也。当时
　　肃顺势焰熏天，将有非常之举，监督官虑旦夕有改元事，故缺朝号以媚之。

　　史料记载，咸丰皇帝是在咸丰十一年七月十七日驾崩，随后皇太子载淳在咸丰皇帝的灵柩前即位，年号"祺祥"。不久慈禧太后发动辛酉政变，咸丰十一年十一月一日肃顺被抓，十一月七日改年号"祺祥"为"同治"，十一月八日肃顺被斩。由此可见同治光绪时期肃顺已不在，因此上述记载中"乃同光间肃顺当国所制品也"其时间不足信，肃顺权势应在咸丰晚期和"祺祥"时期。上述记载中应指官窑瓷器，但民窑随之附和也是常事，这组瓷片属于民窑制品，因此这类款识的瓷器的烧造时期也应在咸丰和"祺祥"时期，但因咸丰死后直到同治年号确定的这段时间其纪年人们通常还使用咸丰，"祺祥"年号没有被真正使用，因此带有"大清年制"款识的器物应归属于咸丰时期，其釉面大多还是紧皮亮釉，但其中盖碗的一件残片已出现轻微的波浪釉。

清光绪 青花耕牛图盘残片

　　这是一件青花盘子的残片（图 3-171），可以看出这件盘子的制作比较规整，釉色较白，青花发色蓝中略暗，底款是"大明成化年制"，整体上看，这是一件光绪年间的制品，它的款识属于寄托款。这件盘子里面绘画的主题纹饰是两个人和一头牛，其中一人牵牛，另一人扛着农具，画风敦厚朴实。从这两个人戴的帽子上看，这是典型的清代人的服饰特征，因此这件盘子属于清代无疑。康熙瓷器上绘制与农夫耕作有关的

图 3-171 清光绪
青花耕牛图盘残片

图案是当时出现比较多的一类纹饰，如农夫赶牛冒雨耙地的场景，这类图案叫作"耕织图"，官窑和民窑的器物上都有这类图案。这件盘子上的图案就类似于耕织图的内容。康熙在位 61 年，早期战争频繁，消耗了大量的人力、物力和财力，因此国民经济亟待恢复，而牛是古代农业生产中重要的生产资料，所以康熙一朝的器物上较多地出现了牛的形象，寓意安居乐业和农业丰收。光绪时期，很多民窑仿制康熙时期的器物，这件盘子就是光绪时期仿制康熙的器物，不但仿制纹饰内容，还仿制青花的发色和款识。大家知道，牛既能为人类耕作又能为人类提供肉食和其他产品，对人类的贡献是非常大的。牛身上有股犟劲，劳作时也很执着："块块荒田水和泥，深翻细作走东西。老牛亦解韶光贵，不待扬鞭自奋蹄。"（臧克家《老黄牛》）我们要学习牛的这种勤勤恳恳、任劳任怨、只争朝夕的精神。

明清两朝皇帝都重视农业生产。《耕织图》最早为南宋画家所绘，清代康熙皇帝曾命大臣重新绘制《耕织图》，并出现在瓷器上。康熙时期还绘有《棉花图》，都表示了对农业的重视。在先农坛还有皇帝的一亩三分地，每年皇帝要亲自做耕种示范。清宫中太和殿的基座和乾清宫宫前的露台上，至今还摆放着一种被称作"嘉量"的器物。这是一种石制小亭子，来自古代的计量器，内可放入谷物，表示皇帝重视农业生产。民以食为天，农桑是衣食之源，国之根本。

清光绪 青花八仙图盘残片

这是一件青花花口盘子的残片（图 3-172），胎质坚实，釉色洁白。盘子的内部绘制的是八仙人物，人物表情和肢体形态形象生动，绘画技法上采用了勾勒和渲染结合的手法，纹饰绘制精美，线条流畅，但青花发色蓝中偏黑。外底楷书"康熙年制"四

图 3-172　清光绪　青花
八仙图盘残片

字双圈款。底部略显波浪釉，并有黑疵点出现。综合上述特征判断，此盘应属于光绪
时期仿康熙的器物，但做工精致，绘画精美流畅，属民窑器物的精品之作。八仙人物
图案常出现在瓷器上，有时瓷器上不绘八仙人物本身，仅绘制他们手中的八种法器的
图案，称作"暗八仙纹"。

　　瓷器上还有绘制酒中八仙或称醉八仙纹饰的，酒中八仙指李白、贺知章、李适之、
汝阳王李进、崔宗之、苏晋、张旭、焦遂八人，这种八仙人物碗所见为青花纹饰，极
其精致，为清代官窑作品。

清光绪 青花麒麟送子纹盘残片

　　这是一件青花盘子的残片（图 3-173），它的口沿呈菱口，盘子的内壁绘有一周寿
字纹，盘心画着一个童子骑在麒麟背上。麒麟代表瑞兽，凤凰代表瑞鸟，它们的出现
遇预示着好事将要来临。古时的人们传统观念是多子多福，多子是大多数人的愿望，
瓷器上也就自然地出现了这种送子的画面。不但有麒麟送子，常见的还有观音送子以

图 3-173　清光绪　青花
麒麟送子纹盘残片

及婴戏图等，其寓意相同。这件盘子的外底是两行六字青花双圈款"大明成化年制"，这是光绪时期的器物上模仿康熙瓷器习惯书写的明代寄托款。

清光绪 青花八仙祝寿图碗残片

图 3-174 碗外壁绘八仙图（已残缺），内壁绘寿星鹿纹，鹿口中衔着一棵灵芝，寓意长寿，总体上看为八仙祝寿图。碗内壁及碗外底可见轻微拉坯旋痕造成的环状波浪釉。青花发色幽蓝，似乎采用了浙料。该碗胎质洁白细腻，胎壁厚实，做工规整，尺寸硕大，纹饰绘画精美流畅，寓意吉祥，为光绪时期景德镇官窑青花代表作品，具有较高的工艺和绘画水平。

图 3-174　清光绪　青花八
仙祝寿图碗残片（官窑）

清光绪 青花山水人物纹花觚

该花觚（图 3-175）高达 43.5 厘米，完整无缺，品相完好，十分难得。该花觚从上至下共分三层来表现画面场景，属山水人物画的范畴。上部的一层画面表现的是山水树石及两组人物，第一组人物为两人，表现的是出船准备捕鱼（钓鱼）的场景，第二组为三人坐在岸上休憩，水边停泊着船，画面中山石矗立、古树虬曲，天空中两行大雁款款飞行；中间的一层画面除了树石山水之外，也绘制了两组人物，第一组为两人乘舟前行，第二组为两人在岸上席地对弈；下面的一层画面中，一组人物为携琴访友，另一组人物为两人坐在船上观景，地面山石林立、古树歪斜，水中碧波荡漾，天空中祥云朵朵。整体上看，该花觚造型优美，比例协调；青花采用了典型的浙料，发色呈现典型的翠毛蓝色，娇翠欲滴。釉面上出现了多处古瓷所特有的缩釉现象，特别

图 3-175　清光绪 青花山水人物纹花觚

是在青花浓重处，缩釉现象尤为明显。绘画是典型的宋元时期山水画风格，充分运用了青花发色深浅不一的"分水"技法，形成所谓"青花分五色""墨分五色"的效果，纹饰绘画十分精致，反映出画工具有很高的绘画功底。《匋雅》一书中描述青花"见深见浅，有一瓶一罐而分至七色、九色之多者，娇翠欲滴"，即是对青花分水技法的描述。

该花觚圈足足脊宽平，露胎处胎质洁白细腻，圈足外部胎釉结合处参差不齐，呈现淡黄色的火石红现象。底部为青花双圈款，外底有缩釉和黑疵现象。整体上看，器物所表现的是康熙至雍正时期器物的风格，仔细观察，其外底略显橘皮皱的现象，此外它的釉色较白，加之纹饰绘画笔法过于严谨，综合判断应属于光绪仿康熙、雍正时期的作品。但也有人认为该花觚就是康熙、雍正时期的器物。仁者见仁，智者见智，对于同一器物不同的人会做出不同的结论，趣味无穷，这就是古玩的魅力所在。

花觚在古代属于摆件中层次较高的器物，属于艺术品的范畴。该花觚尺寸硕大，造型规整，轮廓线条优美，保存完整，绘画精致，青花发色纯正靓丽，是一件十分珍贵的民窑精品，具有很高的收藏和欣赏价值。

清末民初 青花渔樵耕读纹盖碗残片

这是一件盖碗的残片（图 3-176），上面绘制了砍柴归来、荷锄晚归、窗下苦读及江边垂钓四个场景，即古代书画和器物上常见的渔樵耕读。渔樵耕读是古人的四大求生之道，是生活和生计的基本方式。樵夫砍柴、农夫锄地、渔夫钓鱼、士子读书，人们希冀和幻想安居乐业的社会环境，但在清末民初时期社会变革的大背景下，这样的希望只能是一种寄托而已。高安市博物馆藏有这类纹饰的器物（图 3-177）。

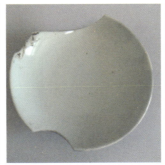

图 3-176　清末民初 青花渔樵耕读纹盖碗残片

图 3-177　清 青花渔樵耕读图联瓶（高安市博物馆藏）

清末至民国 青花花叶纹温酒炉

　　此器通常为蒙古族使用的温酒器（图 3-178）。造型如小盆状，腹部均布三圆孔，内有一小盅，口沿上有三圆足形座，口沿下有一圈平沿，上面用青花绘三枝花叶，青花所用钴料有洋蓝的成分，发色蓝艳。使用时，小盅内放置炭火，腹部三孔用于通风，将酒杯或酒壶置于三圆足形座上温酒。也有资料介绍小盅内放入的燃料为高度酒，通过燃烧高度酒来加热装有低度酒的酒壶。该器物制作巧妙，喝酒时增添了一分雅趣，反映了人们对美好生活的憧憬。从器物胎质和釉色上看，该器物应为磁州窑的作品，适于冬季北方寒冷地区使用。

图 3-178　清末至民国 青花花叶纹温酒炉

图 3-179　温酒炉和温酒壶

古玩鉴赏知识

青花瓷的概念及历代青花钴料使用情况介绍

青花瓷的概念

做收藏和经营古陶瓷，需要准确理解青花瓷的含义。青花瓷最早在元代被称作"青白花瓷"（元末汪大渊《岛夷略》），明景泰年间文献（王佐《新增格古要论》）中才有"青花"一词出现。青花瓷通常必须具备三个条件：第一，必须是使用了钴料，也就是氧化钴；第二，使用的钴料必须是釉下彩，因此青花又称"釉里蓝"；第三，使用釉下彩钴料表现纹饰时必须是绘画或书写文字，也就是说纹饰应是绘画出来的或书写出来的而不是采用涂抹或其他方式形成的。具备以上三个条件的瓷器才能称作青花瓷（图3-180），当然我们所说的青花瓷指的是瓷胎，并非陶胎（对于陶胎的又称之为青花陶），这是对青花瓷概念的一种规范解释。从狭义上讲青花瓷釉地专指无色透明釉，也称白地青花、白釉青花；从广义上讲青花瓷还包括各种色地釉釉下青花，如豆青釉地青花、水湖绿地青花等。本讲中讲述的青花瓷是指白地青花。

提到青花瓷，就必须提到祭蓝釉瓷器（图3-181）。祭蓝是一种高温蓝釉，通常是布满器物的表面。此外，还有釉上的一种蓝色料的使用，我们常称之为蓝彩或釉上蓝。祭蓝器物和蓝彩器物都是与青花瓷不同的品种。

普通的青花瓷大家见到的很多，但这件瓷片（图3-182）的画面表现的是海水和奔马，它采用留白的绘画技法，用白色显示出海马纹，形成白色的马的轮廓，这叫留白，属于青花绘画的一种方法，也是青花瓷的一种。这件瓷片，我们从底足等各方面综合起来看，应该是一个清三代（注：清三代指康熙、雍正、乾隆三朝）的小杯，里边绘制一个海螺纹。另一件花盆残片（图3-183）也属于青花留白的品种，但由于地子大部分为钴料覆盖，形成所谓的蓝地白花，因此又称"反青花"。

青花瓷的发展分为三个阶段。唐宋青花为第一阶段，称为原始青花阶段，这一时期的青花胎质采用单一的瓷土，强度和硬度较低，绘制纹饰的钴料与表面的透明釉相混溶，未能明显呈现青花的釉下蓝彩特征，目前可以确认为唐宋青花的器物和瓷片极其有限。元代早期为青花的第二个阶段，称为早期青花阶段，也有称作"延祐型"青花的，釉面大多为青白釉，青花色泽偏灰，数量稀少。第三阶段为元代的中晚期，称作成熟青花阶段或成熟青花期，也有人称这一时期的青花为"至正型"青花。这时的

图 3-180 清康熙 青花　　图 3-181 明 祭蓝釉碗残片　　图 3-182 清 青花留白海　　图 3-183 清
缠枝菊纹碗残片　　　　　　　　　　　　　　　　　　　　水马纹杯残片　　　　　青花（留白）
　　　　　　　　　　　　　　　　　　　　　　　　　　　　　　　　　　　　　　花盆残片

青花瓷由于采用了优质的高岭土即麻仓土，胎质较为洁白，釉层也较薄。同时这一时期由于胚胎采用了高岭土（麻仓土）加瓷石的所谓"二元配方"，提高了瓷器烧成温度，减少了变形，因此适于大尺寸器物的烧造。成熟期青花其纹饰绘制精细，青花钴料较多地采用民间贸易进口的苏麻离青钴料，使得青花的发色浓艳明快，产生了以元青花云龙纹象耳瓶为代表的一批"至正型青花"（该瓶上带有"至正十一年"题记），是青花瓷烧造的成熟阶段，至此青花瓷大量生产，到明清时期已是景德镇瓷器生产的主要品种。

历代青花钴料使用情况介绍

瓷器装饰技法种类繁多，其中用釉下钴料绘制图案的青花瓷是最常见的，也是收藏过程中见到最多的品种，因此这里有必要按照青花瓷出现和发展的时间顺序把青花瓷钴料（也叫青料）的使用情况介绍一下。

现在公认的青花瓷的创烧年代是唐代，也就是人们常说的唐青花。人们对唐青花的颜色还有一些具体形象的描述，比如青花发色好一点的被形容为宝石蓝色，但也有一些灰暗的颜色，这与胎质的颜色、釉的透明度以及钴料本身的成分有关。后来又出现了宋代青花，但考古中却不见有纪年的宋代青花瓷，传世中也较难确认其属于宋代。现在也有的专家经过仔细研究后，认为没有唐青花和宋青花一说，持这种观点的人认为所谓唐青花、宋青花瓷片或完整器物属于釉上彩的情况，并非青花瓷概念中的釉下彩，所以唐代和宋代没有真正意义上的青花瓷。没有争议的青花瓷出现的时期是在元代，多数人认为应该是元代中晚期。元代创烧出成熟的元青花，这是青花瓷登上历史舞台的开端。

图 3-184　元　青花缠枝牡丹纹梅瓶（局部，苏料。景德镇中国陶瓷博物馆藏）

　　关于元代青花瓷的用料情况基本上有三种：第一种是通过与西亚一些国家（今伊朗、伊拉克和叙利亚一带）的民间贸易得来的一种进口青料——苏麻离青，也简称"苏料"，这是元青花绘画使用的青料之一。苏料的特点是成分中高铁低锰，也就是铁的含量高，而锰的含量低。由于铁元素的含量高，所以在元青花纹饰位置的釉面上经常有铁锈斑的存在，这种铁锈斑也常被称作锡斑，这是苏料元青花的典型的特征。苏料元青花的发色比较艳丽，或者称为鲜艳、明艳。元青花的第二种用料是使用国产青料，国产料的发色显得蓝中偏灰暗一些。第三种情况是进口料和国产料混合使用的情况，其实多数情况下苏料不单独使用，而是与国产料按一定配比混合起来使用，这样效果会好些，也节省苏料。通常我们说的使用了苏料的元青花也并不严格区分是单独使用苏料还是与国产料混合使用，只要含有苏料的成分就可以了，这是元青花的用料情况。通常使用苏料的元青花的市场价格要相对的高一些，但使用国产料的如果纹饰非常精美的器物价格也不低。由于元青花十分稀少，我们不用说收藏一件元青花整器，就是收藏元青花的瓷片都是很困难的，尤其是苏料的这种元青花瓷片更少见，这是元青花钴料的使用情况。

　　到了明代，由于元末明初战争频繁，可能苏料的贸易和供应链条被迫中断，景德镇这种苏料的存量不是很多，因此瓷器青料的使用在洪武时期有用苏料的，也有用国产料的，当然我们这里讲的主要是官窑瓷器的用料情况。洪武时期使用国产料的器物，其青花发色普遍偏淡蓝、暗蓝、灰蓝。

　　到了永乐时期，由于有了郑和下西洋这样伟大的壮举，不但把瓷器运到了世界各地，同时又带回来了充足的苏麻离青这样的原材料，因此永乐时期的官窑青花瓷器大都使用的是苏麻离青。

宣德朝官窑使用青花钴料归纳起来有三种情况：第一种就是继续使用苏料，第二种为国产料，第三种是使用苏料和国产料两种料进行配比调出来的这样一种颜色。所以说如果我们要不知道各个时期青花用料的情况，就无法对器物的年代进行准确的判定，比如你只知道宣德时期用的是苏料，那么现在一件国产料的宣德官窑瓷器放在你眼前你就认不出来，所以这就是我讲各个时期青花用料情况的目的。

　　明代正统、景泰、天顺三朝，由于青花用料及官窑烧造情况至今没有彻底弄清，又缺少有纪年款识的器物，所以瓷器史上把这个时期称为"空白期"。现在还没有一件可确认的有官窑款识的空白期的瓷器，因此这一时期的官窑烧造情况还需要继续研究，但是对于这一时期的民窑瓷器，从考古发掘出现的器物的情况来看，苏料和国产料都有使用，因此可以推断这一时期官窑的用料情况与民窑的情况应该是一样的，也就是说官窑的瓷器生产过程中进口的苏料和国产青料应该都会被使用，或者有在国产料中掺入苏料的情况。空白期青花的发色大多有清新浓艳之感。

　　成化早期，官窑器物的烧造还是使用苏料，到成化中晚期这种苏料就基本上告罄了。苏料虽然没有了，但瓷器还要生产，所以要使用替代品，于是使用江西乐平出产的青料，这种青花钴料叫平等青，也叫陂塘青。使用平等青的青花瓷青花发色非常淡雅，不像苏料那么艳丽，这是成化一朝的用料情况。弘治一朝，继续使用平等青这样的青花钴料烧造官窑瓷器。

　　到了正德时期，情况又有了变化。正德早期使用的仍然是平等青；正德中期使用的是江西上高县天则岗一种叫无名子的青料，也叫石子青，石子青的特点就是青花的发色蓝中有点发灰、发暗，而且在高温下容易发生晕散现象，也就是青花纹饰给人的感觉有些晃晃悠悠的，这叫晕散，这是石子青料的特征；到了正德晚期，据资料记载

图 3-185　青花钴料出现的晕散情况（左图）

图 3-186　青花钴料出现的晕散情况（右图）

第三讲　王者青花　雅洁幽靓

145

云南一个大官发现了一种叫"回青"的钴料，但也有人说这种料产自新疆，还有人说来自西域，这种回青料究竟从哪儿来的现在还没有一个定论。当时发现这种料用在青花瓷上挺好，于是景德镇就开始使用回青料。回青料的特点是用它绘制纹饰的瓷器烧成后青花的发色是蓝中有些发红、发紫，整体上呈现蓝艳的色调，大家要对回青有一个基本的印象，遇到时要能够识别出来。

到了嘉靖一朝，总计用过三种青料。第一种还是继续使用江西乐平的平等青；第二种使用的是瑞州的石子青；第三种使用的还是回青。所以嘉靖时期这三种青花钴料在官窑器物上都使用过。比如判断一件瓷器是否为嘉靖时期的官窑烧造，你以为嘉靖官窑只使用了回青，如果不是回青，就肯定不是嘉靖官窑，那就错了，这是判断依据的错误，最终导致鉴定结论的偏离。

隆庆一朝只有 6 年，由于隆庆帝在位时间短，而且隆庆元年至五年基本没有宫廷的烧造任务，所以官窑的用料情况应该介于嘉靖和万历之间，从传世器物上看，使用的青料较多为回青料，发色幽艳美丽，因此有人认为隆庆青花在嘉靖、隆庆乃至万历时期烧造质量是最好的。由于这方面资料有限，所以就不详细介绍了。

万历皇帝总计在位 48 年，是明代在位时间最长的皇帝。资料记载，在万历二十四年以前仍然使用的是西域的回青，而在万历二十四年到万历三十四年之间的某一个时间，这种回青料就告罄了，后来改用一种浙江产的青花钴料，即"浙料"。按明宋应星《天工开物》记载："凡饶镇所用，以衢、信两郡山中者为上料，名曰浙料。"可知明代的浙料产地是衢州府（今浙江衢州市）和广信府（今江西上饶市）。万历晚期，这种浙料的提纯方法，由原来的水沉法改为煅烧法，使得青花的发色比较鲜艳和明快，这是浙料的发色特点。这种浙料"从万历二十四年到万历三十四年中间某一时间开始使用"，一直延续到明末的天启和崇祯时期。

康熙一朝，曾使用过两种青料，一种是浙料，产地主要为浙江的绍兴和金华，仍然采用煅烧工艺提纯钴料。由于工艺技术的提高，发色好的青花呈色宛如翠鸟羽毛的蓝颜色，被形象地称作"翠毛蓝"，十分靓丽。也有一些瓷器即使也使用浙料，但青花发色没有达到翠毛蓝的程度，颜色略微有点蓝中发灰，这是原料成分差异或烧成温度不同所致。康熙时期使用的另外一种青料据说是产自云南的珠明料，这种珠明料的颜色不太好确认，瓷片和整器都很少见。珠明料青花发色明净艳丽、鲜蓝朗翠，为康熙中期使用的钴料，但民窑使用珠明料的时间或许可追溯至明代末期，珠明料呈现像蓝色珠宝一样的色调。

图 3-187　清康熙　青花冰梅纹罐残片（浙料，翠毛蓝）　　图 3-188　清康熙青花冰梅纹器物残片（浙料，翠毛蓝）　　图 3-189　明崇祯至清康熙　青花公孙大娘舞剑器图笔筒（珠明料，花冲先生藏）

　　雍正和乾隆两朝一直使用的是浙料。《匋雅》一书中记载："闻明代有彩料存库中（世人只知有苏泥勃青及回青），康、雍犹取以烧瓷，至乾隆朝而已不可复得矣。"这段话似乎是说康熙、雍正年间官窑器物也有使用明代剩余的彩料，其中或包括苏料和回青料，但已无法考证。乾隆之后的嘉庆、道光、咸丰、同治年间均使用国产青料，颜色有纯正青蓝色或蓝中偏灰、偏黑的，但仿康乾时期的器物则呈色鲜艳。

　　光绪青花主要采用浙料、云南珠明料及从国外传入的被称作"洋蓝"的青料，也有在珠明料中加入少量洋蓝调配出的混合料，用以仿烧康熙青花。光绪时期仿康熙的器物，有些甚至能以假乱真，有些器物也能烧制出接近翠毛蓝的颜色。

　　宣统一朝，由于仅有三年，仍是沿用光绪时期的青料。宣统朝虽然时间短，烧制的官窑瓷器也不是很多，但这一时期青花瓷器的发色依然比较鲜艳、明快，也有蓝黑色调。

　　以上是关于青花瓷从创烧一直到清末时期的青花钴料使用情况介绍，其中明清时期主要是介绍官窑青花用料，民窑青花器物通常追随官窑的用料，但更加随意，不同窑口使用的青花钴料情况也不尽相同，不能一概而论。大家一定要记住各个时期的青花用料情况，这样在鉴定时对青花瓷器的用料情况包括明清瓷器官窑用料的情况及特征才能有一个比较清晰的认识，不同的青花钴料烧成后其发色及特征不同，对于我们鉴定时的断代是很有帮助的。

瓷器烧造的主要工序

做瓷器收藏，必须对瓷器的制作、烧造过程有一个基本的了解。古代瓷器的制作、烧造过程归纳起来主要有如下 14 道工序：取土、练泥、镀匣、修模、洗料、做坯、印坯、旋坯、画坯、施釉、满窑、开窑、彩器、烧炉。

这里简单地介绍一下这 14 道制瓷工序，便于大家简单了解制瓷主要工序及术语，以期在陶瓷收藏、鉴赏过程中对器物的特征能有更深刻、更全面的了解，也利于在阅读其他资料时理解和掌握相关知识。

第一道工序：取土。景德镇周围有好多出产瓷土的地方。瓷土是瓷器胎体制坯时用的主要原料，它不是普通的土，而是一种瓷石风化了以后形成的土，有些可能已经自然风化成粉末了，还有一些大块瓷土和未全部风化的大块儿瓷石，古时候还需要使用水碓子把它们捣碎。水碓子的结构就是用水车带动一个形似锤子的东西，把大块瓷土、瓷石一点一点地舂碎，像捣米一样舂碎成粉状，为了与下面的高岭土概念相区别，这种瓷石做成的粉状原料我们仍然称作瓷石。此外还有一种被称作釉果的原料也需要舂碎。什么叫釉果呢？一件瓷器由胎、釉两部分组成，瓷土是做胎的，而釉料当中主要的原料也是一种瓷石，就是质量比较好一点。这种用于釉料制作的主要的瓷石原料我们把它称作釉果，制作釉果的瓷石也需要舂碎。

除瓷石外，有一种叫高岭土的瓷土，高岭土是一种优质黏土，它通常不需要舂碎，古人直接在河边或山边盖个棚子，挖出后直接淘洗就行了。高岭土以及舂碎了的瓷石或釉果经过淘洗后被压成或做成一个一个砖块大小的方块，这种方块在古代景德镇叫

图 3-190　高岭土（景德镇御窑厂中国御窑工艺博物馆藏）

图 3-191　制"不"模具及"不"（景德镇中国陶瓷博物馆藏）

"不"（dun，三声），白色的就叫"白不"，红色的叫"红不"，黄色的叫"黄不"，实际上就是做成一块块坯料等着用。元代早期以前，制作瓷器胎体的原料只有瓷石，元代中晚期以后景德镇的陶瓷工匠发明了在瓷石中添加高岭土的"二元配方"，提高了胎质的硬度和烧成温度，减少了变形。取土是瓷器制作的第一道工序。

第二道工序：练泥。商人把"不"块卖给景德镇的窑户，窑户在使用的时候要重新把"不"块放到大缸里边，加水溶解，并用木头耙子搅拌，搅拌以后先用竹筐过滤，然后用细孔的簸箕（马尾细箩）过滤，最后用细小孔格的布袋（细绢袋）过滤，经过滤再用细布包上压出多余水分以后就会形成那种很细的泥，在做胎之前，还要把泥放到地上用锹反复翻动或捶打，这道工序叫练泥，是瓷器制作的第二道工序。取土、练泥是两道基本的准备工序。

第三道工序：镀匣。景德镇窑户为避免烧造环境污染坯件，通常都要把坯件放到匣钵里边，因此首先需要制作匣钵。匣钵是用较为耐火的材料制成，匣钵坯体制做完成后，要单独空烧一遍，直至烧成坚固耐用的匣钵。这道工序叫镀匣，镀匣也是一道准备工序。

第四道工序：修模。修模就是制作模具，目的是使坯胎达到同一尺寸并提高生产率。比如做一个碗，数量是一万件、两万件或三万件，通常要求碗里边的尺寸包括碗的内径尺寸和形状要一致，需要通过制作一个碗状的内模来实现。景德镇有专门的修模匠，这项工作的技术水平要求是很高的，因为瓷器在烧造过程中会收缩，比如一尺，可能烧成了也就七八寸，有一个收缩率，因此针对给定的成品瓷器的尺寸，要做出一个考虑了收缩率的模具，再反复试验几次，所以这是一个技术活，古代景德镇有专门的修模匠。修模也是准备工序。

第五道工序：洗料。洗料就是清洗青花钴料，这是给青花绘画做准备的工序。钴料原料也是像石块一样，需要清洗干净，然后选出大小合适的块儿，放到小匣里，再放到窑里煅烧。这种煅烧方法从明代晚期就开始采用了，而之前采用的是水沉法。煅烧法和水沉法都是提纯钴料的方法。煅烧以后的钴料再经过研磨成很细的粉末就可以用于绘画了。使用钴料在坯体表面绘画并罩上透明釉烧成后，就会呈现青花的蓝色调。这是洗料的工序，也是一道准备工序。

第六道工序：做坯。做坯包括拉坯和造坯。在古代拉坯要借助于陶车，通过人力拨动使陶车旋转，把泥坯放到陶车的转盘上面，转盘旋转时用手把泥坯拉制成需要的形状，这叫"拉坯"，是形成瓷器胎体的主要工序。拉坯是对一次成型的圆形器物（古代称之为"圆器"）而言，对于不能通过一次拉坯成型的还需后续粘接、捏塑等工序形

图 3-192　印坯模具（景德镇中国陶瓷博物馆藏）

成的器物以及制作非圆形器物（古代称之为"琢器"）的过程，则称作造坯。

第七道工序：印坯。 拉坯成型后确定坯体尺寸的工序。以常见的碗为例，碗的胎体拉坯完成了，需要在阴凉处放置一段时间，不能在太阳底下晒，然后扣在修模工匠制作的专用模具上，并在上面用手拍打，目的就是让它内径尺寸和形状都一致，这叫"印坯"。景德镇有句行话，管这道工序叫"拍死人头"。经过印坯后，坯胎的内径尺寸和形状就被确定下来。

第八道工序：旋坯。 使印坯成型后的坯胎旋转，利用像车刀那样的工具，对坯体的外面进行均匀的车削，最终使坯件达到需要的尺寸和形状。这道工序也叫"利坯"。

第九道工序：画坯。 画坯指在坯上绘画。我们以青花瓷为例，对画坯这道工序，古人用"一器动辄什佰"来形容，什么意思呢？是说一件器物可能要经过几十次，甚至上百次的勾画和渲染。在古时候的景德镇，绘画轮廓和渲染是由不同的工种完成，绘画的人研究的是勾画纹饰轮廓的技法并专门进行画的工序，而渲染的人专门完成"染"的工序，所以古代瓷器的绘画大都很流畅，是因为工匠每天都做同样的重复工作，手法一定很熟练。

在坯体上的绘画完成以后，这里还有一些细节工作，比如碗的坯体后边在拉坯的时候还留有一个把儿，就是一个柄儿，最后要把它旋掉，并形成底足部分的形状，再画上青花的单圈、双圈及一些弦纹。这些细节工作，通常由专门的工匠完成。

第十道工序：施釉。 施釉也叫上釉或罩釉。画坯工序完成以后，坯件的表面要上一层或罩一层釉，习惯上叫施釉。施釉的方法通常有六种：拓釉、蘸釉、吹釉、荡釉、浇釉和轮釉。最开始的时候，制瓷采用的施釉方法叫拓釉，就是用毛笔蘸着釉料往胎体上刷或涂抹。这种方法适合形状不规则的器物，缺点是釉层不均匀，所以我们有时候会看到器物局部的釉层不均匀，有刷过的痕迹。还有一种也是最常用的，就是蘸釉，主要是针对器物的外表面。后来景德镇的工匠又发明了吹釉的方法，弄个竹管，前面绑块纱布，蘸点釉料往胎体表面吹，这种吹釉的方法优点是釉层比较均匀，对大件器物非常好，如果大件器物采用蘸釉的方法可能就损坏了。还有一种方法就是荡釉，荡釉主要是针对器物的内部，比如瓶子、小口状器物，把釉料灌到里边，摇晃后再把多余的釉倒出去，这叫荡釉。再一种方法叫浇釉，浇釉就是在盆中放个架子，器物放到架子上，然后把釉料舀起来往器物表面浇，主要还是浇外边。最后一种叫轮釉，轮釉主要用于对器物内部施釉，具体方法是把釉料倒入器物里，然后旋转器物，通过离心力的作用使釉层均匀覆盖在器物的内表面。以上是古代六种主要上釉方法。这些不同的施釉方法在器物表面形成的痕迹往往有所区别，因此对我们的瓷器鉴定会有所帮助。施釉是 14 道工序当中比较重要的一道工序。

第十一道工序：满窑。满窑是指把待烧的坯件放到匣钵里边，然后再把匣钵放到窑炉里，一排排、一列列、一行行，布置妥当的过程，装烧青花的窑被称作"青窑"。布置的时候是有规矩、有讲究的，匣钵摆放的位置要考虑到窑炉里哪个位置温度高、哪个位置温度低、火路怎么走、不同位置分别适合烧什么样的瓷器等。我们在鉴定瓷器的时候经常说同一窑、同样的器物，烧出的釉色都会不一样，就是因为在窑炉里不同的位置，受的火焰段不同，温度也不完全一样，所以最后表面的釉色，包括花纹的呈色会有所区别。满窑以后要烧上几天才能烧制完成。

满窑的时候，这里再强调一个知识点，就是要往窑炉里面加一些试样，古代叫"火照"，也叫"照子""试照"。所谓火照就是做一些与所要烧造的瓷器质料工艺相同的小试样，这些试样不大，在市场上和博物馆里我都见过，这种火照现在市面上不是很多见，大都在窑址附近。通常当窑炉的温度和烧造时间达到一定程度的时候，窑工就会把火照夹出来，看它烧好了没有，照子烧好了，就意味着一窑的瓷器烧好了，窑炉就可以停火了，这就是照子的作用。掌握火候的工匠叫"把桩"，对火候和烧成时间的掌握是决定瓷器烧成与否的一道关键工序。

第十二道工序：开窑。开窑的时候，窑工要趁着炉温还没有完全降下来的时候，也就是说窑炉没有完全冷却到常温，还有一定余温的时候，进到窑炉里把装有烧好了的瓷器的匣钵往出搬。由于窑内很热，窑工要戴着好几层用布做的手套，蘸着冷水，包括脸、头部及肩部全都披上蘸湿的布进去，把还没有完全冷却到常温的匣钵一个个搬出来。在这样的条件下搬取匣钵是很辛苦的。那么窑工们为什么不等窑炉冷却到常温后再搬呢？实际上他们在往出搬匣钵的同时，还要把下一窑准备烧造的装好瓷器坯件的匣钵搬进去，这种操作的目的是要利用上一窑的余热，把下一窑待烧的瓷器坯件的水分蒸发掉并使坯体均匀预热，为的是节省燃料和提高烧成质量，所以说开窑很辛苦，但对器物的烧成质量影响较大，古代窑户也知道尽量节约能源。

第十三道工序：彩器。彩器工序指的是画彩，就是在瓷器上画五彩、粉彩、珐琅彩等。画的时候一定要眼明、心细、手快，不能随便画来画去，那会影响画面质量，像咱们写铅笔字那样错了擦来擦去是不行的，这道工序的名称叫彩器，也就是画彩。画得熟练的，可以称得上是画家，比如前面讲过画坯时画青花的有青花家、淡描家，而这里指的是画彩瓷。水平高的叫画家、画师，水平差一些的就属于学徒工了。

第十四道工序：烧炉。彩瓷通常要经过素瓷烧造和彩料烧造（即烘彩）两个阶段，这里的烧炉指的是彩瓷在画彩完成后的彩料烧造过程，属于二次烧造。烧炉时采用的烧造方式有两种，一种是明炉，就是当器件比较小的时候，直接用炭火烧烤器件，下边有一个铁盘承着，一边烧一边转动铁盘带动器物旋转使之受热均匀，大约需要烧造一个晚上，烧造过程中炭火直接烧烤彩器的表面。稍微大一点的器件烧炉时采用暗炉，暗炉的形状像一个带夹壁墙的圆筒形，上面有一个封盖，器件放到里面，炭火在夹壁墙的夹层里边燃烧，这样器件所处周围环境的温度比较均匀，也有把这种烘彩的窑炉称为"色窑"的。

以上是对瓷器制作和烧制的 14 道主要工序的简单介绍，实际上详细的瓷器制作和烧造过程有很多道工序，据明代宋应星《天工开物·陶埏》记载："共计一坯工力，过手七十二，方克成器。其中细微节目尚不能尽也。"即景德镇制瓷归纳起来大致有 72 道工序之多，还未包括细节。现在的景德镇中国陶瓷博物馆里、昌江的大桥桥柱上以及景德镇一些街道两侧就可以见到景德镇 72 道制瓷工序的雕塑模型。

缩釉与瓷器鉴定

关于瓷器上的缩釉的形成机理，《匋雅》一书中有这样的描述："火候骤紧，敛釉露骨，既稀且微，若断若续，则谓之缩釉。"其实缩釉的形态有圆形的，也有线形的及不规则几何形状的，有深及胎骨而露胎的或不触及胎骨而仅限于釉中的。露胎的小而圆的缩釉也叫棕眼或鬃眼，但这类棕眼状的缩釉的边缘处通常并不圆滑。不露胎的小而圆的缩釉也有人称之为橘皮纹。本书中为便于讲述，所指的缩釉是指小而圆形的、边缘圆滑过渡、肉眼可见的、露胎或不露胎的情况，这种缩釉是古代瓷器上常见的现象，也是今人难以仿制的。

我和行内的朋友做鉴赏交流时，经常有人问我，为什么现在的人就仿不出古代瓷器上的那种缩釉？实际上现在也能做出缩釉，但做得不像。现在的瓷器大多用气炉、电炉或煤窑来烧造，即使采用各种接近古代的工艺，想仿到和古代瓷器相差无几的程度也很难。关于缩釉的问题我也在想，由于古代和现代瓷器所用的胎、釉、水等原料不同，即使按古代的方式使用柴窑，但受人类活动的影响，木柴与古代的相比也会有

图 3-193　青花釉里红器物上出现的缩釉　　图 3-194　青花釉里红器物上出现的缩釉　　图 3-195　青花瓷表面出现的缩釉　　图 3-196　粉彩器物外底出现的缩釉

清代瓷器上出现的圆形缩釉

些差异，甚至可以说空气中各组成成分的含量也与古时候不一样，不同烧造季节的气压也不一样，因此综合以上各种因素，今人要想仿到和古代瓷器完全一样的缩釉效果是不可能的。古代瓷器上的缩釉孔有大有小，肉眼看也层次分明，而现代器物上的缩釉孔往往较小，深度较浅，且大多呈现局部聚集的状态。很多现代仿古器物的釉面上根本就没有缩釉现象。

　　瓷器上面有无缩釉是最重要的鉴定根据。明代瓷器，有的有缩釉，有的没有缩釉，以没有缩釉的居多，鉴定时对有无缩釉的依赖程度不是很明显，其圆形缩釉的现象少于清代瓷器。到了清代，不管是官窑还是民窑的器物表面，这种缩釉现象都普遍存在，而且圆形缩釉现象多于明瓷，这些缩釉通常较多地出现在青花瓷器的青料位置。古代瓷器上的缩釉点通常是圆形的，有大有小，但都很深，有的深及胎骨。现在仿品很难做到这一点，缩釉要么不圆，要么很浅，或者是其他形状。所以我们鉴定明清瓷器特别是清代瓷器的时候，如果它没有这种很圆的缩釉特征，那这件器物就需要打一个问号，需要综合其他方面的特征仔细判断。古瓷器上的这种缩釉的出现一直延续到大约至民国中期，就是说到民国初期乃至中期的时候，瓷器上面还经常出现这种缩釉的特征，再往后这种特征就不明显或不出现了，而更多呈现现代瓷釉面偏白光亮的特征。

古代瓷器大多是用柴窑烧制的，也有用煤炭的。现在使用电炉或者用天然气窑炉烧出的釉，无法再现古时候的那种特征缩釉。但是这里我要说明的是，古代瓷器出现缩釉是普遍现象，但不是绝对的，有的时候也没有缩釉，要综合地考虑，这才是真正考验我们的眼力和水平的时候，有无古代特征的缩釉仅作为鉴定瓷器时的一个重要参考。古瓷上的缩釉经常会出现在青花瓷的釉面上，尤其是青花钴料绘画的部分缩釉往往较多出现。此外，器物的外底也是缩釉经常出现的地方。

五大名窑　唯我独尊

后人所称的宋代五大名窑为汝窑、官窑、哥窑、钧窑和定窑。五大名窑这个名称最早见于明代宣德年间皇室收藏目录《宣德鼎彝谱》："内库所藏柴、汝、官、哥、钧、定名窑器皿，款识典雅者，写图进呈。"这里最早提到了五大名窑，但是前面多了一个柴窑。到了晚清民国时期，据《饮流斋说瓷》记载："宋最有名之窑有五，所谓柴、汝、官、哥、定是也。更有均窑，亦甚可贵。"由于柴窑窑址长久以来未被发现，也没有可靠的、传世的柴窑器物，因此人们习惯上就把柴窑减去，把钧窑列入上述五个窑口之中，最终成为汝、官、哥、钧（古人讹作"均"）、定五个窑口，称其为宋代五大名窑而名扬天下。多少年来，收藏界对五大名窑的器物赞赏有加，奉为至宝，即使是瓷片，也倍加珍惜。

有资料认为，宋瓷中的五大名窑指的是官窑系统，并把本书第五讲中的七大窑系指的是民窑系统。这里需要指出的是，窑炉官民性质的归属主要是看哪一方投资兴建了窑场，也就是哪一方具有窑场的"产权"，产权属于官方就是官窑，否则即为民窑，在民窑的窑场中无论是官搭民烧，还是官府置官监烧、定烧，以及供御和烧造贡瓷等行为，都不能改变民窑的属性。五大名窑中的"官"，指的是北宋的汴京官窑（至今没有发现窑址）以及南宋的修内司官窑和郊坛下官窑，属于皇家投资修建的官窑，是没有争议的；哥，由于窑址至今没有被确认，甚至是否存在一个独立的哥窑至今还是个谜，因此其官民窑性质当然无法确定；钧窑中的官钧现在还有争议，已发现的钧台窑有宋代说、金代说、元末明初说以及宣德说，其窑炉性质大致上属于民窑中的供御；汝、定，应属于民窑供御或贡瓷性质。由此可以看出，认为这五大名窑属于官窑系统值得商榷，其"宋代"五大名窑的定位也难以确认，但由于它们的辉煌历史和巨大影响，我们仍以五大名窑相称。为便于讲述，本讲及后面的七大窑系讲述中把各个窑炉的官民窑属性结合在一起，并把它们烧造的时期和产品种类从宋代延续到金、元、明、清时期进行综合讲述。由于五大名窑中的钧窑和定窑同时属于后面要讲述的七大窑系，为避免重复，因此这两个窑口在后面的七大窑系中将不再赘述。

瓷片与器物鉴赏

汝窑简介

汝、官、哥、钧、定为宋代五大名窑，其中以"汝为魁"。现在我就简单介绍一下汝窑，还是按照顺序先说一下汝窑烧造的年代。根据河南宝丰清凉寺汝窑遗址出土的纪年钱币（2 枚宋神宗"元丰通宝"、1 枚宋哲宗"元符通宝"和 1 枚宋徽宗"政和通宝"）可以推测该处汝窑烧造的年代至少是在北宋神宗到徽宗的一段时间，烧造的时间大致为 48 年，可见其烧造时间并不短，开始烧造的应属于民窑器物。也有人认为是从宋徽宗时开始烧造宫廷用汝窑器物的，那么到徽宗退位也就 25 年。宋代汝窑（通常不特殊说明的情况下，"汝窑"即指人们常说的"汝官窑"）的器物十分珍贵，因此后世有仿汝窑的器物，据记载明代仅有宣德时期官窑仿烧过宋代汝窑的器物，但民窑是否有仿烧还难以确定。清代雍正和乾隆仿烧过，官窑有仿，民窑也有仿，有的只仿汝窑的釉色，有的胎釉都仿，一直延续到现在也有仿汝窑的产品在烧造。

汝窑历史上因位于汝州而得名。汝州在唐宋时期曾包括临汝、鲁山、宝丰（亦名龙兴）、郏县、叶县、梁县、襄城七县在内。现在公认的宋代汝官窑窑址是在河南省宝丰县大营镇（原名青岭镇，曾属临汝县管辖）清凉寺，称"清凉寺汝窑"，据载此处汝官窑窑址是按照清华大学美术学院教授叶喆民先生提供的线索发现的。这里参照宝丰清凉寺汝官窑遗址展示馆内资料介绍，将汝窑发现的过程大致介绍如下。

1930 年日本学者开始调查汝窑窑址；1950 年陈万里发现清凉寺瓷窑遗址；1964 年冯先铭、叶喆民在临汝县考查并认为汝窑是由两个主要部分构成，一是宫廷瓷，二是民间瓷，民间瓷窑现在称"临汝窑"；1977 年叶喆民在清凉寺窑址采集到一个天青釉瓷

图 4-1 中国宝丰清凉寺汝官窑遗址展示馆　　图 4-2 清凉寺　　　　　　　　　　　图 4-3 清凉寺汝官窑遗址

片并进行化验，其成分与故宫一件汝窑盘基本相同；1985 年叶喆民撰文首先指明"宝丰清凉寺应是汝窑窑址的重要线索"；1986 年宝丰县陶瓷工艺厂王留现先生展示了向农民征得的 1 件灰青釉汝瓷洗，来京请叶喆民鉴定，确为汝窑制品；上海博物馆汪庆正先生两次派人去清凉寺窑址调查，1987 年 5 月公布调查结果，10 月至 12 月，首次对清凉寺窑址进行考古试掘，10 月出版《汝窑的发现》一书，认定为宋汝官窑遗址。1989 年第 11 期《文物》上刊登了《宝丰清凉寺汝窑址的调查与试掘》，进一步证实了汝窑遗址的位置。

清凉寺位于清凉寺村，附近的窑址现在被称为"清凉寺窑"（也有称"宝丰窑"）。清凉寺窑约创烧于晚唐五代，主要烧制青瓷和白瓷，宋代烧造的青瓷极具耀州窑器物的风格，也具有汝州青瓷的一般特征，清凉寺汝窑到北宋晚期开始为北宋宫廷烧造御用汝窑瓷器。

汝窑有官窑与民窑之分，清凉寺附近发掘出的遗址（汝官窑遗址展示馆内）是汝官窑的遗址，但早在为北宋宫廷烧造汝瓷之前，清凉寺窑就有民窑在大量地烧造青瓷。汝窑遗址出土了一些用于胎体成形的模具，包括内模和外模，即所谓的"澄泥为范"。既保证了器物的尺寸，也提高了产量，这种技艺后来被南宋官窑所借鉴。

据说，北宋宫廷认为定窑器物有芒口（口沿部分无釉），吃饭和清洗不便，就命汝州（北宋时宝丰县、临汝县和鲁山县同属汝州管辖）烧造宫廷御用瓷器，于是就产生了汝官窑，所以汝窑有官汝和民汝之分。官汝（即汝官窑）由官方控制的窑场所烧造，但其窑场的所有权属于民窑，具有民窑"供御"或"贡窑"的性质。早期发现的民汝

图 4-4　宋 钧汝碗残片

图 4-5　北宋末—金代 钧釉瓷标本（两件，2012 年清凉寺汝官窑遗址Ⅳ区出土，宝丰汝窑博物馆藏）

器物是在临汝县，因此又把临汝县烧造的器物称为临汝或汝州青瓷。近来的一些相关研究成果表明，汝窑作为供御的产品是由民窑生产的，所谓"汝官窑"应称之为"汝贡窑"。烧造供御产品时为"供窑"（供御之窑），其叫法应为"汝供窑"似乎更为妥当。我在宝丰汝窑博物馆看到的一些汝窑遗址出土的器物和残片中也有一些具有民窑特征，可见汝窑应属于民窑。为了区别供御器物和民窑器物，本书还是按着传统习惯叫法分别称呼为"汝窑"和"汝民窑"。

汝州青瓷烧造数量非常大，并逐渐出现了具备一些汝窑器物特征即后来称作汝民窑的器物，汝民窑在烧造过程中逐渐发展，后来在烧造过程中由于窑工偶然在釉料中加入了氧化铜而使器物烧成后的釉色发现了窑变，即在釉色当中出现了一些红斑现象，于是在烧造汝州青瓷或者进一步说在民汝的基础上就逐渐过渡并产生了钧窑瓷器的釉色，而在这过渡时期的器物兼有汝瓷和钧瓷的特征，因此后世在研究汝瓷和钧瓷的时候产生了"钧汝不分"之说。我也收藏到了一些介乎于汝瓷和钧瓷之间的瓷片标本，我把这类过渡时期的器物称为"钧汝"，它们既具有汝窑的一些特征，又具有钧窑的一些特征。因此一种说法认为烧钧窑的一些民窑的窑口，都是从烧造汝民窑器物的基础上发展而来的。

我们接着介绍汝官窑。皇家使用的汝官窑器物非常珍贵，汝官窑的胎质大都呈香灰色，像香烧完了剩下的香灰的颜色，我们用肉眼看就是灰白色，胎质非常细腻，称作香灰胎，也有一些灰白色的衍生色，但遗址考古发掘中发现还有红胎的，成因还需继续研究。汝窑的釉属于半乳浊状的釉，其颜色也很有特色，但汝窑的基本釉色应是淡蓝色，古代青和蓝是不分的，因此这种淡蓝色也有说成天青色的，这是汝窑的标准色调，如《匋雅》中记载"蓝色之最淡者曰天青，青色之较浓者曰天蓝"，所说的天青色也是指淡蓝色。《景德镇陶录》也有相关记载："柴窑、汝窑云青，其青则近浅蓝色。"

那么我们在收藏的时候会不会认为汝窑除了标准的天青色或者叫淡蓝色外就没有其他颜色呢？《中国陶瓷》一书中对汝窑器物的釉色归纳起来总共有六种："对于汝窑的釉色历来说法不一，诸如天青、雨过天青、淡青、卵白、如哥而深微带黄、深淡月白等等，从传世品看，天青色是汝窑的基调，有的略深，有的略浅，没有明显差异。"这里

图4-6　汝官窑遗址中发现的玛瑙石

提出了六种色调，其中的"如哥而深微带黄"，是说有的汝窑器物的釉色类似于哥窑器物，并呈现深浅不一的黄色。卵白的白色通常指的是鸡蛋、鸭蛋或鹅蛋的蛋皮颜色或煮熟的蛋白的颜色，而青色的表现就有很多种，因为古代的青色和蓝色有时并没有明显的区别。从汝官窑遗址出土的器物的釉色来看，很多汝窑器物和瓷片的釉色却为青色或青绿色，而没有任何蓝的色调在里面，而据记载传世的汝官窑器物中没有这种青绿色的釉，因此它们的官民窑归属问题尚待进一步研究，或许这类器物当时为民间使用。汝窑器物的釉料中据记载当时是掺入了玛瑙粉末，在遗址中也发现遗存的一大块玛瑙石（图4-6），证明了汝官窑的釉料中确曾使用过玛瑙。汝官窑的器物采用二次烧造技法，即先低温烧成素胎，再罩釉高温烧成。

汝官窑器物绝大部分是光素无纹，传世品仅在一件椭圆洗内刻有双鱼纹，其原本追求的是单纯的釉色美，但是最近考古发掘中还发现有刻划花的器物。汝窑器物的釉面有的有开片，有的没有开片。有些开片我们称之为"蟹爪纹"（也称作"螃蟹走泥纹"），是指釉面上呈现的如针孔状和杂乱无章的开片纹现象，其形状犹如螃蟹在湿润的泥土表面爬过后留下的痕迹，为此我还特意观察了螃蟹在泥土表面爬过时留下的痕迹（图4-7）。有人认

图4-7　螃蟹爬过泥面留下的蟹爪纹

图 4-8　宝丰汝窑博物馆

图 4-9　北宋晚期　汝窑天青釉莲花式鸳鸯形香薰瓷炉（宝丰汝窑博物馆藏）

图 4-10　北宋晚期　汝窑天青釉瓷器座标本（宝丰汝窑博物馆藏）

图 4-11　北宋晚期　汝窑青釉鸭形香薰瓷炉标本（宝丰汝窑博物馆藏）

图 4-12　汝窑天青釉瓷盏托（宝丰汝窑博物馆藏）

为蟹爪纹是汝官窑器物由于玛瑙入釉在烧成后形成的棉絮状的晶体，布满于釉中，而这种毛茸茸的晶体好似蟹爪上的毛，所以称它为蟹爪纹。我在汝窑残片和器物上也见到过这种现象，其釉面上呈现的是主次分明的如树枝状的开片现象，即主开片两侧连带细小开片，形状如蟹腿及上面的毛，但我觉得称之为"蟹腿纹"更合适。还有人认为蟹爪纹就是釉面的纹片形状像螃蟹的"爪子"，但爪子指有尖甲的脚，不知是否包括蟹腿，因此不易理解。此外，还有呈现鱼子纹、蝉翼纹和普通的冰裂纹形状，个别也有蚯蚓走泥纹现象。通常汝窑器物釉面的蚯蚓走泥纹出现在釉中，釉表面是平的。《匋雅》一书中有这种情况的记载："釉质甚平而内现粗纹，屈曲蟠折，若蚯蚓之走沙泥中，均窑、汝窑皆有之。"综上所述，汝窑器物的釉面开片有蟹爪纹、蟹腿纹、鱼籽纹、鱼鳞纹、蝉翼纹、冰裂纹、蚯蚓走泥纹等多种开片现象，而其中的蚯蚓走泥纹严格意义上讲并不属于开片，而是一种纹理。这些开片的形状都是依据人们的感观而定，其实汝窑器物釉面的开片由于胎釉的成分、器形、尺寸及烧造条件等不同因素的影响应是多种多样的，不能从一而定。

至今未发现汝窑在烧造前有款识的器物，传世汝窑器物上带有"奉华"和"蔡"字的为烧成后宋代宫廷工匠后刻的。

宝丰汝官窑遗址展示馆的附近还建有一座宝丰汝窑博物馆，里面展示了一些清凉寺窑址出土的器物和标本残片。

北宋汝官窑烧造的时间较短，大约25年。据统计，全世界范围内传承有序、有据可查的汝窑器物是79件，还有的资料上说不足百件，当然这些器物多藏于世界各大博物馆，民间也存在一些。虽然有说79件的，有说不足百件的，但我估计可能比这要稍微多一些，因为我见过一些国内藏家的汝窑藏品。近年汝瓷的残片在市场上时有出现，是很好的学习标本，但也出现了一些现代仿品冒充宋代汝窑残片掺杂其中，须仔细辨别。

此外，现已发现的位于河南省汝州市区东南隅中大街与张公巷交汇处的张公巷窑址，从2000年开始到2004年已进行了三次发掘，2017年以来又组织人员进行发掘，出土了大量的烧造遗存，从发掘现场公布的器物照片以及在汝州文庙中展出的出土残片上看，该窑址曾经烧造过十分精致的器物，但至今为止此处没有发现窑炉遗迹。从出土的残片上看，釉色大都偏绿，蓝的韵味不足，釉面的玻璃质感也较强，与现在公认的清凉寺汝官窑器物釉面的乳浊感和细腻感不同，这里或许是北宋晚期或金元时期一处烧造汝州青瓷精品的民窑。但我2018年窑址访古旅行期间发现，张公巷遗址发掘现场的宣传资料上标明此处窑址应是"北宋官窑"，即很多文献中记载的北宋汴京官窑，并称"张公巷北宋官窑遗址的发现，使我国陶瓷史上寻找半个世纪的'北宋官窑之谜'得以了结，使古陶瓷界一直认为'北宋官窑'在开封的说法得以纠正"。但由于发掘还没有全部完成，发掘现场也拒绝观众参观，所以我认为张公巷窑址的性质和归属仍待进一步发掘研究后才能定论。

图4-13 张公巷窑址

图4-14 张公巷窑址发掘现场

图4-15 张公巷窑址出土的器物（汝州文庙展出）

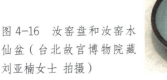

图4-16 汝窑盘和汝窑水仙盆（台北故宫博物院藏 刘亚楠女士 拍摄）

第四讲 五大名窑 唯我独尊

图 4-17 北宋末—金代"类汝瓷"盘标本（宝丰汝窑博物馆 藏）

图 4-18 北宋 钧汝器物残片

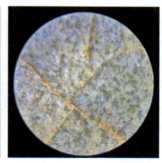

图 4-19 北宋 钧汝器物残片（表面放大图，50X）

　　汝官窑器物现在基本上都在各大博物馆收藏，民间偶有收藏，但数量极少。

　　以上是有关汝窑的基本知识，大家如果不掌握这方面的知识，想识别汝窑器物就有一定困难，即使一件宝贝就在你眼前，你也无法辨识。为便于理解，这里将有关汝瓷的概念归纳如下：

　　官汝（或汝官）瓷：北宋汝官窑烧造的专门供给宫廷使用的汝瓷器物，也可简称汝瓷或汝窑。

　　汝官窑：为北宋宫廷烧制汝窑器物的窑口，也可直接称为汝窑。汝官窑和汝窑也常指代其窑口烧出的器物。

　　民汝瓷：或称民窑汝瓷，简称民汝，指民间烧造的具有部分汝瓷特征的器物，类似官汝瓷，但质量不及官汝。

　　汝民窑：烧造民汝瓷的窑口。

　　临汝瓷：简称临汝，宋金元时期临汝县范围内民窑（临汝窑）烧造的具有部分汝瓷特征的器物，属于民汝瓷的范畴。

　　类汝瓷：据宝丰汝窑博物馆资料记载，2014 年清凉寺汝官窑遗址第十四次考古发掘出的一批类似汝瓷但又有所差异的青釉瓷，釉面玻璃质感强，乳浊度和玉质感不及汝瓷，年代大约在北宋末至金代。本书中的类汝瓷范围涵盖古代汝州域内所有窑口生产的具有这类特征的器物。据有关资料记载，汝州在唐宋时期曾包括临汝、鲁山、宝丰（亦名龙兴）、郏县、叶县、梁县、襄城七县在内。

钧汝瓷（或汝钧瓷）：由民窑汝瓷向钧瓷过渡时期生产的兼有民汝及钧瓷特征（包括胎质、釉色和支烧方式）的品种，即同一器物上兼有汝瓷和钧瓷的一些特征，后世所说的"钧汝不分"一说即来源于此。

汝州青瓷：宋金元时期汝州地区民窑生产的青瓷品种，主要特征是釉面为青绿色，玻璃质感强。

北宋 汝官窑香炉残片

这是一个汝窑香炉（或罐类）的一部分（图4-20），仅残存小部分，因而无法准确判断其造型。从它残存的形状上看，应该是一个香炉的残片，它的胎呈香灰色，也就是香烧完了剩下的香灰的颜色，这叫香灰胎，但灰中有些偏白，用肉眼看呈灰白色，它的胎质非常细腻。其实汝窑器物较新的断口处胎的颜色应为浅灰色或灰白色，时间长了逐渐向香灰色转变。它的釉面有开片，开片纹理的形状犹如螃蟹在泥土上爬过时留下的痕迹，称作蟹爪纹。蟹爪纹通常由不规则的纹理和圆孔状缩釉组成，这件瓷片上圆孔状缩釉很小，也不明显。除蟹爪纹外，汝窑器物釉面也有呈现蚯蚓走泥纹和蝉翼纹形状的，也有普通形状的冰裂纹，还有没有开片的。

宋代的汝官窑器物釉面的特征，概括起来就是"釉面一般均失透，安定厚润"（《中国陶瓷》）。也就是说它的釉色非常沉稳，没有那种很亮的光泽，乳浊感强，看起来非常舒服。明代宣德仿宋汝瓷的釉面的特点一是釉面有橘皮纹（釉面好似橘子皮的样子），二是仿汝器物的釉面有点亮透感。到清代雍正的时候仿制的汝瓷的表面特征是"大多釉面透亮，清澈晶莹"（《中国陶瓷》）。我们看这件瓷片的表面没有橘皮纹，釉色呈现典型的天青色（古代的天青色即天蓝色），其实称作天蓝色更准确些，天蓝色的釉色较为少见。它的釉面比较深沉，没有亮透感，加之其做工规整，胎釉精细，因此我把这件瓷片判定为宋代汝官窑器物的残片，它应属于北宋宋徽宗时期清凉寺汝官窑的产品，这件瓷片的天青釉色接近雨后天空的蓝色，为汝窑器物中最好的釉色，与台北故宫博物院所藏的汝窑盘和汝窑水仙盆（图4-16）釉色如出一辙，上海博物馆的那件汝窑盘也是这种釉色。

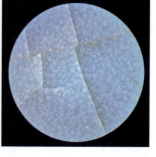

图 4-20 北宋 汝官窑香炉残片

图 4-21 北宋 汝官窑香炉残
片（表面放大图，50X）

由于柴窑窑址至今没有被发现，器物也无法确认，而根据记载与柴窑瓷器最接近的就是汝窑瓷器，因此有人就把对柴窑器物的一些评价用于汝窑器物。比如周世宗柴荣说过的关于柴窑瓷器的"雨过天青云破处，者（这）般颜色做将来"，本来是柴荣说的，但后来有人把这句话转嫁到宋徽宗赵佶身上了，还编了一个故事，说宋徽宗赵佶有一次做梦的时候梦见了什么，醒来后对工匠说了这句话，有些书上也是这么写的，甚至把对柴窑的评价"青如天，明如镜，薄如纸，声如磬"12 个字都用到了汝窑器物，要说明的是，这里的"薄如纸"是指釉层的厚度而言，并非指胎体的厚度。

汝官窑器物十分珍贵，甭说整器，甚至瓷片都非常少见。现在古玩市场上时有见到一些号称汝窑的残片，但由于瓷片和整器不同，瓷片较小且信息量有限，因此这类瓷片的真伪判定就是一个问题。而且一些瓷片的釉色中缺少"蓝"的感觉而过于发青、发绿，釉面的乳浊感也不强，因此也很难判定其为汝官窑的产品，也许是民窑的器物。我收藏的这种明显发蓝釉色的汝官窑瓷片也仅此一片。

北宋 汝官窑碗残片

这是我收藏的汝窑碗残片（图 4-22），香灰色的胎质，釉色为天青色，但"蓝"的程度不足。这个碗的圈足外撇，反映了那个时期汝窑器物的基本造型特征，而这种外撇的圈足我们从越窑的器物上也能看到，可见汝窑器物受了越窑器物造型的影响。这个碗底上还残存有一个长圆形的类似芝麻状的所谓"芝麻钉痕"或叫"支钉痕"，这是为了避免出现定窑器物的芒口现象而采取的裹足支烧工艺留下的痕迹，痕迹的尺寸

图4-22 北宋 汝官窑碗残片　　　　　　　　　图4-23　北宋 汝官　图4-24　北宋晚期　图4-25　北宋晚期 五支钉垫圈
窑碗残片（表面放大　三支钉垫饼（2002年　（2001年清凉寺汝官窑遗址Ⅳ区
图，~80X）　　　　清凉寺 汝官窑遗址　出土，宝丰汝窑博物馆藏）
Ⅳ区出土，宝丰汝窑
博物馆藏）

很小，长度不到2毫米，在1000多摄氏度的高温环境下，不知汝窑的窑工采用了何种材料的支钉而不至于变形，令人费解，据说是一种被称作"铁签"的支烧工具，《饮流斋说瓷》一书中有这样的记载："古瓷之底有钉痕者，古人思想较拙，以铁签支皿底入窑而烧，烧成则撤去铁签，故底有钉痕也。"这是对支钉的材料的相关描述，但据清凉寺汝窑遗址出土的支钉看，现场资料介绍支钉是用一种耐火材料制成。汝窑器物常见的支钉数量是3个或5个芝麻钉，还有人见过有6个的，支钉数量大都根据器物的尺寸大小和重量来确定。上海博物馆的那件汝窑盘就是5个芝麻钉，而且支钉的长轴方向也不一定都是指向底心的方向。

这件残片的釉面有很多细小的开片，开片的纹理类似蟹爪纹。微观状态下釉面中的气泡较为密集，有些气泡已经氧化破裂，气泡大小不一。一些资料上大都记载汝窑器物釉中的大的气泡稀疏而明亮形成所谓的"寥若晨星"现象，我在一位朋友收藏的一件汝窑盘上确是见到过这种现象，而那件汝窑盘整体上看似乎是北宋时期的器物，但并没有做进一步深入的研究。这件残片由于表面老化现象严重，今天已无法看到气泡的原始形状。

北宋 汝官窑天青釉花口盏托

这是一件北宋汝官窑天青釉盏托（图4-26），局部拼接，承盘为五瓣花口，表面花瓣轮廓略凸起，香灰色胎质，施天青釉，釉面局部有白色碱性附着物，微观气泡密集，足脊处采用裹釉五支钉装烧工艺，釉面开片大多呈蟹腿纹状。该盏托造型规整，

图 4-26　北宋 汝官窑花口盏托（花冲先生藏）（表面放大图，~ 40X）

图 4-27　北宋 汝窑器物残片（表面放大图，~ 80X）

胎釉细腻，釉色极为纯正，为极为罕见的皇家御用之物，弥足珍贵。与该盏托相比，图 4-27 所示汝窑残片的釉面开片为蟹爪纹（螃蟹走泥纹），釉色偏青、偏绿，微观气泡类似"寥若晨星"现象。传世的汝官窑器物釉色大都偏蓝，但清凉寺汝官窑遗址发现很多这种偏青、偏绿釉的器物，其官民窑的归属还难以确定。

北宋 汝官窑佛珠

图 4-28 是九颗珠子组成的汝窑佛珠，香灰色胎，手工捏塑而成，从圆度上看不是很圆，大小也略有差异。它的釉色为较为纯正的天青色，与文献记载中的汝官窑器物的颜色相同。釉面有开片，局部有缩釉，呈现明显的汝官窑器物上常有的蟹爪纹现象；釉面乳浊度较强，显微镜下观察表面气泡有明显的破裂和老化痕迹。

宋代汝官窑的完整器物十分稀少。此件佛珠一直为藏家邓晓冰先生珍藏，它的面世为北宋汝官窑器物大家庭中增添了新的一员，对研究汝官窑器物的种类、数量，以及当时的皇家和社会礼佛习尚等具有重要的实物史料价值。古代佛珠属于佛教用器，

图 4-28 北宋 汝官窑
佛珠（邓晓冰先生藏）

图 4-29 宋 临汝
碗残片

级别较高，也非常罕见。由于珠子表面施满釉，其支烧过程必借助于中间的穿孔来固定，因此烧造工艺有一定难度。该串佛珠造型古朴、釉色纯正且保存完整，应属北宋时期汝官窑的器物，堪称稀世珍宝，弥足珍贵。

宋 临汝碗残片

这是一件碗的残片（图 4-29），胎体呈现汝瓷器物特有的灰色，釉色青灰。从其胎釉和制作质量上看，应属于民窑烧造的一件汝窑器物，具备人们习惯上所说的"临汝"器物的特征。临汝的器物指的是宋代在河南省临汝县民间烧制的具有汝窑器物特征的青瓷产品，临汝的器物具备汝官窑的一般特征，但与宝丰县清凉寺汝官窑窑址烧造出的公认的汝官窑器物相比在做工质量和釉色上还有一定差距。这件临汝县民间窑口烧造的青瓷碗残片，造型古朴，碗口内敛，与钵的造型类似。釉色呈青中泛灰的色调，为半玻璃釉质，釉面满布开片，底足在足脊及附近没有施釉，其他部位均施釉。

宋金 汝州青瓷残片（一组）

图 4-30　宋金 汝州青瓷残片（一组）

这是一组宋金时期汝州地区所产的青瓷残片（图 4-30），器形为碗盘类，从其特征上看，应属于民窑烧造的具有部分汝瓷特征的器物范畴，但由于其釉面发色与汝窑的常见颜色有所差异而大都呈现较深的青绿色，有的呈梅子青色，仅有个别颜色灰白，所以我把它们统称为"汝州青瓷"。这组青瓷残片的主要特征就是釉为玻璃质半透明釉而乳浊感不强，釉面大都开片，开片呈现明显的冰裂纹状，杂乱无章，有的由于接触铁器从而使铁锈沁入开片纹理内，也有不开片的。有的外底施釉，采用圈足垫烧（足脊处无釉）的工艺，也有外底不施釉采用垫饼垫烧（足脊处施釉）即所谓裹足垫烧的，都为灰色胎质。圈足的足墙垂直于外底。有些还残留有锔孔，反映了当时的普通人的生活水平较低的社会现实。汝州青瓷在北宋及金代都有大量的烧造，尤以金代为多。

这种汝州青瓷的仿制品现在市场上已经出现，由于属于单色釉的范围，所以鉴定起来有一定的难度，只有多看出土瓷片采取对比的方式进行比较鉴定，才能降低判断失误的概率。

现在古玩市场上仿制宋代汝官窑的器物很多，有些朋友经常拿出一些器物来找我鉴赏，也有声称是宋代汝官窑的，我看了以后心里真的感觉到很矛盾，不忍心直接说出实情。因为那确实是一件现代仿品，可是它的收藏者也许收藏了很长的时间，当初购买时又花了很多的钱财，我一旦说破了，他心里会很难受，会给他精神上造成打击，甚至有人会怀疑我的判断力以及是否有其他目的。但我从事收藏事业多年，也鉴赏器物多年，不能昧着良心说假话，只能以一个委婉的方式告诉他实情，让他慢慢理解和接受。其实任何一个专家都是凭经验对器物的年代进行判定，不同的人会做出不同的判定结论，每个人的意见仅代表个人观点，仅作参考而已。多听听不同的意见，对接近事实的真相会有一定的帮助。收藏最重要的是享受过程带给我们的乐趣，但在眼力没有练成的时候，切忌过多投入，要量力而行。

宋代官窑简介

这里的宋代"官窑"指的是窑口的名称。宋代官窑有北宋官窑和南宋官窑之分，也就是常说的北官和南官。北宋官窑又称为汴京官窑，窑址据传在北宋都城汴京，也就是今天的河南省开封市，但汴京官窑窑址至今还没有被找到。由于历史上黄河多次决口，开封地区被泥沙的淤积，一些遗址被埋在了地下。有学者认为，汴京官窑的遗址可能被埋在开封地面下六米左右的深处。

汴京官窑的烧造年代，大致应在北宋宋徽宗的大观和政和年间，因此后来人们又把汴京官窑称作"大观官窑"，它们指的是同一处窑址。由于汴京官窑的窑址至今没有被发现，因此对于传世和出土的相关器物和残片就无法准确判断其归属于汴京官窑，加之一些资料介绍得也很简单，所以汴京官窑目前仍是一个谜。目前有一种观点认为北宋汴京官窑根本不存在，所谓的北宋汴京官窑其实就是汝官窑，我也倾向于这一观点，或者汴京官窑就在清凉寺汝窑附近或邻近区域，而不应在当时的汴京（今开封）一代，因为那里不具备烧窑条件，从今天人们的观念看，也有污染环境的嫌疑。也许汴京官窑就埋藏在开封城区地下或黄河附近的某个区域，还需等待未来的考古和发现，就像人们当初对越窑秘色瓷的探讨一样，直到法门寺地宫中有明确记载的秘色瓷被发现后，千年谜题才一朝水落石出，尘埃落定。

《景德镇陶录》中对汴京官窑器物胎体的介绍认为其胎土非常的细润，而对釉色的介绍则是分两个时期，第一个时期认为北宋大观年间器物的釉色分为粉青、月白和大绿三种；第二个时期认为到了政和时期，它的釉色主要就是青色，常见的为粉青和青中带粉红，颜色也深浅不一。

汴京官窑器物的显著特点是"紫口铁足"，这种现象的形成是由于烧造的时候口沿部位的釉汁向下流动，釉层较薄，显现出了胎体的黑灰颜色，这种胎体中含有一种叫紫金土的胎土，含铁量高，造成露胎的底足也呈现黑灰色的"铁足"现象。其釉面开片呈蟹爪纹现象（汝窑器物也有蟹爪纹现象），起初我认为蟹爪纹是指表面开片的纹理像螃蟹的腿一样，即大纹线上分生出小纹线的样子，但经过试验观察螃蟹爬行的痕迹以及仔细研究汝窑器物开片的形状后，认

图 4-31 黄河开封段

图 4-32　南宋官窑老虎洞遗址　　　　　　　　　　　　　　　　图 4-33　老虎洞　图 4-34　老虎洞遗址发现的
遗址发现的龙窑　荡箍（南宋官窑博物馆藏）

为对蟹爪纹的正确理解应是指螃蟹在湿润的泥土表面爬过时留下的痕迹，这种痕迹较为零乱，也常伴随着针眼状小孔的出现，这种小孔是蟹爪的爪尖（指甲）扎在泥土上形成的，因此无论是汝窑还是官窑，所谓的蟹爪纹现象都应是这种螃蟹爬过泥面留下的痕迹。开片形成的主要原因是胎体和釉料的膨胀系数不同并在窑炉降温过程中形成。这是北宋汴京官窑的基本情况。

到了南宋时期，共有两座官窑，或者说有两处烧造地址。第一座官窑叫修内司官窑，也称"内窑"，窑址位于杭州凤凰山老虎洞，这处窑址是 1996 年发现的，从 1996 年到 2001 年一直在进行考古发掘，据《官窑瓷器研究》记载："研究结果表明，老虎洞窑址在北宋末年就已存在，早期产品属于越窑系列，南宋定都杭州以后，为满足宫廷用瓷的需要，就选择了距皇宫比较近且具备烧造宫廷用瓷条件的老虎洞窑来烧造宫廷用瓷。"[①] 由于考古发掘时地层出土的器物及残片很多，需要投入大量的工作来整理，所以直到 2005 年，人们突然间在出土的器物当中发现了一个圆形的被称作"荡箍"的器物，荡箍是古代拉坯的陶车上的一个部件，像手镯的形状，这件荡箍上面还有可以辨认的几个字："庚子年匠师记修内司窑制"。由于这个带字的荡箍的发现，历史上第一次确凿地证明了老虎洞窑址就是南宋的修内司官窑窑址。修内司官窑开始烧造的时期应为宋高宗赵构"中兴渡江"并定都临安（今杭州）一段时间之后。修内司本来是南宋负责"掌管城太庙缮修之事"，也就是说是负责修房子的，不知为何让这个机构来

---

① 吕成龙，丁银忠. 略谈宋代官窑瓷器研究中存在的问题 [M] // 官窑瓷器研究. 故宫博物院. 北京：故宫出版社，2015：97.

负责烧造事宜，而当时还有一个机构名为"窑务"，但很大的可能是因为窑址位于修内司附近，修内司官窑因此得名。

修内司官窑器物据记载使用的是瓷石和紫金土的所谓"二元配方"的原料来做坯，由于胎中含较高的氧化铁，所以烧成后的器物呈现"紫口铁足"现象。由于受到坯胎中紫金土含量的不同及烧成温度

图 4-35　紫金土（南宋官窑博物馆之郊坛下窑址展馆藏）

的影响，胎体的颜色也不尽相同，从器物残片的断面上看，胎体大致呈现黑、紫、褐、灰等色调，也有少量灰白色胎体。虽然北宋汴京官窑的胎土一般资料大都没有详细介绍，但分析现有资料发现，汴京官窑与修内司官窑器物的胎土特征应是相似的。修内司官窑器物的釉色也是以粉青釉为主，也就是说基本上是青中带粉红、浓淡不一，实际上随着每批胎土成分的微小差异以及烧造时窑温的不同和器物在窑内摆放位置的不同，还会烧成与粉青色泽有一些差别的其他衍生颜色，如灰青、青黄、米黄等色。修内司官窑器物的特征也是紫口铁足和釉面有蟹爪纹现象，这与资料记载的北宋汴京官窑器物的特征是一致的。从对窑址考古发掘的情况上看，由于在修内司官窑遗址的上层堆积物中发现了元代器物，可以推定其烧造时期应从南宋一直延续到元代，但该处窑场早在北宋末年即已存在。

宋人顾文荐在《负暄杂录》一书中形容修内司官窑器物"澄泥为范，极其精致，釉色莹澈，为世所珍。后郊坛下别立新窑，亦曰'官窑'，比旧窑大不侔矣！余如污泥窑、余姚窑、续窑，皆非官窑比。若谓旧越窑，不复见矣"。对于这里的"澄泥为范"很多人不理解。由于在宝丰清凉寺汝窑遗址出土了一批盘、洗、炉的范模，而这些范模的作用是为了使器物尺寸更加准确以及提高产量，而南宋官窑的窑工中一部分人可能来自汝窑，汝窑的窑工带来了同样的技术，因此"澄泥为范"指的应该是这类范模，这里也表明修内司官窑也沿用了汝窑采用范模的技术。此外，由于顾文荐的这段话里提出了"续窑"，因此也有人认为现在在凤凰山发现的老虎洞窑不是修内司官窑而是上述文献记载中的"续窑"，并认为修内司窑（即"内窑"）至今还没有发现。我认为从顾文荐这段话的内容上分析，污泥窑应指烧造黑胎青瓷的所谓龙泉仿官的龙泉窑，余姚窑、越窑均表明了地址所在地，所以可以推断出"续窑"也应为表示窑址所在地的一个窑口，该地址或许与"续"字有关，而且续窑应不属于南宋宫廷的御用窑场，否则续窑也会被称作"续官窑"了，也不会与污泥窑、余姚窑、越窑并谈，"皆非官窑比"

图 4-36　南宋郊坛下官窑窑址 　　　　　　　　　　　　　图 4-37　郊坛下官窑作坊遗址　　　　图 4-38　郊坛下官窑
　　　发现的龙窑遗址

表明续窑的性质为民窑或贡窑，或地方官办窑场（本书将"续窑"暂列为地方官窑）。总之，我认为老虎洞窑应该就是修内司官窑。

　　由于修内司官窑的产量不能满足南宋王朝的使用，于是南宋又在杭州的乌龟山郊坛下营造了第二座官窑来烧制宫廷用瓷，这就是著名的郊坛下官窑，也叫郊坛官窑，早在 1958 年考古工作者就已经发现了郊坛官窑的窑址（图 4-36）。郊坛本是南宋用来祭祀的圆坛（郊坛为南宋朝廷祭天时的天坛），郊坛下设立官窑的窑炉也主要是为祭祀烧造祭器，当然也有其他陈设品和日用品。郊坛官窑器物胎釉成分与修内司官窑应是一致的，胎体颜色为灰白、灰、深灰、灰黑、黑到黑褐色；郊坛官窑器物釉的颜色也主要是以粉青色为主，此外还有炒米黄等一些其他的釉色。关于郊坛官窑器物，有资料称其釉表面的开片形状为冰裂纹状，并非蟹爪纹。其实官窑器物釉面大都有开片，现在还有资料介绍官窑器物的釉面还有呈鱼鳞纹的，无论蟹爪纹、冰裂纹还是鱼鳞纹，只不过是大家的感观而已，也并非一定有严格的区分界限，大家不要机械地去理解，由于胎釉膨胀系数的不同而形成的釉面开裂形态，无论是修内司官窑还是郊坛官窑的器物都可能出现不同的状态。据载，在郊坛官窑遗址的下层发现了民用刻花青瓷，说明这里原来应有民窑存在。此外，考古发掘证明郊坛官窑的烧造期也从南宋延续到了元代。

　　2018 年，我在窑址访古期间到访南宋官窑博物馆，其展出的修内司官窑、郊坛官窑遗址、南宋皇城区域出土的官窑器物及残片的釉色大致有粉青、淡青、青、青绿、青黄、青灰、灰、灰白、月白、草黄等色泽。据载，南宋官窑器物都经胎烧（素烧）和釉烧的二次烧成工艺，有薄胎薄釉和薄胎厚釉两种形式，有资料介绍其早期还有厚胎薄釉的。其薄胎厚釉的通常是在素烧胎上多次施釉后再烧成（多次施釉低温素烧，

图 4-39　官窑残片（郊坛下窑址出土，郊坛下窑址展馆藏）

最后一次釉烧）。

在北宋和南宋这三座官窑当中哪座窑口烧造出来器物的质量较好呢？通过对一些资料的分析，似乎得出的结论是修内司官窑烧造的器物质量好些，这从古人的两段记录中就可以看得出来。第一个是南宋的叶寘有一本书叫《坦斋笔衡》，这里面有一段很重要的记载："中兴渡江，有邵成章提举后苑，号邵局，袭故京旧制，置窑于修内司，造青瓷，名内窑。澄泥为范，极其精致，釉色莹澈，为世所珍。后郊坛下别立新窑，比旧窑大不侔矣。"有人据此认为修内司官窑烧造的器物质量比郊坛官窑的好，但也有人认为"大不侔矣"并非指质量。第二个是明代曹昭在《格古要论》中描述："宋修内司烧者。土脉细润，色青，带粉红，浓淡不一，有蟹爪纹，紫口铁足。色好者与汝窑相类。"可见曹昭称赞的也是修内司官窑。2018 年，我参观了南宋官窑的两座窑址并观摩了出土的器物，也查阅了有关专家发表的论文，综合各方面的信息得出的结论是两座南宋官窑的器物质量基本形同，互有优劣。

其实通过常理分析可以得出北宋汴京官窑烧造的器物质量应该比南宋官窑好些，因为汴京官窑是在徽宗时期开始烧造，徽宗的审美水平很高，所以那一时期官窑器物的质量也应该很好，只不过汴京官窑的窑址没有被发现，一些器物至今无法从证据上得到印证罢了。现在修内司官窑和郊坛官窑遗址都被找到，也出土了一些器物的残片，因此存世的一些官窑器物通过比对也就可以分辨出是否属于这两座窑址的产品，但出于文物保护的目的对这些窑址不可能进行彻底全部的发掘。这两座南宋官窑遗址附近是否还有其他南宋官窑遗址（据说附近还有南宋官窑遗址或者是另有瓷片埋藏区，已有零星线索被发现）也等待未来的考古发现。

　　有人认为北宋汴京官窑其实历史上根本就不存在，我觉得这种观点有一定的道理，因为如果把古代文献中所指的汴京官窑用汝官窑来替代的话也能理解得通，也就是说当时把汝官窑称作了北宋官窑。此外，如果汴京官窑真的存在，那么在浩瀚的历史文献中一定有关于它的详细地址记载，而今人较为准确地界定古代汴京（今开封）的遗址范围也是没有问题的，那么按照今天的考古技术和装备，其窑址应该能被找到或发现一些蛛丝马迹，但至今不见踪迹，甚为可疑。再则，当时北宋宫廷已经有了汝官窑和官钧窑，加上之前供御的定窑瓷器和其他窑口的贡瓷，北宋宫廷用瓷应该够用了，何必再置窑烧造？这仅是我的一己之见，而事实上清凉寺的汝官窑遗址也确实出土了一批釉色为青色或青绿色的器物，这与《景德镇陶录》中记载的粉青和大绿也不相矛盾。出土的南宋官窑器物中也有很多釉面呈现青色和青绿色，也许南宋官窑的窑工中就有为躲避战乱而来的或被南宋宫廷邀请来的汝官窑的窑工以及他们的后裔。如果把存世的原来以为是汴京官窑的器物认为是汝窑或南宋官窑的作品也未必就不可以。因为这些窑址至今还没有全部发掘完毕（如修内司官窑的瓷片埋藏区）以及汴京官窑的遗址也没有被找到，一些历史的真相毕竟还没有全部水落石出。由于官窑器物的基本釉色为粉青色，还有一些变色，所以对于古玩市场和藏家手中的官窑器物特别是残片的窑口归属的判定就会存在一定的难度。按资料记载，总体上北宋官窑的器物这种青色应该深一些。

　　杭州乌龟山下的郊坛官窑窑址区域建立了南宋官窑博物馆，博物馆里展示了老虎洞和郊坛下两处窑址出土的器物和残片，为南宋官窑器物的研究提供了实物依据。

图4-40　南宋官窑鼎式炉（南宋　　图4-41　南宋官窑梅瓶
官窑博物馆藏）　　　　　　　　（南宋官窑博物馆藏）

图 4-42　南宋官窑簋式炉（南宋官窑博物馆藏）　图 4-43　南宋官窑器物（南
宋官窑博物馆藏）

　　宋代官窑的器物十分稀少，也非常珍贵。据《官窑瓷器研究》记载："目前故宫博
物院有宋代官、哥窑瓷器，共计 108 件，绝大多数为清宫旧藏品。其中官窑 44 件，有
8 件为 1949 年后收购入藏。哥窑 64 件，其中 12 件为 1949 年以后收购入藏。"其中"有
小部分藏品官、哥不分。""在故宫博物院的官、哥窑瓷器是否有元代的制品，这些都
需要很好地进行研究。"[①]民间还应该有极少量的宋代完整官窑器物。古玩市场上宋代完
整官窑器物十分罕见，但现代仿宋代官窑的器物却很常见。

南宋 官窑器物残片

　　图 4-44 这件瓷片胎质
呈灰黑色，细腻坚实，釉面
青中泛黄，有肥厚感并有开
片。它的最大特征就是釉面
十分温润，抚之有古玉般的
感觉，这是当时烧造出的精
品。由于瓷片较小，它的造
型也难以判断。

图 4-44　南宋 官窑器物残片

---

① 叶佩兰. 传世宋代官窑瓷器特征——兼谈北宋官窑 [M]// 官窑瓷器研究. 故宫博物院. 北京：
故宫出版社，2015：53.

图 4-45 南宋
官窑碗残片

南宋 官窑碗残片

这是一件花口盘子的残片（图 4-45），胎质灰黑色，釉色青灰，釉面开片。盘子内部由于出筋分格呈现凸起的棱状。盘子的口沿部分由于烧造过程中釉水下流造成釉层较薄而出现官窑器物的"紫口"现象。

南宋 官窑花觚残片

这是一件花觚底座部分的残片（图 4-46），由于花觚属于摆件中层次非常高的器物类型，所以即使是残片也十分珍贵。它曾为北京的张先生所收藏，后来听说我正在研究和著述，就转让给了我，在此向张先生表示感谢！这件花觚的胎质呈现典型的所谓"紫金土加瓷石"的黑色胎质，胎质细腻而有油润之感。器物内外均施釉，釉色呈温润的月白色，也有淡淡的天蓝色的感觉，釉层较厚接近 2 毫米，这是南宋官窑中后期器物采用多次素烧和多次施釉的工艺形成的厚釉结果。内底部分有较明显的线状缩釉。内外壁开片较大，外底开片较小，开片之间的纹理呈现黄色的所谓"金丝"的特征。外壁四出筋，出筋处微显胎骨呈紫黑色，器物底足足脊无釉呈现黑色的"铁足"特征。在放大条件下观察，釉中气泡密集，呈现典型的官窑器物的"聚沫攒珠"（此提法据载为孙瀛洲先生所述）的特征现象，有人认为"聚沫攒珠"属于北宋汴京官窑器物特征，但由于汴京官窑窑址至今没有被发现，所以这类问题还需今后继续研究，也因此对这个花觚残片的具体窑属也就难以下定论，但属于宋代官窑是没有问题的，或者可以说是南宋官窑的作品。该器物制作规整，釉色十分温润典雅，釉面恰如孙瀛洲先生所说的"宝光内蕴，光泽像人脸上的微汗，润泽如酥"。与美玉相比有过之而无不

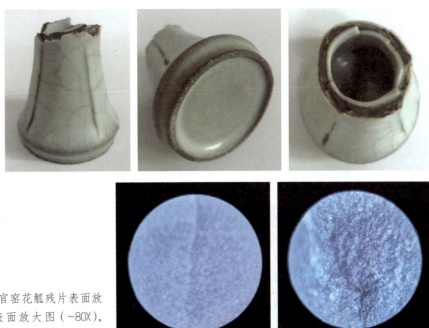

图 4-46 南宋
官窑花觚残片

图 4-47 南宋 官窑花觚残片表面放
大图，左图为表面放大图（~80X），
右图为断面胎质放大图（~80X）

及，是南宋官窑器物中的精品作和代表作，代表了南宋官窑制作的最高工艺水平，弥足珍贵。如果是整器，那将是具备很高的市场价值和收藏价值，即使是残片，这样的标本也不易收藏到。

这个花觚采用的是垫圈垫烧的工艺，除垫烧外，南宋官窑还采用支烧的工艺。

图 4-48 左图
为垫烧器具，
右图为支烧器
具（郊坛下窑
址出土，郊坛
下窑址展馆藏）

图 4-49　南宋 官窑碗残片

图 4-50　南宋 官窑器物残片　　　　　图 4-51　南宋 官窑器物残片
　　　　　　　　　　　　　　　　　　　　　　（表面放大图，50X）

南宋 官窑碗残片

这是一件官窑碗的残片（图 4-49），胎质灰色，釉色呈灰青色，釉面满布细小开片，内表面有明显的拉坯弦纹，圈足足脊无釉表明其采用的是垫烧工艺。

南宋 官窑器物残片

图 4-50 这件器物原来的造型已经无法判断，灰黑色胎体，粉青色釉面，满布开片。目视釉色温润柔和，器物的古旧感觉油然而生。对照窑址标本（《官窑瓷器研究》一书第 23 页图三〇）可以看出，这件残片应为郊坛下官窑烧造的器物。

宋 官窑弦纹炉残片

这是我收藏的一件官窑的瓷片（图 4-52），尺寸较大，外表有两道明显的凸起弦

图 4-52　宋 官窑弦纹炉残片　　　　　　　　　　　　　图 4-53　宋 官窑弦纹炉残片
　　　　　　　　　　　　　　　　　　　　　　　　　　　　（表面放大图，50X）

纹，内外均施釉，可以看出它应是一个香炉的残片。它的胎色为灰色调，接近浅灰色，
还有一点灰白色的感觉。这件瓷片的釉层较厚，釉色像玉一样，手感非常莹润，而且色
泽上光芒内敛，温润深沉，同时釉的表面有开片，但开片尺寸较大。宋代官窑常见的是
黑色、黑灰色胎质，但这种灰色胎质也有见到，综合判断这件瓷片应该是宋官窑的作品，
但它的釉面开片纹理较大，形成所谓的"线纹"，与南宋官窑常见的小开片不一样，或
许是北宋汴京官窑也不得而知。据原藏家介绍，这件瓷片来自北京地区，我想或许当初
是元人作为战利品摆放在元大都的摆设器物，也可能是明清皇宫中的旧藏，后来由于损
坏而成了残片。我也是一个偶然的机会收藏到它，得来不易，从残片可以看出这件官窑
器物的质量很好，因此即使是瓷片也非常珍贵，具有很高的收藏和研究价值。

清雍正 仿官窑器物残片

　　后世仿烧宋官器物有仅仿釉的，我们称之为仿官釉瓷；也有既仿釉也仿胎的，称
之为仿官窑器或仿官器。据载，明代景德镇仿官窑器仅仿官釉，胎质都成灰白色，因
此称之为仿官釉瓷，而清代部分仿官窑器在胎中掺入了紫金土，因此胎体也呈现黑色，
这部分器物可称作仿官窑器。

　　这是一个清代仿宋代官窑器物的残片（图 4-54），胎体厚重，胎质呈灰黑色，坚实
细腻。内外施月白釉，内表面呈较为明显的波浪釉，外表面釉质温润如玉，有较大开片，
并有两道凸起的弦纹，推断其器形应为缸类器物，很可能为卷缸，因其胎质厚重，尺寸
较大，且月白釉为雍正仿官器的主要釉色之一，因此判断应为雍正时期御窑厂仿官窑的
器物。

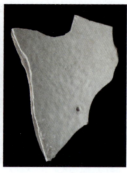

图 4-54　清雍正
仿官窑器物残片

现在一件官窑的瓷器，如果确认到宋代，那价值会非常之高，一般的藏家很难有机会收到一件完整的宋代官窑器物，即使是清代景德镇官窑或高级民窑仿烧器物，市场上也极少见到。

哥窑简介

传统的说法认为，哥窑烧造的年代是南宋时期，但宋代文献里没有哥窑这一名称，哥窑名称最早出现在元代的文献中。哥窑的窑址至今还没有找到，有关哥窑的窑址有如下四种说法：

第一，在龙泉窑的窑址上。具体讲就是在浙江龙泉大窑的窑址附近，但是也没有找到。传说在南宋的时候有章生一和章生二兄弟俩，哥哥章生一烧的窑叫哥窑，弟弟章生二烧的窑叫弟窑，也叫龙泉窑。弟弟的龙泉窑也在现在龙泉的大窑窑址附近，但由于周围龙泉窑窑址众多，弟弟章生二具体窑炉的遗址也难以确认。龙泉的大窑附近的窑址，古时候叫硫田窑，南宋时的哥窑和弟窑传说都在那一带。如该种说法成立，则哥窑的性质应属于民窑，至多属于烧造贡瓷。

第二，在景德镇附近。故宫博物院里有一件传世的哥窑残盘，据载为孙瀛洲先生的捐赠品。1964 年，有关人员对它的胎釉、底足情况进行研究以及对它的化学成分进行鉴定分析，发现与龙泉窑出现的类似哥窑瓷片的结构和化学成分不一样，却与江西景德镇附近的一些仿官、仿哥物品非常相近，因此有人认为哥窑窑址可能在景德镇附近地区，但经过多年在江西省境内的考查，人们并没有找到生产如传世哥窑器物的窑址。2011 年，对当年测试的哥窑盘的另一半的测试结果表明，它的釉的成分与老虎洞窑址器物的元素接近。可见这两次测试结果或许存在偏差，也都未能揭开哥窑窑址的谜团。

第三，在老虎洞附近。明代高濂的《遵生八笺》载："哥窑烧造私家，取土俱在本处。"这里他说的"本处"指的是杭州凤凰山老虎洞附近，也就是南宋修内司官窑的窑址附近。明人王士性《广志绎》也认为，"官、哥二窑，宋时烧之凤凰山下"。据载，最近在老虎洞附近的考古活动中也确实发现了类似哥窑的瓷片，因此有人认为哥窑的窑址应在老虎洞附近，也是目前为止哥窑最可能的烧造地点，一些专家认为哥窑器物应是元代在老虎洞窑烧造的制品，对于哥窑窑址我也持这种观点，但对哥窑器物在宋代是否有烧造持谨慎态度，或许哥窑是南宋官窑的一个品种，窑址就在老虎洞窑附近，抑或哥窑就是元代在老虎洞窑基础上烧造的民窑作品，因当时作为商品瓷，所以烧造得较为精致。上海硅酸盐研究所研究员李家治先生认为："通过老虎洞窑的发掘和元代地层的发现以及对元代瓷片的科技研究使我们认识到传世哥窑的窑址有可能就是元代时的老虎洞窑。"[①]

第四，有人认为宋代哥窑并不存在。蒙语中"哥哥"意思为"头头"，因此元代书籍中记载的"哥哥洞窑"是指北宋官窑，即哥窑就是北宋官窑，窑址在汴京（今开封一带）。

以上仅是对哥窑窑址的四种说法，至今为止独立的哥窑窑炉遗址包括窑具和窑址器物、大批碎片及埋藏区还没有找到，因此哥窑的窑址至今仍然是个谜，真正的窑址地点现在下结论还为时尚早。由于在以往的考古过程中在修内司窑址发现了带有元代八思巴文的残片，证明元代时老虎洞窑还有烧造，因此我认为传说中的哥窑窑址有可能就是南宋老虎洞官窑遗址或在其附近。由于哥窑器物在宣德年间被宫中确认为重要收藏，其质量也一定较高，因此其所出窑口假定为南宋官窑也是合理的，也可能有元代烧造的哥窑器物，即"元哥"，宋哥与元哥并存；还有一种可能就是宋哥根本就不存在，哥窑从一开始都是元代在南宋官窑的基础上继续烧造的产品，即只有元哥，后世也有烧造。

哥窑器物的胎有深灰、浅灰、淡灰及土黄这几种颜色；釉色为豆青、粉青、油灰、月白、米黄和草黄等几种，常见的是米黄色，豆青色极罕见，十分珍贵。釉表面通常有鳝鱼纹、鱼子纹、梅花纹和冰裂纹四种开片，其中呈鱼子纹开片的器物最多。哥窑的器物也具有紫口铁足的特征。有些资料上有"官哥不分"的记载，实际上绝大多数官窑和哥窑的器物还是容易区分的。这里我介绍两类通常属于哥窑的器物，一类是釉表面具备"金丝铁线"特征的器物大都属于哥窑器物；另一类是釉面开片细碎的器物（这类器物有些资料上也称为"碎器"），即小开片的器物也可以归属于哥窑器物的范畴。

① 陆明华. 官窑相关问题再议 [M]// 官窑瓷器研究. 故宫博物院. 北京：故宫出版社，2015：61.

瓷器上的开片有自然开片和人工开片两种。自然开片形成的原因一种是由于器物的胎釉膨胀系数不同，在窑炉降温过程中或出炉后短时间内釉面形成的开片，此种开片的深度从釉面深达胎骨；另一种是器物年代久远，由于环境温度变化所致，这种开片仅发生在釉层中，开缝较小，目视若隐若现。开片本是一种缺陷，但后来被视作一种古朴美，于是产生了通过改变胎釉成分而故意追求开片效果的人工开片，人工开片始于宋代或元代的哥窑作品。古代哥窑器物表面的开片所呈现的金丝铁线现象应是窑炉冷却过程中以及刚出窑的一段时间里胎釉膨胀系数不一致或者传世过程中温度变化所致，其中先开片的纹理中缝隙较大的在窑温或余温的作用下氧化程度深从而形成黑色的铁线，后来的小缝隙的开片氧化程度小而形成黄色的金丝现象，并非刻意人工采用炭黑、墨水、茶水等着色形成，至少宋元时期不会这样做，但现代仿品为在较短时间达到金丝铁线效果，确实有采用人工干预的手法，但给人感觉非常不自然。

宋元 哥窑花盆残片

这是我收藏的一片属于宋元时期哥窑的瓷片（图4-55）。它的釉色为罕见的青绿、青黄色调，又有些豆青色的味道，很难用词语来准确形容，釉质非常的莹润，像玉一样。它的釉面布满开片，其中有交错着的较大呈黑色纹理的开片，我们把这种黑色的纹理线称为"铁线"，在这些有黑色纹理线的较大开片中，夹杂着一些呈黄色纹理的较小的开片，我们把这种黄色的纹理线称为"金丝"，这些黑线和黄线互相交错形成了所谓的金丝铁线现象。这件瓷片的釉面具有典型的金丝铁线特征，开片犹如冰裂纹，黄

图4-55　宋元 哥窑花盆残片　　　　　　　　　图4-56　宋元 哥窑花盆残片
　　　　　　　　　　　　　　　　　　　　　　　　　　（表面放大图，50X）

色的纹理中略微泛红，类似鳝鱼血的颜色，这是哥釉中最高级的一种釉色和开片形式，称作"鳝血纹"，它应属于南宋时期顶级哥窑作品，弥足珍贵。

这件瓷片所属的器物到底是什么样的器型，单从这仅存的一个残片上还不好判断，好像是一件长方盆形的器物，上面还残留有两处支钉烧的痕迹。釉面上的开片主要是由于胎釉的膨胀系数不一样从而在器物烧造降温过程中造成的，但瓷片外表面（有支钉痕的一面）的开片比较小，内表面的开片比较大，这是烧造过程中器物内外温度的差异所致。从该残片的断面处看，开片的纹理贯穿整个釉层，因而纹理的颜色必然受到来自胎体的元素成分的影响。开片本是瓷器烧造冷却过程中胎釉膨胀系数不一致造成的缺陷，但却被人们视为一种特殊的美。故宫博物院中有些建筑如竹香馆、倦勤斋、摛藻堂等就有形如冰裂纹的窗户，可见古代帝王尤其是乾隆皇帝也特别钟爱这种特殊的纹片美。

它的胎呈现黑灰的颜色，特别是靠近内表面一侧的胎体呈现明显的黑色，整个瓷片像一块夹心饼干一样。宋代哥窑器物非常稀少和珍贵，具有很高的收藏价值和市场价值，要收藏到一件完整的器物非常困难，对普通的藏家而言，这种机会很少，我收藏多年，也没有机会收藏到一件完整的器物。据说宋代哥窑还有加彩的器物，但未见实物，而清代仿哥釉器物加彩的时常可以见到。

哥窑的窑址至今还没有确定或被找到，也许专门烧造哥窑产品的窑址根本就不存在。它们仅是龙泉窑或南、北宋官窑在烧造过程中的一个品种而已，而这个品种由于其优美的金丝铁线效果博得了皇家和文人的喝彩而被上升到了一个高度，并位列五大名窑之中。

清中期 仿哥釉碗残片

这里所说的仿哥釉器物，指的是只仿烧宋代哥窑器物的釉色，而不特意仿烧其胎质。图4-57是一个碗的残片，胎质灰白，釉色白中略泛黄，开片呈金丝铁线特征，口沿施一周酱釉以模仿宋代哥窑特有的"紫口铁足"现象。该器物胎质制作都很精细，应为清代中期景德镇仿烧哥釉的器物。

图4-57　清中期 仿哥釉碗残片

图 4-58　清乾隆　仿哥
窑蓝釉盘残片（官窑）

清乾隆 仿哥窑蓝釉盘残片

这个哥窑残片（图 4-58）从残存的口沿及弯曲的弧度上可以大致判断出这是一件盘子的残片。这个哥窑残片与我们可见到的哥窑器物不同的是，它的釉色呈现天蓝色，也称蓝釉哥窑，这是哥釉中十分稀少的釉色品种，为乾隆时期官窑所创烧。虽然它表面的金丝铁线特征不是很明显，但开片的纹理线却呈现犹如鳝鱼血的颜色，在天蓝色釉面的衬托下显得幽雅尊贵。其烧造时期大致推断为清乾隆时期，应属官窑的作品。仅仅从这残留的极小的残片我们就可以想象出当初这件完整的器物该有多么的精美雅致。

清乾隆 仿哥釉古字款碗残片

这是两件仿哥釉碗的残片（图 4-59、图 4-60），外底有一"古"字，开片呈细碎纹片，没有金丝铁线特征，胎质偏白，似乎为景德镇一带的产品，这是乾隆时期民窑仿烧哥釉的器物。由于它们只仿烧哥窑的釉面，而不仿哥窑的胎色，因此这类器物被称作仿哥釉器物，而不称仿哥窑的器物。属于宋代的哥窑的器物极少见，但元代哥窑的器物却很常见。

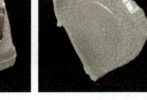

图 4-59　清乾隆 仿哥釉古字款碗残片　　　　图 4-60　清乾隆 仿哥釉古字款碗残片

钧窑简介

钧窑是五大名窑之一，钧窑中的民窑是宋代七大窑系之一。钧窑有官窑和民窑之分，就是通常说的官钧和民钧。烧造官钧的窑口位于现在的河南省禹州市区北部，该处古属钧州管辖，窑场地名为钧台八卦洞一带，故称钧台窑或钧窑。明代万历时为避神宗皇帝朱翊钧的名讳，将钧州改为禹州。禹州现建有钧官窑址博物馆，已发现和发掘窑炉两座：一座是北宋钧官窑址双火膛窑，另一座是北宋钧官窑址倒焰窑。2018 年 9 月，我到该处钧官窑址参观，但据说因窑炉遗址内部整修和等待进一步发掘，两座窑炉遗址并未对外开放。钧官窑烧造大致在北宋晚期，烧造时间很短，因此钧官窑器物存世量很少，也十分珍贵。

民钧窑址分布在以禹州神垕镇为中心的周围地区，神垕镇现在有"中国钧瓷之都"之称。钧瓷的烧造年代，最早可以追溯到唐代，人们把唐代的花釉瓷称作"唐钧"，是钧瓷的初级阶段。宋代，是钧瓷的大发展时期，这个时期官窑、民窑质量都普遍较好，也形成了一定的生产规模。随着北宋王朝的灭亡，官窑钧瓷已经不再生产，而民窑钧瓷业蓬勃发展，尤以金代钧瓷烧造质量为最好。到了元代，特别是中期以前，钧瓷烧造的数量达到了一个惊人的程度，也是钧瓷的高峰烧造时期，但质量不如宋金时期。

图 4-61　钧官窑址博物馆（上图）

图 4-62　北宋钧官窑址双火膛窑地面保护建筑（下图左）

图 4-63　北宋钧官窑址倒焰窑地面保护建筑（下图中）

图 4-64　神垕镇老街（下图右）

钧窑烧造历经宋、金、元、明、清乃至民国。元末至明初，随着青花瓷的发展和数量的增多，钧瓷烧造逐渐衰落。北京地区出土了大量的钧瓷碎片，从其特征上看，也大致属于金元时期所烧造。据载，神垕镇的卢姓匠人在晚清民国时期生产出了高仿的宋代钧瓷，被称作"卢钧"。

钧窑中心烧造区器物的胎基本上是灰色调，或者说以灰色调为主，也有泛铁红色的。由于胎质色泽灰暗且较为疏松，因此在胎釉之间有时施一层白色化妆土，也有不使用化妆土的。由于钧窑是一个窑系，即使在中心窑口地区生产的钧瓷胎色也会略有变化。钧瓷的釉烧成后呈现出很多种颜色，据说当时的窑工在烧造汝州青瓷或民汝时破天荒地第一次在釉料里加入了氧化铜并烧成了钧瓷，而这种氧化铜在还原的窑炉气氛下就会烧成红色，在氧化的气氛下又会烧成绿色。随着窑温及烧成条件不同，这些红色与绿色要么融入钧瓷原有的釉料中形成弥散状态的变幻莫测的各种色彩，要么以斑块的形式出现，或使得钧瓷形成各种不同的色泽，所以在描述钧瓷釉色时有这样一句话"入窑一色，出窑万彩"。钧瓷常见的釉色很多，例如梅子青、茄皮紫、海棠红、猪肝、螺肺，还有鼻涕釉，像鼻涕似的，以及天蓝、月白、米黄等，钧窑器物的釉属于半乳浊釉。钧瓷器物通常没有纹饰装点，主要以釉色取胜。此外，钧官窑器物的露胎部位也常施一种褐色的护胎釉。

图 4-65　钧窑器物
残片

图 4-66　北宋　钧窑素烧胚
左图未上釉，右图上釉（钧
台窑遗址采集，钧官窑址博
物馆藏）

钧官窑址博物馆中有两件从钧台窑遗址采集的钧窑器物素烧胚残片，表明钧窑器物采用了胎烧和釉烧的二次烧造工艺。

在官钧的花盆和盆托（即盆座、底座）上常可看见划有（或印有）大写"一"至"十"的数字，这些数字表示的是器物的尺寸代码，目的是在以后花盆和底座组合时识别方便，就像我们穿的鞋子的号码，所不同的是，器物上的数字越小，所代表的器物尺寸越大，器物上的数字越大，所代表的器物的尺寸越小，这方面的记载见清代《南窑笔记》："有一、二数目字样于底足之间，盖配合一副之记号也。"从官钧窑址博物馆展出的出土的带有数字"一"至"十"的十件残片上看，底部有孔的有 7 件，应为花

图 4-67　带有"一"至"十"数字的钧官窑瓷片标本（钧官窑址博物馆藏）

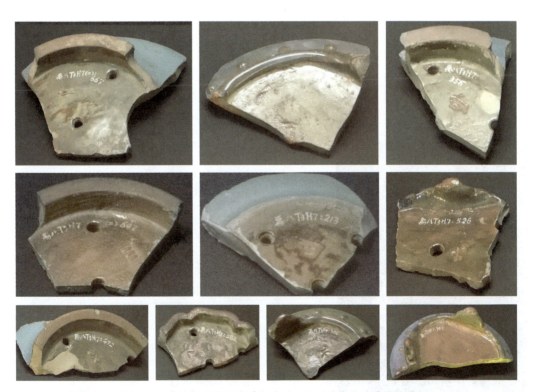

图 4-68　带有"一"至"十"数字的钧官窑瓷片标本放大图（钧官窑址博物馆藏）

盆，没有孔的器物有 3 件，应为盆托，而且这些数字除了"四"的是划款还是印款无法看清外其余均为划款，款识书写也不甚规矩。故宫博物院藏有的钧窑花盆，底部刻划有"建福宫""力石假山用"的标记，是清宫内务府造办处后刻上去的，而并非烧造前就有，其中一件花盆上也带有烧造前刻划的一个数字"七"。还有一些钧窑器物被刻上了宫殿名字如"重华宫""养心殿"等，都是清宫内务府造办处后来刻上的。

现在钧窑器物的仿品上也常见这些数字，可能是作伪者并不知道这些数字在何种器物上出现，因此很多造型的器物上都被划（印）上了这样的数字。我曾见过一个钧瓷的渣斗下面划有一个数字"九"，这件渣斗最终被鉴定为现代仿品。真品中有类似于渣斗状的器物，但它的真正用途却并非是渣斗，而是花盆，底部也可能有数字标识。真正宋代的官钧器物十分稀少，哪怕是官钧的残片市场上也极难见到。

据载，这些带有数字的钧官窑器物是为了北宋宫廷建造皇家御花园中一座人工堆起的山"艮岳"做装饰所烧造，主要是花盆和盆托，还有尊、洗（洗或许也是一种盆托）等。花盆和盆托配套烧造，数量应该不是很多，因此十分珍贵。据钧官窑址博物馆资料介绍，目前可查得国外博物馆中共藏有 237 件官钧，国内博物馆共藏有 74 件官钧，总计 311 件官钧。

北宋官钧窑器物带铭文的目前仅见"奉华"和"省符"两种，应是宋时器物烧成后所刻，其中"奉华"是宋代宫殿名，但刻"省符"不知其意，"省符"本意指尚书省下达的命令，因此或许作为盛装命令的器物。清代有刻"养心殿""重华宫""景阳宫""钟翠宫"等铭文的，都是清代内务府造办处工匠后来补刻标明使用场所的。

图 4-69 北宋 艮岳"留云峰"
太湖石（开封博物馆藏）

钧瓷民窑的烧造范围很大，影响也非常大。它烧造的中心地区是河南禹县（今禹州），尤其以神垕镇的民间窑场最为著名，其中以野猪沟窑场的钧瓷质量为最好。附近的临汝县（今汝州）、郏县、宝丰县，还有河南西部的新安、宜阳，河南北部的辉县、祁县、林县，还有安阳，以及河北的磁县都在烧造钧瓷类型的产品，山西的浑源、内蒙古的包头及浙江的金华也都有烧造钧瓷产品，因此形成了一个很大的钧窑系，成为宋代著名七大窑系之一（其实元代钧瓷的产量很大，因而有一说认为钧窑系的形成是在元代）。据载，继宋代后元代宫廷用瓷中有一部分也来自钧州窑场。

不过，值得一提的是，关于五大名窑中陈设类钧瓷的生产时间除了传统的"宋代说"外，近来一些学术研究成果对五大名窑中陈设类钧瓷的生产时间提出了不同观点，除传统观点的宋代说外，还出现了"金代说""元末明初说""明代早期说"和"明代宣德说"，认为它们的生产时间不是北宋末年，如《明代宫廷陶瓷史》一书中指出：

> 近几十年来，学术界关于明代宫廷陶瓷史研究的最大突破或创新是对明代钧州窑场为宫廷生产了钧窑瓷器的论定，也就是说，过去传说中的宋代五大名窑中的钧窑瓷器，即所谓传世钧窑瓷器中的陈设类钧瓷的生产时间并不是北宋末年，而是明代早期。

果真如此，陶瓷史中相关提法将被改写，原来人们习惯上称呼的"宋代五大名窑"也只能改称为"五大名窑""宋元五大名窑""宋明五大名窑"或"宋代四大名窑"了，或许是宋代官钧窑的窑址至今没有找到（或现已发现的钧官窑址没有挖到宋代层以及限于考古方法等因素的影响），而宣德"官钧"器形仅仅是对宋钧器形的仿制，也未尝可知。基于这种"明早期官钧"或"宣德明官钧"的观点，目前一些拍卖公司在标注这类钧瓷器物包括带有数字款识的器物的年代时也使用了"元末明初"或"明"。从目前存世的钧窑器物以及大量的出土钧瓷瓷片上，能够基本确认属于宋钧的很少，几乎都是金元时期的，因此宋代无论是民钧还是人们津津乐道的官钧的生产规模在当时应该都较小，在宋代还不足以形成钧窑系，也可以说古代钧州在金元时期钧瓷的规模和产量达到高峰，并形成了钧窑系，这实际上是对钧窑系为宋代窑系的理论提出了不同观点，认为钧窑系成了金元时期的窑系，但为了便于大家的认识和业已形成的习惯，本书中还是沿用传统上宋代五大名窑的提法，也把钧窑系列为宋代七大窑系之一。对于宋官钧而言，我认为钧瓷成为北宋宫廷用瓷也许不会是空穴来风，希冀未来的考古发掘能有更多的发现。

钧窑在宋代已享盛名，但其烧造数量和影响范围还是有限，金代钧窑得到了较大的发展，到元代形成了生产高峰，元代民间钧窑器物烧造十分兴盛，现在见到的大量器物大都属于金元时期。除了以禹州神垕镇为民窑钧瓷烧造的中心地区外，邻近地区的很多窑口也在烧造钧窑器物，比如汝州地区历史上就曾有很多窑口烧造钧瓷器物。在汝州文庙内的汝州市汝瓷博物馆展示了现今汝州地区已发现的 34 个宋元时期窑口出土的瓷片，地点涉及蟒川镇、大峪乡、焦村乡、尚庄乡四个乡镇，包括东沟村窑址、严和店村窑址等，这些瓷片的种类有钧窑系、钧汝（或称汝钧）、耀州窑系、汝州青瓷、临汝、民窑汝瓷、类汝瓷等，以钧窑风格的产品为多。通过这些窑口出土的瓷片种类大致可以看出钧瓷产生的过程是由汝州青瓷到民汝，再到钧汝，最终烧造出钧瓷品种，而官汝是在民汝烧造的基础上产生的汝瓷精品。

在汝州青瓷或民汝生产的过程中，由于工匠把氧化铜掺入釉料而形成了自然窑变色泽，后来有意识地人工形成色斑以至于烧制成通体呈现玫瑰紫、海棠红等品种是一个渐近的过程，也是人们对审美标准的认识和提高的过程。宋钧器物上窑变钧红（紫）釉通常面积较大，彩斑与底色边界过渡自然；金代时期斑块已出现人工有意描画，斑块与底色边界分明；元代斑块大都聚成物形，如鱼形、蝴蝶形、蝙蝠形等，相关记载见《饮流斋说瓷》："元瓷之紫聚成物形，宋均之紫弥漫全体。"宋钧和元钧判断主要依据是外底的有无施釉及圈足和外底的形式，即宋钧通常外底施釉或施护胎釉浆而元钧通常露胎，元钧足脊向外斜削且外底常呈现乳突特征。钧瓷器物普遍采用垫烧和匣钵装烧的工艺过程。钧瓷的釉色主要呈现天蓝、淡蓝、灰蓝、月白及青色，钧瓷烧造成熟期经常呈现的还有草黄、米黄等多种釉色，釉色繁多；胎质主要呈现灰色、灰白色调，也有见红色的。耀州窑风格器物在汝州境内生产钧瓷的窑址出现说明了耀州窑系覆盖的范围之广，以及各个窑口相互仿烧其他窑口器物的时代特点，这些耀州窑风格的器物除釉色与典型的耀州窑器物一致或相近外，装饰方式大都限于印花，而划花器物极少见，也未见剔花器物，说明当时这一地区的工匠还没有掌握娴熟的刻花、剔花技艺，或许是仅仅考虑印花产品生产效率较高能带来可观的利润。

在距离钧瓷烧造中心较远的地区历史上也有仿烧钧窑的窑口。南宋时位于广东肇庆阳江的"广窑"即生产仿钧窑的产品，其产品被称作"广钧"，到明代其窑址又迁到佛山镇的石湾村，因而广窑又被称作"石湾窑"。由于广钧大都是陶胎，因而又被称为"泥钧"。明代万历年间江苏宜兴也生产仿钧器物，最著名的是陶工欧子明烧造的"欧窑"，其仿钧作品后来逐渐发展成为"宜钧"，清代宜钧精品曾进入宫廷。清代乾隆、嘉庆年间以宜兴窑工葛明祥、葛源祥兄弟烧造的"葛窑"最为著名，为清代宜钧的代表作。清代雍正年间，景德镇御窑厂又生产出被称作"炉钧釉"的仿宜钧产品以及仿烧宋钧过程中产生的窑变釉的品种。

宋 官钧窑盘残片

钧瓷分民钧和官钧，官钧的生产基地在禹县（今禹州）的钧台附近。官钧的存世量不多，由于数量稀少，价格非常昂贵，其残片也很少见。我收藏了一个官钧的盘子瓷片（图4-70），它的釉色本应为天蓝色，但发生了窑变，里面、外面都有这样的窑变，呈现出玫瑰紫色。它的胎为标准的香灰色胎，非常细腻，这是为宋徽宗烧造的御用瓷器，所以质量很高。瓷片的胎和釉之间有一道白线，这叫"化妆土"，实际上它是对胎质颜色的一种遮盖和美化，觉得胎土的本色不是很好，因为当地就出产这种胎料，所以要做一些掩饰，加上这一层化妆土以后，会提高釉色的质量。它的胎、釉，包括化妆土结合得非常紧密。瓷片的外表面施满釉，采用的是裹足支烧的工艺，足脊处釉层较薄略显胎骨色调，可惜瓷片较小，外底上本应有的支钉痕没有得以残存。该盘子的足脊处也可以理解为有一层护胎釉，因此也不排除支圈垫烧的可能。这应该是一个盘子状的器物，但目前发现的钧官窑器物大都是花盆和盆奁，而盘类十分罕见。

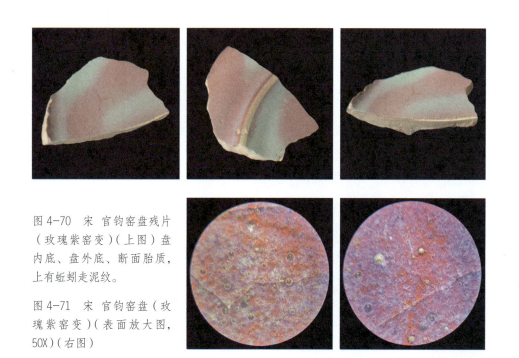

图4-70 宋 官钧窑盘残片（玫瑰紫窑变）（上图）盘内底、盘外底、断面胎质，上有蚯蚓走泥纹。

图4-71 宋 官钧窑盘（玫瑰紫窑变）（表面放大图，50X）（右图）

这件瓷片在天蓝色的底釉上发生了玫瑰紫色的窑变，十分漂亮。釉面上还有蚯蚓走泥纹，这是烧制过程中釉面上呈现的一种类似于蚯蚓在泥上爬过留下的痕迹的色泽纹理。如果仔细观察，就会发现这件瓷片上的蚯蚓走泥纹实际上是在釉下或釉中，我们用手一摸表面是平的，也很自然、光滑，下面隐隐出现类似于蚯蚓走泥纹的形状，不像人为有意干预而在纹理处有一些凹坑感或突起感。蚯蚓走泥纹是官钧窑器物的常见特征，是鉴定时的辅助证据，但并非所有的宋代官钧窑器物都有。在放大镜下观察，可以看到釉里边的气泡大小不是很均匀，而且基本上都出现了老化而导致的气泡破损现象。在官窑钧瓷花盆和盆托的外底部常有数字标记，而其他器物包括这件盘子通常不会有这种标记。

官钧的器物数量非常稀少，所以古代就有这么一句话"纵有家财万贯，不如钧瓷一片"，这里指的就是官钧。还有一句话叫作"钧瓷（指官钧）带红，价值连城"，指这种带红色窑变的价值更高，当然这主要是指整器。

钧台是官钧的生产基地，它的窑址是在新中国成立以后才发现的，但它到底是官方投资建造的真正意义上的仅用于生产皇家用品的官窑，还是一种设官监督而在民窑基础上的一种供御行为，还难以确定。最近有资料对禹州钧台的钧窑窑址所属年代提出异议，认为其年代不属于宋代，有一种说法认为其很可能是明代宣德的官窑或供御的窑口，这还需今后进一步研究，但在没有确凿证据的情况下否定宋官钧的存在也为时尚早。

元代有很多瓷窑，但大都不是很著名，因此元代的器物统称为"元瓷"。由于元代钧瓷的产品很多，而且也有很多带有紫斑的器物，所以在某种特定条件下元瓷也专指元代带有紫斑的钧瓷。

宋 天青釉钧窑盘残片

这是一件钧窑盘的残片（图4-72），直径尺寸较大，香灰色胎，胎质细实，胎釉之间施化妆土，天青色釉，釉质细腻，色泽纯净，内外壁及外底施釉，圈足无釉，做工规整。从以上特征可以判断出该钧窑盘应属于一件宋代民窑钧瓷的作品。也有人认为它属于金代的器物，但金代的器物胎釉通常不会如此细腻，外底不施釉，常见乳突现象，而且釉面上常见窑变紫红色斑，其精致程度通常不如宋瓷，因此我偏向于这是宋代的器物。古玩市场上这类较大尺寸的民窑宋均器物也不常见，因而这是一件很好的残片标本。在宋官钧瓷是否存在还有争议的情况下，该残片证明了宋代民窑钧瓷存在的事实。

图 4-72 宋 天青釉钧窑盘残片

图 4-73 元 钧窑高足杯   图 4-74 元 钧窑脉枕残器

元 钧窑高足杯残片

这是一件高足杯的残片或称残器（图 4-73），这种高足杯的残器在北京地区发现得还不是很多，我目前为止就收藏这一件，可见当时用钧瓷烧造的高足杯数量较少。常见钧瓷的器型主要是日用碗、盘、笔洗等，高足杯是一种钧瓷中较少出现的器型。

元 钧窑脉枕残器

图 4-74 这个叫脉枕，局部残缺了，蓝灰色的釉面，还有些月白色。脉枕是古代中医给病人把脉时垫在腕下的器物，有时没病也会把脉，称之为平安脉，如古代皇帝、太后等经常传太医来把平安脉。钧瓷的脉枕并不多见，因为脉枕并非寻常百姓日常必需之物，所以销量受到一定的限制。中医望、闻、问、切中的"切"指的就是把脉，俗称摸脉象，可作为判断病情的依据。

图 4-75　元 钧窑淡蓝釉鱼子纹洗残片

元 钧窑淡蓝釉鱼子纹洗残片

这件残片（图 4-75）洗口略收，弧腹下敛，圈足，足脊外削，灰白色胎质。内外施淡蓝色钧釉，口沿处釉层较稀呈褐黄色，内心、外底、圈足无釉。釉面有细小的开片如蝉翼纹，淡蓝色釉面上漂有白色鱼子纹，鱼子纹大小不一，近底处没有鱼子纹，越靠近口沿处鱼子纹越小而密集。显微镜下观察鱼子纹，并非是釉表面气泡破裂而致，而应该是在烧成过程中冷却时釉中析出的白色结晶体，犹如鱼子，又像淡蓝色的天空中飘着细碎的雪花，十分美妙，因此又可美其名曰"钧釉雪花蓝"。在残片外壁表面两侧的釉面上，还有窑变斑块，窑变中隐现红色，斑块的上部应有明显的红色窑变，可惜已残缺。

元 钧窑龟背纹盏

这是一个钧瓷的茶盏（图 4-76），比较浅，作小碟子用也可，但主要还是喝茶或喝酒之用。它的釉色呈现草黄色，外壁靠近底足往下不施釉，足脊向外斜削，外底突起，这是典型的元代器物的特征。它的表面有很多线状的缩釉，这是烧造的时候产生的缩釉。这种布满线状缩釉的盏应是烧造过程中的废品，但因其外观酷似龟裂纹而具有一种自然的野趣，非常朴素，有回归大自然的感觉，符合文人雅士的清闲心态而被喜爱，因而得以留传和使用。龟背纹的器物在青花碗（图 4-77）及福建建窑茶盏上都可见到，都是烧造过程中的缺陷所致，但被赋予了美好的寓意，也反映了古代文人的一种审美观。

图 4-76　元 钧窑龟背纹盏　　　　　　　　　　　图 4-77　明 青花龟背纹碗残片

元至明 钧窑窑变斑碗盘残片

图 4-78 中这些钧窑器物残片器形有碗和盘，其年代应为元明时期。它们的共同特征是在蓝色的釉面上都有红斑或红绿斑的窑变斑块现象，其中一件盘子残片的外底上还写有"福""安"两字，在外底露胎处写字是民窑钧瓷器物常见的现象。这些文字有的为吉祥语，有的为姓氏。带有姓氏的应该是为其他人专门定烧或代烧的器物，也可能是传借过程中的标记。红斑由于红色通常不纯正而呈现偏紫现象，因此有时也称作紫斑。关于这些窑变斑块，可以做出如下归纳：

或为红色斑块，或为红绿相互结合的两色斑块；斑块为红绿两色的，或两色互相掺和，或绿色在内而红色在外；窑变色釉贯穿整个釉层，深及胎骨；窑变斑块处表面大都平坦，个别有略低于周围釉面，未见明显高于周围釉面现象；斑块发色自然，形

图 4-78　元至明 钧窑窑变斑碗盘残片

状不规则，斑块边缘处颜色过渡自然；据载，元钧中的紫斑通常形成两条鱼的形状。

仿品与珍品的主要区别是仿品的斑块发色不自然，斑块边缘处无颜色过渡现象，显得较为生硬。

明 宜兴窑钧瓷（宜钧）器物残片

图 4-79 中这两件瓷片是明代江苏宜兴鼎山窑烧造的仿钧瓷器物的残片，这类宜兴仿钧窑的器物也简称"宜钧"，这是以产地来命名的（宜兴的蜀山窑烧造紫砂壶）。由于宜钧的胎是陶胎，所以它除了叫宜钧外，又称"钧陶"。宜钧实质上是明代宜兴仿河南禹州钧瓷的一种仿钧的产品，属于釉陶器。据载，明代万历年间宜兴有一位叫欧子明的窑工，他烧造的产品质量比较好，所以后世就把宜钧生产的窑口称为"欧窑"，所烧造的器物称为"欧瓷"。真正宜钧器物的胎质并非纯正的紫砂，应该是加入了其他成分。宜钧也有很多种颜色，在古代的时候宜钧以蓝色为贵，常见色调是蓝色、灰蓝色。

宜钧从明代开始烧造一直延续到清代。清代宜兴窑口还烧制出一种紫砂胎质表面用釉料彩绘的产品，但这类产品不能称作宜钧，仅是"紫砂挂釉"的产品。

除了宜兴仿烧钧瓷外，广东的石湾窑也在烧造仿钧的器物，这类钧瓷被称为"广钧"。据载，景德镇官窑也仿烧过宋钧，清代雍正、乾隆时期的督陶官唐英曾派人到河南禹州调查宋钧的胎釉情况，回来后仿烧，但清代景德镇官窑只仿烧宋钧釉而不仿宋钧胎，由于钧窑的釉料具有"入窑一色，出窑万彩"的特点，所以景德镇御窑厂仿烧

图 4-79　明　宜兴窑钧瓷
（宜钧）器物残片

的钧釉瓷也不可能与宋钧完全相同，烧出了一种被称作"窑变釉"的器物，其釉色主要为蓝红相间的斑纹，犹如流动的彩霞，瑰丽无比，但也有烧出钧红釉的作品。雍正年间御窑厂也研制出了一种仿宜兴钧釉的器物，由于是在低温炉内烧成的，所以称作"炉钧釉"。炉钧釉的特征是釉的表面主体颜色为蓝色，在蓝色当中呈现红色或青色的小点。

现在市场上有很多仿制宋钧及清代窑变釉的器物，有时还可见到一些仿烧清代炉钧釉的制品，大家在鉴别的时候还是要特别小心，真正的宋代官钧器物在古玩市场及藏家手中都极其罕见，清代官窑的窑变釉和炉钧釉器物也不易见到。

定窑简介

定窑的主要窑址位于河北省曲阳县的涧磁村和东西燕山村（当地人也称为东西燕山村），这是定窑烧造的中心地带，其中位于涧磁村的定窑曾为北宋烧造过宫廷用瓷，属于贡窑。曲阳县在唐代和宋代属于定州，因此县界内的窑场被称为定窑。但是在五代时期，由于战争频繁归属地不好确定，所以人们对五代时期的定窑通常是以地名来命名，叫作"曲阳窑"。我于 2018 年窑址访古期间，听当地人介绍东西燕山村的窑址初步发掘后已经回填，因此我仅到了涧池村的定窑遗址。

从之前掌握的资料看，定窑的烧造是从唐代晚期开始的，历经五代、宋、金而终于元，但 2018 年我在曲阳涧池村定窑作坊遗址展馆考查期间，听现场工作人员介绍，考古人员在该处窑址中发掘出了隋代器物残片，如果此消息属实，那么该处定窑的创烧年代将被提前到隋代。

涧磁村定窑窑址处于四周环山的一处较平缓的地带，附近有通天河，该处窑址已进行发掘，并建有定窑作坊遗址展馆，发掘出土有带"官""尚食局""尚药局"等款识的器物残片，说明该处曾为北宋宫廷烧造过宫廷用器。其中带有"尚药局"款识的器物包括残片很少见，据《南宋官窑文集》记载："刻'尚药局'款的定窑瓷器目前仅有两件，上述这件盒为浙江省博物馆收藏，另一件珍藏于瑞典斯德哥尔摩远东古物博物馆，故堪称稀世之宝。"[①] 这里的两件应指完整器物。此外，定窑器物上还有"新官""食官局正七字""易定"的款识。南宋时期还有在定窑器物成品上后刻字的，如

---

① 李刚. 古瓷三笔 [M]// 南宋官窑文集. 杭州南宋官窑博物馆. 北京：文物出版社，2004：74.

图 4-80　定窑作坊遗址展馆（河北省曲阳县涧磁村）

图 4-81　定窑作坊遗址

图 4-82　定窑系器物残片

图 4-83　宋 定窑"苑德寿"款盘底
　　　　　片（南宋官窑博物馆藏）

图 4-84　宋 定窑"坤"字款碗底
　　　　　片（南宋官窑博物馆藏）

图 4-85　宋 定窑"尚药局"款白瓷
　　　　　盒（南宋官窑博物馆藏）

"苑""苑德寿""坤"等，应是南宋宫廷的用品，其中"苑德寿"款识的顺序应为"德寿苑"，即南宋德寿宫的后苑或内苑。

定窑是一个很大的窑系，有多少座窑炉呢？传说"大窑三千六，小窑如牛毛"，可见当时规模之大。定窑除了烧造中心地带外，周边地区，比如山西霍县窑、介休窑、平定窑，四川藤县窑，还有江西吉州窑、景德镇窑，都曾生产定窑系的产品。

定窑还有北定和南定之分。北宋时期，河北曲阳县（古称定州）及邻近地区所烧制的产品通常被称作北定。金兵入侵后，很多定窑的窑工逃到南方，在江西景德镇窑、吉州窑生产的仿定窑特征的器物，被称为南定。

定窑的胎主要有两种情况，一种是比较白，比较细，还有一种是发灰、发黄。定窑釉色的主色调为白色，或者说以白色为主，一部分釉色较白，还有一种釉色比较灰暗、发黄。通常把胎质发灰发黄如黄土色泽、釉色也灰暗发黄而且做工质量较差的定窑产品习惯上叫作"土定"，如宋代山西的平阳窑产品。

定窑釉色的白色调属于一种暖白色调，而邢窑器物的白色是一种冷色调的白色。按《中国陶瓷》一书记载，在定窑唐和五代时期窑址的考古过程中发现了一些木炭灰烬，说明这一时期以木材为燃料，还没有以煤为燃料。以木材为燃料烧制瓷器时，由于火焰较长，因此窑炉内缺氧，也就是说这一时期定窑采用的是还原焰进行烧制，产品釉色呈现纯白和白中闪青两种颜色。到了宋代，窑炉通常是在有氧状态下，也就是采用了氧化焰进行烧制，在这种状态下烧出来的釉色有三种，第一种叫白，这里要注意，刚才讲的唐和五代时期的叫纯白，而我们讲宋代的叫白，大家去体会一下它们细微的差别；第二种是白中泛黄；第三种是以白色为主，局部有点闪青。这是定窑在不同时期釉色的细微变化，当然我们不能机械地去用这些观点来作为断代依据，因为釉色的细微差异其实也不易确定，光线和视觉角度的不同都可能造成颜色的差异，此外，同一窑炉器物的釉色也不尽相同，鉴定时要综合瓷器各个方面的特征去做判断，但这些烧造的基本知识还是要了解的。

再讲一下定窑的纹饰。唐代，定窑器物大都光素无纹。五代时期，有一些划花（画花）的纹饰。北宋早期，有四种纹饰的表现手法：第一种是模印贴花；第二种是浮雕，比如浮雕莲瓣纹；第三种是划花；第四种是刻花。北宋后期，大量地出现了印花的器物，当然也保留了前面那些纹饰的技法。所以现在印花的定窑器物特别多，专家也无法解释的是，为什么到了宋代晚期，突然间印花的定窑瓷器就非常多了。而且这种印花的工艺还非常成熟，却没有一个由初级到高级的发展阶段。我猜测或许是印花的纹饰精美以及较高的生产效率所致。定窑的印花纹饰多种多样，有龙凤纹、鱼纹、游鱼莲池纹、石榴纹、瑞兽纹、菊瓣纹、莲瓣纹、蕉叶纹、联珠纹等。除上述纹饰表现手法外，我还收藏到了一些定窑剔花器物残片，表明定窑也曾使用剔花工艺。定州博物馆也有类似剔花的器物"白釉刻牡丹纹龙首注壶"（征集），但标明为"刻花"，而不是"剔花"，其实刻花和剔花还是有所区别的，定州博物馆的这把壶采用了剔花的工艺。

古代有一些与定窑瓷器相关的诗句。苏东坡曾说"定州花瓷琢红玉"，有三种不同的解释：一是定瓷很坚硬，可以对玉石进行雕刻；二是花瓷指的是定窑瓷器造型多、釉色多及纹饰多，令人眼花缭乱，所以称之为花瓷；三是我偏向于这里指的是红色的带有刻划花或印花的定窑瓷器（即红定）好似精雕细琢的红色美玉（这里的玉应指广义上的玉，即"石之美者"，如红色玛瑙等）。金人刘祁所著《归潜志》一书中对定窑瓷器的描述是"定州花瓷瓯，颜色天下白"。这里的花瓷，专指定窑瓷器的模印及刻划花纹饰比较多，所以叫花瓷；颜色天下白指的是定窑瓷器的釉色主要是白色，而且大江南北，全国上下，大家都在使用，可见定窑瓷器的数量也是非常多。这是相关典籍对定窑瓷器的一些记载。北京地区出土了大量印花、刻划花的定窑瓷器残片，说明当时烧造的数量是很大的。

以上讲了定窑瓷器以白色为主，白色的定窑瓷器叫白定，因为白定的釉料通常为透明釉，胎也大多为白色胎质，因而施透明釉烧成后釉色依然较白。有些灰白色胎体的器物烧成后由于胎色的作用通常使得釉色白中泛黄，形成所谓的"象牙色"。还有一种定窑器物是在釉料中调入特殊的白色石粉，烧成后釉色雪白如粉，被称为"粉定"，其实粉定也是白定的一种，这里的"粉"指白色石粉，并非粉色。粉定由于釉色洁白，其价格通常高于普通白定。有人认为粉定是南宋时期景德镇才开始烧制的品种，但也有资料记载北宋时期即有粉定，其烧造地点不得而知，或许就在定窑的中心烧造区。关于粉定，有人认为应呈现粉红色或肉红色，对此古籍中也有相关描述，《匋雅》中有如下记载：

> 粉定种类不一，胎有厚薄，色有牙黄、粉白二种。花纹分凸雕、平雕、彩画三种，有开片，有不开片。宋为上，明次之，至乾隆而止。

这段话表明粉定除粉白色，还有牙黄色；粉定宋代即有、明代也有、清代乾隆以前也有。定州张双路先生收藏有一个定窑白釉造像的残片（图4-86），釉质洁白细腻，呈现乳白的发色，似为粉定的作品。

图 4-86 宋 定窑白釉造像残片（定州 张双路先生藏）

　　定窑瓷器还有酱色釉的，酱色釉又叫柿色釉、紫金釉，均为酱色范围内色泽的变化，命名时视酱色的深浅而定。这类釉色的器物我们把它通称作酱定，紫金釉的也叫紫定。宋代有一种酱定，外表微微泛金黄色，而且还有点红色的感觉，因此又叫红定，红定的颜色不是大红色。自然界中蓝、黄、红、白、黑为五种基本颜色，酱色、紫色都归属于红色调的范畴，但具体到每件瓷器上的颜色可能会略有差别。宋代定窑还不能烧造出纯正的红色，因此与之接近的紫定也被称作红定。釉色为黑色的定窑瓷器，被称作黑定，高质量黑定的釉色像油漆一样黑。绿色釉的定窑瓷器被称作绿定，绿定分高温绿定和低温绿定，高温绿定连残片都十分罕见，因而非常珍贵。

图 4-87 宋 高温绿定器物残片（定州 张双路先生藏）

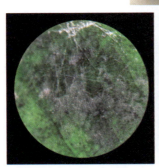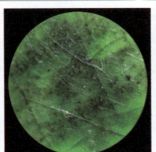

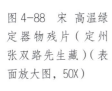
图 4-88 宋 高温绿定器物残片（定州 张双路先生藏）（表面放大图，50X）

关于定窑瓷器，古人还记载有一段故事。宋太祖赵匡胤提倡节俭，不像唐代大量使用金银器那样浪费。由于皇帝提倡节俭，所以全国上下原来使用贵重金属制作的器物，都改用陶瓷来替代，因此促进了全国陶瓷业的发展。即使使用陶瓷器物，但上自宫廷、官府下到百姓，都不提倡使用有颜色的陶瓷器物，大多使用白色，这是宋太祖赵匡胤的意见。到了宋仁宗时期，也在延续这种节俭政策。宋人邵伯温《邵氏闻见录》记载：

> 仁宗一日幸张贵妃阁，见定州红瓷器。帝坚问曰："安得此物？"妃以王拱辰所献为对。帝怒曰："尝戒汝勿通臣僚馈遗，不听何也？"因以所持柱斧碎之。妃愧谢，久之乃已。

这段记载是说有一次宋仁宗到后宫张贵妃的住处，发现张贵妃正在躲躲闪闪地藏着一件东西。宋仁宗让她拿出来看看，结果发现是一件瓷器（据说是梅瓶）。这不是一件普通的器物，而是一件产自定窑的红定，也就是酱色偏红或偏紫红。宋仁宗问这个瓶子是哪里来的，张贵妃说这个瓶子是王拱辰送的。宋仁宗生气地说："我经常告诫你不要接受臣僚的馈赠，你为什么不听呢？"于是他用柱斧将这件瓷器打碎了。张贵妃惭愧地谢过仁宗皇帝，这件事过了很久才平息下来。从这个故事中我们可以看出，宋代红定的数量非常稀少，因此才被进献到宫廷。有资料统计，全世界目前有据可查的完整的宋代红定瓷器不超过十件。据载，故宫博物院收藏有一个宋代红定盖碗，还有一件宋代红定瓷器原在江苏的金坛博物馆，2018年10月我去金坛博物馆参观的时候却没有看到，据说已转移至别处博物馆收藏。我有幸收藏到了一件红定器物的残片，见后面的介绍。

定窑碗盘类大都采用覆烧工艺，因此口沿部都没有施釉，形成所谓的"芒口"，但后来一些芒口器物的口沿部位被包上了金属，形成了金属镶口，常见的是银口和铜口，还有铜鎏金口的，名贵的定窑器物还有镶金口的。关于定窑的芒口，有人说是覆烧工艺造成的，属于一种工艺缺陷，但主要目的是提高产量；还有人说芒口是故意留出来的，就是为了不同阶层的人镶不同材料的口沿，是为了夸富用的。南宋叶寘《坦斋笔衡》载："本朝以定州白瓷有芒不堪用，遂命汝州造青瓷器。"我认为这里"芒"应属于定窑烧造工艺缺陷的说法较为可信，而非故意留出芒口。"芒"在《新华字典》中的解释有"禾本科植物籽实壳上的细刺"，俗语中也有"针尖对麦芒"之说法，所以我认为"芒"应指定窑器物口沿因露胎产生的毛刺，使用时"拉口"，不便于使用，即"不

图 4-89　定窑覆烧使用的各种类型的支圈和匣钵（定窑作坊遗址展馆）

图 4-90　定窑正烧器物及匣钵（定窑作坊遗址展馆）

图 4-91　定州博物馆

图 4-92　北宋　白釉莲纹花蒂钮"官"款盖罐（定州博物馆藏 1969 年 12 月定县净众院塔基出土）

堪用"（堪：忍受）。还有人认为"芒"指光芒，定窑白瓷因有光芒而刺眼，所以"不堪用"。可见学界对定窑器物的"芒"有不同的理解。

除了覆烧外，定窑也有正烧的器物。河北省曲阳县涧磁村的定窑作坊遗址展馆展出有一些定窑窑具，定州市的定州博物馆收藏有很多定窑器物。

唐 定窑白釉尚食局款碗残片

定窑产品中有带"尚食局"款识的，为唐代至宋代烧制，很少见。尚食局是专门管理宫廷伙食的机构，如果瓷器带有这样的款识，那么肯定是为宫廷烧造的器物。著名陶瓷考古学家陈万里先生在个人考古文集中表示，曾经见过带有"尚食局"款识的器物。

图 4-93　唐 定窑白釉尚食局款碗
残片

图 4-94　宋 定窑白釉印花尚食局款器物残片

这是我收藏的一个定窑碗的残片（图 4-93），外底划款"尚食局"，其中"尚"字已残缺。尚食局是唐代管理宫廷膳食的机构，因此该器物应为唐代宫廷定烧的器物。带有这类款识的瓷片或器物十分少见，因此这件瓷片十分珍贵。

宋 定窑白釉印花尚食局款器物残片

宋代也有尚食局。这个定窑残片（图 4-94）的外底上仅残存一个不完整的"尚"字，推测其完整款识为"尚食局"。由于残片的内部为印花纹饰，这是宋代晚期器物的装饰特征，因此可以把它归属于宋代的器物。据载，金代定窑白瓷也有带"尚食局"铭文的。

宋 定窑白釉印花凤纹折沿盘残片

这是一件盘子的残片（图 4-95），从残片可以看出盘子做得非常规整。它的釉色属于定窑中的白色，不是那种纯白，而是局部略微闪青。这件瓷片的口沿没有釉，属于芒口。这里要说的是，定窑瓷器的装烧方式通常有两种：一种是口沿向上进行叠烧，也叫正烧；另一种方式是口沿处不施釉，口沿向下，也就是倒扣过来装烧，这种方式叫覆烧，是北宋后期才发明的一种装烧方法。因此我们看一件定窑瓷器的口沿部位如果没有釉，而其他地方都施了釉，就可认定这件器物采用了覆烧的工艺，为宋代或之后的产品。这件盘子也属于北宋器物，造型十分规整，内壁印花非常漂亮。这里边印的是凤纹，也有印龙凤纹的，龙凤纹是传统的中原地区纹样。由于定窑产品曾经作为

图 4-95　宋 定窑白釉印花凤纹　　图 4-96　宋 定窑白釉印花花卉纹斗笠碗残片
折沿盘残片

供御器物供北宋宫廷使用，或许这件盘子就是供御之物。这件盘子的印花纹饰非常规整和精美，反映出定窑窑工高超的技术水平和严谨的工作态度，值得我们现代人学习。

关于定窑印花白瓷器物的精美程度，《中国陶瓷》一书有如下描述：

当我们看到印花云龙或凤穿牡丹纹大盘这些为宫廷创作的精湛艺术作品之后，我们不能不对定窑工匠的艺术才能表示由衷的惊叹！

宋 定窑白釉印花花卉纹斗笠碗残片

从图 4-96 这件残片造型上看应为斗笠碗的一部分。胎质洁白细腻，釉色润白，有凝乳之感，印花纹饰精美。从做工、胎釉和纹饰质量上看是精美的定窑器物，应是为宫廷烧造的供御之物，推测其外底划有"官"字款，可惜碗底已大部残缺。

宋 定窑白釉刻划花纹碗残片（一）

这件残片（图 4-97）胎质洁白细实，胎壁厚度略感偏薄，内外壁施白色透明釉，釉层极薄，釉色莹润似象牙白，釉下刻划花纹清晰可见。花纹刻划极其精美流畅，工匠刀法娴熟精练，或许受到耀州窑刻划花风格的影响。口沿处直径约 17 厘米，尺寸较大却没有明显变形，可见定窑的工匠已经熟练掌握了瓷器烧造技术。该碗是宋代定窑精品。

图4-97　宋 定窑白釉刻划花纹碗残片（一）　　　　图4-98　宋 定窑白釉刻划花纹碗
　　　　　　　　　　　　　　　　　　　　　　　　　　　　残片（二）

宋 定窑白釉刻划花纹碗残片（二）

图4-98中这个碗的残片较小，与上述刻划花碗残片不同的是，这里除了采用刻划花工艺外，还采用了篦划的技法，在釉下描绘了精美的蕉叶纹。此外其釉色与上述刻划花碗残片相比更加细白，有清亮之感，可见宋代定窑窑工对刻划花、篦划花技法的运用以及釉料的制作都达到了相当高的水平，即使科技发达的今天，仿制定窑器物的工匠们也有望尘莫及之感。

宋 定窑白釉剔花花卉纹碗残片

图4-99中是一组定窑白釉碗（内壁手拉坯旋纹明显，因而又有罐的特征，但已无法准确确定器形）的残片，似乎为同一个碗上的残片或同一类型碗上的残片，但已无法拼对。重要的是它们外壁花卉纹饰均采用了剔花的技法，也就是花卉纹饰以外部分采用了局部"减地"的处理方法，使得花卉纹饰呈凸起的状态。"剔花"一词在以往资料对定窑纹饰表现技法的描述中并未出现，但以往的资料介绍中描述定窑的技法有"浮雕"一词，"剔花"与"浮雕"在技法上有相似之处，但用"剔花"一词表现似更妥当，因为是在坯胎没有干透之前有些软的状态下用硬质刀具削出的纹饰，属于"硬碰软"，用"剔"比较恰当，而"雕"指工具和作品的材料都较硬，属于"硬碰硬"。浮雕有浅浮雕和深浮雕之分，浮雕出的纹饰一般要高出周围的平面或表面，这组残片上的剔花技法仅与浅浮雕相似。此外，这组瓷片上的剔花仅仅是把花"剔"出来而已，而"减地"并不彻底，地子远离剔花的部分仍留有一定的高度而从整体上显得地子并不平整。

206

图 4-99 宋 定窑白釉剔花花卉纹碗残片

图 4-100 北宋 白釉刻牡丹纹龙首注壶（定州博物馆藏征集）

定州博物馆藏有一件标明为"白釉刻牡丹纹龙首注壶"也应是剔花的作品，与之相比，可以推断出这组残片上的纹饰也应是牡丹纹。这些残片的釉层都极薄，胎釉结合紧密，釉面呈现乳白并有油脂和粉质的感觉，还有玉石般的油润感，十分细腻，或许定窑的工匠在釉中掺入了一种特殊的"粉质"的成分，才使得釉面呈现出这样的效果，由于古代的粉定器物至今无法以实物的方式确认，我以为或许这组瓷片和定州张双路先生珍藏的定窑白釉造像残片一样，就是传说中的粉定器物，也不得而知。

宋 定窑白釉官字款碗（盘）残片

这是一件白色的定窑瓷片（图 4-101），为残缺的碗底或盘底。它的底部带一个"官"字，这个官字是划出来的，略微有一点残缺。

这件瓷片的收藏者为北京收藏家协会会员、收藏家邓晓冰先生。这里我介绍一下官字款瓷片的一些信息。定窑从晚唐、五代一直到宋代晚期，特别是北宋时期定窑曾

图 4-101 宋 定窑白釉官字款碗（盘）残片（邓晓冰先生藏）

图 4-102 宋 定窑白釉官
字款碗（盘）残片

为北宋宫廷烧制御用瓷器，但这是在民窑器物的基础上烧造的，并非真正由官方修建的窑场，具有民窑供御的性质。从晚唐开始，有的定窑器物的外底上有"官""新官"字样，这种器物可能是应当时官方的特殊需要烧制的瓷器，是为了防止与民窑器物相混淆而进行标记以示区别，也相当于官府为规范生产而制定的质量和规格的标准。由于我在市场上所见到的带有"官"字款的器物也并非都很精致，因此我认为带这样款识的瓷器并非专供宫廷使用，也可能供官府机构或者达官显贵使用，但不管怎样说，大多数带这些款识的器物无论从胎、釉各方面都比普通定窑瓷器好些。这件瓷片外底上的"官"字，是烧造前刻划上的，足脊露胎，表明它当初烧制时是正烧的，我判定它是北宋早期的产品。后来我也收藏到了一件带有"官"字款的器物残片（图 4-102），足脊无釉，也是采用了正烧的工艺。

此外，定窑器物底部还有带南宋宫殿名字的，如"奉华"等，是器物烧成后再由南宋宫廷玉工后刻上的，但很难见到实物。

宋 定窑白釉新官字款器物残片

图 4-103 这件残片的底部款识为"新官"，其中"新"字残缺不完整。无论是带有"官"字款的器物还是带有"新官"字款的器物，都是官方定烧的器物，实质上是一种"官样"，以示与民窑器物的区别。从晚唐至宋都有这类带"官"和"新官"款识的器物。

图 4-103 宋 定窑
白釉新官字款器物
残片

图 4-104 宋 定窑
黑釉碗残片

宋 定窑黑釉碗残片

该残片（图 4-104）釉面如黑漆，乌黑发亮，胎质洁白细实，属于黑定中质量较好的器物。

宋 定窑酱釉盏残片

该盏（图 4-105）撇口、弧腹、圈足，灰白色胎质，施酱色釉，外腹下部以下无釉，应是喝茶的器物。

图 4-105 宋 定窑
酱釉盏残片

图 4-106 宋 红定
碗（钵）残片

图 4-107 宋 定窑
紫定碗残片（定州
马联合先生藏）

宋 红定碗（钵）残片

图 4-106 中是一个宋代红定（也称紫定）钵的残片。外壁施紫红色釉，口沿无釉，釉色均匀、纯净，发色纯正。内壁施白色透明釉。胎质洁白细实。为宋代红定中的精品。宋代红定器物极其罕见，即使是残片也不易见到。

宋 定窑紫定碗残片

这是定州马联合先生珍藏的一件定窑紫定碗的残片（图 4-107），内壁施白色釉，外壁及外底、足墙釉色呈现深紫的色泽，或者说黑紫的色调。仔细观察，其釉面呈现很多油滴，而紫色则是油滴的色泽，油滴外的地子颜色呈黑色，这是烧制时釉料中含铁元素的呈色物质呈油滴状结晶析出的窑变结果。但不管怎样这件残片的紫色依然很明显，称之为紫应该没有问题，与上述我收藏的红定瓷片相比，其油滴色泽在黑地的映衬下"紫"的味道更加明显，称之为紫定更为妥当。这类呈现紫色的定窑器物十分罕见，因此即使是残片也有着十分重要的史料价值，同时也填补了定窑器物此种釉色种类的空白。

图 4-108 宋 定窑白釉点褐彩
蝴蝶纹盖残片

图 4-109 宋 定窑白釉印花花卉纹盏

宋 定窑白釉点褐彩蝴蝶纹盖残片

我从事收藏事业将近 20 年，这类带有褐彩的定窑瓷片仅收藏此一片（图 4-108）。定窑器物基本上都以印花和划花纹饰取胜，带有这种褐彩的器物极其罕见，也是带有褐彩定窑器物的真实见证。由于蝴蝶纹饰采用的是浅浮雕的技法，所以应为北宋早期之物。在蝴蝶的头部、尾部和两侧翅膀上以点彩的方式点染褐彩，使蝴蝶更有质感和真实感，充分起到了装饰的艺术效果。这件瓷片具有极高的收藏、研究和标本价值。

宋 定窑白釉印花花卉纹盏

图 4-109 中是一个定窑的小碗，应是古人喝茶的茶盏。尽管我收藏很多年，但收藏一件完整的定窑器物也不是很容易。北京地区工程建设中被动出土的定窑瓷器残片很多，说明当时北京地区是定窑的重要销售地，但随着岁月的流逝，现在想收藏一件精美的定窑整器的机会并不多。定窑整器的价格比较高，而作为标本的残片，价格就低多了，也很容易买到。这个小碗的内壁是印花，似乎印的是菊花，我取名为缠枝花卉纹。

做鉴定，判断这件器物是什么年代的，要找到它的时代特征。这个盏的口沿没有釉，为芒口，俗称涩边、涩口。涩口和印花工艺都是北宋末期以后定窑器物的特征，并一直延续到元代。这个盏的釉色呈白色，局部泛青，符合宋代定窑瓷器的特征。此外，判定宋代定窑瓷器还有一个很重要的依据，就是宋代定窑器物的外表面常常有泪痕或者叫竹刷纹的现象，这是由于高温烧造过程中局部釉往下流淌造成的，如果用手一摸就会有一道道、一条条突起的流釉，这就是所谓的泪痕现象，这个盏的外表面就有这种特征，因此可以把它判定为北宋时期的器物。这件定窑小盏由于保存完整，也是一件比较珍贵的器物。

辽 林东辽上京窑仿定窑白釉器物残片

这是一件白釉类似定窑的器物残片（图 4-110），为狮子的头部。据原藏家介绍，这件残片是他早年在赤峰巴林左旗辽上京临潢府皇城区域内捡拾到的，所以我大致判断这很有可能是位于临潢府故城皇城内的辽上京窑烧造的器物。据载，考古发掘发现上京窑场区域的宽度约为 50 米，长约为 80 米，规模较小，属于辽代官窑。宋辽战争期间，辽兵曾从中原地区的定窑掠到很多窑工为其烧造瓷器，因此巴林左旗的林东窑窑场中有很多器物属于当时仿定窑的器物，当地人称为土定。该残片釉质细腻，与定窑产品极为相似，但胎质较为疏松，应是使用了林东地区的胎土所致。关于辽代遗址出土的很多定窑风格的器物，哪些来自中原，哪些是当地自行烧造的仿定器物，鉴定起来还存在一定困难，但从这件残片的特征上看，出现在辽代区域内的似乎胎质不太致密的器物可以归属于辽代仿定的产品。

图 4-110 辽 林东辽上京窑仿定窑白釉器物残片

金 定窑白釉印花花卉鱼纹盘残片

这是一个定窑小盘的瓷片（图 4-111），颜色不是很白，内壁分成几个框格，印有花卉，中间是鱼，这种在瓷器上分成框格以及用鱼纹装饰的，是金代器物的典型特征，

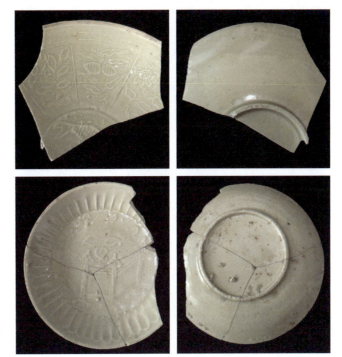

图 4-111　金 定窑白釉印花花卉鱼纹盘残片

图 4-112　金 定窑白釉印花花卉栏杆菊瓣纹盘残片

因此我判断这是一件金代的定窑器物，金代的定窑瓷器又称金定。宋金时期烧造了大量的定窑瓷器，因此现在出土的瓷片非常多。

金 定窑白釉印花花卉栏杆菊瓣纹盘残片

图 4-112 中这件小盘子的内部，周围是印出的菊花瓣纹饰，中间是庭院中的栏杆，栏杆内是花卉、小草，空中还有蝴蝶，也应是金代定窑的产品。

金 定窑白釉印花吴牛喘月故事图盘残片

这件定窑残片（图 4-113）的内壁有水纹和瑞兽，动物纹是少数民族常用纹饰。这个瑞兽好像是一头水牛，天空中有一轮弯月，月下漂浮着云朵，水牛眼睛瞪圆，惊恐地看着月亮，这种纹饰题材描述的是"吴牛喘月"的故事，金代铜镜上也可见到这种纹饰。我判断这件残片为金代的器物。

图 4-113　金 定窑白釉印花吴牛喘月故事图盘残片

元 定窑白釉印花杂宝纹盘残片

图 4-114 中这件瓷片的内壁有类似牛角的纹饰，也是印花的，称作双角纹，属于杂宝纹饰。这是一件具有草原民族风格纹饰的瓷片，我把它定为元代的器物。元代定窑器物通常称为元定。

现在市场以假乱真的仿定窑器物很多，有的仿品仿真度极高，收藏过程中应仔细观察。白色定窑仿品与常见定窑真品的区别主要是仿品釉色的白度不足，往往釉色发黄且有杂质，外底大多故意做出斑块状缩釉，也常常在器物表面沾上泥土，造成出土器物的假象。

图 4-114　元 定窑白釉印花杂宝纹盘残片　　图 4-115　现代 仿宋定窑白釉印花盘

至此五大名窑的基本情况就讲述完了，下面我以自己的观点对这五个窑口做简单总结。

汝窑：

现已发现的河南宝丰清凉寺汝窑其性质属于民窑中的供御，且汝窑供御的窑址应不只是清凉寺一处。如果传说中的汴京官窑与清凉寺汝窑为同一窑址，则清凉寺汝窑应为官窑，但在官窑设置前，汝窑仍为民窑供御性质。

官窑：

南宋人顾文荐《负暄杂录》载："宣、政间，京师自置烧造，名曰'官窑'。"我的观点偏向于其中的"京师"应指"朝廷"，因此后人传说的"汴京官窑"其窑址并不在汴京（今开封市），但北宋官窑应该存在，窑址很有可能就是现已发现的清凉寺汝窑，即北宋官窑和汝窑应属同一窑址，或者北宋官窑窑址在清凉寺汝窑附近以及周边具备烧造条件的地区。如果北宋官窑与现在已发现的汝窑为同一窑址，那么"京师自置烧造"中的"自置"应该是指朝廷投资，则已发现的汝窑窑址应为真正意义上的官窑。杭州凤凰山已发现的老虎洞官窑即是修内司官窑，修内司官窑和郊坛下官窑即是文献中记载的南宋的两处官窑，两处窑场都是在民窑的基础上建立的，而且烧造时间一直延续到元代。南宋官窑的窑址应该不仅是已发现的两处，附近应该还有可能存在官窑窑场。

除上述观点外，我也不完全否定北宋官窑位于开封的观点。辽代即有位于辽上京临潢府皇城内的辽上京官窑，清代也曾在养心殿烧造过珐琅彩器物，因此也不排除北宋在开封城内烧造宫廷或御用瓷器的可能。北宋汴京官窑一直以来就是个谜团，有不同的观点是正常的，现在下定论还为时尚早，需要考古发掘来进一步寻找证据。由于北宋汴京官窑窑址至今没有被发现或认定，因此现存的或已发现的具有官窑特征的器物不宜划归为北宋汴京官窑。

哥窑：

南宋哥窑简称为"宋哥"，宋哥应分"宋民哥"和"宋官哥"。宋官哥窑址应该就是已发现的杭州凤凰山老虎洞遗址或在其附近。哥窑器物之所以被人尊崇表明其应该是南宋老虎洞官窑的一个品种。宋民哥烧造点之一即是传说中的章生一所主的窑场，窑址应在龙泉的大窑（即古代的琉田）一带，此处的哥窑器物可称作龙泉哥窑，或简称龙哥，其部分哥窑精品或许为贡瓷；关于宋民哥的第二个烧造地点，据明代高濂《遵生八笺》记载："哥窑烧造私家，取土俱在本处。"这里的"本处"指的是杭州凤凰山老虎洞附近，也就是在南宋修内司官窑的窑址附近，据此可以判断哥窑如果在宋代民窑中有烧造，也是老虎洞附近的民窑所为，因为"私家"应该是民窑，显然不同于"官家"的官窑，并且当时哥窑和官窑的胎土的取土地点相同，即都在凤凰山下，因而哥窑烧成后的器物和官窑必有相同之处，此处哥窑器物应是仿官窑的作品，因而造成后世部分器物"官哥不分"。

入元以后在老虎洞窑址或附近窑场由民间继续烧造哥窑品种的器物（仿官产品），这些哥窑器物可称为"元哥"，受商品化的影响，部分元哥产品较为精致，与宋官哥或宋民哥中的精品质量相伯仲，或许元哥中有供元代宫廷使用的器物。元末老虎洞哥窑烧造达到高峰，直到明初还有烧造。明代及以后墓葬中出土的哥窑器物应该是元代或明初所烧造。

综上所述，我认为宋官哥是否存在还有待商榷，须考古发现来进一步找到证据，现在故宫博物院珍藏的传世哥窑器和部分出土器物中的所谓宋官哥很有可能仅仅是老虎洞官窑窑址及其附近窑址在宋、元或明初的作品。

钧窑：

民窑钧瓷在宋代已普遍烧造应不存疑问。关于人们惯称的宋代"官钧"，我认为是存在的，但其窑场性质应该是供御，或至多是地方官窑，而不是御窑，其窑址还需继续寻找。已经发现的禹州钧台窑址其年代和性质还需进一步确定，包括考古程序方法以及寻找新的证据，该处窑址即使是明初窑场，也是供御性质，至多是"置官监烧"，而不应该是御窑。目前关于"官钧"的宋代说、金代说、元末明初说和宣德说，大家可以作为参考，允许有不同的学术观点存在，希冀将来考古有进一步的发现。

定窑：

已发现的位于河北省曲阳县涧池村的定窑遗址其性质应为民窑供御，已发现的带有"官"和"新官"款识的器物表明定窑供御的产品是按照一定的样式和质量要求烧造的，而不是以名特产的名义进贡的。辽地窑场烧造的白瓷中的仿定器应没有带"官"和"新官"款识的器物，辽地墓葬、塔基出土以及其他历史遗存中的带有这类款识的器物应是辽朝通过宋辽贸易或外交途径从定窑获得的。

综上所述，由于官哥窑和官钧窑的年代问题尚存在争议，所以"宋代五大名窑"目前暂称为"五大名窑"似乎较为妥当。

古玩鉴赏知识

柴窑与东窑

讲到五大名窑来历的时候会提到柴窑，这里把柴窑的情况简单介绍一下。柴窑相传是五代后周周世宗柴荣烧造瓷器时御用的窑场，后人依柴荣的姓氏称之为柴窑。关于柴窑烧造的地点传说有三处：第一处是在河南的郑州；第二处是在当时的汴京，也就是今天的开封；第三处是说在五代的时候，因吴越国钱氏政权在越窑瓷器烧造过程中曾经向周世宗柴荣进贡过瓷器，因此有人认为柴窑瓷器就是越窑烧造出来的相当于秘色瓷（越窑中的精品，见第九讲相关越窑部分的内容）的那一部分瓷器，只不过是给周世宗柴荣进贡的，所以柴窑指的是烧造这部分进贡瓷器的越窑，其窑址应在浙江。关于这三处地址的说法到底哪一种正确，或者说柴窑本身就是一个传说，还有待于后人去发现和研究。直到现在为止，柴窑的窑址也没有被发现。传说中柴窑瓷器的釉色与汝窑瓷器的釉色基本相似，而汝窑器物主要的釉色是天青色或者淡蓝色，也是它的标准色。实际上古代称呼中的天青、天蓝、淡蓝所指的色泽基本相同，都是或浅或淡的蓝色基调，像晴朗天空的颜色。

关于柴窑器物的釉色，据相关文献记载，周世宗柴荣在谈到瓷器烧造和釉色的话题时说："雨过天青云破处，者（这）般颜色做将来。"他的意思是说要做成一种天青色瓷器，后来有人说这句话是宋徽宗赵佶说的。后人用"青如天，明如镜，薄如纸，声如磬"评价柴窑瓷器，这里的"薄如纸"应指釉层厚度，而不是指胎骨而言。《匋雅》一书中有这样的解释："柴窑所谓青如天、明如镜、薄如纸，三者均指釉汁而言，不指胎骨而言。""此言薄如纸者，盖谓所上之釉，其薄如纸也。"

《骨董琐记》一书有如下记载："明宁国大长公主所用一瓷杯，酌酒满则隐起一龙形，鳞鬣俱备，酒尽不复见。又尝见一贵人买得柴窑碗，其色正碧，流光四溢，价百余金。皆见王渔洋《香祖笔记》。"王渔洋是明末清初人，这段记载说明明代或清初确有人见过柴窑的器物。这里的"碧"为青绿色，唐诗云"春来江水绿如蓝"，可见绿色中还有蓝的色调，也基本符合雨过天晴的天空色泽，"价百余金"说明柴窑器物价格很高，古代就有"柴窑片瓦敌拱璧"之说。

由于柴窑的窑址至今没有被发现，也没有可靠的传世器物用来参考，因此现在对于柴窑的器物认定还没有公认的参考标准，我们收藏瓷器，大家要了解这个知识点，在收藏的过程中对声称柴窑的器物一定要特别小心。一次我去一个朋友家里，他突然拿出一个小瓶来，然后跟我说这是柴窑的，我看那个小瓶有点发蓝，蓝幽幽的，不太好判断，但按照古代瓷器的一般标准去衡量此瓶，其年代应该不会很久远。还有一次，我的一个朋友在市场上买到一个天蓝釉的小瓶，他认为应该是柴窑的，依据是除了颜色符合文献的描述外，此瓶的外底还写有一个"柴"字，我看了一下，那只不过是一件很普通的现代仿品。实际上无论柴窑器物的真实面貌如何，作为古代瓷器，一定要具备古瓷的基本特征，如造型古拙、釉色温润、没有现代做工留下的痕迹等。

下面再说一下东窑。东窑是宋代民间的一个窑口，全称叫作"东京名窑"，简称东窑。传说东窑的窑址是在开封的陈留一带，具体窑址到现在也没有被发现，当然器物也无法得到印证。东窑的名称，被一些明清书籍讹传成"董窑"。据载，东窑器物的釉色是青色，叫作"东青"，明代永乐时期东青这个名称被讹传成了"冬青"。到清代康雍乾时期，根据青瓷釉色深浅的不同又分别称为粉青、冬青、豆青，青釉色泽稍浅的略有"粉"的感觉称为粉青，较深些像青豆颜色称为豆青，处于粉青和豆青之间的颜色称为冬青。由于东窑的窑址至今也没有被发现，所以东窑瓷器到现在还是个谜。也有文献记载，北宋曾设有东西二"窑务"，掌管烧造事宜，因此东窑或许指"东窑务"及其开设的窑场。

《匋雅》中有这样的记载："后周雨过天青，不可得而见之矣。赵宋所仿之青瓷，即今所谓东青者也。"这段话表明东青是宋代仿后周柴窑的器物，但我认为北宋的汝官窑器物或许才是仿后周柴窑的作品。

琢器与圆器

瓷器的形状（或称器型）是多种多样的。对于有方、有棱、有角的瓷器，古代景德镇称之为"琢器""印器"，而把常见的如碗、盘子、碟子、酒盅、杯子等能通过拉坯一次成型的称为"圆器"。琢器和圆器属于瓷器上的术语（或称行话）。大家看书也好，研究、收藏也好，对一件有棱角的器物，比如一个方瓶，我们说这是一件琢器；对于一个普通的碗，我们说这是一件圆器，也叫饭器（有盖子的也称饭冒器）。大家要掌握一些专业术语，来丰富自己的理论知识。对于一个瓶子，这个瓶子有圆的、需要拉坯的部分，比如瓶的腹部，也有方形、棱角或不规则几何形状的部分需要手工制作，比如瓶子的耳部，它们需要分别做出来再组合、镶嵌或粘接在一起，那么这个瓶子也叫琢器。一个圆形的罐子，分别拉坯制作出上半部分和下半部分，然后在腹部进行接口组对，那么这个罐子也被称为琢器。圆器的概念强调的是完全通过拉坯一次成型，这样的才能称为圆器，否则即称为琢器，而并不以其外形是否是圆形为依据。

七大窑系　各显风韵

第五讲

　　宋代的七大窑系包括四个北方窑场和三个南方窑场，北方窑场包括磁州窑系、定窑系、耀州窑系和钧窑系，南方窑场为景德镇青白瓷系、龙泉窑系和建窑系。这里要说明的是，有些资料把越窑列入宋代窑系形成所谓的八大窑系，但实际上越窑的兴盛期是唐末至五代，而到北宋中期已经迅速衰落，其影响力已趋于减小，因而本书暂不将越窑列为宋代窑系之中。也有人把吉州窑列入宋代八大窑系，但因为吉州窑很多器物的风格与磁州窑产品相似，所以通常把吉州窑置于磁州窑系范畴，虽然吉州窑也有自己的特色，但是并没有形成影响面很大的窑系。本书按磁州窑系、定窑系、耀州窑系、钧窑系、景德镇青白瓷系、龙泉窑系和建窑系这七大窑系来讲述，并把它们的烧造时期和产品种类情况延伸到金、元、明、清时期一起来讲述。由于定窑系和钧窑系的产品包含在五大名窑之中并已在第四讲中讲述，因此本讲中将不再重复叙述。

　　磁州窑以白地黑花器物为主，结合经典的诗文、谚语和民俗绘画，将诗情画意和纯朴的民风完美组合在一起，使工匠的才艺得到尽情地展示，器物型式和风格更加接近普通人的生活，因而得到普通大众和士人的喜爱。耀州窑刻花器物刀锋犀利，釉色青幽雅致，惹得邻近地区竞相烧造。景德镇青白瓷温润如玉，文人雅士爱不释手。龙泉窑青釉或碧绿，或苍翠，或青黄晶亮，或堪比美玉，虽为单色釉，却美得妙不可言。建窑茶盏以其独特的斗笠造型，特有的保温特性，奇妙的兔毫纹和漆黑的釉色，成为文人雅士乃至宫廷、皇室斗茶的绝美茶具。七大窑系器物器型繁多、色彩纷呈、底蕴深厚，在大江南北掀起了瓷器烧造的高潮，形成了陶瓷烧造的主要脉络，是中国陶瓷史的重要组成部分。

瓷片与器物鉴赏

耀州窑简介

耀州窑的中心窑址是在陕西省铜川市的黄堡镇，铜川市在宋代归属耀州管辖，所以这里的窑址被称作耀州窑。耀州窑在唐代即已生产，称作铜川窑，因铜川古称同官，因此还有同官窑之称，这是唐代和宋代对同一地区窑址名称的不同称谓。黄堡镇耀州窑的中心窑址在新村，现在已发掘出两处窑炉遗址，均在漆河北岸，其中一处是代表性的耀州窑青瓷烧造遗址，另一处因在发掘过程中发现了唐三彩器物，所以也被称作耀州窑"发现唐三彩遗址"。耀州窑博物馆位于黄堡镇耀州窑遗址附近，馆藏有丰富的耀州窑器物。

耀州窑自唐代开始烧造，到宋代进入烧造的高峰时期并一直持续到元代，元以后规模减小并逐渐衰落，炉火一直延续到明清及民国时期，但明清以后的器物无论数量和质量都无法与宋代相比。与黄堡镇毗邻的陈炉镇也是著名的耀州窑烧造窑场，至今还保存有清代的马蹄形窑炉。

图 5-1　漆河

图 5-2　耀州窑博物馆

图 5-3　黄堡镇耀州窑遗址

图 5-4　黄堡镇耀州窑遗址
（发现唐三彩窑址）

图 5-5　陈炉镇

图 5-6　陈炉镇清代马蹄形窑炉

耀州窑器物胎质的基本颜色或称标准色为灰色，不同的器物、不同的窑口甚至同一窑口的不同器物的胎色也会略有变化。耀州窑器物也有胎色呈白色的，据当地藏家介绍，黄堡镇一座十几米深的古井中，有很细的白色泥状胎土，推测应是古代烧造耀州窑器物使用的胎土。从耀州窑遗址中展出的一件酱色釉耀州窑盘的残片以及我曾看到过的耀州窑器物残片的胎质上看，耀州窑确有白色胎质的器物。

图 5-7　宋 耀州窑系瓷器残片

耀州窑属于北方青瓷系统，釉的主要色调为青色，属于青瓷。其代表性的青釉颜色或称之为标准釉色为橄榄绿，也有釉色接近于橄榄绿色的，多少会有一些色阶的变化，因为即使是同一座窑炉里不同的摆放位置，最终烧出成品的釉色都不尽相同。除橄榄绿外，草黄色也是较为常见的釉色。还有一种近似粉青釉的淡青色的釉色品种，这种釉色的器物非常漂亮，给人清新疏朗的感觉，这也是耀州窑器物中十分珍贵的一种釉色。宋代耀州窑除了烧造青釉器物外，还有黑色和酱色釉的器物。据说还有白色釉的，白色耀州窑瓷器被称为"白耀"，陈万里先生在《陈万里陶瓷考古文集》一书中也提到过耀州窑烧造的白色器物，但是我现在还没有收集到白耀的样品。据载，金代耀州窑还创烧了月白釉的新品种。清末民初，耀州窑还盛行烧造一种香黄釉的器物，我也收藏到了一件香黄釉的器物。

典型的宋代耀州窑器物的纹饰是采用刻划的技法，因此刻划花卉的器物较多，也有附带娃娃等人物纹饰的。刻划的特点可用八个字来形容：刀法犀利，线条流畅。这是因为古代工匠的技艺都传承自祖辈，长年累月地刻划几种纹饰，技艺就会非常娴熟，纹饰也非常精美。耀州窑器物除了采用这种刻划花技法以外，还有剔花，剔花形成的花纹具有浮雕的效果，十分精美。耀州窑还有印花技法，宋金元时期都有印花的器物。明清乃至民国时期耀州窑还烧造白地黑花、白地赭花等仿磁州窑风格的器物。民国时期也大量烧造青花器物。

我在耀州窑博物馆看到了带有"官"字款的耀州窑器物的残片（据载为 1984 年梁观登捐赠），该博物馆的图片资料中也记载了耀州窑遗址也曾出土带"官"字款的青瓷碗底，并说明至少在五代时期耀州窑已经开始为宫廷烧造瓷器。耀州窑曾经给北宋宫廷烧造过瓷器，属于供御的范畴，这类瓷器的质量应该是比较好的。我也收藏到了带有"政和"字样的器物残片，进一步证明了在北宋时期耀州窑确实为北宋宫廷烧造过

图 5-8　北宋 博古插花牡丹莲纹碗内范和母范（耀州窑博物馆藏）　　　图 5-9　五代 青釉剔花牡丹纹执壶（耀州窑博物馆藏）

图 5-10　北宋 青釉印花牡丹纹碗（耀州窑博物馆藏）　　　图 5-11　五代 青釉"官"字款标本（耀州窑博物馆藏 1984 年梁观登捐赠）

供御器物。

　　耀州窑博物馆中有出土的素烧过的器物坯体，说明耀州窑器物采用了素烧和釉烧的二次烧造工艺。

　　著名陶瓷考古学家陈万里先生在 1959 年 3 月考查耀州窑遗址的时候，发现了德应侯碑，这块石碑应该来自古代的窑神庙，陈先生记录了碑文，其中有几句写得特别好，描述了耀州窑器物烧造的场景："烈焰中发，青烟外飞，煅炼累日，赫然乃成，击其声，铿铿如也，视其色温温如也。"这几句话把耀州窑烧造瓷器时炉火映天、窑工忙碌的情景描写得活灵活现，十分生动，仿佛就在我们眼前。

　　耀州窑的影响范围很大，当时除了黄堡镇、陈炉镇有很多窑口外，邻近县，比如旬邑县，也在烧仿耀州窑的瓷器。此外，河南的新安窑、宜阳窑，内乡窑，还有临汝、宝丰及钧台窑，都在烧造仿耀州窑风格的器物，其中钧台窑虽然主要烧钧瓷，但通常窑口之间互相仿烧，在烧钧瓷的同时也仿烧耀州窑器物。广州的西村窑及广西的永福窑、容县窑也烧过仿耀州窑瓷器。但是除了黄堡镇等中心窑场区域以外，其他地区一些仿烧耀州窑的窑口，在纹饰技法上主要是仿耀州窑印花的这种风格，可能是因为印花要相对简单些，生产率也高，而刻划花要求工匠具有较高的技艺和手法，通常不易被掌握。耀州窑形成了一个庞大的窑系，是宋代七大窑系之一。

北宋 耀州窑刻花攀枝娃娃纹碗残片

这是一个耀州窑碗的残片（图5-12）。碗内壁刻划攀枝娃娃花卉纹，外壁呈放射状纹饰，可称之为伞骨纹或折扇纹，这种制作工艺既具有刻的特征，又有划的手法，是两种特征兼而有之的一种工艺，所以这里把它称为刻划法，采用这种技法形成的线条刀痕呈现一侧陡峻、另一侧平缓的特征，类似汉代古玉的"汉八刀"工艺，纹饰刻划线条流畅。它的釉面呈青绿色或称之为橄榄色，这是耀州窑器物代表性的釉色，刻划刀痕内积釉处颜色较深，釉面有开片。胎色为耀州窑器物特有的灰胎。攀枝娃娃纹盛行于宋代，除耀州窑器物外，在一些影青瓷（属于青白瓷系）斗笠碗上也常见这种攀枝娃娃纹。清康熙时期的青花瓷器上经常出现的莲花童子纹也属于这类纹饰。

图5-12 北宋 耀州窑刻花攀枝娃娃纹碗残片

宋 耀州窑"政和"及"长命"款盏残片

图5-13中是我收藏的一组共9个耀州窑青瓷茶盏的残片，均为灰胎，表面施青釉，略带草黄色，外表光素无纹，内表面为印花纹，款识情况如下：

两件瓷片的内壁上分别残存有一个"政"字（字体部分残缺），外加单方框；

一件瓷片内壁呈上下方向排列印有"政和"二字（"政"字部分残缺），外加单方框；

一件瓷片内壁上残存有一个"长"字（字体部分残缺），外加单方框；

一件瓷片内壁上残存有两个字"长命"（字体部分残缺），外加单方框；

二件瓷片内壁上仅残存单方框边缘；

二件瓷片内壁上未见款识。

以上可以看出这些瓷片上的款识应是"政和"和"长命"款，我推测内壁款识对称的一侧还有两个字，组合后为"政和年制"和"长命富贵"。这些带有款识的茶盏应该是为北宋宫廷或官府烧造的器物，进一步证明了耀州窑在北宋时期的供御性质。《匋雅》一书中也有相关记载："宋碗有'政和'款字，亦未穷其究竟。"想必这种带有纪年款识的器物甚至是残片当时并不常见，而事实上直到现在连瓷片也十分罕见。

北宋 耀州窑波涛海兽纹盏残片

该盏（图5-14）为侈口，斗笠形，小圈足，灰色胎质，青釉。内壁印有水波纹，水中有一鱼纹，盏心处有一残缺的海兽纹。外壁为放射状线纹，形状好似伞的骨架，又像是折扇的扇骨，称作伞骨纹或折扇纹。

图5-13 宋 耀州窑"政和"及"长命"款盏残片　　图5-14 北宋 耀州窑波涛海兽纹盏残片

北宋 耀州窑酱釉茶盏

图5-15中是一个小茶盏，类似斗笠形状，短直口沿，腹部斜直，小底足，酱色釉。酱釉这种釉色早在汉代就有烧造。酱釉在古代是比较常见的一种釉色，随着酱釉颜色的深浅变化，也有柿色釉和紫金釉之称。这个酱釉盏有些损坏，是拼对的，基本上不

缺，拼对成了这样一个完整的茶盏。从破损处可以看出，它的胎质呈耀州窑器物典型的灰色。而这种类似于斗笠的造型是整个宋朝时期茶盏的典型造型，因此它应该是宋代耀州窑茶盏。古玩行里给这类器物起了一个非常好听的名字叫"红耀州"，这个盏的酱釉有些发红，因此可以称之为"红耀盏"，或美其名曰"金耀盏"。

清 耀州窑香黄釉酱彩诗文双耳尊

图5-16中这件器物洗口、束颈、折肩、弧形腹、圈足外撇，颈肩之际对称有两条形系。通体施香黄釉，内部无釉。采用釉下酱彩由上至下绘制三层纹饰，上面一层对称绘两只蝴蝶纹；位于肩部的中间层对称写有两个寿字，间以花卉纹；腹部倭角方

图 5-15　北宋 耀州窑酱釉茶盏

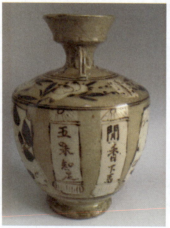

图 5-16　清 耀州窑香黄釉酱彩诗文双耳尊

框形开光内绘花卉纹，两开光之间一处为花卉纹，对称处写有两行八字的铭文："闻香下马，五味知足。"香黄釉色调温和，酱彩俗称做铁绣花，绘画流畅洒脱，是耀州窑清代具有浓郁地方特色的作品。这种类型的器物被称作尊，实际用途为盛酒之器具，俗称酒瓶。

磁州窑简介

磁州窑位列宋代七大窑系之一，是北方比较大的一个窑场。磁州窑的烧造年代，有资料上介绍的是北宋中期磁州窑开始烧造，但据载磁州窑从唐代就开始烧造了，只不过到宋代达到了烧造高峰并形成了独具特色的风格。元代，磁州窑烧造数量非常多。到明代中期以前，磁州窑烧造数量仍然可观，以后逐渐衰落，这是对磁州窑烧造年代的介绍。磁州窑的主要窑址在河北省邯郸市磁县，具体来说它主要的烧造区域是在磁县的观台镇和彭城镇一代，窑址散布在漳河两岸，这是它的中心烧造区。观台镇现有东艾口村窑址和观台窑址，其中观台窑为磁州窑中心窑场之一，而东艾口窑则是著名的带有"张家造"印记瓷枕的烧造窑口，这两处窑址2018年窑址访古过程中我都曾去过。磁州窑是一个窑系，它的影响范围非常之大，它虽然是在河北省烧造，但邻近省份也在烧造这种风格的器物，比如河南的鹤壁窑、鲁山窑，还有钧台窑、扒村窑，也烧造这种磁州窑类型的瓷器。山西的霍县窑、介休窑，山东的淄博窑，陕西的耀州窑，还有江西的吉州窑，很多的窑口都在生产这种磁州窑系的产品，所以说它的影响和烧造范围非常之大，窑火延续长达千年。

图 5-17　观台镇东艾口村　　图 5-18　漳河东艾口村段　　　　图 5-19　观台磁州窑遗址
磁州窑遗址

磁州窑烧造的重要阶段是在金代。磁州窑经过唐代的创烧时期，历经宋代的高峰烧造期，到了金代开始为皇家烧造宫廷用瓷了，或者称供御瓷器，也就是说由宫廷向磁州窑派订单。这一时期，磁州窑给金廷烧造的瓷器都带有龙凤纹，龙大多为四爪。因此磁州窑产品中这类供御的器物有很高的收藏价值，在当时也一定是精品器物。据载，从北京元代故宫地层里也出土了一些磁州窑器物残片，可以推断出磁州窑也曾为元代烧造过宫廷用瓷。明代宫廷也使用有磁州窑瓷器，南京明故宫遗址中也发现有磁州窑的瓷器，据载明代磁州窑为宫廷烧造瓷器的是磁州彭城镇。

大家都知道世界瓷都和中国瓷都都是指江西省景德镇，但磁州窑及所在地邯郸市由于当时烧造活动十分繁盛而被后人称为北方的瓷都。

磁州窑器物的胎质不是很致密，据记载它的胎是专门用一种"磁土"来烧造的，这种磁土是由当地出产的一种有磁性的磁石风化或加工而成，同时又因为磁州窑位于磁县，磁县宋代属磁州，因此磁州窑的瓷器又被称作"磁器"，但后来有人把"瓷器"与"磁器"名称混用，其实古代的"磁器"起初应指专门产自磁州的器物，到了元代景德镇设立"浮梁磁局"时，仍在使用"磁器"这一称呼，而后世逐渐用"瓷器"一词来取代。这一点大家要知道，否则当你阅读有些书籍的时候，还会怀疑磁州窑的器物写成"磁器"是不是写错了，不过现在大多数人习惯上还是叫瓷器。古代文献中也有用"瓷"字的，最早使用瓷器的"瓷"字，可见邓之诚所著《骨董琐记》一书中有如下描述："《西京杂记》引邹阳《酒赋》云：'醪酿既成，绿瓷既启。''瓷'字见此。"邹阳是西汉时期人，可见西汉时文献中已出现"瓷"字，但西汉时期并没有真正成熟的瓷器而仅有始于商周时期的原始青瓷。

磁州窑瓷器的胎质不是很致密的原因是缘于这种胎土的特性，这种胎土古代称之为"大青土"，由于这种胎土不算是上好的胎土，因此工匠往往在胎体表面施加一层白色的化妆土，其目的是掩盖一下胎质的缺陷，再在外面罩釉烧造，所以我们看一些磁州窑器物的时候，就会看到在胎和釉之间往往有一层白色的化妆土，它的作用类似于人们脸上擦的胭粉似的，起到增白和蒙盖一些缺点的效果。

图 5-20　磁州窑博物馆（磁县）

图 5-21 北宋 白地剔划缠枝牡丹纹梅瓶标本（磁州窑博物馆藏 1987 年观台窑址出土）

图 5-22 金 绿釉划牡丹纹大口瓶（磁州窑博物馆藏，1987 年观台窑址发掘出土）

图 5-23 元 白地黑花牡丹纹梅瓶（征集，磁州窑博物馆藏）

图 5-24 元 白地书"招财利市"梅瓶（征集，磁州窑博物馆藏）

　　磁州窑器物的表面色调多为白地黑花以及白地褐彩，这是磁州窑器物最主要的一种装饰技法，也有白地酱花、白地绿彩、白地红彩的器物，还有绿釉、黑釉、酱釉及三彩釉陶等，所以磁州窑产品的釉色和装饰是丰富多彩、各种各样的。宋金元时期磁州窑的烧造很繁盛，其中金代达到鼎盛时期。磁州窑器物上的绘画是中国传统书画技法应用在瓷器上的完成期和成熟期，为明清时期瓷器绘画打下了坚实基础。

　　磁州窑是民窑，器物烧造种类和使用范围非常广泛，但在金代至元中期曾烧造过供御瓷，给皇家烧造的器物主要是龙凤纹，如磁州窑博物馆收藏的一件金代白地黑花划龙纹盆（图 5-25）。这一时期普通民窑不敢烧造绘有较为形象的龙凤纹的器物，民间百姓用瓷也不敢使用规范的龙凤纹，使用的也都是绘有变形的龙凤纹的器

图 5-25 金 白地黑花划龙纹盆（磁州窑博物馆藏 1987 年观台窑址发掘出土）

图 5-26 元 白地黑花"僧稠降二虎"故事长方形枕（磁州窑博物馆藏 磁县制锨厂出土）

图 5-27 元 白地黑花"火烧博望"故事长方形枕（磁州窑博物馆藏）

图 5-28 元 白地黑花"姜太公钓鱼"长方形枕（磁州窑文化创意园藏 磁州窑博物馆展出）

图 5-29 元 白地黑花"司马光砸缸"纹长方形枕（磁州窑文化创意园藏 磁州窑博物馆展出）

图 5-30 晚清 青花"富贵有余"六方双龙耳掸瓶（磁州窑博物馆藏）

物。磁州窑民窑器物上绘出的人物、花草等纹饰都是较为率意，还大量出现有一些诗文、民间俗语、故事图等，风格古朴。我印象较深的是一件瓷枕上的话："过桥须下马，有路莫行船。未晚先投宿，鸡鸣早看天。"这其中蕴含着古人的生存哲理和对自然的敬畏之心。磁州窑器物也是宋金元时期外销瓷的品种之一。

磁州窑最典型也是最具时代风格的器物是瓷枕，在磁州窑博物馆中藏有很多纹饰精美的瓷枕。

清代，磁州窑大量烧造了青花瓷器物。

宋 磁州窑白釉黑彩花卉纹罐残片

这是一件罐子的残片（图 5-31），白釉黑彩加划花
形成的花卉纹，黑彩略泛酱褐色，白釉有油脂状光泽，
纹饰舒展流畅。其制作工艺为，首先用黑彩在坯体上绘
制花卉等纹饰，再用尖状工具在花卉上划出装饰条纹或
叶子的筋脉，然后罩上白色透明釉，入窑高温一次烧成，
这类白釉黑彩划花瓷在宋代磁州窑属于高档瓷器。

图 5-31　宋 磁州窑白釉褐彩花
卉纹罐残片

宋 磁州窑系白釉珍珠地划花器物残片

这是一件钵的残片（图 5-32），残存大约为整器的二分之一。灰色胎质，平底无釉，
内壁施白釉，釉色白中显黄，光素无纹；外壁施白釉，并采用圆形管状器具在釉面上戳出
许多圆圈形成所谓的"珍珠地"，并在珍珠地上划出花卉，近底部位划出一周简易仰莲瓣
纹。外壁与内壁相比，釉色略显白些，有莹润之感。花卉纹刻划得粗犷、古朴但不失流
畅。形成珍珠地的一个个小圆圈线条极细，似乎用一种专门的工具戳成，环环相连，形成
特殊韵味的类似堆满珍珠的底纹，称为珍珠地。除磁州窑外，具有这种珍珠地纹饰特征的
器物也出自河南登封一代的窑口，清凉寺窑、鲁山段店窑也有白釉珍珠地划花的品种。

从制作工艺上看，这类珍珠地划花的工艺应借鉴了唐代金银器的錾花工艺，先在
胎体上施一层化妆土，然后刻划花纹，再用管状工具戳出如珍珠粒状的圆圈，然后罩
透明釉高温烧造而成。

图 5-32　宋 磁州窑系白釉珍珠
地划花钵残片

图 5-33　宋 磁州窑系白釉珍珠地划花罐残片

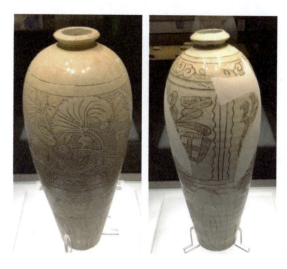

图 5-34　北宋晚期　白釉珍珠地划花鹭
鸶蟾蜍纹瓷梅瓶（2015 年清凉寺汝官
窑遗址Ⅳ区出土，宝丰汝窑博物馆藏）
（左图）

图 5-35　北宋晚期　白釉珍珠地划花
"福□□□"瓷梅瓶（1989 年清凉寺
汝官窑遗址Ⅰ区出土，宝丰汝窑博物
馆藏）（右图）

图 5-36　北宋中期　白釉珍珠
地划花牡丹纹瓷盘（1989 年清
凉寺汝官窑遗址Ⅰ区出土，宝
丰汝窑博物馆藏）

图 5-33 也是珍珠地划花的器物，从残片的造型上看，应该是瓜楞罐的残片，内外施釉，釉面有开片，玻璃质感强，花纹流畅。上文已经说过，除磁州窑生产珍珠地划花的器物外，河南登封窑、清凉寺窑、鲁山段店窑在宋代也生产珍珠地划花的器物，因此关于这类器物的确切窑口较难确定，本书把这两个珍珠地划花的残片暂归属于磁州窑系范畴。宝丰汝窑博物馆藏有这类珍珠地划花的器物。

金 磁州窑白地黑彩龙纹大罐残片

图 5-37　金　磁州窑白地黑彩
龙纹大罐残片

图 5-37 中是一件罐的残片，属于白地黑彩种类的器物。从残片上看，外壁用黑彩绘制了龙纹，内壁施黑釉。龙纹在金元时期磁州窑器物上已有出现，其精品器物在金元时期大都供宫廷使用，作为供御器物其龙凤纹绘画很精细，也形象生动，而民间出于顾忌多采用变形的龙凤纹进行装饰。这个罐子釉面光洁，龙纹绘制得也很精细，应是当时供御的器物。

金 磁州窑白地彩绘人物俑

图 5-38 为磁州窑白地彩绘坐姿俑，高 11.5 厘米。人物为一男子，正襟端坐在圆柱形坐具上，目视前方，双手腹前插袖合拢。施白釉为地，用黑褐色点染眼、眉及头发，用红绿彩装饰衣襟，红色已大部褪色。该俑颈部和身体下部均为断裂后修复的，衣服边缘被重新描绘了红绿彩，属于后世人工修复的一件作品，但修复手法高超，须仔细辨别方可看出破绽（后上彩颜色略显鲜亮，断裂修复处颜色与本体有细微差别，颈部后上彩在修复后的表面上）。

图 5-39 也是一件磁州窑白地彩绘俑，高 12.35 厘米。人物为一站姿女子，目视前方，长圆形发髻，左手下垂，右手横置胸前，手执纨扇，纨扇向下。施白釉为地，用黑彩点染眼、眉、头发、衣领及纨扇轮廓，身着红色长衣，颜色大多褪色显露出白色釉地，绿色衣边。釉面有细小开片，左手下垂搁置处身体有一周窑裂。

这两件人物俑造型拙朴，神态自然，为金代磁州窑白地红绿彩作品（服饰大都用红绿彩两色）。现在市场上也出现了这类人物俑的仿品，仿品大都釉色、颜色鲜亮，神态缺乏古韵。这种人物俑在古代或用于玩偶，或用于陪葬之物，并一直延续到清代。

图 5-38 金 磁州窑白地彩绘人物俑　　　　图 5-39 金 磁州窑白地彩绘人物俑

图 5-40 元 磁州窑白地褐彩龙纹大罐残片

图 5-42 金代 白釉"内府"款梅瓶（崆山白云洞邢窑文化博览园古陶瓷馆藏）

图 5-41 元 磁州窑白釉内府款梅瓶残片

元 磁州窑白地褐彩龙纹大罐残片

这是一件白釉褐彩的大罐残片（图 5-40），胎质灰白并泛黄，内壁白釉光素无纹，外壁釉面莹润，采用釉下褐彩绘制花卉纹，腹部绘龙纹，龙纹绘画草率，这是元代民窑龙纹的常见画法。我曾见过类似纹饰的整个的大罐，从其造型和纹饰风格上看应属于元代的作品。

元 磁州窑白釉内府款梅瓶残片

这件残片（图 5-41）外壁施白釉，釉面有开片，釉上褐彩书"内府"二字，"府"字略残缺，内壁靠近瓶口处施酱黑色釉。从残存的极小的瓶口及残片外表的弧度上看，该残片是梅瓶的一部分。这种梅瓶胎釉制作较为粗糙，应为当初盛装酒的酒瓶，属于磁州窑为元代宫廷内府烧造的专门用于盛酒的器物，明人称这类酒瓶为"官瓶"。河北临城的崆山白云洞邢窑文化博览园古陶瓷馆也藏有一件类似铭文的器物（图 5-42），但标注年代为金代。

图 5-43 元 磁州窑
系黑釉褐彩罐残片

图 5-44 元 磁州
窑白釉黑褐彩人物
纹碗残片

元 磁州窑系黑釉褐彩罐残片

这是一件瓜楞罐的残片（图 5-43），外表施黑釉并点褐彩装饰，褐彩实为铁锈花斑块。胎质不甚细实，外底部无釉，但器物洒脱自然，具有元代器物的风格，属于元代磁州窑系的作品（注：宋代磁州窑系的作品有些在元代继续烧造，但不一定在磁州窑的中心烧造区，因此也沿用窑系的叫法，称之为元代磁州窑系的作品）。

元 磁州窑白釉黑褐彩人物纹碗残片

图 5-44 中是一件碗的残片，由两片拼接而成。碗外壁绘有一个蒙元人形象的老者，人物形象古拙，线条潇洒飘逸，其采用了先勾画人物轮廓线条然后在轮廓内填褐彩形成衣服的画法。黑色轮廓线在白地釉下应属于最初绘制，而衣服所施的褐彩则在白地釉上，应为现代人后填彩。据原藏家介绍，人物衣服上釉面破损处的淡粉色为其后来涂抹而成。

元 磁州窑白釉刻划莲瓣纹执壶

这是一把磁州窑的执壶（图 5-45）。我们按照顺序先说它的造型，它的口部有点往外撇，就是我们常说的撇口，这个壶的颈部有一点往里收，这叫束颈，但"束"得不是很明显，也可称之为细长颈或长颈；肩部略向下倾斜，肩部与腹部交接处有很明显的一道棱，因此我们把它叫斜折肩；腹部有一个弧度，这叫弧腹，腹下边内收并在底部形成圈足；颈部与肩部之间这有一带形的柄，与柄成 180° 的对面有一个长流，流就是壶嘴。我们看外面的釉，除了底足部分没有施釉外，壶的外面施满釉，口沿的里面靠近口沿的一小段部分有釉，壶里无釉；我们再看它的纹饰，肩部一周刻类似草纹，肩部往下是一周刻划卷草纹，腹部为仰莲瓣纹，是主要的纹饰，这是双层的仰莲瓣纹，采用的是刻划花的工艺，莲花瓣纹饰带有浓郁的佛教色彩，下边划两道双圈。壶的外底无釉露胎，中心刻了一个放射状的类似于辘轳形的纹饰，这是元代器物的常见特征。我们介绍一下它的制作工艺：壶的胎体做完了以后，在胎体表面施了一层化妆土，略微阴干以后，用刀或其他工具把花纹刻划出来，然后在外边罩上一层透明釉，最后高温一次烧成。

图 5-45　元 磁州窑白釉刻划莲瓣纹执壶

这把壶的档次还是比较高的，釉面也非常莹润。判定真的磁州窑和仿制的磁州窑器物时，器物表面的缩釉情况是重要的参考依据。这把壶的缩釉非常明显，局部缩釉有的呈块状的，有的呈点状，缩釉的形成非常自然、古朴。我们看它的外底的情况，圈足的足脊略微向外进行了斜削。这件器物从它古拙、憨厚的造型，以及它的釉色和纹饰整体上看，应是元代磁州窑白釉刻花执壶。这把壶的流的下方有一个小裂缝，这是烧窑时产生的，称作窑缝。这把壶保存完整，做工古拙，纹饰也非常精美，尤其壶的柄和流这些易损部位都没有损坏。我去过很多博物馆，像这样精美的器物还没有见到过，现在也不容易收藏到。我们在收藏瓷器的时候，判断一件瓷器是真品还是仿制的，常常会听说古代器物比较古拙、古朴，那么什么叫古拙和古朴？从这把壶的身上就完全体现出来了。

图 5-46　明早期 磁州窑白釉褐彩人物碗残片

图 5-47　明 磁州窑白地褐彩仕女人物纹碗残片　　　图 5-48　明 白地褐彩人物纹大碗
（磁州窑博物馆藏）

明早期 磁州窑白釉黑彩人物碗残片

这是一件碗的残片（图 5-46），装饰方法为白釉黑彩，黑彩为釉下彩。瓷片内壁画着一个男子，头戴毡帽，身着圆领大衣，应是元代人的服装风格。但是我们看瓷片的底足，足脊非常平，没有元代瓷器特有的足脊外削的特点，足的外墙也很直，这是典型的明代器物底足的特征，所以这个碗具备明早期的磁州窑的风格，应属于明代早期器物。其碗心和足脊有砂堆痕迹，烧造工艺属于砂堆叠烧。

明 磁州窑白地褐彩仕女人物纹碗残片

图 5-47 是一件磁州窑釉下褐彩碗的残片，碗心部采用褐彩画了一个侍女，褐彩部分颜色偏黑，部分颜色偏红，这个侍女的画法和人物形象特征常见于明代早、中期的青花瓷，结合它底足足墙直立及平足脊的特征，它应属于明代的瓷器。磁州窑博物馆也藏有类似褐彩和风格的器物（图 5-48）。除人物外，也有在器物内心画石榴纹的，寓意多子多福。其碗心和足脊有砂堆痕迹，烧造工艺属于砂堆叠烧。

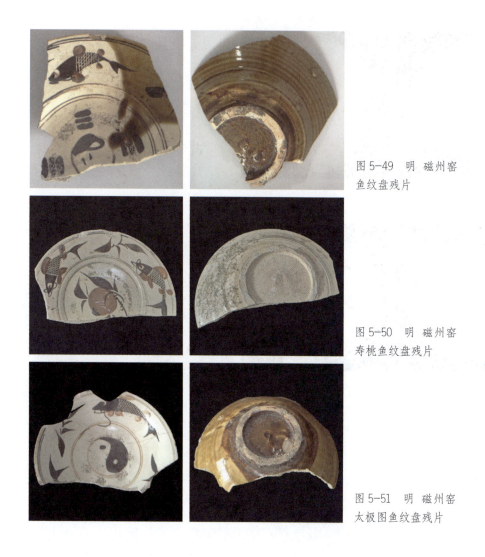

图 5-49 明 磁州窑
鱼纹盘残片

图 5-50 明 磁州窑
寿桃鱼纹盘残片

图 5-51 明 磁州窑
太极图鱼纹盘残片

明 磁州窑鱼纹盘残片

这件残片（图 5-49）外壁施草黄色釉，内壁施白色透明釉，釉颜色略发黄，用釉下褐彩绘制鱼纹和类似太极八卦纹，绘画极为草率，褐彩部分颜色偏黑，部分颜色偏红。外壁及外底施草黄色釉，釉料局部经口沿流入内壁。圈足、平足脊。其盘心和足脊有砂堆痕迹，烧造工艺属于砂堆叠烧。这类器物是明代百姓日常生活用品。

明 磁州窑寿桃鱼纹盘残片

此盘为透明釉釉下褐彩寿桃鱼纹盘（图 5-50），褐彩呈现偏黑和偏红两种色泽，亦为明代器物。彩绘及鱼鳞纹的刻划均在坯胎上进行，然后罩透明釉烧制，属于釉下彩品种。鱼纹代表连年有余，寿桃纹代表长寿。其盘心和足脊有砂堆痕迹，烧造工艺属于砂堆叠烧。

明 磁州窑太极图鱼纹盘残片

这件残片（图5-51）外壁施黄釉，内壁为白地釉下彩绘工艺，鱼纹代表连年有余，太极图被道教视为图腾，也代表太极拳运动，寓意健康长寿。其盘心和足脊有砂堆痕迹，烧造工艺属于砂堆叠烧。

吉州窑简介

吉州窑的产品种类很多，也仿制很多著名窑口的器物，特别是吉州窑很多器物均具有磁州窑的风格特征，虽然吉州窑也有剪纸贴花和木叶纹等具有浓郁地方特色的装饰技法，但并没有形成较大的影响。因此本书把吉州窑列入磁州窑窑系，也就是说吉州窑属于磁州窑系范畴。但由于吉州窑是个很重要的具有地方特色的窑口，产品也较多，所以这里还是要进行简单介绍。吉州窑窑址在江西省吉安市吉安县永和镇，因此也称永和窑，已发掘并对外开放的是一座龙窑（本觉寺岭龙窑）及一座马蹄窑，并建成了吉州窑国家考古遗址公园、吉州窑博物馆。赣江从吉州窑中心窑场附近流过，是古代瓷器运输的重要水上通道。吉州窑的烧造年代，现在公认的是五代创烧，吉州窑博物馆资料记载其创烧期是唐末五代，本书以《中国陶瓷》一书中记载的吉州窑在五代时期创烧的观点为准。宋代是吉州窑的大发展时期，元代也有很多吉州窑的产品，

图5-52 吉州窑国家考古遗址公园

图5-53 吉州窑博物馆

图5-54 本觉寺岭龙窑

图 5-55　吉州窑绿釉瓶
残片

图 5-56　南宋　吉州窑木叶纹盏（吉
州窑博物馆藏，1981 年吉州窑出土）

图 5-57　南宋　吉州窑釉上贴花桃枝纹盏（吉州窑博物馆藏，
1981 年吉州窑出土）

一直延续到元末明初吉州窑停止烧造。吉州窑主要产品为黑釉瓷、白釉瓷及白釉褐彩，此外还有绿釉、酱釉等釉色。吉州窑烧造的器物品种很多，属于综合性的瓷窑。吉州窑也有仿烧建盏形状的兔毫盏，但胎质与釉色与建盏明显不同。

吉州窑最有地方特色的产品有四种：木叶纹、剪纸贴花纹（简称剪纸纹）、玳瑁釉和鹧鸪斑花釉。木叶纹产品，就是将经过处理的树叶贴在器物的内壁上，烧成后会清晰地显示出树叶的形状和纹理；剪纸贴花是把民间剪纸工艺用于瓷器烧造，在瓷器上形成剪纸形状的花纹；玳瑁釉和鹧鸪斑花釉都是仿烧动物花纹的釉色。它们的形成过程我们在下面的瓷片介绍中再讲述。

宋 吉州窑玳瑁釉长颈瓶残片

图 5-58 是一件宋代吉州窑瓶子的残片，胎质呈灰白色。它表面的底色釉是黑釉，在黑釉上面洒满了黄色的斑块，好像一种生物玳瑁的甲壳上的斑纹，所以被称作玳瑁釉。这种黄色色斑犹如在黑色夜幕里燃起的一束束火苗，又如老虎的皮毛斑块交错，

图 5-58　宋 吉州窑玳瑁釉长颈瓶残片

这种工艺特征的釉在学术上叫洒斑釉，而吉州窑当地藏家习惯上称之为虎斑。瓶子在古代通常为摆设器物，制作工艺相对碗盘类器物更复杂，烧制成功率较低，因而制作成本高，所以这类器物并不常见。从这个瓶子残留的颈部看，做工规整细致，釉层极薄，釉面发色恰到好处，可以想见当初这个瓶子一定是身材修长，端庄秀美，也反映了吉州窑工匠的较高的工艺水平。

图 5-59　宋 吉州窑玳瑁釉茶盏残片

宋 吉州窑玳瑁釉茶盏残片

这是一件吉州窑茶盏的瓷片（图 5-59）。胎色为灰色，胎质较为疏松，这是典型的吉州当地的胎土，但也有胎质较为致密的器物。外底上常见文字，这些文字应是烧制前写在坯胎上的，表明这是定烧的器物或者是窑户自己的广告标记，也可能是后来的使用者在互相借用餐具之前为防止弄错而进行的一种标记。

宋 吉州窑树叶纹茶盏残片

这是三件吉州窑茶盏的残片（图 5-60、图 5-61、图 5-62），它们具有相同的纹饰特征，即内壁纹饰为木叶纹。树叶纹是怎么烧到瓷器上面的呢？它的基本工艺是，首先进行器物拉坯成型并阴干，然后低温烧成素胎，再把树叶（通常为桑树叶）特殊处理以后黏到素胎上，最后在上面罩上一层黑釉再入窑烧造，属于胎烧和釉烧的二次烧

图 5-60　宋 吉州窑树叶纹茶盏残片　　　图 5-61　宋 吉州窑树叶纹茶盏残片　　　图 5-62　宋 吉州窑树叶纹茶盏残片

成工艺，最终在烧成后器物的表面上出现了树叶的纹理。吉州窑这种木叶纹的产品非常漂亮，也非常生动。树叶与釉烧融在一起呈现出一种奇幻的色彩，犹如静夜中瑰丽的梦境。当装满茶水、酒水的时候，盏中的叶子筋脉更加清晰可见，仿佛一片真实的叶子随着水面的波动在晃动，妙不可言。古代工匠利用大自然树叶的纹理，以自己的高超技艺，创烧出了这种自然美和人工美完美结合的作品，反映了中国古代窑工高超的技术水平和丰富的想象力。吉州窑的这种木叶纹器物是非常珍贵的，能够拥有一件完整器物是收藏家们梦寐以求的。

宋 吉州窑剪纸贴花纹茶盏残片

图 5-63 是一件宋代吉州窑剪纸贴花纹茶盏的残片。剪纸贴花的工艺为吉州窑工匠所独创，这里我简单介绍一下它的施釉方法。首先在素坯的表面施一层含铁量比较高的釉，再把剪好图形的纸贴在上面，贴完了以后，外面再罩上一层含铁量较低的釉，然后把贴上的剪纸揭掉，最后把它放到窑里烧造，成品釉面就呈现剪纸贴花的图案。这件残片的内壁分布一些朵花，就是采用剪纸贴花的工艺烧制而成，在形如兔毫的碗壁上漂浮着朵朵小花，别有一番韵味。古代工匠把大家喜闻乐见的民间剪纸技艺巧妙地用在了瓷器的装饰工艺上，显示出工匠的聪明才智。

图 5-63 宋 吉州窑
剪纸贴花纹茶盏残片

宋 吉州窑剪纸贴花飞天纹茶盏

图 5-64 是一件剪纸贴花的茶盏，完整器物，底足露胎部分的胎体较为致密。它的外壁是黑釉做底色，上面分布着一些白色的斑块。内壁釉色为灰白色，上面密布着黑

图 5-64　宋 吉州窑剪纸贴花飞天纹茶盏

点，碗心有一朵黑褐色的花朵，碗内壁对称有两个黑褐色的飞天图案，间以黑褐色的花朵隔开，飞天图案和花朵纹采用了剪纸贴花的技法，形成了著名的吉州窑的剪纸贴花飞天纹的一件茶盏，这件器物很完整，纹饰古拙，因而十分珍贵。

　　木叶纹茶盏及剪纸贴花盏的创意非常独特，尤其是日本人非常喜欢这类器物，并分别称它们为木叶天目和剪纸天目。这类完整的、纹饰精美的及做工较好的器物较为稀少，对收藏家来说，现在收藏一件这类完整而精致的宋代器物的机会并不多。

　　图 5-65 中这件剪纸贴花盏是一件当代仿宋吉州窑剪纸贴花的作品，它已经接近真品，做得非常轻巧、纤细，内壁纹饰为花朵和凤纹，外壁有一些花斑，由于这件花盏接近真品，所以初学者很不容易分辨。大家在实践中一定要多看真品，哪怕是瓷片也好，把它们的特点记在心里，然后当你看到仿品的时候才会容易分辨出来，像这件器物，如果眼力不行，就很容易"打眼"（把仿品当作真品买，称之为打眼）。

图 5-65　当代 仿宋吉州窑剪纸贴花盏

南宋 吉州窑黑釉点彩乳钉纹渣斗

　　这是北京张戈兵先生珍藏的一件南宋吉州窑黑釉点彩乳钉纹渣斗（图 5-66）。渣斗唇口、直颈、弧腹下敛、浅卧足。采用黑釉地加点彩工艺，外部满釉，内施半釉，外底露胎。点彩施于唇上部及外表面并沿横向为一组整齐排列，其中唇口上面一组，颈部和腹部十一组，共计十二组。颈部和腹部的点彩大致呈类似于矩阵状均匀分布。

图 5-66　南宋 吉州窑黑釉点彩乳钉纹渣斗（张戈兵先生藏）

点彩的初始形状应为圆点状，称作乳钉纹，因烧制过程中彩料略向下流动而成为不规则状，并呈现褐红、白两种淡雅的色调，使人感觉乳钉的数量虽多而不繁缛、尊贵而典雅。乳钉纹常见于玉器表面和宫廷、官府的朱漆大门上，象征五谷丰登、国泰民安。该渣斗造型规整，点彩效果独特，好像夜色中闪烁的万家灯火，又如黑色的夜空中悬挂着盏盏彩色的灯笼。仔细观察，这些变化的乳钉纹恰如变幻莫测的"寿"字分布其上，又仿佛串串鞭炮在噼啪作响，美不胜收，令人浮想联翩。这是吉州窑烧制的具有浓郁地方特色的黑釉点彩作品，反映了吉州窑工匠追求美的丰富的想象力。该渣斗完美无瑕，非常少见，因而十分珍贵。

龙泉窑简介

龙泉窑系是宋代民窑七大窑系之一。龙泉窑瓷器的造型多种多样，从日常用品到摆设器物种类十分广泛。关于龙泉窑瓷器的釉色，《景德镇陶录》一书中介绍："龙泉、章窑云青，其青则近翠色。"认为龙泉窑瓷器的标准釉色是翠色。翠色就是翠绿色，但是由于窑温不同、器物烧造时摆放的位置不同、窑炉烧造环境不同以及原料产地不同导致的胎釉成分的差异，使得龙泉窑瓷器的釉色会有一些变化，表现为粉青、青绿、青黄、青灰、草黄、米黄、天青、梅子青等多种釉色，因此形成了龙泉窑瓷器以青色调为主的多种多样的釉色。清代对景德镇仿龙泉产品的称呼中按青色浅深的不同，还有粉青、冬青（东青）、豆青之分，粉青是较浅的青色，豆青是较深的青色，冬青（东青）是处于粉青和豆青之间的色泽。龙泉窑的器物大多为青色调的单色釉，偶有青釉点褐斑的，这些点褐斑的器物大致为明代的产品。

图 5-67 龙泉
窑器物残片

关于龙泉窑的烧造年代,有三国两晋、五代和北宋初期三种说法。据现代考古证明,龙泉窑最早的烧造时期应该在三国两晋时期,但直到北宋之前龙泉窑烧造的都是一些具有时代风格和特点的早期青瓷产品。北宋初期龙泉窑已经烧造出了胎质致密、胎釉结合紧密并具有翠绿色特征的器物,表明龙泉窑烧造具有区域风格和特征的时期已经到来,初步形成浓郁的地方特征釉色,因此把北宋初期认为是龙泉窑的起始烧造期实际上应指的是龙泉窑形成自己独特风格的起始时期,这也是目前较多人认可的龙泉窑创烧期。龙泉窑历经了北宋、南宋到元的辉煌时期,并一直延续到明清。如果说北宋是龙泉窑的形成和发展时期,那么南宋龙泉窑的烧造质量达到了高峰,元代龙泉窑有了很大发展,产品数量很大。据考古调查显示,到了明代,龙泉窑窑址也很多。清代乾隆以后,龙泉窑的数量及瓷器的数量急剧减少。

龙泉窑烧造的主要烧造地区是浙江省龙泉市,而龙泉市的烧造中心地带是在龙泉的大窑村,这里的窑址被称为大窑。据载,明初的龙泉官窑就在今天大窑村的"官厂"一带。我也曾去过大窑村的枫洞岩窑址。大窑村是个位于深山的村寨,流经村口的小

图 5-68 通往大窑村龙
泉窑遗址的村口(左图)

图 5-69 大窑枫洞岩窑
址(右图)

溪上架有一台水车，也就是水碓子。枫洞岩窑址是全国重点文物保护单位，窑址挨着一条小河，在一个山坡上，窑址旁边的山坡上龙泉窑瓷片和窑具堆积如山。据窑址现场记载，大窑枫洞岩窑址在之前的考古发掘时在位于洪武、永乐时期地层中曾出土了有五爪龙纹"官"字款等宫廷用瓷，表明龙泉窑在明代早期曾为宫廷烧造过器物。史籍载："洪武二十六年（1393年）定，凡烧造供用器皿等物，需要定夺样制、计算人工料物。如果数多起取人匠赴京置窑兴工，或数少行移饶、处等府烧造。"这段记载表明洪武年间龙泉窑应该为宫廷烧造过贡瓷，与出土器物互为印证。

实际上龙泉窑早在宋代就为宫廷烧过贡瓷。《南宋官窑文集》载：

> 龙泉窑是当时民间最大的青瓷窑址，早在北宋时期就烧制"贡瓷"，南宋时期依然烧制，其"贡瓷"受"禁庭制样须索"的要求，形制、胎釉应与"官窑"产品相似。龙泉窑又具有悠久的烧瓷历史及制瓷经验，有一批熟练的制瓷匠师，烧造与"官窑"产品相似的技艺最强。"贡瓷"又允许"供御拣退，方许出卖"。①

《古代外销瓷器研究》也有记载：

> 到了南宋中期以后，在大窑等地的部分窑场，由于受到官窑的深刻影响，开始烧制明确具有仿官性质的黑胎青瓷和白胎青瓷两种高档厚釉制品。这种高档制品不仅被征作宫廷用瓷，而且其中的主打产品——白胎类厚釉青瓷还被远销到日本等海外市场。②

这段话也说明龙泉窑的一些窑口在南宋时期曾经为南宋宫廷烧造过贡瓷。由于南宋有些龙泉窑黑胎青瓷器物与修内司和郊坛下官窑器物相似，因此人们认为这些器物应是龙泉窑仿官的器物，但现在有些资料表明，龙泉窑在南宋时应该有官窑存在，称为龙泉官窑，本书将其归为地方官窑。据载，龙泉窑也曾为元朝宫廷烧造过瓷器，《明

---

① 李德金. 南宋官窑与龙泉窑的关系 [M]// 南宋官窑文集. 杭州南宋官窑博物馆. 北京：文物出版社，2004：118.

② 邓禾颖. 试探两宋龙泉窑的兴盛之路 [M]// 古代外销瓷器研究. 冯小琦. 北京：故宫出版社，2013：122.

代宫廷陶瓷史》一书中就有相关记载：

> 综合文献可知，最迟从元代至治年间开始，除生产一般的官府用龙泉窑
> 瓷器外，龙泉窑已开始为皇宫烧造祭礼用瓷器，经明代洪武、永乐、宣德，
> 直至正统、景泰、天顺时期，龙泉窑一直是皇室用瓷的主要产地之一。

综上所述，可以推断宋、元、明时期在龙泉窑的大窑一带应该有地方官窑存在。

宋代龙泉窑烧造的范围很大，形成一个庞大的龙泉窑系，南宋时龙泉窑器物的质量达到了高峰，元代时龙泉窑的数量很大，器形也更加多样。龙泉青瓷除了在龙泉市烧造以外，周围的丽水、庆元等这些县，很多窑口都在烧造龙泉青瓷。福建省当时有大量的窑场在烧造具有龙泉窑风格的产品，但胎釉及纹饰质量明显不如龙泉窑，陈万里先生曾将这类产品称之为"土龙泉"，这些土龙泉大量销往国外。明代开始，龙泉窑受到景德镇窑青花瓷的影响逐渐走向衰落。

很多资料在介绍龙泉窑时都提到章生一、章生二兄弟的故事，据说宋时有哥俩儿在龙泉烧窑，哥哥叫章生一，弟弟叫章生二，两人分别置窑烧造龙泉青瓷，当地人称哥哥章生一烧的窑叫哥窑、弟弟章生二烧的窑叫弟窑，也叫龙泉窑。据陈万里先生考证，龙泉窑和章生二的弟窑其实是有所区别的。我也认为起初在龙泉地区应该有很多窑口烧造青瓷，也就是一些资料上记载的古龙泉，而章生二烧造的产品应该是对古龙泉窑器物的仿制。章生二烧造龙泉窑期间当地很多窑口都在烧造龙泉窑瓷器，只不过章生二的弟窑产品质量是比较好的，器物也是比较精致。据资料记载，弟弟烧的窑应该叫章窑，或叫章龙泉窑，据此应该有普通龙泉窑和章窑之分。龙泉窑主要是在宋元时期烧造，到了明代初期，据说章窑（或许此时为章氏后裔烧造）又移到了处州府烧造，处州府的所在地就是今天的丽水县。由于明初章窑移到了处州府去烧造，所以这个窑口烧造出来的瓷器又被称作"处器"，但也有资料表明宋时即有称龙泉窑器物为"处器"，或许因为龙泉市当时归属于处州府的缘故。

图5-70 龙泉市的章生一、章生二兄弟造像

龙泉窑器物通常有三种胎色：白胎、黑胎和灰胎。据载，章龙泉窑的产品是白胎，据说白到可以和景德镇的瓷器胎质相媲美。章龙泉瓷器的特征一是白胎，二是器物上有棱有角的地方会由于釉层稀薄隐现胎体而出现所谓的"白筋"现象，这是章龙泉窑器物的显著特征。

宋代龙泉窑釉料的情况，据载北宋龙泉窑瓷器的釉料使用的是石灰釉，而南宋早期龙泉窑的窑工已经发明了石灰碱釉，石灰碱釉的特点是高温下黏度比较大，不容易往下流淌，可以烧成很厚的釉层，之后就烧出了著名的梅子青釉和粉青釉。粉青釉是龙泉窑产品烧造时铁在还原状态下的标准釉色，也是最漂亮的一种釉色，较深绿一些的颜色就形成了梅子青般的釉色。南宋初期，北方窑工为躲避战乱大批南下寻找生路，龙泉窑或许就有这些北方窑工的加入，客观上也促进了龙泉窑的发展。南宋是龙泉窑器物烧造的鼎盛时期，器物烧造质量达到了顶峰，也曾为南宋宫廷生产贡瓷和达官显贵烧造器物。龙泉窑器物的质量和釉色受到了全世界的喜爱，因此产品大量销往海外。

宋代的龙泉青瓷烧造质量已经很好了，因其翠绿、青绿的釉色似大自然的本色而备受世人喜爱。元代是龙泉窑的大发展时期，明代龙泉窑受到景德镇瓷器对市场的冲击而产量逐渐下降，但仍不乏精美作品。据记载，欧洲人特别喜欢龙泉青瓷，尤其是16世纪的法国人。法国人对于龙泉青瓷的称呼传说源于舞台剧《牧羊女亚司泰来》，剧中主人公牧羊人 Celadon 身着一件青色斗篷，恰如龙泉青瓷的釉色，于是风趣的巴黎人就把龙泉青瓷称为 Celadon。这是一个法语发音的英文写法，翻译成汉语音译为"雪拉同"或者"塞拉同"。自此以后，除部分国家外（如阿拉伯人称龙泉青瓷为"海洋绿"）大都把中国的龙泉青瓷称为塞拉同。

据说16、17世纪的时候，外国人觉得中国的瓷器太神奇了，尤其是龙泉窑瓷器。他们认为瓷器是不可能烧出来的，应该是用一种玉石打磨出来的，还有一些欧洲人甚至认为中国的瓷器应该来自外星球，于是就派了传教士到中国来探秘，后来把黏土等制瓷原料带回欧洲，并开始研究和仿制龙泉青瓷。他们也烧造出了类似龙泉青瓷的产品，但是他们烧制的产品与中国古代优秀匠师烧造的龙泉青瓷相比无论从质量上还是艺术水准上看还是有一段差距，直到现在为止他们也烧不出跟我们的龙泉青瓷一样的高质量瓷器。早在1000多年前的宋代，龙泉青瓷的窑工就掌握了高超的烧造技术，这是我们在瓷器烧造方面足够引以为豪的辉煌的历史成就。

龙泉市现在建有龙泉青瓷博物馆（图5-71），馆里展有古代龙泉青瓷器物，大家有机会可以去参观一下。

图 5-71　龙泉青瓷博物馆

图 5-72　五代　龙泉窑七管瓶
（1980 年茶田镇墩头村出土，
龙泉青瓷博物馆藏）

　　著名古陶瓷学家陈万里先生曾多次到龙泉窑地区考查，龙泉的大窑村还建有陈万里先生的铜像，并立碑撰文。

宋 龙泉窑盘残片

　　这是一件龙泉窑盘子的残片（图 5-73），灰色胎质。除足脊外，其余部位满釉，应为采用垫圈的垫烧工艺而烧制。这里要重点说的是它的釉色，这是典型的仿烧青玉的一种釉色，釉子表面十分细腻、温润，与真正的青玉一样。积釉处颜色略呈深青色，并且釉表面的发色并不均匀，有些类似于影青瓷的发色特征，观赏起来犹如平静的水面下沟壑纵横，使得水面呈现出深浅不一的色调，给人宁静幽幻之感，彰显龙泉窑器物迷人的釉色。

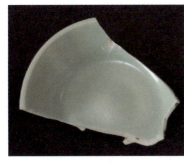

图 5-73　宋 龙泉窑盘残片

图 5-74　宋 龙泉窑系鱼纹碗残片

宋 龙泉窑系鱼纹碗残片

这是三个碗底（图 5-74），碗心上凹印有两条方向相反的鱼纹。通常这种凹印鱼纹的碗不是龙泉窑中心烧造区的产品，而是福建窑口的产品，属于龙泉窑系的器物，又称仿龙泉、土龙泉。古龙泉县中心烧造区真正的龙泉窑产品上的鱼纹通常是凸印出来的，龙泉窑大窑就生产凸印鱼纹的产品。这三个瓷片制作较为粗糙，釉色青灰，属于土龙泉的范畴，为普通日常器具。

南宋 龙泉窑双鱼纹盘残片

图 5-75、图 5-76、图 5-77、图 5-78 均为龙泉窑的凸印有双鱼纹的盘子的残片，这种除足脊露胎外均施满釉的情况为宋代器物所常见，双鱼纹流行于南宋时期，这种带有双鱼纹的盘子通常为折沿盘，尺寸小些的称为双鱼洗。

图 5-75 盘的残片外壁为菊瓣形，灰白色胎质，表面施粉青釉，釉面有玉质感，釉色温润，釉面有淡黄色纹理的开片，盘内凸印游向相反的双鱼（顺时针游向）。

图 5-76 的残片外壁亦为菊瓣形，灰白色胎质，釉色草黄，玻璃釉质，釉面有开片，盘内凸印游向相反的双鱼（逆时针游向）。

图 5-77 的残片胎质亦为灰白色，草黄色釉，釉面细腻，盘内表面开片尺寸较大，外表面包括外底开片较小。值得一提的是，从圈足的断面处可以看出，足墙中靠近足脊一侧的胎质呈灰色，与其他处的灰白色胎质明显不同，似乎是成型时人为特意在足脊侧补加一圈不同的胎质，其目的可能是防止器物与支烧器具粘连，提高成品率，也许是同一种胎质但足脊一侧的烧成温度与其他处不同导致的胎色不同。

图 5-78 所示的残片为龙泉窑青釉双鱼盘残片。这件残片也是印有双鱼，但与其他双鱼盘不同的是，这件盘子的上下两条鱼的颜色并不相同，上面的鱼出筋处为青色，下面的鱼出筋处为淡红色，呈现出一条青鱼、一条红鱼的不同色调，两条鱼争奇斗艳，很是美观。仔细观察红鱼处的胎体断面，发现凸起的鱼的胎体采用了与盘子灰色胎体不同的红色胎质，因而烧成后才呈现出红鱼的色调，这是宋代龙泉窑窑工创烧的一种新工艺。到了元代，龙泉窑则更多地采用露胎的方法来表现人物的肌肤及其他纹饰。

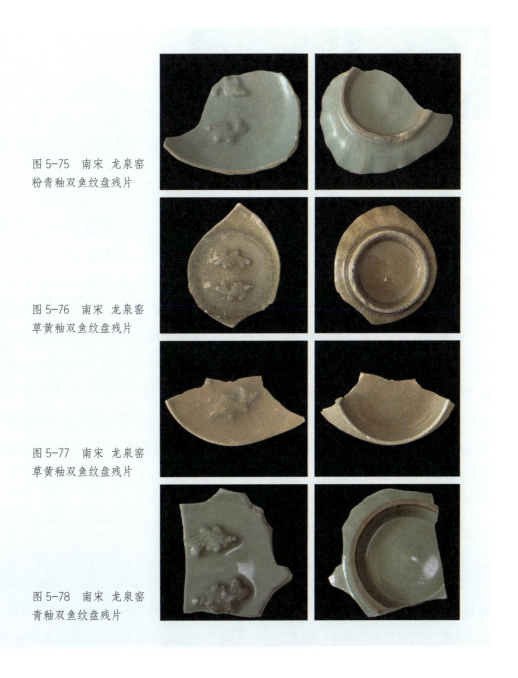

图 5-75　南宋　龙泉窑
粉青釉双鱼纹盘残片

图 5-76　南宋　龙泉窑
草黄釉双鱼纹盘残片

图 5-77　南宋　龙泉窑
草黄釉双鱼纹盘残片

图 5-78　南宋　龙泉窑
青釉双鱼纹盘残片

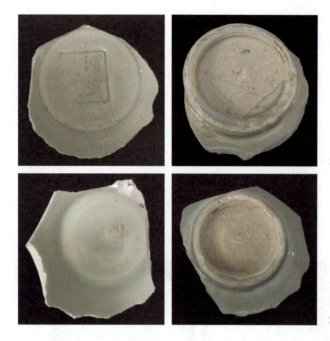

图 5-79　南宋　龙泉窑
河滨遗范印文碗残片

图 5-80　南宋　龙泉窑
河滨遗范印文碗残片

南宋 龙泉窑河滨遗范印文碗残片

据载，上古时期有虞氏的首领舜曾在黄河之滨抟泥制陶。《景德镇陶录》在陶录余论部分提到"舜陶河滨"。《史记·五帝本纪》中也有类似记载："舜，冀州之人也。舜耕历山，渔雷泽，陶河滨，作什器于寿丘，就时于负夏。"龙泉窑瓷器上所印"河滨遗范"即源于此。河滨遗范意指黄河边上留下的陶范，后世借指舜在黄河边上的制陶故事。

这里的两件碗底残片内心上均印有"河滨遗范"四字阴文，外加方框。其中图5-79为灰黑色胎，图5-80为灰白色胎质，外底均无釉，综合胎釉及印纹等特征看，应为南宋遗物，龙泉的大窑、金村曾烧造有这类印纹的器物。著名陶瓷考古学家陈万里先生曾在浙江龙泉市金村的一条小溪里拣得有"河滨遗范"阴文的碎片。明代则有"湖滨遗范"印纹的器物。

南宋 龙泉窑梅子青釉八卦纹三足奁式炉残片

图 5-81 中炉为折沿、八方形、三足；灰色胎质；内外施梅子青釉，外底无釉（有粘釉或称釉斑），釉面如青玉一般极其细腻，纹饰凸起部位由于釉层稍薄而泛白，呈现"出筋"或"白筋"现象；内表面光素无纹，外表面印有八卦纹、莲瓣纹及海水纹，

莲瓣纹受佛教推崇，八卦纹则是典型的道教纹饰，故此属于佛道合一的纹饰现象。在口沿下部的水纹中还有一条蛇纹，蛇也代表龙，因香炉是烧香祈祷时用的佛教用器，所以还有望子成龙的寓意。香炉的常见类型有鬲式炉、鱼耳炉、冲耳炉、鼎式炉及奁式炉等，早期还有薰炉，如博山炉。香炉的用途为焚香，焚香也是古代文人雅士"四艺"（焚香、烹茶、挂画、插花，也称"四雅"）之一。这个香炉属于奁式炉。该炉虽已残缺，但从残片上看，其造型古朴、纹饰精美、釉色青翠，是南宋龙泉窑器物中的精品，具有极高的史料、研究和欣赏价值。

南宋 龙泉窑灰青釉仿官瓶残片

　　该残片应为瓶下部的一部分（图 5-82），残片尺寸较大，估计原瓶高度在 50 厘米以上。束胫，下部外撇，圈足；灰胎，胎质坚细；内外满施灰青釉，足脊及外墙旋削处无釉，釉为半玻璃质釉，釉质细腻莹润，釉面有冰裂纹状开片；外表面残存有三个蕉叶纹，蕉叶纹处露胎呈灰黑色，蕉叶纹外廓为回纹，内为叶脉纹。该残片的釉色、开片与南宋官窑器物极为相似。胎质虽然为灰色，但蕉叶纹及圈足露胎处烧成后均呈灰黑或紫黑色，因此属于龙泉黑胎青瓷的范畴，应为南宋龙泉窑仿官的器物。由于南宋时期龙泉窑极有可能存在地方官窑，所以可称作龙泉官窑的作品。这类龙泉黑胎青瓷仿官（或龙泉官窑）的器物较为少见，因此该残片具有很高的收藏和研究价值，非常珍贵。

图 5-81　南宋 龙泉窑梅子青釉八卦纹三足奁式炉残片

图 5-82　南宋 龙泉窑灰青釉仿官瓶残片

图5-83　南宋　龙泉窑灰青釉仿官觯瓶（邓晓冰　先生藏）

图5-84　龙泉窑"坤"字款仿官碗　底片（南宋官窑博物馆藏）

图5-85　南宋　龙泉窑　系青瓷瓶（湖北省博物　馆藏）

图5-86　清康熙　景　德镇窑青花西湖景色　图瓶（上海博物馆藏）

图5-87　清雍正　景德镇　窑炉钧釉瓶（上海博物　馆藏）

南宋 龙泉窑灰青釉仿官觯瓶

　　这个觯瓶（图5-83）高13厘米，口沿直径6.2厘米。广口，粗长颈，腹下垂，圈足。青灰色釉，釉面开片，灰色胎质。该瓶不高，但口部直径相对较大，这种类型的器物称为觯瓶，俗称广口瓶，是仿商周时期青铜器"觯"造型的器物，为饮酒器具，相当于酒杯或酒壶。该觯瓶造型端庄，釉色沉稳，开片自然，除用于饮酒外，还适于在书房案头或房间多宝阁内摆设，也便于携带和把玩。该瓶釉色和釉面开片与南宋官窑相似，属于龙泉仿官窑的作品，由于民窑仿官在当时属于僭越行为，因此也可能是龙泉地方官窑生产。湖北省博物馆藏有一件类似器物，命名为青瓷瓶（图5-85）。上海博物馆也有一件类似造型的青花瓶（图5-86）和一件炉钧釉瓶（图5-87）。一些龙泉窑器物的底部带有款识，如南宋官窑博物馆就藏有一件龙泉窑仿官窑且外底带有

"坤"字款的碗的残片（图 5-84）。

南宋 龙泉窑仿汝釉双鱼折沿盘

这是一件完整的龙泉窑的盘子（图 5-88）。从盘子的口沿看，这是一个折沿盘，折沿还略微往上倾斜；盘子的外壁有一定弧度，称为弧腹；下边是圈足，足脊无釉，其他地方都施满了釉；盘子的釉色是粉青色；盘子外壁的纹饰是两层的仰莲瓣纹；盘子内壁的纹饰是凸印了两条鱼，这两条鱼是凸起来的，这种形制的盘子较多出现在南宋时期。据说南宋早期瓷器上通常印有一条鱼，南宋中期是印有两条鱼而且鱼的头部是向同一方向，南宋晚期两条鱼的头部是向相反的方向，这里说的是大多数的情况，不是绝对的。我们看这件盘子上的两条鱼的头部是向相反的方向，可见大致是南宋晚期器物。这件盘子的里面有一个很轻微的裂缝称之为窑缝，但是它没有裂开（裂开的称为窑裂），痕迹还是很明显的，这是窑里带来的，不是后来人为损坏的。

我主要说说这件盘子的釉色。我刚得到这件瓷器的时候就被它的釉色迷住了，釉色粉青并有"蓝"的色泽，乳浊细腻，十分温润，很有汝窑器物天青釉的感觉，难道这是一件传说中的汝窑器物？之前我从未见到过这种釉色的龙泉窑器物，这也是我多年来唯一得到的一件特殊釉色的器物。后来我查阅资料，反复研究，仔细观察釉面，终于得到了答案——这是一件龙泉窑仿汝窑的作品。据记载，北宋经历"靖康之变"以后，一些北方窑工，比如汝窑的、定窑的和磁州窑的窑工迁移到了南方，与其说迁移，还不如说逃难到了南方，有的到了安徽，有的到了江西，也有一部分汝窑的窑工跑到了浙江的龙泉地区，将祖祖辈辈烧造汝窑的技术带到了龙泉。据说汝窑的釉中掺入了玛瑙，玛瑙在当时是非常贵重的原料，制备釉料时掺入的玛瑙粉需要磨得很细，

图 5-88 南宋 龙泉窑仿汝釉双鱼折沿盘

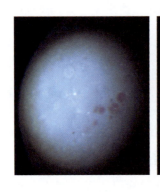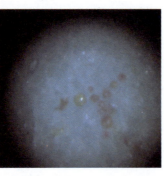

图 5-89　南宋　龙泉窑仿汝釉双鱼折沿盘微观显示下的红玛瑙颗粒（微观放大 ~80X，照片为同一气泡区域两次拍摄的不同成像）

然后跟釉料混在一起，烧熔了以后通常是看不到的。这件器物我经过长时间的观察，并借助 80 倍的放大镜去仔细看它的釉（图 5-89），发现在盘子外面的边沿附近，釉中发现有些红色的气泡，感觉好像残存的没有熔化的细小红色玛瑙颗粒，因此我确定这件东西应该是龙泉仿汝的作品，而且釉料里原来掺入的应该是红玛瑙的粉末，这就从证据上非常确凿地证实了当时龙泉窑确实有仿汝的器物。《陈万里陶瓷考古文集》载："除黑胎之墩头窑以外，我又见白胎骨仿官仿汝之作品，为大窑最近所发现者。"这表明陈万里先生在龙泉的大窑见过仿官和仿汝的器物。他当时发现的可能是残器或一些瓷片，而我这里收藏到了一件龙泉仿汝的整器，因此这件藏品应该具有重要的史料价值，它证明了当时确实有汝窑的工匠在龙泉地区烧造瓷器。这些工匠可能是靖康之变后来到龙泉地区的。他们继承了前辈的烧造技术，没有忘记祖传的烧造汝瓷的技艺，继续烧造使用这种釉料的器物。这件盘子采用了龙泉窑器物常见的支圈垫烧工艺，没有采用汝窑器物常见的裹足支烧的工艺，而且使用了双鱼纹，表明汝窑的窑工与当地龙泉窑窑工技艺上的融合。虽然我称这件盘子的釉色为粉青釉，实际上它的釉色中有明显的"蓝"的味道，称其是汝窑的"天青釉"也不为过。

这件盘子的鱼纹是凸印的，通常这是龙泉窑的产品。碗盘类器物上也常见有凹印鱼纹的，一般不是龙泉窑中心烧造区的产品，大多为福建窑口的，属于龙泉窑系，或者称仿龙泉、土龙泉。

这件盘子的胎体是白色的，属于南宋龙泉窑生产的高级白胎青瓷，或许是当时龙泉地区的地方官窑为南宋宫廷或达官显贵烧造的器物，这种类似北宋汝官窑的龙泉器物极为少见，因此这件盘子是一件非常珍贵的器物，我收藏了近二十年，见过好多龙泉窑的产品，但真正说仿汝窑器物釉色的，而且是完整的一件南宋时期的双鱼盘仅此一件。

元 龙泉窑高足碗残片

高足碗（也叫靶碗）或高足杯（也叫靶杯、马上杯）的器形早已有之，如唐代邢窑就烧造高足碗，但历史上各个时期烧造的高足碗的造型略有不同。龙泉窑瓷器的造型有很多种，但高足碗对于龙泉窑是在元代才出现的新器型。

图 5-90 是一件高足碗的残片，所谓"高足"指的是下面的长柄。通常这类器物尺寸稍微大一点的呈碗形的叫高足碗，尺寸小一点的呈杯子形状的叫高足杯，有时名称也可以互用。元以前的汉文化中没有高足碗这种器形，它是古代少数民族主要是蒙古族经常使用的饮用器具，坐在马背上用手握着它的长柄高足使用起来较为方便，它是喝奶浆或喝酒的器物，可以一只手拽着牵马的缰绳，另一只手拿着它喝奶茶、喝酒；这种高足碗、

图 5-90　元 龙泉窑高足碗残片

杯在元明清时期也被用于佛前供器。高足碗下面长柄的形状通常呈现上细下粗的一圈儿一圈儿的竹节形状，因此叫竹节柄，其目的主要是使用时的防滑和便于携带，可以用绳子把它系在人的腰部或者是系在马背上，这是龙泉窑产品当中比较多见的一种器型。这类器物底足足脊大多向外斜削，符合元代器物的特征。元代朝廷为了满足少数民族的需要，烧制了大量的高足碗。高足杯的柄的横截面大都是圆形，但也有方形的，我藏有的一件青花高足杯的柄就是方形的，似乎是明代器物，这种方形柄的高足杯很少见。

元 龙泉窑印花伯瑜杖轻故事纹碗残片

图 5-91 中是一件龙泉窑碗的残片，瓷片内壁印有竹纹和"伯瑜杖轻"四字，伯瑜杖轻是一则成语，相传汉代有一位叫韩伯瑜的男子，他的母亲为了让他上进，在他犯错误的时候就拿杖打他，每次挨打他都不哭，但是有一次，母亲打他时他却哭了，母亲非常惊讶地说："我以前打你，你不哭，为什么今天哭了？"韩伯瑜流着眼泪说："母亲以前打我的时候，孩儿感到很痛，但是孩儿每次都忍住了不哭，说明母亲很有力气，很健康，可是今天母亲打我，我却感觉不到疼痛，说明母亲身体状况不好，不如从前了，孩儿因此哭泣。"他说完又哭了起来。这则故事又称"伯瑜泣杖"，这里的"瑜"还有写成"俞""愈"的。从这个碗的印文所包含的故事我们可以悟出人生的哲理和古人的敬老观念，对当下人的思想和行为在某种程度上也会产生一定的积极的影响。这

图 5-91　元 龙泉
窑印花伯瑜杖轻
故事纹碗残片

种内壁印纹的装饰方法常见于元代龙泉窑的器物上，并一直延续到明清时期。从这件瓷片的形状、胎质及印纹的风格上看，大致属于元代时期的器物。

龙泉窑这种内壁印花的大碗较多见，这种风格从元代一直延续到清代，所见纹饰包括：二十四孝纹，如伯瑜杖轻、丁兰刻木、王祥（卧冰求鲤）等；花卉纹等；杂宝纹，如银锭纹、金钱纹、方胜纹、双角纹、犀角纹等；文字，如长命富贵（碗心）等。

无双谱及历史人物有：孔子、颜回、李白（太白）、邓通、项羽、虞姬、赵云、杨桂（贵）妃、"六国丞相"等。

元 龙泉窑刻划花人物故事纹碗残片

该碗（图 5-92）足脊向外斜削，采用垫圈垫烧呈现"膏药底"，灰白胎质，具有元龙泉的特征。外壁划花，内壁采用刻划手法描绘人物故事，残留有"丁兰刻木"和"王祥"两则人物故事图。"丁兰刻木"四字旁刻划一长衣男子呈作揖状，旁边残留有桌子，桌面上有一个三足香炉和一酒杯，推断桌子上应有一尊木刻雕像。"丁兰刻木"讲述的是汉代一位叫丁兰的男子，幼年丧父，年轻时候不孝敬母亲并常常打骂母亲，后来有一天丁兰在田间赶牛耕田时，看见一个羊羔跪在地上吃母乳，又看见一只小乌鸦衔着食物喂养老乌鸦，顿时幡然醒悟，心想自己作为人难道还不如动物吗？他决心孝敬母亲，恰巧母亲来田间送午饭，丁兰迎接母亲时忘记了扔掉手里赶牛的鞭子，母亲以为送饭来迟又要挨打，心如刀绞，一气之下撞死在树下，丁兰痛不欲生，悔之晚矣，遂将此树伐倒，刻成母亲雕像，日日供奉，这就是丁兰刻木的故事。

该碗内壁在"王祥"二字的旁边画着一个裸露上身的男子坐在冰上，冰下有两条鱼儿，旁边的树上挂着衣物。王祥是魏晋时期的人物，是"二十四孝"之一"卧冰求

图 5-92　元　龙泉窑刻划花人物故事纹碗残片

"鲤"的主人公，相传王祥生母早丧，继母朱氏偏爱亲生儿子王览，而待王祥苛刻，但王祥却侍候继母极为孝顺，继母爱吃鱼，一次天寒地冻，王祥看见冰下有鱼，但苦于没带工具，于是解衣赤身卧于冰上，想依靠体温融化冰面取出鱼来，突然冰面自动化开，两条鲤鱼从裂缝处跃出，王祥高兴地拿着鱼儿回家供奉继母。

工匠把二十四孝故事图刻划于瓷器上，意在宣传和提倡孝道，孝德是中华民族的优秀传统，具有深厚的文化底蕴、精神影响和时代意义。

元 龙泉窑缠枝花卉纹荷叶盖罐

这是一件龙泉窑粉青釉印花纹的小罐儿（图 5-93），是收藏家李群祥先生的藏品。它的上边有一个荷叶形的盖子，上面有花卉，好似两朵牡丹，盖子的中间有个花柄形状的盖钮，盖子外表施釉，里面无釉。罐体里外都施釉，口沿和底足无釉，底足足脊向外斜削。罐体肩部纹饰为覆莲瓣纹，腹部纹饰为缠枝牡丹，胫部是简化成竖直线条

图 5-93　元 龙泉窑缠枝花卉纹荷叶盖罐（李群祥先生藏）

的莲瓣纹。这个罐子的釉色是粉青色，其印花采用了凸印的方法，在纹饰凸起部位和器物棱角的地方由于釉层较薄使得釉面的发色有些发白，这种现象叫"出筋"。这件器物，从它古拙的造型、率意的纹饰风格、底足斜削的方式以及整体的韵味儿上看，应属于典型的元代龙泉窑的器物，这种荷叶形盖罐是元代瓷器典型的和常见的器型。这个小罐造型古朴优美，纹饰洒脱流畅，釉色较为纯正，加之保存完整，作为案头或书房摆设之物，古典之美油然而生，是一件不可多得的器物，具有一定的收藏价值。

元 龙泉窑方耳衔环瓶

图 5-94 中瓷瓶高 15 厘米，撇口，外口沿局部拼，有小残缺；直颈，颈部三道凸弦纹，颈部对称两方耳衔圆环，一环拼全，另一环部分残缺；球形腹，圈足，造型敦厚。青绿釉，釉面开片。内外施满釉，足脊无釉，胎釉结合处呈淡红色火石红，采用垫圈支烧工艺。

这种造型的龙泉窑瓶子所见不多，其造型古朴厚重，釉色纯正，釉面光洁温润，为古代居室、书房摆设之物。元代常有类似器物制作。

图 5-94　元 龙泉窑方耳衔环瓶

清早期 龙泉窑印花刀马人纹碗残片

图 5-95 是一件龙泉窑碗的残片，这个碗的釉色属于粉青釉，其外底中间施釉，周围不施釉，形成一个环状无釉的"涩圈"，这是采用支圈垫烧的痕迹特征，其足脊修

图 5-95 清早期
龙泉窑印花刀马
人纹碗残片

整滚圆，具有清代瓷器的风格。龙泉窑发展到元明时期，逐渐从宋代的以光素无纹的釉色取胜改为大量在瓷器上印花，并一直延续到清代。清代烧造龙泉窑器物的已属于少数窑口，且大都以印制花卉纹、无双谱纹居多，这个碗的碗心部位采用阴文的手法印制了一个拿刀骑在马上的人，这种纹饰被称作"刀马人"，刀马人纹饰最早出现在明代成化、万历五彩瓷器上，描绘的是古典小说中的战争场面，在龙泉瓷器上比较少见，而在康熙时期的青花瓷和五彩器物上却较为多见。清代的满族是马背民族，狩猎和征战少不了马匹和兵器，清代也一直提倡要沿袭祖先马背民族的传统，重视骑射，因此这种纹饰出现在瓷器上也就不难理解了。这个碗大致属于顺治到康熙早期的器物。

清中期 龙泉窑印花人物纹碗

这是一件龙泉窑的大碗（图 5-96），从整体上判断，为清中期器物。这个碗的内壁有印花纹饰，印了几个人物。龙泉窑产品采用印花的纹饰出现在元代的瓷器上比较多见，这种风格一直延续到清代。这个碗的里边印的人物有邓通、赵云、李白、楚王和虞姬。邓通着官帽官服；赵云骑马着官帽，左手持缰绳，右手指着天空中一朵云彩，呈休闲状；李白坐在桌旁喝酒，天空中还有三颗星星，表明喝酒的时间是夜晚；楚王指的是楚霸王项羽，戎装挥剑骑于马上；项羽旁边一女子，长裙着地，帔帛飘舞，似在舞蹈，这个人物应该是虞姬。关于李白饮酒作诗及霸王别姬的历史故事这里就不再赘述了。这个碗的内底有一个双圈，双圈内楷书一个"旺"字，旺字寓意财源旺盛或人丁兴旺；口沿的内外部位分别印有一周两方连续的回纹；外壁上面采用划花的方法绘有四个仰莲瓣纹。这个碗厚重大气，做工规整，人物绘画古拙，整体上显现出一种

图 5-96　清中期 龙泉
窑印花人物纹碗

古典美。釉面接近梅子青釉色，细腻如玉，光泽度不是很强，呈亚光状态，这种釉称为石灰碱釉，是南宋窑工发明的釉料，到了清代当然也有在使用。这个碗的外底上有一道涩圈，涩圈的中间还施了釉，显然采用的是垫圈支烧的工艺。古玩行将这种形状的底叫作"膏药底"。这件龙泉窑的大碗是一件完整器物，也非常珍贵。类似风格的印花龙泉纹碗的残片，在北京出土的很多，但大都属于元明时期，特别以元代的器物居多，可见当时龙泉窑产品覆盖面之广，大有"天下青"之势。明清以来，由于景德镇青花瓷产品的冲击，龙泉窑的销售范围逐渐被压缩在一个有限的区域内。

青白瓷（影青瓷）简介

青白瓷的创烧是在五代时期的景德镇，后来其影响和烧造范围逐渐扩大，到宋代形成一个以景德镇为中心烧造区的庞大的青白瓷系，为宋代七大窑系之一。据景德镇中国陶瓷博物馆的有关资料记载，已在景德镇湖田等地五代遗址中发现青白瓷器物，因而证明景德镇是青白瓷的主要创烧地。青白瓷是宋代的名称，后来人们把青白瓷称作"影青瓷"或"影青"。青白瓷的釉色是青白色，"青中显白，白中闪青"这八个字很好地表达了青白瓷的特征，其色泽不是很白，也不是很青，而是介于白和青之间。青白瓷当时是仿青白玉的颜色烧造出来的品种，因而景德镇的青白瓷素有"饶玉"之称，用其制成的茶具是上等的斗茶器具之一。到晚清的时候在有关资料记载中才使用影青这个称呼。在晚清到民国的一些书籍当中除了影青的名称外，青白瓷还有"隐青""映青""印青"这三个名称，因此归纳起来青白瓷共有五个名字：青白瓷、影青、

图 5-97　景德镇民窑博物馆

图 5-98　湖田古窑遗址文物保护标志

隐青、映青、印青，实际上都指的是同一品种和釉色的瓷器，而现在我们习惯上使用影青这一称呼，即使是宋代的青白瓷也被称作宋影青，这是一种习惯叫法。实际上青白瓷和影青这两个概念所指完全是同一类器物，大家不要产生误解和概念上的混淆。由于现在大家比较熟悉和习惯于影青这一叫法，所以本书也多以影青来称呼这类瓷器，但有时涉及宋代器物，为了表达时代感，也使用青白瓷的叫法。

影青瓷的胎质是白色或比较洁白的颜色。影青瓷的装饰技法主要是一些划花的纹饰，包括篦划花、篦点纹、刻花，还有一些光素无纹的。影青瓷的种类很广泛，除了日常用具外，还常见有一些塑像之类的器物等。

影青瓷最主要的烧造窑址是在景德镇的湖田窑一带，此外还有湘湖窑、杨梅亭窑、南市街窑、柳家湾窑及塘下、白虎湾、银坑坞等多处，其中以湖田窑最为著名，湖田古窑遗址现在是全国重点文物保护单位。湖田窑影青器物其釉色呈现典型的"湖水绿"色，是景德镇民窑的代表。湖田窑的青白瓷在宋元时期有正烧和覆烧两种工艺方式，进入明代也有采用涩圈叠烧的方式。在景德镇珠山区南河河畔的岚山路附近现在已建起了景德镇民窑博物馆，主要展示以湖田窑为代表的出土的瓷器遗物。青白瓷属于宋代七大窑系之一的青白瓷系，《中国陶瓷》一书中认为景德镇青白瓷系是南方的两大窑系之一，还有一个龙泉窑系，这样加上北方的四大窑系，就成六大窑系了。在本书中，我把影响面较广的建窑系也算上了，合起来就是七大窑系。

景德镇在宋代曾向皇家提供过优质的青白瓷作为宫廷用瓷。青白瓷从五代创烧以后，历经宋、元、明、清、民国，直到现在都在烧造，现在影青瓷的仿古作品非常多，所以大家收藏时一定要特别小心，仔细观察。

图 5-99 宋 影青釉瓷斗笠碗   图 5-100 宋 影青釉瓷斗笠碗残片（平足）
残片（圈足）

宋 影青釉瓷斗笠碗残片

这个是影青瓷碗的残片（图 5-99），由于其形状如斗笠，因此被称作斗笠碗。它
的底足是圈足的形式。它的釉色不是很均匀，釉厚的地方青色变深，我们常称为湖水
绿色，发色纯正，表明它是景德镇湖田窑的产品。这种釉色深浅不一是施釉不均和烧
制过程中釉面流动的结果，是古代器物常见的特征，而现代仿宋影青的制品通常釉色
均匀一致，缺少古瓷所特有的韵味。

这是另一件斗笠碗的残片（图 5-100），它的底足是平足的形式。它的釉色也不是
很均匀，特别是在碗心积釉处颜色明显加深。

宋 影青釉粉盒残片

这是一个宋代影青釉的小粉盒（图 5-101），它的釉色青中发灰，应该不是景德镇
地区的产品，为南方窑口生产的属于青白瓷系的产品。这是印盒下面的部分，上面还
应该有一个盖子，但盖子已经失群了（失群指组合器物中的一部分缺失了）。粉盒是用
来装化妆品的器具，但也有人认为这是一个印盒，是装印泥用的。

当时景德镇创烧影青的时候，因为它的釉色像玉一样，所以人们把这种瓷器称作
假玉器。据说古代玉石的原料和加工是由统治阶级控制的，普通百姓很难得到好的玉
料和玉器，出于对玉的崇拜，景德镇的窑工就创烧出了像玉石颜色的瓷器，实际上是
模仿玉石颜色的作品，被人们称作假玉器，而且深受欢迎。

青白瓷的烧造范围非常大，产品数量也非常多，除了景德镇生产以外，它附近的

乐平窑也在生产。福建的德化窑在明清时期是以白釉瓷名扬天下的，实际上德化窑在宋代生产青白瓷，在清代生产青花瓷。还有福建的泉州窑、同安窑，广东的广州窑、惠州窑、潮州窑，广西的藤县窑、容县窑，以及江西的吉州窑，都生产过青白瓷，因此说青白瓷的烧造和影响区域很大，从而形成了一个庞大的青白瓷窑系。

宋 影青釉花口高足碗残片

图 5-102 中高足碗花口，碗大足矮，但足的高度仍高于普通碗，因而仍称之为高足碗。胎质洁白细腻。内外施青白釉，即常说的影青釉；足内墙施较薄一层护胎釉，足底大多无釉但有部分流釉从而造成窑渣粘连，应是采用了窑柱垫烧的工艺；釉面有很多平行状的开片，釉面施釉不均，积釉处呈现水湖绿特征，形成青、白、绿相间的迷人色调，美不胜收。碗的外壁可见明显的拉坯旋痕，使得造型更加古朴典雅。该碗是影青瓷特征产品的代表之作，应是宋代景德镇湖田窑的作品。

图 5-101 宋 影青釉粉盒残片　　　　图 5-102 宋 影青釉花口高足碗残片

宋 影青釉娃娃纹斗笠碗残片

图 5-103 中是一个斗笠碗的残片。碗外壁为放射状旋转的划纹。底足为圈足的形式，足脊没有特意修整，外底无釉，中心放射状地分布着一些旋纹。碗心处有一个旋转状的纹饰，称为旋花纹，碗壁的上部残缺了，剩下的内壁上依稀看得见划有几个娃娃，通常这类碗上都是划画四个娃娃，由于碗壁残缺现在能看见的只有两个娃娃，娃娃的周围是水花，这是用划花的方法来表现的。这件瓷片青白釉的发色非常纯正，这

图 5-103　宋 影青釉娃娃纹斗笠碗残片　　　　　图 5-104　宋 影青釉鱼纹盘残片

 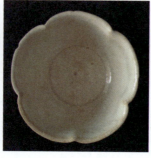 

图 5-105　宋 影青釉花口高足杯

是最典型最漂亮的湖水绿色。据原藏家介绍，这件瓷片是在北京四中附近一处工地上被动出土的，而北京四中是明西什库遗址，因此我揣测这件东西或许是明代宫廷收藏的。它原为宋室所有，历经辽金元到明，后来由于某种原因损坏了，被扔掉并最终掩埋起来，经过岁月的流逝今天它又展现在我们眼前。在我收藏的所有影青的瓷片和器物当中，这一片的发色是最漂亮的，代表了宋代景德镇湖田窑青白瓷烧造的最高工艺水平。

宋 影青釉鱼纹盘残片

这是一件影青瓷盘子的残片（图 5-104），它的颜色不是很纯正，清白色中有些发黄、发灰。盘心印有两条鱼纹，这属于青白瓷窑系的产品。

宋 影青釉花口高足杯

这是一件宋代影青釉花口高足杯（图 5-105），杯为五瓣梅花口沿，斜腹下内收，高圈足下外撇，通体施青白釉，足内无釉。积釉处呈淡青色，口沿处因釉层较薄局部呈淡红色，外壁有泪痕现象，圈足内露胎呈火石红色，胎质略显疏松。从釉色上看，颜色总体上偏白，青色偏灰，不及景德镇湖田窑地区影青瓷所呈现的水湖绿色釉，应属于非湖田窑地区的青白瓷系的产品。

元 影青釉观音像残片

图 5-106 是一个塑像的头部，这个塑像虽是一个男相，但实际上是观音造型的一种面相。通常我们见到的观音形象是女相，而这个属于男相观音，但在头冠的中间有一尊小的化佛，这是观音的特征。唐代以前观音大都表现为男相，武周时期，由于女皇武则天自比为弥勒佛转世，受此影响，此后女相观音也逐渐多了起来，清代的慈禧太后也曾扮过观音。这件虽然是男相，但其实还是观音造像。这个头像的冠饰的颜色为影青釉，呈现的是湖水绿色，而皮肤包括脸上这一部分没有施釉，用的是露胎的表现手法，没有釉的胎体烧完了以后会微微泛红或泛黄，来表现皮肤的颜色，这种通过露胎来表现皮肤的技法是元代器物的典型特征，元代这种形式的塑像特别多，很多窑口都有烧造，但这件应属于元代景德镇地区的作品。元代也有十分精美的影青釉造像，如首都博物馆就藏有一件影青釉的元代观音造像（图 5-107）。

图 5-106 元 影青釉观音像残片　图 5-107 元 景德镇窑青白釉水月观音菩萨像（北京西城出土，首都博物馆藏）

图 5-108　元 影青釉盘

图 5-109　民国
影青釉武装士兵
人物像残片

元 影青釉盘

该盘（图 5-108）口沿直径 15.4 厘米，高 3.5 厘米。盘窄平沿，斜直腹，腹下折内收，圈足，平底。内外施影青釉，外底露胎，釉色灰白显青，青白不均，釉厚显青处呈泪痕状。盘内心有呈圆形排列的十三个条形支钉痕，采用了典型的条状支钉叠烧工艺。折腰、折腹盘碗是元代常见器形。从胎质和釉色看，该盘并非景德镇地区产品，应属于青白瓷系范畴。该盘保存完整，时代特征明显，是研究古代青白瓷胎釉、造型及装烧工艺等的标准型器物。

民国 影青釉武装士兵人物像残片

图 5-109 中是我收藏的一个影青的塑像，特别有意思，为一个士兵扛着一条枪，准确地说是一个立像，立像腿部下方残缺了。这个塑像说明，民国时期还在烧造影青瓷，而且它的釉色没有宋代湖田窑影青产品那么纯正，也就是说湖水绿现象不是很明显，其釉色有一些偏灰偏暗，因此这件作品可以当作民国影青瓷断代的一个标本。

建窑简介

这是一组建窑的瓷片（图 5-110）。我讲七大窑系，北方为四大窑系：磁州窑系、定窑系、耀州窑系、钧窑系；南方有三大窑系：龙泉窑系、景德镇青白瓷窑系、建窑系。建窑系为南方三大窑系之一，也是本书要讲的最后一个窑系。

建窑的烧造年代从晚唐、五代，一直到宋、元、明、清，烧造时间长达千年，但建盏等典型的建窑产品大致在元代以后停烧。建窑也烧造其他类型的产品，如清代也曾烧造过青花瓷。建窑的中心窑址和烧造区在现在的福建省南平市建阳区水吉镇，因此建窑也称建阳窑或水吉窑，但其古窑址最先是在建安（今福建建瓯），

图 5-110　宋　建窑系茶盏残片（一组）

后来迁至建阳。现在建窑发掘保护并对外开放的仅是位于水吉镇后井村的大路后门的一座龙窑遗址，窑址处资料说明该龙窑长度达 135.6 米，为目前国内发现的最长的龙窑。在大路后门窑址的旁边为营长墩窑，对面不远处山坡上为牛皮仑窑址，此外附近还有芦花坪窑址，这些窑址均已被查明但未正式发掘和对外开放。水吉镇地区建窑遗址众多，埋藏丰富，是建窑烧造的中心地区，并带动了周边地区的窑口的烧造，形成了建窑系，属于宋代七大窑系之一，江西的吉州窑以及远在北方的磁州窑也曾仿烧建盏等作品。南埔溪从水吉镇旁流过，是古代瓷器外运的重要通道。

建窑器物的胎质大多像污泥一样呈黑色，因此建窑又被称作"污泥窑"。建窑最著名的产品就是宋代的建窑茶盏，其中较多的是黑釉建盏，由于釉料中含铁量较高而成为黑色以及由于铁锈的析出而形成了多个建盏品种。黑釉建盏也被称作"污泥建"，黑

图 5-111　水吉镇标　　图 5-112　水吉窑址　　图 5-113　水吉镇后　　图 5-114　南埔溪
志碑　　　　　　　文物保护杯　　　　井村大路后门窑址

图 5-115　宋　黑釉建盏残片

图 5-116　宋　银毫建盏残片

图 5-117　宋　茶叶末建盏残片

图 5-118　宋　柿子红（柿叶红）建盏残片

釉当中有一种乌金釉，乌黑发亮，甚为可爱。黑釉品种还包括兔毫、银毫、油滴等。除黑釉外，还有茶叶末和柿子红等品种，原则上讲，以上这些品种都属于黑釉的一种表现形式或黑釉的一种窑变色。兔毫盏是在黑色的底釉上出现状如兔毫的条状斑纹，斑纹呈金黄色的称为金兔毫或金毫；斑纹呈白色的称为银兔毫或银毫，呈银白色兔毫的条状，也有的银白色连成一片，犹如在黑釉的表面镀上了一层银膜，十分奇妙；斑纹呈灰色的称为灰兔毫；柿子红是一种俗称，其实这种釉色接近秋天柿子树叶变红了的颜色，因此又称柿叶红，它是在黑釉的表面通过铁锈的结晶析出形成的极薄的一层薄膜，其颜色好像成熟的柿子或深秋变红的柿子树叶的颜色，煞是可爱。关于"油滴"一词，《中国古陶瓷图典》一书认为关于"油滴盏"，宋代有关文献中并不见"油滴"一词，而常见一种釉色"鹧鸪斑"，并依据窑址考古发掘得知"鹧鸪斑"就是出自建窑并被后人所称的"油滴"。

宋代建窑生产了大量精美的黑釉瓷器，而且为北宋宫廷烧制过供御的建盏，因此建窑和建盏在当时就名扬天下。

黑色本来是不被普通人所喜欢的颜色，但宋代的建窑工匠充分发挥了他们的聪明才智，采用了一系列的工艺方法，在黑釉上烧造出了一种结晶釉，使得黑釉瓷器在当时曾一度成为上至宫廷下至百姓的喜爱之物。比如著名的建窑兔毫盏就属于这种结晶釉，据说宋徽宗赵佶斗茶的时候使用的便是建窑的兔毫盏。宋徽宗在《大观茶录》中曾说"盏色贵青黑，玉毫条达者为上"。这里的玉毫指的就是兔毫。宋人的喝茶方式为点茶，方法是把茶末放到茶盏里边，然后用热水沏茶，茶水泛出白色的水沫，在黑色茶盏的映衬之下，水沫非常清晰，黑白分明，文人高士附庸风雅，吟诗斗茶，乐此不疲，兔毫盏因而闻名。兔毫盏中有一种毫毛呈银色的，称为银毫。还有一种结晶釉呈油滴状，这种盏称为油滴盏，油滴盏也是建窑很著名的一个品种。建窑主要以黑釉建盏为主，据传有一种白釉的建盏，称为"白建"，但很少见，这种白建其实应该是德化窑的产品，这类白色建盏曾被称作是"福窑"所烧制，应该属于建窑系的范畴。据载，建窑还有一种釉色为绛色的器物被称作"紫建"。

　　建窑也有烧一种叫作鹧鸪斑的花釉，鹧鸪斑花釉应是一种油滴状结晶釉。我在建阳也曾见过一种黑釉地带白色圆形斑点的花釉，并拍摄了照片，但当地藏家称之为珍珠地釉，由于时间所限且这类品种器物的真品极少见，其真伪性难以短时间确认，所以未能收藏（见图5-119）。还有一种建盏釉的表面呈龟裂的形状，称为龟背纹建盏（图5-120），这本是烧制过程中温度较低或较高造成的，属于不成功之作，但由于其古拙自然，富有野趣，因此也为宋代文人高士所喜爱。

图 5-119　建窑珍珠地釉建盏　图 5-120　龟背纹建盏
残片（藏友收藏）

图 5-121 带有"供御"字迹的垫饼　图 5-122 带有"进琖"字迹的垫饼　图 5-123 带有"小二"字迹的垫饼

图 5-124 带有几何图案的垫饼（图案好似蹴鞠时使用的球）　图 5-125 烧制建盏所用的一种匣钵　图 5-126 烧制建盏所用的匣钵盖

图 5-127 建盏和匣钵、垫饼粘连在一起　图 5-128 试照（火照）

　　有些建盏的底部印有或刻有阴文"供御""进琖"和"天"的字样，带有这样款识的建盏应是为宫廷烧制的供御器物，我也见过带有"进御"印纹的建窑垫饼，说明确有带"进御"款识的建盏，此外，建盏还有带"官"字款的，大家在收藏过程中要遇见带有这种款识的建盏它的质量和档次通常都比较高。我收藏到了一些宋代烧制建盏时使用的留有字迹的垫饼（图5-121，图5-122），这些垫饼是在湿软的状态下将待烧的建盏摆坐在上面，然后再置于匣钵之内烧造，烧成后垫饼和茶盏分开，垫饼就留下了反向的字迹。通常建盏底部这种"供御"和"进琖"是阴文刻划的，并非模印字体。此外也见带有"新窑""小二"（图5-123）以及几何图案如蹴鞠纹（像蹴鞠时使用的球一样的图案，图5-124）等其他字迹和图案的垫饼，说明当时建盏的款识种类较多。建窑在烧制建盏时，为了及时了解器物的烧制情况，也和宋代的其他窑口一样，使用"试照"或称"火照"（图5-128）的试样来检验和观察器物的烧成情况。

宋代的茶盏大都做成斗笠或接近斗笠的形状，包括前面所讲的青白瓷器中的茶盏，建窑茶盏也是如此。建盏做成斗笠形状，究其原因，我归纳为一是美观的造型；二是工艺简单适于大量生产；三是外壁轮廓接近直线的造型能够大限度减少外表的散热面积，利于保温；四是直线形并有较大倾斜度的盏壁便于喝尽茶水。当然，建盏的壁厚一般都较厚，也有利于减缓茶水温度的降低，给斗茶留下足够的观摩时间。

日本人对建窑瓷器非常感兴趣，相传宋代曾有日本禅僧到浙江天目山修行求法，僧人回国时带走了一些当地建盏，或许那是一些属于建窑系的建盏，回到日本后他们不知道对这些建盏如何称呼，于是就按照发现的地点给这些瓷器起了个名字叫"天目瓷"，日本把我们建窑系的产品通称为天目瓷。有些建盏的釉面出现一些带有光晕的彩色结晶斑点，犹如浩瀚夜空中一双双"天眼"，闪烁着幽蓝的光芒，成为名副其实的"天目"，与浙江天目山的天目做到了"天地暗合"，实际上这是窑变的结果。如今日本人把这类带有窑变光晕斑的建盏称为"曜变天目"，但据《中国陶瓷史》（增订版）载，中国早在明人谢肇淛的《五杂俎》内就有"曜变"一词的记载，因此曜变一词并非日本人首创，而是来自中国。这种曜变天目瓷十分罕见，据说存世总计有三件半，三件整器都在日本，半件残盏为国内藏家收藏。日本人对这种曜变天目瓷非常尊崇，日本古文献《君台观左右帐记》赞誉它是"建盏内无上之品也，天下稀有之物"。

除建盏外，日本人把吉州窑的产品也称作天目瓷，叫吉州天目，因为这两个窑口的有些产品是相似的。建窑的影响是比较大的，建阳区水吉镇是它的一个中心窑场，宋代实际上整个福建地区有很多窑口都在烧造建窑系产品，此外还有邻近省份，比如浙江、江西、广东及广西等，也有很多窑口烧造建窑系产品，甚至远在北方的磁州窑也仿烧过建窑系的品种，特别是兔毫盏。有人甚至把磁州窑生产的仿烧建窑的产品称为"磁州天目"。

图 5-129 宋 建窑兔毫纹茶盏残片

宋 建窑兔毫纹茶盏残片

这是一个建窑碗的残片（图 5-129），残存有口沿、碗壁，还有底足。这叫"有天有地"，意指残存的部分能完整地反映整个器物的造型。建窑最著名的是建盏，实际上建窑的器物中还有很多碗，它的口沿通常外撇，尺寸也比建盏大些，它与建盏一样通常用于喝茶，当然也可以作为盛饭和饮酒之用等。这个盏的内外表面有铁锈斑析出时形成的条状结晶釉，好像兔子的毛一样覆在黑釉的表面，因此我们把这类茶盏叫作兔毫盏。这件瓷片的胎色非常黑，像污泥一样的颜色，因此有人把建窑的盏称为"污泥建"。它的胎色除了较深的黑色外，还有浅黑色或黑褐色，这种胎质呈黑色和近黑色的产品应该是建窑中心烧造区域水吉镇的产品，也称作建窑本窑的产品。建窑产品的胎体中铁的含量非常高，在烧制的过程中胎体里的铁元素融到釉中，釉在高温下流动就形成了这种条状的类似兔毫的结晶纹理。这个盏的底釉色为黑色，但烧成后碗口沿成了酱色，形成的酱色兔毫纹越靠近口沿区域越密集，越接近碗底部越稀疏，并以碗底为中心呈现放射状，在静谧的黑色调中增加了动感，真是浑然天成。这种建窑的兔毫盏、兔毫碗是藏家追捧的也是比较珍贵的器物，但是现在仿品很多，有人把这些仿品称为仿古艺术品。尚古和仿古本来无可厚非，但一些古玩商把仿品当作古代建窑产品来出售，价格当然就会虚高，也常常会使藏家走眼，所以大家在收藏的时候一定要格外小心，只有多看实物，才能提高眼力。此外，由于建窑产品基本上属于单色釉一类，而单色釉的产品通常真伪不太好分辨，不像青花瓷，一旦入门就比较容易分辨，所以对建窑产品断代时大家一定要特别注意。

图 5-130　宋 建窑柿叶红建盏（连垫饼）　图 5-131　北宋 建窑黑釉进琖款茶盏残片
残片

宋 建窑柿叶红建盏残片

这件残片（图 5-130）束口、弧腹、小足，足粘连垫饼，釉表面为铁锈析出结晶而成的铁红色釉，好像深秋的柿子树叶的颜色，称为柿叶红建盏。这个盏的釉面细腻温润，整个釉面均呈柿叶红的色调，较为少见。这个建盏残存的部分较大，因此也可以称作残器。

北宋 建窑黑釉进琖款茶盏残片

这是我收藏的一件黑釉建盏的残片（图 5-131），只剩下了盏底，但这个盏底上面因为有"进琖"二字显得弥足珍贵。一些资料上记载"进琖"二字是模印上去的阴文，但我反复观察这件残片上的字迹，它的字痕并不圆滑，所以我认为应该是刻字的手法。带有这种"进琖"字样的建盏应是为北宋徽宗时期宫廷烧造的器物。我也曾见过带有"供御"字样的建盏碗底。这个建盏残片里面的黑釉色泽乌黑发亮，有着黑漆一样的光泽。建窑黑釉瓷非常著名，有"黑牡丹"之称。

宋 建窑黑釉天字款茶盏残片

这个黑釉建盏残片（图 5-132）的外底刻划有一个"天"字，为宋代建盏中极为特殊的一种款识。在中国古代，皇帝称作天子，每年皇帝要到郊坛进行祭天活动，遇到干旱的季节皇帝还要亲自祭天祈雨，因此"天"字是不能被用在普通百姓的器物上的，和"供御""进琖"一样，这类带有"天"字款的建盏应该是给皇帝专门烧造的

图 5-132　宋　建窑黑釉
天字款茶盏残片

御用器物，但这种器物是供皇帝使用、把玩或摆设的，而不是用来祭天的，因为上面的"天"字触犯了天的名讳，因此通常不会采用带有天字款的器物来祭天。古代皇帝非常重视自己的名讳，如故宫的北门原来叫玄武门，清代为避讳康熙皇帝的名字玄烨，改称为神武门。越窑器物外底上也有带"天"字款的器物，也是供御之用。这种在瓷器外底标注"天"字款的做法一直影响到了明代成化年间的斗彩天字罐的底款。这件残片的釉色黑亮如漆，做工规整；我还见过带有"天"字款的建窑兔毫盏残片，做得也很精致，说明了它们的供御性质。

宋　建窑国畤款垫饼

这是在烧制建盏时放在盏和匣钵之间的垫饼（图 5-133），为了使盏在匣钵中放置稳定，垫饼是在湿软的状态下来使用，从而达到稳定建盏的目的，因而通常在湿软的垫饼上就会留下盏底上的款识印记。这个垫饼上的款识印记是"国畤"，表明它所支撑烧造的器物的外底刻划有"国畤"的字样。"畤"是古代祭祀天地五帝的处所，带有"国畤"款识的器物应是国家祭祀场所使用的专用祭器，这也表明了古代祭祀场所的

图 5-133　宋　建窑
国畤款垫饼

用器通常带有使用地点的款识，也表明带有"天"字款的器物并非是祭天时使用的祭器。明代嘉靖年间有"金箓大醮坛"款识的器物，也代表了使用场所，清代则习惯由工匠在器物上刻上使用场所建筑物的名称。建窑窑具上带有这种款识的垫饼极其少见，我也没有见到带有这种款识的器物，但从带有这种款识的垫饼来看，其所支撑和烧造的带有这种款识的器物应该是存在的。这个垫饼上留下的支撑器物的痕迹尺寸较大，可见盏的尺寸也大于常见的小建盏。

宋 建窑黑釉窑变彩建盏残片

图 5-134 这件建盏的残片在不同角度光线的照射下会呈现窑变彩，这就是日本人称之为"曜变"的彩光，光泽幽蓝靓丽。这种带有曜变的残片十分罕见，这件残片曜变的特征也不明显，需要借助较强的光线并变换观察角度才能观察到曜变的彩光。

下面是一组在放大 50 倍的条件下拍摄到的该残片表面的曜变彩光的图片。可以看到，在微观状态下，其光泽五彩斑斓，甚至能看到釉中的条状结晶（图 5-135a）、忙碌的窑工形象（图 5-135d）和一个坐在锦被上的娃娃形象（图 5-135e），真是千般变幻、万种神奇，奥妙无比，令人不可思议。

图 5-134 宋 建窑黑釉窑变彩建盏残片

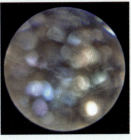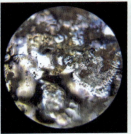

a　　　　　b　　　　　c　　　　　d　　　　　e

图 5-135 宋 建窑黑釉窑变彩建盏残片（表面放大图，50X）

图 5-136　宋 建窑系黑釉茶盏

宋 建窑系黑釉茶盏

图 5-136 是一件黑釉的建盏，为完整的器物。首先我们看它的造型，建盏的造型大体上都呈现出斗笠形，这件也不例外，盏壁斜直，盏口折沿垂直向上，小圈足；盏内壁施满釉，外壁施多半釉，这种器型和釉色属于典型的建窑器物。那么它是建窑本地窑口的，还是建窑系的产品呢？建窑又称污泥建，中心烧造地带窑口的产品胎质一般呈黑色，我们看这个盏的胎，颜色不是那么黑，呈白灰色，也就是说发灰、发白，因此应该是建窑系的一个产品。虽然如此，作为完整器物，我目前仅收藏到这么一件，如果想收藏到中心窑口的质量较好的建窑盏也不是容易的事，需要机遇。现在建窑的仿品或称为仿古艺术品也很多，如果真品见得少，判断起来就会困难。这件建窑系的盏，因为是民窑的器物，它的胎淘得不是很细，釉面上可见一些较大的颗粒，但造型规整、釉色黑亮如漆，又是一件完整的器物，因而具有一定的收藏和欣赏价值。

古玩鉴赏知识

瓷器的装烧方式

古代瓷器装烧的方式很多，掌握它们的基本特征对于瓷器的鉴定很有帮助，这里将部分装烧方式简单归纳于表 5-1，供大家参考学习。

表 5-1 常见瓷器的装烧方式表

装烧方式		图片举例	窑口举例	说　明
垫烧	垫砂	 宋 青白瓷碗残片（景德镇湖田窑） 明初 砂垫支烧青花盘（匣钵已坍塌、粘连） （景德镇中国陶瓷博物馆）	景德镇窑	器物早期烧造法，器物底部垫些沙粒直接放在窑床上或匣钵内烧造，因而器物底部常沾有窑砂
	垫饼	 宋 建窑垫饼	龙泉窑、钧窑、建窑等	圆饼状，在湿态下放在器物外底和匣钵之间
	垫柱	 五代 垫柱支烧壶（景德镇中国陶瓷博物馆）	景德镇窑、建窑等	圆柱状，放在器物外底和匣钵、窑床之间
	垫圈	 垫圈（中国宝丰清凉寺汝官窑遗址展示馆藏）	龙泉窑、景德镇窑、清凉寺窑等	圆环状，在湿态下放在器物外底足和匣钵之间

装烧方式		图片举例	窑口举例	说　明
支钉烧	支钉垫圈	 北宋晚期　五支钉垫圈（2001 年清凉寺汝官窑遗址Ⅳ出土，宝丰汝窑博物馆藏）	汝窑、官窑、钧窑、磁州窑	汝窑常见有二、五、七枚支钉，也有四、六枚的，但较少。南宋官窑最多见有九枚支钉的
	支钉垫饼	 北宋晚期　三支钉垫饼（2002 年清凉寺汝官窑遗址Ⅳ出土，宝丰汝窑博物馆藏）		
		 五支钉垫饼（郊坛下官窑遗址出土，郊坛下官窑遗址展馆藏）		
		 九支钉垫饼（郊坛下官窑遗址出土，郊坛下官窑遗址展馆藏）		
	三叉支钉	 三叉支钉（钧官窑址博物馆藏）		
		 金代　三叉支架（1987 年观台窑址发掘出土，中国磁州窑博物馆藏）		

装烧方式		图片举例	窑口举例	说　明
覆烧	支圈覆烧	 匣钵及支圈（定窑作坊遗址博物馆藏）	定窑	口沿向下烧造，器物有芒口（口沿处一周无釉露胎）
叠烧	支钉叠烧	 北宋　带五支钉残碗（1987 年观台窑址发掘出土，中国磁州窑博物馆藏） 元　影青釉盘（条状支钉叠烧）	磁州窑、定窑、青白瓷部分窑口、林东窑、赤峰缸瓦窑	碗、盘类内外常有条状、圆点状或不规则点状支钉痕。圆点状痕迹的是由球状物托烧的，也称托珠叠烧
	三叉支钉叠烧	 碗和三叉支钉（定窑作坊遗址博物馆藏，属于定窑早期形式）		
	涩圈	 涩圈叠烧（定窑作坊遗址博物馆藏）		
	砂堆叠烧	 明　磁州窑太极图鱼纹盘残片	磁州窑	叠烧时用小砂堆作为器物之间的隔离和支撑物

古玩买卖

这里给大家介绍一些古玩行里常说的"潜规则"或称"行规",也是收藏过程中常接触到的古玩知识。本书内容针对的是不同起点的大众收藏群体,包括想入门收藏领域的或者是入了门以后有关知识理解得不太透彻的,以及在古玩行里摸爬滚打了很多年等各类人群,所以我想把一些基本的古玩买卖知识给大家介绍一下。

先讲一个故事。有一次我到南方某地去淘宝,看见一个红釉的小瓶,特别漂亮。根据我当时掌握的收藏知识和眼力,我知道这个小瓶是一个"老货儿",也是"大开门"(指明显具备古代器物特征并很容易被识别出为真品)的。我询问店主这个瓶子的价格。他说:"十块。"我一听价格就很高兴,于是从兜里拿出十块钱来,没想到他看了我一眼说:"你走吧,我不卖给你了。"我一头雾水地问:"先生,我向您请教一下,什么原因您不卖了?"他说:"一看你就不是玩这个的,我这个是大开门的,我刚才说的'十块'是表示一千块钱,这是行内的叫法。这个瓶子的价格不可能是十元或一百元,也不可能是一万元,古玩行的人通常都明白。"我说:"噢!先生,谢谢指教,这个行话我今天从您这儿学会了。"其实这位先生说的是有关古玩价格的习惯用语,后来我觉得这个瓶子就是民国的东西,价格偏高了一点,最终没买这个瓶子。当然使用行话也有误会的时候,大家在购买前最好还是问清楚器物真实的价格。古玩行里经常说的十块或几块,指的是有时候在某种特定情况下,一块指的是一百,所以大家一定要把价格问清楚。

有关价格方面的行话还有一些。比如经常有人说这件东西的价格得"小几十块"或"大几十块",小几十块指的是五十块以下,大几十块就是五十块以上,一百块以下。同样,"小几百"指一百元以上,五百元以下;"大几百"指五百元以上,一千元以下;"小几千"指五千块以下,"大几千"指五千块以上;"小几万"指五万块以下,"大几万"指五万块以上,十万块以下等。还有,古玩行里的人,如果说某件器物的价格很高,通常在一万以上时,也有人会说这件东西的价格大概得"几个"。这里的"几个"指的是几万,"个"相当于"万","几十个"就是指"几十万",以此类推。这都是行话或古玩行里约定成俗的说法,作为口语交流时的一种不确定的大概价格的表达方式。如果要落在纸面上,就必须要按实际价格写清楚。

在古玩买卖过程中,买方最忌讳的就是第三方的"撬行"("行"音"航")行为,即买家和卖家就一件器物正在商讨价格的时候,买家还没有放下这件东西或没有达成最终交易价格,也没说不要,作为旁人的第三方不要轻易出价或加价把它强行买过来,行话叫"不要撬行"。也就是说人家正在买卖的过程中，旁人不要掺和。这是古玩行大家约定成俗的所谓的"行规"，违反这一规则可能导致买卖各方之间发生矛盾。

询价和买卖古玩的过程中，对于卖方的要价，买方不要轻易还价，一定要看好器物的真伪和想好自己的购买能力，如果还了价之后卖方同意了，而买方不买，通常这就是买方理亏了，会引起很尴尬的场面，有时遇到不良心态的人（如故意售假者）甚至会引起争吵。

对于一些易碎易损坏的器物，尤其是陶瓷器，买卖过程中不要手递手，因为交接器物时一旦造成损坏，双方责任难以说清。通常的方式是让对方把瓷器放到桌子上或放到平整的地面上，对方放好了而且器物稳定了以后，买方再拿起来看，看完了，再放回到原来的位置，切忌手递手。如果手递手，损坏了器物，特别是价格较高的器物，后果会很严重，双方有时会就赔偿价格发生争执。有经验的买家对于较贵重的器物通常都是问好了价格以后才上手观察，一旦损坏也有个赔偿的基本依据。

对于古玩行里的老玩家，购买古玩后通常不去退货。退货在古玩行通常不被卖方认可，因为古玩具有"真假难辨"的特点，卖方也要防止自己卖出去的货被"调包"，当然也有卖方故意售假而不愿意买方退货的。把仿品当成真品来购买，古玩行叫"打眼"。对于老玩家来说，出现了打眼的情况，说明眼力不够，吃了眼前亏，出于面子和声誉，通常不会去退。当然，如果涉及很高的价格，有时双方也可协商。比如通过换货的形式或交给卖方一定的手续费，但如果卖方故意高价售假或欺诈，就是另一回事了。现在常有这样的情况，买来后发现是假的，或者买贵了，去找人退货，有的商家态度好，说给你退，有些商家就不给你退，你说假的，人家说是真的。因为我们都不是古玩产生那个时期、那个年代的人，也不是制作器物的人，对古玩真伪的判断通常基于现今公认的古代器物所具有的特征来下结论。一旦买卖双方观点不同，就会产生争议。还有就是如果买家"捡了漏"[①]，还会把将来获得的利益分给卖方吗？当然不会。有的给你退货了，但你要是退货的次数多了，人家以后也就"不跟你玩儿"（指不愿意和这样的买家做交易）了，当然如果卖方有故意欺诈行为那就另当别论了。

现在有些人喜欢在网上购买一些古玩，例如瓷器之类的，大家都知道古玩行"水很深"，通常需要当面看实物，有些大开门的器物通过网上的图片或视频也可以看出

---

① "捡漏"通常是指卖家把真品当作仿品以较低价格卖出，或者是买家以较低的价格买到了较高价值的器物。

来，有些就很难辨认真伪，这取决于买方的经验和眼力。古玩的鉴定对于普通藏家来讲主要是通过传统观察、上手感受的方法，必要时辅之以微观或寻求科技鉴定的方式。所以你从网上买的，如果是大开门的东西，没问题，但这些东西通常都是"普品"（指普通的常见的器物或古代的日用瓷，价格较低），其精品不多且价格通常较高。对于大多数器物而言，普通藏家也难以仅通过图片来判断器物的真伪。有些东西你看不准，买到手再退货，有时卖方要收一些手续费，5% 也好，10% 也好，还可能更多，不论怎样，买方都会产生经济损失，是既搭精力又搭钱，所以大家一定要仔细考虑，慎重购买，因为古玩毕竟是一种特殊的商品。

斗彩五彩　争奇斗妍

第六讲

　　陶瓷烧造的历史遵循着从简单到复杂、从单色釉到多色釉、从釉上到釉下再到彩绘瓷的发展过程，大致经过了素陶、彩陶、釉陶、原始青瓷、成熟瓷器、单色釉、多色釉、釉上彩、釉下彩的缓慢发展阶段。到了明代宣德年间，勇于探索和创新的古代工匠又创烧出了集釉上和釉下彩于一器的斗彩新品种，成化年间又把斗彩这一品种发展和演绎到极致，烧造出了著名的鸡缸杯、高士杯、天字罐等巅峰之作，是陶瓷发展史上的里程碑。五彩严格上讲包括青（天色）、黄（地色）、红（日色）、白（月色）、黑（夜色）五种基本色调，但也泛指各种颜色，有五彩缤纷之意。五彩瓷最早可以追溯到元代后期，但数量稀少，较为罕见，且大多表现为红绿两种色彩。五彩瓷在明代的烧造大致始于明代的宣德年间，分为釉上五彩和青花五彩两种，明代嘉靖、万历年间青花五彩逐渐发展到高峰。清代，康熙五彩又出现了釉上蓝彩，使色彩更加丰富，康熙五彩也成为一代名作。五彩由于其颜色较多因而给人的感觉较为热烈，斗彩由于有青花（青花也有"釉下蓝彩"之称）的参与其色调显得较为柔和淡雅。斗彩和五彩的出现，使得陶瓷世界的色彩从此不再单调和沉寂，呈现出百花齐放、色彩缤纷、如梦如幻、争奇斗妍的局面，展现了古代工匠非凡的艺术创造力和高超的制作技艺，为人类陶瓷发展史写下了辉煌的篇章。

瓷片与器物鉴赏

斗彩简介

斗彩烧造最早的时期现在公认的是明代宣德，但是宣德斗彩的器物很少，西藏的萨迦寺藏有一个明代宣德青花五彩高足碗，它虽然叫青花五彩，实际上有一部分纹饰采用了斗彩的手法，所以既有青花五彩的特征也还有斗彩的特征。虽然明代宣德创烧了斗彩这一新品种，但当时主要是釉下青花和釉上一些红彩、绿彩或黄彩等单色彩进行斗妍。斗彩真正达到高潮和顶峰应该是明代的成化时期，成化时期的斗彩器物相当精致，从明代嘉靖开始，后世官窑多有仿烧。清代康熙、雍正、乾隆三朝斗彩器物制作得也比较多，烧造得也比较成功。"斗彩"这一名称最早见成书于清雍正、乾隆年间的《南窑笔记》：

> 成（化）、正（德）、嘉（靖）、万（历）俱有斗彩、五彩、填彩三种。先于坯上用青料画花鸟半体，复入彩料，凑其全体，名曰斗彩。填（彩）者，青料双钩花鸟、人物之类于坯胎，成后，复入彩炉，填入五色，名曰填彩。五彩，则素瓷纯用彩料画填出者是也。

从上述记载可以看出，斗彩的种类最初只有一种形式，即"先于坯上用青料画花鸟半体，复入彩料，凑其全体，名曰斗彩"。意思是先在坯体上用青料画出图案的一部分，青花烧成后在釉上用彩料画完剩余的部分，组合成完整图案，再二次入窑烧成，这叫斗彩。而现在人们习惯上所指的斗彩在上述记载中则被称为"填彩"，即"青料双钩花鸟、人物之类于坯胎，成后，复入彩炉，填入五色"。意思是先在坯体上用青料双钩画出图案的轮廓，青花烧成后在釉上用彩料填入轮廓内，再二次入窑烧成，这叫填彩。本书据此记载以及考虑到人们的习惯称呼，对斗彩的品种做如下归纳和解释：

斗彩的品种有两种。斗彩的第一个种类，也是我们最熟悉和常见的斗彩的形式。这种方式首先是在胎体上采用青花钴料并用双钩的画法描绘出图案的轮廓，罩透明釉高温烧成后，在青花勾出的轮廓内再填上其他颜色的彩料，然后入窑二次烧成，使得釉下青花和釉上色彩共同组成一个完整图案，釉上釉下色彩争奇斗妍，称之为斗彩，相当于《南窑笔记》中的"填彩"。这种先青花双钩描绘轮廓然后釉上填彩的方式，属

 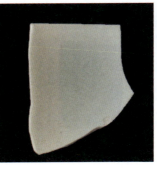 

图 6-1 清中期 斗彩万寿纹碗残片（小斗彩，官窑）　　　图 6-2 明宣德 斗彩鸳鸯莲池纹盘（景德镇御窑厂中国御窑工艺博物馆藏）

于斗彩的第一个品种，也是大家通常比较熟悉的一种形式。由于釉上彩料完全被限定在釉下青花勾画的轮廓内，这种斗彩属于小范围内的争奇斗妍，所以本书称之为"小斗彩"或简称"小斗"。现在人们习惯上所说的斗彩指的就是这种在青花双钩轮廓内填彩形成的小斗彩。

第二种斗彩是指釉下的青花图案和釉上的彩绘共同组合成一个完整图案，假如把青花图案裁掉了，或者把釉上彩绘图案裁掉了，它就不能构成完整的一幅图案，相当于《南窑笔记》中的"先于坯上用青料画花鸟半体，复入彩料，凑其全体，名曰斗彩"。我们把这种斗彩形式称为"大斗彩"或"大斗"，也就是在较大的范围内争奇斗妍而不受青花轮廓的限制。这种大斗彩的瓷器现在被笼统地称为"青花五彩"，这是习惯叫法。而真正意义上或者说严谨概念上的青花五彩指的是在同一器物上釉下青花和釉上彩绘分别组成不同的图案。这些概念需要我们结合实物慢慢去理解和体会。景德镇御窑厂遗址出土了一件明代宣德的斗彩鸳鸯莲池纹盘就属于这类大斗彩的种类。此外，康熙时期又创烧了一种釉下青花、釉里红与釉上彩结合成斗彩的器物。

斗彩一词中"斗"的发音现在都发"斗"（四声），意为釉上、釉下彩色争奇斗妍，但 2018 年我窑址访古期间在景德镇听到当地人讲，古代景德镇把青花和釉上彩结合的工艺叫"抖拢"，也就是把这些不同色彩组合在一起、拢在一起，因此在景德镇斗彩一词中的"斗"其发音与"抖拢"中的"抖"（三声）谐音，即斗彩音作"抖彩"。

明成化 斗彩海兽图天字罐（半成品）

成化斗彩天字罐完整器物据有人统计全世界存仅十余件，且都在各大博物馆，民间极其罕见，因而十分珍贵。天字罐最早在明代成化时期由景德镇官窑进行烧造，从康雍乾朝以后有仿烧的作品出现，也有人认为明代万历开始就有仿品出现，但罕见实物。据说"天"字款识来源于千字文的第一个字："天地玄黄，宇宙洪荒。日月盈昃，辰宿列张。寒来暑往，秋收冬藏……"还有一说是因皇帝贵为天子，所以以"天"字为款的器物是为皇帝摆设观赏之器物。此外，古时皇宫也称"天家"，天字罐是否标明其为皇宫专用器物也不得而知。天字罐在明代叫作成化五彩天字罐，在清代称为成窑五彩天字盖罐，成化斗彩天字罐是后来的称呼。无论是明代还是清代的官窑天字罐器物都是十分珍贵的，因为这是专为皇帝烧造的御用之物，其制作和绘画质量很高，属于古代瓷器中的稀世珍品。北京故宫博物院和台北故宫博物院都有成化斗彩天字罐的藏品。

图 6-3 中是底款为"天"字的一个罐子，称为天字罐，罐子原应有盖，已不见。罐体外壁用青花绘制不同神态的海怪，海怪为狮身、象鼻、象牙。天字罐本为斗彩的形式，但这个罐子上却只有青花绘制的海兽图案的轮廓线。实际上这是一个半成品，也就是说它后面的釉上彩绘和二次低温烧成的工序没有进行，这可能是青花烧成后出现了缺陷而被砸碎废弃。这个罐子的底部可以看到有烧制过程中产生的裂纹，可能是因此原因而被废掉不再继续后面的彩绘和二次烧造工作。现在有人把这类斗彩的半成品称为"漏斗"，漏含有疏忽遗漏的意思，这种字面的表述给人的感觉好像是漏掉了下面的工作。但我觉得实际上并非漏掉了后续的工作，而是认为其存在某种不可接受的缺陷而主动放弃后面的工序。还有人称这类器物为"残器"，所谓"残"通常指残缺一部分或有损坏而言，但当时成化斗彩的青花烧造完后，不一定都是因残缺、残损而废弃，比如有一个小的窑裂，或发现绘画有误笔，或青花的发色不好等，而器物本身仍然是整器，因此我觉得应把这类作品称为"半斗""废斗""青斗"似乎更妥，意为斗彩制作到半途（青花完成）而废弃不再进行。

这类半斗的器物也经常时有发现，大都在景德镇御窑厂区域或附近，基本上都属于官窑的作品，虽然它们没有继续被完成，但由于它们以实物的形式承载了一定的历史信息，而且大都是官窑的器物而制作和绘画都十分精美，因此也十分珍贵。

这个罐子的釉面洁白并有油腻的感觉，这是成化青花的普遍特征。它所使用的青花钴料就是资料上记载的明代成化官窑使用的平等青，它的发色非常淡雅，这是典型

图6-3 明成化 斗彩海兽图天字罐（半成品）

的平等青的发色。在罐子的釉面上还可以看到有局部缩釉的现象，这是古瓷常见的现象。从内部看下去在罐子肩部偏下部分有一周明显的接痕，这是古瓷制作的工艺特征。罐子外底的"天"字款识采用楷书写成，写得非常规整有力。

根据景德镇陶瓷考古研究所的收藏以及故宫博物院藏有的这类烧制完成的天字罐作品看，它的仰覆蕉叶纹部位的釉上填彩应为黄色，而海兽应为黄和红两种颜色。

目前市场上成化天字罐的现代仿品很多，大部分仿制得比较粗糙，有些仿制得很精致，但由于制作过于细腻而具有明显的现代感。少数仿品制作精良，很容易被误认为真品进行流通和收藏，这是大家要特别注意的，因为仿品毕竟不是古陶瓷，一旦"打眼"会造成不小的经济损失。目前市场上也有将仿品打碎伪装成真品按片销售，以谋取暴利，如果注意细节分析，还是可以辨别出来。此外，多到诚实的古玩商和有信誉的店铺购买古玩及残片，可以降低买到赝品的概率。

明成化 斗彩螭龙纹天字罐

图6-4中该罐圆口，短颈上略内收，丰肩，腹下内收直至形成底足，足脊修圆；胎质洁白细实，罐壁较薄。该罐原有盖，可称之为盖罐，现盖已散失。罐内施无色透明釉，光素无纹。口沿处釉厚处略泛青，外壁釉质洁白、细腻肥润，罐底釉色白中略泛青，应是施釉略厚以及罐底与罐壁烧制温度差异而致。外壁近口沿处青花弦纹两道，肩部和腹部近底足处采用釉下青花和釉上覆红彩的工艺分别绘制一周覆、仰莲瓣纹，红彩鲜红如漆；外壁主体纹饰为两条青花螭龙游于斗彩工艺绘制的瓜果藤蔓之间，青花采用典型的平等青料，发色淡雅纯正，黄彩黄中泛绿，绿彩绿中泛黄。两条龙均为

图 6-4　明成化 斗彩螭龙纹天字罐

图 6-5　明成化 斗彩海怪
纹天字盖罐（景德镇市陶瓷
考古所暨御窑博物馆藏）

图 6-6　明成化 斗彩缠枝莲纹
"天"字罐（故宫博物院藏）

图 6-7　当代 仿成化斗彩海马纹天字罐

三爪且面部形态诡异，有鬼脸龙之称。罐底中心部位楷书一"天"字款，字体刚劲有力，因此称为天字罐，又因这类天字罐是专为皇帝烧制，因此又有天子罐之称。该罐做工极为工整，绘画极其精美，为世间所罕见，堪称稀世珍宝。

　　完整的天字罐的真品大都收藏在世界各大博物馆，民间极其罕见。据载，大英博物馆和日本东京国立博物馆各藏有一个完整的这种螭龙纹天字罐。

由于成化斗彩天字罐名气太大，因此后世时有仿烧，特别是如今市场上仿品极多。为了研究仿品特征，我特意在市场上买来的一个仿古天字罐（图6-7），画面为海马图，这类海马图的真品天字罐在故宫博物院有收藏，这件就是仿照故宫博物院那件烧制的。

这件仿品与真品的主要区别在于：

真品的造型略有挺拔清秀之感，而仿品略显敦实厚重；真品胎壁较薄，仿品胎壁略显厚实；真品的绘画精美，仿品绘制粗糙，比如如意云头纹、马的轮廓线条以及马的眼睛等部位，仿品画得失真或不够精细；真品釉的底色略白，而仿品泛青；真品的黄色呈明黄或杏黄，仿品呈暗黄或淡黄；真品纹饰画面清晰，仿品由于釉料的成分及工艺与古代不同而显得不够清晰，略有混浊之感；真品在罐的内壁肩部有明显接痕，仿品没有接痕；真品外底表面没有开片，仿品则为了表现古器物常见开片的特征而有开片现象；真品底部的款识"天"字写得雄浑有力，而仿品的"天"字书写时运笔缓慢犹如描写而缺乏笔力。

明成化 斗彩鸡缸杯残片

这是我收藏的一个小杯子的残片（图6-8），上面残存的纹饰有一些山石、花卉和一只小鸡的部分。查阅了一些资料之后我非常惊讶地发现，该残片的纹饰为成化斗彩鸡缸杯上面的纹饰。成化斗彩的名气很大，尤其是鸡缸杯更是名噪天下，十分稀有，真品能拍到上亿的价格。成化斗彩鸡缸杯在明代也叫"成窑草虫可口子母鸡劝杯"。我也是偶然的机会收藏到了这一片。那么这件瓷片到底是明代成化本朝的，还是后世仿的呢？我仔细研究了一下，这件瓷片的胎质洁白细腻，纹饰的用料、画工都比较讲究。青花发色淡雅，为典型的平等青料；绿色透明而微闪黄色，绿叶下面的青花叶脉清晰可见；黄色为杏黄色，略微闪红；红色为鲜红，色泽不均；紫色为赭紫（残片右下角处），色暗。

明代成化斗彩的红色有一段时期的发色呈现葡萄紫和姹紫的颜色，《中国陶瓷》一书中对葡萄紫的解释是"色如熟葡萄而透明"，对姹紫的解释是"色浓而无光"，对赭紫的解释为"色暗"。其实葡萄紫和姹紫这两种色泽大体相同，都是烧制红色时的变色，姹紫如叫"差红"似乎更为妥当。成化时期就有一批器物有姹紫的色泽，后来姹紫的色泽就烧不出来了。成化斗彩中的红色也有鲜红和油红的，这件瓷片中的红色就呈现鲜红色（由于照片色差的影响，实际的色泽比照片中要更红些）。当然现在仿的也能烧出来姹紫的色泽，现在高仿的要什么色都能给仿出来。这件瓷片的底色透明釉较为洁白，这是成化器物的典型釉色。由于年代久远的缘故，其中部分花叶的绿色已经脱落

图6-8 明成化 斗彩鸡缸杯残片（官窑）
图6-9 明成化 斗彩鸡缸杯（半成品）（景德镇御窑厂中国御窑工艺博物馆藏）

而清晰地看到下面青花勾勒的叶子轮廓，这从靠近山石顶上的一片叶子上残留的部分绿色可以得到确认。除青花和红色外，其他色泽迎着光线观察均可见到明显的蛤蜊光。此外，这件残片的外形轮廓与我手中现存的一件高仿的成化斗彩鸡缸杯相同，口沿处直径也相同。

综合以上特征可以认定，这件瓷片属于明成化斗彩鸡缸杯的残片，因此弥足珍贵。我通过对它的胎和釉以及纹饰进行熟记，不断地把玩和揣摩，将来如果在市场上能遇见真品，我基本上心里就有数了。由于成化帝对器物的欣赏品位很高，据说每件成化器物皆有不同之处，因此这件残片对研究成化斗彩鸡缸杯的纹饰种类和釉料色泽具有非常重要的史料价值。随着成化斗彩价格的不断增高，包括市场需求的升温，出现了很多成化斗彩鸡缸杯的现代仿制品。当然，真品难寻，但能够收藏和欣赏到一件高仿品，解读和感受它的文化气息，也是一件快乐的事。

斗彩鸡缸杯和松鼠偷葡萄画面的小杯子，据说是成化帝为他宠爱的万贵妃烧制的。成化斗彩杯在明人的眼中就有很高的评价，如《万历野获编》记载："成窑酒杯，每对至博银百金。"《唐氏肆考》也记载："神宗（即万历皇帝朱翊钧——著者注）尚器，御前有成杯一对，价值十万。"郭子章的《豫章陶志》则有："成窑有鸡缸杯，为酒器之最。"清代乾隆皇帝也很喜爱成化斗彩鸡缸杯，并写有《成窑鸡缸歌》："朱明去此弗甚遥，宣成雅具时犹见。寒芒秀采总称珍，就中鸡缸最为冠。"

据说宋代佚名的《子母鸡图》（轴，台北故宫博物院藏）对成化帝烧造鸡缸杯有一定的启发作用，成化帝还在该图的上面亲自题写了一首诗："南牖喁喁自别群，草根土窟力能分。偎窠伏子无昏昼，覆体呼儿伴夕曛。养就翎毛凭饮啄，卫防鸡稚总功勋。披图见尔频堪美，德企慈乌与世闻。"据说烧造鸡缸杯是成化帝表达对万贵妃在自己年

图 6-10　当代 高仿成化斗彩鸡缸杯

幼时无微不至的呵护的感激之情。

清雍正 仿成化斗彩高士图杯残片

这是一件斗彩杯子的残片（图 6-11），胎质洁白细腻。内壁光素无纹，外壁采用斗彩描绘一高士端坐在一树干上，周围草地青青，圈足内青花两行六字楷书款"大明成化年制"外加双方栏。由于款识与典型的成化器物的款识在书写上有一定的差别，且圈足较高呈现雍正器物的特征，故而判断其应属于清代雍正时期景德镇御窑厂仿制明代成化高士杯的器物。由于画面内容残缺，所以不能表现碗壁整幅画面的内容，但根据成化类似高士杯上的纹饰内容大致可以推断出该杯子的画面内容为王羲之坐于树上观赏水面上鹅在游玩嬉戏的场景，画面中原本还应有一随行童子，杯子另一侧残缺的画面应为一位高士和一个抱琴的童子，表现的是俞伯牙携琴访友。

图 6-11　清雍正 仿成化斗彩高士图杯残片（官窑）

《匋雅》一书中说"雍正豆彩酒杯仿明成化六字款，多画极精致之人物。每只各有故事一则，若陶渊明、林和靖、米元章、周茂叔之类，不可枚举"，指的就是这类酒杯。

成化斗彩是陶瓷史上斗彩器物制作的巅峰之作，后世仿烧尤以康雍乾三朝为最，雍正仿制成化的器物非常精致。从这件杯子的残片上就可以看出，其造型端庄秀美，青花和彩料发色都纯正、清新、淡雅，绘画工整优美，但从款识上还是可以看出与成化器物的不同之处。孙瀛洲先生在《成化官窑彩瓷的鉴别》一文中把鉴别成化官窑彩瓷的六字款识总结成了六句口诀，概括了成化款识的书写特征：

"大"字尖圆头非高，"成"字撇硬直倒腰。"化"字人七平微头，"製"字衣横少越刀。"明"日窄平年应悟，"成"字三点头肩腰。

我对上述口诀的理解是："大"字第二笔划的尖端有尖有圆，且横笔上面的出头部分较短；"成"字斜钩上面的一撇显得硬直且倒在腰的部位（即斜钩的略偏下部位）；"化"字的"亻"和"匕"上部基本是平齐的，或者略有高低；"製"字中的"衣"的一横很少超过"刂"部；"明"字的"日"和"月"都比较窄长且"日"的最后一笔"一"横与"月"的最后一笔"一"横基本平齐，与"明"字相比，应悟出"年"字

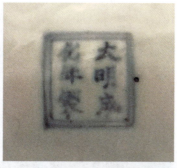

图 6-12 明成化 景德镇窑斗彩盘（上海博物馆藏）

图 6-13 明成化 斗彩高士图杯（故宫博物院藏，左图）

图 6-14 明成化 官窑款识示例（故宫博物院藏，右图）

稍显宽肥；"成"字的最后一点有的高度与头（斜钩起点处）平齐，有的与肩部（横笔）平齐，有的在腰部（斜钩上面一撇的起笔前部）。

这件瓷片的款识与上述记载略有不同之处，我判定其大致属于清代雍正时期仿成化的器物，因为雍正一朝时间短，写款的人不会有大的变动，因此在"大明成化年制"仿款的写法上应有规律可循。根据我收藏的该瓷片上的款识写法，我尝试着编写了如下歌诀，可做参考：

"大"字一撇横上高，"明"字日在撇上跑。"成"字一点落撇上，"化"字撇弯"七"微高。"年"字撇短越小竖，"製"字衣横撇长飘。

我的解释为："大"字的撇在横上部分较高，如果上面加上一横则不能形成规矩的天字。"明"字中"月"字的一撇很长，直到"日"字的下方，"日"字几乎全部位于撇上。"成"字一点落在撇的上面（撇的起始部位前）。"化"字中的两个撇都明显呈一定弧度的弯曲，而且"七"字的起笔略微比"亻"部高。"年"字的撇很短，而且向右几乎全部越过了四笔的小竖。"製"字中"衣"的一横和三笔的撇都向左弯曲飘摆出来。

由于口诀中每句都有一个"撇"字，因此我把该口诀戏称为"撇字诀"。

清康熙 斗彩海水纹碗残片

这是一件斗彩碗的残片（图6-15），青花绘制海水浪花纹，釉上填红绿彩，绿色浅淡呈黄绿色。底款楷书"大明成化年制"两行六字外加双圈仿款，紧皮亮釉，应为康熙时期官窑的斗彩作品。

图6-15 清康熙 斗彩
海水纹碗残片（官窑）

图 6-16 清康熙 斗彩海水龙纹碗残片（官窑）

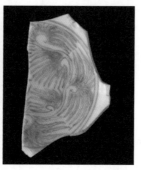

图 6-17 清康熙 斗彩凤纹碗残片（官窑）

清康熙 斗彩海水龙纹碗残片

该碗（图 6-16）胎质洁白细实，修足规整。碗心斗彩绘蟠龙纹及"个"字形云纹，龙爪用线绘，龙有老态龙钟之感，但不乏威猛之相。外壁下部斗彩绘海水浪花纹，上绘龙纹（已残）。外底青花两行六字楷书双圈寄托款"大明成化年制"（字体部分残缺）。釉面紧皮亮釉，彩料发色纯正，并有蛤蜊光现象出现，为康熙时期官窑作品。表面残留铜孔，表明曾经铜补过，可见主人对它的珍爱。

清康熙 斗彩凤纹碗残片

图 6-17 中该碗心斗彩绘凤纹，纹饰已残缺，仅残留尾部纹饰。碗外壁斗彩绘团花纹，纹饰已残。彩料发色纯正，并呈现蛤蜊光现象。外底青花两行六字楷书双圈寄托款"大明成化年制"（字体部分残缺）。外底青花双圈和圈足外墙上的青花双圈绘制得十分规矩，接头对接整齐，这是鉴定官窑器物时的辅助证据。该碗为康熙时期的官窑作品。

图 6-18　清乾隆　斗彩海水
瑞兽纹碗残片（官窑）

图 6-19　清乾隆　斗彩仰莲瓣纹碗残片（官窑，胡玉光
先生藏）

清乾隆 斗彩海水瑞兽纹碗残片

这是一件碗的残片（图 6-18），下面有款"大清乾隆年制"。它的碗壁大都残缺了，剩下了碗下部的海水纹和很少部分的瑞兽纹，海水的轮廓全是用青花绘制，在轮廓里边填了一些黄彩、绿彩，属于斗彩的品种。其青花发色纯正，色彩幽雅清新，为乾隆时期的官窑制品。

清乾隆 斗彩仰莲瓣纹碗残片

该残片（图 6-19）仅剩碗底和部分碗壁，其仰莲瓣纹仅为辅助纹饰，但因碗壁主要纹饰已残缺，因此暂且用仰莲瓣纹来命名。该碗胎质洁白细腻，做工规整，纹饰精美，釉色温润，外底三行六字篆书青花款"大清乾隆年制"，为乾隆时期官窑作品。该残片为胡玉光先生所收藏。

清乾隆 斗彩邀月山庄款杯残片

这是一件斗彩的杯子的残片（图 6-20），底部青花款识为"邀月山庄"。据原藏家介绍，该杯子的残片几年前出土于恭亲王府（原和珅府第）府墙外附近一次施工过程的废土中，因此他认为此杯应该与和珅有关，或许是和珅当年使用的器物。

和珅位高权重，一人之下，万人之上。他喜好古董珍玩，并有一定的鉴赏能力，据载其拥有古玩店铺 13 个。因此，和珅拥有这类杯子不足为奇，而且底款"邀月山庄"

图 6-20 清乾隆 斗彩
邀月山庄款杯残片

图 6-21 恭王
府内的邀月台

使用了月亮的"月"字，在清代也并非常人敢为，该杯的所有者必是高官显贵。据载乾隆曾经指定圆明园南部一块地划为和珅所有，和珅在此按圆明园的建筑风格建了一个豪华的园子名曰"淑春园"，其中有一阁名曰"闭月楼"，看起来和珅使用类似含有月亮的词汇也在情理之中。加之和珅文才出众，能吟诗附会，所以这类含有诗情画意的底款加斗彩的器物或许与其有关。至今，在和珅曾经住过的府邸也就是后来的恭王府中仍有一景名曰"邀月台"，建筑在假山之上，极其壮观，柱子上有四句诗："福寺昭昭邀月台，福禄寿喜财运来；福神款款飘然至，福气氤氲入君怀。"

清乾隆 斗彩云鹤纹玲珑杯残片

这是一件斗彩杯子的残片（图 6-22），上面还有描金，而且是一件玲珑瓷，玲珑瓷早在康熙时期就有制作。所谓玲珑瓷就是在瓷器的胎体上有一些圆形的或非圆形的镂空孔洞，施釉烧成后形成在镂空孔洞处只有釉而无胎骨的现象，并使孔洞处釉的颜色和其他部位不同，特别是在光的透照下使器物能呈现玲珑剔透的状态，越发显得精美。这些镂空可以随着纹饰的形状而分布，也可以独立地分布在器壁上。这件瓷片就是把斗

图 6-22　清乾隆 斗彩云鹤纹玲珑杯残片（官窑）　　　　　　图 6-23　清康熙 斗彩雉鸡牡丹纹缸（国家
　　　　　　　　　　　　　　　　　　　　　　　　　　　　　　　　博物馆藏）

彩、描金和镂空工艺结合到一起的一件玲珑瓷，制作工艺比较复杂。画面上有两只仙鹤，还绘有祥云。它的胎釉用料非常精细，制作精美，工艺复杂，尤其是在光线的透照下，晶莹剔透，美不胜收，这是乾隆时期官窑器物纹饰繁缛、工艺追求极致的特征。

　　现在各大博物馆大都藏有清三代斗彩的器物。

五彩简介

　　"五彩"原本是指青、黄、赤、白、黑五种颜色的通称，由于其他颜色从广义上讲都可以归入这五种颜色，因此五彩实际上包括大千世界的各种色彩，不仅仅指五种颜色，而是多种颜色之意。五彩瓷器与第七讲要讲的粉彩瓷器的主要区别就是五彩画面在绘制时并没有采用玻璃白打底，五彩的烧成温度在800摄氏度左右，属于低温烧制，比粉彩的烧成温度（略高于700摄氏度）要高些，烧成后的画面色彩并不呈现粉彩所特有的过渡色调，因此五彩又被称为硬彩，而粉彩也被称为软彩。五彩瓷分单纯的釉上五彩瓷和含有青花的五彩瓷两类。釉上五彩使用高温烧成的素瓷进行单纯的釉上彩料绘制，再低温二次烧成。釉上五彩又可分为白地釉上五彩和各种色地釉上五彩器。含有青花的五彩为釉下青花和釉上色彩共同出现在一个器物上，其中的青花要经过1280摄氏度左右的高温烧制，然后在釉上绘制图案并二次低温烧成。

　　含有青花的五彩还可细分为两种，一种是由釉下青花和釉上彩绘共同组成一个完整图案，这实际上属于斗彩的范畴，也就是我们常说的斗彩的第二个种类，釉上彩绘不受釉下青花图案轮廓限制而争奇斗妍，因此也叫大斗彩，简称大斗；另一种是同一器物上釉下青花和釉上其他色彩分别组成各自独立的不同图案，互不干涉，这叫青花五彩，实际上这种形式的器物并不常见。但人们习惯上不做以上细致的区分而把以上这两种情况都概括地称为青花五彩。这里考虑人们的习惯叫法、避免引起叫法上的混乱而把以上这两种情况也笼统地称为青花五彩。著名的宣德青花五彩莲池鸳鸯纹高足碗和宣德青花五彩莲池鸳鸯纹碗是最早的青花五彩典型器物，其中的青花既有独立的龙纹和海水波涛纹，也有用于莲池鸳鸯图案中不可分割的一种釉下蓝色来使用。

图 6-24　明万历　青花五彩狮子花卉纹罐残片

明万历 青花五彩狮子花卉纹罐残片

这是一件小罐的残片（图 6-24），就剩下一部分了。之前讲的斗彩和五彩的知识包括它们的种类，主要是为器物鉴定打下一个良好的基础，否则判断一件瓷器的品种是斗彩、五彩、青花五彩等就难免会混淆，甚至一头雾水。这个罐子上用红彩画了一头狮子，这个狮子纹饰也残缺了，就剩很少的部分。它的花卉部分仍然使用青花和釉上彩共同组成的图案，我们还是按习惯称之为青花五彩。青花五彩开始出现和流行应该是在明代的嘉靖年间，到万历时期，这种青花五彩的器物大量地出现。万历在位四十八年，据文献记载这一时期的青花五彩瓷器也特别多，所以这是判断这件瓷器所属年代的一个大致方向。

图 6-25　明万历　青花五彩螭龙纹罐残片

明万历 青花五彩螭龙纹罐残片

这是一件罐子的残片（图 6-25），青花绘制螭龙纹，并用矾红和黄彩绘制花卉和云纹，矾红呈色为嘉靖、万历以及康熙瓷器上呈现的特有的枣皮红色。胎质并非清代官窑器物特有的糯米汁状而呈现干白状，纹饰绘制线条流畅但不算精致，大致属于万历时期民窑作品。由于万历时期官窑瓷器上的绘画普遍不是很精致，因此也有人断定这件残片为万历官窑，还需进一步研究。

明万历 青花五彩炼丹图纹碗

图 6-26 中的碗为拼接，局部残缺。这是一个青花五彩的碗，确切地说应该属于大斗彩的范畴。碗敞口、弧腹、平底、圈足，碗的釉色白中泛青，这是釉料中铁元素影响所致。下面款识"大明万历年制"官款，属于万历时期官窑的作品。

万历皇帝崇信道教，因此这一时期瓷器上有关道教的内容也时常出现。这个碗的内部中心部位用青花五彩绘制了一个五爪蟠龙，龙头上的毛发向两侧横出，样子很像鸟的翅膀，龙的面部呈三角形，眼睛如戴着眼镜，一绺短须飘洒胸前。龙爪为五爪，沿圆周均布，呈现明代龙爪特有的"风车"状，龙身瘦长，龙的整体形象给人以"仙风道骨"之感。

外壁描绘的是一组炼丹图。一人身背宝剑，坐在炉前炼丹，炉上青烟飘逸，左右两童子侍候；一位老者左手执拂尘，右手置于胸前，坐在石桌上，似乎念念有词，身旁也有一童子侍候，但该童子上身纹饰已缺失；天空中有两位仙人骑着仙鹤而来，下面波涛汹涌，寓意得道成仙。碗的口沿外部饰一周缠枝灵芝形花卉。该碗绘画古朴，题材取自道教，空玄怪异，令人仿佛进入了神话空灵的境界。该碗虽有残缺，但画面保存基本完整，真实地反映了万历皇帝的信仰和所好，以实物的形式真实地再现了历史，虽因年代久远而色彩略有脱落，但内容表现清晰，加之青花采用了万历时期新创的煅烧法生成的浙料，色泽艳丽明快，因而该碗留传至今仍可称得上是一件不可多得的宝物，稀少而珍贵。

图 6-26 明万历 青花五彩炼丹图纹碗（官窑）

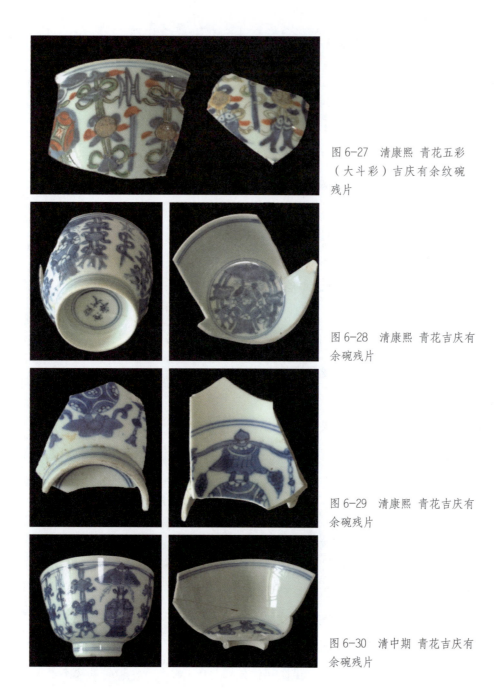

图 6-27　清康熙　青花五彩
（大斗彩）吉庆有余纹碗
残片

图 6-28　清康熙　青花吉庆有
余碗残片

图 6-29　清康熙　青花吉庆有
余碗残片

图 6-30　清中期　青花吉庆有
余碗残片

清康熙 青花五彩吉庆有余纹碗残片

　　这是两件青花五彩碗的残片（图 6-27），也是釉下青花和釉上五彩共同组成的一
个图案，外壁上绘有戟，还有灯笼，灯笼是表示欢庆的意思。瓷片下面还绘有两条小

鱼，所以这个纹饰取其谐音叫吉庆有余。这是康熙年间的民窑，在北京地区出土有很多这种碗的残片。这属于斗彩的第二个品种（大斗），这类纹饰中也含有佛教八宝纹"轮、螺、伞、盖、花、罐（宝瓶）、鱼、肠（长）"中的一些图案，如灯笼图案也是八宝中的轮，还有鱼、罐等。

寓意吉庆有余的这种图案也经常出现在青花瓷器上，这个青花瓷片（图6-28）的纹饰中也有戟、鱼，还有灯笼，里外都有纹饰，这也是吉庆有余的意思，外底款识为"益友堂制"。图6-29的残片上外壁出现了莲花，里面出现了伞的图案，这明显是佛教八宝的图案。图6-30碗的残片上也是这类图案，但画面更完整些，纹饰也稍繁缛些，有些乾隆时期的味道，暂定为清中期；不同的是，这上面的灯笼图案变成了八角形，还增加了蝴蝶的纹饰，"蝶"与"耄耋"中的"耋"同音，寓意长寿。此外，清代一些瓷器上用青花绘制一个小鬼模样的人（魁星的形象）手持小锤在击打挂在架子上的磬片，也是吉庆有余之意。

图6-31 清乾隆 青花吉庆有余纹双耳瓶（避暑山庄博物馆藏）

承德避暑山庄博物馆藏有一件清乾隆青花吉庆有余纹双耳瓶（图6-31），但纹饰略有不同。

清康熙 青花五彩缠枝莲纹罐残片

这是两件青花五彩的罐的残片（图6-32），两个残片的局部可以拼对在一起，且纹饰内容形同，因此这两个残片应同属于一个罐子，罐体内部有接痕。外壁青花五彩绘缠枝莲纹，莲纹为番莲纹，肩部为覆番莲瓣纹，番莲画法显然是受了西方艺术风格的影响。

图6-32 清康熙 青花五彩缠枝莲纹罐残片

图 6-33　清康熙　青花五彩狮子绣球纹碗残片

图 6-34　清康熙　青花五彩菊花纹过枝花卉碗残片（官窑）

清康熙 青花五彩狮子绣球纹碗残片

图 6-33 中，该碗心绘一小狮子，外壁绘青花五彩狮子绣球纹，绣球绘画规整，狮子天真活泼。外壁下部绘简化的仰莲瓣纹，绿彩表面有蛤蜊光现象。外底青花两行四字楷书双圈堂名款"金玉堂制"，为康熙时期民窑作品。按周代礼制，太师、少师为公卿之首席，后世用大小狮子寓升官之意。又传说雌雄狮子相戏的时候，它们脱落的毛发能滚成绣球，从绣球内还能生出小狮子，所以狮子绣球纹饰还寓有多子之意。

清康熙 青花五彩菊花纹过枝花卉碗残片

过墙的画法据说是清代雍正乾隆时期督陶官唐英在景德镇所发明，但有资料记载早在明代的成化年间的瓷器上就出现了这种画法，但难见实物，因此也有人认为这种"过墙"或称之为"过枝"的画法是从雍正才开始有的。《饮流斋说瓷》记载："过枝花杯、碗，雅称隽品。过枝者，自彼面达于此面，枝叶连属之谓也。成化开其先，雍正继其轨。"其中说的也是成化时就有这类品种，但这类器物我们所见较多的是清代的制品。

这是一件青花碗的残片（图 6-34），上面一株粉彩花卉的下部就采用了过墙的画法，碗底有"大清康熙年制"款识，综合地看，这个碗应属于康熙时期器物，这证明了至少在康熙时期就有了过墙的画法，而并非唐英发明的。这个碗的造型很规整，青花发色亮丽，纹饰绘制得也算是精美，我觉得应该是一件康熙时期官窑的作品。

这个碗的青花花卉和采用五彩绘制的过枝花卉纹饰相互独立，互不干涉，这是真正意义上（狭义上）所说的青花五彩的器物。

清康熙 青花五彩人物鹿纹碗残片

该碗内青花五彩绘寿星及鹿纹（图 6-35），寓意长寿和高官厚禄之意。外底青花双圈内四字楷书款"长生永庆"。外壁残留部分可以看出该碗外壁似乎为瓜棱状。该残片纹饰精美，彩料发色纯正，胎质洁白细腻，应为康熙时期的艺术瓷，而非日常用品。

康熙官窑青花五彩中著名的品种有十二月花令神杯，就是每组十二个杯子，每个杯子上绘制一种时令花卉，上面还有诗句，分别代表农历十二个月中不同的月份，如在代表一月的杯子上描绘有迎春花，诗句为："金英翠萼带春寒，黄色花中有几般。"这种杯子我见过有青花五彩的，也有只用青花绘制的，但代表每月的花卉或略有不同。

湖北省博物馆藏的一套青花十二月花令神杯称为"青花十二月花卉盅"（图 6-36），十二月花依次为：一月迎春花、二月杏花、三月桃花、四月牡丹花、五月石榴花、六月莲花、七月兰花、八月桂花、九月菊花、十月月季、十一月梅花、十二月水仙。

图 6-35　清康熙 青花五彩人物鹿纹碗残片

图 6-36　清康熙 青花十二月花卉盅（湖北省博物馆藏）

图6-37　清康熙 五彩十二月花神诗文杯（天津博物馆藏）　　　　　图6-38　清康熙 五彩十二月花神瓷杯（开封
　　　　　　　　　　　　　　　　　　　　　　　　　　　　　　　　　　　博物馆藏）

　　天津博物馆藏有一套十二月花令神杯，称作五彩十二月花神诗文杯（图6-37）。

　　开封博物馆也藏有一套十二月花令神杯，称作五彩十二月花神瓷杯（图6-38）。

十二月花卉分别为：一月水仙花、二月迎春花、三月桃花、四月牡丹花、五月石榴花、

六月荷花、七月兰花、八月桂花、九月菊花、十月芙蓉花、十一月月季花、十二月梅花。

　　杯上的题诗分别为：

水仙花：春风弄玉来清书，夜月凌波上大堤。

迎春花：金英翠萼带春寒，黄色花中有几般。

桃　花：风花新社燕，时节旧春浓。

牡丹花：晓艳远分金掌露，暮香深惹玉堂风。

石榴花：露色珠帘映，香风粉壁遮。

荷　花：根是泥中玉，心承露下珠。

兰　花：广殿轻香发，高台远吹吟。

桂　花：枝生无限月，花满自然秋。

菊　花：千载白衣酒，一生青女香。

芙蓉花：清香和宿雨，佳色出晴烟。

月季花：不随千种尽，独放一年红。

梅　花：素艳雪凝树，清香风满枝。

　　据载故宫博物院也藏有一套五彩十二月花神杯。

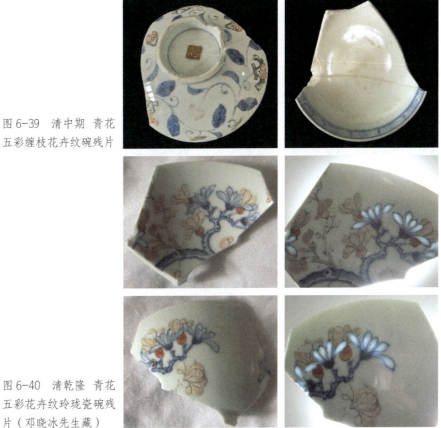

图 6-39　清中期 青花
五彩缠枝花卉纹碗残片

图 6-40　清乾隆 青花
五彩花卉纹玲珑瓷碗残
片（邓晓冰先生藏）

清中期 青花五彩缠枝花卉纹碗残片

　　这是一件碗的残片（图 6-39），外壁绘缠枝花卉纹。碗底部有一红彩描金印章款，应是烧造窑口的标记。枝条绘制流畅，应是画工多年练就的手法。青花和釉上彩共同组成同一枝花卉，属于大斗彩的范畴。

清乾隆 青花五彩花卉纹玲珑瓷碗残片

　　这是一件玲珑瓷斗彩的瓷片（图 6-40），上面描金，但是胎不够白，胎釉的用料也不够精细，这是民窑器物的特征，大致也应是乾隆时期的。明清时期官窑制作和烧造的器物式样，民窑也跟着官窑的样式在做，也就是所谓的民仿官，因此官窑有玲珑瓷的器物，民窑也在仿制这类器物。这件玲珑瓷是在花的部位采用了镂空工艺，在手电光线透照下，可以看到玲珑瓷所呈现的剔透的光影效果。

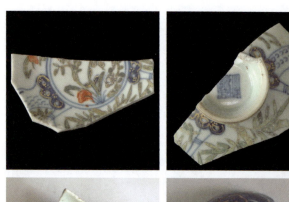

图 6-41　清乾隆
青花五彩盖子残片

图 6-42　清乾隆
青花红彩龙纹碗
残片

清乾隆 青花五彩盖子残片

乾隆时期不但官窑器物追求繁缛的风格，民窑也争相仿效，各种器物的纹饰纷繁复杂，令人眼花缭乱。图 6-41 是一个盖子的残片，好似一个盖碗的盖子的残片，但因内外均采用青花五彩的纹饰进行装点，所以失去了它的饮茶的实用性，更侧重于是一种摆设器，或原本就是储物缸的盖子。色彩中除了使用釉下青花、釉上绿彩、红彩外，还使用了描金的技法，使器物更显得典雅高贵。盖钮内青花楷书"大清乾隆年制"篆书款，字体率意。

清乾隆 青花红彩龙纹碗残片

这是一件碗的残片（图 6-42），和普通青花五彩器物中釉下青花仅作为图案中的一种色彩不同，它采用青花留白的方式绘出龙纹和其他纹饰，然后在留白处填彩再二次入炉烧造，并最终对龙纹进行描金，其绘画过程较为复杂，具有斗彩和青花五彩的部分特征，但它不同于传统斗彩中用青花勾勒轮廓，也不同于青花五彩中把青花当作一种蓝彩来使用，为便于和斗彩以及青花五彩区分开来，我们把这件残片安排在本讲中讲述，并把这种纹饰类型称作"青花加彩"，由于釉上主要为矾红彩，因此也称为"青花红彩"。碗心为团龙纹，碗外壁主题纹饰已残缺，但从残留部分仍可辨认出亦为龙纹，龙为四爪，笔法率意，应为民窑制品。外底施白色透明釉，两行六字青花楷书款"大清乾隆年制"，较为率意，从款识及纹饰风格上看应属乾隆年间器物。

清光绪 青花五彩芭蕉人物纹观音瓶

该瓶（图6-43）撇口，短颈，丰肩，长腹，胫部外撇，圈足，口沿局部残拼，瓶身有裂纹，该瓶因造型形似观音，所以称作观音瓶。外壁绘芭蕉、洞石、人物、飞鹤和花草，绘画精美，发色畅快，为光绪时期仿康熙的民窑佳作。由于青花被作为纹饰的局部组成来使用，因此实质上属于斗彩品种中的大斗彩范畴，可通称青花五彩。该瓶纤细修长，清雅婉约，犹如美人亭亭玉立，给人一种端庄秀美之感。

与观音瓶类似器形还有柳叶瓶、橄榄瓶、莱菔瓶和凤尾尊。与观音瓶相比，柳叶瓶的长腹下收至底足，而并不外撇。柳叶瓶俗称"美人肩"，《饮流斋说瓷》中这样描述："项与胫均苗条，口与足相等，腹稍巨，弯折处有姿致，故曰美人肩也。"

图6-43 清光绪青花五彩（大斗彩）芭蕉人物观音瓶

图 6-44　清晚期 青花五彩五子登　　图 6-45　清康熙 青花五子登科纹碗残片
科纹瓶残片

清晚期 青花五彩五子登科纹瓶残片

这是一件青花五彩的瓷片（图 6-44），上面画着四个小孩，纹饰局部残缺。其中一个小孩手里牵着一条绳，绳的另一端拴在地面的一只螃蟹上，这是一个遛螃蟹的婴戏图的画面。螃蟹属于甲壳类动物，而这个"甲"字与中国古代的科举考试有关，古代的科举考试中进士有一甲、二甲、三甲之分，一甲的第一、第二、第三名分别称作状元、榜眼和探花，因此螃蟹图案的寓意就是希望孩子们在未来的科举考试中能高中榜首。这件瓷片由于残缺了，画面的内容也不完整了，实际上画面中应有五个小孩，画面寓意"五子登科"或"五子夺魁"。五子登科的说法来自窦燕山教子的典故，窦燕山是五代时期人，由于教子有方，他的五个儿子都考中了进士。五子登科是瓷器绘画中常见的一个题材。这件瓷片的釉面有些腐蚀，但它代表了古代瓷器上婴戏图的一种类型和风格，是一件有代表性的瓷片。

青花瓷上也有类似题材的纹饰。图 6-45 是一个青花小碗的残片，外底为变形十字杵图案，碗内外画面残缺了，总计应该是五个小孩在玩耍，地面上也有一只螃蟹，其寓意也是五子登科之意。

清康熙 五彩平安童子立像残片

由于景德镇在雍正以后盛行粉彩，人们认为康熙五彩为仿古之作，所以把康熙五彩又称作"古彩"。该立像为童子像（图 6-46），局部残缺，赤双足站在座上。像身用红、绿、黄三种色彩描绘八宝图案中的鱼纹、花卉纹以及童子常戴的肚兜，"鱼"谐音

"余"，寓意吉庆有余。该童子立像手部已残却，原来应是双手抱着一个瓶子，寓意童子报平安。绘画所用色彩为康熙器物上所常见，虽然仅使用三种色彩，但仍可称之为五彩。图6-47的残片也是五彩平安童子立像的局部，可以看出童子手中抱着一个瓶子。

图6-46　清康熙　五彩平安童子立像　　图6-47　清康熙　五彩平安童子立像

清康熙 五彩龙纹盘残片

这是一件双圈足的五彩龙纹大盘残片（图6-48），从双圈足的形制以及所采用的绘画色彩及龙纹比较凶猛的风格上看，应属于康熙时期的器物。画面主要采用了红、绿、黄三种色彩，属于釉上彩瓷的范畴。龙纹为四爪龙的形制，绘画较为精细，属于民窑中的精品。

图6-48　清康熙　五彩龙纹盘残片

清康熙 五彩落花流水纹碗残片

这是一件小碗的残片（图6-49），胎质洁白细腻，釉色偏白。外壁五彩绘落花流水纹饰，纹饰大部残缺，其中蓝色采用了釉上蓝彩。釉上蓝彩是康熙时期新发明的一种彩料，蓝色的地方可以不用青花而直接用釉上蓝彩。显微状态下观察，各种彩料均在素胎（表面未施白色透明釉）上绘画，其目的是为了使彩料更好地和胎体表面结合，避免颜色脱落。碗外底青花书两行六字"大明成化年制"外加双方框寄托款，为康熙时期官窑的作品。

图6-49　清康熙　五彩落花流水纹碗残片（官窑）

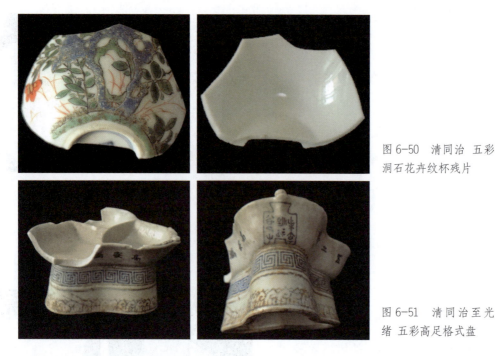

图 6-50 清同治 五彩洞石花卉纹杯残片

图 6-51 清同治至光绪 五彩高足格式盘

清同治 五彩洞石花卉纹杯残片

这是件小杯子的残片（图 6-50），壁较薄，胎质洁白细腻，卧足，青花双圈款，内有款识，已残缺。外壁绘洞石花卉纹，与成化斗彩鸡缸杯上的牡丹山石纹有相似之处。洞石采用釉上蓝彩（堆绘），花朵上局部施金彩，绘画流畅，反映出画工扎实的绘画功底。据载，同治官窑粉彩器中其蓝色有用蓝料堆绘的品种。

清同治至光绪 五彩高足格式盘

图 6-51 中的器物造型独特，为曲形高圈足，上承三格式承盘，盘沿局部残缺，一处贴塑桃叶，但从上面看，整体上好似葫芦形。其用途应为当时文人或书画家做书画时用以盛墨或颜料的调色盘。白色胎质，施白色乳浊釉。承盘外壁墨色绘两枚布币，其中一枚纹饰局部残缺；墨绿色绘一圆形纹饰（已残缺）；其间墨书三组文字，文字有残缺，分别为"五二币""高安万□""荣马□"（"马"字残，猜测为"马"字）。圈足上部为一周蓝彩回字纹，下部为一周淡粉色变形仰莲瓣纹。该器物造型罕见，古朴幽雅，反映了当时文人雅士文房用具的独特韵味。因其书写有"高安万□"字样，推测应为江西高安县（清代属瑞州府）万姓人家定制之器物。

古玩鉴赏知识

官窑与民窑

本书中官窑、民窑生产的器物指的是宫廷、官府、王公贵族和民间使用的用于摆设、祭祀或日常使用等用途的陶瓷器物，主要指瓷器，而未包括为官府或宫廷烧造建筑构件的窑场和其生产的用于建筑的器物和构件。

官窑是指官方投资兴建或购置的专为统治阶级（宫廷或官府机构）烧制陶瓷器物的窑口，也称作官府窑场、官方窑场，属于广义的概念，其生产的瓷器通称为"官瓷"。官窑不但指窑场，特定场合也指代官窑生产的器物。官窑的狭义概念在宋代专指南宋的修内司官窑、郊坛下官窑和后人称道的北宋汴京官窑，属于特定的名称，但仍归属于广义的官窑概念下。

官窑又分地方官窑、宫廷官窑和御窑。地方官窑指地方政府投资兴建为地方官府机构烧造用瓷或为宫廷烧造进贡瓷器以及按照朝廷命令定烧瓷器的窑场。宫廷官窑是指朝廷（中央政府）投资兴建、收购或地方划归并由朝廷直接派人督窑（有时也可按朝廷旨意归州府等地方官管理）按照朝廷规定的制样烧造的用于皇帝本人、皇室人员用瓷以及宫廷用瓷的官方窑场。当官窑专门为皇帝及皇室人员烧造器物时，这时的官窑已成为御窑，御窑通常由朝廷指派督陶官并按宫廷规定的制样烧造。宫廷官窑不一定是御窑，但御窑一定属于宫廷官窑。有时也习惯上把地方官窑、宫廷官窑和御窑生产的器物概括地或笼统地通称为官窑。

民窑是指民间自行投资建设或购置的窑口，通常情况下产品的式样、数量、质量和销售行为都由窑户自己控制，当为官府或宫廷烧造器物时则按照要求的式样、质量和数量进行烧造。陶瓷一开始就是由民间发现、创烧和发展的，并延续千年成为整个人类文明的重要组成部分。而官窑是统治阶级借鉴民窑的经验并在特定历史时期和历史条件下产生的，并集中了当时社会上最优秀的工匠，通常以国家的行为不惜人力、物力、财力烧造出专供宫廷少数人使用的器物，其作品的实质也是劳动人民高度智慧的结晶。在某一时期如果民窑的作坊或窑炉被皇室或官府征用，就要看窑场的所有权是否变更，所有权变更为皇家或官府的，民窑就转变为了官窑，否则即使被临时征用，其窑场属性仍是民窑性质。

除普通民窑外，民窑中也有按要求为官府机构或宫廷烧造陶瓷的窑口。当民窑按朝廷指令承担为皇帝及皇室人员烧造器物时，通常把民窑的这一行为称为"供御"，这时的窑场也称为"供窑",如河南省宝丰县清凉寺汝窑及福建省的建窑;当民窑按照地方官府的指令为朝廷烧造宫廷用瓷时,或者当民窑中的一些精品被各地官府选中并被贡入宫廷时,这些民窑就被称作"贡窑",烧造的瓷器称为"贡瓷",这些贡瓷主要是由地方政府向朝廷进贡。除民窑外,地方政权或地方官窑为宫廷烧造用瓷时也用"进贡"一词,其窑口也可称贡窑,例如由吴越国钱氏政权控制的作为进贡中原朝廷的烧造"秘色瓷"的越窑。实质上"供御"强调的是皇帝和皇室人员专用,而"贡窑"则泛指烧造宫廷用瓷,包括皇帝及皇室人员以及宫廷内日常使用的各种瓷器。此外,"供御"一词中"按命令烧造"或"定烧"的意味更强一些,包括按宫廷提供样本进行的烧造,而"贡窑"一词则含有地方"自主进贡"之意,有时也按照官样所谓的"制样须索"的方式来烧造。当民窑烧造供御器物或贡瓷时,官府往往派人在窑场监督烧造活动,称作"置官监烧",但无论怎样都改变不了民窑的窑属属性。

人们都很重视历朝历代官窑瓷器的收藏,因为官窑器物做工精美,通常数量相对民窑器物也较为稀少,价格也昂贵,并且代表了当时瓷器烧造的最高工艺水平。要想收藏到官窑及其他窑口生产的精美器物,就必须要掌握各个朝代官窑、供御或贡窑等窑口的烧造情况。

原则上讲,没有争议的官窑是从宋代开始出现的。历史上为北宋朝廷烧过宫廷瓷器的窑口较多,按时间顺序归纳北方窑口共有以下六个:越窑、耀州窑、定窑、汝窑、汴京官窑和钧窑。最早为北宋宫廷烧造过瓷器的为越窑,越窑当时的烧造情况是既有吴越国钱氏家族政权向北宋宫廷进贡的贡瓷(秘色瓷),也有北宋宫廷到越窑置官监烧的情况;耀州窑在五代时期就曾为官府烧造过带有"官"字款的器物,到北宋时期曾烧制过带有年号"政和"款识的器物,属于贡窑的性质;定窑也属于贡窑的窑口,烧制过带有"官""新官""尚食局""尚药局"等款识的器物,但因为定窑器物的口沿大多有芒口,不便于使用,所以后来又产生了汝窑;汝窑是应宋徽宗的要求为宫廷烧造御用瓷器的窑口,但其到底是由皇家投资建设的窑场还是在民窑中烧造的还难以确定,通常人们认为位于河南宝丰清凉寺的汝窑就是官窑性质,因此被称作汝官窑,但我倾向于民窑供御;汴京官窑又称大观官窑,据载是真正意义上由皇家投资建设的官窑,但窑址至今没有被发现,传世的官窑器物中哪些属于汴京官窑也就无法确定;最后一个就是位于河南禹州钧台的钧窑,钧窑的官民窑性质也不好确定,由于很多资料介绍其曾为北宋皇家御园"艮岳"烧造过钧瓷器物,因而人们通常称其为钧官窑,但最新研究成果认为该处窑址属于明代宣德时期,所以还需继续研究,这里暂假定其为宋代窑口。以上这六个窑口曾经为北宋宫廷烧造过宫廷用瓷或御用瓷器。此外，南方窑口中，宋真宗景德年间（公元1004—1007年），景德镇曾专门为皇室烧造御用瓷器（青白瓷器），其窑称为"景德窑"，已具有御窑性质，器物款识为"景德年制"。在邓之诚所著《骨董琐记》中已有记载："按宋景德中，始置镇于浮梁西乡，因名景德镇以奉御，董造瓷器，是为御窑之始。"但我认为其仍属于民窑供御的范畴。龙泉窑也曾为北宋宫廷供御过瓷器；建窑曾为北宋宫廷烧制过茶盏，也称建盏。

南宋建都临安（今杭州）之初，宫廷用瓷由龙泉窑和越窑来提供，属于地方官窑的贡窑性质。为了满足宫廷摆设用瓷、日用瓷及祭祀用瓷逐渐增加的需要，后来由朝廷投资在杭州凤凰山老虎洞地区设置了专为宫廷烧造瓷器的修内司官窑，也称老虎洞官窑。由于修内司官窑的产量仍然不能满足宫廷用瓷要求，而后又在乌龟山郊坛下建设了第二座官窑，称之为郊坛下官窑或郊坛官窑。这两座南宋官窑具有宫廷官窑和御窑的双重属性。

明清时期官方窑场在景德镇珠山一带，明时主要称呼为御器厂，清代称为御窑厂，专为宫廷烧造瓷器。这时的御器厂或御窑厂经常有委派民窑来完成朝廷的烧造任务，称作"官搭民烧"，特别是"钦限瓷器"要求完成时间紧，大都采用官搭民烧的方式来烧造，这些临时承担部分官窑器物的烧造任务的民窑被称作"官古器户"。官古器户烧造出的精品与御器厂或称御窑厂烧造出的器物质量有时难分上下，可以通称为"官窑"或"官瓷"。我们通常说一件器物属于官窑，这里的官窑指的是"官窑生产的器物"，包括地方官窑、宫廷官窑和御窑生产的器物，但其范围也可延伸到官古器户为朝廷烧造的精品器物。关于"官搭民烧"的工作范围，从字面上可以理解为民窑只承担整个官窑瓷器的烧造（烧成）工序，而这些瓷器的原材料制作及制坯、画彩、施釉等工序仍在官窑内的作坊完成，如果是这样的话，这些"官做民烧"的器物与官窑质量应该没有区别，等同于官窑的产品。这些官搭民烧的器物其烧造工序以外的其他制作工序是否在官古器户的作坊中进行，目前鲜有资料介绍，但我认为在宫廷烧造任务繁重时，或许也应该有一些工序在官古器户的作坊内完成，但必须受到官府的管理人员的监督。

南宋修内司官窑和郊坛下官窑、明清时期景德镇珠山御器厂或御窑厂都具有宫廷官窑和御窑的双重性质，称作"官御并存"，因为它们不但生产御用瓷器，还生产宫廷里包括日用瓷在内的其他瓷器。据载，明代洪熙皇帝的即位诏书中对官方控制的景德镇窑场始有"官窑"的称谓，明代自宣德派遣"中官"（太监作督陶官）到景德镇督陶开始，御器厂（当时或称厂官窑）已经成为御窑。明清时期，宫廷经常派遣督陶官进驻景德镇珠山官府窑场进行管理和督陶，这时的官窑专门生产皇帝本人、皇室人员用瓷，以及宫廷礼器、祭器、摆设器等御用瓷器，是名副其实的御窑，此外也生产普通宫廷用瓷。

官窑和民窑的重要区分是"窑"的所有权的归属。"窑"从狭义上讲指窑炉，广义上包括窑炉和配套的作坊等附属设施，即"窑场"，窑场属性的确定关键是看哪一方投资兴建并拥有窑场的所有权，如果由民间投资并且窑场所有权归属民间，则窑场的性质为民窑，如果由官方投资兴建或征用且所有权归属官方，则窑场的性质为官窑。古代窑场的投资方和所有权通常归属为一方，所以按照上述思路可以基本厘清官民窑的归属问题。至于窑场的管理制度和日常烧造活动的管理方式并不能决定窑场的官民窑性质归属。

通过上面叙述，我们对官民窑的情况有了一个基本了解，掌握这些窑口的基本情况是确认器物是否属于"官窑品质范围"以及鉴定和收藏这种"官窑品质器物"[①]的基本前提。这里对上述一些主要概念或知识的要点做如下归纳和总结：

官窑：官窑概念有狭义和广义之分，广义上的官窑指官方拥有所有权的窑场，所生产的瓷器称作官瓷，用于宫廷、官府机构以及王府用器。狭义上的官窑专指北宋汴京官窑、南宋修内司官窑或郊坛下官窑。官窑包括地方官窑、宫廷官窑和御窑。

地方官窑：指地方政府投资兴建为地方官府机构烧造用瓷或为宫廷烧造进贡瓷器以及按照朝廷命令定烧瓷器的窑场。地方官窑属于州府一级设置、监烧和日常管理的官窑，因此也称州府官窑。

宫廷官窑：朝廷（中央政府）拥有所有权，通常由中央政府委派督陶官的官窑窑场。有时官窑同时具有宫廷官窑和御窑双重属性。古代的宫廷官窑用现在的词汇也可以理解为"中央官窑"，因此宫廷官窑又有中央官窑之称。

御窑：宫廷官窑中用于烧造皇帝本人及皇室人员（如贵妃、皇贵妃、皇后以及经皇帝许可的皇室人员）所用瓷器的窑场。

泛官窑：包括地方官窑、宫廷官窑、御窑烧造的器物以及民窑中的供御器物、贡瓷精品、"气死官窑"器物等，是一个泛指、广义的概念，泛官窑强调的是质量和级别，即"官窑级"的器物，而并非实指具体官方窑场生产的器物。

---

① 官窑品质器物包括官窑器物以及民窑中供御、进贡及精品器物。

民窑：民间拥有所有权的窑场，包括明清时期官古器户的窑场。

供御：民窑中为皇帝和皇室人员烧造御用瓷器的窑场的性质属于供御，窑场称之为"供窑"（"供御民窑"的简称），因人们已习惯用"供御"一词，也为了防止"供窑"与"贡窑"相混淆，所以本书大都使用供御一词。

贡窑：民窑或地方官窑中烧造宫廷用瓷的窑场，所烧造的瓷器称贡瓷，通常由地方官府以名特产的名义进贡或上贡给宫廷，包括一般宫廷用瓷和御用瓷器。

特别需要指出的是，有些资料中供御和贡窑这两个概念是按相同含义被使用的，比如供御的窑口也被称为贡窑，属于贡窑的窑口也被称为供御。本书进一步阐述了它们之间的细微差别，但它们供给宫廷使用的本质是一样的，但供御更强调为皇帝本人（有时可能是皇室人员）所用。有些窑口具有供御和贡窑的双重属性，如唐代邢窑。

官古器户：明清时期民窑中承担御器厂或御窑厂分派的烧造任务的窑场，此种方式为官搭民烧，产品称作"官古"，其承担宫廷任务时烧造的器物可以视为官窑。

宫廷用瓷：包括御用瓷器和一般宫廷用器，来自地方官窑、宫廷官窑、御窑和民窑（包括从民窑瓷器生产者或买卖者手中获得的用于抵税部分的瓷器）。烧造宫廷用瓷的行为可称为"供宫"。明代按宫廷规定的式样和标准烧造的宫廷用瓷也称"供用器皿"，明代洪武二十六年始称为供用器皿。

御用瓷器：皇帝和皇室人员使用、摆设、把玩和欣赏的瓷器。

一般宫廷用瓷：宫廷中的一般用瓷，如日常生活用瓷以及内务府或光禄寺采购的瓷瓶坛罐，有来自官窑也有来自民窑的器物。

制样须索：宫廷需要用瓷时要求民窑或地方官窑按照宫廷确定的图样或样品进行烧造的一种管理方式。制样须索方式源于唐代的官样，如邢窑的"盈"字款和定窑的"官"子款器物，北宋晚期称作"制样须索"，直至明清时期官窑生产也按宫廷规定和提供的样制即"官样"（包括图样或模型）进行，但这时的官样要求更加严格，更多表现皇帝的意愿。

古代官民窑（主要指生产瓷器的窑口，个别为釉陶，如唐三彩，其他生产陶质器物包括琉璃器和建筑构件的窑口不做讨论）的性质归属情况举例见表6-1、表6-2。表中窑场仅为举例，不一定全面，而且有些窑场的属性至今还存在争议，仅供参考。

表 6-1 官窑分类表

窑场种类	投资建窑方	服务对象	窑场属性	窑场举例	
				时 期	窑 场
地方官窑	官府	官府、王府、宫廷	官窑、贡窑	唐	越窑：晚唐时慈溪上林湖一带有贡窑
				五代、北宋初	越窑：由钱氏政权控制的生产秘色瓷的窑场
				五代	越窑：上虞窑寺前窑
				辽	赤峰缸瓦窑
				辽	北京龙泉务窑
				南宋	越窑：余姚窑（包括低岭头窑、寺龙口窑、开刀山窑）、平江官窑
				南宋	余杭官窑
				南宋	龙泉窑（包括史料中生产龙泉黑胎青瓷的"污泥窑"及生产高级龙泉白胎青瓷的窑口，有龙泉官窑之说）、续窑
				元代	景德镇珠山窑场①
				元代、明	龙泉窑（元代、明代天顺八年以前）
					磁州窑（彭城厂）
					钧州窑场（如扒村窑）②
				明	真定府曲阳窑
					宁国府窑场（安徽省宣城，窑址未发现）
				明代（洪武二十六年前）	景德镇珠山窑（明御器厂前身）
宫廷官窑	官府、宫廷	王府、宫廷	官窑	辽	林东辽上京窑③
				北宋	北宋汴京官窑（窑址未发现）
					清凉寺汝窑（假定汴京官窑与汝窑为清凉寺同一窑址）
				北宋	钧台钧官窑（假定）
				南宋	修内司官窑、郊坛下官窑
				南宋	哥窑：与修内司同一窑址（假定）
				明代（洪武二十六年以后至洪熙元年九月前）	景德镇御器厂
				清代	景德镇御窑厂
御窑	官府、宫廷	皇帝及皇室人员	御窑	北魏	洛京窑
				五代	柴窑
				北宋	北宋汴京官窑（窑址未发现）
					清凉寺汝窑（假定汴京官窑与汝窑为清凉寺同一窑址）
				南宋	修内司官窑、郊坛下官窑

窑场种类	投资建窑方	服务对象	窑场属性	窑场举例	
				时　期	窑　场
				明代宣德皇帝登基后（自洪熙元年九月后）	景德镇御器厂
				明宣德	钧官窑（假定）
				清代	景德镇御窑厂

注：

①据景德镇御窑厂中国御窑工艺博物馆资料介绍，1989年景德镇御窑厂遗址珠山北侧考古发现了大量元代卵白釉、青花和金彩残器，器件上都绘有双角五爪龙纹，因而认为该处即为元代的浮梁磁局所在地，其窑场性质为官窑。本书中暂定此处窑场为元代地方官窑。

②按《明代宫廷陶瓷史》记载："钧州窑场产品指明代钧州受命为皇宫烧造的坛、瓶、缸等器，大概是白地黑花一类的瓷器。"

③林东辽上京窑位于辽上京临潢府故城的皇城内，应属于辽代的一处宫廷官窑性质的窑场。

表6-2　民窑分类表

窑场种类	投资建窑方	服务对象	窑场属性	窑场举例	
				时　期	窑　场
普通民窑	民间	民间、王府	民窑	各个时期	各个民间窑场：邢窑、耀州窑、定窑、钧窑、磁州窑、汝民窑、德化窑、石湾窑、景德镇青白瓷窑、龙泉窑、建窑等生产民间用瓷的窑口
贡瓷民窑	民间	民间、官府、王府；宫廷	贡窑	唐初	陶窑（陶玉——人名，制瓷工匠）、霍窑（霍仲初——人名，制瓷工匠）
				唐代	长沙窑①
				唐代	巩县窑（白瓷）
					邢窑，如"翰林""官"字款瓷器
				唐、五代、北宋	定窑，如"官""新官""尚食局"等款瓷器
				五代、北宋	耀州窑
				北宋	建窑，带"官"字款建盏
				北宋、南宋	龙泉窑
				南宋	哥窑：在龙泉窑大窑一带，称为龙泉哥窑或龙哥（假定）
				北宋	越窑：如北宋时期烧造带有"官样"款瓷器的窑场
				南宋、元	哥窑：在修内司官窑附近，其中属于元代的产品可称元哥（假定）

窑场种类	投资建窑方	服务对象	窑场属性	窑场举例	
				时　期	窑　场
				元、明初	哥窑：在宋代修内司官窑窑址上，入元以后继续烧造，但这时已属于民窑性质，可称元哥。明初哥窑继续烧造（假定）
				西夏	宁夏灵武窑
				金代	定窑，如"尚食局"款瓷器
				金代	磁州窑
				金代	邢窑，如带有"内府"铭文的器物
				元代	龙泉窑
				元代	景德镇湖田窑（枢府瓷）[②]
				元代	德化窑（瓷雕）
				元代	磁州窑
				明代正统年间	景德镇窑
				清代顺治	景德镇窑
				清代	宜兴窑（宜钧）
供御民窑	民间	皇帝及皇室人员	供御（供窑）	唐代	邢窑，如"盈""大盈"字款瓷器。
				唐代	巩县窑（唐三彩）[③]
				唐、北宋	越窑：这一时期在上林湖的由政府进行"置官监窑"的越窑
				北宋真宗景德年间（公元 1004—1007 年）	景德窑（镇窑）：宋真宗命进御，底书"景德年制"四字，称"景德器"，器物为青白瓷
				北宋	清凉寺汝窑
				北宋	建窑（带有"供御""进琖""进御""天""国畤"款识的器物）
				金代	磁州窑之观台窑
				宋或明	钧州钧台窑[④]
官古器户	民间	民间、官府、王府；宫廷、皇帝及皇室人员	供宫注[④]、供御	明清	景德镇承担官窑烧造任务的民窑

注：

　　① 2018 年我在窑址访古途中曾见到一件长沙窑"陛下"款的爵杯，胎釉细腻，做工规整，因而认为长沙窑曾为唐代宫廷烧造过贡瓷。

②元代景德镇湖田窑为元代宫廷烧造枢府瓷，但窑场的性质说法不一，一种说法认为是民窑中的贡窑，另一种观点认为当时在湖田窑一代应该有官方设立的窑场，即枢府窑，属于地方官窑。本表中将其暂列为民窑中的贡窑，其性质为"官监民烧"。

③唐代长乐公主李丽质墓、章怀太子李贤墓及永泰公主李仙蕙墓都出土了大量的唐三彩器物，由于这些人都是皇室成员，官府为之采办的唐三彩器物原则上都是供御器物，而这些唐三彩目前认为最可能由巩县窑生产。

④现已发现的河南禹州的钧台窑（古代为钧州钧台窑）一种观点认为是为北宋晚期宫廷生产瓷器的官窑，即钧官窑。另一种观点认为是明代宣德时期的御窑，由于该处窑址的年代和窑炉性质至今存有争议，所以我根据现有资料暂将其定为宋代或明代民窑供御性质。

⑤本处的供宫指区别于供御的一般宫廷用瓷。

下面就历史上有关官窑设置的话题简单介绍一下。按《景德镇陶录·古窑考·洛京陶》记载："亦元魏烧造，即今河南洛阳县也。初都云中，后迁都此，故亦曰洛京。所陶皆供御物。"元魏指北魏时期，如果该记载中"所陶皆供御物"属实，那么"洛京窑"应该是历史上有记载的第一座官窑，而且为御窑。也有史料记载，隋文帝时期朝廷就在现今的邢窑一带设窑烧造高等级的瓷器，由此隋代的邢窑中应有属于宫廷官窑性质的窑口，如隋大业四年（608年）李静训墓出土的白瓷龙柄双连瓶（又称"传瓶"）及隋代的透影白瓷，或许就是当年的官窑烧造的。邢窑发展到唐代，有供御或贡窑性质的民窑开始为朝廷烧造带有如"盈"等特殊款识的瓷器，因此也有人认为邢窑在唐代应有官民窑之说，甚至认为邢窑是中国历史上的第一个官窑。由此可以得知历史上第一座官窑有北魏洛京窑、隋代官窑和唐代邢窑之说，这里我们不做深入探讨。本书中暂把邢窑分为普通民窑、贡瓷民窑和供御民窑。

据《陈万里陶瓷考古文集》记载：

嘉靖《余姚县志》……上林湖，唐宋时置官监窑，寻废。

因之置官监窑所烧造的御用越器，自然会精益求精，颜色与式样，一定更会与民间所用的大不相同。

依此观察，吾们晓得唐代的越窑，除了为供应民间一般需要以外，曾经置官监窑，烧造进御的物品，这是最早的御窑厂，而此御窑厂里所出产的物品，就不称越窑，特别给它一个名称叫作秘色。

到了五代的钱氏，已经相当的期间，技术进步，自不待言，所以当时的作品，式似越窑而清亮过之，似可确信。因之我可得一假定之结论，就是五代钱氏沿袭李唐御窑厂之制作，设官监烧秘色瓷器，以为供奉之用。秘色名称当然并不始于钱氏，可是精美过之。

陈万里先生认为，唐代越窑曾经设有"最早的御窑厂"。越窑无论是在唐、五代还是宋时都曾经置官监窑，但烧造这些"秘色瓷"的窑场到底是唐宋政权或吴越政权投资专门设立的还是在民窑的基础上烧造的却不得而知，所以这个窑场的性质还有待于继续研究和论证。本书把唐代和宋代置官监烧的越窑暂定为民窑中的供御，而把五代时期烧造秘色瓷的越窑定为地方官窑，烧造用于进贡的贡瓷。

五代后周时的柴窑由于窑址没有被发现或认定，因此柴窑的官窑和供御性质也就无法真正地确定下来，但通常认为柴窑具有御窑性质。内蒙古自治区的赤峰缸瓦窑和林东辽上京窑已被考古确认为辽代官窑，而河北的磁州窑曾为金代烧造供御器物，也为金代和元代烧造贡瓷。

按大致时间顺序为北宋宫廷烧造过供御器物的北方窑口有越窑、耀州窑、定窑、汝窑、汴京官窑和钧窑。其中的汴京官窑已被确认为真正狭义上的北宋官窑，其余窑口均为贡窑或供御性质，有人把烧造供御产品的清凉寺的汝窑和禹州钧台的钧窑分别称为汝官窑和钧官窑，但其性质还有待于进一步确定，本书把它们暂定为供御民窑。据载，北宋时期的建窑、龙泉窑及宋真宗时期（1004—1007年）的景德窑都分别为北宋宫廷烧造过宫廷用瓷。

南宋宫廷投资兴建了修内司和郊坛下两座官窑，专为南宋宫廷烧造瓷器，而南宋早期的宫廷用瓷则分别由龙泉窑和越窑的某些窑口来提供，属于地方官窑性质。

原则上讲，元代没有真正意义上的官窑，但古玩行习惯上把景德镇为元代宫廷定烧瓷器的窑口"枢府窑"称为元代官窑。因此，带有"枢府"铭文的和其他元代宫廷款识的卵白釉器物也就被称为元代官窑器物。据《饮流斋说瓷》记载："元瓷款识，惟官窑有'枢府'二字款。"说明大致在晚清民国时期已经有元代官窑的称谓。

根据有关记载推测，明代洪武年间浙江龙泉窑曾为宫廷烧造过御用瓷器。洪武二年，江西景德镇真正意义上的官窑已经开始生产，记载见于《景德镇陶录·景德镇历代窑考》："洪武二年，设厂于镇之珠山麓，制陶供上方，称官瓷，以别于民窑。"但据现在有关资料表明，洪武二十六年前的该处窑场基本延续了元代的管理方式，最多只能算得上地方官窑。洪武时期景德镇珠山官窑始称"陶厂"，有资料记载从永乐元年（1403年）改称御器厂。而《景德镇陶录》记载，明代的景德镇官窑在正德前称"厂官窑"，正德以后始称"御器厂"。但《明史》记载："（县）西南有景德镇，宣德初，置御器厂于此。"可见关于明代御器厂名称有始自永乐、宣德和正德等不同说法。至清代康熙中后期始称"御窑厂"，光绪三十三年以后御窑厂改归商办江西瓷业有限公司经营，并以景德御窑厂为"总厂"，鄱阳湖官窑为"分厂"，直至宣统三年清王朝退出历

图 6-52　景德镇御窑厂大门　　　图 6-53　景德镇御窑厂内部　　　图 6-54　景德镇御窑厂珠山和龙珠阁

图 6-55　景德镇御窑厂明代窑炉遗址　　图 6-56　景德镇御窑厂瓷片埋藏区、龙珠阁和御诗亭

史舞台。由于官窑窑场叫法不一，为便于称呼，我们可以笼统地称明代时期的为御器厂，清代的为御窑厂。我们常说的明清官窑器物均来自景德镇官方设立的窑场，景德镇珠山是明清两代宫廷官窑、御窑所在地，明晚期开始景德镇是全国制瓷中心并真正成为中国和世界的瓷都。

　　明清瓷器鉴定过程中除了看造型、胎釉和纹饰外，区别官民窑还有一个很重要的依据就是看器物是否有款识及款识书写的规整程度，但由于有些官窑的器物也不书写款识以及一些民窑的器物有时款识也书写得很规整，特别是还有民仿官的器物存在，所以有时鉴定过程中也会遇到一些困难。《匋雅》一书中"客货有有款者，官窑有无款者"，指的就是无款官窑，这里的"客货"指的是非景德镇御窑厂的产品，也就是民窑产品。该书中又载：民间所卖之瓷器，厂人则谓之曰客货，凡所以别于官窑也。官窑之尤精者名曰御窑，御窑也者，至尊之所御也。官窑也者，妃嫔以下之所得用者也。[①]由这段话可知，官窑中的精品也被称作御窑，除皇帝外，后宫贵妃以上级别的人员方能使用御窑器物，妃嫔以下只能使用普通官窑。

---

① 这里"厂人"指北京琉璃厂的古董商人。

对于大多数收藏者而言，收藏的最终目标无碍乎是官窑或民窑中的精品，但无论官窑作品还是民窑器物都是劳动人民辛勤劳动和智慧的结晶，都应该得到重视和传承。

瓷器的保护

瓷器的保护包括观看、购买、包装、搬运、运输、保存、拿取、鉴赏、清洗、修补等诸多方面的内容。

观看： 在博物馆、市场上、店铺里及家庭场所走动、观看古玩要注意周围环境，防止刮碰、踩踏器物，也要防止身体被绊倒、摔倒、滑倒以至于伤到器物，特别是人多拥挤、光线不足或环境复杂时，并注意藏品前面的玻璃，有时玻璃被擦拭得很净容易被忽略，撞碎玻璃不但可能伤及自身，有时也会损坏放置在玻璃橱柜内的器物。此外，参观或观看器物时不要向后倒退着走，以免损坏身后的器物。

购买： 购买前观看和购买过程中禁止手递手传递器物，以免造成器物的跌落、磕碰损坏导致责任不清。正确的方式是卖方把器物放在安全的位置后，买方再小心拿起，看后再放回之前的位置，最后由卖方放回原处。为稳妥起见，购买贵重器物前应预先问好价格，以防不小心损坏器物，赔偿时也有据可依。

包装： 购买后运输前要对器物进行适当包装，紧贴器物的材料以折皱的纸类或棉状物（但表面不应起毛）最为适宜，外面再包裹其他防撞材料，并在包装材料的外部进行必要的捆扎或用胶带粘牢，捆扎力度要适宜，防止因捆扎力度过大造成损坏或留有松散间隙。包装应保证器物表面没有裸露并使包装材料保持一定的厚度和弹性或柔软性，禁止使用刚性材料包装器物，禁止使用带有腐蚀性、易燃或已被污染的材料包装器物。包装完成后器物与器物之间以及器物与外包装盒之间不得留有间隙，以避免器物在运输过程中因晃动而造成损坏。贵重器物应单独包装，禁止与其他器物或货物混装在一起。装箱时相邻器物之间要避免器物表面直接接触，接触部分应为合适的包装或隔离材料。

搬运： 搬运时双手应保持干燥，拿牢器物，大件器物如瓶类应一手在上拿住、一手在下托底并使器物紧靠身体以防脱落，小件器物可放在随身背挎的包内。搬运过程中注意地面情况，防止绊倒或滑倒。搬运时尽量由一人完成，如不得不用两人以上时，要约定好搬运方法并采取必要防护措施，以防止一方失手造成器物损坏。对于较为光滑的器物禁止使用手套，以防脱落。如不得不使用手套时应确保手套表面没有起毛、线头等类似缺陷，以防止将器物刮倒。

运输：装车时应避免各箱器物的叠压，包装箱应在车内放置稳妥，必要时进行适宜和有效的固定，防止箱体在车内移动造成器物的撞击而损坏。运输前应规划好行车路线，选择平坦道路，避免颠簸，尽量避免驶入车多人多地段，避免驶入危险路段，禁止超速行驶，防止发生交通事故。高速行驶过程中禁止手拿或怀抱器物，以免紧急刹车或事故发生时造成器物的损坏。

保存：器物应在阴凉处保存，避免阳光直射和暴晒，避免淋湿，避免接触或置于酸碱或其他腐蚀性的环境下。禁止将器物摆放于桌、箱、架或其他场合物体上的边缘位置，以免滑落造成器物损坏，已有保护措施的除外。有条件的情况下，对于瓶类或高尺寸器物建议其外壁与所在桌、箱、架等支撑物的边缘距离不小于器物自身的高度，这样可以避免器物意外翻倒时落向地面；对于碗盘类器物平放时建议最外侧与所在支撑物的边缘距离不小于器物最大直径的 0.5 倍或 10 厘米，以防止人为意外刮碰器物；对于较大直径尺寸的盘类平放时其外侧边沿的垂直投影处距离支撑物的边缘距离应不小于 5 厘米；盘类斜直摆放在支架上时要保证器物在意外翻倒时不会跌落，即与支撑平面的边缘要有安全距离；盘类等器物摆放在支架上时器物直径大小与支架的尺寸应相互匹配，避免支架翻倒和器物重心不稳造成的倾覆；摆放器物时，器物与支架、支架与支撑物、器物与支撑物之间必要时应予以固定，防止地震或其他晃动、触碰造成跌落、翻倒等损坏；器物之间应保持安全距离，防止一个器物的倾倒波及相邻器物。贵重器物在没有合适的摆放位置时应置于可靠的盒内保存，禁止随意摆放。

拿取：器物拿取时应采用双手拿取，并保持一手夹持或把握器物，一手托底的姿态，必要时可靠紧胸部获得依托；小件器物也可单手拿取，但必须确保夹持或把握稳妥，禁止器物处于手捧的自由状态；最好的方式是连同盒子一起拿到桌上，再从盒中取出器物；拿取和搬动器物前要仔细观察环境及路径，防止磕碰、刮拌事故发生；拿取盒装器物前应检查锁扣是否扣合妥当，禁止仅抓持盖子拿取器物，防止盖子意外打开造成器物脱落。禁止两人或多人同时拿取和搬运同一货物，否则应采取可靠有效的安全措施。

鉴赏：瓷器鉴赏过程中对于釉上彩或易被腐蚀的釉面、纹饰的器物应避免用手直接接触，可戴较薄的不起毛刺的手套来接触器物，当器物有棱角或局部损坏带有尖锐的部分时，应避免手套上的纤维与器物刮连。对于耐腐蚀的釉面也可直接用手触摸，但如果产生接触污染必须及时擦拭干净。器物应被置于平坦、柔软的垫子上，鉴赏过程中器物不应离开垫子表面，如不得不离开时要特别小心，离开垫子的距离或高度越小越好。鉴赏时所用的放大镜、手电筒等器具应避免位于器物的上方以防滑落，并尽量避免与器物接触，如必须时应缓慢小心接触器物表面并避免相互移动造成摩擦。鉴赏器物应在白天自然光及视线较好的条件下进行，因为非自然光下器物表面色泽会失真易造成误判。接触薄壁器物时禁止用手直接接触器物，因为手的温度可能造成器物局部热胀冷缩并产生裂纹而损坏，如必须时可戴薄手套并尽量减少接触器物的时间以及适当变换接触位置从而减少人手温度对器物的影响。如从室外进到室内，要等待足够的时间以确保手部温度恢复到常态后再接触器物。

清洗：瓷器应尽量保持原始状态，需要清洗和清洁时应使用棉团、软布、软纸或软刷蘸纯净的蒸馏水擦拭或冲洗，条件不具备时可用凉白开水代替，禁止使用自来水直接清洗器物，不得已时也须将自来水长时间放置后使用，因为自来水中的氯化物或氯离子会腐蚀器物的釉彩，特别是对釉上彩器物的腐蚀较为明显，清洁后应立即用软布轻轻擦干器物表面的水迹。对于器物表面的附着物可用蒸馏水浸泡或借助竹签清除，难以清除时，对于透明釉和青花瓷（没有铁锈斑）的器物可采用白醋加水浸泡或 84 消毒液加水浸泡，但要尽量降低浓度和浸泡时间，以免造成釉面腐蚀失真。对于釉上彩瓷器、釉中彩瓷器（如唐青花）、颜色釉瓷器和有铁锈斑现象的青花瓷严禁使用酸碱等腐蚀性液体浸泡，也严禁使用化学清洁剂清洗，以免造成釉面和纹饰的腐蚀伤害和颜色脱落、失真等无法挽回的后果。海洋出水瓷器的脱盐应参照专业权威的资料或方法进行。清洗的基本前提是必须保证器物自身的原始状态并且不损坏器物。有原始包浆器物严禁清除包浆，否则会使本来古老的器物成为面目一新的现代仿品。

修补：破损瓷器或出土残器应尽量保持原来的状态，即器物的"原真性"。必须修补时应遵循两个基本原则，一是修补后应能较为容易并清楚地辨识出哪些是原始的部分，哪些是修补的部分；二是修补要具有可逆性，即当科学研究需要时，修补的材料应能被彻底清除从而使器物恢复原始状态。现在器物的修补材料普遍采用石膏，效果很好。对于普通器物的修补也可使用环氧树脂类的黏合剂。严禁瓷器修补后重新入炉烧造以伪造成完整器物。不建议对器物的缺失纹饰进行补充描绘。对器物修补的部分用颜料涂装成与器物本色相同或近似颜色的手法不建议采取，应保持"原状"与"修补"区域界限分明，这样才能更好地揭示器物本身的原始信息，避免现代的人为干预。修补不当可能会造成器物的损坏，或无法恢复器物的原始状态，或无法观察了解器物的原始信息，严重者会使一件古老的器物在人为的干预下成为"新活儿"，从而失去其应有的古玩价值而成为现代作品。

珐琅粉彩 尊贵妩媚

　　铜胎画珐琅源于西方国家，康熙皇帝把西方珐琅彩料和中国的瓷器相结合，经过三十几年的试验，终于成功烧制出了瓷胎画珐琅的新品种。继而在雍正年间又实现了进口珐琅彩料的国产化，烧制出了从原料到工艺全部国产化被称之为洋彩的器物，完成了引进、消化、吸收和创新的过程。珐琅彩制作成本高，其颜色五彩缤纷、瑰丽无比，因此其一出现即为清朝皇帝所垄断并收藏于宫中，属皇帝把玩和欣赏的御用之物，凸显尊贵，世人也因此难觅其真容。在珐琅彩的基础上，康熙晚期窑口又创烧了粉彩瓷器。粉彩由于使用了一种被称为玻璃白的物质打底，所以在绘画时使得花瓣和肤色展现了娇媚温柔的奇妙的过渡色泽而备受青睐，从此一发而不可收，发展到乾隆年间，粉彩瓷器无论从纹饰内容、色彩运用、绘画技巧都达到了登峰造极的地步，创下了有清一代仅次于青花瓷的烧造数量，有占据清代瓷器半壁江山一说。粉彩瓷器为西方人所喜爱，并衍生出了广彩这一粉彩的特殊种类，形成了中西方贸易以至于按海外图样订购的繁盛场面。尊贵的珐琅彩瓷和妩媚柔和的粉彩瓷器的诞生和发展，是清代制瓷工艺达到顶峰的重要标志，再一次向全世界彰显了中国古代陶瓷工匠的创新精神和取得的辉煌成就。

瓷片与器物鉴赏

珐琅彩瓷简介

珐琅彩器物稀少而珍贵，我们先介绍它的创烧年代。珐琅彩烧造成功的年代应当是在康熙晚期，康熙在位六十一年，珐琅彩开始试验烧造时间应该是在康熙中期的臧窑，也就是臧应选任督陶官的时候。其具体开始烧造以及烧造成功的时间，据《帝王与宫廷瓷器》一书记载：

> 于康熙二十七年（1688 年）在宫中开始了不断试烧的艰苦历程。……经过几十年的试烧，珐琅彩瓷终于在康熙五十九年（1720 年）烧制成功，了却了圣主康熙帝长达 30 年的夙愿。

从这段记载来看，康熙年间成功烧造珐琅彩瓷器的时间只有三年左右，因此康熙珐琅彩瓷的数量一定很少，但试烧那几十年间的器物是否也有接近成功的作品，即使是废弃的也应有瓷片被发现，但目前北京地区出土的珐琅彩瓷片极为稀少，也未见类似于半成品或废弃品的残片。此外，试验需要 30 余年，可见珐琅彩瓷试验烧制的难度很大。

再说珐琅彩烧造的地点。珐琅彩器物采用素烧和彩烧的二次烧造工艺。素烧即是白瓷的烧造，是在景德镇完成的，康熙时期珐琅彩白瓷上用于绘画的部分通常烧成没有釉的素瓷胎，这样利于后期彩料的黏附，比如碗，通常为外壁无釉露胎，内壁施透明釉。这些白瓷被解送到北京清宫里边，由北京清宫内务府造办处珐琅作来具体负责珐琅彩后续的工作。白瓷被送到清宫后，由如意馆画家在素瓷胎上使用进口的珐琅彩料进行绘画，画好以后再入炉低温烧成。康熙帝经常去看珐琅彩的烧造情况，其烧造地点先是在紫禁城内的如意馆，后来为了方便皇帝观看，又转到养心殿。雍正以后，随着工艺技术的进步工匠改为在施透明釉的白瓷上绘制珐琅彩图案。由于怡亲王允祥管理造办处，所以据说在怡亲王的王府里也烧过珐琅彩瓷。此外，在颐和园里也烧制过珐琅彩。还有一些资料记载，部分用于珐琅彩烧造的白瓷在景德镇烧造完以后没有被运到北京，宫廷派画师直接在景德镇进行珐琅彩的绘制，画完之后就在景德镇烧成。雍正和乾隆时期在景德镇督烧珐琅彩瓷器的为督陶官唐英，所以景德镇还烧造了一部分的珐琅彩器物。

珐琅彩瓷器还有一个特殊的别称"古月轩"，该名称的由来有多种说法，但都没有足够的证据，至今还是个谜。其中一种说法是，珐琅彩瓷器就在景德镇的"古月轩"烧造，因为古月轩里有位姓胡的人，烧造珐琅彩是位高手，后来被请到宫廷里烧制珐琅彩瓷。景德镇到底烧了多少珐琅彩器物现在还是个谜。据《古玩指南》记载：

　　　　乾隆朝之瓷尚有一种特别之发明，殊足大书特书者，即创兴"古月轩"瓷是也。按古月轩瓷议论纷纭，并无定评，即关于"古月轩"名词之来源亦言人人殊。有谓系清宫中一轩名者，有谓系圆明园中一轩名者，或又谓系人名者。谓系轩名者，遍查清宫及圆明园并无以"古月轩"名轩者；为系人名者，亦未详其究竟。兹据《词源续编》所载："清乾隆时，苏人胡学周在苏自设一小窑，制瓷瓶、烟壶等，甚精美，自号'古月轩主人'。乾隆南巡见而好之，因携之至京，使管御窑，仍用'古月轩'之名，尤以鼻烟壶著称。"此说似可信。

　　对于这段记载，我认为有一定的可信度，很可能是乾隆让胡学周在宫中督烧珐琅彩瓷器，期间他去了景德镇试烧珐琅彩瓷器（采用国产彩料）。"古月轩"应该是胡学周自己的堂号，古月轩瓷则是对胡学周督烧的那部分器物的称呼；另一种说法认为"古月"二字结合在一起就是个"胡"字，因此古月轩就是胡人的住所，应为当年郎世宁等供奉于宫廷如意馆的外国画家（胡人）居住的地方；也有说与当时珐琅彩上釉的一个叫胡大有的工匠有关；还有说古月轩就是当时画珐琅彩的宫廷画家的工作室或存放珐琅彩瓷器的库房；众说纷纭，我们今未找到古月轩的地址。古月轩仅仅是民间对珐琅彩瓷器的称呼，可能是出于对来自民间工匠的尊敬和怀念。事实上清代珐琅彩瓷器上未见与"古月轩"名称有关的任何款识，试想皇帝也不会允许在自己喜爱的皇家器物上落上民间堂号款，但据载在玻璃胎画珐琅的鼻烟壶上却能见到"古月轩"款识。

　　再说珐琅彩的彩料。珐琅彩的彩料在康熙时期和雍正早期是一种进口的颜料，所以有些书上把它叫洋彩，意指从海外来的、由洋人做的，当时其色彩大概有 9 种。珐琅彩施彩的特点就像我们画油画一样，用油调和彩料进行绘画。雍正六年，宫廷已经研制出了国产的珐琅彩彩料来代替进口料，并且又新增了 9 种颜色，总数达到 18 种，满足了珐琅彩瓷绘画的需要。雍正年间，由于已经熟练掌握了珐琅彩的绘画和烧造技法，因此珐琅彩的绘画并非是在素瓷胎上进行而是在罩有透明釉的白瓷上绘制并一直沿用此法。

制作珐琅彩器物成本高，也比较难烧，因此康熙、雍正、乾隆以后就很少有这类器物的烧造。资料记载，同治年间、宣统年间烧制过珐琅彩器物，清代的其他时期我还没有查到珐琅彩烧造的记载。乾隆去世以后的一段时期内，由于珐琅彩成本太高基本上就不烧了，但我曾在古玩市场上见到过一片有嘉庆年款的珐琅彩碗的残片，可见嘉庆时期也烧造过珐琅彩的器物，也许是在嘉庆早期乾隆还在世时所烧造。

珐琅彩瓷器以郎世宁绘画的器物最为名贵。郎世宁为意大利人，天主教耶稣会的修道士，于康熙五十四年来中国传教，后成为宫廷画家，在清宫内务府如意馆任职，据说他曾在瓷器上用珐琅彩绘画。据载，当时的宫廷画家蒋廷锡、焦秉贞、董邦达等也曾奉诏画过珐琅彩瓷器。

珐琅彩器物在清代均为宫廷内摆设和使用的器物，一直在宫中保存，这期间是否有由于皇帝的赏赐流出宫廷的机会我未做考证，即便是有这种可能，也应是十分罕见。即使 1900 年八国联军侵入北京可能造成珐琅彩瓷器流散宫外，当时的普通人和制瓷工匠也很少能有机会接触到，也不知其为何物，因此 1900 年至 1925 年之间民间仿制珐琅彩瓷器的可能性不大。但公认的是到了 1925 年，由于在故宫的武英殿由当时的古物陈列所举办了清宫旧藏珐琅彩瓷器的对外展出，之后民间也出现了珐琅彩瓷器的烧造，其中包括带有"古月轩"款识的珐琅彩瓷器。

据载，道光年间宫廷档案记录共有珐琅彩瓷器 400 多件，实际上有清一代烧造的珐琅彩瓷器数量比这个数字要多些，具体数据无法统计，但也不会太多。除了损坏和流散宫外，现在珐琅彩瓷器大都在各大博物馆收藏，民间极其罕见。由于珐琅彩均为皇帝御用之物且流通数量十分稀少，因此价格十分昂贵。2007 年，香港佳士得拍卖的一件清乾隆珐琅彩杏林春宴图小碗，其成交价格超过 1.5 亿港币。

现今珐琅彩瓷器的仿古作品很多，一些大师级的作品也很精致。一些现代的珐琅彩作品常常出现在市场上冒充古代器物售卖，大家在收藏时要仔细观察，事实上现今市场上罕有出现真品的机会。

清雍正—乾隆 珐琅彩碗残片

这是我收藏的一组 6 个珐琅彩瓷片（图 7-1），计有红、绿、黄、蓝、白、黑六种颜色。它们的普遍特征是胎质洁白细腻，有油润光泽；绘画均为双钩填色、线条精细流畅，纹饰精美；除一片内外均绘有纹饰外，器物均为外壁色地彩绘，内壁施透明釉呈白色、光素无纹。这些瓷片中有 5 片以珊瑚红色为地子的，称作珊瑚红地珐琅彩，1

图 7-1　清雍正—乾隆　珐琅彩碗残片

图 7-2　与珐琅彩瓷片伴随发现的款识（胡玉光先生摄）

片属于白地彩绘的品种。据原藏家介绍，因发现瓷片时尚伴随有雍正和乾隆款识的器底出现，因此大致判定这些瓷片为雍正至乾隆时期珐琅彩器物的残片。由于这些残片尺寸较小，且表面色彩局部有脱落，所以极难辨识它们的品种，很容易将它们判断成粉彩或五彩，本书暂将它们以珐琅彩的种类提出，我也偏向于它们属于珐琅彩的范畴，对它们的研究还将继续进行。

　　珐琅彩的碗大都口沿处直径较大，而深度较浅，在清代宫廷中用于喝奶茶。珐琅彩器物十分珍贵，瓷片也得来不易，下面展示这六个珐琅彩瓷片的图片，并给出了其表面的局部放大图，以飨读者。残片中有以珊瑚红为地子的也可称为珊瑚红地珐琅彩。

清雍正—乾隆 珊瑚红地珐琅彩碗残片（一）

图 7-3　清雍正—乾隆　珊瑚红地珐琅彩碗残片（一）

图 7-4　清雍正—乾隆　珊瑚红地珐琅彩碗残片（一）（表面放大图，~80X）

清雍正—乾隆 珊瑚红地珐琅彩碗残片（二）

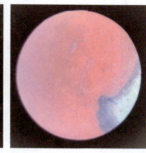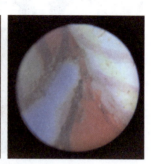

图 7-5　清雍正—乾隆　珊瑚红地珐琅彩碗
残片（二）

图 7-6　清雍正—乾隆　珊瑚红地珐琅彩碗残片（二）（表
面放大图，~80X）

清雍正—乾隆 珊瑚红地珐琅彩碗残片（三）

图 7-7　清雍正—乾隆　珊瑚红地珐琅彩碗残
片（三）

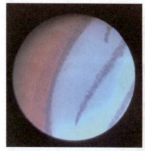
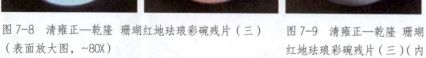

图 7-8　清雍正—乾隆　珊瑚红地珐琅彩碗残片（三）
（表面放大图，~80X）

图 7-9　清雍正—乾隆　珊瑚
红地珐琅彩碗残片（三）（内
壁白地表面放大图，~80X）

清雍正—乾隆 珊瑚红地珐琅彩碗残片（四）

  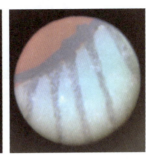 

图 7-10　清雍正—乾隆　珊瑚红地珐琅彩碗 残片（四）

图 7-11　清雍正—乾隆　珊瑚红地珐琅彩碗残片（四）（表面放大图，~80X）

清雍正—乾隆 珐琅彩碗残片（五）

  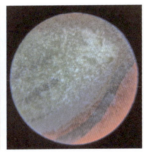 

图 7-12　清雍正—乾隆　珐琅彩碗残片（五）

图 7-13　清雍正—乾隆　珐琅彩碗残片（五）（表面放大图，~80X）

清雍正—乾隆 珐琅彩碗残片（六）

大多数珐琅彩器物都是在外壁绘制珐琅彩图案，极少数器物内外壁均绘制图案。图 7-14 这件瓷片的内外均有图案，通常称为两面彩。两面彩的珐琅碗可见于雍正时期，有的属于从碗外壁到内壁的"过枝"画法，也称"过墙"画法。这类珐琅彩器物极其罕见，我有幸收藏到了一个这样的瓷片。

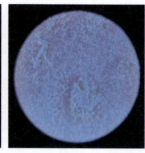

图 7-14 清雍正—乾隆 珐琅彩碗残片（六） 图 7-15 清雍正—乾隆 珐琅彩碗残片（六）（表面放大
（内外壁均绘制珐琅彩图案）　　　　　　　 图，~80X）

清乾隆 珐琅彩盘残片

这是一件盘子的残片（图 7-16），这件盘子引人注目的是它奇怪的造型，从残存的部分可以看出这件盘子沿着口沿区域有一周圆形的开孔，这种结构与中国传统的盘子具有完全不同的另类风格，实际上这是欧式风格的一种器物。中国人清洗盘子类的餐具后，习惯上是把它们叠摞起来存放，而欧洲人的习惯是把它们悬挂起来，为了方便悬挂，就在盘子的口沿部位预留了一些孔洞，孔洞边缘还采用了描金工艺。我们再看它上面的纹饰，表面绘制了一些西洋风格的花卉，线条疏朗流畅，有典型的异域风格。据说这件盘子早年出自圆明园的工程废土之中，表明它原本是圆明园里的一件器物，应是乾隆时期仿制西洋餐具的作品，摆设在西洋楼的器物。它的表面有明显的被火烧过的痕迹，推测应是 1860 年英法联军所为。康熙至乾隆时期，西洋艺术东来，因此瓷器上也有模仿西洋风格的绘画，而且较多出现在乾隆时期的器物上，所以推断这件盘子是这一时期的器物。这件盘子虽然仅存残片，但犹可看出其制作的规整和绘画的精美，沧桑的历史使它成了残片，但不能泯灭的是它的艺术魅力，在 160 余年后的今天，它默默地向人们述说着它曾经的故事。

珐琅彩瓷器非常名贵，在古代都是在皇宫里边皇帝把玩和欣赏的器物，现在基本都在各大博物馆里，民间极其罕见。据说清代皇帝也把珐琅彩器物当作赏赐品，有流到皇宫之外的，但这一定是很罕见的事。珐琅彩瓷器毕竟流落到民间的非常少，几乎都是御用之物，1900 年慈禧西逃时以及溥仪小朝廷时期，紫禁城疏于管理，有可能会有珐琅彩的器物流出皇宫之外。

图 7-16　清乾隆　珐琅彩盘残片

图 7-17　清乾隆　珐琅彩缠枝花卉纹蒜头瓶（国家博物馆藏）

　　现在随着人们对珐琅彩瓷器的追捧，珐琅彩瓷器真品一出现，不管是碗还是盘子、瓶子，身价少则百万，多则过亿，因此市场上的珐琅彩仿古制品也很多。前些年我受邀为北京的一位朋友鉴赏一些瓷器，其中有一个瓶子就是珐琅彩的，落款写着"臣郎世宁画"，朋友问是不是清代官窑的珐琅彩瓷器，从器物各方面综合地判定，那个瓶子应该是现代仿品，我委婉地告诉了他我的观点，他有些失落。实际上大家在收藏的时候很不容易收藏到珐琅彩官窑的器物，这种机会是十分罕见的。

　　市场上经常能见到仿制康雍乾的珐琅彩器物，有些制作得也很精美，但仔细观察它们的用料、釉色、绘画及胎色，就会发现与真品还是有或多或少的差异，特别是地子的釉色要么过于发白，要么过于偏青，整体上观察也缺乏古代器物的神韵。但有些大师的珐琅彩作品十分精美，甚至在某种程度上几乎可以以假乱真，作为家庭摆设，也是很不错的艺术品。如花冲先生珍藏的一件景德镇窑珐琅彩西洋人物纹蒜头口瓶（图 7-18），就是一件很精美的现代仿古艺术品，其原型据说收藏在台北故宫博物院。

图 7-18　当代　景德镇窑珐琅彩西洋人物纹蒜头口瓶（花冲先生藏）

粉彩瓷器简介

粉彩创烧于康熙晚期，大约在康熙五十二年（1713年），它是在珐琅彩基础上创烧出的一个新品种。但"粉彩"一词在书中正式出现，是在清末的《匋雅》中："康熙彩硬，雍正彩软。软彩者，粉彩也。彩之有粉者，红为淡红，绿为淡绿，故曰软也。"据《清宫档案》记载，从乾隆二年开始把粉彩称作"洋彩"。清代大部分时期也习惯把粉彩称为"五彩"，直到《匋雅》一书用粉彩一词取代洋彩和五彩。

粉彩最初主要使用的是进口彩料，所以一些有关瓷器的书上把珐琅彩和粉彩都称为洋彩。粉彩里的一些化学成分和珐琅彩基本上是相同的，比如珐琅彩含有的砷元素，粉彩也有；粉彩和珐琅彩都用金属元素锑来呈现黄色，而不用铁来呈现黄色；还有红色，比如使用在粉彩和珐琅彩里面的胭脂红色、玫瑰红色都含有微量的黄金，区别在于珐琅彩含有大量的硼元素，而粉彩里没有。关于施彩的方法，粉彩是在瓷器上先打一个纹饰的轮廓作为底稿，并在轮廓里边用玻璃白先铺底，然后再上彩，也有将玻璃白直接掺入彩料中（称为"掺粉"）再绘画的。民国时期"珠山八友"中王大凡使用的"落地粉彩"的技法，是不用玻璃白打底而采用一种类似"罩粉"的技法，他是先在瓷胎上作画，再在上面"罩"上雪白、水绿，然后低温烧成。此外，光绪晚期出现的浅绛彩属于粉彩的创新品种，彩料中含粉质较少，也是直接在瓷器上作画，而不使用玻璃白打底，因而施彩较薄，色彩渲染及过渡色泽不明显。

玻璃白的主要成分一个是氧化硅，一个是氧化铅，就是含铅的玻璃质，同时它里边还含有氧化砷，砷这种元素能起到乳浊的作用。粉彩大都是打完纹饰底稿，并敷上玻璃白以后再上彩色画料，这种粉彩瓷器烧成后能使人物、山水、花鸟形成自然的明暗、深浅和阴阳向背的色感，而且会在画面上呈现一种特有的过渡色，比如画人物的脸部，就会呈现红扑扑的过渡颜色。再比如粉彩绘制的花瓣，从花心到花瓣，这种颜色的深浅过渡非常自然，这是其他方法包括五彩、珐琅彩很难达到的，为粉彩技法所独有的特征。

由于珐琅彩的主要化学成分与粉彩的化学成分基本相同，特别是采用国产珐琅彩颜料绘画的瓷器有时与粉彩瓷器的外观非常接近，因此一些珐琅彩瓷器和粉彩瓷器容易混淆。比如拍卖会上标注或卖方认为是粉彩的器物，而实际上为珐琅彩，那么按照粉彩的价格来购买就便宜多了，也就是人们常说的"捡漏儿"，当然靠的是眼力，而眼力来源于理论知识和实践经验的积累。大家在鉴别的时候要从器物的款识写法、颜料特征、绘画技法及时代风格等整体上综合地考虑，还有就要多看实物，仔细体会粉彩和珐琅彩器物的区别。

珐琅彩的主要原料一开始都是进口的，后来唐英任督陶官的时候，据记载当时在雍正六年已经研制出来了国产珐琅彩料来代替进口料，而用这种国产料生产出来的类似于珐琅彩的瓷器当时也被称作"洋彩瓷器"。这种国产料是为仿制进口珐琅彩而专门研制和生产的彩料，用这种彩料烧造出来的器物既具有进口珐琅彩的特征，又与典型的用纯粹进口珐琅彩烧成的器物釉色有些不同。清人《南窑笔记》载："迨我朝定鼎之后，即于镇厂仿作，诸窑毕备，更得洋色一种，诚一代巨观。""今之洋色则有胭脂红、羌水红，皆用赤金与水晶料配成，价甚贵，其洋绿、洋黄、洋白、翡翠等色俱入言硝粉、石末、硼砂各项练就，其鲜明娇艳，迥异常色。使名手仿绘古人，可供洗染点缀之妙。"由此可以得出，洋彩是在景德镇御窑厂研制出的国产珐琅彩料并用于瓷器的绘画，时间大致在雍正六年以后。本书中的洋彩瓷器专门指这类采用国产珐琅彩料绘制的器物，后文中的"清乾隆 洋彩芦雁纹荸荠瓶"就属于这种"洋彩瓷器"，或者称为"国产珐琅彩料瓷器"。

我们再回到粉彩上。粉彩自从康熙晚期创烧发明以后，到雍正、乾隆时期达到了烧造的顶峰，以雍正为最好，《匋雅》载："粉彩以雍正朝为最美，前无古人，后无来者，鲜妍夺目，工致殊常。"可见雍正粉彩器物之美。粉彩器物自康熙以后官民窑皆大量烧造，因此粉彩瓷器非常多，因此有人说有清一代粉彩瓷器和青花瓷器在数量上可以平分天下，或者是粉彩可以与青花抗衡。对于这一观点，我认为粉彩瓷器确实很多，但由于它是釉上彩，不耐腐蚀且颜色较易脱落，所以使用范围就受一定的限制，而青花因为是釉下彩而具备了耐腐蚀的特点，因而得到广泛应用并长盛不衰。从我看到和发现的瓷器看，还是青花比较多，比如现在北京地区工程建设出土的，还有全国工程建设中出土的残片中青花瓷就非常多，因此我认为青花瓷的数量还是要远远多于粉彩瓷。

粉彩在历史上还曾以另外一种形式出现过，那就是以"广彩"的身份出现。广彩是"广州织金彩瓷"的简称，以红、绿和金彩为主要色调，形成织金彩瓷的效果。广彩瓷器是先在景德镇烧造成素瓷，烧成的素瓷被运至广州，并在广州根据外国人的订单要求的纹饰或者符合国外的风格再施彩绘画并最终烧制而成的外销瓷，广彩盛行于乾隆时期的1760—1780年间。广义上的广彩不仅包括粉彩瓷器，也包括五彩等其他类型的在广州彩绘的瓷器，由于其中粉彩的数量最多，所以狭义上的广彩通常就指在广州绘制的粉彩外销瓷，本书中的广彩指的即是狭义的概念范畴，即指的是在广州绘制的粉彩外销瓷。广彩瓷器的纹饰内容既有按国外订单要求绘制的纯粹的域外风格，也有中西合璧的内容，而且这类广彩瓷器的纹饰绘制大都比较繁缛，其器型尤以盘类居多。有一次我在一个古玩店里遇到一件粉彩的广彩盘子。我说这是广彩，店主说我错了，他说这不是广彩，是粉彩，表明他对广彩瓷器并不是很了解。大家在收藏过程中要注意还有广彩瓷器这一品种。

清雍正 粉彩寿桃纹碗残片

这是一件碗的残片（图7-19），造型规整，胎质洁白细实，胎体较薄，圈足较高，足径稍大，造型端庄秀美。内壁施无色透明釉，外壁残存纹饰为粉彩寿桃纹，近足处蓝料绘一周变形仰莲瓣纹。外底青花书"大清雍正年制"三行六字行楷款，字体稍显随意。该碗做工精致，端庄秀气，纹饰优美，发色纯正，应为民窑中的精品。如果底款书写能规矩些，可称得上"气死官窑"之作。

图7-19 清雍正 粉彩
寿桃纹碗残片

清乾隆 黑釉粉彩浅浮雕六合同春四方扁瓶

收藏永远在路上。有一次我到南方的一个古玩市场去购买藏品，或者叫淘宝吧，实际上也就是碰碰运气。快到中午的时候，看见一个古玩店里摆着一个瓶子，我一看这个瓶子无论造型、做工还是纹饰的绘制都非常精美。这事发生在大约十年前，当时我的眼力还不是很好，只是隐隐约约感觉到这可能是一件珍品，后来证明是一件官窑瓷器，而当时我判定这个瓶子是官窑的器物只有七八成的把握，但是我认定它至少是件乾隆民窑的精品。收藏要靠眼力、财力、魄力和机遇，我的直觉告诉我这可能是个机遇，至少这件器物是老的没有什么太大问题，于是跟店主讨价还价，店主一开始觉得我出的价格低了，没有谈成，我说请他吃饭，也被他谢绝了，但是店主其实并没有把它认定是官窑器物。于是我又到其他地方转了转，我也舍不得走掉，因为这个瓶子总是让我有些牵挂。下午回来又跟店主谈，谈话的气氛融洽多了。我赶紧说："你能不能以一个合适的价格把那个瓶子转让给我？"店主说："看你有诚意，没问题。"他说这个瓶子他收藏了很多年，一个月前才拿出来摆到店里，也没人过问，他认为是一件民窑的器物，但还不错。就这样，十年前，我就把这件后来被确认为十分珍贵的乾隆官窑瓷器收到了囊中，直到今天这件器物仍是我收藏的一件重器，应该说一件不为人知的国宝从那天开始就真正问世了。下面请大家一睹她那瑰丽典雅的尊容。

这是一个黑釉粉彩的四方瓶（图7-20），而且是扁方瓶，瓶子的底色是用黑釉打底，我按照从上到下的顺序，把这个瓶子的纹饰做一下介绍。这个瓶子的造型大体上呈扁方形状，瓶子敞口，口沿印有一圈阴线的回纹，回纹下是一周凸起的弦纹，弦纹下浅浮雕一周黄绿色的覆蕉叶纹；瓶子颈部的宽面上分别浮雕有一株兰花和两只蜻蜓，其中的一个蜻蜓正在花旁飞舞，另一只似乎刚刚落在兰叶上翅膀还没有放平，真是栩栩如生，兰花代表君子，蜻蜓在这里寓意为官清廉；颈部的两个窄面上，分别浮雕一朵牡丹，并伴有四出状的叶子，牡丹代表富贵、国色天香；瓶子的肩部是一周凸弦纹，弦纹的上面浮雕一周黄绿色仰蕉叶纹，弦纹的下面浮雕一周红色的如意云头纹；瓶子腹部的两个宽面上分别绘制鹤纹和鹿纹；两个窄面上同颈部一样，分别浮雕一朵牡丹，并伴有四出状的叶子。

图 7-20 清乾隆 黑釉
粉彩六合同春四方扁瓶

首先介绍宽面上的鹤纹的描绘情况。这个瓶子腹部的宽面上的纹饰全部采用了浅浮雕的手法，一面画了一棵虬曲的松树，枝头上满布着松针，松针上还垂着藤蔓；树干上粘着一只小仙鹤，鹤正抬头仰望着天空，呈期待状，天空中一只仙鹤衔着一颗灵芝，款款盘旋而来，画面动静结合，虽然无声，但从两只仙鹤的姿势和神态上能够看出它们之间正在默默传递着一种母子的深情；我们看松树的松针，采用黄绿两种颜色绘制，表现阴阳或枯荣；地面上画着山石或土坡，生长着灵芝和兰花，灵芝寓意长寿、如意；下面是一周红色的仰如意云头纹，其下接底足；底足为外撇式长方形圈足，圈足外面绘一周阴线回纹。整个的画面采用了浅浮雕的技法，它的方法是首先在坯胎的表面浅浮雕出各种纹饰，然后高温烧成素瓷坯，而后留出这些纹饰部分，其他底面罩上黑釉，再在纹饰上绘制和施彩，最后低温二次烧成。这个瓶子的雕刻和绘制十分精美，施彩准确和谐，画面的比例协调，表现了工匠极高的工艺水平。

我们再看另一个宽面上的鹿纹。这个面上纹饰表现的工艺技法同前。这面还绘着一棵柳树，柳枝下垂，柳与久谐音，柳枝一般都很长，所以寓意天长地久；地面坡石上，绘有两朵灵芝；主题纹饰是在坡地上绘有一大一小两头鹿，小鹿昂首向前，欢快跳跃，这叫鹿向前；而前面的公鹿鹿茸高挺，回头观望，这叫鹿回头，这是鹿纹绘画中常用的表现手法，这两头鹿应是一对父子，似乎在对话，寓意父子情深；场景描绘十分生动，工匠在分毫之间刀法娴熟自然、流畅细腻，绵绵父子情谊跃然眼前。

我们再看这个瓶子的底部。瓶子的外底上有模印的篆书款识"大清乾隆年制"官窑款；足脊部位露胎，胎质洁白细腻，这是官窑器物的特征。

这个瓶子的一面上画着两头鹿，另一面画着两只仙鹤，我们通常将这种瓶子称作鹿鹤同春四方瓶，鹿鹤的谐音为"六合"，六合指东、南、西、北、天、地，六合代表天下一统之意，因此这个瓶子又被称作六合同春四方瓶，六合同春意指天下皆春，万物欣欣向荣。

图 7-21　清乾隆　黑釉粉彩浅浮雕六合同春四方扁瓶，款识为"大清乾隆年制"篆书款

这个瓶子造型准确，工艺精湛，纹饰精美，线条流畅，尤其在纹饰表现技法上运用了浅浮雕的手法，工艺非常复杂，是乾隆时期的一件档次非常高的宫廷陈设品，应属于宫廷或圆明园等皇家御苑里摆设的器物，后来流落到了民间，因此这个瓶子是一件不可多得的器物。我从事收藏事业二十余年，乾隆时期的官窑瓷器也上手了一些，却没有发现类似藏品。现在我把它的名称准确定义一下，应该称作清乾隆黑釉粉彩浅浮雕六合同春四方扁瓶。

这件器物称得上是一件宝贝级的藏品，得来不易，也算是捡漏吧。当时卖家以为它是民窑的，但是我觉得与官窑差不多，至少也是民窑细路，便把它收入囊中。后来经过仔细研究，才确认这是一件非常罕见的官窑瓷器，为乾隆时期景德镇御窑厂最高工艺水准的代表性器物。

清乾隆 洋彩"飞鸣食宿"芦雁纹荸荠瓶

图 7-22 中是一个荸荠瓶，我们看它上面的纹饰，这上面画了一些大雁，还有一些芦苇，这叫芦雁纹。瓶子颈部画了两只大雁在天空中翱翔，并呈向下俯冲的姿势，其中一只是彩色的，另一只是白色的，白色的由于与周围白色地子的颜色接近，所以显得不是很清晰。瓶子的腹部画的是鱼塘和岸边的情景，也画了一些大雁和芦苇，还有洞石、小草及晾晒的渔网。这些大雁的姿态各不相同，有向天鸣叫的，有回头观望的，有默默前行的，有进入梦乡的，有引颈观光的，还有两只正把头扎进水中寻找食物，其描绘的是芦雁飞、鸣、食、宿的场景。这个瓶子上总共画了十只姿态不同的大雁，画工利用娴熟的技法把大雁的各种姿态表现得淋漓尽致，绘画十分精美。

这是一个彩绘的瓶子，上面用了多种颜色不同的彩料，色彩十分亮丽，尤其是绿色有较强的玻璃质感，犹如绿宝石的色彩。用手抚摸纹饰的表面，一些地方会有突起的感觉，但这里的红颜色是用的矾红，矾红部位这种突起的感觉就没那么明显。这个瓶子使用的彩料到底是哪一种呢？上文讲过，珐琅彩又称洋彩，粉彩由于一开始的主要原料也是进口的，所以大家习惯上也把它叫作洋彩。雍正六年，督陶官唐英在景德镇管理窑务期间，已经把珐琅彩的原料实现了国产化，即研制出了代替进口珐琅彩的配方。研制国产料的目的是为了降低成本和普及珐琅彩的使用，结果用国产料烧制出的器物既具有进口珐琅彩的部分特征，又有粉彩的部分特征，也就是说处在珐琅彩和粉彩之间。虽然当时使用的是国产化的彩料，但由于它的发色有珐琅彩的特征，所以大家习惯上还是把它称作洋彩瓷器，这种洋彩器物当时应该是一个创烧的新品种。我

图 7-22　清乾隆 洋彩"飞鸣食宿"芦雁纹荸荠瓶（官窑）

图 7-23　清乾隆 黄地洋彩红蝠碗（避暑山庄博物馆藏）

们再看这个瓶子，它的绿色青翠亮丽，具备了珐琅彩的特征，而在花瓣的施彩技法上也表现了粉彩所呈现的颜色过渡的特点，也就是说具备了粉彩的特征，而且这上面还使用了矾红，它是集多种彩料和技法于一身的这样的一件器物，但其主要色料应是国产珐琅彩料，所以把它称为"洋彩"。这种施各种彩料于一身的器物多出现在乾隆时期，如故宫博物院所藏的一件乾隆时期的各色釉大瓶，由于集十几种颜色的彩料于一身，被称作"瓷母"，就包括粉彩、五彩、珐琅彩、青花、东青釉、金彩、斗彩等。

　　这个瓶子的款识为"大清乾隆年制"，所以我判定这是乾隆时期的景德镇御窑厂的一件官窑的洋彩瓷器。它的款识写的是三行六字篆书矾红款"大清乾隆年制"，器物的底部带有明显的缩釉，器物的其他部位也有缩釉，这种缩釉的形状很圆，很尖，这是古代瓷器的重要特征。这个瓶子的手感略显有些重，与我们常见的官窑的器物的手感不同，这可能是为了防止烧制过程中发生变形而增加了壁厚所致。整体上看，这个瓶子造型规整，纹饰精美，釉色艳丽，是一件不可多得的景德镇官窑制品，而且是乾隆本朝的器物，十分珍贵。

　　承德避暑山庄博物馆藏有一件标明为洋彩的碗（图 7-23）。

清嘉庆 粉彩莲座托八吉祥残片

八吉祥也称八宝，为佛教器物，其纹饰多用于瓷器上，包括轮、螺、伞、盖、花、罐、鱼、肠八种纹饰。除八吉祥（八宝）外，还有佛教七珍，即七种珍贵宝物。七珍有不同说法，其中一种是金轮宝、白象宝、马宝、女宝、主藏臣宝、主兵臣宝、珠宝。故宫博物院珍宝馆藏有清代七珍（图7-26）和八宝器物，均用金嵌珍珠宝石制成。南京博物院藏有瓷质的八宝器物，命名为"粉彩莲座托八吉祥"（图7-25），该院还藏有铜珐琅七珍。

图7-24中这件残片从造型和纹饰上看，应为瓷质八吉祥器物的底座残片，对比南京博物院的八吉祥藏品，可以大致推断该残片亦应属于清代嘉庆时期八吉祥器物的作品。从表面色泽上看，该残片有损毁后火烧的痕迹，但外部纹饰上依旧可以看出均采用了描金装饰的技法。这类器物由于器形复杂，制作和烧造难度较大，所以清代烧造的数量极少，也弥足珍贵。

图7-24　清嘉庆 粉彩莲座托八吉祥残片

图7-25　清嘉庆 粉彩莲座托八吉祥（南京博物院藏）

图7-26　清 金嵌珍珠宝石七珍（故宫博物院藏）

第七讲　珐琅粉彩　尊贵妩媚

343

图 7-27 清晚期 粉彩
白菜寿桃纹盘残片

图 7-28 清晚期 粉彩
白菜蝴蝶纹碗残片

清晚期 粉彩白菜纹盘碗残片

这是一件粉彩的小盘子（或称小碟子）的残片（图 7-27）。外底采用矾红绘佛教八宝纹之一"盘长"纹，内壁粉彩满绘相互连接的白菜纹，白菜叶茎分明，叶脉清晰，颜色搭配合理，绘画细致；碗心粉彩绘寿桃纹。白菜谐音"百财"，寿桃象征长寿，因此这种纹饰寓意连生百财、健康长寿。

图 7-28 是一件碗的残片，外壁也绘制了白菜的纹饰，在菜叶之中还绘制了一只翅膀为粉色的蝴蝶，蝴蝶中的"蝶"与耄耋中的"耋"谐音，寓意长寿。纹饰绘制十分精美，迎着光线观察，表面呈现明显的蛤蜊光现象。

除了在瓷器上绘画白菜纹外，还有在瓷器上用青花绘制莱菔纹（萝卜纹）的，莱菔谐音"来福"，属于一种吉祥纹饰。

清晚期 粉彩五伦图碗残片

这是一件粉彩的小碗的残片（图 7-29）。外底矾红彩描绘蝙蝠和寿桃纹，象征幸福长寿。碗外壁粉彩绘两只鸳鸯游在水上，岸边石头上站立一只凤凰（局部纹饰残缺），

图 7-29 清晚期 粉彩
五伦图碗残片

图 7-30 清同治 粉彩
九世同居铭文图盘残片

这里描绘的是一组五伦图的场景。五伦出自《孟子滕文公》，指封建社会"君臣、父子、夫妇、兄弟、朋友"五种社会关系：君臣有义、父子有亲、夫妇有别、长幼有序、朋友有信。后世用凤凰、仙鹤、鸳鸯、鹡鸰、黄莺五种禽鸟来诠释五伦，自清代开始出现瓷器的纹饰上。本碗因残缺，仅存凤凰和鸳鸯两组画面。

清同治 粉彩九世同居铭文图盘残片

图 7-30 是一件盘子的残片，上面采用粉彩、钒红及描金等工艺绘制了人物及厅堂，人物的面部轮廓及五官采用了清晚期常用的单线描的笔法，眼珠点缀很小呈现所谓的"有眼无珠"或"白眼"现象。其中绘制的人物有男女两位长者，男子呈坐姿，女子左手执拂尘站立身后，似乎并非仆人，均衣饰华丽，面带微笑。男子对面似有一人在对坐交谈或请安，但已残缺，仅残存局部面颊。厅堂上面横幅"九世同居"金字。画面色彩华丽浓重，衣褶花纹描绘精细，线条自然流畅，属于民窑中的上乘之作。

"九世同居"语出《新唐书·孝友传序》："张公艺九世同居，北齐东安王永乐、隋大使梁子恭躬慰抚，表其门。"九世同居是说九代人居住在同一个大院里，和睦相处。古人经常以家族形式在封闭院落中共同居住，如古时候北京地区的四合院和王公贵族

第七讲 珐琅粉彩 尊贵妩媚

的府邸即是此例，较大规模的如福建的土楼，通常为一个家族的居住地，多代人居住在一起，因此可能出现九代人居住在一处的情况。人到七十古来稀，古人由于生存条件、战争、疾病及意外因素的影响寿命长的人为少数，能四世同堂享天伦之乐已是为人所羡慕。这里的九世同居指一个大家族世代居住之地，九世也并非实指，既是对长寿的一种期望，也是对和睦相处美德的传颂。

清同治 粉彩猫蝶花卉纹花口碗残片

图 7-31 是一件花口碗的残片，残留的部分比较多。外底有矾红方章款"同治年制"，且波浪釉明显，应属于同治年间器物。

碗的内壁施湖水绿釉（或称松石绿釉）。碗的外壁上画着两株鸡冠花，寓意升官发财；还画着两只猫，前边的一只猫回头观望，后面的猫眼睛紧紧盯着空中的一只蝴蝶，有跃跃欲试，要扑上去的感觉。这猫画得有些变形，乍一看像兔子，还有些像鹰，但从它们长长的尾巴上看，应是猫的形态。猫和蝴蝶在同一个画面中，谐音"耄耋"，寓指长寿之意。

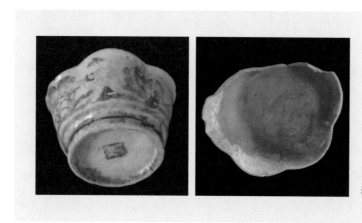

图 7-31 清同治 粉彩
猫蝶花卉纹花口碗残片

清同治 粉彩三英战吕布纹盖缸

图 7-32 是一个粉彩的小缸，上面的盖子失群了，只剩下下面的缸，我们把这类器物叫作盖缸，是用来装茶叶、糖或其他杂物的。它的外底上面有几个形如鸡爪裂纹，叫作鸡爪纹，是古代瓷器常见纹饰。古代瓷器上的鸡爪纹是烧制过程中或漫长的岁月

图 7-32　清同治　粉彩
三英战吕布纹盖缸

中使用时自然形成的一种现象，可能是烧造时窑风所侵造成，可能是出窑时温度骤变形成，也可能是长时间使用造成的。其中长时间使用是造成鸡爪纹的主要原因，比如里边重复放置物体时的外力造成，或者是温度的变化比如注入沸水致使内部的应力释放出现的这样一种纹，鸡爪纹处通常是贯穿整个壁厚的。《匋雅》记载："沸浆注碗，浑不及半，底遽迸裂，状如鸡爪，则谓之爪纹。"这里说的就是鸡爪纹是由于注入开水所致。现在也有人故意仿制这种鸡爪纹，比如一件新仿的瓷器，用一根木棍或类似的工具在瓷器里边墩，也会产生这种裂纹，有时掌握不好力度，就会墩漏了。这种纹一看就比较新，是容易分辨的。而古代瓷器上的鸡爪纹那种老化的痕迹是很难仿得像的。这个缸的底面上还有很多圆形的缩釉，这种圆形的缩釉仿制也很困难，再根据这个缸的器型、纹饰及用料情况，也就是根据它的时代风格，我认为它属于清代同治年间的一件粉彩的器物。

我们再看上面画的这些人物，这里描绘的是中国传统故事中的一个战争场面"三英战吕布"，其中一个人手持方天画戟，应该是吕布，他前面还有两个士兵，充当马前卒在前方抵挡、厮杀；张飞手拿长矛，关羽拿着大刀，刘备拿的也是刀，按理说刘备应该使双剑，因为这是民窑的器物，当时的窑工画得不是很严谨，就画成拿刀了。最后边还有一个人在助阵，他骑着马，手里什么兵器都没有。我在市场上买这件瓷器的时候还有一件趣事。卖瓷器的人说他知道这个是三英战吕布，但按理说应该是三个人打一个人，为什么这里是四个人打一个人呢？我笑着说："你便宜一些卖给我，我就告诉你。"他说："可以"。我就买下了这件瓷器，当然也告诉了他故事的真相：实际上后边空手助阵的应该是给关公拿大刀的周仓，周仓把大刀给了关公，他认为只需要呐喊助阵就可以了，用喊声来震慑对方，于是就在那哇呀呀叫唤。所以解读一件瓷器的信息，必须要把历史故事中包含的全部意义解读出来。假如你不了解这个典故，遇见这件瓷器的时候，认为三英战吕布是三个人打一个人，现在画面上多一个人，会不会这件是仿的，认为这是画蛇添足，是仿造者捏造、臆造出来的，那就会出现判断上的偏差，失去很多机会。如果我们查阅小说《三国演义》，三英战吕布的场景出现在第五回"发矫诏诸镇应曹公 破关兵三英战吕布"中，但这时周仓还没有出现，周仓的出现是在第二十八回"斩蔡阳兄弟释疑，会古城主臣聚义"，古代瓷器上三英战吕布的画面中有时会出现周仓。这是画工为渲染厮杀场面而加上的，这是瓷器鉴定时要掌握的知识点。

同治和光绪乃至民国时期的瓷器上，人物的五官大都是用单线绘制，包括鼻子、嘴和眼睛，眼圈通常都是采用双勾白描，也就是单线绘制，但是眼珠点得特别小，就像针尖一般，好像没有眼珠一样的白眼，我给这种画法起了个有趣的名字"有眼无珠"或"白眼"，这种画法经常见于同治、光绪和民国时期瓷器尤其是粉彩瓷器上。

清同治至光绪 粉彩婴戏图盒残片

这是一件圆形盒子的残片（图7-33），上下做成子母口的形式，通常为几个盒子上下组合成为一组，用于盛装化妆品，也称粉盒。该粉盒残片的胎质极为洁白细腻，呈现膏脂状，无色透明釉在胎质的映衬下显得十分洁白，内外底表面迎光观察时略显波浪状。外壁用粉彩及矾红、篮彩、黑彩等绘制婴戏图，有举着鱼的（象征吉庆有余），还有骑着马和打着扇子的，最大的一个小孩（骑着马）的高度仅为2.2厘米。婴戏图中纹饰轮廓几乎采用笔尖部分的一根毫毛绘制，细如发丝，绘画极为精细，令人惊叹。从胎质、釉色、绘画风格及局部表面呈现的波浪釉现象来看，应属于清代同治至光绪时期的作品。该盒残片未出现款识，属于一组圆盒的中间部分，但其制作规整，胎釉洁白细腻，绘画精美细致，制作成本很高，应属于当时的官窑之作。

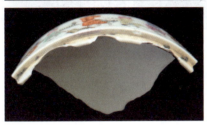

图 7-33　清同治至光绪　粉彩婴戏图
盒残片（官窑）

图 7-34　清光绪　粉彩寿星坐像残片

清光绪　粉彩寿星造像残片

该造像为寿星老人（图 7-34），头部局部残缺。上穿宽袖长衣，下着长裙，左手
捧寿桃，右手拄着红色拐杖，上部残缺，拐杖扭曲遒劲，上面似乎长着灵芝。衣服上
以黄色为地，用墨线勾勒极细小的云纹，再用紫色和绿色填色，形成密集的云纹。长
裙下部外摆，上面绘制各种花叶。寿星面容祥和，长髯飘洒胸前，造型生动形象。

清光绪 粉彩如意福寿纹绣墩残片

图 7-35 和图 7-36 是两件绣墩的残片。绣墩也叫坐墩，是一种坐具，因形似鼓形，
又被称作鼓墩。其被称作绣墩是因为上面常常放置一块丝织绣帕为垫，因此得名绣墩，
属于家具范畴。瓷质绣墩宋代即有之，也有认为始见于元代，明清时期较为流行。因
为瓷质绣墩不怕风霜雨雪，所以古时常被摆放在庭院或花园之中。这两个绣墩残片的
纹饰绘制十分规整、典雅和精美，黄地下面呈现优美的轧道纹，表面绘制了寿桃、如
意、蝙蝠纹（根据图 7-35 的纹饰，推断图 7-36 上原本也有如意、蝙蝠纹），纹饰绘画
细致，其粉稿应出自宫廷画师之手，寓意万寿无疆、万事如意、洪福齐天。据说当时
图 7-35 绣墩残片与一件带着底款"大清光绪年制"的残片是在一起的，因而该残片应
属于光绪时期的官窑作品。

图 7-35　清光绪 粉彩如意福寿纹绣　图 7-36　清光绪 粉彩如意福寿纹绣墩残片（官窑）
墩残（官窑）

图 7-37　清代 粉彩"洪福齐天"花盆（1994 年 8 月出土
于北京通州区大稿村旧址，北京通州博物馆藏）

图 7-35、图 7-36 两件残片应属于同一类器物即绣墩的残片，但由于保存环境不同导致表面釉色的发色不同，或者原本烧造时的呈色不同，所以它们是否同属于一个绣墩已无法考证。绣墩通常尺寸较大，为防止烧造过程中出现变形，必须具备一定的厚度，由于胎质用料较多，也是出于增加强度的考虑，胎质通常淘洗不一定很细致。而且由于壁厚造成的各处烧制温度的差异，这两个残片的胎质并未出现官窑胎质常见的糯米汁现象。

清代瓷器上蝙蝠纹饰非常普遍，北京通州博物馆就藏有一件清代粉彩洪福齐天花盆（图 7-37），纹饰十分精美。

清光绪 黄地墨彩兰花矾红彩灵芝纹永庆长春款大雅斋铭文碗残片

该碗（图 7-38）内壁光素无纹，外壁黄地彩绘兰花、灵芝纹，碗外壁上部残存有一"斋"字，原为"大雅斋"款识，在该款识的旁边还应有一枚矾红彩篆书"天地一家春"的印章。外底矾红款识"永庆长春"（类似款识还有"长春同庆"）。此碗是光绪

图 7-38　清光绪 黄地墨彩兰花矾红彩灵芝纹永庆长春款大雅斋铭文碗残片

图 7-39　慈禧画像（华士胡博恭绘，颐和园精品文物天津博物馆展）

时期为慈禧太后所专门烧造。大雅斋为慈禧的画室，起初在圆明园四十景之一"天地一家春"内，后在紫禁城内。这类写有大雅斋款识的瓷器称为大雅斋瓷，大雅斋铭文常与器底的"永庆长春"款识配套使用。慈禧用瓷除了"大雅斋"款识外，还有"体和殿制""乐寿堂制""长春宫制"及"储秀宫制"，这些都是慈禧专用的器物[①]，目前大都收藏在各大博物馆内，极少在民间留传。长春宫、储秀宫、乐寿堂是慈禧曾经居住过的地方，而体和殿是慈禧进膳、饮茶的地方。这件瓷片的出现为大雅斋瓷器补充了新的纹饰内容，是这类瓷器的历史见证，具有十分重要的收藏和研究价值，弥足珍贵。

　　这件残片上残存的纹饰有兰花、菊花及灵芝等纹饰，都是慈禧喜欢的品种。慈禧太后姓叶赫那拉，17 岁入宫，因喜爱兰花，被咸丰皇帝赐名为兰儿，并被封为兰贵人（清宫后妃分为八个等级，依次为皇后、皇贵妃、贵妃、妃、嫔、贵人、常在、答应）。慈禧凭借自己的美貌以及在诗、书、画、歌等方面的才艺而深得咸丰皇帝的喜爱，而后逐渐升为懿嫔、懿妃、懿贵妃。咸丰十一年，咸丰皇帝在热河避暑山庄驾崩，载淳即位（即后来的同治皇帝），尊其母为圣母皇太后，尊号为慈禧太后。慈禧当时住在承

---

① 带有"储秀宫制"款识的器物并非仅在慈禧时烧造，如景德镇中国陶瓷博物馆就藏有一件乾隆时期烧造的"储秀宫制"款的黄地青花九桃纹盘，康熙时期也有"储秀宫"款的三彩大盘。

图 7-40 清光绪"大雅斋"款绿地粉彩藤萝花鸟捧盒（颐和园精品文物天津博物馆展）

图 7-41 承德避暑山庄烟波致爽殿

图 7-42 清同治至光绪 湖绿地墨彩加粉花鸟纹荷花缸（南京博物院藏）

图 7-43 储秀宫

图 7-44 体和殿

德避暑山庄咸丰皇帝的寝宫烟波致爽殿的西暖阁，因而人称"西太后"。

慈禧太后还有一个人们熟知的称谓叫作"老佛爷"，《老佛爷吉祥》一书中记载：

> 宫人称慈禧太后为"老佛爷"，起因有三：一是慈安太后去世后，宫中只有慈禧太后一人执政，唯我独尊；二是慈禧太后一心信佛，自称是观世音菩萨转世，称她老佛爷，高兴；三是自慈禧太后六十大寿以后，李莲英带头恭称她为老佛爷。从此，宫人称赞慈禧太后的功德，赞颂老佛爷福寿无疆。

慈禧是清代同治、光绪两朝的实际掌权人物，统治清王朝长达48年之久。由于慈禧喜欢绘画，具备一定的审美能力，所以为其烧造的瓷器上的绘画大都十分精致。现在慈禧专用瓷的仿制品很多，大多为粗制滥造，绘画不够精细，也没有古代官窑器物的韵味，但我也曾见过一些高仿品，鉴定起来确有一定难度。

清光绪 粉彩百花不露地碗

这是一个盖碗（图 7-45），说是盖碗，其实只剩下碗，盖子和底托都失群了。这个碗的内壁施透明釉，呈白色，光素无纹，外表面画满了各色花卉，外壁都画满了，没有一点空白地方，可以说是密不透风。这是典型的乾隆时期流行的繁缛纹饰风格，我们把它称之为百花不露地，也有称为万花瓷、百花图的，寓意太平盛世、万花献瑞。外底矾红两行六字楷书款"大清光绪年制"。乾隆时期的官民窑都有百花不露地的作品，后世多有这类风格的器物烧造。《饮流斋说瓷》一书中写道："瓷品满画花朵，种种色色，形状不一者谓之万花。"这个碗的纹饰画得十分精美，这是一件官窑器物。碗的底部写着"大清光绪年制"，因此这是一件光绪年间的百花不露地品种的官窑作品。仔细观察，这上面画了很多种花卉，绘画的线条非常细实，就像用针尖划出来的一样，这样的技艺非普通的画工所能达到，应该是宫廷画师或御窑厂画师所为。现在市场上百花不露地的产品很多，大都是现代作品，只要仔细观察线条粗细和运笔是否流畅自然，结合表面的缩釉情况，很容易分辨真伪，仿品的画工大都粗糙草率，没有缩釉或缩釉的形状不圆、不深。鉴定古代瓷器的一个重要根据就是看瓷器的表面是否有缩釉，这个碗的外底上有很明显的缩釉，而且缩釉非常的圆、深，深到胎骨。现在要想仿烧和古代一模一样的器物是不可能的。

图 7-45　清光绪　粉彩百花不露地碗

清光绪 粉彩寿桃纹盘

图 7-46 是一个粉彩的盘子，完整器物。盘子内壁画了一大一小两棵桃树，桃树上面画了 30 个寿桃。桃树的叶子呈现出了阴阳面，是用色彩来表现叶子的阴阳向背，颜色深浅不一样。这件盘子的外底上写着"大清光绪年制"两行六字矾红楷书款，款外边没有双圈。盘子的外壁绘有三朵花，我们把它叫作折枝花卉。盘子的口沿部位还有描金。

这件盘子的釉色和胎质都非常洁白，胎质也较为致密，胎壁也较薄。透光观察基本上达到了半脱胎的程度，呈透明或半透明状。这件盘子的绘画十分精美，为御窑厂官窑器物。这件盘子是专为光绪皇帝 30 岁生日庆典从景德镇御窑厂专门定烧的器物，

图 7-46 清光绪 粉彩寿桃纹盘（官窑）

为御用瓷器。当时我得到这件盘子也不容易，与卖方谈判了很长时间，谈判结束一周后我才把它收藏过来。这件盘子的口沿部位有一个小冲儿，其余部位完整无缺。

到同治、光绪年间，御窑厂烧造的器物无论是数量还是质量都有了一个明显提高，御窑厂除了烧制皇帝大婚瓷和祝寿瓷外，还仿烧前朝的瓷器，也很漂亮，因此有人把瓷器烧造的这一段时期称为同光中兴。从这件盘子上看，从胎釉、造型、做工直到纹饰的绘画等各方面都很好。盘子内壁两棵桃树的颜色是非常明显的过渡色，这种乳浊化的色彩效果非常有特色，这是粉彩所表现的细腻之处。树叶的阴阳向背表现得也恰到好处。如果我们用手去抚摸纹饰的表面，就会有一种凸起的触感，这是粉彩料的特征。桃子绘画用的是矾红彩，这种施彩方法属于两种彩料施于一身。

这件瓷器，我取名为清光绪粉彩寿桃盘。我们最后看这件盘子的底面，斜对着光线观察，略微有一点点波浪釉，这是清晚期至民国初期瓷器的一个典型特征。这件瓷器是我淘到的，以前到全国各地出差，空闲的时候经常到古玩市场和乡下乃至收藏个人家里走走，总是不断地寻找机会，所以我说机会非常重要。这件盘子由于是专为皇帝生日定烧的瓷器，其等级高，留存在民间的也不会很多，因此十分珍贵。

清光绪 黄地粉彩万寿无疆铭文盘

有一年夏天，我在一个古玩市场上淘宝。当时天气很热，我去的时候已经快到中午了，发现人仍然很多，地摊摆得能有百十来米长，各种各样的器物真是令人眼花缭乱。行人一批一批地来观看，又一批一批地走过去，我转了一圈，也没找到中意、合适的器物，最后在一个较大的地摊前停了下来。这个地摊上摆放了很多瓷器，从地面上摆起来一摞一摞的。我发现，在一摞瓷器的最上面放着一个盘子，盘子内壁是白色的，什么纹饰都没有。这一摞盘子尺寸不一，下边的盘子尺寸稍微小一点，上面的盘子稍微大一点。我感觉这件盘子的釉色比较温和，造型也和普通的盘子有些区别，心想它或许是一件珍品，所以有意识地蹲下身去，想看一下它背面的纹饰。它下面的盘子尺寸小些，背面的纹饰没有被全部挡住，还露出了一点，盘子露出的外壁上画着精美的纹饰。我顺手拿起来定睛一看，映入眼帘的是画工精致、代表皇家尊严的黄色釉料，还有那端庄的官窑款识。一瞬间，我就认出这是一件官窑器物，最后以一个较低的价格买了下来。而卖方并没有意识到这是一件官窑器物。我心中十分高兴，一件在民间埋没多年的宝贝终于重见天日了。这里我想说的是，我们无论做什么事情，刚开始会铺垫很多，可能离成功就差一步，但很多人最后还是失败了。像我遇到的这个情况，不知道有多少人都走了过去，他们只是站着观望一下就走了，只有我弯腰蹲下去，看到这件瓷器的背面。这一步被我赶上了，我就成功买到这件官窑器物。

这件盘子（图7-47）口沿部分有一点折沿，但折沿以后不是平的，而是向上倾斜，即口沿部分为敞口，斜着向上。从底足部位我们可以看到它的胎质非常洁白、致密。它的内壁施透明釉，呈现出胎质固有的白色，光素无纹。这件盘子的局部有一点点拼接，外底上写着"大清光绪年制"两行六字矾红楷书款，显然是盘子的烧造年代。这是一件粉彩的器物，外壁的底色是黄色，我从上到下依次介绍一下纹饰。沿着口沿部分是一圈回纹，近底足这一部分，也就是外壁的下边与底足相靠近的这一部分，有浪花和礁石，海浪拍打在礁石上，激起了浪花，这叫作海水江崖，寓意江山一统或江山永固，也有寿山福海之意，这是瓷器上面经常出现的纹饰。在口沿部分的回纹和下面

图7-47　清光绪　黄地粉彩
万寿无疆铭文盘（官窑）

的海水江崖中间的这一部分是主要的纹饰，它是用黄色打底或者说做地，上面有四个圆形的开光，内写四个字"万寿无疆"。每一个字都采用双钩的写法，用矾红书写，然后在里边描金，包括开光周围的圈，里边也进行了描金，用的是真金，这是一种开光的表现手法。开光这种表现手法在瓷器上应用得比较多，尤其是乾隆以后，大量地使用开光纹饰。在"万寿无疆"这四个字之间，间隔着四组相同的纹饰。每组纹饰的组成都有一个万字纹，万字纹上还系着一个绶带，寓意万寿，上下是飘舞的彩球，寓意万寿无疆。

古代宫廷瓷器上的黄色叫作明黄（明黄也用于皇家衣物及其他物品上）。在清代，明黄只能用在皇帝使用的器物和服饰上，即使是皇太子要穿明黄的衣服，也必须得到皇帝授权。在电视剧《康熙王朝》中，康熙在出征之前安排皇太子胤礽监国，康熙说，可以赐给太子明黄的服装。可见明黄色是皇帝特别是清代皇帝所专享的。如果瓷器上用了这种颜色，代表器物的等级高，也非常尊贵。明清的时候普通百姓是不能使用明黄色的，当时法律规定非常严格。这件盘子的外壁上写着"万寿无疆"四个字，在古代尤其是清朝，只有皇帝或者皇太后才可以使用这样的词语。那么这件瓷器到底是光绪帝使用的还是慈禧太后使用的？我认为都可以，因为慈禧当时不仅仅是太后，还是实际的掌权人。

清代皇帝的生日叫作万寿节，皇后的生日叫作千秋节，皇太后的生日叫作圣寿节。清代皇帝大婚和过生日前，御窑厂按惯例都要烧造一些庆典专用瓷器，分别称为婚礼瓷和祝寿瓷。皇太后的生日也要烧造祝寿瓷。光绪十年、二十年、三十年恰逢慈禧五十、六十和七十大寿，景德镇御窑厂为此特意烧造祝寿瓷器，有资料记载慈禧六十大寿时还成套烧过祝寿瓷，专为慈禧太后烧造的瓷器大都有类似"天地一家春""大雅斋""储秀宫制""长春宫制""体和殿制"及"乐寿堂制"等专用款识，但慈禧的祝寿瓷也应该有这类带有年款的器物。所以这件器物应该是为光绪或慈禧的生日专门烧造的祝寿瓷。

这种写着"万寿无疆"的官窑瓷器意味着只有皇上或者皇太后才能使用，是最高级别的器物。这类瓷器属于一级官窑，跟普通官窑器物不一样，普通官窑成批烧造，供皇宫日常使用。清代这类写有"万寿无疆"的以黄色为主的瓷器通常不作为赏赐瓷，但以其他色彩为主并写有"万寿无疆"铭文的器物是可以作为赏赐瓷的。《匋雅》一书中记载："康窑七寸碟，四周淡赭锦纹，分嵌'万寿无疆'篆字，盖六旬庆典所制，以赐大小臣工者也。"其表明的应该就是这种情况。古代皇帝的万寿节除皇宫要举行庆祝仪式外，民间也要庆贺，也就是要普天同庆。我家里祖上使用过的一个皮质钱包上就

图 7-48 清光绪 黄地
粉彩开光万寿无疆盘
（湖北省博物馆藏）

写有"如日之升，万寿，慈禧端佑康颐昭豫庄诚寿恭钦献崇熙皇太后十月初十日，皇
上六月二十八日，皇后正月初十日"。此外，为防止犯忌，钱包另一面上还写有"如月
之启，忌辰，正月……二月……三月……四月……五月……"。

这件瓷器局部有拼接，这种粉彩类型叫作黄地粉彩，它的发色非常纯正，造型和
做工也非常规整和精致，反映出皇家器物的风范和气派。如果说捡漏，这也算得上是
一个捡漏的经典故事。虽然它局部有一点小拼，但这样一件皇上或太后直接使用的瓷
器，也是不容易收藏得到的，这要看机会，还要看眼力。

湖北省博物馆藏有一件光绪黄地粉彩开光万寿无疆盘（图 7-48），釉色纯正，纹
饰十分精美。

清光绪 胭脂红釉轧道开光粉彩草虫纹碗

图 7-49 是一件官窑的碗。碗内壁施的是透明釉，光素无纹。碗的外底有三行六字
"大清乾隆年制"矾红篆书款，写得比较工整。碗的外壁有三处圆形的开光，开光中
绘制花卉。开光以外碗壁的底色为胭脂红色。胭脂红是一种特殊的釉料，最早是在康
熙时期进口，用在珐琅彩瓷器上，据记载这种釉料的发色是用微量的黄金来呈色，因
此这种釉料比较珍贵，康雍乾时期用这种釉料做的瓷器几乎都是官窑。胭脂红釉依其
呈色的差异，颜色较浅的称作胭脂水，较深的称作玫瑰红、蔷薇红，再深一些的称作

图 7-49　清光绪 胭脂红釉轧道开光粉彩草虫纹碗（官窑）

胭脂紫。这个碗的釉色是胭脂红，在胭脂红釉的上面有很细的纹饰，这种纹叫轧道凤尾纹，它是通过一种特殊的类似针一样的工具在胭脂红釉地上（注：是在施完胭脂红釉的表面上而并非在胎上或素瓷表面上）压或划出来的，景德镇人称之为"耙（音：爬）花"或"扒（音：爬）花"，也称"雕地"。这种在采用轧道技法形成锦地的基础上再进行图案绘制的器物，民间习惯上称为"什锦"器，比如在采用轧道技法的地子上绘画花卉的，包括在预留的开光内绘画花卉的，称作"锦上添花"。该碗有三处开光，即为锦上添花。我还收藏有一件乾隆时期民窑的小碗残片，是在松石绿釉（青黄色）上采用了轧道工艺。

碗壁的胭脂红釉之中有三处开光，第一处开光中绘制了一束莲花，莲花出淤泥而不染，表现的是君子不随波逐流，也代表清廉，古代的"四爱"传说中周敦颐爱莲指的就是莲花。莲花纹饰经常出现在瓷器上，除了君子文人喜欢莲花外，还因为莲花与佛教有关。这个莲花画得非常漂亮，不禁使我想起《红楼梦》第八十九回里赞赏林黛玉的诗句"亭亭玉树临风立，冉冉香莲带露开"，表现此意再恰当不过了，曹雪芹不愧是一位才子，诗句柔情蜜意，可以说诗情融入画意，相映成趣，着实惹人喜爱。

第二处开光中画了一株牡丹，上边有一个既像蚂蚱又像蝈蝈的图案，这里暂且把它理解为蝈蝈。牡丹代表尊贵，蝈蝈谐音是国，所以图案有万国来朝之意。这类纹饰在瓷器上时有见到，有的瓷器上面确实画着一些蚂蚱，寓意飞黄（蝗）腾达。此外，由于在南方人发音中"蝈""官"不分，所以蝈蝈纹还有官运亨通的寓意。蝈蝈的学名叫"螽斯"，繁殖力强，因此也寓意人丁兴旺。故宫西二长街最南边的门叫螽斯门，最北边的门叫百子门，寓意皇家子孙万代、多子多福。

第三处开光中画的是一株君子兰，旁边画了一只蝴蝶，君子兰代表君子，旁边画着蝴蝶，有蝶恋花之意。此外，瓷器绘画上如果出现蝴蝶，还有长寿之意，因为"蝶"与形容一个人长寿的词汇"耄耋之年"的"耋"谐音，因此蝴蝶寓意长寿。

开光里边的纹饰采用的是粉彩的绘画手法，色泽比较鲜艳，非常漂亮。而且这件瓷器做得非常薄，在光线透照的情况下观察，溢彩流光。鉴定这件瓷器时的一个重要依据就是它外底上的缩釉。瓷器上面的缩釉，特别是圆形的针眼状的缩釉，是鉴定古代瓷器的一个重要参考依据，明代的瓷器上这种圆形的缩釉现象不是很明显，而清代的瓷器上这种缩釉现象普遍存在，并一直延续到民国初期。但这里要说明的是并非所有古代瓷器上都有缩釉，缩釉只是很多古代瓷器尤其是青花瓷上具有的普遍现象，并非是鉴定古代瓷器的必要条件。这个碗的外底上有明显的针眼状缩釉，综合各种特征判断应该是清代瓷器。

这个碗的外底写着"大清乾隆年制"，那么它到底是乾隆时期的，还是后仿的呢？据载，在乾隆五十一年之前，景德镇一直有清廷委派的督陶官。加之康雍乾三朝皇帝对瓷器的喜爱和重视，因此三朝的瓷器大都做得比较精致。尤其是雍正年间和乾隆早中期，瓷器的烧造质量都达到了很高的水准。这三朝的瓷器多为紧皮亮釉，就是没有出现明显的波浪釉。乾隆五十一年以后，御窑厂的生产改由地方官员管理，瓷器的质量大不如前，直到同治光绪时期才有所提高，但普遍出现波浪釉现象，这种现象一直延续到民国初期。我们在光线下看这个碗的外底，就会发现底面上有微微的波浪釉，因此这件瓷器应该是光绪官窑仿乾隆的器物，也就是光绪时期景德镇珠山御窑厂官窑的一件官仿官的作品。由于这种胭脂红釉比较贵重，所以这个碗也比较珍贵和难得。这种胭脂红釉的仿古瓷器现在较为常见了，其中有相当一部分产品是为了出口的需要而制作的。

清光绪至民国 粉彩人物婴戏图官窑内造款盖缸

图7-50是一个粉彩的带有盖子的小缸，叫作盖缸，盖子和缸体采用子母口扣合。这件器物是装茶叶用的，所以也叫茶叶罐，也有用它装糖的，因此又叫糖缸。我们看它的画片（"画片"是纹饰的另一种叫法，即纹饰或画面）显然属于民窑的画风，但画得还挺漂亮。盖子上面画了一位坐着的公子，他手中扇着扇子，旁边画了几个小孩，属于婴戏图的场景，一个小孩手里拿着一根树枝，一个小孩手里拿着风车，一个小孩手里拿着一柄如意，一个小孩拿着树叶之类的东西。缸体上面画着两位准备下围棋的女子，这叫对弈图，旁边画着栏杆、花盆、芭蕉树，还有山石，以及一位背手持扇悠

图 7-50　清光绪至民国
粉彩人物婴戏图官窑内
造款盖缸

　　然自得的公子。整个画面表现的是一种怡然自得的休闲场面。画面主要采用的是粉彩
的工艺，还采用了描金的技法。特别是人物的眼睛，采用了双钩线描而不渲染的方法，
这种"有眼无珠"或"白眼"的画法，是同治、光绪到民国时期瓷器上人物眼部大多
采用的画法。外底款识是"官窑内造"。

　　这里我重点说一下"官窑内造"这个款识。"官窑内造"这种款识大约出现在清代
同治到光绪年间，直到清末民国时期这种款识的器物都有烧造。"官窑内造"款识的由
来我推测大致有如下几种情况：一种情况是御窑厂除了供给宫廷器物外，利用空闲时
间或窑炉的空闲部位给官僚贵族等上层人物烧造器物，由于这些器物不在宫廷指定的
烧造订单内，所以不写官窑的款识，但又想表现器物的地位和档次，于是就落了"官
窑内造"的底款；第二种情况是一些窑工曾经在御窑厂工作，或从事制胎、烧造，或
从事纹饰绘制等工作，后来由于某种原因又到其他的民窑打工或自己开设窑炉烧造瓷
器，他们了解御窑厂制作工艺，为了抬高产品的档次等级，就使用了"官窑内造"的
底款；第三种情况是民国时期，原御窑厂工匠流落到社会上，这些人拥有御窑厂工作
经验和技艺，或许是对过去的怀念，或许是想表现自己产品的与众不同，就使用了"官
窑内造"的款识；最后一种情况或许是与南宋修内司官窑（名曰"内窑"）有关，借以
提高瓷器的等级和价格。现在的仿古制品也有落这种款识的，大家要细心辨别。

清宣统 粉彩花卉纹罐残片

图 7-51　清宣统　粉彩花卉纹罐
残片

宣统在位仅三年，由于时间短，因此属于宣统一朝瓷器的风格还没有形成，瓷器的风格基本沿袭光绪的器物。宣统时期的官窑器物不是很多，民窑中有宣统款识的器物也很少见。这件粉彩花卉纹瓶残片（图 7-51）的底部有"宣统年制"的矾红印章款，整体上看应是宣统本朝的民窑器物，其款识为民窑款，也可能是当时的一些瓷业公司在器物上所标注的款识。

清末民初 粉彩禄星造像

图 7-52　清末民初　粉彩禄星
造像

图 7-52 中造像为禄星造像，通高 54.5 厘米。禄星也可称之为禄官，明代青花瓷上常见禄官图（画一手持笏板的官员和一鹿）。瓷器上也有绘福禄寿三星的。该禄星头戴官帽，方脸丰腴，端庄微笑，胸前佩戴长命锁，长袍鼓腹，右手扶腰带，左手持如意。长袍膝盖下部绘海水江崖、日出及莲花纹，上部红地中满绘如意云头纹，并点缀红色火焰纹，每个云头纹采用黄绿蓝白多种颜色绘制，是典型的仿光绪时期官窑器物上的云纹的画法，衣服边饰淡绿色的衣褶内绘满黄蓝两色螭龙；长袍上共采用 8 个圆形开光来装饰，开光内黄地打底，上绘紫线勾勒并填绿彩的五爪蟠龙。工匠还巧妙地在下颚、上唇、鼻孔、两腮等处留出工艺开孔并形成"酒窝"现象。该造像尺寸硕大，造型准确，绘画繁缛细致，颜色纯正，特别是黄色的呈色已达到官窑器物的色调，是清末民初民窑的精品之作。

图 7-53　民国　粉彩花卉纹
官窑内造款碗

图 7-54　民国　粉彩仕女人物纹碗残片

民国 粉彩花卉纹官窑内造款碗

图 7-53 是一个粉彩的碗，外壁绘有一些花卉，手摸这些花卉有些部位有突起的感觉，有些部位也有平坦的感觉。突起的部分应该是采用粉彩绘制，平坦的部位应该是采用的五彩的工艺，也就是说这个碗采用了五彩和粉彩相结合的画法。外底有缩釉，款识为"官窑内造"款。这个碗应该属于民国初期的器物。

民国 粉彩仕女人物纹碗残片

图 7-54 中这个碗的外壁上绘制树石、栏杆、花卉、书籍及两个卧坐对话的仕女，绘画精致，人物形象古典秀美，这种画片也称作"二美图"。另一侧外壁墨书"美人如玉"笔法流畅自然，外底钤印矾红印章款"□□□造"，这是典型的民国时期的瓷器风格。爱美之心，人皆有之，画工通过娴熟的笔法，形象地勾勒出一幅庭院书香氛围的画面，书画搭配和谐，书香花趣清新飘逸。该碗制作规整，胎釉洁白，为民国时期民窑日用品中的较好作品。

20 世纪 50 年代 粉彩康雍乾三帝坐像

图 7-55 是一组粉彩清代康雍乾皇帝造像，画面从左至右依次为康熙皇帝、雍正皇帝和乾隆皇帝。底面分别印有楷书"福建会馆"和篆书"康熙""雍正""乾隆"款识。

图 7-55　20 世纪 50 年代　粉彩康雍乾三帝坐像

图 7-56　清乾隆　黄地粉彩番莲八吉祥纹贲巴瓶（国家博物馆藏）

图 7-57　清雍正景德镇窑粉彩蝠桃纹瓶（上海博物馆藏　张永珍女士捐赠）

图 7-58　清乾隆　粉彩镂空蟠螭福寿字双耳瓶（景德镇中国陶瓷博物馆藏）

据记载到民国时期，景德镇有不同地域名称的各类会馆、公所 24 座，其中福建会馆（天后宫）在景德镇中华路大强家弄口，以陶瓷贸易为业。中华人民共和国成立初期，经济上面临国外的经济封锁，民间以会馆的名义制作了可供出口换汇的瓷器，这些瓷器通过香港可直接与其他国家进行贸易交流。这类造像就是那个时期的产品。这三尊造像制作得非常精美，特别是人物脸部表情更显形象生动。康熙右手持烟袋，左手握火绒，神情怡然自得；乾隆手端盖碗，略显稚气的脸上洋溢青春的气息，一副年轻的面相；雍正神情凝重，好似无时无刻不在思考着国家大事，特别是雍正右手捧着的器物，有人说是金子，象征着雍正一朝紧抓财政，致力于国库充盈，还有人说雍正右手捧的是一颗金印，表明雍正紧紧抓住皇权，时刻担心自己的皇位安危。该组造像无论从造型神韵的捕捉方面、还是釉色的搭配使用上都可称得上那个时代的精品之作，保存至今完好无损，实为不易。我在市场上曾见到过这类造像的新的仿制品，做工粗糙、釉色鲜亮、纹饰绘制表达不清，缺乏那个时期的时代感，与真品相差甚远。

现在全国各大博物馆中藏有大量的粉彩器物，特别是雍正和乾隆时期的官窑粉彩器物的制作显得尤为精美，代表了清代粉彩器物制作的最高水平。

古玩鉴赏知识

明清瓷器的分期

我们在鉴赏明清瓷器的过程中，经常会说到早期、中期、晚期等类似瓷器烧造分期的概念，这种情况是当器物的具体准确烧造年代难以确定，只能大致估计或断代的时候才有用到。作为收藏者，必须了解基本的分期情况，这不但涉及鉴定的结论，甚至不同时期的器物的价格有时也会有很大差异。通常明代瓷器烧造分期情况如表 7-1 所示。

表 7-1　明代瓷器烧造分期表

建元	明早期					空白期			明中期			明晚期			明末期		
	洪武	建文	永乐	洪熙	宣德	正统	景泰	天顺	成化	弘治	正德	嘉靖	隆庆	万历	泰昌	天启	崇祯
在位（年）	31	4	22	1	10	14	7	7	23	18	16	45	6	48	1个月	7	17
合计（年）	68					28			57			99			24		
总计（年）	276																

注：

1. 建文、洪熙、泰昌因在位时间短瓷器烧造情况很难考证。

2. 空白期也有人称作是陶瓷史的"黑暗期"，也有将空白期归属于明早期的，本书仍单列为空白期。

3. 本书中把从明代万历三十八年（这一年开始，景德镇御窑厂停止大规模烧造活动，御窑厂大批技术工匠开始流散到民间，促使民间烧造技术迅速提高）到康熙十九年（这一年中央政府开始派驻景德镇御窑厂督陶官）终止称为"转变期""过渡期"或"明末清初"。

也有资料把明代泰昌、天启、崇祯和清代顺治这四朝称为"转变期""过渡期"或"明末清初"。

清代瓷器烧造分期情况如表 7-2 所示。

表 7-2　清代瓷器烧造分期表

建元	清早期（恢复期）		清中期（鼎盛期）				清晚期					清末期
							清晚期前段（衰落期）		清晚期后段（中兴期）			
	顺治	康熙早期（康熙十九年前）	康熙中、晚期（康熙十九年以后）	雍正	乾隆	嘉庆三年终止	嘉庆四年开始	道光	咸丰	同治	光绪二十九年（1903年）	1903年至宣统
在位（年）	17	19	42	13	60	3	22	30	11	13	29	8
合计（年）	36		118				63		42			8
							105					
总计（年）	267											

注：

1. 从光绪二十九年（1903 年）三月景德镇"瓷器公司"成立、生产直至民国袁世凯去世（1916

年）称为"转变期""过渡期"或"清末民初"。1916年随着袁世凯的去世，郭葆昌临时组织和督造的所谓"官窑"（指为袁世凯烧造"洪宪瓷"的窑场）窑场彻底解散，景德镇官民窑瓷器基本上完成传统手工制作到机械化生产的过渡期，进入民国风格时期。

2. 光绪三十三年（1907年）以后御窑厂改归"商办江西瓷业有限公司"经营，并以景德御窑厂为总厂，鄱阳官窑为分厂，直至宣统三年（1911年）。由于经营体制的改变，因此1907年商办江西瓷业有限公司的成立标志着旧有的官办御窑厂时代的终结，宣统时期的御窑瓷器也属于该公司的产品。

瓷器的尺寸

古玩行在表示瓷器尺寸的时候经常说这个器物的尺寸是多少"件"。比如一个150件的大瓶或一个150件的罐，或者一个300件大瓶等。这里的"件"，是景德镇对瓷器尺寸的一个约定成俗的称呼。关于尺寸多少件的叫法，好多人都做过研究，也有各种不同的解释。实际上它主要指的是尺寸的大小，件数越大尺寸越大，件数越小尺寸越小。一种观点认为，它有可能是指古代工匠在拉坯的时候，使用的坯泥，比如150件，可能用150个小泥块儿，300件，指的是用300个小泥块儿。这样做法实际上是对拉坯时用料的限制，每一个器型固定用多少料，防止浪费原材料。当然用的坯泥越多，也就是件数越大，它的器型通常就越大，这是景德镇的一个约定成俗的叫法。在《景德镇陶录》一书中，对瓷器尺寸的称呼是叫多少"圾"。这里的圾和件是一码事，只是称呼不同，圾与"岌"是通假字，岌有"岌岌可危"之意。景德镇人认为，圾数越大，这个东西越难做，所以它表示的是一种难易的程度。最小的从五圾开始，有五圾、十圾、五百圾，还有千圾等。比如1000圾大瓶，制作难度相当大，所以器物圾数也就是件数越大越难做。现在景德镇有的陶瓷工匠对件数也有自己的解释。他们认为件数不是指具体的解释，而是一个模糊的概念，是在拉坯过程中对器物高度和直径的大致的尺寸估算，当高度和直径中一个尺寸被大致确定后，其他尺寸就可按比例做出来，从而使器物的外形和尺寸符合人们既已形成的视觉和使用习惯。

颜色釉瓷 纯净清雅

第八讲

颜色釉是相对于无色透明釉而言，指用含有颜色的釉料在器物的表面来做装饰而并非采用绘画的方式来装饰器物表面，包括同一器物上仅有一种色泽的单色釉或含有两种以上色泽的多色釉或称杂色釉、复色釉。单色釉的概念我们会经常用到，单色釉也叫纯色釉，古时候称作"一道釉"，是指器物上只呈现一种颜色的釉，颜色釉其实大多数情况下也表现为一种色彩的单色釉情况；多色釉是指同一器物上有两种以上颜色的釉。颜色釉包括各种色泽的高温和低温釉。颜色釉的概念大多用于明清时期的器物，而单色釉的概念可以用于任何时期的器物。颜色釉的器物有的同时还使用釉下暗刻、暗划纹饰以及镂空、雕塑的技法，使器物表面的装饰更加丰富多彩。

唐宋以来，以陆羽的《茶经》一书问世和宋皇室的斗茶为代表，以南青北白和建盏为人们所津津乐道，人们开始刻意追求瓷器的颜色，这种对色彩的追求直到清代的康雍乾达到高峰，因此很多器物的釉色都属于颜色釉的范畴。为便于讲述，本讲中只对归属于明清时期的颜色釉器物进行讲述，其余属于颜色釉范畴的器物在其他各讲中也会出现，由于这些器物或者窑口比较著名，如五大名窑和七大窑系中的一些器物等，或者它们的釉色有鲜明的时代风格和特征，如唐、五代至北宋的越窑器物，或者它们的年代比较久远（元代以前），如宋代青白瓷、元代枢府釉，它们都属于颜色釉的范畴，我们都把这些内容安排在本书的其他部分进行讲述并不再强调颜色釉这一称呼，大家阅读时可以自行体会和分析。

瓷片与器物鉴赏

明永乐 甜白釉锥拱暗花碗残片

　　这是一个白釉的碗（图 8-1），残缺了一部分，剩下的进行了拼接，这个碗的品种就是著名的永乐"甜白"。明早期瓷器有洪武贵红永乐尚白之说，意指朱元璋在瓷器方面喜欢红颜色的器物，比如红釉、釉里红等，而朱棣却喜欢白色瓷器，甚至为纪念其生母所建的南京大报恩寺的塔身表面都是用甜白釉瓷砖建成。明代的官窑白瓷器物一开始是用于祭祀用途的祭器，并规定不同场所使用瓷器的颜色为"圜丘青色，方丘黄色，日坛赤色，月坛白色"（圜丘指天坛，方丘指地坛）。永乐时期的景德镇官窑创造性地烧成了永乐甜白这个新品种，其釉的白度很像绵白糖的色泽，人的目光接触到这种颜色以后会感到有一种甜的感觉，这就是甜白名称的由来。自从永乐甜白烧制成功以后，宣德甜白、成化甜白、弘治甜白等都有烧制。当时甜白釉的器物官窑在烧造，民窑也在烧造，所以甜白瓷有官窑民窑之分。永乐甜白还有一个名称是永乐"填白"，填白是指原本烧成的瓷器是白色的，可以用作填画一些彩色纹饰，因此有人就给它起了个填白的名称，实际上永乐甜白和永乐填白指的是同一个品种。

　　甜白器物的壁厚一种为薄壁，一种为厚壁。这个碗就属于薄壁，碗壁非常薄，碗壁的中间部位经测量胎釉加在一起的厚度为 1.5 毫米，这样的厚度在瓷器的制造工艺上已经是非常薄的了，因此这个碗属于薄胎器，也称半脱胎器；还有一种厚胎的甜白器物，厚胎的官窑甜白器物通常有永乐年款，而薄胎的官窑甜白器物仅是一小部分有年款，大部分没有年款。这个碗属于薄胎的，没有款识，但也是永乐的官窑作品。

图 8-1　明永乐　甜白釉
锥拱暗花碗残片（官窑）

这个碗采用的是釉下暗刻锥拱的工艺，也就是大家常说的暗花。这个碗的壁厚包括胎釉总共才1.5毫米左右，可见其胎体的厚度很薄，那么在这样的胎体上做出很细的花纹，其难度是可想而知的。上釉以后我们透过光线看，就会隐隐约约看到它里边的缠枝花卉纹，这种暗花大都不是很清晰。在手电光照射一下，光线透过了碗壁，给人的感觉就像蛋壳一样。清代康熙和雍正时期都仿制过这种薄胎的甜白釉器物，清仿的碗壁和碗底部分都有很好的透光效果，因为已经很好地掌握了半脱胎甚至全脱胎的工艺，而永乐甜白釉瓷器基本属于半脱胎情况，而且碗底部分较碗壁稍厚些，因此透光效果会比碗壁差些。

永乐甜白器物在古代也并非普通人家使用之物，《红楼梦》第四十一回"贾宝玉品茶栊翠庵，刘姥姥醉卧怡红院"里讲到贾母带着一些人到妙玉住的栊翠庵喝茶的时候，有这样一段记载：

> 只见妙玉亲自捧了一个海棠花式雕漆填金云龙献寿的小茶盘，里面放一个成窑五彩小盖钟，捧与贾母。贾母道："我不吃六安茶。"妙玉笑说："知道。这是老君眉。"贾母接了，又问是什么水。妙玉笑回："是旧年蠲的雨水。"贾母便吃了半盏，便笑着递与刘姥姥说："你尝尝这个茶。"刘姥姥便一口吃尽，笑道："好是好，就是淡些，再熬浓些更好了。"贾母众人都笑起来。然后众人都是一色官窑脱胎填白盖碗。

这里妙玉给贾母献茶使用的是成窑五彩（即成化斗彩）的杯子，其余的人使用的都是填白（即甜白）脱胎官窑盖碗，这些盖碗应是清代烧制的官窑甜白器物，表明甜白器物即使在清代也是很名贵的，同时也说明了荣国府也有官窑瓷器，而这类官窑瓷器应该是宫中赏赐的器物。现在市场上这种薄胎甜白的器物，因为它太薄，完整的器物几乎见不到，即使是瓷片也不多见，所以能有机会收藏到瓷片作为标本进行研究和观摩，也是一个不错的选择。

明永乐—宣德 甜白釉锥拱暗花碗残片

图8-2是一件碗的残片，这件残片的胎和釉都很洁白，上面还有一个沉孔（未通透的孔），应为锔孔，可见这个碗曾经破裂而且被锔补过，可见当时这个碗还是比较珍贵的。这个碗的尺寸应该较大，但壁厚只有2.3~3.0毫米。碗的釉色呈现典型的甜白色，

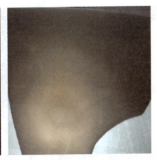

图 8-2　明永乐—宣德 甜白釉锥拱暗花碗残片
（官窑）

图 8-3　透照状态下碗壁中
的花纹

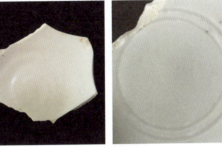

图 8-4　明宣德 甜白釉碗残片（官窑）

图 8-5　明宣德 甜白
釉碗残片（官窑）（款
识放大图）

图 8-6　明宣德 甜白釉碗
残片（官窑）（微观放大，
~80X）

釉面光滑莹润。透过光线观察，在釉下面有暗刻的花卉纹饰，刻划十分精美，应属于永宣时期官窑的甜白釉作品。

明宣德 甜白釉碗残片

这是一件甜白釉碗的残片（图 8-4），残片尺寸较大，碗底大部分存在，残存部分的碗壁厚度达到 8 毫米，属于厚壁的范畴。底足的外墙下部向内倾斜，内墙直立，足脊无釉修得滚圆。外底釉下刻划双圈，双圈内釉下刻划"大明宣德年制"两行六字楷书款，字体刻划较浅因而极难辨认，需仔细观察方能认出，属于"浅划暗款"，这是标准的宣德甜白器物。白器原为明清两代祭祀用的器物。与典型的永乐甜白器物的釉色相比，该宣德碗的釉色略偏白，甜白的"糖度"感有所降低。永宣甜白的完整器物市场上极难见到，大尺寸带有完整款识的残片也极为少见，为了研究和收藏宣德甜白器物，这件残片我以一个较高的价格才收藏到手中。

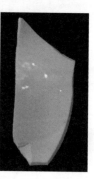

图 8-7　明嘉靖 白釉暗刻花卉纹盘残片　　　　　图 8-8　明晚期 白瓷碗残片

明嘉靖 白釉暗刻花卉纹盘残片

这是一件白釉盘的残片（图 8-7），其底足型式为卧足。外底青花书两行四字双圈款"玉堂佳器"。内外壁施白色釉，釉色白中泛青，釉面细腻有油脂感。盘内壁釉下细刻花卉纹，纹饰古拙自然，刻痕积釉处颜色稍青。外底亦施白釉，但釉色与碗壁相比偏白。该盘的卧足特征延续了弘治和正德时期卧足器物的造型，釉色莹润，其款识型式较多地出现在嘉靖至万历时期的器物上，但综合看其造型、施釉和纹饰都稍显精致，而万历时期的器物质量每况愈下，因此判断该盘大致属于嘉靖时期民窑的作品。

明晚期 白瓷碗残片

这件碗的残片（图 8-8）也属于甜白器物的范畴，釉色洁白，胎质呈糯米汁状。它的底款为青花写款"宣德年制"。宣德官窑器物的款识中"德"字的"心"上没有"一"划而成为"徳"字，宣德白釉瓷也有青花署款的器物。在这件瓷片的款识中"德"字的"心"上有"一"划，但从底心下塌、足脊平及青花款识的发色呈暗蓝色调上判断，仍可判断出它大致属于明代晚期仿宣德的器物，但是否为官窑作品却难以定论。

清康熙 白釉碗残片

甜白器物，不仅是官窑烧制，民窑也在仿烧。图 8-9 是一件小碗的残片，它的底足近似玉璧底，确切地说应该是宽圈足，从造型上看，这是康熙时期较多出现的形制，

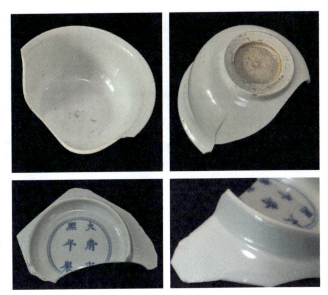

图8-9 清康熙 白釉
碗残片

图8-10 清康熙 白瓷
锥拱暗刻龙纹碗残片
（官窑）

是一件康熙时期民窑仿永乐甜白的一件器物。它的造型也很规整，但是这种白糖色的甜的感觉不够，仅能看作是普通白釉，这与上文的官窑永乐甜白碗的残片相比就能看出它们的区别，因此说我们只要收藏有官窑和民窑的甜白的瓷片以及普通白釉瓷的瓷片（普通白釉瓷没有绵白糖的甜的感觉）并多加揣摩，鉴定的时候就会很容易区分官窑和民窑，而且也能把甜白和普通白釉区别开来。

清康熙 白瓷锥拱暗刻龙纹碗残片

图8-10中的碗的残片造型规整，胎体洁白细腻。内外施透明釉，发色洁白莹润，泛极淡的青色，又有清甜之感，其釉面的最大特征是"清亮"，有"清泉石上流"之韵味，达到了瓷器釉色的极高境界。外壁残存有一只锥拱暗刻的龙爪，为五爪，表明该器物为皇家御用之器物。外底书"大清康熙年制"两行六字青花楷书款，楷书极工整，字体清秀，刚劲有力。该瓷碗应为康熙时期宫廷内或祭祀时使用的器物，是当时十分珍贵的器物，代表了康熙时期白瓷烧造的最高艺术成就。即使为残片，却为研究康熙时期的瓷器特征提供了可供参考研究的实物标本，极为珍贵。

此碗原则上讲并非属于颜色釉，而属于白瓷，但由于胎质洁白，在无色透明釉下呈现白色，所以大都笼统地把它归入颜色釉来讲述。

第八讲 颜色釉瓷 纯净清雅

371

图 8-11 清康熙 白瓷锥拱暗刻卷莲纹双圈足
大盘残片（官窑）

图 8-12 清康熙 白瓷锥拱暗刻卷莲纹双圈足
大盘残片（官窑）

清康熙 白瓷锥拱暗刻卷莲纹双圈足大盘残片

图 8-11 和图 8-12 是两件大盘的残片，胎质洁白细实，造型规整，均采用了双圈
足的形式，其中外侧圈足略高于内侧圈足，起实际支撑作用。盘内外壁在无色透明釉
下均采用锥拱暗刻技术刻划卷莲纹（其中图 8-11 大盘内壁可见卷莲纹，图 8-12 大盘
纹饰残留较少，但从风格和画法上可推断出也应是同类纹饰），纹饰线条流畅，但较为
模糊，需仔细观察。图 8-11 大盘釉色洁白光亮，图 8-12 大盘釉色不但洁白，还有明
显的乳白、奶白特征，有油脂光泽。此外，图 8-12 大盘内部表面有明显的使用磨损痕
迹，外表面残存有锔孔，可见曾经锔补过。这类大盘应为康熙时期景德镇御窑厂为宫
廷御膳房烧制的实用器，也可用于祭器。

德化窑简介

明清时期著名的白釉瓷还有德化窑的白釉器物。德化窑白釉瓷属于单色釉瓷，德
化白瓷非常著名，在世界范围内影响较大。

德化窑的窑址在福建省德化县，历史上长期隶属于泉州。德化窑创烧于唐代，宋
代的时候德化窑开始烧造白瓷和青白瓷，元代时德化窑的瓷雕还曾作为贡瓷，明代德
化窑以白瓷特别是瓷雕名扬天下，清代继续烧造。已发掘的德化窑宋代著名窑址有碗
坪仑，元代著名的窑址为屈斗宫，明代窑址为祖龙宫，清代为杏脚窑址。明代德化窑
以烧造出漂亮釉面的白瓷从而名闻天下，这种白瓷是德化窑明代烧造的主要品种。德

化窑白瓷胎的特点是含有较多的氧化硅和氧化砷，因此器物烧成以后，它含有的玻璃相就比较多，胎质致密，透光度也很好。德化白瓷的釉呈乳白状，可以用几个字形容它的釉：色如凝脂、温润光亮。这是德化窑烧造出的白瓷最典型的釉面特点，其他窑口的器物不具备此特点。德化窑白瓷的釉有人称之为猪油白，意指像凝固的猪油的颜色，也有人称作象牙白，法国人则称它为鹅绒白，也叫中国白。明代德化窑瓷器主要出口欧洲，尤其法国人特别喜欢。

明代德化窑烧造的白瓷质量最好，迎着光看，其釉色通常呈现三种主要颜色：第一种是微微带点儿粉红或者肉红色，这种釉色的器物通常较为珍贵；第二种是乳白色；第三种为乳白中泛淡黄，犹如象牙的色调，称为象牙白。明代德化窑的产品以瓷雕像和佛教用器最为著名，并以瓷雕像为代表作品，一些著名瓷雕大师如何朝宗、林朝景、张素三的作品很受欢迎，其中尤以何朝宗名气最大，其作品在当时已是十分难得，代表了明代德化窑瓷雕艺术的最高水平。清代德化窑器物的釉色迎着光看往往泛草黄色。清代德化窑主要烧造一些日用瓷。

明 德化窑何朝宗塑白釉合十龛连座观音造像

何朝宗，明代嘉靖万历时期人，德化窑著名瓷塑艺术家，擅长各种佛像神仙的塑造，被世人尊称为瓷圣，其作品在当时就名扬天下而一作难求。图8-13中的作品为一尊德化窑观世音菩萨造像，观音手捧净瓶呈跏趺状端坐于莲花座上，造像置于双手合十形佛龛（今法门寺合十佛舍利塔即为此种造型）内。佛龛下面为方形覆斗式须弥座，侧面塑有共计八方浮雕化佛，背面为明代常见的狮子绣球纹，狮子为佛教中的护佛神兽。下钤"德化"葫芦款印和"何朝宗印"方款印。

观音菩萨是佛教中慈悲和智慧的象征，唐代以前多为男相，唐代之后多以女相出现。传说当人们遇到困难时，只要心中默默理念救苦救难大慈大悲观世音菩萨，即能得到菩萨的保佑和救助。观音本为佛的身份，世间时常以菩萨相出现。清代慈禧太后喜扮观音形象，并自称佛的转世，人称"老佛爷"。

何朝宗一生都致力于塑像的制作，传说后来因烧造瓷器失败自己沉水而死，其对事业的追求可见一斑。据传何朝宗一生塑造神仙佛像共计1000尊左右，但目前世间仅发现40余尊，且大都在世界各大博物馆，民间能够留传的很少见。该尊造像釉色呈现典型的象牙白色，温润如凝脂。其塑造比例协调，纹饰流畅精美。此种造像与佛龛结合在一起的目前仅见此一尊，堪称稀世之宝，弥足珍贵。

图 8-13　明 德化窑何朝宗塑白釉合十龛连座观音造像

图 8-14 明 德化窑白釉"何朝宗"款观音像（上海博物馆藏）　　图 8-15 明 德化窑白釉观音像（何朝宗制）（故宫博物院藏）　　图 8-16 明 德化窑白釉观音像（何朝水制）（故宫博物院藏）

上海博物馆和故宫博物院都藏有何朝宗款的德化窑造像（见图 8-14、8-15），故宫博物院还藏有"何朝水"款的观音像（图 8-16），何朝水也是明代德化窑著名制瓷工匠。

明—清 德化窑白釉瓷器残片（一组）

图 8-17 是一组德化窑白瓷小杯子、碗和香炉的残片。其中有的杯子是仿犀牛角梅花马蹄杯的形状，因而叫仿犀角杯或叫梅花马蹄杯，底足常做成支钉式点状足或连座式，这是明清时期德化窑烧造的常见而且非常典型的器物，杯子的内壁光素无纹，外壁常凸印或堆塑有一株梅花。也有的杯子做成棱角状或瓜棱状，底足形式为

图 8-17　明—清 德化窑白釉瓷器残片（一组）以及杯子透照的状态

圈足，还有外壁带有刻字的。这些杯子的尺寸都不大，但胎釉洁白，制作精致，而且器物的透光性较好。其中还有一件碗的残片内部堆塑有一只虾纹，但已经残缺了。我还收藏有一个德化窑小碗的残片，碗壁局部采用了镂空的技法。明代的青花瓷上也有采用镂雕的技法。这组残片中的杯子和碗都属于明清时期德化窑生产的日用瓷器，尤以清代为多。香炉属于供器，通常制作较为精致，和塑像一样，属于艺术瓷的范畴，以明代居多。

　　目前古玩市场上现代仿明清德化窑的器物时有出现，由于单色釉器物比其他类别的器物鉴定难度更大些，加之一些高仿器物的仿真程度较高，因此很容易使一些藏家打眼。图 8-18 是一件德化窑白釉的香炉，敞口、象耳、束颈、弧腹下沉、圈足，造型仿青铜簋，称作象耳簋式炉。香炉内部接近口沿处局部施釉，内部其余部分露胎无釉。外壁和底部均施釉，足脊无釉，显然这是采用在足脊上垫圈支烧的方式烧造的。这个香炉的造型与宋代哥窑的鱼耳炉造型相似，造型规整，各部分的比例十分协调，而且它的外形呈流线型轮廓十分端庄优美。这个香炉的釉色类似明代德化窑白瓷那种乳白色，釉色细腻莹润，表面局部有黄褐色的沁色，似乎表明这件器物年代久远，或曾遇到酸性土壤的沁蚀。如果仔细观察，这件器物的表面还有一处圆形缩釉，圆形缩釉本来是古代器物的常见特征，但这个香炉上仅见一处较浅的缩釉点。这种造型的香炉也经常见于铜香炉的制作，因此可以看出象耳簋式炉深受人们所喜爱。

　　那么这件香炉是什么时期制作的呢？单从造型和釉色上看，这件香炉很像明代的器物，很有迷惑力，但仔细观察就会发现，首先它的釉色只能说类似古代德化窑器物的釉色，明清时期德化窑器物的釉色通常有较白的一种色调，给人以硬白的感觉，还有一种就是所谓的象牙白色，但这种象牙白色通常带有黄色调，准确地说应该叫作象

第八讲　颜色釉瓷　纯净清雅

375

图 8-18 现代 仿明代德化窑白釉象耳簋式炉　　　　图 8-19 现代 仿明代德化窑白釉象耳簋式炉的表面打磨痕迹（表面放大图，50X）

图 8-20 明万历 黄釉盘残片（官窑）

牙黄，显然这个香炉的釉色既不是硬白色，也不是均匀色泽的象牙白，其表面的局部黄色应是使用化学方法腐蚀而成，色泽很不自然，分布也不均匀，沁色周边没有平缓的过渡。其次，香炉内底露胎部分的拉坯弦纹十分规整，手工痕迹不明显，应是采用电动拉坯机器和专用工具制作而成。最后，在放大状态下观察，可以看到其表面有很多平行的划痕，这是为去除浮光而使用工具人工打磨表面所致。根据以上三点发现，我们最终认定这件香炉是现代仿古制品。

明万历 黄釉盘残片

明代黄釉早在永乐时期就有了，但十分罕见。明代黄釉烧造得最好的和最为著名的为弘治黄釉，有"鸡油黄""娇黄"之称，后世很难企及。我曾在古玩市场上见到过一件弘治黄釉盘子的残片，带有弘治款识，对方要价很高，因而没有收藏，之后除了在博物馆见到外，古玩市场上我再也没有见到过这种弘治官窑的黄釉器物和残片。

这是一件盘子的残片（图 8-20）。盘底微下塌，外底上有青花图案外加双圈款，黄釉发色纯正，胎质洁白，应为官窑制品。双圈内的青花图案为古代帝王龙袍上的十二章纹样之一的"黻"纹。十二章纹样为：日、月、星辰、火、龙、山、粉米、藻、华虫、宗彝、黻、黼。黻字的图案由两个"弓"字相背组成，意为能识别善恶、明辨是非。明定陵朱翊钧的龙袍上就有这种图案。这件盘子大致也属于那个时期的，因为采用了皇家专用的黄色调，所以应为官窑制品。清代青花碗盘类器物的底部经常出现这种纹饰，但大都是民窑制品。明代官窑器物的款识大多为年号，这种以十二章纹为款识的黄釉器物实属罕见。

祭蓝釉简介

高温蓝釉瓷器自元代开始烧造，最初主要在祭祀时使用，所以明代以后人们称之为祭蓝，又因为像雨后天空之色，所以又称霁青。元代蓝釉器物较为少见。明代洪武时期也有蓝釉器物烧造，但极为罕见。永乐时期的器物大都没有款识，这就给断代造成了困难，永乐时期是否有这种祭蓝釉器物烧造现在还是个谜。宣德时期有这类祭蓝釉色器物，因为宣德器物通常都带有款识，而且不论外底、器身和其他位置都是写款

图 8-21　清　祭蓝釉器物残片

识的地方，所以有"宣德款识遍器身"之说。宣德以后祭蓝釉器物历朝历代都有烧造。霁青也好、祭蓝也好，实际上指的是同一种釉色的器物。祭蓝是常见的瓷器品种，它的蓝色发色通常比较灰暗，也有蓝色亮丽的、呈现蓝宝石色泽，因而也被称作宝石蓝。明清时期官窑和民窑都有烧造祭蓝釉器物。

明 祭蓝釉香炉残片

明清时期蓝色釉器物最初是作为祭器使用，因此被称作霁青或祭蓝，祭蓝器物中釉色呈幽蓝亮丽像宝石光泽的称作宝石蓝。图 8-22 是一个外壁施祭蓝釉的香炉的残片，内壁施透明釉并泛着淡淡的青色。香炉属于供器，属于佛前五供之一。明清时期祭蓝釉的香炉比较少见，而碗类较为多见。明代还有全部施回青釉的类似祭蓝的器物，有

图 8-22　明　祭蓝釉香炉残片

图 8-23　清雍正　宝石蓝釉碗残片

蓝中偏紫的感觉，但多为官窑作品。这个香炉残片的胎质并不精细，釉色有浓重的陈旧感，大致属于明代晚期的作品。

清雍正 宝石蓝釉碗残片

这件碗的残片（图 8-23）外壁呈宝石蓝色，属于祭蓝的一种。我还见过一件宝石蓝的整器，一个宝石蓝的大罐，非常漂亮，是清代器物。明清时期，祭蓝和宝石蓝的器物不仅官窑在烧造，民窑也在烧造，明代的这类器物的釉面上常见明显的橘皮纹，而清代的器物釉面大都比较光亮。这个碗的釉面十分光亮，发色纯正，外底面有缩釉存在，青花图案方款外加双圈，修足规整，足墙较高，制作端庄秀美，为雍正时期民窑的精细作品，其表面还有锔补，可见当初主人对其倍加珍爱。官窑的器物通常是有款识的，我曾在一个古玩店里看到过一件康熙官窑的宝石蓝釉大碗的残片，它的外底上写着"大明宣德年制"的款识，属于仿款。

图 8-24 清乾隆 祭蓝釉福寿字高足杯

图 8-25 清乾隆 祭蓝釉荸荠瓶残片（官窑）

清乾隆 祭蓝釉福寿字高足杯

图 8-24 是一件祭蓝釉高足杯。这件高足杯的内壁施白色透明釉，还有一个青花的"寿"字款；足柄的外底部位也是白釉，还有一个青花的"福"字款。除外底部位外，高足杯外壁满施蓝色的祭蓝釉。从造型、文字款识、釉色及釉表面的光泽度等总体情况看，它应是乾隆年间的民窑器物。祭蓝器物有许多，但主要是碗类，这种祭蓝釉的高足杯很少见。这件高足杯稍微有一点破损，拼接成了一个完整器物，仅在口沿部位有一个小崩儿（指口沿部残缺很小的一块儿），能收藏到这种完整的祭蓝釉高足杯的机会并不多。

清乾隆 祭蓝釉荸荠瓶残片

图 8-25 是一件荸荠瓶的残片，造型规整，胎质洁白细实，釉色纯正，乾隆时期这种荸荠瓶的造型较为常见，应为乾隆时期官窑的作品。

图 8-26　清乾隆　祭蓝釉
描金龙纹碗残片（官窑）

图 8-27　清康熙　洒蓝釉
碗残片（官窑）

清乾隆 祭蓝釉描金龙纹碗残片

祭蓝釉描金的器物由于釉面上有描金纹饰，严格意义上讲不属于颜色釉，但为了便于讲述，仍放在本讲中。图 8-26 是一件祭蓝釉描金碗的残片，胎质洁白细腻；内壁施无色透明釉，外底亮青釉，积釉处呈湖水绿色；外壁施祭蓝釉，釉层肥厚，蓝色纯正，圈足外墙处因釉层稍厚而蓝色较深祭蓝釉表面残存描金龙纹；圈足修足规整，足内青花"大清乾隆年制"三行六字篆书官款。这是乾隆时期烧造比较成功的官窑祭蓝釉器物。

清康熙 洒蓝釉碗残片

图 8-27 是一件蓝釉大碗的残片，它的蓝釉中夹杂着白色的细小斑点，犹如蓝天中飘着雪花或雪花飘落在蓝地上，又好像水点儿洒到蓝色的底釉上，也有人形象地比喻为鱼子状，因此这种釉被称作雪花蓝、洒蓝、鱼子蓝，也有称作盖雪蓝、青金蓝的，但通常称作洒蓝。洒蓝釉施釉时是通过吹釉的方式把青花钴料吹到素胚上，然后外面罩上一层透明釉，经高温烧制而成。由于它的釉是吹上去的，各部位釉的薄厚及均匀程度不尽相同，因此就产生了类似雪花、雨点或鱼子的斑点。洒蓝釉最早为明代宣德

时期创烧，以后历朝历代都有烧造，尤其是康熙时期这种仿宣德的洒蓝釉器物比较多，这件瓷片应该是康熙时期的产品。这件瓷片在洒蓝釉的上面还有一些纹饰，由于年代久远，纹饰大都脱落了，只留有一些暗影和痕迹，隐约可见龙纹。从这件残片上看，当初这个碗做得还是很漂亮的。此外，从断面处看，胎质为极细腻的糯米汁胎，因此判定它应属于一件康熙无款官窑的作品。

清康熙 洒蓝釉描金盖碗残片

洒蓝釉描金器物由于釉面上有描金纹饰，严格意义上讲不属于颜色釉，但为了便于讲述，仍放在本讲中。图 8-28 这件小块的洒蓝釉瓷片应是一个盖碗的盖子，上面采用了描金的技法绘有莲托八宝纹饰，仅残留花（部分）、罐、鱼（部分）纹饰。洒蓝釉描金是康熙时期器物典型的风格特征，官民窑器物上都会看到这种描金纹饰。这件瓷片胎质洁白细实，洒蓝的雪花特征明显且十分均匀，描金纹饰精美，由于缺少款识，其官民窑归属不易确定，可能是官窑，也可能是民窑中的精品。

清雍正 茄皮紫釉碗残片

明代嘉靖年间即有茄皮紫釉器物，清代康雍乾时期较为流行，质量也很高。图 8-29 中该碗胎质洁白坚实，修足规整，碗底厚度小于碗壁下部厚度，呈挖足现象。釉呈茄皮紫色，与祭蓝相似，但茄皮紫色有明显的紫色调。施釉在素瓷上进行，但局部仍有脱釉现象。外底青花双圈款，惜双圈内款识已缺失。外底表面有细小的针尖状缩釉，并呈橘皮皱状，具有雍正时期器物特征，应为雍正时期官窑的作品。

图 8-28 清康熙 洒蓝釉描金盖碗残片　　图 8-29 清雍正 茄皮紫釉碗残片（官窑）

图 8-30　清康熙　酱釉
碗残片（官窑）

清康熙 酱釉碗残片

从图 8-30 这组酱釉碗残片（三件）底部残存的规整楷书款识及洁白的胎质上看，它们应该是康熙时期官窑的作品，尽管款识有残缺，但仍可判断出完整款识应为"大清康熙年制"两行六字楷书双圈青花款。北京地区的古玩市场上经常出现这类器物的残片，表明康熙时期制作了一定数量的这类官窑酱釉碗，这类碗应该是宫廷的日用品。官窑的器物不但款识书写规范，而且青花双圈由专门的工序和工匠完成，双圈十分规矩，包括双圈之间的均匀的间隔、线条粗细的均匀度、接头处连接的对中准确性等，都是大多数民窑所不能及的，也是鉴定官窑器物可供参照的辅助标准。

关于酱釉瓷的烧造机理，据《中国古陶瓷图典》一书记载：

> 酱釉瓷器是在青瓷基础上出现的，它的呈色是釉料中含有较多的氧化亚铁决定的。当釉料含氧化亚铁达到 5% 左右时，釉呈米黄色；氧化亚铁为 8% 左右，为赤褐色、暗褐色；如果烧成温度比烧黑瓷高 30~50 度，釉色就成为酱褐色、芝麻酱色，而且稳定精美。

图 8-31 清康
熙 酱釉碗残片
（官窑）

清康熙 酱釉碗残片

图 8-31 这件碗的残片虽然没有款识，但从规整的制作工艺、细腻均匀的釉色及洁白的糯米汁状（甚至达到了白膏泥状）胎质上可以断定，这也是康熙时期官窑作品，因为民窑器物淘制这么细的胎体成本很高，对于颜色釉瓷也是没有意义的。这里要说的是，这个碗的外底并非是常见的白色透明釉底加青花款，而是与碗壁一样的酱色釉底，并且没有款识。这也说明了康熙官窑的颜色釉器物不一定都有款识，也就是所谓的无款官窑。清代康熙时期、雍正中期及乾隆时期都有无款官窑器物存在，这是鉴定中要注意的。我收藏有一件酱釉小碗的残片，釉下还有暗刻花纹。

祭红简介

祭红釉实质上属于高温铜红釉，由于这类颜色的器物常用作祭器，所以称为祭红，又因为像雨后天空中云霞的颜色，所以又被称作霁红，有些书中也称作积红。红釉器物自元代开始用作祭器，但明代洪武以前，人们习惯上称这类瓷器为红釉瓷器，从永乐朝开始祭红改称。永乐时期红釉器物所呈现的鲜红、鸡血红及宣德时期的宝石红等色调，都是对祭红器物颜色的具体形象的称谓。祭红釉是一种失透而深沉的乳浊釉，这与后面要讲的清代郎窑红器物的玻璃质釉不同。祭红釉器物的釉面通常没有开片，从所见的祭红器物残片上看，釉面大都平整光滑，而资料记载的多数呈橘皮纹现象却很少见。官窑祭红器物外底均为白色，底部均有官窑年款（宣德以后）。祭红釉烧造难度较大，永宣以后官窑很少烧造，清代从康熙一朝开始恢复祭红器物的烧造。由于残片通常不能体现器物的全貌，所以对于明清祭红釉残片的断代尚存在一定难度。

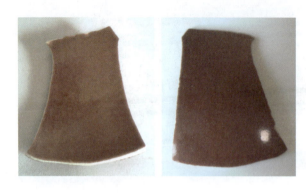

图 8-32　明洪武　红釉
印花龙纹碗残片（官窑）

明洪武 红釉印花龙纹碗残片

这是一件红釉碗的残片（图 8-32），因残片较小，其准确器形不能完全确定，也可能是高足碗（杯）的残片，这里暂按碗的残片来命名。该残片胎质洁白，内外壁皆施高温铜红釉，釉色暗红，内壁隐现印花龙纹，龙纹模糊。通过比对明清各时期红釉器物釉色及纹饰特征可以判断这件残片大致属于明代洪武时期官窑的器物。洪武时期重视红颜色器物的生产，即人们常说的洪武"贵红"，但洪武时期的釉里红器物数量远远大于红釉器物，目前可确认的洪武红釉器物极其稀少，洪武红釉瓷尚处于研究阶段。

明宣德 祭红釉盘残片

明代红釉器物最初用作祭祀，因此被称作祭红。宣德宝石红釉属于祭红的一种，因为宣德红釉的烧制十分成功，颜色呈现红宝石的色调，所以宣德宝石红釉被古人称作"红色之极轨"。这是一件盘子的残片（图 8-33），盘底下塌，为明代盘类器物的主要特征。胎质洁白呈糯米汁状，内外施宝石红釉，釉面有明显的缩釉现象形成所谓的橘皮纹现象，这是宣德时期器物釉面常见的特征。底足外墙靠近下部足脊处有一周本色釉（本色釉即白色透明釉）呈白色，呈现所谓的灯草边现象。外底及足内墙施本色釉（白色透明釉），外底中心部位残留部分青花双圈，青花发色暗蓝。外底与足墙内侧相接的积釉处显浅绿色。宣德宝石红的器物十分珍贵，残片也极其少见，收藏极为不易。

图 8-36 也是宣德祭红釉盘的残片，这件残片的壁厚很薄，颜色鲜红如宝石色泽。

图8-33　明宣德 祭红釉盘残片（官窑）

图8-34　明宣德 祭红釉盘残片（官窑）（表面放大图，红釉中的气泡，~80X）

图8-35　明宣德 祭红釉盘残片（官窑）（表面放大图，外底白地中的气泡，~80X）

图8-36　明宣德 祭红釉盘残片（官窑）

图8-37　明宣德 景德镇窑红釉盘（上海博物馆藏）

　　这两件瓷片釉层较薄且釉面没有开片，其釉面略有玻璃质感。上海博物馆藏有一件明代宣德的红釉盘（图8-37），其发色纯正，如宝石般红艳，属于宣德时期极为成功的祭红作品。宣德红釉除了宝石红色泽以外，还有一种深沉的红色，"如初凝之牛血"。这种"如初凝之牛血"的色泽实际上常用于描述康熙郎窑红器物的色调。

图 8-38　清康熙 祭红釉盘残片（官窑）　　　　图 8-39　清康熙 祭红釉碗
　　　　　　　　　　　　　　　　　　　　　　残片（官窑）

清康熙 祭红釉盘残片

图 8-38 是一件祭红釉盘子的残片，胎体洁白，釉面平整细腻，发色均匀深沉，口沿部位有"灯草边"现象。大致判断属于康熙祭红的器物。

清康熙 祭红釉碗残片

图 8-39 是一件祭红釉碗的残片，釉面发色深沉，在外壁近底足处出现了黑灰色调，这是由于该处积釉从而造成局部釉层厚度增加所致。

清康熙 祭红釉盘残片

图 8-40 残片做工规整，胎质细腻呈现糯米汁状，外壁红色均匀，内部红色局部偏暗，外底及足墙内侧施本色釉，白中偏青。足脊滚圆，呈淡黄色。通过显微镜观察，红釉中大气泡稀疏明亮，呈现"寥若晨星"现象（见图 8-41）。

清康熙 祭红釉瓶残片

图 8-42 是一件祭红釉瓶子的残片，从底部残存的字迹上判断，款识应为"大清康熙年制"三行六字楷书款，胎釉制作精细，款识书写规整，是典型的康熙官窑祭红作品。

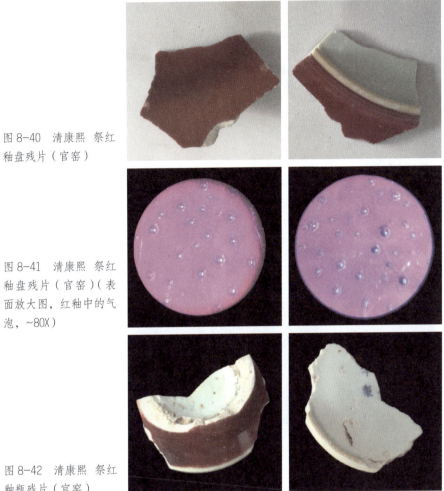

图 8-40　清康熙　祭红
釉盘残片（官窑）

图 8-41　清康熙　祭红
釉盘残片（官窑）（表
面放大图，红釉中的气
泡，~80X）

图 8-42　清康熙　祭红
釉瓶残片（官窑）

郎窑红简介

　　郎窑红是康熙时期的一个颜色釉品种。郎窑红是在康熙四十四年到康熙五十一年由时任江西巡抚的郎廷极督窑时景德镇御窑厂烧造的红釉器物。这一时期的窑被称作郎窑，其器物被称作郎窑红釉器物，简称郎窑红、郎红，也有称其为红郎窑。关于郎窑到底是以谁的名字命名的曾经有过争论：有人认为是以顺治年间的巡抚郎廷佐的名字命名的；还有人认为是以意大利画家郎世宁的名字命名的。现在陶瓷界普遍认为郎窑是郎廷极在任江西巡抚期间主持烧造的。

图 8-43　清康熙　郎窑红釉观音尊（国家博物馆藏）

　　郎窑红胎质洁白细腻，比现在白色的牙膏还细，用肉眼观察，它的胎有很好的油润性，表明胎质经过精细的淘洗和过滤，验证了当时官窑对瓷器的烧造不惜一切代价的做法，因此如果一件红釉的瓷器它的胎质较粗糙或者说不够精细，那就不属于郎窑红的器物，这是它的胎的特征。郎窑红的釉与其他红釉器物相比也有自己的特征。郎窑红釉的红色呈现的是猩红色，或叫牛血红，就像刚凝固的牛血的颜色。据说当时烧制郎窑红釉时加入了各种金属元素，甚至加入了黄金和宝石，所以景德镇流传有"若要穷，烧郎红"的谚语。郎窑红釉的特征是玻璃釉质，釉有玻璃质般透明感，并且釉面上有开片，如果没有开片的器物是否为郎窑红就值得怀疑了。通常郎窑红器物的内外都施郎窑红釉，但也不尽然，如国家博物馆所藏的一件郎窑红釉观音尊（图 8-43）里面就并非郎窑红釉。

图 8-44　清康熙　郎红釉盘（景德镇中国陶瓷博物馆藏）

图 8-45　郎窑红釉瓷的胎和表面的橘皮纹（官窑）

图 8-46　郎窑红釉瓷表面的开片（官窑）

郎窑红还有一个特征就是陶瓷界经常说的"脱口垂足郎不流"，其中的"脱口"指的是器物口沿的地方在烧造过程中由于釉料变稀往下流，使得釉层较薄并显现胎体的色泽而出现了一圈白边，我们通常称为"灯草边"；"垂足郎不流"指的是釉流到底足的上方不往下流了，绝不会流过底足，其实这与器物底足向外斜削方式有关，避免了釉流到下方与垫烧器具粘连。

　　郎窑红器物外底的颜色也是鉴定时的重要依据。郎窑红外底颜色有四种：第一种称作"米汤底"，像米汤的色泽，也就是白色当中稍微泛黄的这样一种颜色；第二种颜色称作"炒米底"，就是底部有深一些的黄色，好像米饭经过锅烙发黄的锅巴的颜色；第三种称作"苹果绿"，颜色像未熟发青的苹果皮；第四种称作"本色底"，本色底是指白色底，也称作本色釉，指外底施的无色透明釉或称之为白釉的，并非一些资料上记载的红釉底，这在《匋雅》一书中有记载："白釉谓之本色。"实际收藏中，未曾见到一些资料上记载的红釉底。大家在收藏的过程中一定要注意以上讲述的郎窑红的特征。我曾在古玩市场上见过一些人，包括一些古玩经销商和买方，把非郎窑红残片说成真的郎窑红，而把真的郎窑红说成是普通的红釉。我们作为收藏者，必须掌握郎窑红的基本特征。

　　郎窑红釉属于高温铜红釉，但郎窑在烧造过程中还有一种呈绿色的窑变作品，称为"郎窑绿"，是由于窑炉内的烧造环境气氛（指氧化和还原气氛）不同所致，属于烧造郎窑红器物过程中偶然出现的现象，因此真正的康熙郎窑绿器物极为少见，大多是清末、民国和现代仿康熙郎窑绿的作品。郎窑绿器物除颜色外，其他特征应与郎窑红器物相同。《骨董琐记》一书中有如下记载：

　　　　许志进《谨斋诗稿·癸巳年稿下·郎窑行戏呈紫衡中丞》云："迩来杰出推郎窑，郎窑本以中丞名。"又云："中丞嗜古得遗意，政治余间呈艺事。"又云："比视成宣欲乱真，乾坤万象归陶甄。雨过天青红琢玉，贡之廊庙光鸿钧。"所谓"雨过天青红琢玉"即所谓"郎窑苹果青"，今人乃以满红为贵，岂不甚谬。又云："俗工摹效争埏埴，百金一器何由得。"然则当时伪造者，其值且甚昂亦。

　　这段记载至少包含如下几层含义：一是对郎窑的器物赞美有佳；二是这里的郎窑苹果青应该指的是郎窑绿，且这种郎窑绿并不是单纯的绿色，应在绿色之中含有红色晕块或斑点（雨过天青红琢玉）；三是郎窑绿的器物价格比郎窑红高；四是当时郎窑红器物民间即有仿烧，而且价格昂贵。

图 8-47　清康熙 郎窑红釉米汤底碗残片　　图 8-48　清康熙 郎窑红釉苹果绿底盘残片
（官窑）（米汤底）　　　　　　　　　　　　（官窑）

清康熙 郎窑红釉米汤底碗残片

图 8-47 中这两件康熙郎窑红碗的外底呈现米汤色（局部脱釉），这是康熙郎窑红器物外底的特征色"米汤底"。"炒米底"的颜色比米汤底要深些、黄些。

清康熙 郎窑红釉苹果绿底盘残片

这是一件盘子的残片（图 8-48），外底呈现不均匀的所谓苹果绿色并出现线状缩釉，但红釉的釉色仍为康熙郎窑红的典型釉色，因此它属于康熙官窑的产品。

清康熙 郎窑红釉苹果绿底碗残片

图 8-49 是一件清康熙郎窑红釉苹果绿底碗的残片，内外壁为标准的郎窑红颜色釉，外底及足墙内侧施苹果绿釉，苹果绿釉及碗内壁的红釉表面均有开片。圈足外墙向内倾斜并有一周黄色的护胎釉。圈足外墙与红釉接触处呈现典型的"脱口垂足郎不流"现象。值得重点提出的是，郎窑红器物的断面露胎处成犬牙交错的锯齿形状（包括前面的郎窑红瓷片），这里把这种状态的断面称为"狗牙胎"，狗牙胎为其他器物的残片所罕见，它的胎质洁白细实，并有油状的感觉，比常说的糯米汁状似乎更为细腻，必是胎土经过了多次淘洗和过滤，可见官窑器物制作成本之高。

狗牙胎的形成究其原因可能是胎质淘洗过滤过于精细而造成胎体强度低于较厚釉

图 8-49 清康熙 郎窑
红釉苹果绿底碗残片
（官窑）

图 8-50 清康熙 郎窑
红釉本色底花觚残片
（官窑）

的玻璃釉状的釉质强度，从而断裂时胎体依随釉质玻璃脆性的断面形状，当然胎釉的硬度较高造成的脆性较大也是这种现象形成的原因。该残片釉色纯正，可视为郎窑红器物的标准器，而且残留碗底完整，是一件十分难得的学习和研究标本。

清康熙 郎窑红釉本色底花觚残片

图 8-50 是一件郎窑红的小花觚残片，上部残缺了，外底是白色的，也就是所谓的本色底，它也是当时官窑郎窑红的产品。这个小花觚很小，但内壁也施了郎窑红釉，可见其制作时的重视程度。由于这类花觚太小，通常只能插一枝花，因此也可称为花插。

郎窑红器物残片在北京地区较为常见，因此我认为当时郎窑红烧造的数量还是比较可观的。郎窑红器物十分珍贵，因为它们都是专为宫廷烧造的，整器数量稀少。这个小瓶就属于康熙官窑郎窑红的器物，如果是整器的话，将相当精美，价格也不菲。郎窑红整器是所有藏家梦寐以求的，我们现在没有整器，手里能有几件郎窑红瓷片标本对于认识和研究郎窑红的器物也是很有意义的。

图 8-51　清康熙 郎窑红釉本色底碗残片（官窑）　图 8-52　清晚期 仿郎窑红釉米汤底碗残片

清康熙 郎窑红釉本色底碗残片

图 8-51 是一件郎窑红碗的残片，它的釉色有些暗红，这是在窑中的位置不同及温度差异造成的。它的胎质十分洁白，底足做工规整，足脊滚圆，这是官窑器物的特征。它的外底和足墙内侧均施白色透明釉而呈现白色，属于本色底。它的足墙外侧胎釉结合处有灯草边现象。灯草边通常指口沿处的现象，但一些器物的底足处也有这种现象，也使用灯草边一词。

清晚期 仿郎窑红釉米汤底碗残片

图 8-52 是一件清晚期仿郎窑红的碗的残片，内外壁施郎窑红釉，外底呈现米汤色。其釉色的发色为暗红，釉面开片不明显，与康熙时期的郎窑红有一定差距，应是清晚期民窑仿郎窑红釉的作品。

清康熙 郎窑绿碗残片

这是一件郎窑绿碗的残片（图 8-53）。圈足修足规整，胎釉结合之际呈淡红色，胎质洁白细腻，呈"狗牙胎"状。内外施浅绿色釉，呈现苹果青色调，有玻璃质感，外壁及外底青色比内底略深些，内外釉面满布不规则开片。这是典型的康熙官窑郎窑绿器物的特征。郎窑绿又称"绿郎窑"，属于郎窑红烧制过程中的一种窑变。由于郎窑

图 8-53　清康熙 郎窑绿碗残片（官窑）

绿器物釉面的细碎开片又与哥窑器物特征相似，因此郎窑绿又有"绿哥窑"之称。康熙时期郎窑绿器物较为少见，清末、民国时期为迎合市场需要民窑中出现了较多的仿康熙郎窑绿的器物，但质量与康熙官窑郎窑绿器物相比有一定的差距。康熙郎窑绿的器物由于较为稀少，因此不论是完整器物还是残片，收藏市场上都极为少见。

豇豆红简介

与康熙郎窑红齐名的还有康熙豇豆红这个品种。豇豆红烧造于康熙年间臧应选任督陶官期间，这时的窑被称为臧窑，但豇豆红的品种早在明代宣德时期即已有之，康熙豇豆红应该是康熙时期仿宣德的品种。豇豆红瓷器的釉色犹如豇豆的颜色因此而得名。有些书上把豇豆红器物的颜色比作桃花片、娃娃脸、美人醉，可见豇豆红器物的颜色非常之美。豇豆红釉色的主色调是红色，豇豆红器物中有纯正豇豆红颜色的，但常见的是在红色当中夹杂着一些绿色的苔痕，也就是说以红色为主体，红中带有绿色苔痕的水渍点，这种现象与它的施釉方法和烧造时窑炉气氛有关。豇豆红的釉是分几遍吹上去的，因此上面有水渍的感觉。豇豆红器物中绿色苔点较少的称作苔点绿，绿色苔点较多形成明显烟雾弥散状窑变的称作苹果绿，所以说苹果绿是豇豆红窑变的品种。如果用清代诗人洪北江咏苹果绿诗中"绿如春水初生日，红似朝霞欲上时"来形容豇豆红的红色和呈现弥散状的绿苔痕，那真是恰到好处。康熙豇豆红器物的胎质也非常细腻洁白。

康熙豇豆红瓷片较为少见，康熙豇豆红官窑器物的数量相对郎窑红器物要少得多。

豇豆红器物通常都是小件器物，因为大件器物烧成比较困难。豇豆红与郎窑红一样，无论是胎和釉制作得都非常细腻。豇豆红器物后世也有仿制，雍正朝官窑就仿烧过豇豆红，但成品颜色好像乳鼠皮，即还没有长毛的小老鼠的皮肤那种颜色，其实这种乳鼠皮的颜色在康熙末年已经出现了。后世一直有仿康熙豇豆红的器物，但质量与真正的康熙豇豆红相差甚远。豇豆红器物外壁是纯正豇豆红色或红绿相间的豇豆红色，而内壁大都是白色的。

清康熙 豇豆红器物残片

这里展示了两组豇豆红残片，图 8-54 为同一个器物上的三个残片，似乎为一个罐子的残片；图 8-55 为碗的一个残片，断裂成为两块。

这些残片据说早年来自北京的圆明园。图 8-54 是同一个罐子上的三个残片，它们上面的釉色有的部分呈现比较鲜艳的红色，里边有一些水渍点，非常漂亮，显示的是器物原来的釉色；还有的部分有些灰暗、发绿的色调，呈现被火烧过的迹象，被火烧之后氧化了变成这种暗绿色，而这场大火就是 1860 年英法联军火烧圆明园时所为。豇豆红器物中有烧造非常成功的颜色，那是非常纯正的豇豆红的颜色，没有水渍状的绿色斑点，我也收藏到了这样的瓷片（图 8-55），但似乎也受到了圆明园那场大火的焚烧。

每看到这几件豇豆红器物的残片，我的心情就很沉重。在这里让我们再回顾一下圆明园那段沧桑的历史。1860 年第二次鸦片战争，英法联军侵入北京，侵略者冲进圆明园，疯狂劫掠了这里的珍宝后，从 1860 年 10 月 18 日凌晨开始至 19 日，遵照英国侵略军头子额尔金（时任英国首任驻华公使，全权大臣）和格兰特（时任英法联军总

图 8-54 清康熙 豇豆红器物残片（官窑）　　图 8-55 清康熙 豇豆红器物残片（官窑，纯正豇豆红色调）　　图 8-56 圆明园遗址出土的"过火木"，为建筑梁架、庭院绿植遗存（圆明园展览馆藏）

图 8-57 圆明园遗址出土的残器和瓷片（圆明园展览馆展出）

图 8-58 圆明园远瀛观和大水法遗址　　图 8-59 圆明园海晏堂遗址　　图 8-60 清康熙 豇豆红釉
太白尊（国家博物馆藏）

司令、英军司令）的命令，3500 名英军士兵火烧了圆明园，大火烧了三天三夜，一座举世名园化为废墟。强盗们把园中珍宝抢得抢，砸得砸，毁得毁。至今在法国的枫丹白露宫（枫丹白露博物馆）中还存有 1860 年侵华法军司令孟托班（即"蒙托邦"，音译）从圆明园劫掠来的器物。这件精美的豇豆红小罐，应该就是当时被砸、被毁的器物之一。据载，当时圆明园的建筑有好多都是松树做的，松树燃烧的温度是很高的，景德镇御窑厂烧瓷器的柴窑就是使用松树做燃料。这件瓷器被砸坏了，又被大火连烧三日，我们难以想象国宝在焚烧中的惨状，看到这些被火烧过的器物，当时的场景和声音仿佛又出现在我们的眼前。近年圆明园疏浚水系、清理遗址过程中出土了大量的"过火木"，这些被毁坏和焚烧后留下的器物残片和过火木残骸就是侵略者曾经犯下滔天罪行的铁证，给我们内心留下了耻辱的永远不能忘记的伤痛和记忆。所以我每看到这些被圆明园那场大火烧过的器物残片时心情就很沉重，我们要发奋图强，使国家强大起来，历史的悲剧绝不能重演。这是我解读这些瓷片信息时的感受。

豇豆红的器物十分珍贵，大家在博物馆中可以见到这样的器物，留传在民间的完整器物十分罕见。

图 8-61　清雍正 豇豆红器物残片（官窑）

清雍正 豇豆红器物残片

图 8-61 这件残片从形状上看好似一个罐子的罐壁部分，胎质细实。外壁施豇豆红釉，釉色灰暗并有暗红色苔点，犹如乳鼠皮，表面满布针尖状细小缩釉因而呈现橘皮纹现象，内壁施无色透明釉。总体上看，具有雍正时期豇豆红的特征。由于豇豆红器物烧造难度极大，所以雍正以后官窑不再烧造。

清康熙 色斑釉素三彩碗残片

这是两件康熙素三彩碗的残片（图 8-62）。所谓素三彩是指瓷器的釉色通常为三种颜色，也可能是两种或多种色彩，但颜色当中不用红色。素三彩早在成化年间即有烧造，以明代正德素三彩最为有名，有官窑与民窑之分，以后均有烧造。素三彩常见的有黄、绿、紫、褐、蓝、白等色彩。这是两个碗的残片，上面的颜色有黄、绿和褐色（其褐色有些近似紫色、茄色），局部还有留白地呈现的白斑。现在有人把这种呈现黄绿褐白色器物称为虎皮斑或虎皮三彩，其或源于《匋雅》一书中"以茄、黄、绿三色晕成杂斑，曰虎皮斑也"之说。但我认为虎皮斑应是指褐黄釉彩的器物，并没有绿色出现，其实虎皮的颜色也没有绿色。这种通常仅有褐黄两种釉彩的虎皮斑器物纯属于民窑的器物，而呈黄绿褐白的呈色斑状的素三彩作品既有官窑的作品，也有民窑的作品，其准确的称呼应为"色斑釉素三彩""色斑釉"或"迷彩釉"，尤以康熙时期为多，后世多有仿烧。这两个残片的胎质并非十分洁白，而且地子留白的白斑处和外底的白度也不够，因此这两个残片应为民窑的制品。素三彩有很多种类，这种色斑釉素三彩仅是其中的一种类型，属于颜色釉的范畴。

图 8-62　清康熙　色斑釉素三彩碗残片
（两片）

图 8-63　清　虎皮斑盏残片

　　古玩市场上有人把这种釉色的器物称为康熙虎皮三彩，我认为这种称谓有不妥之处，并做了进一步的考证。这类器物常见的釉色为黄、绿、紫（或褐）、白，而虎皮岂有绿色之理？《中国陶瓷》一书在康熙窑瓷器一节中有这样的记载：

　　　　康熙素三彩是在明代中期的成就基础上发展而来的。在色彩上除多见黄、绿、紫外，更增加了釉上蓝色。从工艺上分计有三种类型：一是在素胎上先刻划花纹，施白釉高温烧成，然后在白釉上施彩，再低温烧成；二是在素胎上刻划纹饰后即高温烧成素瓷，然后施以各种彩釉；三是胎体不加刻划，通体施褐黄釉彩而成所谓的虎皮斑。……至于别致的虎皮斑器，虽然也能惹人喜爱，但纯属民间一般的用器了。

　　这段记载明确了如下四点：
　　一是康熙素三彩包括虎皮斑器；二是虎皮斑器物的釉色中仅有褐、黄釉彩，而不包括绿彩和白色地（白斑）；三是因为仅有褐黄釉彩形成交错纷杂的彩斑，酷似虎皮，才称之为虎皮斑器；四是虎皮斑器属于民窑，而官窑没有此类器物制作。
　　《古玩指南》载："至如黄、黑、紫相和砌成斑点则谓之'虎皮斑'，在昔极为风尚，今则不足贵亦。"其中也未指出虎皮斑包括有绿色。这里的黄色是虎皮的颜色，而黑和紫其实仅是斑点的色调，也未提出还有白色地。图 8-63 是我收藏的一件可以称得上虎皮斑（虎皮三彩）的盏的残片，其实这件瓷片也像玳瑁釉。
　　上面举例的残片（图 8-62）上，既使用了黄、褐彩，也使用了绿彩，还保留了白地形成的白斑，因此不能称之为虎皮斑器，当然也就不能称为虎皮三彩；这类器物有官窑烧造，并非仅有民窑器物。因此我认为称之为康熙"色斑素三彩"或康熙"色斑釉"较为合理，也可以通俗地称之为"迷彩釉"，实质上它是古代所指的"花釉"的范畴。而没有绿色仅有黄褐（或黄黑，或黄紫）釉彩的这类器物才可称为虎皮斑器或虎皮三彩。

清康熙 色斑釉素三彩碗残片

图 8-64 是一件康熙素三彩碗的残片，上面呈现的也是常见的黄绿褐的色彩，也有底色呈现的白色斑块，总体上呈现黄绿褐白四种釉色。这个碗的外底采用了青花书写款识的方式，外部还有双圈，仅残存"康"和"制"两字，很容易推断出这里原来写的应是"大清康熙年制"两行六字楷书的款识。款识的字体书写得很好，胎质也洁白细腻，并呈现糯米汁的色感，做工又十分规整，因此判断它应为一件康熙官窑作品。

清康熙 色斑釉素三彩器物残片

图 8-65 是一组康熙民窑色斑釉素三彩器物的残片。从这组器物残片可以看出：器物的造型常见碗类，也有高足杯和瓶罐类；器物通常内外壁施色斑釉，也有外壁施色斑釉内壁施白色透明釉的，外底为白色透明釉或加青花双圈和图案款，也有外底施绿釉的；个别器物有釉下暗刻划花卉纹的；胎质大多洁白，为景德镇生产的器物，也有胎质灰白色的，应为除景德镇外其他地区烧造的器物；民窑器物有的釉色纯正，胎质洁白细腻，部分呈现糯米汁光泽，表明这一时期民窑取得了很高的成就，与官窑不相

图 8-64　清康熙 色斑釉素三彩碗残片（官窑）　　　　图 8-65　清康熙 色斑釉素三彩器物残片

上下；由于康熙时期官窑器物中有书写纪年款、双圈款和无款等情况，因此这类胎质呈糯米汁状光泽的无纪年款器物的官民窑归属问题还需做进一步的研究，如果把它们归为民窑性质，制作这样细的胎料必然增加成本，对色斑釉的呈色影响也不大，是得不偿失的。这类色斑釉的器物在康熙时期无论民窑还是官窑都烧造了很多，也有较大直径的器物，我收藏的一件这类瓷片厚度达14毫米，可见其尺寸之大，并且这件瓷片的胎色洁白细腻，泛糯米汁光泽，可以想见其制作成本必定很高，推测应为官窑制品。

这类古代色斑釉素三彩器物的釉色温润纯正，没有浮光。现在市场上也有仿品，仿品表面浮光明显，颜色较真品也缺乏纯正感，看过真品的人一眼就能识别出来。

清雍正 紫釉碗残片

这个碗（图8-66）的外壁满施紫色釉，紫色纯正、细腻、均匀，内壁施本色釉（白色透明釉），这类单色纯正紫色釉的器物较难烧造，也十分少见，因此即使是一个瓷片也极难收藏到。该残片制作规整，薄厚适中，有秀雅尊贵之气，应属于瓷器烧造高质量时期的产物，大致属于清雍正时期的作品。

这个碗的残片（图8-67）外壁为紫釉，紫色发色纯正，釉下暗刻海水江崖纹。圈足较高，修足规整，足脊如滚圆的泥鳅背，圈足外墙暗刻一周回纹，圈足外墙和碗外壁相接积釉处呈深紫色。胎质洁白细腻，有糯米汁光泽。内壁、外底及圈足内墙施白色透明釉，釉面光亮，白中略略显青。种种特征表明这是一件官窑作品。民窑也有紫釉的器物，但无论在紫釉发色、透明釉的光亮程度及胎质的细腻程度等方面大都不及官窑。

 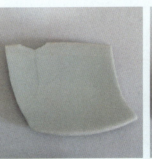  

图 8-66　清雍正 紫釉碗残片（官窑）　　　　　图 8-67　清雍正 紫釉碗残片（官窑）

图 8-68 清雍正 紫釉碗残片（官窑）

图 8-69 清雍正 紫釉碗残片（官窑）

图 8-68 残片的釉下还有暗刻云纹，图 8-69 碗的残片内外壁均施紫釉而外底施无色透明釉。

清 绿釉碗盘残片

图 8-70 是三件绿釉瓷片，包括一件盘子和两件碗的残片，盘子的口沿不是芒口，这三件瓷片的胎质洁白坚实，应为景德镇地区的胎土，它们应属于景德镇地区民窑绿釉器物。元代景德镇的工匠发明了高岭土加瓷石二元配方的胎土，使烧成的瓷器的胎质更加致密，硬度也进一步得到了提高。二元配方发明之前，瓷器的胎质没有这么洁白致密，硬度也没有这么高。有些人会把这类绿釉器物和宋代的绿定相混淆，因为它们的釉色与绿定的颜色相似。我们看这些瓷片的胎质较为洁白坚实，这就不符合宋代定窑器物的特征，定窑器物的胎质大都白中偏黄，呈现白粉的色泽，而景德镇器物的胎质大都洁白细实，有一种坚硬的感觉，民窑中也有呈现糯米汁光泽的。这件盘子的圈足修得很规整，这是清代器物的特征，盘子外底的鸟纹是康熙时期常用的图案款。因此综合判断这三件残片是清代的，大致是清代康熙至乾隆年间的器物。

图 8-70　清 绿釉碗盘残片

图 8-71　清雍正 窑变釉器物残片

图 8-72　清乾隆 钧釉
窑变石榴瓷尊（开封博
物馆藏）

清雍正 窑变釉器物残片

　　窑变釉有自然烧造过程中出现的窑变釉，也有人工干预有意使之出现窑变。这种窑变现象最早出现在宋代钧窑的烧造过程中，起初仅仅是出现了弥散状的色斑，后来人们发现这种窑变很美，于是就人工制造窑变。雍正时期，景德镇御窑厂在仿制宜兴钧瓷的过程中创烧了炉钧釉，已经掌握了钧釉中出现红色斑点的技术，同时在仿烧宋钧釉的过程中通过不断试验，产生了整体窑变色釉的产品，窑变釉从分类上归属于钧釉的范畴。这种窑变釉主要呈现红、紫、蓝、月白色，属于颜色釉中的多色釉，以红色所占面积较多。图 8-71 这件残片应该是雍正时期的作品，其造型似乎为瓶尊类，内壁施淡蓝色釉，外壁施窑变釉，釉色紫中泛红，红中泛紫，还有缕缕天蓝色的絮状物漂浮其中，很精美。残片的壁厚达 10 毫米，可见器物的尺寸应该较大，但胎质仍然洁白细腻呈现糯米汁状，表明它应该是官窑作品。这种窑变釉常见造型是石榴尊，十分古典雅致，主要收藏在各大博物馆，民间极其罕见。

第八讲　颜色釉瓷　纯净清雅

401

古玩鉴赏知识

尊贵的黄釉瓷器

在《瓷器的故事》一书中有如下记载：

早在唐代，黄色之用就已被列入官府规定，唐高宗觉章元年（668 年），唐代各级官员的服装品色形成制度，规定天子着黄袍，其他人不得僭用。后来的宋太祖赵匡胤陈桥兵变，也是以黄袍加身来标志已登皇位。

由上述记载可以看出，皇帝享用黄色的制度早已有之。明清两代，黄色作为皇家的专用之色的制度更为严格，这不仅因为黄色中的"黄"字与皇帝的"皇"谐音，而且黄色代表土地的颜色，象征皇家的江山大业。在清朝，后妃分为八个等级，从高到

图 8-73　清康熙 黄地绿龙器物残片（贵妃用，紫料两行六字双圈款）

图 8-74　清中期 蓝地黄龙纹盘残片（妃、嫔用）

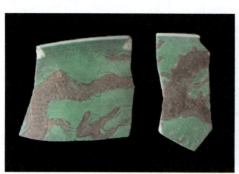

图 8-75　清康熙 绿地紫龙碗残片（贵人用）

低依次为：皇后、皇贵妃、贵妃、妃、嫔、贵人、常在、答应。康熙时期后妃人数为皇后一位，皇贵妃一位，贵妃二位，妃四位，嫔六位，贵人、常在、答应人数不限。按照清代的典章制度，黄釉的瓷器应该是专属宫廷用的器物。《国朝宫史》卷十七载，清廷对后宫用瓷器的釉色有这样的规定，比如盘子或者碗等，里外都是黄色的器物（称为"黄器"）为皇后和皇太后使用，皇贵妃使用外黄釉、内白色或透明釉器物，贵妃使用的器物为黄地绿龙，嫔、妃用的器物为蓝地黄龙，也就是说随着妃子等级地位的降低，器物上的黄色逐渐减少。至于贵人和常在，她们就不能使用带有黄釉的瓷器了，贵人使用的是绿地紫龙的器物，常在使用的是绿地红龙的器物。答应级别最低，只能使用普通颜色的器物了。以上规定是针对后妃，而皇帝可以使用包括黄色在内的任何颜色的器物。纯正的黄色釉瓷器代表着皇家至高无上的权力，神圣不可侵犯。因此在明清两朝，黄色（主要指明黄色，有时也包括杏黄色等）是皇家至尊，百姓是不能轻易使用的。

明清时期，黄釉瓷器和五爪龙纹一样，都代表了皇帝至高无上的尊严，但实际上黄釉瓷器的使用限制比五爪龙更为严格。乾隆时期，唐英任景德镇御窑厂督陶官，在上奏关于如何处理在烧造"黄器及五爪龙等件"时产生的"次色脚货及破损"器物时，乾隆皇帝批复认为五爪龙器物当时民间已有，所以可以就地变卖处理，但黄釉器即使是次品也要运往京城用于备用或赏赐，民间严禁流通和使用。

原来很多人认为只要是带有五爪龙的器物必为皇家专用，但实际上乾隆时期民间和王府已有五爪龙纹器物，但不管怎样，大多数民窑不敢僭越，有可能是少数官古器户借给皇家烧造器物之便或应付一些王公贵族定烧而烧造极少数带有五爪龙纹器物，但这些器物通常也较为精致。据载，明代正统年间景德镇民窑曾向朝廷进贡过带有五爪龙的青花瓷器，其间这类瓷器是否有流散民间不得而知。下图中的两个残片（图8-76、图8-77）龙纹均为矾红彩五爪龙纹，绘画较为精细，釉面呈现波浪釉现象，但它们是官窑生产还是官古器户生产或是民窑之中的精品之作就不易界定，但这种五爪龙纹的器物当时可以在民间流通和使用应该没有问题。图8-78为青花杯子的残片，也使用了五爪龙的纹饰，从绘画笔法上看，应属于民窑的制品。图8-79为盘子的残片，龙纹画面呆板，笔法笨拙，黄色发色与皇家要求的明黄、杏黄、娇黄有一定差距，底款书写草率，双圈对接处不规整，亦为民窑的制品。自元代开始五爪龙纹成为皇家纹饰，明代早中期也是如此，但明代晚期由于御器厂疏于管理，致使御器厂的不合格品流散民间，民窑的五爪龙纹器物也随之出现。

图 8-76　清晚期　矾红彩五爪龙纹盘残片

图 8-77　清晚期　矾红彩五爪龙纹盘残片

图 8-78　清　青花龙纹杯残片

图 8-79　清中期　黄地青花云龙纹盘残片

明清瓷器分级、胎釉分级和纹饰分级

明清器物的种类和数量很多，划分级别也有一定难度，下面仅根据我多年的收藏和实践经验，对它们做一个简单的分级（见表 8-1 至 8-5），实在是做一项大胆的、粗线条的尝试工作，因此也不可能尽乎合理，甚至于错误也在所难免，仅供读者参考，也期望今后再版时能做出更趋于合理的分级或分类方面的工作。

表 8-1　明清官窑瓷器等级表

瓷器等级	说　明	适用场合	特　征	窑　场	举　例
一级官窑（上品）	最高级别的官窑，属于皇帝御用或称"御窑""秘色"①，也可用于皇室成员。相当于唐英在《陶冶图说》中称的"上色"。属于制式宫瓷。特别是皇帝专用的属于御用瓷器。钦限瓷器	宫廷、行宫、离宫、皇家园林中在皇帝办公、休息及书房等重要场合的文房、陈设和赏玩器等清供或艺术瓷类；礼器、祭器；皇太后、皇后、皇贵妃、贵妃用器；万寿节祝寿瓷、圣寿节祝寿瓷；皇帝、太子婚礼瓷；公主婚嫁瓷。赏赐用瓷包括用于文武大臣、功臣、皇亲国戚等的对内赏赐瓷，偶尔赏赐"近簪侍从、贵戚巨邸"。（《匋雅》）；祝寿瓷也有赏赐大小臣工的	造型规整，做工精致，胎釉细腻，纹饰精美；属于御窑或官窑中的精品	明代厂官窑（后称御器厂）、清代御窑厂。官古器户②	永乐甜白器、成化斗彩鸡缸杯及天字罐、康熙郎窑红及豇豆红、内外黄色器物；珐琅彩器物；慈禧用器。皇帝赏赐用瓷中一般的御用瓷器（如祝寿瓷）；慈禧大寿时烧造的赏赐用瓷
二级官窑（中品）	中等级别的官窑。相当于唐英在《陶冶图说》中称的"二色"。属于常说的"一品宫瓷"。部分属于制式宫瓷。部限瓷器	宫廷、行宫、离宫、皇家园林普通摆设；妃嫔以下后宫专用器物；王府用瓷（经批准）；用于藩属国、外国君主及使节的对外赏赐瓷（"外交用瓷"）；赏赉瓷或外销瓷；内务府储存的部分用于销售换取银两的部分器物（精品）	造型规矩，做工精致，胎釉细腻，纹饰华美	同上	专门烧造的赏赐用瓷如赏瓶；妃嫔以下后宫用器；王府获准使用的官窑瓷器；明代工部负责为王府烧造的祭器；功臣获准使用的祭器；洪武、永乐时期赏赉瓷或外销瓷；郑和下西洋对各国的赏赉瓷或外销瓷

第八讲　颜色釉瓷　纯净清雅

瓷器等级	说　明	适用场合	特　征	窑　场	举　例
三级官窑（下品）	一般级别的官窑。相当于唐英在《陶冶图说》中称的"三色"。部限瓷器	宫廷、行宫、离宫、皇家园林日用瓷器；御茶膳房日用瓷器；内务府储存的部分用于销售换取银两的部分器物（普品）	造型工整，做工精细，胎釉细实，纹饰流畅	同上	宫廷日用碗、盘、杯、匙、盖碗等日用、餐饮瓷；明代光禄寺、内府供应库、尚膳监，清代内务府负责采购的普通的瓶、坛、罐等日用器
四级官窑（次品）③	存在缺陷的官窑器物。相当于唐英在《陶冶图说》中称的"脚货"。落选品、残次品、废品、试烧品	砸碎就地掩埋或根据皇帝旨意即在本地出售的瓷器。解运至京由内务府处理或用于皇帝赏赐的落选品。其他质量较差的官窑制品	烧成器物有变形、发色不纯正、绘画有缺陷、表面有瑕疵及窑裂或破损等	同上	龙爪画成六爪④、发色不正、表面有瑕疵及破损之器，被就地掩埋或允许在民间销售的官窑瓷器。宫廷日用、餐饮瓷中质量较差的或普通的瓶、坛、罐等日用器中质量较差的

注：

①秘色：《匋雅》载："一切官窑等诸秘色上方珍品，宝贵甚至。"

②明清时期很多宫廷瓷器被分派至民窑中的官古器户烧造，特别是"钦限瓷器"，因此此表把承担宫廷烧造任务时的民窑（官古器户）也列入。

③四级官窑的划分这里主要考虑的是质量，一至三级官窑的划分主要考虑的是使用者的身份级别和器物用途。

④本表中瓷器等级的划分并不代表瓷器的珍稀程度和历史价值，如景德镇御窑厂出土的曾被砸碎掩埋的成化时期窑工误画的六爪龙盘，按等级应定为四级官窑，但是它承载了当时的工匠绘画的特殊情况，因此仍然十分珍稀并具有很高的历史和研究价值。

表8-2　明清民窑瓷器等级表

瓷器等级	说　明	适用场合	特　征	窑　场	举　例
一级民窑	高级别的民窑器物，个别器物十分精美，有"气死官窑"之称，属于"细瓷"或"细路"，可定位为"上品"	王公贵族及官府摆设及文房用器、饮茶及饮酒器物；精美的外销瓷；精致的佛教用器；精致的民间摆设用器、礼器、祭器、定烧器物	造型规整，做工精致，胎釉细腻，纹饰精美	官古器户（非承担官窑任务时）、假官古器户、仿官民窑	官府或王公贵族的定烧器物；定烧的外销瓷如徽章瓷及定制的广彩瓷；各种精致的诗文杯、盖碗；精致的鸟食罐

瓷片古玩鉴赏录

瓷器等级	说 明	适用场合	特 征	窑 场	举 例
二级民窑	中等级别的民窑器物，也可称为"细路"，可定位为"中品"	地主、官僚及富豪使用的器物及家庙、祠堂供奉、祭祀用器；较为精致的外销瓷；较精致的佛教用器；较精致的民间摆设用器、礼器、祭器、定烧器物	造型基本规整，做工较好，胎釉坚实，纹饰细致	非承担官窑任务时）、假古器户、上古器户、中古器户	盖碗、净瓶、鸟食罐、寿字碗碟、青花五彩碗、花瓶；各种山水、人物、花鸟纹器物
三级民窑	普通级别器物，属于一般的民间日用器，或称"饭冒器""大路货"，可定位为"下品"或"普品"	民间普通日用瓷、一般质量的用瓷及普通外销瓷	造型随意做工粗糙胎质粗糙纹饰草率	釉古器户、常古器户、小古器户及其他普通窑户	碗、盘、杯、碟、匙、罐

表 8-3 明清瓷器胎质等级表

胎质等级	说 明	特 征
一级胎	属于高级别胎质，包括糯米胎、狗牙胎（犬牙胎），常用于官窑、御窑或一级民窑器物	糯米汁胎肉眼可见胎质（特别是断面处）呈现糯米汁光泽，极其细腻或细腻洁白，多为官窑器物、御窑器物、官古器和少数精致的堂名款器物。狗牙胎或称犬牙胎多指郎窑红器物的胎质，胎质极其洁白细腻，犹如猪的肥肉的白色而称之为猪肉白，其断面形状错综曲折，呈犬牙交错的锯齿状态而称为狗牙胎，其他器物罕见此类型胎质
二级胎	属于中等级别胎质，常用于三级官窑和二级民窑器物	洁白或细实，但不呈现糯米汁光泽，也不属于狗牙胎
三级胎	属于普通级别胎质，常用于三级民窑器物	胎土淘洗过滤不精细，发色不够洁白或细实，有时胎质疏松可见孔洞或有杂质存在

表 8-4 明清瓷器釉质等级表

胎质等级	说 明
一级釉（精釉）	釉色莹润或釉面温润；颜色釉发色纯正，玻璃釉透明；釉中无肉眼可见杂质；釉面无缺陷（较少的棕眼和较小圆形缩釉不计）；釉层均匀或呈现古典美的蜡泪痕状釉。常见于官窑瓷器或一级民窑瓷器
二级釉（细釉）	釉色缺乏莹润或略有干涩感；颜色釉发色略显灰暗或略显变色；釉中有肉眼可见的较小杂质；有局部粘釉、爆釉、鸡爪纹、缩釉；釉层不均、局部脱釉而略失美感。常见于二级民窑瓷器
三级釉（粗釉）	釉面粗糙，有明显肉眼可见的较大杂质、瑕疵或其他缺陷，影响器物的整体美观和欣赏。常见于三级民窑瓷器

表 8-5　明清瓷器纹饰等级表

纹饰等级	说　明
宫廷画师级	十分精美的纹饰，由以下两种职位的人员绘制： 1. 专职供奉于皇家画院的宫廷画师，可亲自在器物上绘制纹饰或提供画稿；不但精通画艺，而且精通文学。 2. 景德镇在明清官窑从事瓷器绘画的画师，可亲自在器物上绘制纹饰或临摹宫廷画稿在瓷器上绘制纹饰，从事官窑瓷器的绘画。属于官匠（匠籍制）或高匠（高级工匠，通过招募进厂）（康熙三十六年前）以及民匠（康熙三十六年后）[①]
民间画师级	民间高水平的画家、艺人所绘的精美纹饰。不但精通画艺，而且精通文学。其中一些仿官的或符合皇家风格的纹饰可视为宫廷画师级纹饰。用于一、二级民窑瓷器的绘画。属于民匠
民间画工（匠）级	一般水平的画工、画匠以及学徒工[②]，绘画民间风格的纹饰包括粗犷草率的纹饰及粗糙纹饰。可以按要求或固定的纹饰进行绘画，但不精通文学。用于三级民窑瓷器的绘画。属于民匠

注：

①康熙三十六年彻底废除匠籍制后，御窑厂的工匠已不属于官匠，而是来自民窑的民匠，他们既可以受雇于御窑厂工作，有时间也可以为民窑服务。

②学徒工所绘纹饰通常较为粗俗，除绘画欠流畅、规整外，甚至在个别器物上还出现比如款识书写漏字等现象，如我收藏的一件明晚期的青花人物图碗残片（图 8-80）的底款上竟将"万福攸同"漏写一字而成为"万福攸"，被古玩行戏称为"错版"。

图 8-80　明晚期　青花人物图碗残片（属于"错版"，底款本为"万福攸同"，因漏写一字而成为"万福攸"）

各色陶瓷　异彩纷呈

第九讲

中国陶瓷不但历史悠久，而且品种繁多。汉晋直到隋代陶瓷，古朴神秘，青瓷一脉相承，独领风骚；唐代瓷器，南青北白，分占半壁江山，另有长沙窑、唐三彩异军突起；宋代陶瓷，独尚青色，朴素优雅，名窑辈出，蜚声天下，七大窑系，遍布大江南北；元代青花，风云乍起，一发而不可收，更有蓝釉、釉里红、青花釉里红、卵白釉，色彩纷呈；明代陶瓷，洪武釉里红、永乐甜白、永宣青花、成化斗彩、嘉万青花五彩，可谓林林总总、百花齐放；清代陶瓷，康乾盛世，追求极致，演绎精彩，各种彩瓷，釉上釉下，同聚一堂；同光陶瓷，不堪寂寞，大有中兴之象。想当年，各地窑场多如牛毛，种类五花八门，真可谓名窑林立，群星璀璨，异彩纷呈。由于陶瓷品种众多，限于篇幅，我们不能一一开设题目讲述，但考虑到本书的特点，为使内容全面和丰富，除本书前述专题讲述的陶瓷品种外，其他我们在收藏中常会遇到的品种均归纳在本讲中讲述。

瓷片与器物鉴赏

西晋　青釉双系撇口壶

图 9-1 是一把壶。它的造型为撇口、直颈、圆腹，腹下部自然形成圈足外墙，圈足以内平底，肩部对称有两条形系。这把壶的釉色为草黄色，表面为局部施釉而且施

图 9-1　西晋　青釉双系撇口壶

釉并不均匀。外面从口沿开始到颈部不施釉；从颈部下端开始施釉到肩部，肩部以下及外底不施釉；内部靠近口沿处局部施釉，壶内不施釉。河南禹州钧官窑址博物馆也藏有一件类似器物，其年代标注为晋代。这把壶我判断大致也属于这一时期，具体来讲我偏向于西晋时期。

这件器物从造型、胎质、釉色、施釉特征综合来看，并非真正意义上陶瓷烧造成熟的作品，而属于陶瓷发展史上较早时期的器物。为了初学者了解早期陶瓷的发展形成脉络，也里有必要插入一些知识，简单介绍一下早期陶瓷的有关情况。

中国瓷器成熟的烧造期现在公认的是东汉中晚期，东汉中晚期之前直到商代的瓷器，称作原始瓷或原始青瓷，也就是说商代是原始瓷的创烧期，而东汉中晚期是成熟瓷器的创烧期。原始青瓷一般情况下施釉都是局部的，釉色基本上以青色、草黄色、草绿色为主。东汉中晚期才烧成真正意义上的瓷器，在这之前直到更早的商代，一些带釉的而且胎质有一定瓷化程度的器物被称为原始青瓷，因此东汉中晚期被认为是瓷器发明的时期，从此以后，瓷器不但改变了中国人的生活方式，也对全世界产生了极大的影响，因而瓷器的发明我认为应是跻身于中国古代造纸、火药、指南针和活字印刷术这"四大发明"之列的"第五大发明"。原始青瓷上的釉料是陶瓷历史上最先发现、发明和使用的釉料，也很贵重，所以古人为了节省釉料，原始青瓷上的釉层通常都较薄且不施满釉，即使后来釉料已被大量用于器物表面，但工匠始终会顾及制作的成本。古代工匠们为了降低成本，对于器物上有些不重要的部位往往是不施釉的。那么针对这把壶哪些部位不重要呢？为了把这个问题说清楚，下面我介绍一下相关的知识。

中国古代直到东汉前期以前，比如商、西周、春秋、战国、秦、西汉，直到东汉的前期，那时候中原地区的古人在吃饭、喝酒等宴饮活动中采用的是席地跪坐的方式。东汉后期，随着一种叫作胡床的家具，也就是相当于马扎儿这样的一种凳子的传入，古人由席地跪坐逐渐演变成了垂足而坐。在采用跪坐的方式宴饮时，人们的目光是向前下方看，目光所能接触到的器物的部位，如口沿内局部及上腹部等，工匠就给这些部位施上了釉，而目光触及不到的部位就不施釉。根据这种观点，比如这把壶的颈部，我们跪着的时候看不见，肩部以下的腹部也不易看到，所以这些部位就不施釉，这在当时也是一种节约釉料的方法，可见古人是很懂得节约的。国家现在也大力提倡节约，但是一些人缺乏节约意识，比如到饭馆吃饭点了很多东西，吃不了，剩下后被扔掉了，这就很浪费。古人就非常讲求节约，虽然他们是烧造陶瓷，而这里举的是吃饭的例子，但道理都是一样的。《朱子家训》载："一粥一饭当思来处不易，半丝半缕恒念物力维艰。"大家一定要在现实生活当中自觉养成节约的好习惯。

我们再看这把壶的颈部。颈部有些水波纹，好像用工具压上去或划上去的。这些波纹起什么作用呢？这种类型的壶在古时候应该是装酒用的，如果是用绳子提着，当然要用到这两个系，但是用手拿着的时候，习惯上都是握着颈部，这个部位不能太光滑，所以我认为这些波纹主要是起到防滑的作用，反映了古代工匠的智慧。这把壶的造型古拙优美，釉料还节约，有防滑功能，实用性很强。这把壶的口部由于损坏而进行了拼接，好在基本完整。

类似胎釉及造型的器物我曾在几家博物馆内见过，情况如下：

开封博物馆，1 件类似壶，名称为：汉 褐釉双系瓷壶；

南宋官窑博物馆，1 件类似壶，名称为：汉 釉陶壶；

陕西历史博物馆，5 件类似壶，名称为：汉 瓷钟；

高安市博物馆，1 件类似壶，名称为：西汉 青釉喇叭口双耳铺首含唧瓶；

钧官窑址博物馆，1 件类似壶，名称为：晋代（公元 265—420 年）青釉双系瓷罐。

我收藏的这把壶与河南禹州钧官窑址博物馆展出的那件胎釉、造型基本上一样，因此我大致判断也属于晋代，但稍早一些，也就是西晋时期的器物。汉代已有此种风格的器物并一直延续到晋代。

上述五家博物馆中类似器物有称作瓷壶的，也有称作陶壶的。实际上我收藏的这把壶的胎质为半陶半瓷，准确地说这样的器物叫作炻器。我在露胎的表面洒上水滴，发现也具有吸水性，但并不明显，从釉色上看不是典型的原始青瓷，出于慎重起见，我还是把它归于釉陶的范围。陕西历史博物馆中类似的壶称作"瓷钟"，该馆也收藏有一件汉代的名称为"中私官"铜钟的青铜器物，看来这类陶瓷壶是仿青铜器的造型，但无论是铜质还是陶瓷质地的，都是古时候的一种盛酒器。

接下来我要为这把壶命名。好多人做收藏很长时间，却无法准确、规范、转专业地为一个器物命名。作为专业收藏者，我们要给器物取一个合理而规范的名称。陶瓷器物的命名通常是有一定的规律和顺序的：首先说年代，然后能确定窑口的说窑口（不能确定窑口的可以不说窑口），接着说釉或彩的种类或颜色，再接着说纹饰特点，最后说造型。那么我们就以这把壶为例给它起一个名字，年代是西晋，釉的种类为青釉，纹饰也没什么纹饰，通常看主要纹饰，这上边有几道弦纹，颈部有点水波纹，我们说主要纹饰，它没有我们就不说了，因此这把壶的名称应为：西晋 青釉双系撇口壶。看过这本书的朋友，以后要再说一件器物的名称，一定要说出一个很像样的规范的名字来。

这种壶在汉代至西晋时期不是百姓能用的，但也并非是非常高档的器物，因为西汉时候的青铜器具作为传统高规格的器物直到西晋都在大量使用。陶瓷发展到西晋、东晋时期也出现了许多更为精美的器物，以后随着瓷器质量的提高和数量的扩大逐渐取代了青铜器的地位而成为人们生活中的主要器具。但不管怎样，这把壶今天来看仍有一定的历史价值、研究价值和收藏价值。

现在市场上古陶瓷仿品非常多。一些藏家可能认为这把壶很普通，但即使这样，市场上也出现了仿品。图9-2是一件仿品，乍一看与图9-1的壶感觉很相似，但是对比真品和仿品后会发现仅造型接近，或许仿品是参照真品做的，但是还是有区别，包括两者腹的弧线、两个系，系通常叫耳朵，做的也不完全一样。尤其是釉色不一样，真品的釉面上常有细碎的开片，像蚕的翅膀，我们把它叫作蚕翼纹，这是早期瓷器上面经常出现的痕迹，仿品的釉面上没有任何开片，也就是说釉上没有任何裂开的纹理痕迹，而且釉面有浮光。此外，用手拿一下就会感觉到仿品的重量有点偏重。大家一定要非常注意，现在这些仿古的器物，不但仿制官窑和高端器物，普通器物也仿。本书在依托实物图片的基础上讲述器物鉴赏知识，就是为了给大家提供一些鉴定依据和方法。

图9-2　当代 仿西晋青釉双系撇口壶

图 9-3　东晋 青釉鹰形带盖洗

图 9-4　东晋　德清窑黑釉鸡头壶（故宫博物院藏）

东晋 青釉鹰形带盖洗

图 9-3 是一件青釉洗，也可作为水丞，为古代文房用具。洗外部施半釉，下部及内部无釉。洗身、洗盖分别为鹰形，鹰尖嘴圆眼，用篦状物划出羽毛，并戳出圆点来表现羽毛上的色斑。把笔洗做成鹰的形状是古代工匠大胆的设想和创造，特别是鹰形的盖子犹如一只小鹰伏在老鹰的背上，表现了鹰既威武又善良的一面。这种把文房器物做成动物形状的风格较多出现在西晋、东晋的器物上，直到唐宋时期并影响到后世瓷器的制作。高古瓷器（高古瓷器通常指元代以前的瓷器）中两晋时期类似器物尤为精美，如蛙形水盂，甚至影响到其他器物的制作，再如东晋时期典型的德清窑黑釉鸡头壶（图 9-4）等。这件鹰形带盖洗造型独特，鹰的捏塑生动形象，器型完整且年代久远，是这类动物形器物较早时期的代表作品之一，有一定的收藏和学术价值。由于魏晋时期文人高士大多崇尚清静无为和隐居生活，这种鸟形器物又有羽化升仙的寓意，所以为时人所喜爱。魏晋时期涌现出一大批文人雅士，文房用品种类也很多，因此我大致推断这个器物应属于同一时期的产物，为瓯窑的作品。

隋 青釉高足盘

隋代由于立国时间较短，仅有 37 年，可确认的及具有隋代时代风格的器物不多。但图 9-5 这类青釉高足盘确是典型的隋代器物。这类高足盘一般都是叠烧的，因此盘子的内部常见支钉痕，但这件高足盘的里面未见支钉痕，烧制时应该是位于最上层的

图 9-5 隋 青釉高足盘

图 9-6 唐 青釉贴塑人物纹钵残片

图 9-7 唐 洪州窑青釉带环冲耳鼎式炉

一件。隋代的器物大都为青釉制品，那时白釉瓷器刚刚烧造成功不久，还没有普及烧造和使用。这种高足盘在当时应是少数民族使用的一种常见器物。

唐 青釉贴塑人物纹钵残片

图 9-6 中此钵直口，口沿微内敛，深腹、弧壁下内收，饼形足。灰色胎质，内外施青釉，外壁下部不施釉但有蜡痕或泪滴状流釉。外壁残存有三个贴塑胡人头像，推

断原有四个对称的头像。唐代的长安十分繁华，也有很多波斯及阿拉伯商人。此钵从造型和纹饰上看应属于唐代的器物。

唐 洪州窑青釉带环冲耳鼎式炉

图 9-7 中此炉冲耳带环，束颈鼓腹，颈部、肩部及腹部共有四道凸弦纹，三卷云足。内外施青釉，外底无釉，釉色青中偏灰，釉面局部有脱釉现象。釉面有灰白色斑点，犹如雨点飘洒。该炉应为唐代洪州窑烧造的器物，其年代久远，造型古朴典雅，保存完整，实为难得。唐代陆羽《茶经》一书载"碗，越州上，鼎州次，婺州次，岳州次，寿州、洪州次"（唐代青瓷六大名窑），将洪州窑列为六大名窑之一，也从一定程度上表明人们对洪州窑器物的喜爱。高古器物中洪州窑保存完整的器物并不多见，尤其是这类鼎式炉是极为重要的礼器和祭器，造型较为复杂，完整保存下来实为不易，因而显得十分珍贵。洪州窑在东汉中晚期烧造出了成熟的青瓷，是我国重要的青瓷发源地之一。

邢窑简介

邢窑的窑址主要在河北的内丘县，此外还有临城县的祁村和西双井村一带，其中内丘县已发掘的窑址曾经给唐代宫廷烧造供御瓷器，而临城的祁村和西双井村窑址应为民窑，以上

图 9-8　邢窑遗址博物馆

三处窑炉遗址我都曾去参观过。祁村的窑址据说当年发掘后已经回填，而西双井村的窑址已经探明并采取了保护措施，现场虽然已经进行了表层清理，但主要的发掘工作还没有进行。邢窑主要窑址是在河北内丘，因为内丘在唐代属于邢州，所以该地窑场被称作邢窑。已发掘并对外展出的窑炉遗址在内丘县城，现已建有邢窑遗址博物馆（图9-8）和邢窑博物馆（图9-9）。此外，在河北省邢台市临城县的崆山白云洞景区内，也建有一座邢窑博物馆。

　　邢窑主要烧造白釉瓷器，以"白如雪"著称，唐时与南方的越窑有"南青北白"之称。邢窑早在隋代就有白瓷烧造，并有洁白透彻的"透影白瓷"烧造成功。唐代的邢窑瓷器，分粗细两种瓷器，当时上至达官贵人下至普通百姓都使用邢窑的器物。唐代文学家李肇在《国史补》一文中说："内丘白瓷瓯，端溪紫石砚，天下无贵贱通用之。"也就是说邢窑当时烧造的数量很大而且使用的范围很广。据考古资料显示，在其他国家，比如中东的伊拉克也出土了邢窑的一些器物，说明当时邢窑瓷器不仅仅是在国内使用，而且还是外销瓷。邢窑瓷器有两种：一种是粗瓷，一种是细瓷，细瓷中下面有带字的，比如外底写一个"盈"字，是唐代宫廷器物，此外还有"大盈"字款的。"盈""大盈"指唐代皇帝私营支取的库房，称作大盈库，因此带有盈字款、大盈字款的器物是给皇帝烧造的。通过对内丘邢窑窑址的发掘，除了发现有盈字款的邢窑瓷器外，同时还发现有"官"字款、"翰林"款的，说明邢窑在唐代确实曾经给皇宫和官府烧造过瓷器。我去内丘的时候，听当地人说某藏友手中有一个带有"翰林"款的瓷片，我急忙赶去，惜已售出。据临城邢窑博物馆资料记载，邢窑还有带"昌"字款的器物，

图9-9　邢窑博物馆（内丘）

图9-10　唐"盈"字款白釉罐（内丘 邢窑博物馆藏）

图9-11　唐"盈"字款白釉碗底（内丘 邢窑博物馆藏 内丘城区窑址出土）

图 9-12 唐"翰林"款白釉罐（内丘 邢窑博物馆藏，1987 年 3 月集上赛村出土）

图 9-13 唐 三彩盘（内丘 邢窑博物馆藏 礼堂北窑址出土）

图 9-14 唐"大盈"款器物残片（临城 邢窑博物馆藏）

图 9-15 唐"官"字款器物残片（临城 邢窑博物馆藏）

2012 年内丘西关窑遗址出土了带有"高""大""上"款的器物。内丘邢窑遗址博物馆发掘出土了唐三彩器物残片。从内丘遗址博物馆现场提供的图片上看，该处还发掘出土了一件确认的隋代三彩杯残片，从而提出了"隋三彩"的概念。唐三彩残片的发现证明了邢窑可能是继河南巩义窑、耀州黄堡镇窑之外第三个烧造唐三彩的窑口，称为邢窑唐三彩。

唐 邢窑白釉茶臼残片

图 9-16 是一件白釉的邢窑器物的残片。我先介绍一下这件瓷片的来历。前几年夏天，北京某古玩市场，人山人海，地上有很多售卖古董的地摊，小商贩、古董商摆了好多瓷片，我去得比较晚，以为也没什么宝贝可淘了，可是后来一眼就发现了地上的这件瓷片。它一下映入我的眼帘，我知道这是一件很好的古瓷标本，心想幸好被我见

图 9-16　唐 邢窑白釉茶臼残片　　　　　　　　图 9-17　五代 擂钵（2015 年冶子窑址出土，磁州窑博物馆藏）

到。于是我一下子把它抓到手里，再也不放下了。按照购买古玩的规矩，这件瓷片我是不能撒手的，我一撒手，别人拿走了，我就永远也没有机会了。后来我以一个合适的价格把它买到手里，一些人跟随在我的身后，问我这个东西到底是什么，是干什么用的，哪个朝代的。我非常高兴地说："这是唐代邢窑烧造的茶具中的茶臼，这件东西是宝贝，在你们眼前你们都不认识。"根据它的胎釉，它的胎质不是很致密，应属于日常茶道用器，但它的釉色雪白，白色的釉当中还闪着银光，就是银子表面的银色的光泽，而且制作规整。它的外底是玉璧底（玉璧形状的底），这就符合唐代邢窑器物的特征。

茶臼是把茶饼研磨成碎末的器物。唐代喝茶的方式为煮茶，煮茶之前要把茶饼放在茶臼里研成碎末，然后把茶叶碎末放入煮茶的器具中加入水和调料煮沸，煮完后像喝粥一样连茶叶末一起吃掉，所以这叫吃茶，吃茶是唐代人的习俗。这个器物就是把茶饼研成碎末的茶臼，它里边还刻有环向和径向的一些凹槽，起到研磨茶饼的作用。这类茶臼是一件邢窑的标准器，现在很少有机会见到一件邢窑的完整茶臼，我收藏多年也就得到这么一件残器。有些类似这样的器物但尺寸较大的，在古代也常被用来研磨釉料，像大碗一样，称作擂钵（图 9-17）。

唐 邢窑白釉玉璧足碗

图 9-18 是一件完整的邢窑的白釉碗。碗为玉璧形底足，足脊无釉，碗的内壁、外壁和外底都施满了白釉。邢窑瓷器的釉色是一种像雪一样的冷白色调，有类银、类雪的特征。这个碗的釉色非常洁白，尤其是外壁的颜色，真的是像雪花一样的洁白的色泽。

这个碗胎釉都比较细腻，在邢窑器物中应属于细瓷。碗的外壁轮廓略呈弧线，它与水平面的倾斜角大致成45°。它的口沿外侧一圈象嘴唇一样，这叫唇口或唇沿。这件东西虽然有一点拼接，但是一点不缺，很难得。这种类型的邢窑白釉碗就是唐代陆羽在《茶经》中所说的邢窑常用于喝茶的碗。这个碗按照今天我们的理解用于喝茶感觉尺寸较大，但唐代讲的是煮茶、吃茶，吃茶就像吃饭一样，所以这类碗就比较大，称之为大碗茶也不为过，当然古人用它吃饭也可以。这个碗应该是邢窑茶碗的一个标准器或标准样式，收藏这种碗的机会并不多。

唐 邢窑钵

图9-19中这件器物叫作钵。钵又称"应量器"，为佛教僧侣盛食物的器具，也是比丘十八物之一，是古代大乘比丘随身携带之物。《出家偈》云："天下丛林饭似山，钵盂到处任君餐。黄金白玉非为贵，唯有袈裟披身难。"由此可见钵盂对出家人的重要性。

这个钵的颜色洁白如雪，外壁局部还有泪痕现象，这是一件唐代邢窑的作品。由于钵通常为佛教僧侣人物所使用，因此这类器物无论是出土还是传世的数量都非常少。这件器物造型十分规整，釉色"类银类雪"，同时蕴藏着深厚的历史文化信息，时隔千年，再一次在我们眼前呈现了唐代"南青北白"时期北方陶瓷工匠杰出作品的风貌，是一件十分难得的邢窑细瓷中的精品。

图9-18 唐 邢窑白釉玉璧足碗

图9-19 唐 邢窑钵

图 9-20　长沙铜官窑标记碑

图 9-21　长沙铜官窑遗
址文物保护标志

图 9-22　长沙铜官窑谭家坡窑
址遗迹

图 9-23　湘江

图 9-24　长沙铜官窑博物馆

长沙窑简介

　　长沙窑又名铜官窑，是唐五代时期著名民窑。长沙窑位于湖南省长沙市望城区丁
字镇湘江河畔的彩陶源村。据载，早在三国时期即有官府作坊在此造铜，"铜官"之名
由此而来。瓷器的釉下彩绘最早出现在越窑
青瓷上，但没有发展起来，而在长沙窑瓷器
上釉下彩绘装饰技法得到了发展和大量运用。
长沙窑的窑址于 1956 年被首次发现，而后进
行了发掘，在谭家坡遗址发掘出了一条完整
的龙窑，并在此处建成了长沙窑窑址博物馆。
窑址附近还建有长沙铜官窑博物馆，该馆展
出有大量的长沙窑器物，包括唐代"黑石号"
沉船上的部分器物。模印贴花、釉下彩绘以及

图 9-25　唐 长沙窑褐绿彩纹饰器物残片

图 9-26　唐 青釉褐斑模印贴花壶（长沙铜官窑博物馆藏）

在器物上题写中文与阿拉伯文是长沙窑器物的主要特色。唐代长沙窑的彩绘瓷是人们从注重瓷器的釉色美到注重彩绘美的产生、过渡和发展时期，在中国陶瓷发展史上具有重要地位。长沙窑的釉下彩绘装饰技法包括色斑装饰和彩绘写意花鸟两种形式，色彩由起初单一的褐彩到运用褐绿两种彩色装饰，产生了独特的艺术效果。

长沙窑瓷器也是古代重要的外销瓷器品种。唐代诗人李群玉有诗《石渚》描写了长沙窑当时烧造的盛况：

古岸陶为器，高林尽一焚。焰红湘浦口，烟浊洞庭云。回野煤飞乱，遥空爆响闻。地形穿凿势，恐到祝融坟。

2018 年我在窑址访古期间，在当地藏家手中见到一个带有"陛下"铭文的长沙窑器物残片（图 9-27），制作非常精细，表明长沙窑或许曾为唐朝宫廷烧造过贡瓷。

图 9-27　唐代 长沙窑"陛下"款爵杯残片（徐志华先生藏）

图 9-28　唐 长沙窑褐绿
彩牡丹纹折腰盘残片

唐 长沙窑褐绿彩牡丹纹折腰盘残片

这是一件折腰盘的残片（图 9-28），盘内采用釉下彩工艺以绿彩勾勒轮廓、以褐彩描绘筋脉绘制了一株牡丹花，绘画笔法流畅，纹饰大气绰约，彰显出雍容富贵之意。唐人喜爱牡丹，但唐代长沙窑器物上绘制牡丹花卉的并不多见，因而这类残片也显得比较珍贵。

牡丹寓意富贵典雅，有国色天香之美誉。洛阳被誉为牡丹花城，牡丹是洛阳的市花。唐代诗人刘禹锡有诗曰："庭前芍药妖无格，池上芙蕖净少情。唯有牡丹真国色，花开时节动京城。"白居易《买花》一诗中有"共道牡丹时，相随买花去"。除洛阳牡丹外，山东菏泽的牡丹也很著名。我也很喜欢牡丹，并特意购买一盆洛阳牡丹放置家中，每日欣赏并尝试着为之作画，雅趣盈盈。

唐 长沙窑青釉褐绿彩"羊甲跪乳之恩"铭文执壶

做收藏很重要的是机遇，因此要不断地寻找机遇，要经常地到外面去转，尤其到古玩市场去转。几年前的一个夏天，天气很热，我在南方某古玩市场淘宝，我一般逛古玩市场是一家一家地去看，不是说这家店铺位置比较偏我就不去了，这样好的东西无论放到哪里，我都有机会看得见。我按着顺序一排一排地走，走到最后一个不太显眼的一家古玩店铺，进去转了一圈，粗略地看了一下，没有看到满意的器物。就在我要走的时候，走到门口的一个地方，墙角一个不显眼的很破旧的桌子上放着一件器物。我一看，心里一惊，感觉那件器物坐在那里用冷冷的但很期盼的眼光在看着我。我走到近前一看，心想这正是我梦寐以求的东西。我知道一件宝物正在向我走来，内心暗道：这真叫踏破铁鞋无觅处，得来全不费功夫；众里寻它千百度，蓦然回首它就在墙角处。原来这是一把十分精美的长沙窑执壶。

图9-29这把壶为喇叭口、粗直颈、溜肩、瓜棱腹，在颈部和瓜棱腹的肩部有一个曲形的执柄，在执柄的对面，是壶的出水或者是出酒的壶嘴，古人将壶嘴称作"流"，这是一个多角形的短直流。从这把壶的造型上看，这是典型的唐代长沙窑执壶。这把壶的釉是草黄色，分布得比较均匀，釉色非常莹润。釉一直施到腹下部靠近平底的上部，外底无釉。壶内部口沿处局部施釉，壶里边为素胎无釉。

再看这把壶的纹饰。这把壶的表面没有花卉等纹饰，仅是在一侧有一抹彩斑，彩斑的中间是绿色，在绿色彩斑的周围是褐色形成的一个边框。在流的下方，用草书写了几个字："羊甲跪乳之□"。最后这个字，曾经有过不同观点。古代有一句话叫：鸦有回哺之义，羊有跪乳之恩。这里的鸦有回哺之义，是说乌鸦老了以后自己不能打食了，小乌鸦会把吃到嘴里的食物反哺出来喂给老乌鸦吃，这是一种孝道的表现；羊有跪乳之恩是指小羊在吃奶的时候，前腿要跪下，这是一种感恩的行为。因此这个壶的上面写一个"羊甲跪乳之□"，最后这个字原来我以为是"羊甲跪乳之恩"，表示儿子对母亲养育之恩的怀念。后来有人认为这几个字应是"羊甲跪乳之志"，表示要立志终生抱恩。还有人说最后这个字好像一个"丧"字，应为"羊甲跪乳之丧"，意指乳娘或者生母去世了，为了纪念她，她的子女定做了这把壶。这里的羊甲应该是一个人名，

图9-29　唐 长沙窑青釉褐绿彩"羊甲跪乳之恩"铭文执壶　　　　图9-30　唐 长沙窑青釉褐绿"羊申跪乳之恩"铭文执壶（长沙铜官窑博物馆藏）

羊应与"杨"通假，指姓氏。唐代十分提倡孝道，二十四孝的故事就是这一时期的产物，因此这种孝道字样的铭文出现在瓷器上也是正常的习俗和时代特征。因此我们从这把壶的造型，它的釉色，还有它上面的釉下褐绿彩斑块及铭文来看，这把壶是唐代晚期长沙窑的经典作品。后来我到长沙铜官窑博物馆参观，也见到了一把类似铭文的执壶，那把壶上的铭文是"羊申跪乳之恩"，从而印证了我这把壶上的铭文应是"羊甲跪乳之恩"，它们是同一类型和时代的作品。据《中国陶瓷史》记载，类似的诗文还有"牛怀舐犊之恩""羊伸跪乳之义""慈乌反哺之念"等。这把壶上绿色的彩斑青翠欲滴，像绿宝石一样的色彩，明艳晶莹，表现手法自然又洒脱。这把壶非常漂亮，古典而精美，是长沙窑器物中的精品，称之为宝物实不为过，因而十分珍贵。

越窑简介

越窑是一个比较大的窑口，但越窑器物的瓷片在北京出土瓷片中比较少见，说明当时北京地区不是越窑产品的主要销售目的地。越窑烧造的起始年代很久远，可以追溯到汉晋，甚至到商代的原始青瓷。由于东汉时期越窑青瓷实现了从原始青瓷到成熟瓷器的演化，因此越窑青瓷也被称为"母亲瓷"。

越窑到了唐晚期至北宋早期时达到烧造的高峰。越窑器物的胎质主要呈灰色，釉呈失透状，釉色为青色、艾青色、湖水绿色、青灰和草黄等色调，釉层较薄，以晚唐至五代时期的湖水绿色为上色。从唐代开始，历经五代到宋初，朝廷都曾派官员监督（相当于明清时期的督陶官）和采购越窑器物，叫"置官监烧"，由于当时并没有以朝廷的名义建设专门的窑场来烧制宫廷用品，因此越窑严格上讲还不能称作宫廷官窑，但应该有地方官窑存在，比如吴越政权烧造秘色瓷的窑口。这一时期只能说越窑曾经生产过供御产品或称贡品。唐代诗人徐夤《贡余秘色茶盏》中有诗句"捩翠融青瑞色新，陶成先得贡吾君"，说明当时烧造秘色瓷的窑口性质为"贡窑"。由于唐晚期官方曾派人去监烧越窑产品，所以有人曾把越窑说成是唐代的御窑厂，这种说法还有待商榷。越窑地区在五代时期属于吴越国钱氏割据政权管辖范围，钱氏政权为了讨好中原王朝，曾经向中原王朝进贡了很多的越窑瓷器，比如曾经向后唐、后晋、后周及北宋王朝进贡越窑瓷器，这些作为进贡的瓷器制作和烧造的质量都很高，釉色呈青翠和草黄色，很是漂亮，被称作"秘色瓷"。这些进贡的瓷器虽然史料上有记载，但长久以来实物一直无法确认，直到1987年陕西扶风法门寺地宫出土14件秘色瓷（其中13件有明确记载）后人们才看到了秘色瓷的真面目。

图 9-31　上林湖

图 9-32　上林湖越窑国家考古遗址公园

图 9-33　上林湖唐
代龙窑遗迹（荷花芯
窑址）

图 9-34　上林湖越窑博物馆

　　唐宋时期越窑青瓷的中心产地在今浙江宁波市慈溪市的上林湖一带，上林湖唐代属明州慈溪县，五代时期划归余姚县。上林湖是一个长方形的湖泊，呈南北方向，东西两岸密布古代越窑的窑址，其烧造年代可以追溯到东汉、三国时期。后来随着烧造窑场的扩大，在浙江的上虞、宁波及其他地区又出现了一些烧造越窑器物的窑场。如今上林湖一带已成立了上林湖越窑国家考古遗址公园，园内上林湖畔已发掘出一座唐代荷花芯龙窑遗迹供游人参观，并建有上林湖越窑博物馆，展出越窑器物和残片。

　　谈到越窑，我重点要讲的是越窑器物的釉色。越窑瓷器属于青瓷系统，主要色调应为青绿色或青翠色，但青色的深浅有所差异，比如青黄色、草黄色、湖水绿色等，其中青翠色和湖水绿色为越窑器物中的上品色调，是为秘色瓷的主要色调。关于秘色瓷的名称由来，很多资料中都有不同的论述，归纳起来主要有以下几种观点：

　　第一种观点认为，由于五代时期吴越政权向中原王朝进贡的越瓷精品，属于官方秘密烧造，采用的釉料为秘制配方，"不得臣庶用"，所以称作秘色瓷。持这种观点的人忽略了一个事实，那就是早在唐代就已经有秘色这个称呼了，例如在很多资料当中都引用的唐人陆龟蒙《秘色越器》中的诗句"九秋风露越窑开，夺得千峰翠色来。好向中宵盛沆瀣，共嵇中散斗遗杯"，诗题"秘色越器"中就有"秘色"这一称谓，说明"秘色"一词唐已有之。这首诗中为什么强调越窑要在农历九月的秋天开窑？我认为，第一，九月已是深秋，植物上常有露珠，这时的树木更加苍翠欲滴，表现了对越窑器物的赞美；第二，这个季节空气温度，以及空气中的各种成分及水分的含量（比如相对湿度）有利于瓷器的烧成和开窑时的冷却，使瓷器色泽更加好看；第三，九秋时节夜晚露水多，才能更好地盛"沆瀣"（露水，指代酒），即为下文打好伏笔；第四，也可能是嵇康（嵇中散）遇难时在九月，为的是怀念他。我没有见过陆龟蒙这首诗的原稿，但我认为这首诗最后一句中的"杯"按全诗的合仄押韵应读为"怀"音；或许"怀"和"杯"在古代行书中书写类似，"杯"实为后人误传，原本就为"怀"字，诗人创作时也不可能出现不押韵这样的错误，因此最后一句诗应为"共嵇中散斗遗怀"，对这句或许理解是"同嵇康一起喝斗酒（一斗酒，指数量），碰杯中酒水洒落怀中"。诗中的"斗"也应为读作三声（在慈溪上林湖越窑博物馆展示的有关越窑的音像资料中该诗句中的"斗"也读作三声。），表示数量"一斗酒"。据此诗可以看出唐代已经有秘色瓷了，因此秘色瓷不应仅仅是对五代时期越窑精品的称呼。李白《望天门山》中"天门中断楚江开，碧水东流至此回"，朗读时诗中的"回"字也读"徊"音，也是出于合仄押韵的目的。

第二种观点认为，秘色是古代一种香草的颜色，秘色瓷中的秘色实际上就是指釉的颜色好像这种香草的颜色，并非烧造出来的一种神秘釉色。因此北宋初期以后，即使不再设官监烧了，但这种秘色瓷仍在烧造，一直延续到明初。

第三种观点出现在法门寺博物馆内墙壁上的一则介绍资料"大唐宫廷御用珍惜极品瓷器——秘色瓷"上：

> 梳理唐代文献，"秘"字所指器物，皆与皇帝或宫廷相关，且"秘""珍""奇"三字含义相通，于器物名称前，往往用"秘"字。如"秘籍""秘玩""东园秘器"等。至于"色"字，唐代作"等级""品级"之分类用法，如"上色沉香""上色金""上色甚好纸""中色白米""头色瓶"等。由此，"秘色瓷"于唐人语义之中，意指"珍惜品级之瓷器"，与釉色、产地无涉。

那么秘色瓷到底是什么样的一种瓷器呢？由于资料的记载和实物无法匹配，所以很长的一段时间内，后人无法识别秘色瓷的真面目，直到1987年法门寺地宫出土了13件有明确出土记载的秘色瓷后，人们才真正揭开了秘色瓷的神秘面纱，历史疑团豁然得到答案。其实同时出土的还有一件越窑八棱净水瓶，后来也被归属为秘色瓷的范畴，因此总数应为14件。14件秘色瓷中的12件瓷器釉色近乎青翠，又像湖面的那种绿色，即湖水绿色，而其余2件秘色瓷碗釉色则呈青黄色。这里我认为秘色不应是一种单一的釉色，因为即使是同样成分的胎釉，由于在窑炉中的烧造位置、烧造的环境气氛和温度不尽相同，因此烧成的釉色也会有所区别，比如法门寺地宫出土的14件器物就呈

图 9-35 法门寺

图 9-36 法门寺博物馆

图 9-37 唐 秘色瓷碗和秘色瓷五曲花口盘（陕西历史博物馆藏，法门寺唐代地宫出土）

青翠和青黄两种色泽，被认为是秘色瓷的标准器。我去参观的时候看到展出的只有 4 件秘色瓷，包括 2 件秘色瓷碗、1 件秘色瓷碟和 1 件秘色瓷盘，由于博物馆内光线较暗，因此无法拍摄出较为准确反映实物釉色的照片。陕西历史博物馆也展出 2 件法门寺地宫出土的秘色瓷，为 1 件秘色瓷碗和 1 件秘色瓷五曲花口盘（图 9-37）。

越窑秘色瓷的烧造起始年代为唐代，北宋时期仍有烧造。明人谈迁《枣林杂俎》一书有如下记载："崇祯壬午，南京大内失秘色瓷器五百件。"可见明末时宫廷内还藏有大量的秘色瓷器，但无从得知这些秘色瓷是唐宋时期遗物还是在明代仍有烧造。

现在在越窑的一些窑址发现的很多瓷片通过和法门寺地宫出土的标准釉色的秘色瓷比较后都被认为属于秘色瓷，包括一些完整越窑瓷器也都被认定为属于秘色瓷的范畴。慈溪上林湖越窑博物馆藏有很多已被认定为秘色瓷的器物和残片，我观摩该博物馆里出土的器物和残片后认为，这里的秘色瓷从釉色上大致可分为三种：即青色、青黄色和青灰色（青灰色也称"艾色"，即艾草或艾蒿色）。它们的釉层都较薄，胎质呈灰色，属于越窑瓷器中的精品。博物馆里还展示有越窑仿烧汝窑的天青色器物残片（这

图 9-38　唐 秘色瓷葵口圈
足碗

图 9-39　唐 秘色瓷葵口盘

图 9-40　五代 秘色瓷花口盘

图 9-41　唐 秘色
瓷净瓶

图 9-42　唐 秘色瓷
穿带壶

图 9-43　唐 秘色瓷荷叶纹盒盖

秘色瓷一组（上林湖越窑博物馆藏 上林湖后司岙窑址出土）

图 9-44　北宋 越窑"官样"款碗底（图中款识为
镜面映照）（越窑上林湖博物馆藏）

图 9-45　越窑仿汝器物残片（越窑上林湖博
物馆藏）

类器物我称之为"越汝"），应是越窑南宋早期的产品，应属于为南宋宫廷烧造的供御器物及宫廷用瓷，也说明了北宋汝窑产品曾对南宋越窑产生过影响。馆里还有标明为北宋时期的"官样"款碗底，说明北宋时期越窑确曾作为宫廷用瓷的窑口，但北宋早期吴越国已近亡国，其宫廷用瓷是属于"供御"（供御有朝廷指定生产之意）还是"贡瓷"（贡瓷有进贡之意）还需进一步确定，或许是朝廷为采购瓷器而规范的统一样式。

图 9-46　五代　秘色瓷莲花碗　　图 9-47　越窑支钉和匣钵装烧工艺
（苏州博物馆藏）

　　有一年我去苏州博物馆参观，这里也珍藏着一件秘色瓷，是一个越窑盏（图 9-46），下面还带着一个盏托，说明文字记载这是 1956 年维修虎丘山云岩寺的时候在虎丘塔第三层的隔板里发现的，博物馆在对这组盏和盏托的描述中也注明其为秘色瓷。我仔细看了一下盏和托的釉色，确实比较青翠，像刚出炉一般清亮，釉水饱满莹润，非常漂亮。

　　越窑由于采用了支钉烧并使用匣钵装烧的工艺，才烧造出纯净釉色的器物。

　　越窑青瓷与长沙窑、邢窑和定窑瓷器都是中国古代海上丝绸之路（或称海上陶瓷之路）非常重要的外销瓷。

唐 越窑草黄釉盘残片

　　收藏瓷片标本，对我们认识越窑器物和收藏鉴定都有帮助。图 9-48 是一件越窑盘子的残片，釉色非常细腻，也非常漂亮。它的胎是灰色的，外底呈玉璧形，釉色是青黄色，釉面非常温润、浑厚，像玉一样有滋润、润泽感，可以说这件瓷片也接近了秘色瓷的标准，从它的玉璧底来看，它应属于唐代越窑的产品。关于越窑器物的纹饰，唐、五代时期基本上是以光素无纹为主，但也有少数带有纹饰，比如在《中国古陶瓷图典》一书中就有一幅插图，其名称为"唐越窑青釉划花盘"，五代后期划花纹饰逐渐多起来，到宋以后大量地出现这种划花纹饰。

图 9-48　唐 越窑草黄釉盘残片

图 9-49　五代　越窑刻花宴乐人物执壶（首都博物馆藏）

图 9-50　唐 越窑秘色瓷壶残片

图 9-51　唐 越窑莲花瓣纹盏残片

　　唐代陆羽著有《茶经》一书，因此他也被后人称为茶圣，陆羽对越窑茶具的评价非常高，他在该书中把越窑列为唐代青瓷六大名窑之首"碗，越州上，鼎州次，婺州次，岳州次，寿州、洪州次"，这也说明了唐人对越器的钟爱。

　　现在要想收藏到一件完整的越窑精品器物也不是很容易。越窑器物中有一种纹饰为宴乐图的酒壶（图 9-49），上面通过划花的手法描绘出一组宴会和演奏乐器的场面，非常的古典和漂亮，很受藏家的追捧，因此古玩市场上也有仿品出现。越窑产品为单色釉，所以鉴定起来也有一定的困难，要多看真品，细细体味真品的神韵和蕴藏的远古信息。

唐 越窑秘色瓷壶残片

　　图 9-50 是一件越窑器物的残片，从其形状及上面的拉坯旋纹上看，应为一把壶或瓶的残片。它的釉色为青黄色，釉面细腻。壶外和壶内均施青黄釉，施釉均匀，表明工匠很注重这把壶的质量，应是越窑的精品之作。与上林湖越窑博物馆所藏的秘色瓷标本相比，可以认定这件残片已经达到了秘色瓷的质量标准。

唐 越窑莲花瓣纹盖残片

图 9-51 是一件越窑碗的残片，碗的外壁呈弧形，外壁表面有印花的单层仰莲瓣纹，碗平底，平底和玉璧底都是唐代器物常见底足形式，从整体造型上看，这是唐代风格的器物。这个碗的釉色有莹润之感，也有青翠的味道，釉厚处颜色深一些，这种釉色给人的视觉感很舒适，也很温润，有一种恬静的回归自然的感觉，属于越窑制品中的上等釉色。

五代 越窑划花莲瓣纹碗残片

图 9-52 是一件五代时期越窑碗的残片，浅灰色的胎质，圈足。碗的外壁是采用划花形式绘制的带有宗教色彩的仰莲瓣纹；碗的内壁是划花花卉纹。它的釉色是越窑器物中较为常见的浅绿色，彰显恬静淡雅之美。

五代 越窑划花鹦鹉纹盘残片

五代时期越窑瓷器上的刻划花纹饰逐渐增多，不但有花卉纹，还有人物和花鸟，如首都博物馆馆藏的五代越窑刻花宴乐人物执壶（图 9-49）就是极具代表性的越窑器物。图 9-53 这件越窑盘子残片，灰色胎质。盘子内部出现了鹦鹉纹，线条刻划流畅自如。釉色呈现灰绿色，宁静沉稳，朴素平和。最值得说明的是，它的圈足下部外撇，是五代乃至宋早期器物圈足的常见形式，这种外撇的圈足形式甚至影响到了北宋晚期的汝窑器物，因为汝窑器物中也常见圈足外撇的形式。

图 9-52　五代 越窑划花莲瓣纹碗残片　　　　图 9-53　五代 越窑划花鹦鹉纹盘残片

图 9-54　五代 越窑划花花卉纹盘残片

图 9-55　宋 越窑九莲子莲花碗残片

五代 越窑划花花卉纹盘残片

图 9-54 这件残片灰色胎质，圈足外撇，裹足支烧，支钉痕较大，外壁有瓜楞，釉色为艾色，釉层极薄。盘内底暗划花卉纹，线条极细，如针尖划出，线条流畅。

宋 越窑九莲子莲花碗残片

图 9-55 是一件越窑碗的残片。碗内外满施淡青色釉，积釉处颜色较深。圈足外撇，外底有一环形涩圈，表明其采用了裹足支圈垫烧的工艺。碗的外壁浅浮雕仰莲瓣纹，碗内壁戳印九粒莲子纹，纹饰具有浓郁的佛教色彩。该碗做工规整，内外采用莲子、莲花纹饰，釉色清新自然，肃穆雅致，应为佛教日常用器。

宋 越窑盏托残片

图 9-56 是一件越窑盏托残片，盏托又称托盘、茶托。宋代饮茶、斗茶风气浓厚，

图 9-56　宋 越窑盏托残片　　　　图 9-57　宋 越窑秘色瓷"内"字款盘残片

图 9-58　北宋 越窑"天"字款盘残片

茶盏类器物较多。古代盏托的形式有很多种，其中有一种形状如船形的，称作茶船。这种盏心有圈墙仅是其中的一种形式，而到清代已发展成为以盖碗加碟形盏托为主的形式。

宋 越窑秘色瓷"内"字款盘残片

图 9-57 是一件越窑器物的残片，它的圈足直径较大，内心较为平缓，因而推断其应为一件盘子的残片。圈足外撇，采用裹足垫圈支烧工艺。釉色为草黄色釉，釉面较为细腻。外底残存有一"内"字，可能是宋代宫廷内府定烧之器物。该釉色与法门寺地宫出土的 2 件青黄色秘色瓷接近，因而可以看作属于秘色瓷的范畴。

宋 越窑"天"字款盘残片

图 9-58 这件越窑盘残片的釉色为青灰色，圈足外撇，外底有一"天"字。古代皇帝自称天子，百姓在器物上以"天"字做标记可能性不大，因此此盘应为皇家定烧之器物。明代成化斗彩天字罐上的"天"字，可能最早即源于此。

南宋 越窑仿汝器物残片

图 9-59　南宋 越窑仿汝器物残片

图 9-59 是越窑仿汝窑的器物残片，灰胎，天青色乳浊釉，具有汝窑器物的特征，这是南宋初期浙江绍兴府余姚县一代的越窑窑口为南宋宫廷烧造的器物，承担烧造任务的这些窑口当时的性质应是既有民窑也有地方官窑。当时的修内司官窑和郊坛下官窑还没有设置，宫廷使用的器物由越窑和龙泉窑提供。

在《南宋官窑文集》中有如下记载：

在参观了上林湖越窑遗址后，我们又去低岭头和寺龙口参观南宋窑业遗存。低岭头窑址与不远处的开刀山窑址，皆为早些年就已发现的南宋烧制乳浊釉青瓷的窑址，我认为它们属州府一级的烧制宫廷用瓷的窑场，因这一代宋时为余姚所辖，故称之为"余姚官窑"。而寺龙口窑址则是余姚官窑的另一处窑址，那时正在发掘。①

这三件残片应该属于"余姚官窑"的范畴，在上林湖博物馆中也展示有类似的具备汝窑特征的越窑残片。

唐三彩简介

唐三彩属于釉陶，唐三彩的创烧期大致是在唐高宗时期，在已发掘的唐代古墓葬里极少见到早于唐高宗时期的唐三彩器物。唐三彩最流行的时期是唐开元至天宝年间，这一时期唐三彩的烧造达到高峰，以后逐渐减少，唐末以后唐三彩逐渐被瓷器代替。烧造唐三彩的窑址主要是河南的巩义窑，此外在陕西黄堡镇的耀州窑和河北内丘的邢窑也发现了唐三彩烧造的遗物，其他地区或许也有烧造。关于唐三彩的烧造地点，《中

---

① 李刚. 古瓷三笔 [M]// 南宋官窑文集. 杭州南宋官窑博物馆. 北京：文物出版社，2004：68.

国陶瓷史》一书中有这样的记载：

"关于唐三彩的制作地点，过去一般认为在唐的都城长安和东都洛阳附近应该有大规模制作唐三彩的作坊存在。但是目前已知陕西耀州窑及河南巩县窑、鲁山窑等地均已发现了烧制唐三彩的窑址。此外河北内丘邢窑、曲阳定窑也都发现过唐三彩残片和完整器物，在四川境内还发现过生产唐三彩的作坊。""禹县（今改禹州市）刘家门窑、杨家沟窑，及登封的曲河窑都有三彩器的发现。"①

唐三彩的胎质为白色，有的白色中还有些泛黄。唐三彩的胎土是高岭土成分很高的一种白色黏土，胎质的颜色如同刚刚和成的白面团，但是胎质不是很细实，这是白色黏土高岭土烧成后的特征颜色。原则上讲，唐三彩的胎质不是真正的瓷胎，因此唐三彩又被看作彩色釉陶，属于低温釉陶器。唐三彩属于二次烧成，第一次在1100℃左右烧成素胎，施釉后经800℃~900℃二次烧成，然后再进行如人物头部等部位的彩绘，但唐代的三彩器物也有不经过上釉二次低温烧造而是素胎烧造后直接彩绘的，属于彩绘唐三彩。

虽然名称上叫唐三彩，但唐三彩的釉色却不一定仅有三种颜色，也可以是一种、两种、三种或者更多的颜色出现在同一件器物上。唐三彩的釉色中主要和常见的有黄、绿、赤褐、蓝、白、黑等色彩，各种颜色边界处相互交融，这与辽三彩以黄、绿、白为主（不使用蓝色）以及不同色彩边界较为分明有所区别。此外唐三彩还有描金彩的器物。由于唐三彩的釉料中含有铅，所以主要是用在一些明器上，很少用在食用器具上。

图9-60 唐 三彩贴花马（乾陵博物馆藏 唐永泰公主李仙蕙墓出土）

唐三彩最早据说是在民国期间陇海铁路施工过程中发现的，由于唐三彩造型古朴，制作精美，塑造的人物、动物生动形象，因此博得了人们的喜爱。民国期间外

---

① 叶喆民. 中国陶瓷史 [M]. 北京：生活·读书·新知三联书店，2011：198.

图 9-61　唐　三彩胡人背猴骑　　图 9-62　唐　三　　图 9-63　唐　三彩载乐骆　　图 9-64　唐　三彩女立俑（陕西历史博物馆藏）
驼俑（故宫博物院藏）　　　　　彩凤首壶（故宫博物　　驼俑（陕西历史博物馆藏
　　　　　　　　　　　　　　　　院藏）　　　　　　　　西安市中堡村出土）

　　国人到中国近乎疯狂地大量购买唐三彩，致使当时很多出土的唐三彩器物流散到了国外，而实际上唐朝的时候唐三彩制品本身也是当时的外销瓷。现在唐三彩的器物在国内外都享有很高的赞誉，拥有很高的艺术地位。

　　这里我想谈谈唐三彩的器型和艺术风格。唐三彩的器型可以分为两种：一种是日用器，另一种就是各种俑像，包括人物俑和常见的马及骆驼等动物俑。

　　唐三彩俑像的造型都精准传神，姿态非常优美，这是什么原因呢？第一，唐三彩在唐代被大量地用于明器。唐代是由专门的机构门下省所属的甄官署负责皇家及官方明器的采购，由于皇家和官方的需求使得当时对唐三彩器物的质量要求都比较高，使得制作和烧造唐三彩的匠师们都千方百计地提高作品质量。第二，唐代盛行写实的创作风格，包括画风和造型艺术都注重写实，造型创作和装饰内容的素材都来源于生活，匠师和艺人们通常不会自己主观臆造出一个具体的形象。比如工匠塑造的骆驼和马等动物形象，他们会仔细观察骆驼和马的形体特点以及喜怒哀乐的神态，也就是说按照实物特征去塑造形象，所以就非常生动、逼真。唐人尤其爱马，唐太宗李世民的昭陵原刻有昭陵六骏石雕，后被损坏；陕西何家村窖藏出土一件银鎏金舞马衔杯酒壶，证明了唐代有舞马的场面，这是用实物记载的最早的马术；李白《将进酒》中也有关于马的句子：“五花马，千金裘，呼儿将出换美酒，与尔同销万古愁。”唐朝制作唐三彩的很多工匠都是画塑兼工，既是画家又是雕塑家。这样的工匠从事唐三彩的制作，作品质量的精美程度就可想而知了。他们大都终生以此为业，而且器物上也不留下姓名。

图 9-65　唐 彩绘吹箫骑马俑（陕西省历史博物馆藏 唐懿德太子墓出土）

我曾看过一档节目，讲述的是在甘肃敦煌莫高窟附近的一次考古发掘中，在一座古代墓葬里发现墓主人身体上的覆盖物竟然是一张画布，可以想象他生前极有可能是从事莫高窟佛造像制作和壁画绘制的工匠，生前默默工作，死后还要让心爱的画布伴随着他，这是怎样的敬业精神！看到这个画面后我心灵受到了极大的震撼。我们应该向这些默默无闻、终生致力于雕塑和绘画的工匠致以崇高的敬意，这种精神在今天仍具有巨大的时代影响力。

唐朝厚葬之风盛行，官方对随葬器物的数量有明文规定，不同品级的官员死后随葬品的数量是不同的，但实际上随葬器物的数量远远超过了规定数量，甚至在下葬之前还要抬着包括唐三彩在内的明器、葬器在大街上炫耀，因此工匠们制作了大量的唐三彩器物，据说武则天和唐高宗的合葬墓乾陵的地宫中就有大量的唐三彩器物。

唐 三彩动物俑残片

这是一件唐三彩的残片（图 9-66），应该是一匹马或骆驼身上构件残留的部分。唐三彩的釉色中主要和常见的有黄、绿、赤褐、蓝、白、黑等色彩，但这件残片仅为蓝色，或许完整的俑也有不同颜色。有的时候我们看到的唐三彩器物是单一颜色，比如单一的蓝色，这也是唐三彩，而不是一种颜色叫唐一彩、两种颜色叫唐二彩，它们都称作唐三彩。唐三彩是一种泛指，是一种通称或从广义上而言的名称。唐三彩通常

图 9-66 唐 三彩动物俑残片

图 9-67 唐 三彩骑士俑残片

以蓝色为贵，因为蓝颜色的原材料在当时比较贵重，所以通常釉色中蓝色越多的唐三彩器物的价值也就越高。这件残片虽然仅有蓝色，但仍属于唐三彩，它的胎也是由高岭土成分较高的一种白色黏土制成。

唐 三彩骑士俑残片

图 9-67 应该是一个马俑的残片，马上原来还应该骑坐着一个人俑，人俑现在只剩下了一条腿。唐三彩的鉴定，除了看比例、造型和胎色外，还要仔细观察唐三彩的釉面。真正的唐三彩器物它釉面的光泽都给人一种内敛深沉的感觉，而且釉表面还有"蛤蜊光"现象，而现在的仿品不但胎色较新、较白，而且釉面的玻璃质感也较强，光泽度也较亮。此外，唐三彩的釉面都有一些开片，"这些'开片'纹状看似晒干的'瓜皮'一样，向外微微'翘起'。用 3 到 5 倍的放大镜观察，就能够清晰地看出其特有的现象。"[①]

唐三彩伎乐俑残片

图 9-68 是一件唐三彩人物俑，这个人的怀中抱着一把琵琶，这应该是一匹骆驼人物俑的整体雕塑的一部分，其他部分都残缺了。唐代的这类骆驼人物俑大都是几个人

---

① 谢海山. 从唐宋陶瓷装饰工艺谈当今仿古赝品的鉴定 [M]. 广东省文物鉴定站. 文物鉴定与研究. 北京：文物出版社，2002：156.

骑坐在骆驼背上，中间一人站立，其他人分坐周围，这些人中有抱着琵琶的，有吹笛子的等，这些能演奏乐器的俑称作伎乐俑。这些人物俑中有胡人俑，也有汉人俑，也就是说他们是被雕塑组合在一起的，表现的是一种东西方文化的融合。这件人物俑的衣服为蓝色釉，还长有络腮胡子，塑造的应该是一个胡人的形象，胡人抱着琵琶在弹奏，属于一个大的组合雕塑中的一部分。

唐三彩器物胎体采用人工捏塑或模具成型后，还有三个重点步骤：第一步是在900℃~1000℃烧成素胎；第二步是挂釉后在900℃左右二次烧造；第三步是在人物的头部及脸部等部位进行彩绘。这件俑的头部和脸部也是二次烧成后彩绘的，这是唐三彩器物的一个特点。唐三彩的这种制作工艺也对后来的釉上彩工艺的发展奠定了坚实的基础。现在古玩市场上唐三彩的仿品非常多，鉴定时首先要看胎质的特征，然后看釉的表面是否出现开片及釉面是否有常见的蛤蜊光现象，再观察它的造型特别是面部特征，也就是仔细体会它的神韵，唐三彩人物和动物俑造型均十分生动形象，有其特有的古典韵味，就是大家常说的神韵，而对这种神韵的捕捉和体会是建立在经常观摩真品的基础上的。

唐 郏县窑青釉席纹褐彩双系执壶

该执壶（图9-69）为唇口、短颈、短直流、双复系（复系指两个条形系组合成一个系）、椭球腹、平底，在颈部与肩部原有一执柄，现已残缺。内壁不施釉，外壁为席纹并施青釉。观察席纹痕迹，应为刻划形成，并非印制。表面青釉脱胎明显，褐色彩斑（洒斑釉）装饰，色彩斑驳，大致是河南郏县一带的产品。

图 9-68 唐三彩伎乐俑残片   图 9-69 唐 郏县窑青釉席纹褐彩双系执壶

图 9-70　唐 黑釉白斑四系罐残片（邓晓冰先生藏）　　图 9-71　唐 鲁山窑花瓷腰鼓（故宫博物
　　　　　　　　　　　　　　　　　　　　　　　　　　　　　　　院藏）

唐 黑釉白斑四系罐残片

图 9-70 残片为四系罐的上部分，灰胎，黑釉地，月白斑，月白斑中还夹杂着少量的蓝色窑变，颈部有凸起的弦纹，肩部有四系（复系）。这种黑地洒斑块的品种称为花瓷，通常被看作是钧瓷的早期产品，因此也被称作"唐钧"，为唐代河南地区的一些窑口所烧造，最著名的窑口为河南鲁山段店窑，此外还有禹州的上白峪窑、神垕窑（下白峪窑为典型窑场）、苌庄窑、白沙窑以及郏县黄道窑、山西交城窑，陕西铜川窑也烧造花瓷。唐人南卓在《羯鼓录》中称："不是青州石末，即是鲁山花瓷。"可见当时鲁山产的花瓷腰鼓很是著名，故宫博物院藏有这类黑釉彩斑的腰鼓（图 9-71）。

唐 豹子斑花釉瓷罐

图 9-72 中瓷罐为平口内倾，弧腹，玉璧底。内部靠近口沿处施花釉，外表施花釉至腹下，胫部及外底无釉，露胎处呈灰色。该罐外表所施的釉呈现月白色和酱色两种颜色。从腹下部与胫部交接处局部显露出的酱色釉以及内部口沿下方露胎处遗存的酱色釉斑痕上看，其工艺应为先施一层酱色底釉，然后再施月白釉，月白釉和酱色底釉之间在烧制过程中通过流动、收缩等相互作用最终在表面形成大大小小的酱黑色斑点和斑块，斑块中还有灰白色或月白色的环状花纹，极似雪豹的皮毛颜色，属于花釉瓷的范围。其釉面手摸有凹凸之感，其胎面似为手工精心捏塑。

该罐从造型和釉色上看，应为唐代作品，其烧造窑口大致在河南鲁山、禹县、郏

图 9-72　唐 豹子斑花釉瓷罐（张戈兵先生藏）

县一带，从胎釉的整体特征上看，还有些"唐钧"的味道。从该罐的造型上看其用途应为香炉之类，古代应是高等级寺院、王公贵族或高等级官员府邸中使用的供器。其所施的豹子斑花釉极其生动形象，反映出唐人极高的审美情趣和工匠的超凡艺术想象力。该种釉色的器物极其罕见，具有重要的史料和研究价值，因而弥足珍贵。

宋 酱釉龙纹鱼耳簋式炉残片

图 9-73 是一件香炉的残片，内壁和底足无釉，外壁施酱釉。通常认为如果在陶器的表面挂了一层釉，那么这样的器物称之为釉陶，这件香炉残片就属于釉陶的范围。说一说这件香炉瓷片的来历。很多年前有一次我在某古玩市场的地摊上，有一位先生在卖一袋子从工地拣来的瓷片，那个时候瓷片的价格很便宜，通常都是成袋售卖，我感觉到这是很好的收藏机会，于是把这一麻袋就买过来了。那时我还开着古玩店，我回到店铺里边把袋子打开，把瓷片慢慢倒在地上仔细挑选，这件香炉残片一下子映入我的眼帘，我把它拿起来一看，顿时眼前一亮，心想仅凭这件香炉残片今天的收获就足矣。这件香炉形如鱼耳炉，好像模仿青铜器中"儿簋"（《中国青铜器》修订本）的造型，因此又称簋式炉。它的外壁有一个龙纹，这个龙纹的形状与春秋战国或秦汉时期玉器上的龙相似。从龙纹的形状特征上，就可以大致判断出这件香炉的烧造时期是汉代。酱釉器物从汉至唐一直有烧造，都不是刻意烧造的釉色，应该是釉料中铁元素控制不稳定而出现的，因此这一时期的酱釉还不够纯正，有些接近褐色。这件鱼耳炉残片的酱色釉的发色已经很成功了，因此从釉色上看应

图 9-73　宋 酱釉龙纹鱼耳　　图 9-74　新石器时代 人物动物纹双系陶罐
簋式炉残片

该是宋代以后追求酱色釉特有的呈色所烧造的产品。从造型上看，这是一件制作很规整、纹饰精美、釉色也很成功的鱼耳炉。上海博物馆藏有类似造型的宋代哥窑鱼耳炉，从宋代已有这种造型的瓷器出现的角度上判断，我还是把这件鱼耳炉的制作年定在了宋代。

　　龙是中华民族的图腾，据说龙的形象是由鳄鱼演化而来的。我收藏的一把估计为新石器时代的陶罐（见图 9-74）上就有鳄鱼纹，因而可以认为鳄鱼纹饰早在新石器时代的陶器上既已有之。据载，龙纹最早出现在龙山文化陶寺类型彩绘陶蟠龙纹盆上，出现在瓷器上最早大约是在唐代，因此宋代陶瓷器物上出现龙纹亦属正常。但由于这件香炉的胎属于陶胎，而且龙是早期的龙纹形式，它的年代是否还能提前目前还不得而知，或许能把龙纹出现在釉陶上的时间提得更早些，因此对这件香炉的残片还需要继续研究。这件香炉应为贵族，甚至是王或天子使用的器物，但宋代成熟的瓷器已经很普及了，这件带有龙纹的香炉之所以使用釉陶来制作，或许是因为被当作随葬的明器。收藏到这种瓷片仅此一件，它对研究陶瓷上龙纹形制有重要的史料价值，因而非常珍贵。

宋 当阳峪窑绞胎器物残片

　　这是两件绞胎器物的残片，它们两面的釉色都呈现白色和褐色相间的两种颜色，其中一个瓷片（图 9-75）的纹饰很像鸟羽纹，就是鸟的羽毛状的纹理，另一个瓷片（图 9-76）有些像山峦或波涛的形状，呈现出抽象的山峰或者是流水的样子，层峦叠

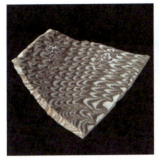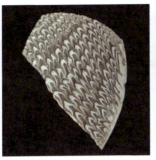

图 9-75　宋 当阳峪窑绞胎鸟羽纹碗残片　　　　　　图 9-76　宋 当阳峪窑绞胎器物残片

嶂、波涛汹涌。它们胎体的断面上也是白色和褐色相间的胎质，我们把这类瓷器叫作绞胎瓷。绞胎瓷的做法是把两种以上颜色的胎泥经过特殊工艺绞在一起，或者说糅合在一起，然后经过拉坯成型，外面再罩上一层透明釉，经过窑炉烧制就成了这种绞胎器，据说古代绞胎器的胎泥中掺入了贝壳的粉末才最终形成这样的效果。

宋金时期烧造绞胎器的窑口主要有两个：一个是河南的当阳峪窑，当阳峪窑自宋代开始烧造这种绞胎器，据载这种产品最早在唐代就有烧造。宋代当阳峪窑生产出了大量的这种绞胎瓷，现在这类绞胎器的完整器物我们见到和收藏的机会也不多，瓷片还是比较常见的。第二个窑口就是山东的淄博窑，淄博窑的绞胎器实际上是仿当阳峪窑的产品，淄博窑烧造绞胎器的年代应该是在金代。但据《中国陶瓷史》一书记载，河南鲁山窑也生产绞胎瓷器。关于这两件绞胎瓷片生产窑口的归属问题，据载当年陈万里先生在当阳峪窑也曾发现了绞胎器的瓷片，我把这两件瓷片与陈先生发现的瓷片照片做了对比，特征基本一致，因此我判定这两件瓷片应该是宋代河南修武当阳峪窑的产品。

现在这种绞胎瓷的仿品时常能见到，有些仿品做得也挺好看，但是仿品终究是现代的工艺品或者是仿古艺术品，我们收藏者追求的还是"要真、要老、要古、要到代"。绞胎瓷的真伪不太好分辨，我们只能多看真品，体会古器物的韵味，才能提高鉴赏能力。如果仅从理论上对它的胎质、釉色及纹理等特征进行研究，而没有看过或上手过真品，那么就很难判断一件绞胎瓷器物的真伪。古代绞胎瓷完整器物较为少见，但了解相关知识，一旦遇到机会，也是对个人收藏种类的完善和补充。

图 9-77　宋金 绞胎绿
釉盘（邓晓冰先生藏）

宋金 绞胎绿釉盘

图 9-77 这件盘子口沿直径 9.5 厘米，高 1 厘米。绞胎纹，罩绿釉，纹饰从盘心向周围呈放射状，犹如孔雀开屏，生动形象，姿态雍容，为宋金时期绞胎器物的精品之作。

辽代陶瓷介绍

公元 916 年，耶律阿保机正式称帝，建立大契丹国，辽太宗时改国号为大辽，辽先后与金代、北宋和西夏并存。辽代共有五个京城，包括位于今内蒙古赤峰市巴林左旗林东镇南的辽上京临潢府、位于赤峰市宁城县的辽中京大定府、位于北京的辽南京析津府、位于山西大同的辽西京大同府和位于辽宁辽阳市的辽阳府。公元 1125 年，辽被金朝所灭。

辽代陶瓷指在辽国境内烧造的器物，其造型有中原式和契丹式两类，具有独特契丹风格的器物为其代表作品。辽代烧造陶瓷的主要窑口有位于林东镇辽上京临潢府内的辽上京窑（官窑）、林东镇周边的南山窑、白音高勒窑、汉城窑等（这些窑由于都位于林东镇及周围，因而本书把包括辽上京窑在内将它们统称为林东窑。也有的资料中林东窑仅指林东辽上京窑）以及赤峰的缸瓦窑（地方官窑），此外还有北京门头沟的龙泉务窑（地方官窑）、大同的青磁窑和辽阳的江官屯窑，这些窑大都为辽代始烧，并延续到金或元时期。其中巴林左旗林东窑、赤峰缸瓦窑、北京龙泉务窑和辽阳江官屯窑为辽国四大陶瓷烧造中心地区，该四处窑址可称为辽代四大名窑。契丹族本是游牧民族，"畋鱼以食、皮毛以衣、马逐水草、人仰湩酪"是其生活方式和习惯，陶瓷的使用，是其向定居生活转变的反映。

辽上京窑因位于辽上京临潢府故城的皇城内，应属官窑无疑。辽上京窑自 1944 年 5 月发掘，窑场长约 80 米，宽约 50 米，规模较小，但产品质量很好，该处主要烧造白釉瓷（不施化妆土）和黑釉瓷。2019 年我去现场考查时，未发现窑址，或许当初发掘后已经回填。辽上京窑建在皇城遗址内应属于官窑性质，其作品质量通常应高于林东地区其他窑址。现辽上京遗址西侧建有辽上京博物馆，其中最具有民族风格的器物为鸡冠壶，有白釉、黑釉、绿釉、黄釉、茶叶末釉等颜色。鸡冠壶既有瓷质、又有陶瓷的。仿皮囊形状的鸡冠壶又称皮囊壶，皮囊壶最早可见唐代邢窑烧造的白釉皮囊壶，应是当时为了满足契丹人的使用而烧造的。陶瓷质的皮囊壶在辽代为契丹族大量使用，但皮质的皮囊壶晚到民国时期还在被使用，如北京市门头沟博物馆就藏有一件抗日战争时期平西八路军使用的皮质的皮囊壶。

关于林东辽上京窑，《门头沟文化丛书（二）·门头沟文物史料·考古篇》一书中有如下描述：

> 林东辽上京窑白瓷胎质细白，大器胎厚者含有少量杂质，白瓷釉色纯白，釉层无堆脂现象，光泽强而温润，破裂纹路多不正直，或作锯齿状，裂面有光泽。釉层与胎质不易分别，有爆釉现象。精品与定窑上品相伯仲。[1]

包括林东窑在内的东北地区的白釉瓷一般称为辽白瓷，其中有相当一部分受到定瓷影响，或者可以说是仿定的器物，当地人一般称之为土定。关于这些仿定器物和河北曲阳县涧池村定窑中心烧造区的定窑器物的区别，在《门头沟文化丛书（二）·门头沟文物史料·考古篇》中有如下描述：

> 北京地区辽墓和塔基出土的白瓷，除一部分如上所述是属于定窑制造者外，还有一部分应是东北辽地瓷窑烧造的（俗称辽白瓷）。这些白瓷虽多仿定窑，但在胎釉、器形、花纹和烧制方法上，又与定窑有明显区别，如辽白瓷的胎质不如定瓷细薄坚实，一般均较厚重，器形不甚规整，有些还略有变形，有的胎面还留有大小不同的颗粒。多在施釉前挂一层白粉衣。釉色不及定瓷

① 齐鸿浩，黄秀纯，刘义全. 北京出土辽白瓷与龙泉务窑关系初探 [M]// 门头沟文化丛书（二）·门头沟文物史料·考古篇. 门头沟文化丛书编委会. 北京：中国文联出版社，2004：168.

光亮莹润，常给人以混浊之感，外壁多挂半釉，内底多有支钉痕。花纹不及定窑明快清晰，纹饰繁杂，并多以牡丹、野芍药、荷花和卷草等为图案。①

图 9-78　辽上京临潢府皇城遗址

图 9-79　缸瓦窑遗址

这段描述很好地揭示了辽白瓷中仿定器物与定窑器物的基本区别，但在林东窑特别是辽上京官窑的仿定细瓷中，有些器物与定窑作品极为相似，鉴定时要仔细区别它们的细微差别。此外，辽白瓷中还有一类釉色较白类似邢窑的器物，显然是受了邢窑工艺的影响。

我于 2019 年曾两次到访辽上京遗址和附近地区各博物馆参观，但均未见到注明所出窑址的辽代器物，但从上述两段记载的描述中可以清晰认识到辽地仿定器物的基本特征。

赤峰缸瓦窑位于赤峰市松山区城子乡缸瓦窑村，为辽代一处地方官窑，其烧造时期从辽代一直延续到金元。考古发掘发现遗址中分布着大量的马蹄形窑和一座龙窑，遗址面积庞大，地下埋藏丰富，有"草原瓷都"之称。这里考古发掘后已进行保护性回填。该处窑场主要烧造以白釉为主的器物，此外还有单色釉、三彩釉（黄、绿、白三色）、茶叶末釉和黑釉等器物。

从我收藏的器物和残片上看，赤峰缸瓦窑器物的造型有碗、罐、小盏、折腰圈足盘、唇口宽足浅盘、圈足浅碟、笔添、骑马俑、围棋子；胎质呈灰白色调，有的还施有化妆土，细瓷胎质较为细实，粗瓷胎质疏松，有的还带有黑褐色斑点；单色釉有白釉、黑釉、酱釉，其白釉普遍呈白中泛黄和灰白色泽，釉层极薄，呈半玻璃质状，有细小开片，积釉处黄色加深，也有呈乳浊状的；器物外表多施半釉或施釉不到底；装饰技法除采用单一釉色外，还有近似香黄釉地施酱褐彩、白釉褐彩、印花（水波纹、

① 马希桂. 北京辽墓和塔基出土白瓷窑属问题的商榷 [M]// 门头沟文化丛书（二）·门头沟文物史料. 门头沟文化丛书编委会. 北京：中国文联出版社，2004：111.

云纹、月华纹）、刻划花等手法；装烧方式多为支钉烧、托珠烧，因此器物内心处常见支钉痕或托珠痕，也有采用垫圈垫烧以及窑柱垫烧的。小盏类器物由于受到窑温影响有的出现类似建窑建盏的龟背纹现象。该窑还烧造一种白釉黑边小碗，做工较为精致。

图 9-80　辽　白釉绿彩刻三鱼纹盆（辽上京博物馆藏）　　图 9-81　辽　白釉刻"官"款莲瓣纹葵口盏托（辽上京博物馆藏）　　图 9-82　辽　黄釉贴花提梁式鸡冠壶（辽上京博物馆藏）

图 9-83　辽　白釉提梁皮囊式鸡冠壶（辽上京博物馆藏）　　图 9-84　辽　绿釉贴花提梁式鸡冠壶（辽上京博物馆藏）　　图 9-85　辽　三彩印花花口盘（辽上京博物馆藏）

图 9-86　辽　黄釉渣斗（辽上京博物馆藏）　　图 9-87　辽　绿釉单孔式鸡冠壶（辽上京博物馆藏）　　图 9-88　辽　白釉纽索式鸡冠壶（辽上京博物馆藏）

图 9-89　龙泉务村　　图 9-90　永定河龙泉务村段

图 9-91　已发现的两处龙泉务窑遗址所在地

图 9-92　辽代　白釉钵（龙泉镇龙泉务窑出土，门头沟博物馆藏）　　图 9-93　辽代　黄釉绿彩罐（斋堂壁画墓出土，首都博物馆收藏，门头沟博物馆展出）　　图 9-94　辽代　白釉刻花叶纹执壶（龙泉镇龙泉务窑出土，门头沟博物馆藏）

图 9-95　辽代　白釉罐（龙泉镇龙泉务窑出土，门头沟博物馆藏）　　图 9-96　辽代　叠烧标本（龙泉镇龙泉务窑出土，门头沟博物馆藏）

　　位于今北京门头沟区龙泉镇龙泉务村永定河畔的辽代龙泉务窑为重要的辽代窑址，产品烧造延续到金代，以烧造粗、细白瓷为主，兼烧酱釉、黑釉、茶叶末釉和三彩器物①，其中三彩器物又称三彩琉璃器、琉璃三彩器。因门头沟地区古代多产煤炭，因而辽代龙泉务窑烧制瓷器主要以煤作为燃料。古代窑址遗存是人们认识古代工匠制瓷场景真实画面的历史物证，但该处窑址早年发掘后惜已回填，如今已成为菜田果园或居住区，随着人们对传统文化重视程度的提高，希望将来能再现这一地区窑场的真实面貌。2019年9月11日，我到访龙泉务村，看到在龙泉镇龙泉务社区还建有"龙泉务社区辽瓷窑科普展厅"，在社区邓副站长和一位工作人员的陪同下参观了展厅，展厅规划、布置得很好，有力地促进了辽瓷文化的普及。除龙泉务窑外，北京地区属于辽金时期窑址的还有密云小水峪窑和房山磁家务窑。

北京市门头沟区博物馆藏有部分出土自龙泉务窑的器物。

辽阳是一座历史名城，在辽代为东京辽阳府（公元926年设立）所在地，在清代为努尔哈赤最初建都的地方（1621—1625年，后迁都至沈阳），著名的木鱼石传说即源于此地

图9-97　辽阳白塔（辽代）　图9-98　太子河辽阳市辽阳县唐马寨镇老背河村段

区。据载，这里也是清代文学家曹雪芹的祖籍所在地。现位于广佑寺内的辽阳白塔是一座保存完好的雄伟的辽代建筑。距辽阳市东30公里太子河南岸（即辽阳县东约7里的太子河畔）江（音：缸）官屯的江官屯窑是重要的辽代窑址，也是辽代最大的本土窑址，其烧造至金代，但窑场遗址已被河水冲毁不少。

除上述窑址外，据《中国陶瓷史》一书介绍，辽金窑址还有辽宁抚顺大官屯窑、山西怀仁窑和浑源窑。由于金代基本上继承和延续了辽代和宋代的窑场，因此本书对金代窑址和陶瓷不做重点介绍。

关于历史上人们一直争论的辽地所产器物中是否有带"官"和"新官"款识的问题，目前多数人认为辽地出现的带有这类款识的器物并非辽国本地窑场所生产，而是宋辽时期两国通过贸易或外交由北宋流入辽地的。"官"和"新官"的款识大多是在器物外底以划刻款的形式呈现，此外，还有在器物外壁用墨彩书写"官"字款的辽代梅瓶，具有磁州窑器物的特征，其产地究竟在辽地还是在河北磁州窑地区还难以确定，

① 该处辽三彩部分器物使用硼砂釉而非传统的铅釉，硼砂釉的使用是辽代工匠的一次重要发明。

图 9-99　当代 仿辽
代绿釉鸡冠壶

图 9-100　辽 北京龙
泉务窑白釉罐残片

但可以归属于磁州窑系的范畴。还需说明的是,辽三彩在辽代的很多窑址中都有烧造,但使用硼砂釉的仅为北京龙泉务窑一处,其他窑址生产的三彩器物都属于低温铅釉。此外,辽三彩器物的釉中不使用蓝色,这也是辽三彩和唐三彩器物的一个不同之处。

　　辽代陶瓷中最具契丹风格的当属鸡冠壶,也是最优美、最古典的辽代器物。现在市场上出现了很多当代仿辽代鸡冠壶的产品,有些仿品的仿真度很高。图 9-99 这件鸡冠壶仿品,红色胎质,绿釉,胎釉之间施化妆土,表面局部还有脱釉。乍一看这件东西酷似真品,但与博物馆所藏同类绿釉鸡冠壶相比,造型细微处与真品略有不同,鸡冠过大,鸡冠与壶嘴间间隙也偏大,整体上上半部宽度大于下半部,有头重脚轻之感;釉面有浮光;足脊和外底修胎过于规整;拿在手中体会重量时会略有轻浮之感。其中釉面有浮光是其与真品的最大区别。

辽 北京龙泉务窑白釉罐残片

　　从图 9-100 这件残片造型上看,应为罐子的残片,圈足外撇,足脊平,足脊上有支钉痕,外底略呈乳突状,有釉斑,并有窑裂,内表面拉坯弦纹明显。胎质细实,白中夹杂黑褐色斑点,胎质呈现明显的糯米汁状,这是该残片的显著特征。内部施釉浆,

图 9-101 辽 赤峰缸瓦窑白
釉黑边碗残片

图 9-102 辽 黄釉斗笠碗
（残）（官窑）

外表施白釉，釉色白中泛青黄，釉面有蜡泪痕现象，局部有颗粒状凸起。从整体特征
上看属于辽代北京龙泉务窑的作品。

辽 赤峰缸瓦窑白釉黑边碗残片

图 9-101 这件残片唇口、弧腹、圈足，足脊平，外墙垂直，内墙外斜，外底略凸。
灰白色胎质，较为细实，胎釉之间施一层薄薄的白色化妆土。内外壁施白釉，外壁施
釉不到底，釉色白中泛淡淡的黄色，呈现牙白的色调，釉质为乳浊釉，釉面细腻，施
釉极薄。碗口一周黑釉边，黑边略显酱色。碗心有三个托珠痕，采用了托珠叠烧工艺。
该碗制作规整，胎釉较细，采用白釉加黑边装饰口沿，古朴典雅，属于具有契丹风格
的日用品。据载，在缸瓦窑中这类白釉黑边的器物较为少见。

辽 黄釉斗笠碗（残）

该碗口（图 9-102）沿直径 21 厘米。敞口、圈足，整体呈斗笠形。从断面处可见
其胎质呈灰白色。内外施深黄色釉，足脊残留釉斑，为垫圈垫烧或条状支钉支烧。内

壁靠近碗心处均布有三个小米状的支钉痕，推断应是使用了三叉支钉，碗内应该还装烧有其他器物。该碗黄釉中略泛红色，特别是口沿处红色更为明显。由于烧造过程中釉面的流动，使得该碗内外壁表面形成了兔毫状，十分美妙，尤其是迎着光观察，釉面表面似乎有一层细腻的油膜，非常奇特。该碗做工规整，造型端庄秀美，黄釉较为纯正，釉面光洁，推断应为辽代皇家使用的官窑器物，十分罕见。

枢府瓷简介

枢府瓷开始烧造的年代是在元代，因器物上印有"枢府"二字铭文被称作枢府瓷。元人"尚白"，于是元代景德镇就在宋代青白瓷的基础上创烧出这样一个新品种。它的釉是不透明的乳浊釉，釉色有的像鹅蛋色，也有的像鸭蛋色。鹅蛋色有些偏白，相应的釉色称为卵白釉；鸭蛋色泛青，相应的釉色称为卵青釉。为便于讲述，通常我们把卵白釉、卵青釉笼统地用卵白釉一词代替，实际上我见到的枢府瓷呈现这两种颜色的都有，我们把这类瓷器就叫作枢府瓷。关于枢府瓷的釉色，有人还在具体争论是鸭蛋或鹅蛋的蛋皮颜色，还是蛋白颜色，我认为都差不多。枢府是指元代最高军事机构枢密院，因此枢府瓷中带有"枢府"铭文的器物应是枢密院在景德镇定烧的瓷器。

元代于 1278 年在景德镇设立了浮梁磁局（浮梁磁局应在当时的浮梁县城，也有说在景德镇珠山窑场一带），负责元代宫廷瓷器的采购，主要是采购这种卵白釉的瓷器。据记载，这类瓷器上除了有枢府铭文外，还有其他铭文的，比如故宫博物院里边还有"太禧"字的，此外枢府瓷还有"福禄""福寿""福""寿"和"良"字的，大多是宫廷定烧之物。有带"东卫"铭文的，应该是官府用器。美国波士顿美术馆有一件上面印有"昌江"铭文，有资料认为应是明代器物。英国大维德中国艺术基金会收藏有一件卵白釉盘，该盘除了印有"枢府"二字外，在盘心还印有"天顺年造"（1328 年）四字，极其罕见。我收藏的器物中除了有枢府铭文的碗以外，还有一件带"福"字的盘的残片，因为残缺了，我推断 180° 对称的部位应该有一个"禄"或"寿"字，也就是说完整的应该是"福禄"或"福寿"二字。一位藏友对我说他曾经有一个卵白釉的残片，上面有"王白"铭文，王白能组合成一个"皇"字，所以应是宫廷用器，可惜我没有看到实物，但后来这样的机会真的被我遇到了，于是我也拥有了一件带有这种款识的残片。此外我还收藏有一件带有"東"字的高足杯残片，估计 180° 对称部位应有一个"卫"字。由于卵白釉瓷器中以枢府铭文的为代表器物，所以通常不论其有无铭文以及铭文内容如何而把这类卵白釉瓷器通称为枢府瓷。但是不能把所有的卵白釉器物都叫"枢府窑"，枢府窑应是专指给元代枢密院以及宫廷其他部门定烧瓷器的窑口。实际上当时普通窑户也在烧这类釉色的瓷器，但只能称枢府瓷或卵白釉瓷，而不能称枢府窑。枢府瓷具体烧造地点是在景德镇湖田窑一代烧制成功的，也就是说官府是在湖田窑范围内采购。据说浮梁磁局并未投资兴建官窑性质的窑场来烧造瓷器，典型的枢府瓷是在民窑中定烧和采购的，这些为元朝宫廷烧造器物的窑口因此被后世称作枢府窑。官方挑选质量好的作为宫廷用瓷，质量差些未选上的，允许窑户出卖。我的一个朋友手里藏的一个残片上就印有"枢府"两字，做工及釉色都差些，应是官方落选的或民间仿烧的器物，后来我又看到一些印有枢府铭文的质量较差、工艺较粗的瓷片，可以确定当时民窑应有烧造或仿烧带有枢府铭文的器物。卵白釉器物很多，甚至还有一些成了当时的外销瓷。《景德镇陶录》中"当时民亦仿造，然所贡者俱千中选十，百中选一，终非民器可逮"，记录的就是当时民窑仿烧的情况。

有人认为只有元代才有印有"枢府"铭文的卵白釉瓷器，其他朝代没有烧造过带有这样铭文的器物；也有人认为元末明初的"过渡期"及洪武年间有烧造过带有这样铭文的器物，但持明代洪武烧造观点的都没有足够可靠的证据。从这类器物的造型特征上看，元代及元末明初的"过渡期"有这样铭文的器物，因为1363年景德镇已在朱元璋的实际控制下，这一时期的器物性质应属于过渡期，但朱元璋政权稳定后的1368年以后带有枢府铭文的器物是否还在烧造就不得而知了。《中国古陶瓷图典》一书记载："枢府瓷器到明初还在生产，南京地区一些明初墓中有发现，大约在明中期停止生产。"[①] 我想这里指的或许是不带枢府铭文的器物，也就是普通的卵白釉瓷，关于这方面的内容还有待于继续研究。枢府瓷也有画金彩和红、绿彩来装饰的，但十分罕见。

元代的枢府窑生产的枢府瓷（枢府窑瓷）算不算官窑产品，这个问题现在还存在争议。有人说元代时浮梁磁局也设置了，也派人定烧和采购了，而且还对成品进行了挑选，因此枢府窑瓷应该属于官窑的产品。一般来讲，枢府窑瓷属于民窑的范畴，因为元代并没有真正意义上官方投资设立生产这类瓷器的"官窑"或"御窑"，宫廷用瓷通常是从民窑定烧和采购的。1989年，景德镇御窑厂遗址珠山北侧考古发现了大量元代卵白釉瓷（资料并没有指明这里出土带有"枢府"铭文的典型的枢府窑瓷），说明这里也曾烧造过枢府瓷。据载，同时出土的还有龙纹青花瓷器物。因此，有人认为此处即为元代浮梁磁局所在地。该处窑场应属元代官窑性质，但其窑炉和作坊的官民属性

---

① 中国古陶瓷图典编辑委员会. 中国古陶瓷图典 [M]. 北京：文物出版社，1998：113.

图 9-103　元代"枢府"白瓷碗（温州博物馆藏）

还需进一步确认，我也把该处暂认为是元代的地方官窑。

即便如此，古玩行习惯上还是把景德镇为元代宫廷定烧瓷器的窑口称为元代官窑，把带有枢府铭文和其他元代宫廷款识的器物称作元代官窑器物。《饮流斋说瓷》载"元瓷款识，惟官窑有'枢府'二字款"，说明清末民初已经有元代官窑的称谓了。真正枢府窑瓷的铭文大都印制得不是很清晰，有的甚至有些模糊，较难辨认，极少有很清晰的，温州博物馆藏有的一件枢府窑铭文碗（图 9-103）的铭文就很清晰，但这毕竟是少数。现在仿品上的铭文大都较为清晰。

元 枢府釉龙纹高足碗残片

图 9-104 这件高足碗有些残了，用石膏做了修补，这件高足碗的里面印了一个三爪龙纹。在元代，五爪龙纹和凤纹作为皇家的图腾是历史上第一次以法律的形式固定下来的，《元史·顺帝纪》记载，至元二年（1336 年）夏四月丁亥的禁令："禁服麒麟、鸾凤、白兔、灵芝、双角五爪龙、八龙、九龙、万寿、福寿字、赭黄等服。"可见当时禁止民间烧造五爪龙纹的瓷器，这不但包括枢府瓷，也包括元青花等其他元代瓷器，只有宫廷用瓷才可以使用五爪龙纹和凤纹。元朝并没有严格限制民窑器物使用三爪、四爪龙纹，因此民窑器物上常有三爪、四爪龙纹。明清两代，景德镇官窑烧造的龙凤纹瓷器，有质量问题的都砸掉了并就地掩埋起来（砸碎和掩埋的制度明代在正德前，清代在雍正七年前、乾隆八年后），民间是禁止流通的，但雍正后期和乾隆年间的落选器物也有例外。元代并没有皇家专门设立的御窑厂，是否有地方官窑也没有定论，通常认为都是在民窑定烧的或从民窑的瓷器中挑选的，挑剩下的也就允许民间

图 9-104　元 枢府釉龙纹高足碗残片

贸易和流通了。这件高足碗的里边是有印花龙纹的，但是印得不是很清晰，这是它的时代特征，现在的仿品纹饰大都印得比较清晰。它的足的部分还有一些裂纹，这个高足碗应该是当时没有被挑选上而剩下的枢府瓷产品，类似的器物我见过很多，它们制作得都很精致，却没有枢府字样及其他元代宫廷款识，但也应该属于元代宫廷用品。现在市场上枢府瓷仿品很多，仿品的造型、釉色和纹饰与真品都有一定的差距，大家只要多看实物，就能辨别出来，如果不看实物，仅仅停留在书本知识上，那么是无法辨别真伪的。

元 枢府窑枢府铭文碗

枢府瓷有精瓷和粗瓷两种，通常印有"枢府"铭文的大都属于精瓷。明代曹昭在《格古要论》中说："元朝烧小足印花者，内有'枢府'字者高，新烧者足大素者欠润。"指的是元代有一种小足的器物，通常指的是碗，里边有枢府两字，这样的器物好，这里的"高"就是制作质量非常好，当然这类器物一定是精瓷。

那么这种碗究竟是件什么样子呢？图 9-105 是我收藏的一件元代带有枢府铭文的碗，这件碗就是明代曹昭所指的"小足印花，内有'枢府'字者"。这是一件小圈足的折腰碗。这个碗的里面是印花，碗内底和内壁都印有缠枝莲，内壁花纹处印有一个"枢"字，在 180 度对称的对面位置印有一个"府"字，也就是说这是一件印有枢府铭文的碗。这件器物应是元代最高军事机构枢密院通过浮梁磁局在景德镇定烧和采购的，这种带枢府铭文的完整器物非常稀少，博物馆里也不多，民间更是很少见。由于完整器物稀少，有人就以拥有带字的瓷片为自豪，比如残留一个"枢"字或一个"府"

图 9-105　元 枢府窑枢府铭文碗

图 9-106　元 枢府窑枢府铭文碗（局部放大图）　　图 9-107　煮熟的鹅蛋皮的颜色和蛋清的颜色

字的瓷片，这些带铭文的都是元代皇家定烧的器物。上文讲过，官方挑选完了以后剩下的枢府窑瓷器可以在民间流通，普通的不带铭文的枢府瓷数量很多，但是真正有枢府铭文的、比较精细的枢府瓷，哪怕收藏到一片都很困难，何况是完整器物了。现在古玩市场上枢府瓷片很多，但带有枢府铭文的确很少见。

这是一件整器，碗的印花的缠枝莲纹采用的是双勾线绘技法，也有单线的。我研究绘画好多年，一看就知道它采用的绘制方法，这里的缠枝莲的枝都是采用细腻的双勾线绘，整个印花采用的是一种凸线印制工艺。现在古玩市场上有很多现代仿造的元代枢府铭文碗，采用的是单线或类似浅浮雕的印制方法，并不是采用双勾线绘，原因或许是双勾线绘工艺比较复杂，仿制难度大，抑或仿制者并没有近距离观察过真品。

我们在鉴定这类枢府瓷碗的时候，除了要看绘制技法外，还要看尺寸比例。元代这种折腰碗口沿的直径大约是圈足的 3 倍，个别仿品不符合这种比例关系，看起来比例很不舒服。这个碗底足的直径是 5 厘米，口沿的直径是 15 厘米，底足的直径刚好是碗口的三分之一，这就符合古籍上记载的它们之间的比例关系，这是一件不可多得的稀罕藏品。如果我们上手过真品实物并做过仔细观摩，那对鉴定无疑是有很大帮助的。

那么我的这些藏品是从哪儿来的呢？有祖传的，但大部分是通过购买的渠道收藏的。据我的家乡现存的高氏家族谱书记载，历史上高氏家族为名门望族，我们的祖先于清顺治八年（公元 1651 年）按皇帝"拓民垦荒令"的要求由山东省登州府（今山东烟台）移民到今辽宁省辽阳县刘二堡镇，而后大约在乾隆中期家族的一个分支迁到我的故乡辽阳县唐马寨镇老背河村南约两里处的新背河居住至今。据我父亲讲，我的祖辈曾经做过包括卖盐在内的生意，我小的时候也常听祖父讲起此事。我祖父、曾祖父在农耕之余，常常售卖食盐等物品维系家用，我的祖辈们平时也喜欢收藏瓷器等古物，据说有时候物品卖掉以后，买家不能及时拿出银钱，就拿瓷器或古董来换。我常见爷爷紧紧守护着他的几只破旧的箱子，后来才知道里边都是多年积攒下来的银圆、铜钱和古董。我也曾看到家里的柜面上、储物间摆放有掸瓶和帽筒之类的古董器物，后来家道不济，一些器物相继变卖，留传过程中也损坏了一些，留下来的已不多。父亲知道我很喜欢这些老物件，于是逐渐转给我。父亲是老老实实的农民，我看得出他也很喜欢这些老物件，况且是家传之物，所以觉得应该保存好。父亲晚年居住在北京，直到去世前还常常谈及这些老物件，睹物思人，伤感之情油然而生。所以在我的藏品之中有些是祖传的，但大部分还是后来通过购买淘到的。

这件元代枢府铭文折腰碗是一件非常珍贵的器物，它代表了元代瓷器制作和烧造的最高工艺水平，也就是人们习惯上所说的元代官窑作品。我的一个朋友为了要看看这件瓷器，跟我说了三次，当我把这件器物拿出来给他观赏的时候，他拿碗的手微微颤抖，他说自己做了一生的收藏和古玩生意，只是从书上的记载和人们的谈论中了解和听说过，从未看过实物并上手观摩，如今他终于能够上手仔细观看了。他当时很激动，看得很仔细，我不得不提醒他小心一点，不要出现磕碰损坏。我的另一位朋友邓晓冰先生也藏有一件枢府铭文瓷器，是一个盘子，底足稍微有一点残缺，他那件里面印的是两条龙，在内壁 180 度对称位置也分别印有"枢"和"府"字，字体印得不是很清晰，详细情况见下文"元 枢府窑枢府铭文盘"。现在这类器物的仿品上"枢府"二字大都印得较为清晰，显然与真品的模糊感是不相符的。

图 9-108　元 枢府窑枢府铭文盘（邓晓冰先生藏）

元 枢府窑枢府铭文盘

图 9-108 是邓晓冰先生收藏的一件枢府铭文盘，碗壁局部拼接，底足局部残缺，基本完好。盘口外径 15.5 厘米，足外径 4.8 厘米；灰白色胎质，十分细腻；足高 1 厘米，足脊平，棱角处有约 1 毫米倒角，足墙竖直而不倾斜；足脊、内墙及外底无釉，外底平且呈细砂面状；盘内有明显的使用磨痕。胎质细腻，修足规整。盘内壁距口沿约三分之一处沿环向印有二条首尾相追的龙纹，龙为三爪，龙身细长，采用单线凸印的工艺。龙头与龙尾之间在对称 180 度位置分别印有"枢"和"府"字样，字体模糊不易识别，龙纹也不很清晰，这是枢府窑瓷的常见特征。釉色白中略泛青，给人一种古朴典雅之美，确为元代宫廷枢密院用品，十分珍贵。

元 枢府窑东卫铭文高足碗残片

图 9-109 是一件元代枢府釉高足碗的残片，足柄已残缺，仅剩上部碗的部分，釉色呈淡青的卵白色调。外壁光素无纹，内壁釉下凸印三爪龙纹，碗壁一侧有一印文"東"字，推测其对称 180 度位置印有一"卫"字，可惜已残缺。这种带有"東卫"铭文的器物可能是为元代东宫军事机构左卫率府定烧的，极为少见。

元 枢府窑福字纹盘残片

图 9-110 是一件元代枢府釉盘的残片。这件器物的内壁上印有一个"福"字，据

图 9-109　元 枢府窑东卫铭文高足碗残片

图 9-110　元 枢府窑福字纹盘残片

测其对称 180 度位置印有一个"禄"或"寿"字,可惜残缺了,无法考证。这种带有福字的器物也不多见,应属于元代宫廷定烧的器物。这件器物的内底心有明显的磨损痕迹,表明它曾经被使用过。元代早期的枢府釉受宋影青影响颜色不是很白,青的成分较多,呈鸭蛋青色,中期以后釉色较白,呈鹅蛋皮色。这件残片的釉色有些接近鹅蛋皮的颜色,并且是一种乳浊的白色,还有一种腻的感觉,应是元代晚期以后的产品。带有这种铭文的瓷片至今我就收藏到这一片,是一位朋友偶然提到并转让给我的。由于它的外底呈现较平缓的状态,也没有典型的元代器物常有的"乳突"现象,足脊的"向外斜削"的特征也不是很明显,因此我判定它应属于元代晚期或元末明初这一过渡时期的产物。

　　现在市场上仿元代枢府窑瓷的器物很多,大家收藏时要十分小心。图 9-111是一件枢府瓷盘的残片,盘壁上印有一个"禄"字,内底心部位有磨损纹理,这件盘子的釉色有些发白,并不是真正的枢府瓷的鹅蛋青和鸭蛋青的釉色,圈足的露胎部位也和真品有差别,内底心的使用纹理也是作伪者故意交叉摩擦造成的,

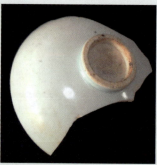

图9-111 当代 仿元代枢府窑禄字纹盘残片及表面划痕（50X）

但在微观状态下也能看出平行的划痕，外壁平行划痕较为明显，这类做旧器物乍看起来有一种老旧感。这件残片的作伪者故意将完整的器物打碎成了残片，并将断面处做成了土埋过的颜色，是为了迷惑购买者，造成出土器物的假象。此外，其釉面局部似乎还进行了酸碱腐蚀处理，是在一件器物上综合使用几种作伪的手段。因此古玩市场上的瓷片并非都是出土或传世的真品，也有很多现代仿品残片掺杂在里面，这就考验购买者的眼力了。

釉里红简介

釉里红是高温铜红釉，据载最早出现在唐代长沙窑器物上。当时长沙窑不但烧造过釉里红的器物，还烧造过整体都是红釉的器物。因长沙窑这类器物烧造数量比较少，所以很多东西没有留传下来。宋代在烧造钧窑的器物时有窑变色，窑变的颜色中也有红色，常见的为玫瑰紫和海棠红色，但不是很纯正、很开放的红色。元代也烧过红釉瓷，还有釉里红，但元代烧造的这类器物，现在无论是考古发掘还是民间留传的，数量都十分稀少，颜色也不很稳定。

真正地把这种红釉尤其是釉里红烧造出呈色比较稳定、比较纯正的时期是明代洪武年间。洪武是朱元璋的年号，朱元璋于1368—1398年在位，共计30年。谈到朱元璋，大家可能听到过评书中讲明朝初期的故事，说朱元璋统治十分严厉，评书讲了很多有关故事段子，比如"游武庙骂走军事刘伯温，白马汗害死元帅徐达，日杀五老将，炮打庆功楼"等，因此认为朱元璋有些残酷，这里我们对这些故事不做评论，但朱元璋在中国陶瓷史上做出很大贡献，因为朱元璋于大明王朝成立之初的洪武二年就下令在景德镇珠山建造一座官窑的窑场（或许是使用元代遗留下来的窑场）开始烧造官窑的瓷器，拉开了大明帝国官窑瓷器烧造的序幕，为后来的永宣、成嘉瓷器烧造的辉煌时期打下了基础。明代对景德镇珠山官窑窑场的称呼前后略有不同，据载明代洪武、永乐时期称为陶厂，宣德至正德前称厂官窑，正德以后叫作御器厂，但《明史》中把宣德时期的官窑也称作御器厂，因此总的来说明代的景德镇官窑窑场可通称为御器厂。到了清代康熙年间又改称御窑厂，大家要了解明清时期对官窑窑场的称呼。如果有人把明代的御器厂称作"御窑厂"，显然不够准确。

洪武三年，朱元璋颁旨"以红色为贵"，于是宫殿建筑中的墙和柱子都被刷成了红色，瓷器的颜色也受到影响，即后世所说的"洪武尚红"。为什么朱元璋喜爱红色呢？传说因为朱元璋姓朱，而朱色就是红色。此外，朱元璋是在南方打天下成功的，在古代四神"南朱雀，北玄武，左青龙，右白虎"之说中，代表南方的神鸟朱雀也带有一个"朱"字。再有朱的性质属于火，火也是红色，所以朱元璋在洪武三年就提出宫廷要崇尚红色，当时烧造的瓷器也以红色为主，品种有红釉、釉里红，其中釉里红烧造得比较多。有人统计过，洪武年间官窑釉里红瓷烧造的数量比当时的官窑青花还要多。虽然洪武时期官窑烧造了很多釉里红的器物，但不知什么原因，留传下来的十分稀少，即使是瓷片也不常见。

洪武釉里红瓷的现代仿品非常多，主要是仿洪武釉里红的大碗、梅瓶和玉壶春瓶。大碗里面通常为缠枝菊纹。梅瓶就是上头大、下部小的细长的瓶子，在宋代属于酒瓶，也用来插花。玉壶春瓶即上头细长、下部较大的酒瓶子，和梅瓶的造型相反。这三种类型的仿品非常多，我曾去一个朋友家里，他一下拿出来好几个据说是釉里红的梅瓶，并言之凿凿地说器物年代没问题，我当时都看得有些惊呆了，心想甭说好几个真品，能有一个真品都十分罕见，当然这些所谓的釉里红梅瓶在我看来都是年代不久的现代仿品。

洪武釉里红器物在市场上价格很高，也不易见到，但还是有机会收藏的。《古玩揭秘》一书中记载了这样一个捡漏的故事："但对藏家来说，机会不是没有，数年前地摊上出现一件口残的元末明初釉里红瓶，被人以 500 元买去，仅及其真正价格的千分之一，成为漏价的经典。"① 这本书的出版日期是 2003 年，如果照此推算，故事发生在 20 多年以前，也就是说当时 500 块钱买的釉里红瓶子真正价格应该是 50 万。这还是 20 多年前的事，如果是现在就更贵了。

现在洪武釉里红的器物非常少见，那么当年烧造了那么多都哪儿去了呢？有两种可能：一是在留传过程中发生了损坏；二是赏赐给了藩王、亲王和其他王公大臣，随着这些人的去世这些器物都成了随葬品而被埋到墓葬里，至今还没有问世，但据《明代宫廷陶瓷史》一书记载，目前已经发掘的数十处明代藩王墓葬中瓷器很少，随葬的各个品种的瓷器总计 80 余件。这些器物中未见有釉里红，或许将来能有新的发现，看起来随葬一说也不成立，但使用过程中损坏一些是肯定的。现在各大博物馆中也有一些洪武釉里红的器物，但大量的洪武釉里红器物的去向还是个谜。2000 年左右有人统计，全世界完整的洪武釉里红器物仅有 50 件左右，但近年有资料表明仅北京故宫博物院洪武釉里红器物就有 80 多件。民间也应该藏有洪武釉里红的器物，但是我估计数量会极其稀少。由于博物馆的藏品不会在市场上流通，因此洪武釉里红的器物格外珍贵，市场价格很高。据载，2006 年香港佳士得拍卖了一件洪武釉里红玉壶春瓶，价格高达 8000 万港币。现在市场上出现了大量的现代仿洪武釉里红器物，大家在收藏的过程当中，包括在拍卖会上，要特别注意。

釉里红器物基本都为明初官窑生产，宣德之后鲜少烧造，但从景德镇中国陶瓷博物馆图片资料中的一件明早期民窑釉里红玉壶春瓶来看，似乎明代早期民窑也烧造过釉里红器物，即便如此，整个明代的釉里红除极个别外，基本上都是官窑烧造的。清代从康熙开始恢复釉里红器物的烧造，康熙、雍正、乾隆三朝都有较好的釉里红器物传世。

---

① 程庸. 古玩揭秘 [M]. 上海：学林出版社，2003：6.

图 9-112　元 釉里红瓶残片（邓晓冰先生藏）　　图 9-113　元 釉里红开光花鸟纹罐（高安市博物馆藏）

元 釉里红瓶残片

图 9-112 是一件瓶子肩部的残片，为收藏家邓晓冰先生所藏。胎质洁白细实，釉色白中泛青，纹饰勾勒草率，风格粗犷，釉里红色泽暗红，采用了线绘的手法，为元代釉里红器物。元代釉里红的器物十分罕见，即使是残片也是极为珍贵的标本。江西高安市博物馆藏有四件元代釉里红的器物，属于一次性窖藏出土，其中一件釉里红开光花鸟纹罐（图 9-113），也采用了线绘的技法。

元 釉里红高足转杯残片

图 9-114 是一件釉里红器物的残片，残片残存部分为杯子的一部分，外壁有一条状小耳或称之为系，底足部分已残缺，因其造型与江西高安市博物馆窖藏出土的两件元代釉里红高足转杯相同，因此该残片应属高足转杯的一部分。

该残片残存部分为杯身，外壁有一小耳，耳孔因流釉已被封住。胎质洁白坚硬，显然为高岭土加瓷石的二元配方。釉色白中泛青，与元代典型的枢府瓷釉色类似。内外壁釉下有较为明显的拉坯弦纹，杯底部有部分高足残缺后留下的痕迹，痕迹外周胎釉结合处呈现浅红色的氧化铁颜色。红色部分属于高温铜红釉，红色区域局部略显凸起，特别是红色的下部分凸起较为明显，应是流釉所致。因残存部分较少，难以确认红色区域具体纹饰，大致属于元代釉里红器物中较常见的斑块纹饰，其红色略偏暗，但仍是元代釉里红器物中烧造较为成功的色调。该残片的釉里红发色与江西省高安市博物馆中窖藏出土的四件元代器物，包括釉里红开光花鸟纹罐（图 9-113）、釉里红芦雁纹匜（图

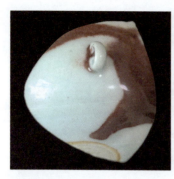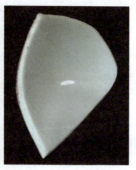

图 9-114　元 釉里红高足转杯残片

图 9-115　元 釉里红芦雁纹　　图 9-116　元 釉里红堆　　图 9-117　元 釉里红菊
匜（高安市博物馆藏）　　塑螭纹高足转杯（高安　　纹高足转杯（高安市博
　　　　　　　　　　　　市博物馆藏）　　　　　　物馆藏）

9-115）、釉里红堆塑螭纹高足转杯（图 9-116）和釉里红菊纹高足转杯（图 9-117）相
似。这类高足转杯的小耳为单耳，应为游牧民族便于携带杯子作为固定之用。由于这类
元代釉里红高足转杯极为罕见，因而即使是残片，从收藏和研究的角度来看，也是极为
珍贵的标本，有着重要的史料和研究价值。

明洪武 釉里红牡丹菊花纹碗残片

　　这件瓷片（图 9-118）叫作釉里红瓷，为洪武釉里红碗的残片。这件瓷片的胎不
是很洁白，略微有一点点发灰，属于灰白色调。内壁的纹饰是菊花纹，应该是缠枝菊
纹，菊花就剩一部分，外壁应为缠枝牡丹，但也仅剩一个花叶了。纹饰的红色是铜红
色，发色呈现一种暗红（红中偏黑），不是大红色，也就是说它虽然烧造得很成熟、很
成功，但是还没有像现代的一些窑场烧造出的中国红瓷的那种开放、大红的红色。这
件瓷片暗红色的釉下彩纹饰的局部有点"飞红"，飞红是指红色在烧造时色泽有些扩散、

图 9-118 明洪武 釉里红菊花纹碗残片（官窑）

图 9-119 明洪武 釉里红牡丹菊花纹残片（官窑）

飞散的情况，这是洪武釉里红器物常见的特征。还有一个特征，就是这件瓷片表面釉质的玻璃质感较强，而且还有开片。

这也是一件大碗的残片（图 9-119），而且残片尺寸较大。由于洪武釉里红器物十分珍贵，因此这样较大尺寸的残片也很难得。它的外壁绘有牡丹，内壁绘有菊花纹。绘画的线条流畅且古朴，用笔豪放而粗犷，不似清代官窑器物绘画那样严谨，而显得大气透爽，这与仿品的过于循规蹈矩的拘谨画法有明显的差异，也是鉴定时的重要依据。这里我重点说明的是它的釉里红的发色，虽然总体色调上呈现的是暗红色（红中偏黑），但局部色彩比较鲜艳，近似鸡血的颜色。暗红与鸡血红协调地融合在一起，好似如血的残阳或晚霞，瑰丽无比，仿佛使人进入梦幻般的境界。这类洪武时期的釉里红器物大都是官窑的作品。这件瓷片的胎质算不上十分细腻和洁白。明代器物的胎土淘洗得大都并不十分细腻，也很少出现清代官窑胎质特有的糯米汁的光感。我收藏有一个明洪武釉里红罐的残片，仅残存局部仰莲瓣纹，从莲瓣纹绘画上看，十分草率，但胎釉洁白，釉里红为暗红色，且有飞红现象，仍是洪武官窑的作品。

图 9-120 当代仿明洪武 釉里红牡丹菊花纹大碗

图 9-121 明洪武 釉里红缠枝牡丹纹大碗（国家博物馆藏）

图 9-120 是一件仿明代洪武釉里红的缠枝花卉纹大碗。这件器物的釉里红发色也是暗红色，碗内壁花卉的周围可见颜色的飞红现象（真品也常见飞红现象），飞红就是在纹饰轮廓外部附近出现红色的飞散或点状现象。这件仿品与真品的区别在于以下几点：第一，它的绘画过于规整而显得呆板；第二，它的白色底釉与真品相比过于发白，真品的底釉是白中很均匀地略显淡淡的青色；第三，这件仿品的外底部分被故意做成釉色不均的现象，明显有作伪的嫌疑，给人很强的现代感，没有古瓷特有的韵味；第四，它的釉面上并没有出现古瓷常见的缩釉现象，当然这仅仅是参考项；第五，这件仿品大碗的菊花纹出现在碗的外壁上，而真品的菊花纹通常出现在内壁上。这类仿品对于我们增加鉴定古瓷的经验和提高眼力很有帮助，但如果把它误认为真品而高价购买，就得不偿失了。由于真正洪武釉里红器物的价格很高，所以市场上出现了很多这种仿洪武釉里红的器物，甚至还有假冒真品的瓷片。如果没有见过真正的洪武釉里红器物和出土的残片，很容易被仿品迷惑甚至造成经济上的损失，这是大家要特别注意的。洪武釉里红器物的发色大都呈现暗红色，但也并非都是如此，例如国家博物馆藏有一件明洪武釉里红缠枝牡丹纹大碗（图 9-121），其釉里红的发色有些鲜红的感觉，而且飞红现象十分明显。

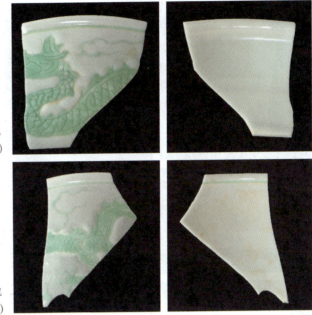

图 9-122 明弘治 白地
绿彩龙纹盘残片（官窑）

图 9-123 明弘治 白地
绿彩龙纹碗残片（官窑）

明弘治 白地绿彩龙纹碗盘残片

这是一件明弘治时期的白地绿龙盘的残片（图 9-122）。该残片釉色温润，白地透明釉下有暗刻海水纹，龙纹刻划在胎上并且不施釉，其余部位施白色透明釉，第一次高温烧成后龙纹处露胎，再在露胎的龙纹处填上绿彩，再经低温二次烧成，因此也称白釉刻填绿彩。该残片的龙纹处绿彩深浅颜色不均，外壁釉面整体上看不太平整，这是施釉工艺操作不易所致。白釉绿彩是弘治瓷器的重要品种之一，传世稀少，十分珍贵。图 9-123 是一件弘治白釉绿彩碗的残片，残存的是龙身的部分，也有暗刻海水纹，龙爪为四爪，但仍属于官窑器物，这类白地绿彩的我也见过五爪龙纹器物残片。明代官窑器物上龙爪纹以五爪为多，但有时也用三爪和四爪龙纹。正德时期也烧造过这种白釉刻填绿彩的器物。

元 红绿彩瓶残片

红绿彩早期出现在金代器物上，元代红绿彩器物较为少见，明代嘉靖时期较为流行。图 9-124 是一件元代红绿彩瓶子颈部和肩部过渡部分的残片，胎质白中偏灰，较

图 9-124 元 红绿彩瓶
残片

图 9-125 明嘉靖 红绿
彩碗残片

图 9-126 明嘉靖 红绿
彩盘残片

为粗松。地子釉色白中发青，纹饰画工较为草率，红色偏暗，绿色偏黑。内表面靠近瓶口处施釉，表面有拉坯旋纹及接胎痕迹。从总体特征看应属于元代器物。

明嘉靖 红绿彩器物残片

图 9-125 为红绿彩碗的残片，胎质洁白，釉色洁白莹润并呈乳白状，表面有开片。釉上采用红绿两色绘制花卉纹，局部用红色勾线，绿色填色，属于二次烧造。这种仅采用红绿两种釉上色彩描绘图案花纹的器物称作红绿彩器，流行于明代嘉靖年间，日本人称之为"大明赤绘"。

图 9-126 好像一件平底小浅盘的残片，也是红绿彩器，但胎釉质量与图 9-125 残片有一定差距。这种红绿彩瓷器后世有仿，也有老瓷新绘，形成"后加彩"的器物，鉴定时要认真识别，通常后加彩的器物在彩下可见使用时的划痕或磨损痕迹，而且色彩较为鲜亮。

图 9-127 明 晚 期 釉
上堆黑彩洞石纹碗残片

明晚期 釉上堆黑彩洞石纹碗残片

图 9-127 这件瓷片乍一看像青花瓷，但是颜色不是青花瓷典型的蓝色，而是有些偏黑的色调。上面的纹饰，有一些像洞石，还有一些花草树木。这是我收藏的一件在纹饰技法上比较特殊的瓷片，特殊性在于它的纹饰色泽和绘画技法。它的纹饰是偏黑色的，这应是一种特殊的釉彩，似乎仍属于氧化钴的范畴，施彩时采用的是一种堆料的方法，因此用手一摸它的纹饰是凸的，是用堆料的方法堆出来的，并在高温下烧制成型，最终呈现出这种有立体感的效果。就这件瓷片采用的绘画工艺或者称施彩技法而言，填补了我们瓷器绘画和施彩技法方面的一项空白。这件瓷片大致属于明代晚期的器物，我刚收藏到它的时候也有人认为是清中期或稍后的，但后来收藏到类似绘画技法的一件碗底残片，证明了其所属的年代应为明代晚期。我们在分析、研究和鉴赏一件器物的时候，都想把它的烧造年代确定得尽量准确，但有时候是做不到的。虽然不同的人可能会有不同的鉴定结论，但反映的仅仅是说谁的观点更接近事情的真相，有一些东西，凭借现有的资料我们无法做出定论，以后可以再根据新的发现继续研究。这件瓷片就属于非常特殊的品种，对我而言它的烧造年代的最终确定也经历了一个过程，当另一个类似的并带有款识的瓷片被我收藏之后，也最终确定了它的年代，这就是发现和收藏的乐趣。

明晚期 青花堆黑彩人物纹碗底残片

图 9-128 这件碗底的残片在碗心部位采用了类似上面讲述的"堆黑彩洞石纹碗残片"的技法，纹饰凸起，而残存的碗壁上的纹饰和外底款识仍然采用了传统的青花技

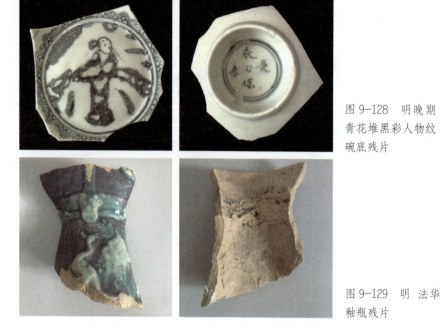

图 9-128 明晚期
青花堆黑彩人物纹
碗底残片

图 9-129 明 法华
釉瓶残片

法，这个碗的胎色灰白，青花部分和凸起的人物部分的发色都有些灰黑，应该不是景德镇窑的产品。从其款识写法和碗底内凸（碗内底向上凸起）来看，属于明晚期产品的特征。碗心的人物似为携琴访友，外底款识为"永保长春"四字楷书双圈青花款，这都是明代器物上常见的。这件残片的发现证明了上文中的碗的残片也是明晚期器物。

明 法华釉瓶残片

法华器又名珐花器。法华器在元代就有烧造，明代在山西较为流行。法华器起初都用陶胎烧造，明中期以后景德镇有用瓷胎仿烧的法华器。法华器的釉料类似于烧造建筑构件用的琉璃器的釉，主要区别是琉璃器的釉料的助熔剂为铅，法华釉的助熔剂为牙硝。法华器的工艺特点是采用所谓的"立粉"技术，用带管的泥浆袋作为工具在器物表面勾勒出凸起的用泥浆线条表现的纹饰，然后先烧造素胎，再施釉彩入窑低温二次烧成。

图 9-129 是一件施法华釉的瓶子的残片，陶胎，上面有凸起的纹饰，绘有花卉、白鹭鸟以及铺首，并用蓝紫两色绘制。整体上看，这件残片造型古朴，纹饰古拙，大致为明代早期的作品，但有元代器物遗风。

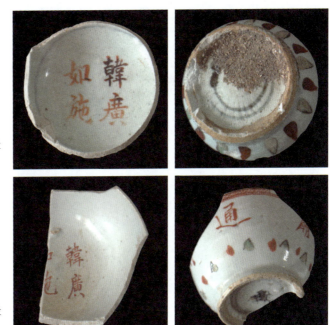

图 9-130　清康熙　红绿
彩韩广如施铭文碗残片

图 9-131　清康熙　红绿
彩韩广如施铭文碗残片

清康熙 红绿彩韩广如施铭文碗残片

　　图 9-130 和图 9-131 这两件瓷片的内壁几乎是一样的，碗内都写着"韩广如施"文字款，这类款识在分类上属于典型的供养款。图 9-130 的瓷片上字体是全的，图 9-131 的瓷片上字体残缺了一部分。从文字款识内容上看，这两个碗显然是供养人（宗教信徒）为寺庙定烧或施舍的器物，这类款识称作"供养款"。瓷片的外壁用红绿彩绘制了简化的仰莲瓣纹，外底还有青花双圈儿。在图 9-131 的瓷片外壁还残存着几个字，一个是"通"；另一个应该是通州的"州"，字仅残存了一部分，通州的"州"是没有问题的；还有一个繁写体的"庙"字，也残缺了一些。综合推断这几个字应该指的是北京通州的某一座庙宇，比如"通州龙王庙"等。这两件瓷片的纹饰和铭文采用了红绿彩，但外底的双圈、图案款及内部的单圈都使用了青花，圈足还遗留有明代器物修足不规整的特征，应是清代康熙时期的器物。也有观点认为它们属于明代万历或明代末期的器物。

　　通州是一座历史悠久的文化古镇。通过这两件瓷片，可以看出清代运河两岸应该有很多庙宇，香火比较旺盛，善男信女有施舍钱财的，有施舍定烧瓷器的，反映了古代通州运河两岸繁盛的场面。

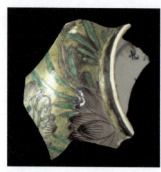

图 9-132　清康熙 黄地素三彩碗残片

图 9-133　清康熙 "大清康熙年制" 款素三彩狮钮六棱镂空鼎式香炉（高安市博物馆藏）

清康熙 黄地素三彩碗残片

素三彩虽名为三彩，但它的颜色可以包含两种、三种及以上。素三彩中的"素"指颜色中不用红色。素三彩以明代正德素三彩最为著名，但近来景德镇御窑厂发掘出土的成化时期的素三彩鸭形香薰也颇为精致，甚至被定为御窑厂中国御窑工艺博物馆的镇馆之宝。

图 9-132 这件碗的残片也是康熙素三彩，属于黄地儿素三彩，黄地儿上有绿、紫、黑的色彩，外底的青花款识有些残缺，原来应该写着"大明成化年制"寄托款。里面画着的好像海螺纹，纹饰也残缺了很多。这是康熙时期素三彩的器物。康熙时期的素三彩不但官窑在做，民窑烧造得也很多，质量也不错。我收藏了很多康熙素三彩的瓷片。除了黄地儿的，还有绿地儿的以及紫地儿的，等等。康熙时期很多民窑器物制作得也很精美，这件器物虽然采用了黄地儿作为底色，但其发色并非为典型的宫廷专享的明黄色，而且不是全黄的釉色，款识书写也不工整，因而属于民窑的范畴。高安市博物馆藏有一件康熙素三彩薰炉（图 9-133），造型及工艺较为复杂，制作精美。

清中期 墨地素三彩盘残片

图 9-134 是一件清中期的盘子的残片，其品种属于墨地儿素三彩。先说说它的制作过程，首先要高温烧成白瓷，留出要绘制图案的区域后，在余下的表面覆上一层绿

图 9-134　清中期 墨地素三彩盘残片　　　　　　　图 9-135　清康熙 景德镇窑墨
地三彩狮耳炉（上海博物馆藏）

色，绿色的上面再涂上一层黑色，并在预先留出的部位上填彩绘画比如梅花等其他纹饰，最终再二次低温烧成。烧成后的墨地儿中隐现着绿光，给人一种墨绿的感觉，所以墨地儿素三彩上的墨地儿并非纯正的黑色。康熙官窑墨地儿素三彩器物极其珍贵，目前仅见上海博物馆藏有一件康熙墨地儿素三彩狮耳炉（大明嘉靖年制款，图 9-135），大家有机会可以去看一下实物，我已观摩过并拍摄了照片。这件残片的纹饰算不上很规整，外底部也不是很平整，墨地儿的发色不纯正，应是清中期民窑仿官的器物。

　　大家在鉴定一件器物是不是官窑，主要应从它的造型是不是规整，胎釉是不是精细，纹饰是不是精美以及款识书写等方面去综合考虑，因为官窑的作品是不惜财力、物力、人力的，大都为精品之作，但有时也有例外，比如个别较大器物的胎质就不一定很细白，其中就含有一些肉眼可见的杂质，但这仅是少数现象，或许是考虑器物的强度因素不便淘洗过细，也许与时代有关。明代有些时期的少数官窑器物其胎釉、纹饰也不一定十分精致。

清康熙 黄地绿彩小碗

　　图 9-136 是一件黄釉绿彩的小碗，由多块碎片拼接而成，局部残缺，是一件康熙官窑的器物。它的黄色是明黄，也就是皇帝专用的色彩。明清时期皇帝衣饰大多为明黄色，但也有其他色彩的情况，清晚期皇帝也有穿杏黄色的衣服。这件碗的黄地儿上画着一些绿色的花，因此可以称作黄地儿绿彩，釉下可见一些暗划的花纹。外底的款

图 9-136　清康熙　黄地绿彩小碗（官窑）

图 9-137　清乾隆　素三彩浮雕云龙纹瓶残片（官窑）

识为"大明成化年制"两行六字双圈青花楷书款，这是康熙时期器物上经常书写的明代款识。这个小碗的碗壁做得非常薄，做工也非常精致，属于康熙彩瓷中的精品。底款虽然采用了青花，但就碗壁而言只有黄绿两种颜色，也没有使用红颜色，因此也属于素三彩的范畴，是黄地素三彩的一个品种。这个小碗很漂亮，是康熙时期素三彩彩瓷的代表性器物，因此非常珍贵。

清乾隆 素三彩浮雕云龙纹瓶残片

从图 9-137 中的残片的弧度上看，这应该是一件瓶子的残片。胎质洁白细腻，内施无色透明釉，外壁采用浅浮雕工艺制成龙纹及如意云纹。以黄色为底色，采用绿、蓝及黄色对浮雕纹饰填色，此外，如意云纹部分及龙须和毛发部分应是采用了紫色填涂，但因年久色彩脱落而露出白色胎体，容易让人误解为使用了白色，其实不然。该瓶的外壁应该是在素烧胎而并非是素瓷的表面上施彩后再行低温烧制而成。这种浮雕工艺对工匠技艺要求很高。乾隆时期有这类浮雕器物传世，此瓶也应是这一时期的作品。

该瓷片纹饰雕琢精美，色彩古典纯正，实为一件很有收藏价值的标本，可供研究、学习和欣赏之用，十分难得。

清乾隆 素三彩仕女人物造像

图 9-138 是采用黄绿褐三种色彩来表达的一尊仕女人物造像，造像头部残缺了，从右手衣袖处的特征可以看出其右臂与身体当初是分开烧制并组合成一尊完整的造像，可惜右臂已经遗失。这尊造像的纹饰绘制得十分精美，用料非常细腻讲究，造型准确，身段、衣褶惟妙惟肖，应是一尊乾隆时期的宫廷造像，却没有款识可以印证。从残存的部分看，这尊造像的形体动作呈舞蹈状，其右手可能执的是一把纨扇，身穿水袖长衣，翩翩起舞，造型十分优美，尽显女性的婀娜多姿，使人不禁联想起汉代的宫廷舞蹈，又仿佛听到唐代的霓裳羽衣曲。看到这尊造像，我们有理由去评价我国古代的工匠技艺是多么高超，真是令人叹为观止！这尊造像的头部经过几百年的岁月洗礼已经遗失，无法找到，也许早已毁坏而永远也不会被发现，我们只能想象她曾经的芳容，这不由得使我们产生一些遗憾。由这尊残存的雕像我不禁联想到了法国卢浮宫博物馆藏有的断臂维纳斯雕像、胜利女神石雕，虽然他们的不幸之处都是肢体残缺，但古代艺术家赋予他们的独特魅力，永远铭刻在我们的记忆里，她的艺术之美岁月挡不住，挫折挡不住，残缺挡不住，将世世代代得到传承。这里借用《西厢记》中描述崔莺莺的一段话来形容此造像真是恰到好处：

恰便是呖呖莺声花外啭，行一步可人怜。解舞腰肢娇又软，千般袅娜，万般旖旎，似垂柳晚风前。

图 9-138　清乾隆 素三彩仕女人物造像

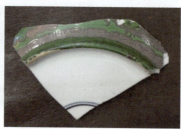

图 9-139　清中期　绿地
紫龙纹盘残片（官窑）
（胡玉光先生藏）

清中期 绿地紫龙纹盘残片

图 9-139 是绿地紫龙的盘子的残片。按清宫规制，绿地紫龙的器物为后宫中贵人使用。贵人和常在不用带有黄色的器物，贵人用器为绿地紫龙，常在用器为绿地红龙。这件器物底款已残缺，具体时期无法准确判断，大致属于清中期的器物。

青花釉里红简介

青花釉里红是指同一器物上既有青花又有釉里红纹饰（图 9-140）。有人把青花釉里红称为"青花加紫"，这是古玩行的一种俗称，紫红色是一种较深的红色，是釉里红的不成功发色。本书中为便于读者理解和掌握，如果不做特殊指明，将这类器物都称作青花釉里红。青花加紫通常指青花釉里红器物中当釉里红纹饰发色呈红中偏紫（紫红色）或釉里红图案与青花相比所占比例通常较少时，把这种画面习惯上称为青花加紫或青花夹紫（图 9-141、图 9-142、图 9-143），但其本质上也属于青花釉里红的范畴。青花绘制时使用的原料中主要成分为三氧化二钴，也就是氧化钴，或者叫青花钴料、青料，它在氧化的气氛（一说还原的气氛）当中才能烧成蓝色的青花；而釉里红属铜红釉，在还原的气氛中，也就是在缺氧的条件下才能烧成这种铜红色。因此，烧造釉里红器物时，对于同一器物，在烧造的过程当中既要有氧化气氛的时段，又要有还原气氛的时段，还要保持烧成的窑温范围，其满足条件的窑炉气氛控制的极限波动范围非常小，而古代又没有温度计，掌控窑温全凭窑工用肉眼去观察火候，或者借助于试照，所以青花釉里红瓷器的成功烧制是非常困难的，因此当时景德镇流传有这样一种说法，不能烧造出青花釉里红的窑工算不上好窑工。

图 9-140　青花釉里红瓷残片

图 9-141　青花加紫　　　　图 9-142　青花加紫　　　　图 9-143　青花加紫

图 9-144　元　青花釉里红堆塑四灵塔式盖罐（江西省博物馆
藏，首都博物馆展出）

青花釉里红真正烧制成功是在元代，但是元代青花釉里红烧造出的红色多为暗红
色，且可确认的元代青花釉里红器物非常少。江西省博物馆藏有一件元代青花釉里红
堆塑四灵塔式盖罐（图 9-144），其上的青花属于延祐期（或延祐型）青花。明代洪武

时期，对青花釉里红的烧造没有记录。近年景德镇御窑厂考古过程中挖出一些残片来，对永乐一朝是否烧造过青花釉里红还在做进一步的判断和研究，一般认为永乐时期烧制过青花釉里红的器物。宣德一朝青花釉里红烧造的数量非常少，因此器物非常罕见。成化时期的青花釉里红品种也是十分稀少。成化以后直到明末，这类品种基本上不再烧造。清代康熙开始又恢复了青花釉里红的烧造，至雍正时期青花釉里红的烧造质量达到了高峰，烧造出的青花和釉里红的发色都较为纯正。康熙、雍正、乾隆及以后的窑工基本都能掌握窑炉的气氛和火候，因此无论官窑和民窑都有青花釉里红器物的烧造。

清康熙 青花釉里红中和堂制款碗残片

图 9-145 是一件较小的瓷片，瓷片的里面绘制了一朵花，花是釉里红的，枝和叶用的是青花，因此这是一个青花釉里红的品种。瓷片的外底上写着"中和堂制"的款识，"中和堂"三个字完整存在，后面的"制"字残缺得只剩下很小的部分了，但我们仍然可以推断出它应是一个"制"字，这几个字用的是小楷，书写得非常规整清秀，书法水平很高。这件瓷片做工规整，胎质洁白，综合判断，应属于康熙官窑或民窑中的精品。

中和堂据说是康熙读书的书房，但也有人说康熙时期没有中和堂，嘉庆以后才有这个堂名，到底有没有目前还存在争议。这件瓷片的坚实、细腻、洁白的胎质，精美的绘画和近乎完美的款识书写上，可以推断出它属于官窑或民窑中的细瓷精品（俗称"气死官窑"）。在《中国陶瓷史》一书中有如下记载：

> 除官窑外，当时景德镇民窑技术之精还表现在一些带有所谓"堂名款"的细瓷上面。例如康熙时的中和堂、绍闻堂……乾隆时期的彩华、彩润、彩绣等堂名款屡见不鲜。……这些属于当朝王公贵族、民间文人雅士或名工巧匠的定烧用品，无论胎釉之精细乃至彩绘之优良，均足以媲美于上述的官窑和官古器，而且在一定程度上也反映了清初景德镇成为制瓷中心的巩固地位。

上述记载中这种款识的器物偏向于民窑的范畴，但是由于我们没有看到该瓷片完整器物全貌，也没有看到其他的纹饰，特别是没有看到它上面是否曾有能显示其他纪年信息的内容（比如铭文、诗句落款等），因此还不能做出准确的判断，暂且把它定位

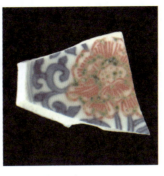

图9-145 清康熙 青花釉里红中和堂制款碗残片

图9-146 清康熙 青花釉里红楼阁诗文盘（官窑，一对，李群祥先生旧藏）

于康熙时期的器物。实际上康熙时期有很多民窑的精品，特别是青花，在质量上有些器物已经达到甚至超过了官窑的器物，这类器物被民间戏称"气死官窑"。

据载，康熙官窑瓷器所用堂名除了中和堂外，还有"乾惕斋"。雍正官窑有"朗阁制"或"朗吟阁制"（"朗吟阁"是雍正为亲王时的堂名款）。乾隆瓷器所用的堂名款有"敬慎堂、静镜堂、彩华堂、彩秀堂、养和堂、嘉荫堂、古月轩"，但故宫中并没有以"古月轩"命名的建筑。道光皇帝用"慎德堂"款识。

清康熙 青花釉里红楼阁诗文盘

图9-146是一对康熙青花釉里红的小盘，为李群祥先生旧藏。盘内青花釉里红绘制树木和楼阁，还有青花诗文，为唐代孟浩然的《早梅》诗句："少妇曾攀折，将归插镜台。"落款"漱玉亭"，印章因不清晰已不可识。底足为双圈足，外底四行八字青花楷书干支堂名款"康熙辛亥中和堂制"。这对小盘制作规整，纹饰精美，应为康熙官窑的作品，上海博物馆收藏有这类器物。此外，康熙类似瓷器的款识还有"康熙壬子中和堂制"和"康熙癸丑中和堂制"。

清雍正 青花釉里红鼻烟壶残片

据资料记载，鼻烟是由外国传入中国的。明代万历年间，意大利传教士利玛窦将鼻烟装载玻璃瓶内进贡给了万历皇帝。《古玩指南》记载：

> 考鼻烟之兴并不甚久，且非国产，乃来自西洋。据赵撝叔《勇庐闲诘》称："鼻烟来自大西洋意大里亚国，明万历九年利玛窦泛海入广东，旋至京师，献方物甚多，鼻烟即其一也。"按意大里亚即意大利也，大西洋，泛指西方之大洋，并非今之大西洋也。又万历九年为二十九年之误，盖史载利氏于万历二十九年至京师也。又查鼻烟之来华虽在明末，只以用之者少，且来货极微，故名不彰著。

到了清代，上自皇帝，下至百姓，吸闻鼻烟已成习惯和风气。古时候鼻烟通常有进口和国产两种，进口的也称洋烟。鼻烟的主要成分是用烟叶碾制而成，据说进口的鼻烟中除了选用上好的烟叶外，还掺入冰片、薄荷等药材，而国产鼻烟仅用烟叶碾制，具体成分已不得而知。有资料介绍，鼻烟中还有加入麝香的。据说吸食鼻烟可以起到醒脑提神、治鼻塞和明目的作用。外国人大都用玻璃瓶装鼻烟，而清代开始用瓷质的旧药瓶来装盛，后来逐步产生了专门制作的、以瓷鼻烟壶为代表的不同材质的鼻烟壶。

图 9-147 是一件青花釉里红鼻烟壶的残片，画面上绘制了一个男子和一个女子，还绘有庭院栏杆和花卉，但都残缺不全了。画面中的人物似乎都在享受吸食鼻烟带来的惬意。釉里红的发色呈暗红状，大致属于雍正晚期的器物。雍正时期流行这种长圆筒状造型的鼻烟壶，《匋雅》一书中就有相关记载："雍窑鼻烟壶，多浑圆而长，有青花，有夹紫，有开片人物戏剧，皆奕奕有神。"[①] 这种圆筒形的鼻烟壶被称作筒子瓶或爆竹式瓶。

清代由于内务府造办处及全国各地制作了大量的包括瓷质在内各种材质的鼻烟壶，其中有很多精品，特别是皇帝常把鼻烟壶赏赐给大臣和有功人员，所以很多宫廷鼻烟壶流散于民间，因此我们还是有机会收到好的到代的鼻烟壶的。目前市场上仿品很多，

---

① 这里"开片"其意应指"开光"或"画片"。

图 9-147 清雍正
青花釉里红鼻烟壶
残片

图 9-148 清乾隆
青花釉里红关羽图
圆腹形鼻烟壶残片

特别是青花釉里红鼻烟壶仿品很多，但仿品的青花和釉里红的发色大都鲜艳，釉面的光泽感也较强。通过观摩这件瓷片，大家可以仔细体会古代这类器物的青花和釉里红的发色及绘画特征，从而提高鉴赏能力。宫廷造办处制作的鼻烟壶大多有款识，特别是乾隆时期的基本都有款识。我曾在一位老先生那里见过一个落款为"大清雍正年制"的青花龙纹鼻烟壶，做得非常精致，据说是和珅当年把玩的器物。

清乾隆 青花釉里红关羽图圆腹形鼻烟壶残片

图 9-148 是一件青花釉里红鼻烟壶的残片，胎质洁白，釉面光洁莹润，上面绘一武将，前面有护心镜，手臂上有铠甲，腰悬宝剑，五绺长髯飘洒胸前，左手轻抚胡须，应是关公的神态。关羽被尊崇为武圣人，是忠义的化身，古代各地建有很多关帝庙来供奉关羽，在瓷器绘画上也屡有出现，也有刘、关、张三人一同出现的场景。乾隆时期鼻烟壶的产量进一步增加，造型种类繁多，而且大都做工讲究。这个鼻烟壶残留的部分腹部，呈球状，青花发色蓝中偏黑，釉里红发色暗红，给人以古典之美，且绘画精细，大致属于乾隆时期的作品。

图 9-149　清光绪 青花釉里红博古人物图四方瓶

清光绪 青花釉里红博古人物图四方瓶

　　图 9-149 是一件青花釉里红的四方瓶。瓶子外壁四面各有一个长方形的开光，边缘用青花绘制锦纹或称锦地纹，开光内绘制人物故事图。瓶子的颈部呈梯形，四个面梯形的颈部绘博古纹。纹饰主要采用青花绘制，局部细节采用釉里红来表现。外底楷书"康熙年制"四字款识。那么这件器物是不是康熙本朝的呢？首先我们看开光周围的锦地纹，这里的青花有点漂浮的感觉，不是很沉稳，人物故事图中的青花发色接近康熙时期青花瓷器的翠毛蓝色调。我们斜对着光观察它的外底，会发现底部略微有些波浪釉，而瓷器上出现波浪釉是清晚期乃至清末瓷器的常见现象。根据以上特征可以看出这件瓶子大致是光绪仿康熙青花釉里红的一件器物。这件瓷器还有一个很重要的特点，就是釉面上尤其是青花纹饰部位有很多缩釉点，这些缩釉点很圆，也很深，但是并不像康熙瓷器上常见的缩釉那样深入到胎骨，缩釉的出现进一步佐证了这个瓶子是清代器物。这个方瓶全部采用手工制作，没有需要拉坯完成的部分，属于典型的琢器。这种方瓶制作费时，烧造时容易变形，成品率不高，所以古时即有"一方顶十圆"之说。我为这个瓶子写了一首诗："青花釉里红，匠制鬼神工；炉火炼三日，浑然天自成。器成天下走，方正如人生；愿君识此物，快乐伴终身。"

图 9-150　清康熙
釉里三彩瓶残片
（官窑）

清康熙 釉里三彩瓶残片

图 9-150 是一件釉里三彩瓶子的残片，釉里三彩是康熙时期创烧的著名瓷器新品种，在透明釉下有青花、釉里红和豆青三种色彩。通常釉里三彩中的豆青色为釉下纹饰中的局部色彩。从这件残片的断面上看，其豆青色虽然被用做了地子，很容易被误认为是豆青釉青花釉里红的品种，但其实它位于透明釉下，属于釉里三彩的一种特殊形式，或许豆青色仅仅是局部，或许是整个瓶子外表满施釉下豆青色。它的纹饰为采用青花和釉里红绘制了树木、坡石和灵芝，用豆青釉做地，最外面罩上了一层透明釉，然后入窑高温一次烧成。

从这件残片上的拉坯弦纹及形状上看，这应该是瓶子的一部分，其青花的发色纯正明艳，有些翠毛蓝的感觉；豆青釉的用料非常纯净，发色匀净恬美；从断面处观察它的胎质洁白细腻。综合上述特点可以推断出这件残片所属的器物应是康熙时期官窑的作品，虽然仅仅是瓷片，但也非常难得。这件残片中的釉下豆青色仅作为地子的颜色，通常这类器物中也用较深的豆青色参与纹饰的绘制，但由于这件残片较小，未能反映更多的釉彩信息。

清中期 釉里三彩笔筒残片

图 9-151 是一件釉里三彩器物残片，从残片器形上看，应属于笔筒的一部分。外壁采用青花、釉里红和釉下豆青釉绘制了树木、杂草和山石，其中豆青釉的发色偏淡。此外，山石处还采用了浅浮雕的技法。釉里三彩自康熙朝创烧以后已出现少数仿烧品，

图 9-151　清中期
釉里三彩笔筒残片

由于受到成本和工艺限制，因此大多为官窑器，民窑也有少量烧造，但后世作品大都不及康熙釉里三彩的效果。这件残片的胎质略显疏松，内壁釉面不够平整，麻点儿较多，但外壁釉质较为细腻，总体上看应属于清中期民窑的作品，这一时期釉里三彩器物无论官民窑存世数量均不多，残片也较为少见。

清雍正 釉里红三鱼纹高足碗

有一次我到南方乡下收古董，通过打听，结识了一位 50 多岁的先生。我说明了来意。他把我带到他家，那是一座白墙青瓦的乡间小屋，静静地坐落在山脚下，周围青山绿水，景色优美。主人很热情，茶水过后，他拿出了他收藏的一件釉里红高足碗，上面三条红鱼放射着幽幽的红宝石般的色彩。我一看，心里不由得一惊，难道这是真的？这种釉里红的高足碗我曾经在上海博物馆见过，我曾经三次到上海博物馆观摩古代陶瓷，那里就有一件这样的瓷器，我拍了照，并反复揣摩和研究。我没想到在这个乡下人家里，这位先生居然也拿出一件来。根据我的经验和眼力，他刚拿出来的一瞬间，直觉告诉我，这件东西是个宝贝。

图 9-152 就是那件釉里红三鱼纹的高足碗。高足碗的形状是在碗形的结构下有靶形的高足，又名"靶碗"，因其常用于佛前供器，所以又有"佛碗"之名。在《历代茶器与茶事》一书中，这类造型的器物也被称作"高足茶钟"或"靶茶钟"，认为是喝茶时使用的。唐代诗人李贺的《将进酒》中有"琉璃钟，琥珀浓，小槽酒滴珍珠红"，琉璃钟是一种酒具，看起来唐代已有把酒具说成"钟"的记载了。该碗的胎质细腻，造型规整，釉色莹润，宝光沉稳。这种造型的器物我们通常对口沿外撇、直径稍大、形如碗状的叫高足碗，而口沿处较直或直径较小的通常也称作高足杯。这件高足碗的外

图 9-152　清雍正
釉里红三鱼纹高足
碗（官窑）

图 9-153　明宣德　景德
镇窑釉里红三鱼纹高足
碗（上海博物馆藏）

壁采用釉里红绘三条红鱼，其中的两条鱼为同向，另一条鱼为反向。这三条鱼名为"鱤鱼"，鱤鱼古书上指"鳠鱼"，有飞黄腾达之意，寓意官位高升。也有人认为该鱼纹是鳜鱼，寓意富贵有余。在该高足碗里边的碗心有两行六字楷书双圈款"大明宣德年制"。

当初看到这件高足碗时，我马上就联想到上海博物馆有类似的器物，标明是明代宣德的釉里红三鱼高足碗。我曾经到上海博物馆仔细观摩过那件釉里红的三鱼纹高足碗（图 9-153），因此印象特别深。之前我也研究过有关这方面的资料，所以一看到这件东西的时候，基本确定这应是明宣德釉里红三鱼高足碗，或者至少是后世官窑仿宣德的作品，器物非常珍贵，机会很难得，于是购买并珍藏起来。我仔细观摩这件釉里红三鱼高足碗，感觉有些像清代雍正时期官窑仿宣德官窑的作品。因为它的古拙感不如明代的作品，釉色有些偏白，造型也更加精致，符合雍正时期器物追求极致的风格。即便如此，该器物也十分稀少，极为珍贵。

上海博物馆那件釉里红三鱼高足碗的收藏是有故事的。据《瓷器春秋》介绍，该高足碗曾经在清末民初时期著名画家、篆刻家金城（字拱北）先生手里收藏 14 年（1912—1926 年），金城先生 1912 年购买时的价格是 250 块银圆。1946 年，金城先生的后人将其卖出，经两次转手后价格达到四万元法币（当时约合 100 两黄金），1952年后，此高足碗归上海博物馆收藏。

图 9-154　明宣德　釉里红三　　图 9-155　明宣德　釉里红三鱼纹靶盏（景德镇中国陶瓷博物馆
鱼纹高足碗（故宫博物院藏）　展出，收藏单位：景德镇市陶瓷考古研究所）

　　我曾经在故宫博物院参观的时候也看见一个明宣德釉里红三鱼高足碗（图 9-154），不知道与上海博物馆的那件是否为同一件，是借展的，还是每个博物馆各有一件。《我在故宫修文物》中有一组画面，讲的是在故宫的延禧宫，举办了一次景德镇珠山御器厂遗址出土的明代器物展览，我发现其中有几个这样的釉里红三鱼高足碗，都是拼接的，应该是在古代烧造完的时候因为有瑕疵而被打碎，之后深埋起来，而规整的、烧得比较成功的这种高足碗无论是明代宣德的还是清代官窑仿制的存世量都非常稀少。

　　景德镇中国陶瓷博物馆也展出有一件明宣德釉里红三鱼高足碗的残器（图 9-155），标签上称其为靶盏。

　　我收藏这件高足杯经历了一个从理论到实践再到机遇降临的过程。做收藏首先必须掌握官窑瓷器的基本情况，经常查阅有关资料，对官窑瓷器的胎、釉及纹饰等特征要有系统性的认识。其次要到实践中去锻炼和提高自己的眼力，包括到博物馆去观摩，甚至有些器物的主要特征还要记在心里，这样当机会出现的时候才有可能把握住。

　　明代宣德的或清代雍正仿烧宣德的釉里红三鱼高足碗具有其他官窑器物的普遍特征，它的胎质洁白、细腻、坚实，造型规整，釉面有宝光而不是刺眼的浮光。此外，外面这三条鱼的游动方向必须是两条同向，另一条方向相反。它的款识"大明宣德年制"要在里面。还有一个主要的特征，指的是碗外壁的釉里红鱼纹，据说当初是用红宝石的末儿放在里边，烧成以后鱼纹好似从釉里边或从胎骨里边凸显出来，用手一摸也略微有种突出的感觉，鱼纹呈现红宝石的颜色，因而叫作宝石红。这类釉里红三鱼高足碗的釉色通常为白中略泛青，但靠近口沿的部位大都呈现湖水绿色，口沿处的这种湖水绿现象或许是釉料自然烧成的色泽，也许是口沿处二次施釉形成的现象。我收藏的这个高足碗具备了以上的特征，无论它是明代宣德本朝的，还是雍正仿的，都是珍贵的器物。

这件高足碗应属于御用瓷器。明代御器厂在正德以前对落选品、残次品都是就地打碎掩埋，宣德时期由于有督陶官太监张善把御器送与他人被诛一事，可见管理之严格，所以御用器流散宫外的可能性不大。清代御窑厂烧造的器物都是登记在案的，质量好的记录后都打包运到北京，从雍正七年到乾隆八年，按督陶官唐英的建议，所有落选品都被运到北京，由内务府处理，因此有可能通过赏赐或其他原因流出宫外。这个高足碗的碗心处有一个小的窑裂，属于有瑕疵的落选品范畴，可能就是流散宫外的器物。因为流落在民间，我才有机会得到它，否则连瓷片都不易得到，更别说整器了。至于这件器物保存如此完好，釉色莹润而且没有使用磨损的痕迹，我猜测一是属于宝贝级的物件一直在民间珍藏从而没有被使用过，二是古时候或许担心私藏官窑御用器物会受到法律的惩罚，因此一直藏而不露。

清乾隆 白地矾红彩《三清茶》诗文盖碗残片

这是一件矾红诗文盖碗的盖的残片（图9-156），上面的诗句虽然残缺了，但仍可辨出所题的是一首乾隆的御制诗句，诗名为"三清茶"，全诗是：梅花色不妖，佛手香且洁。松实味芳腴，三品殊清绝。烹以折脚铛，沃之承筐雪。火候辨鱼蟹，鼎烟迭生灭。越瓯泼仙乳，毡庐适禅悦。五蕴净大半，可悟不可说。馥馥兜罗递，活活云浆澈。偓佺遗可餐，林逋赏时别。懒举赵州案，颇笑玉川谲。寒宵听行漏，古月看悬玦。软饱趁几余，敲吟兴无竭。

图9-156　清乾隆　白地矾红彩《三清茶》诗文盖碗（盖）残片

这个盖子上的款识大致可以辨认出来是大清乾隆年制的民窑款，因此这是乾隆时期民窑的器物。由于乾隆年间乾隆的这首诗不一定为普通人所知，当时了解这首诗句的必是王公贵族或官府要员，因此这件盖碗曾经应为王公大臣、达官贵人定烧和使用的器物，属于王府用瓷，绝非为普通百姓所使用。《和珅秘传》记载：

重华宫在重华门内，前有崇敬殿，殿中悬匾额，上书"乐善堂"，殿后为重华宫，是他十七岁时候，举行结婚典礼的地方。乾隆皇帝经常在此茶宴廷臣及内廷翰林，以三种植物的果实及鲜花，即松实、梅花、佛手沏于用洁白干净的雪水烧成的开水中，名为三清茶，用以赏赐大臣饮用。饮茶之间写诗作画，君臣共乐。兴之所至，常向大臣赏砚、玉磬、竹如意、贡墨等物。[①]

从款识和字体书写的规整程度上看，该器物应为民窑制品。清代非常流行使用盖碗饮茶，民窑的这类器物上还有书写苏轼的《赤壁赋》的，我也见到在一青花小碗上写有苏轼《后赤壁赋》的。

图 9-157 为盖碗中的碗残片，外壁口沿和底部各绘一周如意云头纹，中间写有三清茶诗文，诗文部分残缺，诗文书写较为工整。内壁口沿处和下部也各绘如意云头纹一周，碗内底心绘松树、梅花和佛手，纹饰局部残缺。外底青花"大清乾隆年制"民窑款识，部分款识残缺，属于民窑作品。

图 9-157　清乾隆　白地矾红彩《三清茶》诗文盖碗（碗）残片

关于三清茶中的梅花和松实很容易理解，但这里的佛手具体指什么呢？一般资料没有记载。佛手通常指一种像佛手形状的果实，属于柑橘属，因而也叫佛手柑；还有就是指一种茶树，该茶树的叶子酷似佛手柑的叶子，用其嫩叶和嫩枝制成的茶称佛手茶，冲泡出还能散出如佛手柑的香味，这类佛手茶在福建和陕西（称为陕青）都有出产。那么乾隆年间三清茶中的佛手用的是佛手柑（果实）还是佛手茶呢？一般资料鲜

---

① 兴华. 和珅秘传 [M]. 北京：国家图书馆出版社，2000：424.

有介绍。这个碗的残片内部绘有佛手柑的图案，表明当时用的是佛手柑（果实）来冲泡。但由于梅花和松实都不具备茶的特性，那么是否这里的图案仅仅是起到一种指代作用，而当时三清茶中的佛手用的是佛手茶呢？我们不得而知，对此有深入研究的朋友应该能给出更好的答案。

清乾隆 白地矾红彩御制诗《三清茶》诗文盖碗残片

图 9-158 是盖碗中碗的残片，可以看出绘画和书写都十分工整，因此应是乾隆时期景德镇御窑厂官窑的器物。这个茶碗的外壁应该写有乾隆御制诗《三清茶》，诗文内容参见上面介绍的盖碗中盖上面的诗文内容。其残留的"乾"和"寅"原为"乾隆丙寅"，表明作诗时间为乾隆十一年（1746 年）。清代使用盖碗喝茶是上自皇帝，下至达官贵人乃至文人高士普遍使用的器物，而普通人喝茶时甭说能用上精美的茶具，能有

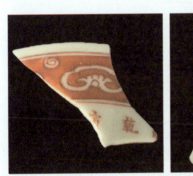

图 9-158　清乾隆 白地矾红彩御制诗《三清茶》诗文盖碗残片（官窑）

水喝、有饭吃就已经不错了。

乾隆皇帝好大喜功，喜欢歌功颂德，据说其在位期间共写了 3 万多首诗，也经常命人将自己的御制诗刻在前朝的瓷器上或烧造在本朝的瓷器上。这个带有诗文的瓷片应属于乾隆的"御制诗瓷器"，故宫博物院藏有很多御制诗瓷器。据载，这类碗的内底绘有梅花、松枝和佛手。这种茶碗称为三清茶碗，乾隆皇帝当年曾用这种碗饮啜三清茶。

在《历代茶器与茶事》一书中记述如下：

　　三清茶为乾隆皇帝一生中极为喜爱的茶，常用于各种场合品啜，如祈谷斋居、重华宫茶宴廷臣或山斋闲居皆见烹煮三清茶。通常以雪水沃梅花、松实、佛手，谓之三清茶，偶有加泡龙井茶。乾隆十一年（1746年）御制诗《三清茶》诗题后加注："以雪水沃梅花、松实、佛手，啜之名曰三清。"

　　这段记载中的"偶有加泡龙井茶"似乎表明三清茶中的佛手使用的是佛手果实，因为梅花、松实、佛手三种材料都没有"茶味"，因而又往其中加添了龙井茶。

　　邓之诚所著《骨董琐记》一书有如下记载：

　　　　上制三清茶，以梅花、佛手、松子瀹（音"越"）茶，有诗纪之。茶宴日即赐此茶，茶碗亦摹御制诗其上。宴毕，诸臣怀之以归。见《西清笔记》。

　　这段记载中的"诸臣怀之以归"不知拿的是茶还是茶碗。

　　这类盖碗除了矾红彩外，还有青花的作品，绘画及书写形式相同。该残片为盖碗中的碗残留的部分，且为官窑作品。

清乾隆 哥釉青花四季碗

　　图9-159是一个小碗，它的釉面布满开片，像碎纹一样，这类釉我们称之为哥釉，即具备哥窑器物的釉的特点。哥窑是传统说法中的宋代五大名窑之一，哥釉为宋代（一说元代）创烧，后世多有仿烧。这件器物的釉的表面有黑色纹理，中间夹杂着略带黄色的线纹，也就是说黑线和黄线交织在一起，我们把这种纹理叫作金丝铁线。这个小碗不仅使用了哥釉烧造的工艺，而且它上面的花卉和碗内的"冬"字也使用了青花的工艺，因此我们把它称为哥釉青花，也有人称之为纹片釉青花，这种器物一般都是一组四件，分别写着"春""夏""秋""冬"，我仅收藏到这么一件带有"冬"字纹的器物。据说这种哥釉青花的器物最早出现在明代成化年间，但鲜见实物，也有资料记载其为明末吉州窑开始烧造的产品，清代景德镇大量烧造。还有说其为乾隆时期所创烧，未有定论，但乾隆时期已有应该没有争议。这个碗我大致推断是乾隆时期民窑的作品。

图 9-159　清乾隆
哥釉青花四季碗

图 9-160　清乾隆
哥釉青花碗残片

清乾隆 哥釉青花碗残片

图 9-160 是一件哥釉青花碗的残片，从外底上残存的文字来判断，其完整的款识应为"大清乾隆年制"或"乾隆年制"。该残片造型规整，釉色明快，胎质细腻呈糯米汁状，外壁的纹饰中可见三爪龙纹，从龙爪布局上看，该龙爪不可能为五爪，因而可以判断这是一件乾隆时期的民窑精品。

清康熙 豆青釉青花柳树耕牛图铺首衔环耳葫芦瓶

图 9-161 是一件双铺首衔环耳葫芦瓶，瓶身呈葫芦形，下小上大，造型独特，口沿部分局部残缺，外底施透明釉并有窑裂形成的鸡爪式裂纹。内壁施透明釉，外壁通体施豆青釉，釉下青花描绘坡地、柳树、耕牛、蝙蝠等纹饰，青花绘画前采用了白釉打底或绘制，烧成后绘画部分明显高出底色釉面，俗称"高加白"。釉面局部有开片，开片纹理呈现淡黄色老旧痕迹。釉面局部有微小的缩釉。该瓶造型秀美，釉色莹润，绘画精致，是一件康熙时期民窑精品，十分少见。

图 9-161　清康熙 豆青釉青花柳树耕牛图铺首衔环耳葫芦瓶　　　　图 9-162　清康熙 豆青釉青花福禄寿纹掸瓶残片

图 9-163　清乾隆 湖水绿釉青花龙纹盘残片（官窑）

清康熙 豆青釉青花福禄寿纹掸瓶残片

该瓶（图 9-162）兽耳、直颈、溜肩、长弧腹，内部颈与肩连接处有环向接痕。内部施较薄无色透明釉，外部施豆青釉，釉面有爆釉造成的圆形露胎部位，俗称"天坑"，釉下采用"高加白"技法青花绘制一寿星、一童子、一卧鹿、一蝙蝠，地面绘有山石。蝙蝠、卧鹿、寿星寓意福禄寿，绘画流畅，寿星慈眉善目，童子憨态可掬，卧鹿卿卿相依。该器形应为清代常见的掸瓶，大致为康熙时期的民窑作品。其断裂处附近还残留有锔钉痕，可见当年这件器物主人十分爱惜，损坏后曾经锔补过。

清乾隆 湖水绿釉青花龙纹盘残片

图 9-163 是件小盘子的残片，胎质洁白，上面的龙纹绘制得很工整。这件瓷片采用了一种类似于湖水绿色的釉作为底色，并在釉下采用青花绘制龙纹，属于色地青花

的一种。这种釉色与我们常见的粉青、东青和豆青釉色并不相同，其釉面纯净清澈，手感非常细腻，给人一种十分恬静的视觉感，使人看后顿觉心境平和、怡然恬美，应是乾隆时期官窑研制的一个釉料新品种，十分罕见，我也仅收藏到这么一片。

清乾隆 松石绿釉盖碗（盖）残片

这是一件盖碗的盖的残片（图9-164），它的釉色似绿松石的颜色，因此也叫作象生瓷。这件东西是盖碗上面的盖子，盖钮（或称盖足）上还有款识，因为是民窑的，字体写得比较草，但可以辨认出款识为"大清乾隆年制"，这是乾隆年间一个盖碗上面的盖子，下面的碗失群了。这种釉色叫松石绿釉，早在雍正年间就已经研发出了这种松石绿釉，当时是一些草黄色、黄绿色的颜色。绿松石是一种天然石料，早在新石器时代就被用来制作装饰品。我前几年去湖北考查过绿松石的产地，其实绿松石的基本颜色也是分为两种，一种就是天蓝色的，就像这个盖子的颜色，还有一种就是草绿色或草黄色的。清代瓷器烧造最辉煌和最有成就的时期为康熙、雍正和乾隆三朝，尤其是乾隆年间瓷器烧造的技艺和质量达到了一个高峰，可以说达到了炉火纯青的地步。这一时期无论是官窑还是民窑，对这种仿大自然纹理的象生瓷的制作非常娴熟，几乎是信手拈来，想仿造什么就仿造什么，尤以官窑为甚，民窑也不甘落后。这个盖子的釉色虽然是蓝色的，但习惯上还是叫松石绿釉。这个盖子的蓝色釉面上还有一些黑色的纹理，这是工匠在仿绿松石的纹理结构特征。这些纹理是画上去的，还有的器物在松石绿地上还绘有团花纹，即俗称的皮球花。如图9-165是一件在松石绿地釉上描绘

图9-164　清乾隆　松石绿釉盖碗（盖）残片

图9-165　清乾隆　松石绿地皮球花纹罐残片

图9-166　清乾隆　白瓷象（2001年圆明园含经堂遗址出土，圆明园展览馆展出）

皮球花的罐子的残片（内部施无色透明釉），可见古代窑工的审美和技艺水平是很高的。这个盖子曾经断裂，上面锔补过，说明这种釉的器物虽然是民窑的但在当时还是比较珍贵的。对于一个普通人家，这件东西损坏了，它也是主人的心爱之物，舍不得扔掉，于是找人把它锔起来再次使用，这也是一种节约。现在这件东西有幸传到我的手里，我把它作为一个特殊品种的标本收藏起来，也是我的心爱之物。不管是整器还是残片，我们只要读懂了它就会欣赏它、喜欢它，以至于去传承它。

这种松石绿釉的瓷器属于象生瓷的范畴，乾隆时期象生瓷及仿生瓷（仿生瓷指用瓷器制作来模仿生活中的各种摆设和艺术品）的制作都达到了炉火纯青的程度，可以说惟妙惟肖。除纹理外，这种不加其他绘画纹饰的松石绿釉也可归属于颜色釉的范畴。

清乾隆 仿石纹杯残片

图 9-167 是一件杯子的残片，胎质不够细腻，内壁施白色透明釉，外壁为仿天然石纹釉，十分形象，属于象生瓷的范畴。圈足内青花两行四字篆书款"乾隆年制"，书写略显随意。从胎质和款识书写上看，应属于乾隆时期民窑的作品。

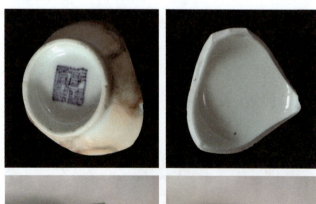

图 9-167 清乾隆 仿石
纹杯残片

图 9-168 清乾隆 炉钧
釉盘残片（官窑）

清乾隆 炉钧釉盘残片

图 9-168 是一件炉钧釉盘的残片，胎质洁白细腻，釉色为蓝釉中密布着紫红色的环状斑痕，形成蓝色地子中隐现紫红斑环的奇妙效果，釉色发色纯正。炉钧釉为雍正时期创烧的仿宜兴钧釉的品种，由于是在炉内（而非窑内）低温烧成，因此称为"炉钧釉"。炉钧釉的器物雍正以后也有烧造，但以雍正时期的为最好，其立件中的蓝釉犹如流动的水波状，釉中密布红点，乾隆以后大都略显呆滞，该盘大致属于清代乾隆时期官窑的作品。这件盘子的釉色乍看起来似乎是松石绿釉，但松石绿釉中没有这种红色的斑痕，因此应属于炉钧釉的范畴。此外，盘子并非立件，因此釉在烧造过程中并未出现流动的水波纹状。

清乾隆 矾红仿木纹理碗残片

图 9-169 是一件碗的残片，是一个小浅碗的一部分，碗的里边是本色釉（本色釉由于为透明釉而呈现白胎的色泽，所以本色釉通常也称为白釉），碗的外壁用矾红彩绘制了仿树木年轮的纹理，称作木纹理，这种仿木纹理的瓷器通常属于象生瓷。当时这件残片出现在古玩市场，放在一大堆瓷片当中，经过了多少人的眼睛，却没人认出它来，后来我走到这里，离几米远就看见了这件残片，它一下子跳到我的眼里，我感觉它的来历不凡，于是把它拿到手中观察，规整的造型和精美的仿木纹理，我一眼认定这是一件官窑瓷器的残片，当时上面还带着泥土，我当即买下。回到家里清洗干净后，我发现瓷片

图 9-169　清乾隆 矾红仿木纹理碗残片（官窑）　　图 9-170　清乾隆 仿木纹釉带座花盆（国家博物馆藏）

外底用钒红款隐约写着几个字"大清乾隆年制"。款写得非常规矩，但是由于年代久远色彩脱落已经不是很清晰了，而且款识缺了一部分，但基本上能辨识出来，至此已确认这是一件乾隆官窑器物的残片，对我而言犹如得到了一件宝贝。清代宫廷信奉藏传佛教，御窑厂烧制了很多藏传佛教样式和带有佛教纹饰的瓷器，这个木纹理釉色的碗应该是当时模仿西藏僧人所使用的木质碗而烧造的仿生器物，器物精美之极，十分罕见。

这个碗虽然仅剩残片，但仍可看出它制作得非常精美，造型工整，胎质洁白，其釉上绘制的仿木纹理纹饰，仿烧得栩栩如生。这是我收藏的瓷片当中最为珍爱的一片。古代工匠能烧造出这样精美的器物，令今天的我们无比钦佩。

清晚期 刻瓷花卉纹笔筒残片

图 9-171 是一件笔筒的残片，笔筒的下部用青花绘制一周连体几何纹作为辅助纹饰，外壁表面采用刻瓷的工艺刻划了十分精美的花卉。在显微条件下可以看出，这是瓷器完全烧制完成后在釉面上采用类似于金刚石类的特殊工具刻划出的纹饰，属于阴线浅雕（线刻瓷）的工艺，然后可能在刻线中涂抹了墨色从而显现出清晰的图案。这种技艺除了采用特殊工具外，对匠人的技术水平要求也很高，绝非普通工匠所能为。刻瓷技艺可源于宋代对烧成器物的底款铭文的雕刻，清代除了在烧成器物底部刻字标明器物使用场所外，乾隆皇帝还喜好命工匠在瓷器上刻上御制诗文。大约在清代道光年间以后刻瓷器物逐渐增多。除刻瓷外，道光、咸丰年间也出现了以著名瓷雕匠师陈国治作品为代表的仿象牙雕刻技术瓷器。虽然这件瓷片采用的是刻瓷技艺，但仿牙雕瓷器技艺兴起之后，客观上也推动了这种刻瓷技艺的出现和发展。

清道光 彩水墨龙纹盖碗残片

图 9-172 是一件盖碗的瓷片，就剩了很小的一部分，外底三行六字篆书钒红款"大清道光年制"，外壁残存着两个龙纹，仅剩龙头部分。龙纹只用了两种彩料：一种是黑色，另一种彩料是钒红。用这两种料绘制的龙纹，二次烧成后给人以幽雅、朴素的感觉，采用这种料绘制纹饰的方法是清代雍正年间出现的，这种彩绘被称作彩水墨。这件瓷片很小，没有反映器物的全貌，应该属于彩水墨一类的器物。这个龙的眼睛，绘制得就像戴着一副眼镜，我们把它称作眼镜龙。明代还有衔花龙，嘴里叼着一枝花的龙，还有猪鼻子龙、象鼻子龙。从这件残片胎釉的质量和非常精美的纹饰上判断，我

图 9-171 清晚期 刻瓷花卉纹笔筒残片

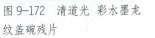

图 9-172 清道光 彩水墨龙
纹盖碗残片

图 9-173 清同治 钒红描金梅
花印章纹杯残片

倾向于这是一件道光年间景德镇御窑厂官窑的器物，至少也是民窑中的精品。我还收藏有这类彩水墨的民窑器物的残片，除了用墨线勾画轮廓外，使用了钒红和淡黄两种色彩，表明当时民窑也在烧造类似彩水墨的制品。

清同治 钒红描金梅花印章纹杯残片

这是一件小杯子的残片（图 9-173），杯子的上部残缺了，就剩底下这一部分。杯的内壁光素无纹，外壁采用钒红加局部描金的方法绘制了一棵树，上面还有梅花，树旁还有残留的局部印章纹。杯的外底有一枚钒红印章"雍正年制"四字篆书款。这个杯子虽然残了，但仍然可以看得出制作得比较精美，应是同治仿雍正的器物。那么它究竟属于官窑还是民窑呢？虽然它的做工和纹饰都较为精美，但是手感略显厚重，而且四字篆书款笔法软弱无力，加之器物外壁出现印章纹饰常见于清代晚期的民窑器物上，所以它应属于民窑细路一类，或者是专门定烧的器物。这上面还残存有锔孔，说明当时器物的主人很珍惜它，损坏了以后曾经修补过。

图 9-174　清同治 钒红地花卉诗文缸盖残片

图 9-175　清光绪 矾红描金高足盘残片（官窑）

图 9-176　清光绪至民国　彩绘高足盘残片

清同治 钒红地花卉诗文缸盖残片

图 9-174 是一件钒红地描金的缸盖，拼对的，局部有些残缺，配套的缸身失群了，原是装茶叶用的。圆足形盖钮内三行六字钒红篆书印章款"大清同治年制"。外壁一侧金彩描绘兰花，另一侧金彩写就诗文："不徒市井斗芳菲，独抱幽香住翠微。"意思是说不愿意在市井中与人争斗高下，而愿意独自住在山清水秀、有兰花的鸟语花香的地方，细细品味着茶香和花香的味道，表现的是一种与世无争、淡泊宁静的人生态度。诗、茶、兰花、山水都是古代文人生活和创作的题材，工匠把诗文和兰花绘写在用以装茶的茶缸盖子上，使人睹物思景，表现了人们对美好生活的憧憬和向往。

清光绪 矾红描金高足盘残片

该高足盘（图 9-175）造型规整，盘敞口较浅，足柄处有一周圆状凸起，胎质洁白细腻并呈现糯米汁光泽，釉面温润光亮，绘画所用矾红和金彩发色纯正。盘的口沿处描金，盘内口沿下采用矾红绘一周倒挂着的蝙蝠，寓意"福到"，盘心绘一寿桃和一只蝙蝠，周围矾红绘团寿和蝙蝠系钱纹，其中团寿字和钱纹采用矾红描金，外绕矾红描金双圈弦纹。蝙蝠系钱纹寓意"福在眼前"。盘外壁矾红绘蝙蝠纹，足柄圆状凸起上绘花卉纹，间以圆点隔开，凸起上下分别绘两道矾红描金弦纹，下部矾红绘波涛浪花。从该高足盘的造型、胎釉及纹饰绘画整体上看质量较高，应属于光绪时期官窑的作品，也可能是当时承担宫廷烧造人物的官古器户的作品。这类高足盘在光绪时期、清末乃至民国时期都较为盛行，除官窑作品外，这类高足盘的民窑器物也较为常见（图 9-176）。

清光绪 素胎龙纹盘残片

图 9-177 是一件盘子的残片。盘子的外底面罩上了一层透明釉，其余部分仍然保留着素胎，素胎也叫涩胎，说明它已经经过了第一遍高温烧制。这件残片在素胎上刻划了龙纹，而且是五爪龙，且胎质洁白细实，可见这件器物是官窑的作品，而且是半成品，后续的彩绘和低温二次烧制还没有进行。它已经罩完透明釉的外底，釉面呈现波浪釉，据此可以判断出它是清晚期的器物，具体说是同治、光绪时期官窑的一个半成品，我偏向于它是光绪时期的器物，因为光绪时期的器物外底大多可见波浪釉，也较同治时期器物的波浪釉更为明显，从这件瓷片上面也可观察到明显的波浪釉。这件盘子还没有最后烧制完成，后续可能还要施黄釉或其他釉彩，黄釉是宫廷器物的特征。

图 9-177　清光绪
素胎龙纹盘残片

这里的龙纹所采用的刻划方法准确地说应该是锥拱的方法，就是使用锥尖状的工具一点一点锥刻、锥划出来的图案。这上面还有云纹，整体上叫作云龙纹，纹饰非常精美。这件东西不知什么原因在半成品阶段就废掉了，可能当初就发生了破损，废弃不用了，后来流落到民间，最后被我收藏到了。从这件瓷片上面我们就很清楚、很直观地了解了素胎烧造和锥拱花纹的工艺情况。如果雕琢好纹饰的器物烧成素胎后即为成品或在烧成的素胎上绘画（通常为墨彩），不再进行后面的罩釉烧造过程，仅保留涩胎的表面，这种不上釉的瓷器称作"反瓷"，反瓷的器物常出现在同治、光绪年间。

清光绪 彩绘人物纹壁瓶

壁瓶又叫挂瓶，造型通常为半个或部分瓶子的形状，便于挂在墙上以供欣赏，瓶口可以插入时令花卉。图 9-178 是一件壁瓶，已经残损并经过了粘接和修补，裂纹两侧有锔孔，说明曾经锔补过。该壁瓶的造型为瓶子的一部分，而且为三个瓶子连在一起的形状，背部平坦但有波浪釉，上部和圈足部位有孔便于系在墙上或物体上，上部有三个孔可以插花。正面肩部用蓝料绘一周变形蕉叶纹和如意纹；中间绘人物纹，一着官服的长者怀抱笏板，身旁绘一执扇的童子，两侧天空中各绘一只蝙蝠；下部近底足处蓝料绘变形仰莲瓣纹和如意纹。该壁瓶纹饰绘制较为随意且有波浪釉现象，应为光绪时期的民窑作品。在清代从皇帝到王公贵族、文人士大夫乃至普通人都很喜欢壁瓶，尤其是乾隆皇帝非常喜欢壁瓶，在他的书房"三希堂"中即有悬挂壁瓶，甚至在轿子里也有壁瓶装饰，因此壁瓶又有"轿瓶"之称。

清末 浅绛彩山水楼阁铭文扁六方形茶叶罐

运用浅绛彩在瓷器上绘画始创于光绪官窑，并在清末及民国盛行，当时很多日常用品都采用了浅绛彩的画法。浅绛彩是指在白瓷上以黑色料作画，再用淡赤、青、水绿、湖绿、天蓝、紫色等浅色调进行渲染，实际上它是把宋元时期浅绛山水画的技法运用到瓷器绘画上，使画面呈现秋冬季节树木花草的浅淡色调。浅绛彩瓷器还有一个显著的特点就是通常把诗、书、画集中表现在一个器物上，这一时期瓷器上诗书画大都是由一个匠师来完成的，所以对匠师诗书绘画的综合水平要求是非常高的，它不像以往画青花、画彩瓷时工序分得很细，各自绘画或渲染然后组成一个画面的做法。这一时期浅绛彩的代表人物有程门、王少维、金品卿等。

图 9-178 清光绪 彩绘人物纹壁瓶　　图 9-179 清末 浅绛彩山水楼阁铭文扁六方形茶叶罐

图 9-180 清末民初 胭脂红彩山水人物纹瓶残片

　　图 9-179 是一件六方扁瓶，应是装茶叶用的，口儿很小，上面原来应该有盖子，失群了。这也是一件浅绛彩的器物，其中三个侧面采用墨线、矾红、湖绿，外加少量蓝色绘制山水楼阁，另两个侧面上墨笔书写"诗清都为饮茶多"及"清泉石上 明月松间"，最后一个侧面上墨书"镇山仁兄雅玩 弟 张保善 陈希贤 徐振铎 王景和 崔金堂 侯安伦 周云龙 白志昆 韩明道 敬赠"。其中陈希贤是宣统的老师陈宝琛的侄子。这个茶叶罐应是一件定烧的器物，可见当时浅绛彩器物是很流行的。

清末民初 胭脂红彩山水人物纹瓶残片

　　这件瓶（图 9-180）很小，颈部残缺，椭球形腹如鸡蛋大小，抹红（矾红）底款"玩玉"。采用胭脂红彩料绘制山水人物，色彩明快，笔法率意、流畅。据载，胭脂红料中含有微量黄金，因此该种彩料较为珍贵，用胭脂红料绘画的器物并不多见。该瓶应为文房或案头摆设的器物，相当于花插或用作文房中的水滴（也称水注）。

图 9-181　民国
五彩人物造像

图 9-182　民国　浅绛
彩山水人物纹茶叶罐

民国 五彩人物造像

　　该造像（图 9-181）呈坐姿，右手执五色旗，左手握船锚，头戴海军帽。五色旗为民国早期临时国旗，颜色依次为红、黄、蓝、白、黑，代表汉族、满族、蒙古族、回族和藏族，象征"五族共和"。该造像有一定的史料价值。

民国 浅绛彩山水人物纹茶叶罐

　　图 9-182 是一个浅绛彩的盖罐。在这个罐子的外壁上写着几个字，"山川吐秀，癸亥年冬月江永发作"。癸亥年为 1923 年，所以这是民国时期的器物。外壁绘画为山水人物，有房子、树木、山水，一个女子半卧在草坪上，远处江面上一个男子驾着一叶扁舟归来。这是一幅恬静秀美的山水田园画卷，家人对打鱼归来的亲人的期待之情，跃然眼前。罐盖上画的也是山水，旁边写着"茶如三江"四个字，写的是草书，非常流畅。茶如三江揭示了这个罐的用途——茶叶罐，装茶用的。三江本指广西三江侗族自治县，县名源于这里汇聚浔江、榕江、苗江三条江，由于三江县出产一种早春茶，因此三江又指代这里的三江茶。这种茶比别的地方的茶要早上市一段时间，因此叫早

春茶。而现代京剧《沙家浜》"垒起七星灶，铜壶煮三江"中的"三江"并非指茶叶，应泛指包括长江、黄河及淮河在内的各种水源。

民国 浅绛彩童子牧牛图老舍铭文杯

图9-183是一个浅绛彩的小杯子，因老舍先生曾经使用过，因此有着不同寻常的意义。我们先欣赏一下杯子上面的纹饰。杯子外壁绘有一头牛，牛背上骑坐着一个牧童，局部有些脱色，牧童应该是在吹笛子。牧童、笛子，有一种"借问酒家何处有，牧童遥指杏花村"的诗情画意。在画面的对面写着一组字，首先有两个大字"异香"，后面写"书在甲子年清荷月，以应庆春大人雅正，有春敬赠"。甲子年为1924年，"清荷月"就是夏天荷花盛开的时候，大致在农历六月；"庆春大人"指的是舒庆春，即老舍先生。"以应庆春大人雅正"，说明这是给老舍先生烧造的杯子，那么是谁给烧造或定烧的呢？落款为"有春敬赠"，指的是老舍先生的一个叫有春的朋友为他定烧的器物。

据载，老舍先生曾在1924年到英国讲学，任伦敦大学东方学院汉语讲师，直到1929年回国，所以这件瓷器应该是他的朋友在他赴英国之前特意给他烧造或定烧的，希望老舍先生远在异国他乡，想家及思念友人的时候可以喝上一杯茶或一杯酒，欣赏画面上的牧童，想起杏花村的酒，想起朋友，茶和酒是家乡的特产，别忘记了回家。异香本指茶或酒散发的奇异的芳香，这里指代异国他乡。老舍先生是一位伟大的人民艺术家、作家，曾创作著名话剧《茶馆》，也可以反映出老舍先生爱好喝茶。老舍赴英国讲学前，朋友"有春"为他定烧了这件杯子，表达了朋友之间真挚的感情。其实1946年2月，老舍曾应美国国务院邀请赴美讲学，但关于这个杯子的烧制年代，因为落款有"书在甲子年清荷月"，所以可以确定杯子的烧制时间为1924年农历六月左右。

据原藏家介绍，当初他收藏这个杯子时，转让给他的那个人说原是一对，但另一只找不到了。所以当初也可能定制的是一组茶具，而并非仅有两个杯子。虽然这个杯子的上边有个小冲儿，但是由于这件杯子老舍先生曾经用过，蕴藏着丰富的文化内涵，倍加珍贵。

图9-183 民国 浅绛彩童子牧牛图老舍铭文杯

图 9-184　民国 洪宪年制　　图 9-185　民国 洪宪年制　　图 9-186　民国 洪宪年制款笔洗（叶军先生藏）
印章款碗残片　　　　　　款器物残片

民国 洪宪年制款器物残片

图 9-184 是一件款识为"洪宪年制"印章款的小碗的残片，款识印制得还算规整；图 9-185 也是一件"洪宪年制"款识的器物残片，器形已不可知。长时间以来，洪宪瓷是否存在一直是人们谈论的话题。我特摘录《古玩指南》中一段资料，再行分析。

清设既屋，民国成立，继之而起者则有袁项城之洪宪瓷。先是项城酝酿称帝，照专制时代之惯例，登极时必造瓷以资纪念，遂派公府庶务司长瓷业专家之郭葆昌氏为九江关监督兼陶务监督经营烧造事宜。当时只陶土工人出自景德镇，料则取诸禁内，所制各器悉仿古月轩，而底款则一律为红色篆书"居仁堂"三字。以胎质太薄烧炼时损失甚巨，是以精品不多，烧成后分赏简任官吏各一件。比帝制失败，窑已瓦解，此即世所传之洪宪瓷也。当时所余材料均为景德镇工人所得，乃以之制仿洪宪瓷，但亦以最先一部分出品为佳。瓷业中人因见洪宪瓷见重于世，咸以"洪宪年制""洪宪御制"或"洪宪元年"等为款笔，于器底以资号召，实则真洪宪瓷固无"洪宪"字样也。

郭葆昌字世伍，号觯斋，袁世凯时期任陶务监督。这段记载说明了两个问题：一是当时确是烧造了洪宪瓷，但底款是"居仁堂"[①]而非带有"洪宪"字样，有"洪宪"

---

① 居仁堂是清代慈禧太后在中南海修建的海晏堂，袁世凯曾在此办公会客，并更名居仁堂。

字样款识的是后来的仿品；二是袁世凯帝制失败后，景德镇工人利用剩余的原料仿制洪宪瓷，但记载中并未详细说明这些工人仿制的器物仍然是"居仁堂"款，还是带有"洪宪"字样的款识，但后来的"瓷业中人"烧造的是带有"洪宪"字样的器物："洪宪年制""洪宪御制"或"洪宪元年"。据此判断，这个带有矾红印章款"洪宪年制"的残片应是当时的"瓷业中人"所为。但是袁世凯既然决定复辟，他的年号洪宪应早就议定，当时不烧造有"洪宪"字样款识的器物，却烧造堂名款的器物，令人费解。据载，伪满"皇帝"溥仪时期也烧造有"康德年制"款识的器物。据传郭葆昌自己也说没有烧造过带有"洪宪"字样的器物，也可能郭是怕承担责任而没有道出详情。郭葆昌当年除了烧造带有"居仁堂"款识的瓷器外，还有"觯斋""觯斋主人""郭世伍"及"陶务监督郭葆昌谨制"款识的瓷器，都是为自己烧造的，这些款识的瓷器和"居仁堂"（后来还有带"居仁堂制"四字款的）款识的瓷器统称为洪宪瓷。据说当年郭葆昌卖掉了一些他监烧的瓷器，中华人民共和国成立后他的后人把部分器物捐给了博物馆。2018年我曾见到了一件"洪宪年制"款识的笔洗（图 9-186），为叶军先生所藏，该笔洗采用胭脂红彩料绘制山水，蓝料方章款，观察此洗应为民国期间的器物。

图 9-187 洪宪 粉彩鹊梅花碗（袁经祯 捐赠，苏州博物馆藏）

苏州博物馆藏有一套共计 13 件的"居仁堂"款粉彩鹊梅瓷器（图 9-188），是袁世凯的第十三女袁经祯捐赠的。2010 年，我在参观苏州博物馆时，看到了这 13 件瓷器。民国期间徐世昌、曹锟为彰显权力，也曾在景德镇定烧过瓷器。

图 9-188 洪宪 居仁堂粉彩梅雀瓷器一套（袁经祯 捐赠，苏州博物馆藏）

图 9-189　民国 矾红彩外销瓷　图 9-190　民国 矾红民国年制款碗残片
碗残片

图 9-191　民国 蓝白釉褐彩卧妇枕（左上图、　　图 9-192　民国 蓝釉卧妇枕（磁州窑博物馆
右上图、左下图）　　　　　　　　　　　　　　藏，征集，馆藏）

民国 矾红彩外销瓷碗残片

图 9-189 这件瓷片是民国时期的，底款为"CHINA"，显然是一件外销瓷。民国时期，社会动荡不安，但瓷器作为日用品从未间断过生产，而且始终作为外销瓷参与对外贸易。

民国 矾红民国年制款碗残片

图 9-190 这件瓷片上写着"民国年制"，这里展示它的目的仅仅是表明民国时期还有这样的一种款识，当然这是民窑的制品，做得也不是很精致。

图 9-193　民国 日本风格釉里黑山水诗文盘残片　　　　　　图 9-194　民国 日本风格釉里黑山水诗文盘残片

民国 蓝白釉褐彩卧妇枕

图 9-191 中此枕长约 35 厘米，枕身有裂纹。卧妇面相安静，头发为黑釉地、褐彩，脑后发髻亦采用褐彩装饰。上衣采用祭蓝釉表现衣服深蓝色泽，衣服领缘处边饰采用褐彩描绘，丰臀、小脚，右足下支撑一如意。古代妇女的小脚为封建落后的陋习缠足所致，是对妇女身心的严重伤害。卧妇身下为一叶形铺垫，颈下一褐彩勾绘的书形枕。磁州窑博物馆藏有类似的瓷枕（图 9-192）。

民国 日本风格釉里黑山水诗文盘残片

这是两件造型和纹饰基本相同的具有日本风格的小盘的残片（图 9-193、图 9-194），口沿一周涂酱釉，俗称酱口，内壁近口沿处绘一周锦纹。外壁绘房屋、山石和树木，并题有诗句："霜满军营秋季清，数行过雀（雁）月三更。"所不同的是，图 9-193 的外底单圈内有一双方框，内写"□山"，其中"□"字难以识别，而图 9-194 外底仅有单圈，并无双方框款识。这两个盘子纹饰绘画所使用的可能是类似于一种青花钴料，但由于其成分与传统青花钴料有所不同，因而烧成后呈现灰黑的色调，可以称其为釉里黑。其上的诗文据传为历史上日本诗人上杉谦信所做的汉诗，原诗为"霜满军营秋季清，数行过雁月三更。越山并得能州景，遮莫家乡忆远征"，表现了战争的清冷环境氛围和对家乡的思念。目前古玩市场上出现的这类器物是民国时期国内生产的具有日本风格的外销瓷还是其原本就产于日本还难以确定。

图 9-195　民国 日本烧造九谷款诗文杯　　　　图 9-196　当代九谷烧器物　金漆细
纹《圆满》盛器（日本作田 花仙制。
景德镇中国陶瓷博物馆展出）

民国 日本烧造九谷款诗文杯

图 9-195 是一件外底带有日本"九谷"款的诗文小杯的残片，外壁为青花，里面为彩绘并配有诗文，并用金彩装饰。这件瓷器应当是民国时期来自日本的一件器物。九谷是日本著名瓷窑，所烧造出的瓷器被称为九谷烧。据载，日本瓷是在学习和研究中国瓷器的基础上开始烧造的。中国瓷器上经常使用描金的手法，而且描金的厚度通常不会太厚，而这件日本瓷上的金层要厚些，似乎采用了贴金的工艺，据说甚至达到可以将贴金剥下来的程度。九谷瓷器在日本是追求技艺和讲求高雅格调的瓷器。我们平时可能见到的还有日本的伊万里瓷器等，这里就不详细叙述了。这件小杯应是民国时期日本人从本土带到中国来使用的器物，可见当时日本社会对九谷瓷器的重视和喜爱。这个杯子上的诗文或记事内容由于文化和语言表达上的差异，暂时还不能准确译出，还需进一步研究。2018 年，日本九谷烧在景德镇中国陶瓷博物馆举办了展出，其中不乏一些现代的精致的陶瓷艺术作品。

当代 中国红金牡丹冬瓜瓶

中国人自古就喜欢红色，节日要挂大红灯笼、小孩要系红肚兜，本历年系红腰带穿红袜子，写春联用红纸，结婚戴红花蒙红盖头，宫殿建筑的墙、门窗要用红色，等等。表现在瓷器上，千百年来工匠们追求红色的脚步从来就没有停止过，今天红色器物的烧造成就也是建立在多少代工匠不断探求、不断研究、不断发现和进步的基础上。早在唐代的长沙窑就有红釉和釉里红的器物，但是这个品种烧造实间很短，也没有得到发展；宋代钧瓷的玫瑰紫和海棠红、宋代定窑的红定或紫定也都是含有红色调的不纯正的红色；元代成功烧制出了高温铜红釉瓷器，但元代的红釉、釉里红和青花釉里红制品红色普遍发暗或夹杂着绿色窑变斑痕，少见鲜红色，而且元代这类器物数量稀少；明代洪武年间因宫廷对红色的崇尚，烧造出了很多釉里红器物，但不是颜色灰暗就是出现飞红现象，有的呈现黑色调甚至被称作釉里黑，有极少数器物局部呈现鲜红现象。永乐的鸡血红、宣德的宝石红色调不够明快；康熙的郎窑红和豇豆红分别烧出了牛血红和豇豆色泽的仿生色调，但色泽或过于内敛或过于柔媚；明清两朝一直有烧造的祭红器物不但色泽偏暗，而且积釉处有发黑的倾向；雍正、乾隆的釉里红和青花釉里红器物虽偶有鲜红的色泽出现，但质量并不稳定；由于红色釉器物成本高，烧造困难，乾隆以后直至清末很少有这类器物的烧造。而真正意义上烧出了大红的、开放性的、毫无保留的这种红色的，却是中华人民共和国成立后湖南醴陵的一些窑场。这些窑场的科研人员经过多年研究，终于在 20 世纪末历史性地创烧出了大红色瓷器，我们把它叫作中国红瓷。

图 9-197 是我收藏的一个红色瓶子，即著名的中国红瓷瓶，它的完整名称叫作"中国红金牡丹冬瓜瓶"（也有人称之为"中国红金牡丹将军瓶"），这是湖南醴陵的一个窑口生产的瓷器。这个瓶子的外壁所施的釉叫中国红釉，上绘描金牡丹花；内壁施白釉；口沿描金；外底施白釉，落款处"中国红瓷"并绘制龙纹。这个瓶子造型非常规整，壁厚十分均匀，我们用手拿起来感受一下它的重量感，不轻不重刚刚好。尤其红色所使用的釉料，不是传统的铁红和铜红釉，而是使用了一种稀有元素钽制成的釉料，据说这种稀有金属元素钽的价格比黄金还贵重，因此有人说这个瓶子几乎就是用黄金烧造成的。这种中国红釉的色彩非常漂亮，因此很多年以前我就收藏了这个瓶子，并一直珍藏到现在。它的红色艳而不俗，大开大放，也浑厚沉稳，映衬着国色天香的牡丹花卉，更显富贵典雅，瑰丽无比。我们中国古代的陶瓷工匠对红色器物的烧造经过了持续千年之久的不断探索和追求，

图 9-197　当代　中国红金牡丹冬瓜瓶

也取得了骄人的成绩，但直到 20 世纪末，一个令世人瞩目的红釉新品种中国红才烧制成功，并成了国家和民族崇尚和代表的色调，这是我们时代的开拓者们不断钻研陶瓷艺术、勇于攀登世界陶瓷艺术顶峰获得的辉煌成就，这种大国工匠精神值得我们尊敬和学习。中国红瓷的烧制成功，在中国陶瓷史上书写下了浓重的划时代的一笔，不仅为我们民族的创新精神增光添彩，更使古老的中国陶瓷艺术焕发出新时代的勃勃生机，那饱满绽放的大红色调，犹如火红的朝霞捧着一轮满满的红日，冉冉升起，令人抚今追昔，产生无尽的遐想。

古玩鉴赏知识

古陶瓷器物的赏析

赏析有欣赏和评析之意。收藏中由于器物的种类很多，这里仅以陶瓷为例，主要包括造型、胎釉和纹饰技法，简要介绍一下赏析的要点及描述时可能用到的词语。

造 型

欣赏一件古陶瓷器物，首先映入眼帘的是它的造型。陶瓷器物有瓶类、罐类和碗盘类之分，有人习惯上称瓶类为"站着的"，称罐类为"蹲着的"，称盘类为"趴着的"，并且由于瓶类常为摆设器而以为贵，而盘碗类常为日用器皿而以为廉，其实在收藏过程中也不尽然。在欣赏造型时，主要是通过眼观产生的视觉形象对器物形状和轮廓的描绘，常用的词语有：

口沿部分：敞口、撇口、侈口、敛口、唇口、盘口、洗口、杯口、直口、折沿、蒜头口等。

耳部：狮耳、象耳、贯耳、兽耳衔环、方耳衔环、螭耳衔环、铺首、铺首衔环、螭耳、冲天耳、系、条形系、复系、桥形系等。

颈部：直颈、束颈、梯形颈、鹅颈、短颈、长颈等。

肩部：丰肩、溜肩、折肩、美人肩等。

腹部：弧腹、弧腹下收、弧腹下敛、斜直腹、球腹、长方腹、扁圆腹、荸荠腹、胆式腹、葫芦式腹等。

足部：圈足、双圈足、宽圈足、方圈足、平足、卧足、挖足、高足、悬足（如龙泉窑悬足炉）等。

足脊：平脊、鲫鱼背、泥鳅背、滚圆泥鳅背、足脊外削等。

足墙：外斜、外撇、内敛等。

底部：平底、玉璧底、馒头底（上凸底）、鸡心底、下塌底、乳突、膏药底、砂底、釉底等。

胎　釉

胎是通过无釉露出的部分或断面处观察到的，釉是我们目光能直接看到的。描述胎包括成型、胎质粗细和胎的颜色。描述釉包括釉质、釉色和外观质量。

成型：拉坯、注浆、模印、捏塑、镂空、盘条泥筑等。

胎质：薄胎、厚胎、半脱胎、脱胎、浆胎、缸胎、粗胎、细胎、粗糙、细腻、细实、糯米胎、狗牙胎、高岭土、麻仓土、瓷石、黏土、大青土、二元配方等。

胎色：白色、灰白色、灰黑色、黑色、褐色、灰褐色、糯米汁色、猪肉白色、红色、淡红色、紫金土色、火石红、火烧红等。

釉质：玻璃釉、半玻璃釉、透明釉、半透明釉、本色釉、失透釉、乳浊釉、甜白釉、枢府釉、影青釉、珐琅釉、石灰釉、石灰碱釉等。

釉色：单色釉、颜色釉、色斑釉、虎斑釉、窑变釉、花釉、青釉、粉青釉、梅子青釉、天青釉、天蓝釉、洒蓝、黄釉、鸡油黄、娇黄、浇黄、红釉、祭红、鲜红、鸡血红、郎窑红、牛血红、猩红、豇豆红、盖雪红、钒红、铜红、紫色、玫瑰紫、海棠红、柿叶红、猪肝、白釉、月白、甜白、暖白色、冷白色调、猪油白、象牙白、中国白、鹅绒白、奶白、洁白、清白、白中闪青、白中泛青、黑釉、酱釉、莹润、温润、贼光、蛤蜊光、锡斑、铁锈斑、兔毫、油滴、鹧鸪斑等。

釉的外观：紧皮亮釉、波浪釉、橘皮釉、橘皮皱、缩釉、棕眼、鬃眼、黑疵、爆釉、脱釉、天坑、鸡爪纹、指捺纹、泪痕、蜡泪痕、蟹爪纹、鱼子纹、蝉翼纹、开片、金丝铁线等。

纹饰技法

花鸟、人物、山水、双勾、白描、有眼无珠型、涂抹、渲染、流畅、草率、粗糙、呆板、自然、透视、明暗、开光、铭文、诗句、精致、精美、遒劲、嶙峋、蘸釉、浇釉、荡釉、吹釉、拓釉、轮釉、画花、划花、刻花、刻划花、剔花、印花、木叶纹、剪纸贴花、斧劈皴、披麻皴、携琴访友、闲人野鹤、策杖前行、五子登科、一甲传胪、西厢记、三国演义故事图、刘关张、三英战吕布、高官厚禄、平步青云、马上封侯、岁寒三友（松竹梅）、鹿鹤同春、八仙、暗八仙、八宝（八吉祥）、杂宝、缠枝菊、缠枝莲、仰莲瓣纹、覆莲瓣纹、四爱图、高士图、海兽图、萧何月下追韩信、尉迟恭救主、昭君出塞、炼丹图、龙纹、海水龙纹、行龙纹、应龙纹、盘龙纹、螭龙纹、凤纹、龙凤纹、万寿无疆铭文、猫蝶（耄耋）纹、三娘教子、蟾宫折桂、刘海戏金蟾等。

以上并未囊括全部词语、内容和项目，仅以举例的形式给出鉴赏过程中能遇到的一些情况和常用的描述词语，起到画龙点睛的作用。掌握对器物造型、胎釉及纹饰技法的描述有助于器物的赏析和鉴定，对瓷器的辨伪、断代、质量等级及价格判断都有重要影响。

古陶瓷收藏 100 珍

瓷器的发明是中国古代劳动人民对全人类的贡献。历史留传下来的每一件器物甚至是每一个陶瓷残片都凝聚着古代劳动人民的汗水和智慧的结晶，包含着它的历史时代信息，因而都应得到尊重、保护和传承，并应给它们找到最好的归宿，让它们成为人类文明的载体和传承者，最大限度地发挥它们的作用。这里所说的陶瓷收藏 100 珍仅仅是指在目前收藏领域大家有机会能看到或收藏到的级别较高的器物或价值、价格较高的器物。也就是说这种"珍"仅仅是一个相对的概念而不是绝对和固定不变的，当然也不是涵盖了全部陶瓷的范畴，仅仅是我的一家之谈和尝试性的整理工作，主要是考虑了古玩的历史价值、文化价值和目前的市场价值，而且考虑了市场上有见到和收藏的机会和可能，这样做的目的仅仅是对刚入门的收藏者起到提示和参考的作用。对于无法考证的器物如柴窑、北宋汴京官窑等或者资料上有记载而没有实物可考的均不列入本表。此外，由于陶瓷种类繁多，历史悠久，无法全面覆盖，因此本表也没有列入唐代之前的器物。要说明的是，中国古代陶瓷的种类和数量很多，由于视觉角度和审美观点不同，所以无法做到一个接近完美的归纳。表 9-1 没有收录的陶瓷器物，也可能在某种条件下成为珍品或因其自身具有的属性（古玩的多方面价值）而本身就是公认的珍品。表中所列指某一个器物或某一类器物，而且这种器物是至今为止已被发现、确定和存世的。制作本表仅仅是一种尝试工作，目的是为读者起到归纳、了解、认识、提示的作用。

表 9-1 古陶瓷收藏 100 珍

序号	器物名称	年　代	说　明
1	唐三彩器物	唐	大唐盛世陶瓷艺术的杰出代表，属于民窑器物或民窑供御器物
2	长沙窑执壶	唐	釉下彩斑及釉下彩诗文、花鸟等精品执壶
3	邢窑茶碗、注子、执壶等	唐	玉璧底白釉茶碗，为陆羽在《茶经》中描述的碗。其他邢窑的精品器物
4	邢窑供御器物	唐	带有"官""盈""大盈""翰林"款识的器物
5	辽代契丹风格器物	辽　代	辽代白釉、绿釉、黄釉、三彩、鸡冠壶（即皮囊壶、马镫壶）、穿带瓶、凤首瓶等契丹风格器物
6	秘色瓷	唐至北宋初	越窑，属于供御或贡瓷，以釉色取胜
7	越窑刻划人物器物	五代至宋	特别是宴乐人物纹极为精美
8	耀州窑器物	五代至宋	耀州窑中带有款识属于官府定烧或供御的器物，精品梅瓶以及其他民窑中的精品
9	汝官窑（供御）器物	北宋晚期	汝窑是五大名窑之首，器物精致，文化内涵深厚，存世量稀少
10	修内司官窑及郊坛下官窑	南　宋	指修内司官窑和郊坛下官窑器物。北宋汴京官窑窑址未被发现，相关存世器物窑口归属尚需确定，因而暂不列入
11	哥窑器物	宋至元	以釉色和开片为美，存世量稀少
12	钧官窑（或供御）	北宋晚期或金元明	以釉色为美，存世量稀少。官窑或供御器物。目前有宋代说、金代说、元末明初说和宣德说
13	定窑带有官方款识的器物及彩定、粉定、色定	北　宋	带有官方款识如官、新官、尚食局、尚药局等的器物是定窑中的精品。彩定、粉定、红定（紫定）、高温绿定及高品质的黑定，它们数量稀少
14	建　盏	宋	福建建窑各色精品建盏包括带有"供御""进琖"铭文的黑釉和兔毫盏以及鹧鸪斑（油滴）和"曜变"盏
15	吉州窑木叶纹盏	南　宋	吉州窑高质量的木叶纹盏，底色乌黑发亮，木叶较为清晰，木叶与底釉融合自然
16	吉州窑剪纸贴花盏	南　宋	吉州窑中剪纸贴花器物中的精品
17	吉州窑玳瑁釉	南　宋	吉州窑玳瑁釉碗、瓶等
18	龙泉窑	宋	龙泉窑各种精品包括龙泉白胎高级青瓷和龙泉黑胎青瓷，特别是各种瓶类、盘类。龙泉仿汝
19	磁州窑梅瓶、瓷枕	宋金元	带有诗文及人物故事、动物、龙纹、花卉画面的磁州窑各种精品梅瓶、瓷枕
20	元青花	元	包括早期和晚期（成熟期）的器物，苏料青花发色艳丽，国产青花发色沉稳，纹饰绘画或细致或粗犷，存世量稀少，属民窑器物

序号	器物名称	年代	说 明
21	元枢府窑	元	指供宫廷使用的那部分枢府瓷，带有"枢府"铭文或其他元代宫廷部门如"福禄"等款识铭文的器物，俗称元代官窑
22	元釉里红	元	民窑器物
23	元青花釉里红	元	民窑器物
24	元蓝釉白花器	元	如蓝地白龙纹瓶、白龙纹盘等器物，属于民窑；有的还有在蓝釉上描金的器物
25	法华造像	元或明	民窑器物，法华又称珐花
26	洪武釉里红	明洪武	官窑器物
27	永乐甜白	明永乐	官窑器物，通常带有暗刻纹。无款或有划刻款
28	永乐青花	明永乐	官窑器物
29	永乐祭红（或红釉）	明永乐	发色好的呈鸡血红
30	宣德青花	明宣德	官窑器物
31	宣德斗彩	明宣德	宣德大斗彩或称宣德青花五彩
32	宣德甜白	明宣德	通常带有暗刻纹
33	宣德祭红（或红釉）	明宣德	发色好的呈宝石红；有的带有描金或白龙纹
34	宣德祭蓝、洒蓝釉	明宣德	官窑器物
35	宣德釉里红	明宣德	官窑器物包括三鱼高足碗、三果高足碗、云龙纹碗、三鱼盘
36	空白期青花	明正统、景泰、天顺	主要指瓶罐类器物，有官窑（所见都无款），也有民窑器物
37	成化青花	明成化	官窑器物
38	成化斗彩	明成化	鸡缸杯、葡萄纹杯、花鸟纹杯、三秋杯、高士杯、天字罐等官窑、御窑器物
39	弘治青花	明弘治	官窑器物、民窑中的精品
40	弘治黄釉	明弘治	官窑器物
41	弘治白釉刻填绿彩	明弘治	官窑器物
42	正德青花	明正德	官窑器物
43	正德素三彩	明正德	官窑器物
44	嘉靖青花	明嘉靖	官窑器物
45	嘉靖青花五彩	明嘉靖	官窑器物
46	嘉靖白釉红绿彩	明嘉靖	官窑器物，包括白釉红彩、白釉绿彩和白釉红绿彩
47	万历青花五彩	明万历	官窑器物
48	德化窑何朝宗等著名工匠款识瓷塑像	明嘉靖至万历	民窑器物，包括一些著名的瓷雕大师如何朝宗、林朝景、张素三、何朝水等款识的瓷塑像

序号	器物名称	年代	说明
49	顺治青花	清顺治	民窑精品，如花觚、笔筒等
50	康熙青花	清康熙	官窑器物、民窑器物中的精品（气死官窑）
51	康熙珐琅彩	清康熙	官窑器物，包括瓷胎画珐琅和紫砂胎画珐琅
52	康熙粉彩	清康熙	官窑器物
53	康熙五彩	清康熙	官窑器物或民窑器物
54	康熙素三彩	清康熙	官窑器物
55	康熙斗彩	清康熙	官窑器物，包括仿成化斗彩器物
56	康熙黄釉	清康熙	官窑器物
57	康熙釉里三彩	清康熙	包括青花、釉里红和釉下豆青三种颜色，多为官窑器物，极少见民窑器物
58	康熙釉里红	清康熙	官窑器物
59	康熙青花釉里红	清康熙	官窑器物
60	康熙祭红、郎窑红	清康熙	官窑器物，少部分郎窑红属于雍正时期
61	康熙郎窑绿	清康熙	官窑器物，也叫苹果青
62	康熙豇豆红	清康熙	官窑器物，少部分豇豆红属于雍正时期
63	康熙紫金釉（酱色釉）	清康熙	官窑器物
64	康熙祭蓝、洒蓝釉	清康熙	官窑器物，通常进行描金
65	康熙十二月花令杯	清康熙	官窑器物，包括青花、青花五彩、斗彩十二月花令神杯
66	雍正青花	清雍正	官窑器物，包括各种色地青花
67	雍正珐琅彩	清雍正	官窑器物
68	雍正粉彩	清雍正	官窑器物，包括各种色地粉彩器物
69	雍正青花釉里红	清雍正	官窑器物
70	雍正斗彩	清雍正	官窑器物，包括仿成化斗彩器物
71	雍正窑变釉	清雍正	官窑中各种窑变釉器物，特别是窑变釉瓶
72	雍正黄釉	清雍正	官窑器物
73	雍正祭红	清雍正	官窑器物
74	雍正胭脂红釉	清雍正	官窑器物
75	雍正茶叶末釉	清雍正	官窑器物
76	雍正青釉	清雍正	官窑器物，包括粉青、冬青、豆青
77	雍正仿哥、汝、官器物及炉钧釉器物	清雍正	官窑器物
78	乾隆青花	清乾隆	官窑器物，包括各种色地青花
79	乾隆青花釉里红	清乾隆	官窑器物
80	乾隆珐琅彩	清乾隆	官窑器物

序号	器物名称	年 代	说 明
81	乾隆粉彩	清乾隆	官窑器物，包括各种色地粉彩器物
82	乾隆洋彩	清乾隆	官窑器物，在景德镇烧制
83	乾隆斗彩	清乾隆	官窑器物，包括仿成化斗彩器物
84	乾隆象生、仿生瓷	清乾隆	官窑器物
85	乾隆祭红	清乾隆	官窑器物
86	乾隆青釉	清乾隆	官窑器物，包括粉青、冬青、豆青
87	乾隆仿哥、汝、官、炉钧釉	清乾隆	官窑器物
88	乾隆色地彩瓷	清乾隆	官窑器物，包括各种色地彩瓷及描金等器物
89	唐英款器物	清乾隆	官窑器物
90	乾隆三清茶碗	清乾隆	官窑器物，带有"三清茶"诗文的盖碗
91	乾隆窑变釉	清乾隆	红蓝相间，古典而雅制，各种瓶、花插、佛像等
92	乾隆茶叶末釉	清乾隆	官窑器物
93	乾隆黄釉	清乾隆	官窑器物
94	乾隆广彩	清乾隆	民窑中的精品，属于外销瓷
95	嘉、道、咸精品器物	清嘉庆、道光、咸丰	官窑中的精品器物
96	同治大婚瓷	清同治	官窑器物
97	光绪大婚瓷、万寿节瓷	清光绪	官窑器物
98	慈禧用瓷	同治至光绪	官窑器物包括大雅斋款瓷、体和殿款瓷、储秀宫款瓷、长春宫瓷、乐寿堂款瓷等瓷器用瓷
99	宣统青花	清宣统	官窑器物
100	珠山八友瓷	民 国	包括王琦、王大凡、程意亭、汪野亭、邓碧珊、刘雨岑、何许人、毕伯涛、田鹤仙、徐仲南等人的作品

注：表中排名质量、等级、名分不分先后，大体按年代先后顺序。

古玩收藏除了古陶瓷以外，还有很多其他门类的收藏项目，比较重要的有铜器、玉器和书画、家具等大项，以及杂项类。前九讲我们主要讲述了收藏的基本知识，特别是以实物为例大篇幅地讲述了古代陶瓷的收藏和鉴赏的基本知识，这一讲我将讲述有关玉器、铜器和书画的基本鉴赏知识，同时简单介绍其他杂项的收藏和鉴赏的一些基本知识和信息，因为大家在收藏的过程当中还是有很多机会遇到各种不同的器物，这些器物也可能是大家喜爱的藏品，如果不了解这方面的基本知识，可能就会错过很多机会。中国古代工匠除了在陶瓷领域取得了辉煌的成就外，在其他艺术品制作、创作领域也孜孜以求，不断进取，在铜器铸造、玉器雕琢、书画丹青及其他领域也取得了骄人的成绩，古代工匠用智慧和双手制作出了大量精美的艺术珍品，这些古典而精美的艺术品可谓异彩纷呈，群星闪耀，在人类文明史上绽放出了一朵朵鲜艳的奇葩，留下了一串串人类创造文明和书写历史的足迹，在世界文明史上展现了中国智慧以及中华文化的魅力和国际影响力。

铜玉书画与杂项器物鉴赏

玉器收藏知识简介

讲到玉器，不得不提到中国传统四大名玉。中国传统四大名玉包括新疆的和田玉、青海的青海玉、辽宁的岫岩玉和河南的南阳玉，南阳玉又称独山玉。玉有狭义和广义之说，我们通常所说的玉包括四大名玉都指狭义上的玉，玉石的广义之说要数东汉时期的许慎，按照他"石之美者为玉"的说法，玛瑙、绿松石、翡翠、青金石、水晶等都属于玉的范畴。中国玉石的种类很多，除传统四大名玉外，还有很多地方玉石，比如蓝田玉、黄龙玉等。

现在市场上出现了不少仿制天然玉石的制品，甚至还出现了高仿玉石的器物。以前有些玉石仿品是在玉石粉末中掺入黏合剂制作而成，但玉石特有的自然纹理、絮状物、绺裂、天然色泽等自然现象却很难仿出，但现在市场上出现的高仿玉石甚至可以达到以假乱真的地步，这对刚涉入玉石领域的人来说很难分辨。自然界的玉石中大多含有絮状物和纹理，但也有很纯净的情况，那是极少数。初学者要多看不同品种玉石的实物，逐渐掌握它们具有的不同特征，比如和田玉的油润性到底是什么样的感觉，青海玉内常见的层线状态如何，独山玉有哪些常见的颜色，岫岩玉的绿的呈色感观和老玉、新玉[①]的特征。我研究玉石很多年，所以一般的玉石品种我一看或一上手就知道了，这是多年经验积累的结果。虽然很多人收藏的是古玉，但一开始必须从认识现代玉石的品种和特征开始。

对于收藏古代玉石，第一不要把假玉当成真玉去买，第二不要把现在的玉石作品当成古玉去收藏，当然要做到这两点其实要经历很长时间的磨炼。普通的古玩地摊上很难见到一块古玉，我曾见过一个人到古玩市场转了一圈，随手拿一个，就说今天又淘到了一件什么战国的、明代的或者最晚是清代的"古玉"，我看到后也就一笑而已，其实市场上收藏古玉的机会并不多。由于真正到代的古玉价值很高，所以市场上出现了很多的仿古之作，有些按博物馆馆藏古玉的样式和大小仿制，再进行表面做旧或作伪上沁色，做得很像，稍不留神，很容易使初入门者甚至是老藏家打眼。玉器鉴定方面的知识也很深，要想辨别一块玉是古代还是现代作品，除了对各玉石的品种特征要有详尽的了解之外，还要了解古今玉器的制作工具及工艺过程。辽宁省博物馆展示了古玉制作的"玉作图"，包含如下十二道工序：捣砂、开玉、扎砣、冲砣、磨砣、掏膛、上花、打钻、透花、打眼、木砣、皮砣。

由上可以看出古代对玉石的加工主要是砣玉，最终的抛光打磨是借助兽皮等工具，与现代采用电动工具加工所留下的痕迹会有不同之处，这方面的知识和经验的日积月

---

① 老玉和新玉为岫岩玉石的两个不同特征的品种，老玉温润乳浊，新玉清爽通透，并非指玉器时间上的新、老。

图 10-1 清乾隆 青玉雕大禹
治水图山子（故宫博物院藏）

图 10-2 清乾隆 青玉雕丹台春晓图山子
（故宫博物院藏）

累很重要，绝非一蹴而就。

古人十分崇玉、爱玉，到清代乾隆年间，乾隆皇帝把爱玉演绎到极致，故宫博物院所藏的青玉雕大禹治水图山子就是典型的例证，山子原料采自新疆叶尔羌密勒塔山，重约九千斤，包括运输和雕刻共计耗时十余年才完成。古人讲玉有五德：仁、义、智、勇、洁，古人也谨守"君子无故，玉不去身"的理念，可见玉在古人心目中的地位。玉文化与陶瓷文化、青铜文化一样，是中国传统文化的重要组成部分。时至今日，玉器作为佩带、摆设和收藏仍为现代人所崇尚。

战国 岫岩玉龙首钩形器

图 10-3 是我收藏的一件十分珍贵的古代玉器，是古玉中的精品之作。这是一件钩形器，一端呈尖状，另一端好似龙首，有角，还有猪形的嘴，因此形制好似玉猪龙，嘴部形成孔，可以系绳佩戴或悬挂。从表面看，呈浅淡的葱绿色，两端有黄白状的沁色，这种玉质应是岫岩玉。这件玉器做工非常精美，玉质晶莹剔透，沁色古朴自然，弥足珍

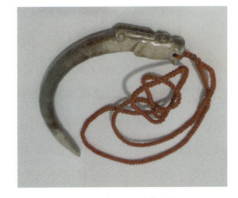

图 10-3 战国 岫岩玉龙首钩形器

贵。几年前，一位老先生曾经见过此物，那位老先生是位收藏大家，八十几岁的高龄了，互相欣赏过藏品后，他对我的这件玉猪龙钩形器大加赞赏，他说，太精美了，能拥有这么一件玉器，一生足矣。可见老先生对这件玉器的评价非常之高。关于这件玉器，也有人认为属于红山文化时期的器物，因为它使用的是红山文化玉器常用的岫岩玉，但由于它的一端呈尖形，因此我觉得它应是古代用于解扣的解绳器，也叫"冲牙"，这类器物形制大约在战国时期。古代玉器中有一种叫"玉觿"（音：西）的用于解绳的器物也是这类一端呈尖状的样子。

这件器物或许是解扣，兼有佩带及祭祀的用途，随着今后的进一步研究，或许有更好的解释，但无论怎样，这都是一件不可多得的宝贝。

战国 和田青玉龙凤玉佩

图 10-4　战国 和田青玉龙凤玉佩

这是我收藏的一件古玉珍品（图 10-4），材质为和田青玉，局部还有一些沁色。这件玉器呈 S 形，乍看像泥鳅一样。它的一端雕刻成了龙头，龙的上吻伸出，下吻上扣，龙头上有方形的简化了的龙角，细长的身体上布满了细线刻成的鳞片，还有用方形表现的足。另一端雕刻成了一个张着嘴的鸟，鸟的眼睛清晰可见，是一个凤鸟的头部形态。这件器物一端雕刻的是龙头，另一端雕刻的是凤首，所以称作龙凤佩。这件玉佩的刻线非常之细，犹如针尖挑出来的一样，远古时期的良渚文化的玉器上也有类似的细线雕刻，今天的人们无法想象在远古时期我们的祖先是使用了什么样的工具才能完成这样细致的微雕工作，据说日本考古学家林巳奈夫经研究认为良渚文化玉器上的细刻线应是古人运用钻石（金刚石）雕刻的，而我国研究人员认为这是用一种硬度大于玉的燧石对良渚玉精细雕刻而成。根据这件玉器的造型、纹饰特征和表面的沁色情况，它应属于战国时期的器物，至少是王侯级以上的人物所使用之物。

现在市场上古玉的仿制品极多，大都使用酸碱腐蚀做沁色，弄得表面面目皆非，有些雕工粗糙，有些造型不伦不类，纯属臆造，不堪入目。玉从古至今都是君子的象征，收藏玉器乃文人雅士之举，今为大众收藏所崇尚，尤其是古玉以其温润精美、底

图 10-5　现代 仿古玉器

蕴厚重而令人爱不释手，但鉴定古玉的眼力和技巧绝不是短时间内一蹴而就的，需要慢慢积累，需要静下心来下功夫学习和研究，好好地体会和感悟古玉的神韵，多积累一些相关的理论知识，多到博物馆去观摩，多到市场上观察，多和圈内的资深藏友交流，只有这样眼力才会很快得到提高。鉴赏古玉的能力都是多年理论知识和实践经验的积累，甚至是用金钱和汗水以及无数次失败的教训换来。我经常和朋友们一起鉴赏玉器，判断它的材质、工艺、新旧及价格等，有人一下子拿出一大堆玉器给我看，大多数情况下都是一些现代仿古制品，毫无古玉的神韵可言。市场上有些古玉仿品简直就是粗制滥造，通过酸碱腐蚀做旧，却使很多人打眼上当，在精神上和经济上造成了很大的伤害和损失。也有些仿品是按照古玉的实物对材料、尺寸、纹饰和沁色等进行所谓的高仿，很有蒙蔽性，需要仔细观察局部结构特征甚至借助于放大镜、显微镜在微观条件下才能看出破绽。

汉 玉蝉

　　下面我介绍的这件玉器（图 10-6）的来历很有趣。一次在北京的某古玩市场，一个人在地摊上卖这件玉器。据他讲这件东西是北京某工地筛沙子的人从工程废土堆中筛出来的，也不知道是什么，他就把它收了过来。由于品相不好，所以他要的价格也不高，但在市场上将近半天也没人愿意购买，于是机会便留给了我，我听了他的讲述，仔细观察了一下这块玉的造型以及表面被沙子的磨蚀情况，虽然表面磨损很严重，但是从仅剩下的局部表皮还能看到表面呈现出的草黄色，散发着远古神秘的气息，我觉得这应该是一块岫岩玉质的古玉无疑，于是当即买下。

图 10-6 汉 玉蝉

　　这块玉的造型整体上看好像是一个圆雕的蚕形器，头部有两个眼睛，背部有两个对打的可供悬挂的小孔，中间还有三个缺儿，仔细观察，缺儿里面还残存着古代插玉的残片，由此我推测它是用于祭祀的器物，摆放着或悬挂起来，三个缺儿上插着比如玉璧之类的玉器。从造型上看，这是个汉代的蚕形器。蚕丝可以用于纺织衣物，因此祭祀玉蚕形状的器物是为了祈求丰衣足食。蝉在一生中能发生蜕变，古人认为其代表生死轮回，祭祀蝉可以预示死后升天或再次新生。但是也有人认为这件玉器应是红山文化早期的玉猪龙，这是一种极其抽象的原始龙纹的形象，而且使用了红山文化玉器常见的岫岩玉质。如果事实果真如此，那么在北京出土了这件玉猪龙，就意味着早在5000多年以前，红山文化就已经传播并影响到了这一地区，表明那一时期这里已经有人类文明活动的痕迹，这块玉应该是从红山文化的中心地区由于某种原因和经过若干的渠道，最后到达了这里，然后又经过几千年的岁月，最终与我相遇，所以这叫千年等一回。但是我还是偏向于这是一件汉代的器物，汉代丝绸业发达，玉蝉是汉代玉器中常见的动物造型，甚至把它作为玉琀放在逝者的口中，可见其被尊崇的程度。至于使用了岫岩玉，可能是当时的岫岩玉产量及使用范围较大，而新疆的和田玉还未被发现或因路途遥远不宜运至北方的缘故。

　　这件玉蝉虽然饱经沧桑，历经岁月的洗礼，但从残存的表面看，仍可窥视到2000年前它的古朴优美的造型和神秘的风采。当我把它买下后，有很多人围着我问它是块什么玉，我给他们讲了我的看法后，他们恍然大悟，后悔自己未能认出来。这块玉在古代用于祭祀是没有问题的，但祭祀的过程，还有三个缺口中所插设的玉器的形制（可能是三块玉璧状的器物）以及所蕴藏的远古祭祀文化的信息，还有待于今后做进一步的研究。

图 10-7 汉 圆雕玉瑞兽

汉 圆雕玉瑞兽

这是一对狮子形青玉质的圆雕玉瑞兽（图 10-7）。两个瑞兽的颜色还不一样，色彩斑驳陆离，这是环境不同造成的沁色不同所致。每个瑞兽的顶部还带有两个中空的圆形立柱，这应是瑞兽的角；瑞兽的两个耳朵平行向后，嘴部张开，舌头上卷，尾巴分叉。这类动物我们可以通称为瑞兽，也有称为"辟邪"的，但具体一些我觉得它们应该属于早期的龙的形象，因此可以叫作玉龙，这类龙的形象在汉代出现的较多，因此我认为这对玉龙是汉代的。成对出现的玉龙非常难得，无论是摆设、把玩还是收藏，都极具观赏价值。

西汉 圆雕马踏飞燕玉雕件

图 10-8 中这件玉器表面的沁色已全部呈现所谓的"鸡骨白"色①，下面雕刻的是一只神鸟，鸟的背上站着一匹骏马，马呈直立状，瞠目回视，一只脚踏在鸟儿的背上，一只脚踏在鸟的头上，鸟回头成啄咬状。我给这件玉器起了个形象的名字"马踏飞燕"。从这件玉器的造型、雕刻手法、沁色上综合起来判断，这是一件西汉时期的"马踏飞燕"玉雕件。汉代对马匹非常重视，因为马不仅是农业上的生产资料，更重要的它是军事上的一种战备资源。下面的鸟并非真正意义上的燕子，而是一种名叫飞廉（风神）

---

① 鸡骨白的色泽据说是玉石经火烧过，并经长时间埋藏而形成。

图 10-8　西汉　圆雕马踏飞燕玉
雕件

的神鸟，这种鸟的飞行速度比风还要快。因为汉代重视马，所以就雕刻了这样一个马踏飞燕的雕件，马踏在鸟的背上，好像在高傲地向鸟说："你比风快，我比你还快！"鸟可能感觉到疼痛，回头想要去啄这匹马，但是马又把另一只脚踏在鸟的头上，然后骄傲地回转马头，展示了一种舍我其谁、傲视群雄的姿态，映衬出汉武帝雄才大略、横扫匈奴的大汉雄风。如果我们细观马的眼睛和牙齿，就会发现蕴藏着一种幽古的神秘感，毫无现代感觉，这是古代玉器雕刻的特征，也就是古韵所在，而现代的一些仿品总会把现代元素暴露在我们眼前，无法真正具备古玉的神韵，这是古玉和现代仿品的根本区别。我们再看马的耳朵呈立起来的状态，这是工匠对马的日常特性的细微观察后的写实之笔。如果一匹马的耳朵向后背，那是准备要冲锋或撕咬的状态，也就是准备战斗的状态；如果耳朵立起来，那是比较悠然自得的感觉。这个雕件的马耳立起，说明马的状态是非常的悠然自得。

这里我重点介绍这匹马身体上雕刻的纹饰，马的身上雕刻了一个双勾"八"字形的纹饰，每条线由两刀形成一面陡坡，一面缓坡的 V 形刀痕，这就是人们常说的"汉八刀"的雕刻技法。在一些玉器的资料上经常会提到汉八刀，但真实的汉八刀究竟是什么样子的，很多人没有真正见识过，这个马踏飞燕玉雕件就是汉八刀技法的实物例证，它显示的是雕刻时刀法的走向形成形如"八"字的纹饰，而且每个单线也是由形成陡坡、缓坡不同的如"八"字形的两刀组成。由于年代久远，这件玉器的表面已经完全钙化了，形成了人们常说的"鸡骨白"色调，但正是这样的色泽才使得这件器物更显苍古雄浑、底蕴厚重。这件器物完好无缺，雕工精美，非常珍贵。大家知道，我们中国旅游的标志就是马踏飞燕，而它的实物原型是 1969 年在甘肃武威出土的铜质马踏飞燕，因此马踏飞燕一词的知名度很高。这件器物称之为马踏飞燕玉雕件也非常恰当。据原藏家介绍，这件玉雕最初是来自辽宁省的辽阳市，后来我想，如果能以这件玉雕为原型制作成塑像，并以该塑像为主题在辽阳建造一个公园供人观光游览，对增强城市文化底蕴，加强精神文明建设和促进城市旅游业发展，无疑具有积极意义，也是对这件器物内涵的最大限度地揭示和解读。这件器物完美无瑕、古朴典雅，是玉器收藏中的一件重器，我也非常喜欢。

图 10-9　明 和田玉连年有余 挂件

图 10-10　清 和田玉镂空雕 鹿鹤纹嵌玉

明 和田玉连年有余挂件

图 10-9 是一件玉佩（绳为后配），材质为和田青玉，玉色温润深沉。雕刻鱼和花卉，寓意连年有余。鱼纹神态生动，鱼身打磨光滑，未雕刻鱼鳞纹，雕刻手法简练，应为明代样式和风格。鱼头处有一自然层裂，裂中有自然沁色，似为籽料。明清时期均有此种连年有余题材的玉器作品。

清 和田玉镂空雕鹿鹤纹嵌玉

这块圆形的玉件（图 10-10），上面雕刻了松树、松针，还有一头鹿，鹿的上面还雕刻了一只天鹅，从纹饰风格上看，属于辽代的春水秋山玉的类型，但空中飞翔的应是天鹅，似乎并非海东青^①，加之有松树，因此还有松树延年、鹿鹤同春之意。提到春水秋山玉，这里稍微展开介绍一下。辽代的统治阶级为游猎民族，实行四时捺钵^②制度，将一年分为春水、秋山、纳凉、坐冬四个阶段。春天到水边钓鱼或借助海东青猎取天鹅、野鸭、兔、狍等禽兽，称作春捺钵，秋天去山里射鹿、射虎，称作秋捺钵。金、元时期女真族和蒙古贵族沿袭了辽代用海东青捕猎的习俗。清代满族人也有春秋两季打猎的传统，称为"春蒐（音：搜）"和"秋狝（音：显）"，这是少数民族的生活习

---

① 海东青，一种经训练后能猎取天鹅等飞禽和小型走兽的雕。

② 捺钵为契丹语，意为辽代皇帝出行时的行帐、营盘。

惯。把这种狩猎时的场景或适时动物雕刻在玉器上，就形成了所谓的"春水秋山玉"[①]，如果做成玉佩就称作春水秋山佩，这种图案和风格一直延续到清代的。这块玉的背面是平的，因此我揣测它应该是一件镶嵌到木器上的圆形玉片，比如用作如意上或家具上等，从用途上看，大致属于清代的玉件。这块玉的表面非常润泽，应为和田玉。

清 和田玉镂空雕福娃嵌玉

图 10-11 是一块青玉，采用镂空方法雕刻了一个娃娃，旁边还雕刻有一只蝙蝠和一盏灯笼，蝙蝠的蝠谐音"福"，灯笼有喜庆之意，因此我称之为"福娃"。这是块和田青玉，玉质纯净莹润，非常细腻，也有油润性，这是和田玉的材质特性。它的背面是平的，当初应该是被镶嵌在木器上的一个薄玉片，做工也比较精美。和田玉常见被镶嵌到如意上或者一些木质家具上，尤其是在清代多见，因此我判断这个玉片是清代的。

清 和田玉镂空雕鹤纹玉佩

图 10-12 是一块镂空雕刻的和田玉玉佩（绳为后配），它的主要雕刻纹饰是一只仙鹤，上面拴绳的部位雕刻了两只凤鸟，凤鸟的喙连在一起形成了可用于系绳的孔。这块玉佩镂空的工作量非常大，而且有的部分非常细，因此它的加工过程是有相当难度的。这种复杂的纹饰以及加工难度较大的工艺在明代的一些玉的制品中经常被采用，当然清代也有工艺繁杂的作品。这件玉佩从包浆颜色及整体风格特征来看，应为清代器物，至于具体到清代的什么时期，像这样繁缛复杂的镂空，我认为大致是乾隆时期民间的作品。

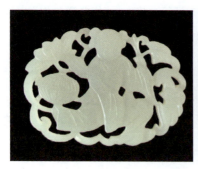 

图 10-11　清 和田玉镂空雕福娃嵌玉　　图 10-12　清 和田玉镂空雕鹤纹玉佩

---

① "春水玉"主要指雕刻有海东青捕捉天鹅画面的玉，"秋山玉"主要指雕刻有猎鹿、射虎画面的玉。

图 10-13 清 寿山
石圆雕辈辈侯挂件

图 10-14 清 铜镶岫玉烟斗
及烟枪构件

图 10-15 清 烟膏盒

图 10-16 当代
仿古烟枪和烟
通子

清 寿山石圆雕辈辈侯挂件

图 10-13 是一件圆雕的猴形吊坠，猴子的手里抱着一个寿桃，猴子的背部还背着一
个小猴，这种雕件样式叫作子母猴，因母猴背上还背着一个小猴，又叫作背（四声）背
（一声）猴，寓意辈辈封侯。又因猴子的手里捧着仙桃，所以又有仙猴祝寿之意。这是
把吉祥的愿望或吉祥语的谐音融入雕刻之中的手法，在清代的作品中较为常见。这个雕
件的材料是寿山石，是一件清代的寿山石雕刻的吉祥配饰。挂件的中间部位断裂，又被
粘到了一起组成完整挂件。据位于河北临城崆山白云洞景区的邢窑博物馆内的图片记载，
早在隋代就有类似的瓷器造型出现，图片显示母猴怀中一个猴，后背还背着一个猴。

清 铜镶岫玉烟斗

烟斗是清代和民国年间人们吸食鸦片所用大烟枪上的一个构件。制作这个烟斗（图
10-14）使用的玉料是辽宁的岫岩玉，玉色呈淡黄色，上面飘着一抹葱绿，表面一层均
匀的包浆，温润古典，做工精致。过去吸食鸦片的全套烟具除烟枪外，还有烟盘、烟
膏盒（图 10-15）、烟钎和烟灯，所吸食的鸦片被制成大烟泡。清朝贵族、官僚富豪十
分讲究烟具的材质和制作工艺，上好的烟枪常采用绿犀角或湘妃竹子制作，并镶嵌象
牙或虬角，中间安装玉质或紫砂烟斗。清末民初时，烟具常被摆在北京前门大街挂货
铺子里买卖，现在这类烟具及构件已成为古玩。曾经是吸食毒品的工具，如今却被制
作成如此精致的工艺美术品，真是令人唏嘘费解。看到这些烟具构件，不禁使人想起
鸦片毒害中国人民的沉痛往事，想起鸦片战争等历史故事，以及屈辱的《南京条约》。
国人当自强，历史的教训世世代代都应该铭记。

图 10-17　清 紫砂烟斗　　　　图 10-18　清 紫砂壶盖残片

清 紫砂烟斗

　　这是一个大烟枪上面的烟斗构件（图 10-17），紫砂制作而成，呈仰覆莲瓣形，做工十分精致，上面还印有工匠的名章，是清代晚期这一特定历史时期的特殊产物。这种紫砂烟斗在当时是档次很高的物品。

图 10-19　明或清 紫砂壶残片

　　紫砂为非陶非瓷，其性质接近陶但与普通陶器又有很大不同，用紫砂制成的紫砂器物具有良好的透气性。紫砂器物是明清时期江苏宜兴蜀山窑烧造的作品，尤以紫砂壶最为著名，这一时期涌现出了许多著名的紫砂壶制作大师，由于紫砂壶具有透气性，茶水可以在壶内较长时间保存而不变味，所以紫砂壶成为上至宫廷、下至文人雅士和普通百姓所喜爱的器物，其制作延续几百年不衰直至今日仍为各方人士所喜爱和收藏。我也收藏了一些明清时期紫砂壶残片（图 10-18、图 10-19），图 10-19 中的两件紫砂壶盖上还分别有"甲辰仲冬時大彬製""宜興茂□"的款识。

清康熙 寿山石送子观音造像

　　该观音像（图 10-20）采用寿山石（或为芙蓉石）整体雕刻，呈香黄色，石质细

图 10-20　清康熙　寿山石送子观音造像

腻温润；观音高绾发髻（束发），发髻染成黑色，丝毫毕现，发髻前一颗呈红色的半圆形如意纹髻珠，恰似冉冉升起的一轮红日；观音长耳下垂，法相静穆慈祥，颈戴项链，肩搭帔帛，身着长裙，衣褶用红绿紫三色装饰；观音怀抱一小孩，站在花梨木透雕海水纹座上；相传观音为左撇，所以为右侧抱姿，小孩头顶为桃形头发，并具有成人面相，寓意长命百岁。该造像材质珍稀，雕工精美，形象生动，造像背面镌刻"魏开通制"款，应为康熙年间宫廷或御园所供奉，弥足珍贵。送子观音寓意早生贵子、多子多福，是吉祥的化身，保佑世间人丁兴旺，人们幸福安康。

铜器的收藏和保护

古代铜器包括青铜、黄铜、紫铜、白铜等材质。夏商周秦汉时期的铜器主要是青铜器，明清以后黄铜、紫铜居多。青铜器的保护方式是一个很重要的话题，因此我主要介绍一下有关青铜器的腐蚀机理和保护方面的内容。这里我想谈三点：

第一点，青铜器的除锈问题。古代青铜器的表面都存在锈蚀的情况，常有铜锈附着其上。这些铜锈又分为无害的铜锈和有害的铜锈，无害的铜锈通常能阻止器物的进一步腐蚀，因此被看作是有益的，应予保留，以阻止环境因素对铜质的进一步锈蚀。那么什么是有益的铜锈呢？青铜器经过长时间埋藏之后，器物的表面常常会形成一种牢固的铜锈，呈现红、绿、蓝、黑等一种或多种色调，也就是人们常说的红斑、绿锈、孔雀蓝、黑漆古，由于这些牢固附着在器物表面上的铜锈形成了保护层，能阻止器物继续被腐蚀，因此这类铜锈属于有益的铜锈。此外，它也能使器物显得更加古朴典雅和呈现色彩斑斓的外观，能够很好地体现器物的年代感，所以我们应该把呈现这些锈色特征的有益铜锈保留下来。有害的铜锈指的是铜器表面由于外界的腐蚀形成的粉状锈，粉状锈是有害的，必须予以清除。当然现在也有一种新的方式，比如对粉状锈采取化学试剂填充或加固的方法，这对锈蚀严重的器物也是一种切实可行的修复办法。

第二点，粉状锈的形成机理。粉状锈的主要成分是碱式氯化铜，碱式氯化铜的形成是由于青铜器物接触到了含有氯化物的物质，铜与氯化物反应，生成氯化亚铜，氯化亚铜又遇氧气和水，就生成了碱式氯化铜，同时附带生成了盐酸，完成了一个腐蚀的过程，这是腐蚀的简单原理，实际上腐蚀过程要复杂得多。由于盐酸会继续与铜反应生成氯化亚铜，绿化亚铜遇氧气和水又生成碱式氯化铜，同时再一次附带生成盐酸，完成了第二个腐蚀的过程。这样周而复始，腐蚀过程不断循环下去，一件青铜器最终就会变为一堆粉末，可见这种腐蚀是非常严重的。通常大家把青铜器出现这种粉末状的有害物质称作青铜病，这种青铜病具有"传染性"，即一件器物的粉状锈如果沾染到另一件青铜器物上，那么后者也会被腐蚀破坏，因此不同器物之间要做好有效的隔离。

第三点，青铜器的保存条件。从上面的腐蚀循环中我们可以看到，水的存在是腐蚀得以进行的重要因素，对于个人收藏来讲，由于收藏条件有限，最有效的方法就是控制铜器收藏环境的相对湿度，通常情况下，相对湿度应当控制在 35% 以下。

关于除锈的方法，通常有机械、物理及化学方法等，这里我想说的是，在除锈的时候，不管采用机械的、物理的还是化学的除锈方法或其他方式，都不要破坏铜器本身的材质并避免发生过度除锈从而破坏器物的本来面貌。有关除锈方面的知识大家可以参阅相关的专业资料。

明晚期 铜鎏金阿弥陀佛造像

有一次我到北方的一个古玩市场去淘宝，古玩市场很大，有很多店铺，转了很长时间，也没有发现感兴趣的东西，后来漫不经心地来到一家很小的古玩店门口，店铺面积很小，摆设的东西也不是很多，我扫视了一下货架上摆放的器物，突然间感觉到眼前一亮，发现在离我大约两米远的橱柜上，有一尊佛像静静地坐在那里，法相庄严，也非常慈祥，似乎给人一种无形的震慑力和强烈的吸引力，我不知不觉地走近这尊坐像，心里油然而生一种莫名的愉悦感和安静感。仔细观察，佛像局部鎏着一层黄金，

图 10-21 明
晚期 铜鎏金阿
弥陀佛造像

在昏暗的房间里发着幽幽的金光，原来这是一尊铜鎏金的古代佛造像（图 10-21）。我心里非常高兴和激动，经过和店主交流，得知这尊佛像他已收藏和供奉二十余年，这次我能遇到也是一种缘分，我把这座佛像请到了家里边。这尊佛像造型精美，年代久远，我非常喜欢。那么他究竟是一尊什么样的造像，他的法相、真容怎样呢？下面我简单介绍一下。

这尊造像的材质应该是铸造黄铜，在表面露出皮肤的地方都进行了鎏金处理，并对衣饰、冠饰进行了不同颜色的彩绘，这种铜鎏金的佛造像我们习惯上称之为金铜佛像。

这尊佛像的造型，我们按照从上到下的顺序依次介绍。这尊佛像的头部上面满布着螺发，螺发是指头发呈现一个个像小海螺一样的发卷。在螺发的正上方有一个凸起来的、也带着螺发的这一部分叫作肉髻。肉髻通常有两种形式，一种就是这尊佛像头上的带有螺发的肉髻，还有一种是肉髻的表面没有头发，呈磨光状态，这种肉髻叫作磨光肉髻。在这个肉髻和佛像的额头之间，或者说肉髻和佛冠之间还有一个长方形的突起，我们把这个突起称作髻珠。拥有髻珠的佛像是典型的汉传佛造像的形式。佛像的头部戴着一顶佛冠，束冠的缯带垂搭在双肩和上臂的轮廓上，佛冠上面还铸有五尊小的佛造像，称为五化佛，因而这种佛冠称作五佛冠，其五佛为佛教密宗系统以大日如来为首的金刚五佛，也称五方佛，即中央为比卢遮那佛（即大日如来）、东方阿閦佛、西方阿弥陀佛、南方宝生佛、北方不空佛，表五佛五智。我们看佛像的面部，佛像的面相端庄、饱满，额头较宽，整个脸部呈长圆形，五官的布置非常的匀称，两个眼睑略俯视。这尊佛造像的面相非常寂静，或者说静穆平和，略带微笑，给人一种慈祥而又庄严的感觉。

佛造像通常分为汉传佛造像和藏传佛造像。藏传佛造像的上衣一般分两种形式，一种是穿着大衣的形式，还有一种就是袒右肩的形式，这两种着衣形式是藏传佛教佛造像的特征。汉传佛造像也有两种着衣形式，一个是褒衣博带式，还有一个就是双领下垂式。这尊佛像的上衣应为双领下垂式，因此我们从他的衣服穿戴形式上就可以判断这是一尊汉传佛造像，其衣缘处的精美花纹体现了明代佛造像的特征。我们再看佛像的手势，佛像的手势也叫手印，这尊佛像的双手局部重叠掌心向上，右手置于左手上，且两拇指相接，在佛教里面这种手印叫禅定印，因此根据这尊佛像戴有五佛冠和手印为禅定印可判断出该尊佛造像为阿弥陀佛造像。大家在收藏佛造像之前，首先要了解一些佛像的基本知识，这样有助于我们对造像基本情况的判断，这对收藏是很有帮助的。佛像的手印除了禅定印以外，还有法印、降魔印、施无畏印、与愿印、智拳印及心印等，这里我就不详细讲了，大家可以参考一些佛教和佛造像方面的书籍。这尊佛像的双腿呈全跏趺坐，也就是双腿盘坐在一起，双脚掌心向上。这尊佛像下面没有专门的底座（底座又称须弥座），而是由衣带的裙褶自然形成佛像的底座，也可能其原有的组合式的莲花底座已失。

再介绍一下这尊造像表面的鎏金和施彩情况。这尊造像露出皮肤的部分包括脸部、胸部、双手和双足等部位都进行了鎏金，由于年代久远，鎏金表面呈现的不是艳丽的金光闪闪的色泽，而是一种光芒内敛的悠然亮光，虽然如此，仍不失一种金碧辉煌的感觉。在佛像的头部束有一道头箍，也做了鎏金处理。我们再看佛像的发髻，也就是上面所说的螺发，螺发表面原本施有彩料，但现在大部分颜色已经脱落，局部残留蓝色，这种佛像发髻呈现的蓝色通常叫作佛头青，或叫作藏青色，是一种青金石蓝色，有的地方的颜色我们还看得非常清楚，大部由于颜色脱落现在已经看不清楚了。在这尊佛像的衣服上原本也施有颜色，现在仍然很清楚的保留了下来，在衣服的后面有石绿的颜色，此外衣服上还使用了朱砂的颜色。

以上是我对这尊佛像的材质、造型、鎏金和施彩等情况的介绍。这尊造像制作精美，根据造像的造型、服饰、表面包浆情况，我推断他的年代应该属于明代中晚期。明代早期佛造像的质量很高，中期以后造像质量呈下降趋势，到了晚期特别是万历以后佛造像的精致程度就要相对差一些，这尊造像属于中晚期较为精致的一尊造像作品。

这尊佛像所塑造的是阿弥陀佛的形象，也就是说是一尊阿弥陀佛的造像。这尊造像头部有螺发，称如来相，此外佛教造像还有菩萨相、比丘相等，这尊佛像的表情平和、安静，因此把这种表情面相称为平和相或寂静相，与之相对的是愤怒相，还有护法的金刚及天部诸神等都分别呈现不同的面相。

佛造像从狭义上讲是指佛的造像，从广义上讲是指包括佛造像在内的一切与佛教相关的造像。除了佛造像外，我们还经常见到菩萨造像，广义上也是佛造像的一种。菩萨的装束通常是束发、袒上身、下着大裙；耳朵上戴着耳坠，脖子上戴有项链，手脚上分别戴着手镯和脚镯；身上带有璎珞，肩部常常搭着帔帛，这是菩萨造像的着装特征，与佛造像的服饰特征明显不同。掌握了佛教造像的服饰特点，我们就很容易把佛造像和菩萨造像分辨出来，而不是单从男女面相上区分，因为有很多菩萨造像实际上呈现的是男相。

这里我就通过我收藏的这尊阿弥陀佛造像与大家一起分享了有关造像和佛教的一些相关的最基本的知识，我这里介绍的知识点很少，仅给做佛像收藏的朋友们一个启示的作用。佛教造像集佛教知识、造型艺术、历史文化于一身，佛教的知识博大精深，如果大家对这方面的知识有更多的需求，我建议大家可以去查阅一些有关佛教和佛造像方面的书籍和资料，如果大家了解了这方面的相关知识，对我们在佛造像的收藏过程中一定会有很大的帮助。

自从拥有了这尊佛造像以后，我的心情非常愉悦。近来拍卖市场上佛教造像的价格一直居高不下，特别是皇家用于供奉和作为赏赐的宫廷佛造像，也就是大家通常说的官佛，还有一些带款识和文字内容的佛造像的价格也很高。由于古代佛教造像的价格通常很高，所以市场上出现了很多以盈利为目的的仿古造像，仿古造像过去就有，现在更多了。无论是古代佛造像还是现代仿古佛造像、现代佛造像，佛造像都是真的，不存在真假的问题，佛造像都是不同时期人们崇尚佛教和为了他人崇尚佛教而制作的。佛造像的真伪通常指的是佛造像的年代问题，也就是今作还是古作，今作一定是现代造像，而对于古作，如果与制作当时的时代风格不符而仿造了之前年代的作品式样，也应属于当时的仿古之作，大家习惯上称之为老仿，老仿的佛造像也有一定的收藏价值。

佛造像的真伪判定是非常复杂的，这里仅举一个例子，比如大家熟悉的观世音造像，观音像有一种姿态称为水月观音像，也叫自在观音或南海观音，其姿态为半跏趺坐，就是其中一条腿耷在座的下面。如果一尊观音像的后面被刻上北魏文字，那么这尊造像一定不是北魏时期的，因为水月观音姿态的造像是唐以后才有的，而北魏时期还没有出现。

　　机遇总是垂青于有准备的人。我在收藏到这尊明代佛造像之前，先学习了佛造像的相关知识并关注市场达两年之久，后来就有了这么一个收藏的机会。所以大家要对准备收藏的器物有目标地做一些相关知识的储备工作，对将来收藏到合适的藏品是很有益处的。

民国 铜鎏金罗汉造像

　　这是一尊铸造黄铜的罗汉造像（图 10-22），高 29 厘米。罗汉坐在凳子上，这种类型的造像俗称"板凳佛"。罗汉呈方脸，目视前下方，长耳下垂，面部安静，呈思维或休憩状。身披宽袖大衣，裙部及衣带下摆。左腿屈膝踏于凳面，右腿盘坐于凳上，呈半跏趺坐。罗汉身体及衣饰通体鎏金，局部鎏金已脱落。

　　罗汉坐在一长方形凳子上，凳子材质亦为黄铜，凳子与造像通过铜料融接而局部连在一起成为一个整体。凳子为仿木凳形式，表面呈黑色，表现木材家具年久表面的包浆色调，呈现出铜器特有的"黑漆古"现象。凳子采用特殊工艺制作成仿木结构，木纹理清晰，榫卯活灵活现，拐角处做成仿木雕样式的花纹。用铜仿木结构是乾隆时期的典型的仿生风格，但从铸造工艺和表面鎏金脱落情况看，可以大致推断这是一尊民国时期铸造的仿乾隆时期风格的造像。

　　整个造像工艺十分精湛，纹饰精美。罗汉法相祥和，特别是衣褶流畅自然，生动形象，不失为民国时期佛造像艺术的较好之作。凳子表面呈现的黑漆古，以及造像表面局部鎏金脱落而氧化成的红斑和绿锈，使得原本金光闪闪的造像更加色彩斑斓、典雅而尊贵，但其表面的鎏金脱落处显得不自然，似为人工故意刮落（硬伤）并有做旧的嫌疑。此外，从其表面残留的灰白色铸造型壳残渣上看，应是采用了以耐火材料加石英砂等为型壳并使用水玻璃和氯化铵进行固化的熔模铸造工艺（失蜡法），而这种型壳制造工艺的应用并不久远（一百年之内），因此该造像大致属于民国时期的作品。

　　清代皇帝信奉藏转佛教，因而在紫禁城、圆明园、北海、颐和园以及其他离宫、皇家园林、御苑等处供奉和保存了大量的包括金铜在内各种材质的佛造像，但经过战争的掠夺、火灾的焚毁及被人窃取等，很多佛造像被损坏或流失。如 1923 年建福宫大火，"后来内务府说，共烧毁金佛 1665 尊"（《故宫是座博物馆》）。再如《梦惊圆明园》中对 1860 年英法联军焚毁和掠夺圆明园中舍卫城时的记载：

图 10-22　民 国
铜鎏金罗汉造像

舍卫城是一组布局严谨。宏伟壮观的建筑群体。……呈矩形，四面用夯土筑成了高一丈五尺，底宽八尺，厚五尺的城墙。墙外有护城河环绕。土城之内沿南北中轴线，依次筑有寿国寿民殿，仁慈殿、普福宫，有东西厢房连成了两进院落，供奉了佛界诸神。再往北为最胜阁，多宝阁。……多宝阁里收藏了自康熙以来，每逢皇太后，皇后，皇帝生日，各国使臣、各路藩臣，满汉大员进奉的十余万件金玉银制佛像，其价值无可估量。

这些佛像当时尽被掠夺、焚毁或流失。因而今天发现和留传下来的每一尊古代佛造像都应该得到保护，这是中华文明的宝贵遗产和精神财富。铭记历史是为了珍视未来，保护文化遗产是每一位国人的责任和义务。

北京的碧云寺内有五百罗汉堂，内有 508 尊建于清代乾隆十三年的木质金漆罗汉造像，十分精美，是珍贵的宗教艺术品，据说其中"第四百四十四破邪见尊者"为依据乾隆皇帝本人形象所做的造像，因此我们可以比较接近真实地一窥乾隆皇帝的尊容。现在全国各大博物馆中都藏有相当数量的古代佛造像，有时间大家可以去参观一下。

图 10-23 北京碧云寺罗汉堂　　图 10-24 第四百四十四破邪见尊者（北京碧云寺罗汉堂）　　图 10-25 第四百四十九善住义尊者（北京碧云寺罗汉堂）

图 10-26 明 鎏金铜观音菩萨坐像（国家博物馆藏）　　图 10-27 清 清宫铜佛像（南京博物院藏）　　图 10-28 明永乐 铜鎏金弥勒菩萨像（故宫博物院藏）

辽 铜鎏金凤凰形灯盏

图 10-29 是一件铜鎏金的器物，它的形状好像一只凤凰，实质上这是一盏凤凰形状的油灯。它的中间是一个空腔，里边应该是装灯油的部位，凤凰的头顶有一个孔，应该是用来装灯捻的，与中间的空腔连通，空腔里装上油，在顶部一点火油灯就点亮了。空腔的另一侧，与凤凰头顶对面处，以凤尾的形式铸成了灯的端持部位，灯盏上面凤凰的羽毛都被精细地表现出来。这个油灯是铜鎏金的，虽然局部鎏金略有脱落，但仍不失它当年的尊贵。

我们在古玩市场经常会看到油灯或烛台之类的器物，大都是陶的、瓷的，还有铁制的等，这大都是寻常人家使用的，而较为精致及材料贵重的大都是宫廷或王公贵族使用。可以想象在遥远的古代，铜鎏金的油灯绝非平常百姓所用之物。凤凰本是皇家使用的图腾，这盏灯采用了凤凰的造型，凤凰的眼睛、嘴及身上和尾部的羽毛都表现得非常形象，整个器物古朴当中显露出幽幽的神韵，特别是头部的造型和表现力十分传神，这是现代作品很难表达出的一种感觉。我经常到博物馆参观浏览，看到的铜器也很多，参观时也特别留意观察器物的神韵，因而判断这盏油灯应属于辽代皇亲国戚使用的器物。我们在鉴赏一件古代器物的时候经常会用古拙、精致、优美、典雅、神韵、传神等词汇，这些词汇所表达的特征在这盏凤凰形铜鎏金油灯上都被淋漓尽致地表现了出来，它造型独特、色泽瑰丽、古色古香，反映出了古代工匠的丰富的想象力和极高的塑造技艺，再现了契丹文化的艺术魅力，是同类器物中一件十分珍贵的作品。

辽金 黄铜鸟形壶盖

图 10-30 是一件鸟形器，背部有钮，钮中有穿（孔），为系绳之用，下部有扣合的口沿，表明此物为壶盖，此壶盖的造型源自战国的鸟盖瓠形壶（一种带鸟形盖子的葫芦形酒壶）。该壶盖为黄铜铸造，表面满布羽毛纹饰，十分精美。鸟的双目显诡谲之态，似为神鸟。古代有朱雀、玄武、青龙、白虎四神之说，此鸟应为主南方的朱雀神鸟之形。此外，该鸟的颈部还有一个项圈，或表明其身份为一个猎鹰，猎鹰本为辽金少数民族驯养是一种被称为海东青的体形较小的鹰，用来在春天的水边捕捉天鹅，这是少数民族的一种狩猎方式，是一种古老的文化，海东青捕天鹅的画面经常出现在辽金元的玉器上，被称为"春水玉"。该壶盖造型形象，纹饰细致而精美，虽然下部的壶体已经失群，但仍不失为一件具有独特艺术风格的珍贵的古代作品。

图 10-29 辽 铜鎏金凤凰形灯盏　　　图 10-30 辽金 黄铜鸟形壶盖

图 10-31　明正德 翼　　图 10-32　清 一路连科纹铜鞋拔
龙形烛台

明正德 翼龙形烛台

这是一个黄铜铸造的烛台（图 10-31），高约 20 厘米，其造型为一条翼龙头部托着蜡烛的承插座，龙的尾部与一个圆盘形的底座相连，底座表面装饰着如意云头纹。翼龙是明代中期尤其是正德年间常见的造型和纹饰，广泛地用在瓷器的绘画上。这个烛台造型精美，古朴典雅，表面包浆厚实，摆放平稳，应为古代王公贵族所使用。

清 一路连科纹铜鞋拔

鞋拔为古人所发明，是辅助穿鞋的工具，使用时将其放入鞋后根部，脚往下一踩就很容易把鞋子穿上，既方便又卫生，因此鞋拔很受欢迎并沿用至今。图 10-32 是一件黄铜质的鞋拔，背面光素无纹，正面錾刻鹭鸶、荷花、水草，水面上还錾刻一圆形，似乎为月亮。鹭鸶、莲花寓意在古代科举考试中能"一路连科"，饱含着对学子们的美好祝愿。该鞋拔包浆自然，錾刻技艺精湛，纹饰十分精美，为同类鞋拔中的精品之作，有一定的欣赏和收藏价值。

民国 蝉形铜墨盒

图 10-33 是一件黄铜带錾刻工艺的蝉形器物，打开状态在翅膀根部有开口，据说

图 10-33 民国 蝉形铜墨盒

图 10-34 民国 锡九先生结婚誌喜礼牌

可以储存少量墨粉，以备外出时使用，方便书写，因此属于墨盒性质，但实际上其更适合于观赏、把玩。背面阴文"书山有路勤为径，学海无涯苦作舟"，中间长圆形内阳文"乾隆辛卯年製"。蝉俗称"知了"，夏季炎热时蝉鸣声往往连成一片，因此蝉有"一鸣惊人"的寓意，寓意人生事业有成，一帆风顺。这件蝉形墨盒做工精湛，是民国时期匠人的精细之作。

民国 锡九先生结婚誌喜礼牌

这是黄铜制成的一个牌子（图 10-34），牌子被做成类似如意的形状，上面中间部位还有几个字"天锡良缘"，由于时间久远，已经看得不是很清楚了。古人说的"天锡良缘"其实就是我们常说的"天赐良缘"的意思，古人习惯用"锡"字代替"赐"字。《诗经·小雅·菁菁者莪》载："菁菁者莪，在彼中陵。既见君子，锡我百朋。"译文为："萝藋长得多丰盛，土山之上满地生。已经看到那个人，欢喜胜过赐百朋。"这里的"锡"同"赐"。

这上面还有一行字"锡九先生结婚誌喜"，显然这是过去参加婚礼时所送之物，我们把它叫作礼牌，当然以前参加婚礼不仅是送个牌子，银圆、首饰、布匹及真金白银等物品也是要送的，多的时候还要用箱子抬进来，同时附礼单，再送个礼牌，上面有送礼人的姓名或堂号。这个礼牌的后面应该有个支架，摆设起来，主人看见它就会想起送礼的人。这个礼牌上面的落款是："章桂林，馀庆堂，胡信丰，张信记，宝庆楼，小小馆，珍记，兴记，龙记合，邹进生，李松生。仝贺"。这些人名和堂口名都是过去的时候习惯的一些称呼。这个牌子很薄，应是采用捶揲的工艺制作而成，包括上面的松树、仙鹤和锦地纹都是通过特殊的模具捶揲出来的，文字应是錾刻的，也非常古朴精美。牌子的表面似乎还进行了鎏金处理，因为年久脱落了，仅有一些残痕。尤其是锦地纹的线条非常细，用肉眼不易分辨，通过放大镜才能清楚可见。民国时期能做出这样精美的器物，可见工匠的制作工艺水平之高。最重要的是，从这个礼牌上我们看到了民国时期的婚俗文化的一角。

唐 青铜海兽葡萄孔雀纹铜镜

古代的铜镜有很多是由青铜铸造而成。青铜实质上是一种合金，是在铜的基质上掺入少量其他金属组成的，比如加入金属锡的称作锡青铜，加入金属铅的称作铅青铜。我们在市场上经常还会看到白铜和黄铜制品，白铜是铜基加入镍组成的合金，而黄铜是铜基加入锌组成的合金，这是大家应该了解的一些基本知识。现在能见到的铜镜大都为出土的器物，刚出土的铜镜通常是锈迹斑斑，其材质仅通过肉眼通常无法辨识。唐代以前的铜镜大多采用青铜铸造，宋辽金以后材质情况较为复杂，因此宋辽金以后的铜镜本书中就不重点讲述它们的材质了。前面已经讲过有关铜器锈蚀的原理和除锈的简单知识，铜器上的粉状锈必须去掉，因为它不但能毁掉器物本身，还会把这种金属得的"病"传染给未做好防护而相邻的、相接触的铜器。除了粉状锈外，铜器表面生成的其他有利于器物保存的锈如通常所说的坚固存在的红斑、绿锈、黑漆古、蓝漆古等必须保留，正是由于它们的存在，才使古镜显示出古旧斑驳的色彩。如果我们除掉了这些有益的锈色，那么铜镜就失去了苍古的风貌，甚至从外观上看会近似现代新作。

如果我们试着用竹签扎一下铜镜上的锈斑，就会发现有些锈斑十分牢固地附在铜

图 10-35　唐青铜
海兽葡萄孔雀纹铜镜

镜上面，因而它们是有益于铜镜的保护，而有害的粉状锈通常是呈现比较松动的状态。有时为了更好地辨识器物上的铭文和保持器物的美观，我们需要适当地除去铜器表面的锈，这时就必须掌握正确的除锈方法。我们不能用自来水清洗铜镜等青铜器物，因为自来水中的氯元素会腐蚀铜镜。我通常的方法是，用干燥的细砂借助于麻布来揉搓器物表面的锈迹，同时用竹签等非金属器物来去除铜器表面的锈，这种方法效果较好，也利于铜器的保护，但有时会很慢。我也曾采用把新鲜的山楂捣碎后敷在铜锈处的方法来除锈，效果也很好。需要强调的是，一定要分清哪些铜锈需要除去，哪些铜锈需要保留，即使是为了辨识铭文和保持器物的美观而不得以需要去除部分或局部有益的锈迹，也要适可而止，否则非但不是保护，而是对器物的伤害和损坏了，将造成无法挽回的后果，因此除锈前要慎重考虑。铜器科学除锈的方法很多，大家需要的时候可以参考一些权威的资料。

　　图 10-35 是一枚唐代海兽葡萄纹铜镜。这枚铜镜的直径是 15 厘米，超过 15 厘米直径的海兽葡萄纹铜镜是十分罕见的。这种铜镜之所以以海兽葡萄命名，是因为铜镜上的纹饰主要为海兽和葡萄，辅以孔雀纹。海兽是一种瑞兽，是祥瑞的象征，葡萄代表多子多福，而孔雀的出现也是祥瑞降临的征兆。这枚铜镜的铸造质量很好，纹饰十分精美，应是唐代鼎盛时期的产物。从这枚铜镜的表面还可以看到地子有些发白发亮，这是由于合金中金属锡的含量较高的缘故。历史上战汉和隋唐时期的铜镜中锡的含量比较高，有时可达百分之二十以上，锡含量的提高增加了铜镜耐腐蚀的能力，也使铸件的表面更加光滑。铜镜制造的最后一道工序是通过对镜面的研磨使之形成一层光亮的薄膜，增强了铜镜的成像功能。

因为唐代海兽葡萄纹铜镜制作精美，名气很大，真品也不常见，因此就出现了较多的现代仿品。有些铜镜只从纹饰上很难辨识真伪，但从多年的收藏经验上看，我认为仿品从锈色上很难达到与真品一致的效果。这枚铜镜的镜面上红斑绿锈的色彩非常斑驳自然，锈色分布均匀，附着也牢固，而仿品镜面上发白光亮的区域往往面积比较大，也没有均匀牢固的锈色。仿品的锈色和真品的锈色的色彩也不一样，仿品上的锈色大多是局部的，这种局部的锈色是通过胶水粘着在铜镜的表面，还有的是局部由于故意采用酸碱腐蚀的方法造成腐蚀过度而出现了凹陷现象，也有大面积或整体被腐蚀作伪的。人为腐蚀形成的表皮和锈色与真品有明显的区别，有经验的藏家会很容易分辨出来。因此从锈色上辨识真伪，是鉴定铜镜的重要且实用的方法。

宋 蹴鞠纹铜镜

这是一枚宋代的铜镜（图 10-36），这枚铜镜上的纹饰是几个人在踢球的画面。宋代这种踢球的运动称作蹴鞠，所以这种纹饰叫作蹴鞠图。据一些资料记载，蹴鞠纹铜镜是宋代的最精美的铜镜之一，代表了宋代铜镜制作和铸造的最高工艺水平。现在我们就解读一下这枚铜镜的纹饰内容。我们看画面中踢球的是一位男子和一位女子，男子峨冠长衣，似乎刚刚把球踢出去，球被传到了女子的前面，而这位高髻长裙的女子正在认真地做好准备，准备把球接住并踢回去，她的眼睛紧紧地盯着球即将落下的位置，男子也紧盯着这个球，判断着球可能回来的方向，工匠把两人踢球的瞬间的眼神和形态捕捉得十分准确，铸造得也非常生动传神。女子的身后有一位侍女，手里好像抱着一些衣物，她可能是侍候这位踢球的女主人的，侍女的脸部略带笑容，神情比较轻松愉快。男子的后边也有一位侍女，手里好像拿着一个提盒之类的器具，其中应该放着水或者食物，侍女神情比较紧张，似乎关注着球的走向，担心男主人是否能接住这个球。整个画面中有参与踢球的，有帮着拿衣物的，有给准备食物的，工匠准确地捕捉到了踢球者的紧张、观球者的轻松和关注的瞬间表情，并用高超的铸造技术生动而传神地表现了出来。我们再看画面的背景，地面小草青青，洞石旁立，还装饰了商周青铜器上常见的带状回纹。从整体上综合来看这枚铜镜，展示了宋代铸镜匠师的绝高的水准和登峰造极的铸造工艺水平，反映了我国古代人民的才能和智慧。

图 10-36　宋 蹴鞠纹铜镜

图 10-37　海东青标本（北
京通州博物馆藏）

图 10-38　辽 双鹿纹铜镜

辽 双鹿纹铜镜

图 10-38 这枚铜镜的边沿是花口的，我们把它叫作花边铜镜。上面的主要纹饰是两头鹿，铜镜表面还附着一些牢固的铜锈。鹿、鱼或天鹅是辽代器物狩猎纹饰中经常出现的动物，并影响到金元明清时期的器物和配饰上，表现的是少数民族游牧文化中的狩猎或猎物悠闲生活的场景，比如玉器中的春水秋山佩，就常常用天鹅、海东青及鹿来表现。辽代实行四时捺钵制度，春天到水边打鱼和猎取天鹅，冬天到山中狩猎鹿和老虎。牧民常训练一种被称作海东青的雕，能在空中捕捉天鹅。除天鹅外，海东青还能猎捕野鸭、兔子、狍子等禽兽。这枚铜镜应是辽代的，因为它的纹饰表明它具备这一时期的风格，花边也是少数民族器物常用的式样。此外，从它表面的发色、锈色和造型上看又留有宋镜的遗风。据有资料记载，辽代的铜镜制作基本沿袭宋镜风格，同时加入了少数民族元素，因此我判断它的制作年代应在宋辽时期，具体一点说属于辽代是比较合适的，称作辽代双鹿纹铜镜。

金 吴牛喘月纹铜镜

图 10-39 中这枚铜镜，纹饰中上方有一弯月亮，月亮下方有一朵云彩，下面有一头牛，牛惊恐地望着天上的月亮。解读这个纹饰之前，我先讲一个叫作"吴牛喘月"的成语故事，古时候江淮地区夏天的温度和湿度都比较高，水牛感到非常炎热，所以喜欢躲在水中，逐渐由害怕白天太阳高照时的热度，变成害怕太阳出来，所以一看见太阳，牛的心里就非常恐惧。等到月亮出来的时候，牛把月亮误认为太阳又出来了，心里非常害怕，由于这种心理作用，牛会望着月亮惊恐地喘着粗气，这就是吴牛喘月成语故事的由来。这枚铜镜中的纹饰画面，正表现了这样一个故事内容。

吴牛喘月的故事包含了两方面的寓意，一个就是辨识和判断事物的能力，一个是心理承受能力。牛不能准确地判断事物的真伪，心里多疑并缺乏承受能力，所以才造成恐惧和喘粗气的结果。这个故事在今天仍有很现实的意义，它告诉我们对任何事情做出结论和行动之前，都要细心仔细地去研判，遇事不要惊慌或匆忙下结论，尤其是现代城市生活的节奏很快，事情纷繁复杂，我们要练就很好的承受能力，这是成功不可或缺的条件。吴牛喘月纹饰是金代铜镜上的典型纹饰，这枚铜镜应属于金代器物，叫作金代吴牛喘月铜镜。宋金时期战争频繁，铜作为货币和战略物资，其制作受到金朝的严格控制，大多需要官府的许可并按要求打上官府的印记。由于控制得严格，所以金代铜镜的产量不是很多，今天能够见到的可确认为金代的铜镜少之又少，所以这枚铜镜也十分珍贵。

吴牛喘月的题材也较早地出现在了瓷器上，唐代邢窑白釉盘就有这样的纹饰，盘心部位堆塑一头牛，旁边堆塑一枚弯月，表现的就是这样的故事内容。

金 泰和重宝铭文铜镜

这枚铜镜（图 10-40）直径 4.7 厘米，只有鸡蛋大小，小巧玲珑，携带方便。铜镜上面有篆书"泰和重宝"四个字，泰和重宝本来是金代的一种钱币，我收藏了一些铜镜，但像这种把钱币的名称铸在铜镜上，也就是钱币纹的铜镜，仅见过一枚。这个小铜镜做工非常规整，篆书也工整漂亮，最主要的是便于携带，应为富贵人家出行随身使用之物。

图 10-39　金　吴牛喘月纹铜镜

图 10-40　金　泰和重宝铭文
铜镜

图 10-41　明　湖州孙家造铭文铜镜

明 湖州孙家造铭文铜镜

图 10-41 这枚铜镜的上面有一副字联，共计八个字，右边写的是"湖州孙家"，左边写的是"青鸾宝鉴"。这应该是明代的一面铜镜，那个时候人们非常注重自己产品的品牌宣传，因此铜镜上面经常铸有制作人的地址和姓氏。这面镜子上的"湖州孙家"，说明了地点是在湖州，而且是姓孙的人家铸造的。"青鸾宝鉴"中的"青鸾"指传说中的一种神鸟，青鸾可能是当时的一个"商标"，或者是一个品牌，而"鉴"指的是镜子，所以"青鸾宝鉴"我理解就是"青鸾"牌的铜镜。这些铭文实质上就是制镜作坊的一个广告，意在宣传湖州孙家的镜子，姓孙的制镜人家可能很多，具体是哪一家的好呢？请认准"青鸾宝鉴"这个印记的商标。

宋代的铜镜非常多，湖州应是当时制作铜镜的中心地区，铜镜数量大，竞争激烈，所以广告宣传是必不可少的。这面镜子我一开始以为是宋代铜镜，后来在某博物馆内见到同样的镜子，标明是明代，为了稳妥起见，我也把它暂定为明代的器物。我们时常会听到一些地区农产品滞销甚至不得不直接扔掉的报道，但城市居民有时还不能及时得到这些物美价廉的产品，这种现象虽然说原因是多方面的，但广告宣传也是影响销售的一个重要因素，所以说产品好，宣传也要跟得上，这是我从这枚铜镜当中解读出来的信息和得到的体会。

汉 青铜龟钮"字丞之印"印章

这是一枚青铜龟钮小型方印章（图10-42），印章印文为篆书"字丞之印"。据载，汉代有字县，并设有县丞一职，县丞是县衙中仅低于县令的官员，其下通常还有典史、主簿等职位。"字丞"应是字县的县丞，字丞之印是字县县丞所使用的公章。该印章采用青铜材料铸造而成，绿色锈蚀自然，造型古拙，印纹古朴，年代久远，是较为珍贵的一枚古代印鉴。龟钮印章的使用范围较宽，除级别较低的县丞外，上至将军、三公、太尉、丞相、列侯都可以使用。除龟钮外，古代印章上还有其他动物形状的钮，也有几何形状的，但龙钮通常为皇帝所使用，其他人不能僭越规制。市场上这类龟钮印章的仿品也很常见，仿品做工十分规整，现代工艺痕迹明显。也有高仿古代青铜印章的，要综合地判断，仿品通常缺乏古物所特有的古拙感，特别是锈色不自然，大都浮于表面。

图10-42　汉 青铜龟钮"字丞之印"印章　　　　　　　　　　　　图10-43　当代 仿古铜龟钮印章

图10-44　县丞署（浮梁旧县衙）　　　图10-45　明 铁质象鼻锁

明 铁质象鼻锁

图 10-45 是一把明代的铁制锁具，因锁身似象鼻而被俗称为象鼻锁。这把锁是用铁分体打制并组合而成，局部还使用了焊铜。该锁巧妙地运用了弹簧片张、合的原理，通过钥匙挤压弹簧片实现开锁功能，结构简单，经济实用，但防盗效果一般。清代的锁具大都为铜质，现在还较为常见，而明代铁制的锁具由于年代久远，且铁质容易锈蚀，不宜保存，因而较为罕见，是标明各个时期不同类型锁具的一个标本器物。现代锁具结构复杂，科技含量高，既有机械式也有智能锁，这是锁具从低级向高级不断发展的结果，也体现了人类的聪明和智慧。

古钱币简介

古钱币有重要的历史价值、科学价值和艺术价值。古钱币也是收藏的一个重要种类，中国几千年的历史长河中，每个朝代都铸有当时的钱币，有的数量稀少，今天成了收藏的稀罕品和珍品，有的铸造数量很大，至今收藏市场上随时可以见到。由于钱币的种类很多，官方铸造、私铸钱币、割据政权币种以及自古到今的为追求利润而进行的伪品的出现，使得钱币的鉴定工作变得非常复杂，因而古钱币的收藏和鉴定也有一定的深度和难度，被列为收藏的一个专门的门类。但是不管怎么说，古钱币较多的是青铜和黄铜制品，因此它们仍然具有铜质制品的普遍特征，我们在了解钱币收藏基本知识的基础上，运用一些古玩和铜器鉴定的普遍方法对钱币的鉴定也有借鉴意义，但钱币本身包含的信息也很多，涉及历史和文化等很多方面。钱币除铜质外还有贝壳、

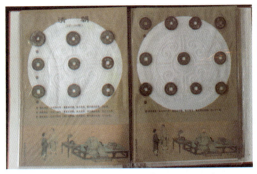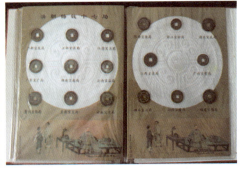

图 10-46　按系列收藏的古钱币（清代）

金、银、铁等其他材质，以及纸质的，因此钱币的鉴定还有不同于其他器物的独特之处。对于以某一门类为主比如以瓷器为主的做全面收藏的藏家，就需要对钱币的鉴定知识要有所了解，这样一旦有机会也可以收藏一些所喜爱的种类的古钱币。但如果作为一名专业的古钱币爱好者和收藏者，那就要在这方面下些功夫了。有关古钱币的知识很多，需要时大家可以查阅一些专门的资料。目前市场上仿制的古钱币很多，收藏时需要有一定的理论知识和实践经验。下面把我收藏的几枚有特点的古钱币给大家展示一下。

秦 半两钱

公元前 221 年，秦始皇统一其他六国，《史记·秦始皇本纪》记载："一法度衡石丈尺，车同轨，书同文字。""器械一量，同书文字"即人们所说的实行"书同文、车同轨、衡同量、币同制"的政策，颁布了"以秦币同天下之币"的法则，开始浇铸外圆内方、面文"半两"的钱币，据载"半两"为秦朝李斯所书。这枚半两钱币外径约3.5 厘米，重 11.5 克，上面铸有篆书钱文"半两"二字。这类钱币有秦半两，还有汉半两，秦半两属于名称和实际重量相符的计重钱，这枚钱币在秦代重量相当于现在的15.625 克，但因经历两千多年的腐蚀，现今仅剩 11.5 克。汉半两的重量比秦半两要小些，属于减重钱。这枚钱币（图 10-47）是我十多年前在北京的古玩市场上收到的，当时收藏的价格也较高。这枚钱币的锈色非常自然，上面铸有篆书"半两"两字，为小篆体，字体古朴雄浑，散发着浓厚的古代气息。通常尺寸较大一些的钱币价格也相对高些。这样大尺寸的半两钱币，收藏到的机会不是很多，也是十分稀少和珍贵的。清人邱思达有《咏"秦半两"》诗："刻尽金石统乾坤，李斯六并籀篆文。贝圜刀铲俱废却，方孔承周有人循。"定州市博物馆藏有这种秦半两和汉半两的钱币（图 10-48、图10-49）。

宋 崇宁通宝

这三枚钱币（图 10-50）是崇宁通宝，直径 3.5 厘米，重分别为 13.2 克、13.2 克和13.8 克。这里我想讲两点，第一，这三枚钱币的品相非常好，几乎就像刚浇铸出来的一样。对于收藏钱币，大多藏家都要求品相要好，通常品相好的钱币价格也较高。像这三枚钱币历经千年至今保存这么完好，与它的埋藏环境是有直接关系的，古代铜质

图10-47 秦 半两钱

图10-48 秦 半两钱（定州博物馆藏）

图10-49 秦半两钱和汉半两钱大小比较（定州博物馆藏）

图10-50 宋 崇宁通宝

类器物的保存环境有藏在干燥的土里的，有在潮湿的土壤中，也有完全浸没在水中的。如果存在于干燥的土壤或完全浸没在水中，同时环境介质的酸碱度不大，就有益于铜质类器物的保存，我们通常说的"干千年，湿千年，不干不湿就一年"就是这个道理，因此从这三枚钱币的外观上看，它们曾经应该是完全浸没在水中的。第二，这三枚钱币上的字体是宋徽宗赵佶发明的瘦金体，也就是说该钱文为徽宗皇帝御书，字形略显瘦长，而且清秀飘逸。宋徽宗书法和绘画造诣很深，给我们留下了宝贵的文化艺术财富，但是他没有治理好国家，导致北宋王朝覆灭，自己也被金兵掠到北国并最终死在他乡。看到这几枚钱币，我不禁想起宋徽宗在金国写下的《在北题壁》："彻夜西风撼破扉，萧条孤馆一灯微。家山回首三千里，目断天南无雁飞。"其国破家亡的绝望的内心感受可想而知。宋代钱币的数量较大，目前收藏价格也不高，但如果能够有系统地进行系列或成套收藏，价格也会提升，而且对我们较为系统地了解当时的历史和文化信息会有很大帮助，也会增加收藏的乐趣。随着收藏钱币人数的增多，这类常见的数量较大的钱币和成套收藏的钱币仍有升值的潜力和空间。

北宋黄庭坚有诗句："管城子无食肉相，孔方兄有绝交书。"因此后世也把外圆内方的钱币戏称为"孔方兄"。

图 10-51　清乾隆
乾隆通宝

图 10-52　清祺祥
祺祥重宝

清乾隆 乾隆通宝

图 10-51 是一枚乾隆时期的钱币，直径 2.9 厘米，重 7.9 克。该乾隆通宝材质为黄铜，背面有一个"福"字，寓意幸福，应是福建局制作的。乾隆也寓意钱多、生意兴隆，所以乾隆古钱很受人们的欢迎。这枚钱币的品相非常好，直径也大，而且还有幸福招财的吉祥含义，所以值得珍藏和把玩。

清祺祥 祺祥重宝

图 10-52 中这枚钱币是祺祥重宝，直径 3.2 厘米，重 11 克。正面楷书"祺祥重宝"，背面有"当十"，品相也不错。了解一些历史知识的人会知道，祺祥这个年号是慈禧太后的儿子同治帝刚登基时使用的年号，总计 110 天左右。祺祥重宝钱币做成了，但该钱币仅存在 69 天，基本是样钱，也没大范围流通就作废了，因此制作的数量和存世的数量都非常少，之后的年号就按慈禧的意思改为了"同治"，其意思是垂帘听政，共同治理国家。现在拍卖会上祺祥重宝钱币拍卖的价格比较高，收藏过程中遇到的机会也不多。

图 10-53　清光绪　万寿
无疆背大雅宫钱

清光绪 万寿无疆背大雅宫钱

这是我非常喜欢的一枚钱币（图 10-53），为黄铜铸成，直径 6.6 厘米，重 332.4 克。这枚钱币的正面文字是"万寿无疆"，背面是"大雅"。大雅指"大雅斋"，为慈禧在圆明园天地一家春中的画室，因此"大雅"是只有慈禧才能使用的字。这枚钱币品相很好，很大也很重，据说这是慈禧太后祝寿的时候专门铸造的用于赏赐的钱币，当然它并不是流通的钱币，而被称为宫钱。这枚钱币的直径恰好为 66 毫米，极有可能是为慈禧 66 岁生日所铸。为庆祝慈禧生日，大臣们要进奉一些珍贵的物品，慈禧也要回赠或赏赐给臣下一些礼物。由于国库空虚，朝廷无力使用金银制作礼物，于是就用黄铜铸造这种"万寿无疆背（四声）背（一声）大雅"字样的钱币。据转让给我这枚钱币的朋友介绍，这是从一户曾经的大户人家手里收到的，当时这家共有两枚，被镶嵌在了老房子的木头上，据说就是慈禧太后赏赐给他家祖上的，我的这位朋友仅收到这一枚，另一枚主人无论如何也不卖了。这枚钱币的铜质非常细腻，属于精炼黄铜，铸造前铜水应该经过多次精炼，非常细实，接近黄金颜色。据载，著名的宣德炉就是用黄铜精炼 12 次而成。这枚钱币在市场出现的时候，第一次我没敢认，其他人也不敢轻易购买，过了一周我又去看，这枚钱币还在，我仔细观察，它这种古朴自然的外观、精美的字体、精细的铜质和岁月带来的包浆，我多年的收藏经验告诉我它必是真品无疑，于是以一个合适的价格把它收入囊中。现在这种宫钱的价格一般都很高，市场上这种钱币出现的机会并不多，一旦出现，就看藏家的眼力了。

钱币的收藏需要大家有很好的眼力，特别是对一些稀有钱币的收藏，因为其价格往往很高，一旦失手，会给藏家带来不小的损失。如果是作为专业收藏钱币，那就要求很深的理论知识和丰富的实战经验。现在市场上有很多有关钱币方面的书籍，大家需要的时候可以参阅一些专业和权威的资料，但是书上给出的钱币价格也仅仅是参考，价格会随着时间的推移及市场的供应情况发生变化。由于钱币种类繁多，而相关的书籍作者本人的收藏范围和收藏年代所限，对于一些钱币，包括当时还没有出土而后来陆续出土发现的币种书上还可能查不到，因此这类资料仅能作为参考。

民国 中华民国三年造银圆

银圆，俗称"现大洋"。这类银圆一种是传世的，一种是出土的。图 10-54 这枚是我们家传世的，直径 3.8 厘米，重 18.6 克，是我祖父留下来的。我小时候，祖父有很多这样的银圆，后来因为生活需要逐渐变卖了，我记得 20 世纪 80 年代街上就有收古董的，当时大概是六块钱一枚就卖掉了，后来父亲把剩下的银圆给我们兄弟几个分了，这枚就是我得到的其中的一枚，正面是"中华民国三年"，背面是"壹圆"的字样。这枚银圆样子很古朴，表面还有些流通和传承期间造成的磨损，一吹还嗡嗡地响，这是真正的白银材料制做的。另一枚（图 10-55）银圆的纹饰和上面的是一样的，也是中华

图 10-54 民国 中华民国三年造银圆（传世）

图 10-55 民国 中华民国三年造银圆（出土）

民国三年制造的面值为壹圆的，直径 3.92 厘米，重 26.9 克，比上面传世那枚要重些，但这枚疑似出土的。这枚银圆局部有黑色锈迹，这是银子锈蚀后特有的颜色，由于埋藏的环境不同据说有的表面还会出现一些彩色发光的沁色。这枚银圆表面没有锈迹的地方，呈现的是雪花状白银的光泽，一吹也嗡嗡地响。对银圆的收藏我原来还比较热心，但后来市场上的仿品越来越多，防不胜防，因此现在我即便是收藏的时候也是很谨慎。随着计算机技术被应用到钱币的仿古制作过程，造成这类银圆的仿制品与珍品非常相似，有的甚至达到了以假乱真的地步。有些仿品本身就不是银质的，比如白铜的或其他金属或合金的，有些可能含有一定白银。值得一提的是，有些仿品也是用真正的白银制作的，外观仿得也很像，普通藏家根本无法辨识，因为它的新老很难判断，但是不管怎样说毕竟是现代仿品，而且白银的价格和批量生产的成本也不高，有些人会拿这种仿品充当民国时期的银圆来销售，它的价格就很高。所以大家不要轻易说我在市场上淘到一枚银圆，我这枚是白银的，因此就可以肯定是民国时期的钱币。即使经过化验成分证明其材质就是白银，也不一定就是民国时期发行的钱币，对银圆的鉴定需要藏家具有很高的鉴赏水平。

书画收藏知识简介

本书是一部以古陶瓷鉴赏为主的综合性著作，本讲是除陶瓷以外对其他种类藏品的欣赏和相关知识的介绍，书画收藏是大项，因此有关书画收藏知识的介绍和书画鉴赏是本书必不可少的内容。书画的内容主要包括书法和绘画，书画收藏是收藏的一个较大的门类，书画的知识很多，对藏家的鉴赏水平要求很高。鉴定古代书画不但要从材料包括纸张、绢帛、墨质、颜料、印泥、装裱等方面来鉴别，还要从作者的风格、笔法及时代特征去考虑，甚至还要了解作者的性情和人生经历的轨迹。

书画的作伪古已有之。古人仿之前的书画，也临摹当时名人的作品，这些模仿的作品现在也都成了古代书画，具有一定的收藏价值。现代人仿古和临摹书画则从更加全面和多方位的角度，既模仿古代名人作品，也模仿当代名家作品，从纸张、颜料、技法、风格、印章等诸多方面并与现代科技相结合，其中仿古作品还附以做旧和仿古装裱，有时仿真程度极高，常会使人打眼。比如现代人用古代留存下来的纸张，用古代墨块，古代印泥彩料，通过绘画高手进行专业仿古绘制并做旧，既有模仿一幅作品全部内容的，也有模仿古代名人字画中部分内容的，如果仿得到位，即使用现代仪器检测，也不一定能辨出真伪，因此这类伪作就有很大的蒙蔽性。其实通过模仿或临摹名人作品来提高自己的书法和绘画能力本无可厚非，甚至不失为一个好的学习途径，但如果带着盈利的目的刻意仿制名人书画，包括落款、印章都是别人的并进行做旧和仿古装裱以及包装，那就是作伪了，但实际情况是无论古代还是今天，这样的伪作大量存在，有时甚至是臆造一件古代作品，因而造成书画收藏鱼龙混杂、真伪难辨的局面。书画的鉴定工作实际上是非常困难的，要求鉴定者具备很高的鉴赏功力，这不但包括理论和经验方面的，而且我认为鉴赏者最好本身也有过书法和绘画方面的工作经历，这种亲身实践的体会和感受会更加深刻。由于篇幅所限，这里仅仅是泛泛地讲一些书画鉴赏的基本知识，并不是书画的专场讲座，如果大家感兴趣，可以去查阅一些专门的书画鉴定方面的书籍和资料，最好能亲自动笔，感悟其中的方方面面，这对提高鉴赏水平和辨伪能力无疑有着巨大的帮助。关于书画鉴定到底有多困难呢？前文我曾举过《溪岸图》的例子，这里我再举个例子说明一下。

北京故宫博物院收藏有宋徽宗的《雪江归棹图》，关于这幅画作的真伪，早在明清时期就有不同的观点，有人认为是宋徽宗自己画的，有人认为是宋徽宗时期宫廷画师画的，也有人认为是宋徽宗找人代笔画的，然后落上宋徽宗的名款，因此属于伪作。争来争去，直到今天，这幅画还静静地陈列在故宫博物院里，到底是真作还是伪作也没有定论。启功大师认为，如果没有充分的证据证明它不是本人画的，那么就应该认为是本人的画作。古代皇帝找人代替作画也是常有的事，清代的慈禧太后也时常是仅对画作开了一个头儿，然后就请宫廷画师完成后面的绘画。其实无论是皇帝本人画作，还是宫廷画师代画而由皇帝落款和钤印的作品，都具有很高的欣赏和收藏价值。

图10-56是我收藏的一个扇页，扇子一面三个圆形开光内绘山水，画面采用了浅绛山水的画法，淡雅古朴。另一面书"清风满怀"，笔法刚劲流畅，很有书法功力。这个扇页画面的落款是"待秋"，但是否真正是吴待秋本人的画作，就不得而知了。

很多年前我在某古玩市场看到有人在卖一套李可染的小品画（图10-57），价格不高，画得颇有些韵味，但由于其标明是教学用，因此想即使是真迹也不一定精致，或许是随手画作、草稿之类，抱着或许是真迹的想法，加之自己又喜欢书画，于是便买了下来。当然卖方声称是从一处拆迁户老者手中购得，也给这套画作增添了一些神秘色彩。这些画作带着看起来是旧的包装，甚至表面还加盖了某某美术学院的公章，确实有一定的诱惑力，但今天看来，这些作品与李可染先生的真迹确有一定差距，学校的档案也不会轻易流出，因此这套画作就值得怀疑了。其实现在的古玩市场上以伪品冒充美术学院甚至是博物馆流出的作品的情况很多，大都冒充民国时期的，因为人们

图 10-56 "待秋"款扇页：清风满怀

图 10-57 李可染款
小品画

相信战争频发的动荡年代会有真品流失。我也曾见过一些人卖一些看似古旧的画筒，这些画筒往往被密封起来，造成老旧物件的假象，并声称是从民间收上来的，不知里面是什么书画，于是真有不少人上当，主动花上几百元甚至上千元购买，抱着捡漏或赌一赌的心里，其结果必然中招，试想，有谁会在不知道里面是什么的情况下就低价卖掉呢？如果里面真是藏有一幅古代字画，其价格就不是几千元的事了，如果真是古代名人的字画抑或是佚名者的精品之作，那将是极高的价格。其实制假售假者正是猜中了人们的这种捡漏心里，并且卖的价格也不高，认为一旦买方拿到家里打开后发现上当也不会回来找他的麻烦，其实这类套路只要人们静下心来理性思考一下很容易识破，事实上放置在这些神秘画筒内的大都是现代人做旧的现代仿古作品，其本身没有收藏价值或远远低于购买时的价格。

有些朋友找我鉴赏书画，我说我的长项是瓷器，虽然对古代书画方面的鉴赏知识有些了解，但是我真的不是很专业，仅能表达个人观点供参考而不作定论。尽管如此，由于我多年从事收藏工作，也积累了书画方面的相关知识，在鉴赏一幅书画的时候，这幅书画是老的还是新的大致能看出来，画作的精美与否也能够判定，它在市场流通中的大致参考价格也能猜测一下，其实这与我多年的收藏经验、我本身也在实践书画以及关注市场的动态是分不开的。但是我也经常跟朋友们说，我无法断定一幅书画是否是本人的作品。举个例子，明代宫廷画家丁云鹏的作品，他的画作明代就有人仿，而且仿得非常像，那么这样的仿品经过了几百年后，通常就很难断定它的真伪，虽然如此，因为画作属于明代的作品，所以今天仍然有一定的研究和收藏价值。有"仿古第一人"之称的张大千的一些仿古画作，如仿石涛的画作鉴定起来也很困难，但仍不失欣赏和收藏价值，因为张大千本人就是一位画坛名人。现在很多画作虽然被认为是仿品，但因为真作已经不存在或未被发现，这些仿品在书画领域中仍有很高的地位。书画鉴定中对于判定是否为本人作品的问题是很困难的一项工作，甚至也困扰着专业人士，因此需要很专业的鉴定人员，其鉴定的结论才能接近事情的真相。对于一些很有经验的藏家在特定的情况下通过自己的经验和知识有时也能收藏到一些到代的书画作品，但普通藏家很难企及或达到这样的高度。常会听到一些藏家说陶瓷的鉴定是最困难的，其实只要掌握了一定方法，还是有章可循的，而书画鉴定在某些方面或某种程度上其难度甚至超过了陶瓷的鉴定。

关于书画的收藏有以下几点建议：一是要确认收藏的范围，即是收藏古代书画还是现代作品，如果收藏的是现代作品，关注的依次应是作品的功力和精美程度、价格及名人效应方面，如果收藏的范围是古代书画，关注的依次应是是否为今作仿古（赝品）、是否精美、是否是本人作品、名人效应、是否是古代同一时期仿品，是否是古代后世之仿品。要知道对于古代名人之精美作品，无论是本人的还是当时的仿品，抑或是古代后世之仿品，皆有收藏价值，甚至是古代佚名的精美作品也有一定的收藏价值，如果是花了很高的价格买到了赝品，就得不偿失了。二是要考虑自己的经济承受能力，不要抱着一夜暴富、孤注一掷或捡大漏的心态，这样做的风险是很大的，因为书画和其他古玩艺术品一样是特殊商品，一旦打眼或失手，其后果通常是难以挽回的。三是要考虑是不是自己真正喜欢的作品，喜欢且价格又可以承受是最基本的要求。四是购买前应该多方听听业内人士的意见，必要时也可以请权威专业人士掌眼，切勿头脑发热，贸然下定论。五是参与拍卖过程中举牌要慎重，要知道书画这一特殊商品不但真伪难辨，其价格有时也有虚高的现象，一旦买到手里将长时间难以变现，有些拍品的价格在拍卖过程中有时也有被故意炒作的情况。

明万历 丁云鹏释道人物画

下面仅通过我收藏的一些典型的字画和大家交流一些书画鉴赏的知识和体会。

图 10-58 是我收藏的一幅明代著名的宫廷画师丁云鹏的一幅人物画。这是一幅做在绢布上面的表现释道人物的画作，尺寸大约有两平尺左右，其镜框应属于民国时期。据载，丁云鹏做了十余年宫廷画师，在释道人物绘画上具有很深的造诣。他的作品在明代的时候就有人仿，而且仿得很好，所以对于今天我们的鉴定也带来了一定的困难。这幅画从绢布、颜料、画风、印鉴、神韵等方面综合判断，应是丁云鹏真迹，尤其是丁云鹏款的印章及钤印的其他几枚闲章上看，既古朴又精致，非常漂亮，极富时代感。退一步讲，即使为同时代人的仿品，几百年后的今天也具有相当高的收藏价值。因为我们没有充分的证据来证明它是伪作，因此应该判定它是真品。有人认为如果能从画面上找出点画作的毛病，就应该鉴定为仿品，实则不然。无论是古代还是现今，有些仿品往往画得比真品还规整和精致。古人作画的时候限于场合、年龄、精神状态、画材等多方因素的影响，或者出于应付和不经意之作，局部出现败笔是常有的情况，但绘画大师的风格、气韵及时代精神是其他人所无法企及的，这也是鉴定书画的关键所在，因此说精致的没准是伪作，而局部出现败笔的往往是真迹，不能根据局部来给整幅画作做出定论，要多方面综合判断。这幅画是我收藏的书画作品中年代最久远的，收藏到它也是一个偶然的机会。我们常说机会总是垂青于有准备的人，我在研究书画的收藏和辨伪方面也有很多年的经历，而且为了能更深入地了解和掌握这方面的知识和技能，我甚至尝试创作书法和绘画作品，通过自己的实践积累了一些经验，对我的收藏和鉴定起到了很好的帮助。在收藏书画的时候，曾经有朋友跟我说，好事怎么都让你遇着了，其实并非如此，只是我做好了功课。如果缺少这方面的知识储备，即使这幅画放在眼前，也没有办法判断它的真伪，当然就谈不到收藏了。

图 10-58　明万历　丁云鹏释道人物画

　　这幅画由于年代久远，上面的印章有的已经不是很清晰了，丁云鹏的印鉴还很清楚。右下角这儿还钤有一枚印章，能识别出其中的"审定"两个字，其余的还需继续研究和查证。画面的右上部有一枚长方形的印章，我大致识别出好像是"横笔偶得几闲"几个字，因为不太清晰，也不能最终确定。我们看画面中的释道人物，手里拿着一个松枝，松枝上面还有果实，脚下踏着一片祥云，身上的衣服以及飘带随风飘逸，给人一种仙风道骨的感觉。画面一侧绘有一棵虬曲的松树，松树代表长寿之意，所以整个画面表现的是仙人祝寿的场景。这幅画非常古朴、精美，也是目前我收藏的唯一一幅明代画作，由于年代久远，留传和保存至今实属不易，所以非常珍贵。

清康熙 体元主人印章款汲水图

　　这幅画（图 10-59）直径约 33.5 厘米，为圆形，因常被装裱在镜框中，因此在书画中称这类圆形画作为"镜心"。画中在山石旁一坡地上，一腰系葫芦的女子，肩部扛着一只瓦罐，罐子里应是装满了水，罐中有一把勺子，身边地上跟随一只雉鸡，画面表现的是女子打水归来的场景，故可称之为"汲水图"。画面线条流畅飘逸，笔法细腻精美，色彩古朴自然。画面采用了光线明暗的绘画技法，融合了西方绘画明暗对比的技巧，也与康熙时期青花瓷器上所采用的"墨分五色"的技法如出一辙。画面左下方钤印一枚圆形朱文印章，为青龙白虎以及八卦中的"乾""坤"图案，中间篆书"体元

图 10-59　清康熙　体
元主人印章款汲水图

图 10-60　民国　金城山水人物画

主人"。据载，"体元主人"为康熙皇帝随身携带的一枚印章，故宫里西六宫的长春宫前面至今还保存有一座慈禧主政时期建造的"体元殿"，该殿的名称或许与康熙的这枚印章有关。该画面罐子里的水取自江河，旁边的山石代表山川，雉鸡寓意锦绣美丽，因此整幅画作寓意"锦绣河山"，在咫尺画幅之间蕴藏了宏大的美好的寓意。如果按画中钤印的"体元主人"印章，那么可以推测这幅画作大致是在康熙时期创作的，或许为康熙皇帝绘制、御览或曾经收藏的画作，也许为郎世宁等宫廷画家的作品，因此十分珍贵。画面上部山石上垂下的藤蔓似乎隐藏有"康""畫"二字，十分奇妙。当然也有人对此画的创作年代提出疑义，因此本书对这幅画的年代不做定论，仅从欣赏的角度出发，来感受书画带给我们的乐趣。

民国 金城山水人物画

图 10-60 是我珍藏的一幅金城的山水画作，画面中有一人正在山间休憩，远处山色莽莽，瀑布飞泻，云雾缭绕；近处树木参差，溪水潺潺。画面的上方还题有一首诗："乱泉声里正斜晖，峦气濛濛欲湿衣，一路好山看不厌，杜鹃何事劝人归。"落款是："秋甫仁兄大人法正，乙丑仲夏，吴兴金城并题。"字体采用蝇头小楷，规整秀气，写得非常漂亮，展示了深厚的书法功底。下面钤一方白文印鉴"金城之印"。

金城先生的书画在中国书画历史上有很高的地位，参观过国家博物馆的人会发现，在书画展厅的墙壁上有一张中国古代书画传承代表人物的表格，表中民国时期这一栏里，第一位就是金城，后面依次是姚茫父、齐白石、张大千、黄宾虹等，金城先生是民国时期中国书画传承代表人物之一，被誉为民国早期画坛盟主。他于1918年在北京创立中国画学研究会并任会长，作品曾多次到日本展出。日本人很喜欢金城先生的画作，所以这幅画中他在落款处写"秋甫仁兄大人法正"，表明这有可能是送给一位日本友人的画作。这幅画的风格是仿宋代的工笔山水画，无论从绘画还是书法方面都达到了一个很高的水平。关于这幅画的真伪，也曾发生过一些争议，有的人说是真的，有的人说是民国的老仿。我认为无论从时代风格，还是个人绘画特点包括其他方面综合起来观察，这幅画应是金城本人画作无疑。书画的鉴定是一项非常复杂的工作，除了时代风格和个人绘画特点外，还要从用纸、钤印、字体、颜料、画面布局、皴法、笔触、线条、渲染、工笔写意、印刷还是手绘、画作的老旧程度及装裱情况等方方面面去综合起来考虑。

金城先生英年早逝，在他的著作中收录的传世画作据载仅有130余幅。这幅画的创作时间是1925年，他于1926年去世，所以是他晚年的一幅力作。我能收藏到这样一幅作品也非常不易，这是很多年前我从南方某地一位专门从事明清老旧房屋拆迁的人士手里得到的，当时因为价格的原因我去这位先生家里三次，才最终得到它。

民国 张大千人物画

图10-61是我收藏的张大千的一幅人物画。张大千被称作中国的画坛皇帝，他的画作一直受到收藏家的追捧。这幅画的尺寸大约有一平尺左右，画着一位身披长衫的老者，手捧一个平底木钵，似为张大千先生的自画像。

下面是我对这幅画所做的一个鉴赏性的描述，并译成了英文：

39×27厘米，纸本设色。人物呈僧人化缘状，人物脑后束发，目视前方，留须，广袖长衣，左手捧一平底木钵。采用红、蓝、淡黄、黑彩及描金手法绘制，画面右上角草书"己卯六月大千张爰"，下钤"张爰"白文印一方；左下角钤"蜀门张爰"白文印一方。该画为大千先生1939年画作，似为自画像，采用钉头鼠尾线绘制，线条刚劲有力，飘逸流畅，人物面部及表情绘制精细，眼睛炯炯有神，人物各部比例匀称，用笔娴熟，堪称大千先生人物画的精妙之作。因大千先生有中国画坛皇帝之称，且真品画作在民间留传不多，因此越发显得弥足珍贵。

Mr. Chang Dai-Chien's Figure Picture

39×27 cm, Paper/Colour. The figure is painted as a monk, the hair has been tied after head, the eyes are looking forward, long beard, big sleeves, long overcoat and there is a wood alms bowl in his left hand, this picture has been painted in red, blue, yellowy, black and gold colour etc. The cursive hand is located on top right corner: "己卯六月大千张爰", below to stamp "张爰", on left bottom corner there is a stamp "蜀门张爰". This picture was painted by Mr. Chang Dai-Chien in 1949 years and the line like nailhead-mouse tail has been used. The line is powerful, elegant and fluent. The face is subtly painted and the eyes are fire-eyed. For this figure picture the scale is perfect and brushwork is adept. This is Mr. Chang Dai-Chien's magnum opus on figure picture. Since Mr. Chang Dai-Chien has been called Chinese Picture Emperor and his authentic work is lack among common people, so this picture is very costful.

图 10-61　民国　张大千
人物画

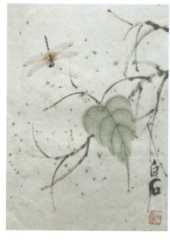

图 10-62　民国 齐白石款　　图 10-63　民国 齐白石款《贝叶草虫》画（局部）
《贝叶草虫》画

民国 齐白石款《贝叶草虫》画

　　图 10-62 是我收藏的一幅落款为齐白石的画作。齐白石先生是中国画坛非常知名的大师级画家，特别是画花鸟和草虫堪称一绝。大家都熟知齐白石画虾画得好，实际上齐白石不仅画虾画得好，花鸟、草虫也画得非常好。这幅画作上面画了树枝，枝上画了一片贝叶，上方画了一只蜻蜓。树枝采用拉白的画法，运笔流畅，刚劲有力；叶子采用工笔画法，筋脉十分清晰；尤其这只蜻蜓画得非常精细，触须、脚和翅膀画得锋毫毕现，栩栩如生，表现了齐白石草虫画作极其深厚的功底。这幅画整体上看采用了精细的工笔画法，画工细腻，生动形象。这幅画的落款为"白石"二字，写得苍劲有力，下面钤着一方朱文的印章"白石画鸟"，画面布局非常合理。

　　这幅画的表面有许多霉点状的斑痕，给人以纸张潮湿发霉的感觉。刚开始看到这幅画时我也这样认为，仔细看过后却发现这是作品的一部分，细细品味，正是这些斑点的存在，才使画面形成了残枝枯叶被风刮起的景象，使画面增加了动感和真实感。

现在齐白石画作的仿品非常多，据统计齐白石一生画了一万多幅画作，还有的人说三万幅，但市场上出现的齐白石画作已超十万幅，而且还在增加，其中很大部分肯定是仿品。齐白石先生在世的时候，就已经出现了很多他的书画的仿品，而且"仿真度"极高。《齐白石》一书中有这样的记载：

> 几年间，伪造他的假画，不断出现在街市上。这些假画，手法极为巧妙，有的到了真假难辨的地步……白石同苦禅来到近前，仔细地看着这《蔬香图》，心里不免暗暗称奇，这伪作者的笔力不凡，技艺、笔墨十分到家，可见，仿效、临摹他的画，不是一日之功了。他很佩服这伪作者能达到这样乱真的地步。但是，在他的眼力，真假一看就分明，这幅画到底太"形"似了，而"神"不到。……回到家里，把画放在案子上，他思绪万千。大千世界，无奇不有，令人欣慰的，是他从这事情中看到了另一面，看到千千万万的人对于他绘画艺术的真挚的爱。

我对齐白石大师的画作也是非常喜爱，但真迹确实是一画难求，既要有慧眼，还要有机会和财力做支持。齐白石真迹大都在博物馆和大藏家的手里，市场上罕见。收藏书画，我们要有一个正确的态度，如果我们以较低的价格得到的一幅画被鉴定是名家的真作，固然值得高兴，投资也会得到一个好的回报。但如果最终被鉴定为仿品，且仿得很像，那么也有一定的欣赏和收藏价值。仿的另一种表达方式是临摹，对古代名画的临摹又称仿古，实际上很多书画大师都曾经临摹过别人的作品，如张大千就被人们称作仿古第一人，其模仿的古人作品几可乱真。现代的书画仿古和作伪技术比古人更高一筹，给鉴定工作增加了困难，并提出了更高的鉴定要求。但无论如何，对于收藏来说，藏品的"真"永远是藏家的追求目标。

对于我收藏的这幅齐白石的画作，为慎重起见，我用了齐白石款作称谓，其真伪自有读者去鉴赏和评说，鉴赏的过程本身就是一种乐趣。

图 10-64　齐白石

图10-65 北京北海公园内快雪堂及石刻

元 赵孟頫临独孤本定武兰亭之《兰亭序》及《题独孤本定武兰亭十三跋》拓片

东晋大书法家王羲之的《兰亭序》无人不知，无人不晓，据说真迹已被唐太宗李世民或唐高宗李治带入陵墓，唐时已有冯承素、虞世南、褚遂良及欧阳询临摹本，世间所存均为唐以后历代的临摹本、石刻及石刻拓片。

据《兰亭的故事》记载："相传，定武兰亭刻石，是唐太宗李世民，命工匠根据唐代大书法家欧阳询依照王羲之真迹临摹的墨本刊刻而成"。北宋年间该刻石在河北定武被发现，其拓片被称为"定武本"兰亭序，后人习惯上称为定武兰亭。北宋末年由于战乱原刻石已流失，因此其原刻石的拓片就显得尤为珍贵。北宋书法家黄庭坚对定武本兰亭序的评价是"肥不剩肉，瘦不露骨，犹可想其风流"。

元代赵孟頫的书法和绘画在当时"居领袖地位"，后世称其为元代的"书坛领袖"，其楷书和行书被称为"赵体"，不但冠绝当世，而且对后世影响颇深。

据载，至大三年（公元1310年），赵孟頫奉诏从湖州（一说杭州）前往元大都（今北京），途中得到独孤长者的定武兰亭拓片（称"独孤本"，为宋代定武刻石的原石拓片），于是临写了《兰亭序》并作了《题独孤本定武兰亭十三跋》。王羲之的《兰亭序》共有28行，324个字，而赵孟頫的《兰亭序》中有323字，省略了一个"会"字。赵孟頫曾多次临写兰亭序，据载赵孟頫临写的《兰亭序》及跋文作品原件曾被明末清初收藏家冯铨收藏，将其摹拓编入《快雪堂帖》，并由刘雨若（石刻名家）摹刻成精致的刻石。由于刻石是按赵孟頫真迹精心摹刻而成，所以拓片基本上能反映出原作品的水准，而赵孟頫该作品的原件据传在留传过程中遭火烧损，火残本为日本东京国立博物馆所藏。该石刻乾隆年间被收藏在今北京北海公园的快雪堂，据说1900年该石刻已遭八国联军毁坏。2019年5月30日，我到北海公园的快雪堂寻访该石刻遗存时看到堂前两廊下有包括该石刻在内的共计48方刻石，但我未能就其年代做细致考证。

该拓片（图10-66至图10-69）是我不久前一个偶然的机会收藏到的，如果原件和刻石果真已毁，那么该拓片就显得尤为珍贵，该拓片资料属于今人所称的"兰亭文化"的重要组成部分。其实老的书法拓片无论原件和刻石是否存在都具有很重要的收藏价值，因为拓片反映了刻石的原貌，与刻石上的原始字体应是一致的。该拓片上的字体笔法遒劲、肥瘦适中，既雄浑有力又不乏秀美俊俏之感，堪称赵孟頫书法中的精品之作，是我们临摹兰亭序的首选作品之一。古代的拓片有"乌金拓"（颜色纯黑）和"蝉翼拓"（颜色较浅，如蝉的翅膀）之分，该拓片色泽乌黑，属于乌金拓的种类。翻开该拓片时会闻到一种幽香的气味，这是古墨的特征。

著名古陶瓷字画艺术家邓晓冰先生耗时两年半将该《兰亭序》用古陶瓷制作完成，有"天下第一宋瓷兰亭序"之称。

下面是我收藏的赵孟頫临写的《兰亭序》和跋文拓片的全部图片，以飨读者。

西安碑林也有《兰亭序》刻石并被制成拓片，据介绍为赵孟頫和褚遂良两种版本，我曾到访过西安碑林，也收藏了两幅拓片，其中一幅为赵孟頫作品拓片。

图10-66　元 赵孟頫临独孤本定武兰亭之《兰亭序》及《题独孤本定武兰亭十三跋》拓片

图 10-67　元 赵孟頫临独孤本定武兰亭之《兰亭序》及《题独孤本定武兰亭十三跋》拓片

图 10-68　元 赵孟頫临独孤本定武兰亭之《兰亭序》及《题独孤本定武兰亭十三跋》拓片

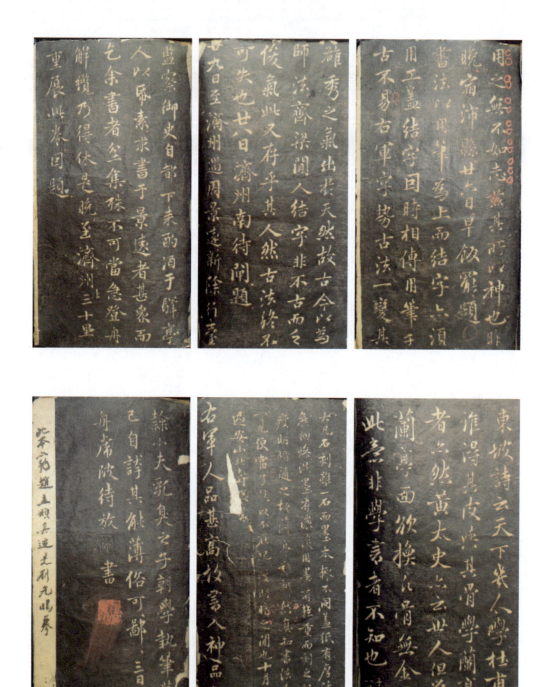

图 10-69　元 赵孟頫临独孤本定武兰亭之《兰亭序》及《题独孤本定武兰亭十三跋》拓片

民国 于右任款对联书法

我收藏的这副草书对联（图10-70），上联是"不除庭草留生意"，下联是"静养池鱼识化机"。对联的意思是：不要把庭前的草除得干干净净，要留下一些，欣赏它那生机盎然的样子；静静地养着一群鱼儿，看着鱼儿在水中游动、进食、吐气泡、戏耍追逐，还时不时地浮到水面呼吸新鲜空气，据此来观察大自然的奥秘。落款是"民国三十五年 于右任"，下面钤一方章"于"。看起来，这似乎是著名草书大师于右任的书法。书法的鉴定比绘画作品更为困难，因此我这里就不详细地对这副对联的真伪进行辨别。从这副对联的书写上来看，书写者的功力相当深厚。现在有一些爱好书法的人写的一些字，整体上乍一看也很漂亮，但是用心观察它们之中的一些字，就会发现一些败笔之处，如果长时间细细品味，就会感到乏味无趣。这副落款"于右任"的对联，无论从整体布局、整幅字的气势还是到每个字的用笔，都是流畅自如、一气呵成，无论是于右任本人书写还是他人临摹之作，都是非常成功的作品。

图10-70 民国 于右任款对联书法

民国 徐世昌对联书法

这是我收藏的民国徐世昌的一副对联（图10-71）。这副对联的用纸是印着五爪金龙的纸，龙的印纹非常自然。五爪龙纹饰在明清时期通常为皇家所使用，普通百姓不敢轻易使用带五爪龙的纸。从纸张上看，这副对联的纸颇具年份，根据落款时间计算，应是1929年，

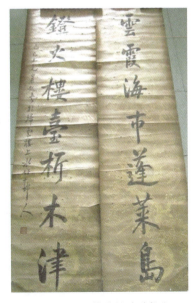

图10-71 民国 徐世昌对联书法

也就是说这是 90 年前所写的对联，因此纸张经过岁月的洗礼给人一种非常老旧的感觉，而且还被虫子蛀蚀了一两百个小孔洞。幸运的是，落款和印章都完整地保留了下来。直到现在我还没有去装裱这副字，主要是担心装裱过程中出现丢失和损坏等意外，这是我不得不考虑的，但以后有机会还是要好好修补和装裱一下。这副对联的内容为"云霞海市蓬莱岛，灯火楼台析木津"。落款是"己巳上元辰起 书于归云楼上 水竹村人"，后面落一枚章"徐世昌"。上元指的是上元节，就是元宵节。己巳年应是 1929 年。归云楼应该是藏书和书写这副对联的地方。徐世昌曾是民国大总统，退隐后以书画自娱，并对书法有一定研究。这副对联采用行楷，有些偏向于楷书，虽然其笔力和功底显得还不是很精熟老练，但整体上看比较大气，字体书写流畅、端庄挺拔，因此仍不失为一幅较好的书法作品。

书画鉴定时，鉴定者必须掌握汉字的书法种类，包括真草隶篆等各个时期文字的书法特点必须都要知道，否则就无法正确识别和鉴赏一幅书画作品。我们常说诗书画印不分家，鉴定过程中有时甚至是一点局部的疑问或问题，如果不具备这方面的知识就无法看出来。根据我日常积累的书画鉴定方面的知识和经验并结合纸张的情况来判断，这副对联无疑是徐世昌真迹。

民国 初等小学教科书（原版增订）·第一简明历史启蒙

这是一套民国时期的小学历史教科书（图 10-72），分上下册（前编、后编），名称为《民国初等小学教科书（原版增订）·第一简明历史启蒙》。从这本书上我们了解

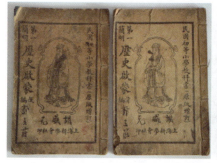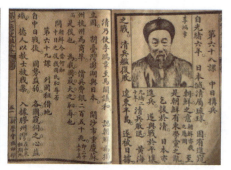

图 10-72　民国 初等小学教科书（原版增订）·第一简明历史启蒙

到当时要有一个执照许可才能印制这类书籍，这是中华民国十二年三月十六日的颁照，原版是光绪三十四年九月出版发行，书中还有订正者、原著者、第几次订正及版权所有等信息。我们常说教育要从孩子抓起，因此小学历史教科书尤为重要，因为这用于孩子启蒙时期的教育，所以教材内容必须真实，而且也不能随便印刷。这本书的封面上写着"第一简明历史启蒙"的字样。书中有很多非常精致古拙的插图，行文简洁，字体规整清秀。引起我注意的是，第六十八课有这样一段记载：

> 第六十八课　中日构兵。自光绪六年日本灭清属琉球，因有进窥朝鲜之意，朝鲜亦我之属国。自是，朝鲜有东学党之乱，启援于清；日本以进兵，随与战于平壤。光绪廿年，清兵败退，黄海之战，清兵舰覆败，辽东半岛随被日据，清乃使李鸿章至马关议和，认朝鲜为独立国，割台湾、澎湖于日本，开沙市、重庆、苏州、杭州为商埠，偿兵费银二百五什兆，计二十五仟万两；是役也，为我国最大之耻辱也。

这本书真实地记录了我们一段屈辱的经历，历史告诉我们，落后就要挨打，中华民族必须发奋图强。如果有针对历史教科书方面的博物馆，那么它应属于博物馆中文物史料级的重要藏品，具有重要的史料和收藏价值。这套书印制得非常精美，虽然是民国时期增订本，但原版仍然属于光绪时期。

书画，主要指书法和绘画，但既然提到了书，免不了使人想到了书籍，古代书籍在我们收藏时通常归为古籍善本的范畴。我也收藏了一些旧版的书籍，只不过年代没有那么久远。

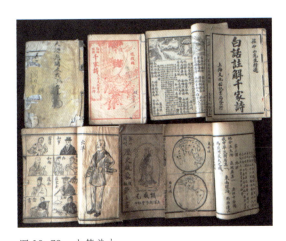

图 10-73　古籍善本

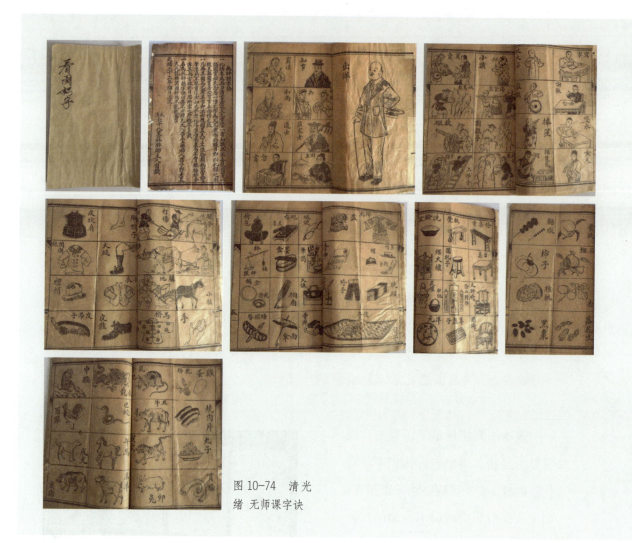

图 10-74　清光绪 无师课字诀

清光绪 无师课字诀

　　这是我收藏的一本清光绪时期的无师课字诀（图 10-74）。现在我国实行的是九年义务教育，即使是幼儿园也有老师每天陪伴。古时候有些贫苦家庭没有经济能力送孩子上学读书，更不用说请家庭老师或上私塾了，为了满足孩子们的读书识字的要求，便产生了这种看图识字的书籍。其实现今也有很多看图识字的书籍和玩具供小孩子们学习之用。我收藏的这本字诀绘图精美，文字书写规范，真实地反映了当时社会的一些称谓用词习惯和人文风俗，对研究当时的风土人情和人们的日常生活提供了历史性的资料，留下了时代的烙印，可以说是较早的看图识字资料。

木器收藏知识简介

木器的收藏也是一个专门的门类，相关的知识也很多，限于篇幅关系这里仅把我的三个方面的体会和大家交流一下。第一，家具、木雕及木手串等都属于木器的范畴。做木器收藏必须要掌握相关知识，多看一些有关木器知识方面的书，特别是一些书中还附有很多木材的剖面图。第二，木器保存，我们要注意木器保存环境的温度和湿度，尤其要避免过于干燥、高温和长时间的阳光照射，否则会导致木器产生裂纹，木器产生裂纹是很令人头疼的事情，大家需要的时候可以去查阅一些有关木器保存和保养的专业资料。第三，现在市场上仿古家具、仿古木器及仿木器（木皮包裹木屑或合成材料）非常多，有些器物经过做旧和上色后很难判定它的木质和年代。

我有一位朋友擅于做仿古家具，我曾经看过他的一个仿古的凳子，仿得很像，很容易误认为是个老物件。现在木质手串，特别是紫檀和海南黄花梨的，很受追捧，但很难确定手串的材质。我为了研究木头特意买了一件小叶紫檀的木料标本，我用放大镜仔细观察它的纹理，用手掂量仔细体会它的重量感，其目的就是为了掌握紫檀的特性。就紫檀这种材料而言情况也是很复杂的，什么小叶紫檀、大叶紫檀、国产的或进口的、是否有金星等，现在木材上的金星也有仿制的，所以大家要特别小心。

我收藏的一件螺钿镶嵌的木盒属于古玩的范畴，由于镶嵌螺钿的器物价格一般较高，所以市场上出现了仿制古代螺钿镶嵌器物的制品，有些用于制作螺钿的贝壳没有达到生长年限，没有或者不能完全呈现贝壳特有的七彩颜色，作伪者就给器物表面涂上一层人工颜料，更有甚者可能连天然贝壳都不是，用现代化工原料仿制七彩螺钿。我收藏的这个木盒，刚开始观察时觉得很像小叶紫檀，因为除了颜色酷似以外，还出现了紫檀特有的牛毛纹现象，但后来经过仔细研究才确认是老红木，也就是老红酸枝的，其实很多品种的木材也有所谓的牛毛纹现象。虽然这个盒子不是紫檀，但是也是比较珍稀的木料。

以上是关于木器收藏方面我的一些体会，应该说是非常简单的一个介绍，专门从事木器收藏的朋友一定要在理论和实践方面多下功夫。这里我想着重说明的是，如果你要购买的藏品属于你不熟悉的领域，并且听信卖方一家之言，那么你购买到伪品的概率就会增加，这是我一路走来的切身体会。

清乾隆 老红木嵌七彩螺钿六方盒

有一次我在北京一个古玩市场的铺子中，看到一个木头做的六方形的木头盒子，盒子里边杂乱无章地盛放着一些钱币及杂货。我定睛，发现上面还镶嵌着好多贝壳，组成了多组故事画面，这些贝壳在阳光的照耀下发出七彩的光芒。观察制作盒子的木头材料，认为有些像紫檀，我下意识地感觉到这个盒子可能是一件宝贝。但从店主人的表情上及这个盒子的摆放位置比较随意上看，他对这件器物并不特别在意，也可能是他对这件器物的认识程度不够，因此用它来装一些杂件，我当时想，这可能对我来说是一个好的收藏机会，于是我就说，您能不能把这个盒子给我仔细看看，他说可以，并把里面的杂物拿了出去，我就拿起盒子仔细看起来。这时又走进来一位先生，他用极短的时间很快把屋内的物品扫视了一遍，最终把目光落在了我拿的这个盒子上，后来他干脆坐到我的旁边，眼神一直关注这个盒子和我的举动。这个盒子制作得非常规整漂亮，由贝壳组成的故事图散发着幽幽的彩光。盒子的表面带着一层厚厚的包浆，传递着古老的气息，我认定这必是一件有年代的器物，而且从材料和工艺上看应该是很珍贵的，随后我就以一个合适的价格果断地把它买下。当我付完了钱后，我发现一直坐在我身边的那位先生脸上流露出了遗憾的表情，因为按照古玩行的规矩，我没有放下手的东西，他是不能插手谈价和购买的，整个过程我也没有给他留下机会。这位先生意识到他是没有机会了，但还是抱着一丝希望，当我走出古玩店后，他紧紧地跟着我走了很远，几次说他想加些钱，让我把这个盒子转让给他，当我对他表明我要收藏很长一段时间后，他很失望地离开了。

这是一个木制的螺钿镶嵌的六方形的盒子（图 10-75）。这个盒子的表面镶嵌着很多贝壳，由镶嵌着的贝壳组成了多组图案。这个盒子的制作工艺叫作螺钿镶嵌，这个盒子制作得很精美，应该是王公贵族或大户人家用来装瓜果食物或珍贵的小件器物的。关于这个盒子，我想谈两方面的内容。首先是说它使用的木材，我经过仔细观察后觉得它的木质与紫檀还是略微有些差别，紫檀最显著的特征就是表面有明显的所谓牛毛纹，这个盒子表面虽然也有类似的纹理，但并不明显，它的颜色与紫檀很相似，最终我认定它的材料应该是老红木。从狭义上讲，老红木属于酸枝木的一种，它的心材的发色呈紫红色，很像紫檀木。老红木这种木材的特点是比较适合于雕刻，尤其是适合于镶嵌工艺。那么老红木在木材当中处于一个什么样的位置呢？在家具制作当中，适合于雕刻和镶嵌而且最为贵重的木材非紫檀莫属，也就是说紫檀是排在第一位的，其次是老红木。大家熟悉的黄花梨，按照名贵程度和木材质量应排在老红木之后，因此

图 10-75 清乾隆 老红木嵌七彩螺钿六方盒

这个木盒的材质仅次于紫檀，比黄花梨还好，还珍贵。

我们再说它上面的螺钿镶嵌，这上面使用的贝壳叫七彩螺钿。能形成七彩螺钿的贝壳据说主要来自南洋深海之中，而且一定是存活百年以上贝类的外壳才能在阳光的照耀下发出七彩的光芒。现在随着人们对海洋生物的保护意识的上升以及一些相关法律法规的出台，深海贝类不能随便捕捞，加之生长周期较长，所以螺钿工艺中真正能散发纯正七彩光芒的器物少之又少。这个盒子应该是清中期的，它的螺钿材料应是来自海洋深处百年以上的贝类，采用螺钿工艺在木器表面镶嵌出人物、花鸟等图案在清代是很流行的。这个盒子除了使用的木料和贝壳非常珍贵以外，其镶嵌工艺也十分复杂，制作难度很大。这个木盒的下边是盒身，上边是一个盖子，盖子可以打开，与盒身通过子母口扣合。它的表面满是螺钿镶嵌，这些螺钿的品质非常高，红橙黄绿青蓝紫七种色彩全都具备，熠熠生辉。

盒子表面通过螺钿镶嵌工艺形成十三个故事画面，每个画面都蕴含着一个成语或一则故事。盖子中间是福禄寿三星图；旁边这个图是吹箫引凤；盒身侧面这个图是文王访贤，这边是姜太公在钓鱼，愿者上钩，后边是周文王骑着马来求贤；盒身侧面的这个画面反映的是三国时期的典型的故事关羽别曹操时曹操赠锦袍的故事，这个画面中，关羽骑在马上用刀去挑曹操送来的战袍。小说《三国演义》第二十七回"美髯公千里走单骑 汉寿侯五关斩六将"中记载："操笑曰：'云长天下义士，恨吾福薄，不得相留。锦袍一领，略表寸心。'令一将下马，双手捧袍过来。云长恐他有变，不敢下马，用青龙刀尖挑锦袍披于身上，勒马回头称谢曰：'蒙丞相赐袍，异日更得相会。'遂下桥望北而去。"木盒上的画面描绘的正是这段情节。这个盒子由于年代久远，局部镶嵌的贝壳有些脱落，从脱落处贝壳的断面上我们可以看出这些贝壳被加工得很薄，厚度只有0.5~1毫米，可以想见当初这个螺钿镶嵌的制作过程多么困难，我估计工期至少在半年以上甚至一年才能完成，因此这件东西在古代绝不是普通人家能够使用的，可能是皇室宗亲或达官贵人使用之物，非常珍贵，既有收藏价值又有欣赏价值。现在市场上偶尔也能见到一些老的螺钿镶嵌的柜子、桌子、凳子之类的家具，据我观察从螺钿的发色和制作工艺上还没有能超过我收藏的这个盒子的，而且通常这类器物的价格都比较高。从这件木盒上我们可以看出古代工匠的技艺是多么精绝，小小画面方寸之间显示出了绝妙的手法，令人叹为观止。

关于螺钿镶嵌中使用的贝壳，有资料介绍是采用鲍鱼壳和夜光螺经过蒸煮后，将起翘的珠光层撕下来并磨制成薄片，然后镶嵌在器物表面上，这种螺钿被称作软螺钿。螺钿工艺有一种是采用嵌入的技法，将磨制的薄片嵌入木质器物上纹饰的凹槽内，还有一种方法是在漆器没干有黏性的时候粘上去的，称为"点螺"。我收藏的这个盒子属于嵌入的方式，故宫博物院藏有一对黑漆嵌软螺钿加金银片山水花卉纹书架，做工精细，色彩绚丽，为康熙皇帝的御用书架，其上面的螺钿应该是采用了点螺的技法。

在明代也有螺钿镶嵌的器物，如明代画家丁云鹏所绘的《煮茶图》（轴）中就绘有一组螺钿方套盒。清代家具及各种器物上螺钿镶嵌工艺应用更为广泛，现今的北京恭亲王府中仍存有很多螺钿镶嵌的家具。螺钿镶嵌工艺是中国古代手工技艺中的艺术瑰宝，其最早可以追溯到商末周初，有记载的是周代的一件青铜兽面罍上的螺钿镶嵌。螺钿镶嵌的作品精美华丽，色彩天然，还能随着光线和角度的不同变换色泽，为世人所喜爱。

清 黄花梨百宝嵌婴戏图四节提盒

提盒通常也称食盒，精美贵重的提盒应为古时皇宫、王公大臣或富贵人家装盛糕点或小吃之类的器物，通常为主人游园、游玩时由侍从随行携带，以备主人随时品尝。

这是一个黄花梨百宝嵌的提盒（图 10-76），连接部位采用了榫卯结构。这件提盒通身由黄花梨木做成，共有三只盒子通过字母口组合在一起，上有盒盖，并设有提梁式框架，盖子与框架通过横穿的金属圆杆固定，框架侧面有葫芦形角板，葫芦谐音"福禄"，寓意幸福、高官厚禄，也有子孙万代之意。该提盒表面采用百宝嵌工艺镶嵌了三幅画面，其中前后两立面分别嵌有两棵竹子，竹子制作精细，竹节、叶脉清晰可见。盒盖上面为三个小孩组成的婴戏图，画面为蹴鞠图，一个小孩坐在地上休息和观望，两个小孩正在玩耍，其中一个小孩刚把皮球顶向对方，另一个小孩目光紧盯着皮球，准备顶球或用胸部停球。孩子们的身体姿态和目光神情被工匠塑造得活灵活现，孩子们天真戏耍的场面被工匠表现得淋漓尽致、栩栩如生。画面中还有竹石和松树装点，使得画面野趣横生、祥和自然。镶嵌材料使用了象牙（一说象骨）、寿山石、孔雀石、青金石、彩色贝壳等天然材料，制作精致，打磨细腻，人物衣饰古典精美、色彩自然，展示了工匠极高的工艺水平，使得画面具有极强的艺术表现力。

在《老佛爷吉祥》一书中有如下记载：

> 荣儿在《宫女回忆录》中说：在高高的听鹂馆里，屋子里火盆生得暖洋洋的，支上两个烤肉架，烤羊肉、牛肉。用颐和园的松塔（松树结籽的蒂）作劈柴，远远地就闻到松香的味道。每次给老太后烤肉的，都是四格格。……四格格对老太后的脾气，是早就摸透了的。听鹂馆的台阶上，顺序地排列着伺候的太监，甬路上有陆续走动着的捧着食盒的人们。

图 10-76　清 黄花梨百宝嵌婴戏图四节提盒

由上述记载可以看出，慈禧太后的点心和小食品也装在食盒里，由宫女或太监携带以供太后随时进用，可见食盒在宫廷中也是后妃使用之物。该提盒材料珍贵，纹饰精美，或许曾为宫中之用物，且保存完整，实为不可多得的一件珍贵艺术品。

清乾隆 紫檀百宝嵌松树延年纹笔筒

这个笔筒（图 10-77）的底心有一圆形孔洞，应该是木材的芯部有瑕疵或小的空芯而被加工去除了，这有一个塞子，堵住圆形的孔，就形成了一个完整的笔筒。这个笔筒的材质是小叶紫檀，表面肉眼可见清晰的牛毛纹。小叶紫檀木材比较致密，因此这个笔筒拿在手里有明显的沉重感。这个笔筒的加工制作很规整，除了小叶紫檀的材料很珍贵外，非常重要的一个看点就是笔筒表面采用了百宝嵌技术制作成了一幅精美的画面。百宝嵌技术是指用各种珍贵材料如象牙（有的用象骨）、玉石、寿山石、青金石、绿松石、珊瑚、贝壳、玛瑙、翡翠等制成浮雕图案并镶嵌于木器或漆器上，可谓物尽其美、工尽其巧，百宝嵌用在木器上早在明代即已有之。那么这个笔筒上面共用了多少种珍贵材料呢？有七彩螺钿、和田白玉、和田青玉、和田碧玉、红珊瑚、青金

图 10-77　清乾隆 紫檀百宝嵌松树延年纹笔筒

图 10-78　民国 红酸枝竹石花鸟诗文百宝嵌笔筒

石，还有象牙（或象骨）。这些宝石按照画面要求加工完成以后再镶嵌在笔筒的表面上，工艺非常复杂，难度非常之高，这样的技艺绝非普通工匠所为。据说故宫博物院藏有一件类似的笔筒，纹饰为"三酸图"，画面是人物故事，表现的是黄庭坚、苏东坡和佛印正在品尝一坛醋的场景。从做工上和精美程度上讲，这件笔筒完全可以与之相媲美，不同的是一个表现的是人物故事，一个属于花鸟画的范围。这个笔筒通过宝石镶嵌所表现的画面内容中，这里是一棵松树，下面是一只仙鹤，天空中还有一只仙鹤在盘旋回顾；坡地上有兰花、竹子，石头上还有灵芝；象牙制成的印章上刻着"乾隆年制"的款识，表明这个笔筒的制作年代为清代乾隆时期。这个笔筒的用料之珍贵，工艺之高超，纹饰之精美，令人叹为观止。这个笔筒被我发现的时候，是在一个古物店铺的架子上，当时上面摆放着十几个清代和民国时期的笔筒，扫视一遍之后，就把这个笔筒给看中了，经过几轮讨价还价，最终把它收入囊中，回来后仔细观摩，发现这个笔筒的精美程度超乎想象，应是当时宫廷使用的器物，是一件不可多得的宝贝级的藏品，值得好好珍藏。

民国 红酸枝竹石花鸟诗文百宝嵌笔筒

图 10-78 中这个笔筒高 16.3 厘米，口沿直径 13.6 厘米，略束腰。木质为红酸枝，上面用各种彩石（主要是青田石类）、绿松石、青金石、象骨、七彩螺钿等镶嵌出蝴蝶、鸟、梅花、竹石、山石及灵芝图案，并有诗句"梅开百花首，暗送寒香来"，落款篆书"乾隆年制"。落款为仿乾隆款，笔筒的制作年代应是民国时期。梅花自古及今为文人所喜爱，相关赞咏的诗句也很多，"宝剑锋从磨砺出，梅花香自苦寒来""不经一番寒彻骨，怎得梅花扑鼻香"等都是赞美梅花的语句，梅花纹饰被用在属于文房用具的笔筒上，其用意是勉励读书人刻苦学习。

该笔筒造型规整，木材及用料名贵，画面布局合理，纹饰制作细腻，镶嵌工艺精美，诗情画意，美不胜收，是民国时期红木镶嵌工艺的巅峰之作，具有很高的审美情趣和收藏价值。

清同治 蟠龙纹六方漆卷筒

这是一个六方形的较大尺寸的卷筒（图 10-79），卷筒是古代装书画用的，这件卷筒属于漆器范畴，用黑漆做地子，彩漆描绘纹饰。卷筒的六个侧面上宽下窄，每个侧

图 10-79　清同治　蟠龙纹六方漆卷筒

面上分别画着一条蟠龙，下面绘制的是海水江崖；口沿部位的平面上画着有汉代漆器纹饰风格的联珠纹。这个卷筒虽然上面大下面小，制作起来有一定难度，但仍然做得很规整。纹饰采用天然大漆绘制，十分精美。外底落有"大清同治年制"两行六字楷书款，字体书写得端庄清秀，应出自宫廷画师或书法家之手，表明这件东西的制作年代是清代的同治年间。这个卷筒经过了一百多年留传至今，表面的漆面局部出现了脱落现象，从破损处我们可以观察到它的骨架是用木胎制作，然后上面罩了一层麻灰，最后用黑漆髹面，再用纯天然的彩色大漆在上面作画，卷筒侧面每相隔的面上两条盘龙的颜色基本相同。由于年代久远，表面的漆面已经出现了开片。它的龙纹的画法趋于程式化，与康熙时期的龙纹的凶猛程度截然不同。同治帝 6 岁登基，18 岁亲政，19 岁驾崩，在位 13 年，亲政前由慈禧、慈安两宫皇太后垂帘听政，实则慈禧独揽大权，皇帝仅是个摆设，同治皇帝没有权利上的自由，因此也不可能对造办处提出什么严格的要求和意见，反映在器物上的龙纹都很程式化，既无凶猛强悍之态，也无新意。我们常说时代风格，这件器物上的绘画的时代风格就很明显。

关于这件器物的用途，我这里有三种观点：其一，称作卷筒，用来装画卷，相当于瓷器中卷缸的作用，放一些画轴或书法之类的作品；其二，用来装大号的毛笔，大号的毛笔也叫提斗，当然取出毛笔亦不成问题，但毛笔必须是干燥的，而且笔尖须向上放置；其三，可能是官府案头上装令牌的，比如木签、木牌之类的，用的时候抽出来啪地往地上一丢，吆喝衙役给犯人打板子或关进牢房等。以上三个观点中我还是偏向于第一种观点，也就是说是一个卷筒，用来装字画的。

我在市场上也曾见过仿品，仿品的漆面较亮，没有古代天然大漆的自然柔和的色调；仿品的漆面没有开片或开片很少；最重要的就是纹饰要么不够精美，要么缺少皇家器物的庄重感和外观的古朴感。漆器制作时间长，成本高，在古代通常为贵族以上阶层的人使用。

清末民初 红漆彩绘描金婴戏图帽筒

该帽筒（图 10-80）高 30 厘米，为木胎，麻布泥灰儿，表面髹漆。造型为撇口，直腹，近底处及足部为两道凸棱。内表面黑漆，外表面髹红漆，腹部绘庭院婴戏图，并采用描金手法，共绘八个神态各异的小孩：其一，小孩坐在屋中向外观望；其二，小孩在放爆竹，一手捂住一侧耳朵，另一只手持竿挑爆竹在燃放；其三，小孩手捧一顶文官乌纱帽，寓意加官晋爵、高官厚禄；其四，小孩持竿，竿顶系一葫芦，寓意长寿；其五，小孩手捧着一顶武官帽；其六，小孩扶着一辆小轮车，车上装着两颗硕大的石榴，寓意多子多福或送子之意；其七，小孩左手执绳在拉着小轮车；其八，小孩双手放在嘴旁在做呼喊状。背景画面有庭院、竹木、花草、洞石、礁石、湖水；近底处两凸棱内绘花卉。外底无漆，金彩书"王府记"三字楷书款。该器物应为晚清时期王公贵族或大户人家用来放置帽子的帽筒。其款识"王府记"最有可能是制作帽筒作坊的堂名款，但也不排除为真正的王府定做的器物，但后者的可能性较小。晚清时期的帽筒所见为瓷质较多。该帽筒制作年代大约为清末民初时期，其制作规整，纹饰流畅自然，人物神情及姿态表现生动，反映了当时的漆器制作水平和绘画风格，实为一件不错的藏品，具有一定的收藏和欣赏价值。

图 10-80 清末民初 红漆彩绘描金婴戏图帽筒

图 10-81　春秋战国　饕餮纹半瓦当

图 10-82　春秋战国　一鱼两瑞兽半瓦当

图 10-83　春秋战国　一树两瑞兽半瓦当

春秋战国　饕餮纹半瓦当

　　瓦当从材质上讲属于陶器，但从用途上看属于建筑构件范畴，而非生活器具，我们把它列在本讲中讲述。这件半瓦当（图 10-81），属于春秋战国时期的器物，呈黑色的陶胎，上面还残留着一些土痕，当面饰饕餮纹。饕餮为龙王的第五子，饕餮纹多出现在商周乃至战国时期的青铜器上，有时也出现在古代玉器上。瓦当上也经常出现这种纹饰，通过这片瓦当大家可以清楚地看到饕餮纹的样子。饕餮纹是一种兽面纹，面目恐怖狰狞，古代通常用来表现王权的威严和神秘，与后来的龙纹象征皇权的作用有相似之处，但古人认为饕餮也有佑福和避邪的作用。

春秋战国 一鱼两瑞兽半瓦当

这是一件春秋战国时期的半瓦当（图 10-82），胎质呈红色，也就是红陶胎，表面残留着一些砂土的痕迹，而且还有一些白色的土沁，这是古代瓦当的典型的特征之一。它的纹饰是两个瑞兽，中间有一条鱼，鱼的前方还有一个五边形中间为球形的几何纹，这种瓦当叫作一鱼两瑞兽半瓦当。古人的生活以渔猎为主，因此鱼纹和瑞兽纹可能是当时人们崇拜的图腾。该瓦当的纹饰非常精美、古拙，显示了两千多年前工匠的技艺和智慧。

春秋战国 一树两瑞兽半瓦当

图 10-83 中这件半瓦当的中间塑造的是一棵树，两边分别各有一头似鹿非鹿一样的瑞兽，这种图案的瓦当叫作一树两瑞兽瓦当，也应是春秋战国时期的。这个瓦当的图案表现的内容好像是这两头瑞兽争着要吃到树上的叶子，瑞兽之间没有发生争斗，而是在考虑如何能吃到叶子，这是一种竞争的场面，而且是公平竞争的场景。当今社会竞争激烈，人们希望公平竞争，反对不择手段、损人利己的不正当竞争。从这个瓦当的纹饰上，或许也包含着古代工匠类似的寓意和期盼。

汉 四神之朱雀纹圆形瓦当

图 10-84 是一件圆形的印有朱雀纹的瓦当。瓦当上面有一个鸟形的图案，鸟的喙还衔着一个球状的东西，一条腿站在地上，另一条腿抬起，像丹凤朝阳的姿态，身上的羽毛也被形象地表现了出来，这是一只神鸟，称为朱雀。这只鸟的背上还背着一个

图 10-84　汉　四神之
朱雀纹圆形瓦当

图 10-85　汉　四神瓦当（西安市汉长安城遗址出土，陕西历史博物馆藏）

圆形的东西，或者说有一个圆形的几何图形，这其实表现的是太阳，这种身上出现太阳图案的神鸟，源自古时称为金乌鸟的一种神鸟。《山海经·大荒东经》中记载：

> 大荒之中，有山名曰孽摇頵羝。上有扶木，柱三百里，其叶如芥。有谷曰温源谷。汤谷上有扶木，一日方至，一日方出，皆载于乌。

书中的译文是："在大荒当中，有一座名为孽摇頵羝的山。山中有棵扶桑树，高三百里，叶子的形状如芥菜的叶子。有个山谷称为温源谷。汤谷上头也有棵扶桑树，一个太阳刚刚回去汤谷，另一个太阳使[①]从扶桑树升上去，这两个太阳都驮在三足乌的背上。"

这件瓦当上的图案的原形，应该是来源于这个传说，但在汉代建筑上这种纹饰被称作朱雀。四神又称四灵、四象，是四种被神话了的动物，代表四方之神，为南朱雀、北玄武、左青龙、右白虎，朱雀是四神之一。这种四神图案的瓦当多用在古代大型宫殿建筑上。

宋 抄手砚

砚是文人研墨的器具。这方砚（图 10-86）从造型和风格上看应是一方宋代的砚台，这种样式的砚台称作抄手砚。砚的上表面中间的长圆形部分，我把它叫作工作面，工作面的一端比较高，这是研墨的区域，另一端比较低，这是贮墨的区域，称为墨池，研磨好的墨汁会自然流淌并汇聚在墨池里。砚台的下表面，我把它叫作支撑面，这一面的中间部分给挖掉了，并形成斜面，剩下两边的墙形结构作为支撑，把它放到桌面上，用手一抄就拿起来了，也便于把持。其实抄手砚名称的由来主要是与古人写字习惯有关，通常右手执毛笔，左手"抄着"（捧着）砚台，这样便于写字，也可以防止墨汁滴到纸绢上，所以把这种造型的砚台称作抄手砚。宋代的抄手砚实际上是从唐代的箕砚演变过来的。这方抄手砚是我在南方的一个古玩店遇见并收藏到的，据转让方讲这曾是建筑废土中发现的一件东西。这方抄手砚造型比较简捷，给人一种乖巧清秀之感，符合宋代风格，抄手砚是宋代流行的砚台形式之一，大家对这种形制的砚台要有一个了解。

---

① 这里的"使"应为"始"较合理。

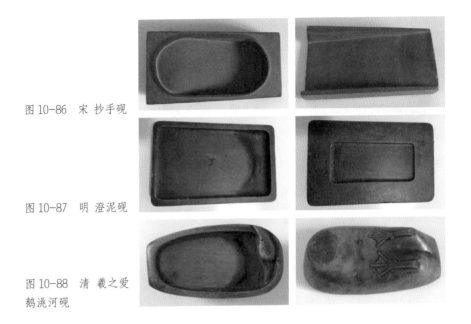

图 10-86 宋 抄手砚

图 10-87 明 澄泥砚

图 10-88 清 羲之爱
鹅洮河砚

明 澄泥砚

中国古代四大名砚之说是在唐代以后，四大名砚包括广东端州的端砚、安徽歙州的歙砚、山西绛州的澄泥砚和甘肃临洮的洮河砚。

图 10-87 是一方澄泥砚。澄泥砚不是由天然的石头制作而成的，而是一种特殊的河泥经复杂的工艺人为制作而成。澄泥砚，顾名思义，是指在原料制作过程中需要把泥澄的很细，据说古代澄泥砚的制作要经过几十道复杂的工艺，砚台表面非常细腻，研墨的时候发墨性能特别好，而且使用过程中不易损伤毛笔的毫毛，因此澄泥砚曾经供过御，一度成了宫廷的文房用品，当然也供官府和文人日常使用。由于澄泥砚是由泥沙制作而成，容易损坏，所以传世完整的古代澄泥砚不是很多，精品更是少之又少，也非常珍贵，我们现在见到的大多是明清时期的产品，元以前的很少有机会见到。有一次在上海的某古玩市场上我有幸见到了这件完整的器物并把它买下收藏起来。从砚台的样式和表面的包浆上看，大致属于明代的器物。

清 羲之爱鹅洮河砚

图 10-88 中这方砚台是古代的洮河砚，属于中国古代四大名砚之一。洮河砚多为灰绿色，这方砚台的造型很有趣，它的上面在墨池的一端雕刻了一个鹅头的形状，砚

台的下面雕刻出了鹅的两腿和爪子，鹅腿支撑着砚台，整体上看这是一方鹅形的洮河砚，古代工匠的想象力很丰富，创意很好。

这方鹅形砚是古代文人的文房用品。提到鹅，使我联想起了古代书法家王羲之的故事，据史料记载，王羲之爱鹅，古代瓷器上也经常出现王羲之爱鹅这样的纹饰，这方砚台的造型也应源于王羲之爱鹅的故事。为了丰富本书的内容，增加阅读的趣味性，这里讲两段王羲之爱鹅的故事。《二十五史》中有这样一段记载：王羲之在会稽某地看见一位老太太有一只鹅，这只鹅的鸣叫声非常好听，王羲之非常喜欢，于是就想把这只鹅买下来，但老太太不肯卖。后来王羲之与家人及朋友一起到老太太家想看看这只鹅，老太太一听说大文人王羲之要来拜访，心里十分高兴，想好好招待他，就把这只鹅给杀了，炖成肉给王羲之吃，王羲之知道后心里很不是滋味，为此叹息了一整天。这里我想谈谈自己的看法，首先我认为在这件事情的处理上王羲之没有很好地与老太太进行沟通，书中对这段故事描述得也不是很详细，没有讲老太太不肯卖鹅的原因，我想如果王羲之一开始就和老太太做好沟通，说我是王羲之，我就喜欢鹅，天性爱鹅，您老能不能把这只鹅卖给我，这样的话应该会买到这只鹅，也不至于到最后老太太把这只鹅杀了给他炖肉吃，老太太既然都舍得把鹅炖成肉给王羲之吃，说明老太太喜欢王羲之，一定会把鹅卖给他。所以我们从这方砚台上来发掘它的文化就谈到了人与人之间沟通的话题，沟通很重要，包括我们现实生活中的一些矛盾，如果沟通及时适当，就能相互理解，进而大事化小，小事化了。

《二十五史》中还有一段王羲之爱鹅的故事：王羲之有一次到山阴的一个道士家，这个道士养了一群鹅，王羲之非常喜欢这群鹅，就问道士能不能把这群鹅卖给他，道士说不卖，但是如果你能亲手给我抄写一遍《道德经》，那么我就把这群鹅送给你。王羲之因为有前车之鉴，于是老老实实地抄写了一部《道德经》送给了这位道士，然后道士把这群鹅送给了王羲之。由于王羲之爱鹅，所以在《兰亭序》中写了很多"之"字，而且每个之字都不一样，但都与鹅的形象相似。这里再延伸一下相关知识，中国古代有"四爱"故事：王羲之爱鹅、陶渊明爱菊、苏东坡爱砚、米芾爱石①。所以我一看到这方砚就想到王羲之爱鹅及苏东坡爱砚的故事。王羲之爱鹅的故事题材也经常出现在瓷器纹饰中。收藏古玩，应该探求古玩自身包含的历史信息，同时还要发掘与古

---

① "四爱"还有另一种说法，出现在明代郢靖王墓出土的元青花四爱图梅瓶上：王羲之爱兰、陶渊明爱菊、周茂叔爱莲、林和靖爱梅与鹤。

玩自身相关的文化，相关的历史故事也是文化的一部分。

元 蓝地白弦纹牛角耳琉璃瓶

这是一个蓝色的琉璃瓶（图 10-89），上面还有白色的条纹。这个小瓶的底足部分很小，瓶身部分还有些歪斜，可能是制作过程中的变形所致，但把它立起来放置的时候，神奇的是它的重心还很稳。这是一件老琉璃瓶，老到什么程度呢？大概是元代以前的器物，这里暂把它的年代下限定在元代。这件器物从外观、材料和形制上看属于古代遗留的器物，把它定为元代仅仅是初步的判断，也许会更久远些，但目前还没有确凿的证据。这个琉璃瓶的发色非常的蓝，就像雨后的晴空般湛蓝。瓶身上有几道像白云一样的环状装饰条带，瓶子的颈部有两个牛角状的冲天耳。整体上看，这个小瓶子

图 10-89 元 蓝地白弦纹牛角耳琉璃瓶

上有蓝天，有白云，还有牛角，这是草原风格，所以我取名为元代蓝地白云（白弦纹）牛角耳琉璃瓶，赋予了它一个正规好听的名字。这件东西尤其是蓝白相间的色彩对比使人产生一种对蓝天白云的辽阔深邃的遐想，心情开朗舒畅。瓶身虽然扭曲但重心很稳，两耳上卷好似人的双手，瓶身扭曲又好似人们扭动的腰肢，令人联想起草原上人们翩翩起舞的场景。瓶子口沿的里部，内壁上有一层白色的物质，这是琉璃材料本身的化学成分与接触的土壤环境相互作用产生的沁色，是琉璃器上常见的一种特征。老的琉璃的珠子常见，但古代琉璃器物却十分少见，琉璃器物在古代都属于皇家、贵族或宗教用器，琉璃也是佛教七珍之一[①]，是等级很高的材料。宋代是瓷器生产的高峰时期，特别是青白瓷的产量很大，瓷器的实用性强、成本低，而琉璃器的制作成本较高，产量有限，因此宋元明时期的琉璃器较少，十分珍贵。这个琉璃瓶颇有异域风格，但是否为外来品已无法考证了。

---

① 《法华经》中称金、银、琉璃、砗磲、玛瑙、珍珠、玫瑰为七珍。

图 10-90　清乾隆 一路
连科纹套料玻璃扁瓶

清乾隆 一路连科纹套料玻璃扁瓶

"玻璃"在古代称为"琉璃"，清代官方文件中称"玻璃"，民间古玩行称"料器"。玻璃器物在清代十分贵重，均为王公贵族使用。图 10-90 是一个套料的瓶子，还是一个扁瓶，下面款识为"乾隆年制"。套料指的是同一个玻璃瓶上有两种以上颜色，这个瓶子有两种颜色，因此称之为套料玻璃瓶，也就是双色玻璃瓶，这种套料的形制乾隆以后出现的比较多，康熙至乾隆年间单色的比较多。

瓶上纹饰有鱼、莲花、鹭鸶，这幅画叫作莲塘游鱼鹭鸶图，寓意是"一路连科"，即科举考试成功。这些纹饰在古代都是砣制的，也就是说通过砣轮慢慢打磨而成。瓶子的口沿部位有一个小崩儿，这是"老磕"，保存基本完整。这个瓶子给人古色古香的感觉，很有古旧感和沧桑感，色调也很温润。套料的颜色是蓝色，地子的颜色是浅黄色，瓶子的重量拿起来手感也很舒服，没有偏轻和偏重的感觉，纹饰雕刻也很精美，应是乾隆年间器物。

民国 鱼藻纹套料玻璃天球瓶

图 10-91 是一个套料的瓶子，它的形状好像瓷器中的天球瓶，但不是瓷的，而是玻璃制成的。玻璃器物在古代还是比较贵重的，并非普通人所使用，比如玻璃做的鼻烟壶，专供富户或贵族使用。据原藏家介绍，他多年前从山东一户专门制作玻璃器物的人家那里得到了该瓶，这家人讲，这个瓶子是他们祖上在民国年间制作的。因此这

是一件民国时期的器物，尽管它的底部款识是"乾隆年制"。这个瓶子的地子呈偏白的黄色，满刻水波纹，瓶子内部表面还做了洒银处理。外部的地子上面用褐黑色的套料浮雕了各种纹饰，有水纹、两条鱼，鱼的前面似乎是鱼刚刚吐出的气泡，还有荷花，天空中还有大雁在飞翔，一轮弯月挂在天空，月下还有"之"字形的两朵浮云，这叫作莲池游鱼雁归图。我们常说鉴定需要眼力，需要观察神韵，如果我们将这个瓶子摆放在稍远的位置去观察，就会发现瓶子的下部有一种下沉稳重，而颈部有向上挺拔的感觉，也就是说似乎模仿乾隆时期瓷器天球瓶的造型，很有古代器物的韵味。现在市场上这类仿古的玻璃瓶很多，有些造型欠神韵，有些纹饰较为粗糙，全无古代器物的韵味，只能算作现代工艺品，但一些商家却把它们当作古董出售，使不少购买者上当。所以我们鉴定一件器物是否为古物的时候，除了要把握材料是否为当时的材料外，还要从制作工艺、造型、纹饰等各个方面去体会和感悟器物蕴含的古典信息，有时甚至是一些微小的差异就会把伪品的身份暴露出来。那么这种能力从哪里来？这就需要我们多实践，多看真品。

图 10-91 民国 鱼藻纹套料玻璃天球瓶

图 10-92 当代 仿古套料玻璃瓶（乾隆年制款）

图 10-93　清乾隆　茶晶人物形鼻烟壶（红玛瑙盖连象牙匙）

清乾隆 茶晶人物形鼻烟壶

　　清代各种材质及造型的鼻烟壶很多，可谓五花八门。除陶瓷材料外，尚有玻璃、金属画珐琅、玉石及有机材质等，其中的玉石类又包括玉、玛瑙、松石、水晶、碧玺等材质的鼻烟壶。据载，北京故宫博物院藏有各种材质的鼻烟壶2000多件。晚清时期还出现了玻璃内画鼻烟壶，著名的内画大师有周乐元、马少宣、叶仲三、丁二仲等，现代工艺美术大师王习三的内画鼻烟壶也十分著名。水晶的摩氏硬度为7.0，硬度较高，难于雕刻，特别是在古代限于手工工具的条件下制作起来更为困难，因此古代用水晶制作的鼻烟壶，多为宫廷或王公贵族及官僚使用。图10-93中这个鼻烟壶采用茶色水晶制成，雕刻成一跪坐形清代贝子贝勒的形态，长辫托于后背，人物形象十分生动。里面的内腔随人物体形掏空，难度极大。开孔位于帽子上方正中心，红玛瑙盖连象牙匙，红玛瑙半红半暗，呈现红宝石的光泽，极为珍贵。盖子犹如红色帽顶，反映了工匠出色的造型想象力。帽顶为红色，寓意红运当头。可惜该鼻烟壶已损坏，但拼对基本完好，使我们今天能有机会欣赏到古代琢玉工匠的精彩之作，以实物的形式再现了古代水晶制品的工艺特征及所包含的社会风情。该鼻烟壶虽有损坏，但仍具有极高的研究和收藏价值。

清同治 鉴古斋珍藏诗文竹节臂搁形墨块

　　这是一块古墨（图10-94），臂搁造型，又像竹节一样，属于观赏墨。墨的一面上有三个字"青琅玕"。关于"琅玕"史料有如下记载：

《山海经·西山经》中记载："又西三百二十里，曰槐江之山。丘时之水出焉，而北流注于泑水。其中多嬴母，其上多青、雄黄，多藏琅玕、黄金、玉，其阳多丹粟，其阴多采黄金银。"这里的琅玕应是指一种美石。

《山海经·海内西经》中记载："服常树，其上有三头人，伺琅玕树。"这里的琅玕应是指一种树，据说琅玕树是凤凰的食物。

《山海经·大荒西经》中记载："西有王母之山、壑山、海山。有沃之国，沃民是处。沃之野，凤鸟之卵是食，甘露是饮。凡其所欲，其味尽存。爰有甘华、甘柤、白柳、视肉、三骓、璇瑰、瑶碧、白木、琅玕、白丹、青丹，多银、铁。鸾凤自哥，凤鸟自舞，爰有百兽，相群是处，是谓沃之野。"这里的琅玕可以指树，也可以指美石。

《史记·夏本纪》中记载："其土黄壤。田上上，赋中下。贡璆、琳、琅玕。"这里的琅玕指玉质美石。

参考以上记载可以推断出这块墨上的琅玕本是指神话和传说中的仙树，但这里的青琅玕实质上是把这块竹子形状的墨块比喻成了青青的翠竹。墨块的另一面题了一首诗，楷书描金，字体非常漂亮，诗的内容是："青琅干绿檀，缥素缘洒翰，玄霜寒双鸾，衔去五云端。"落款篆书"建元"，这首诗的意思比较晦涩难懂，大致的意思是说：这块墨非常好，把它制成了宛如仙树般的竹节形状，有绿色檀木的芳香，用它研出的墨汁在纸上写字有股特别的香气，黑色的墨块浮着白霜一样的物质，像冬天霜雪的寒光，引来两只鸾鸟，把它叼到了云彩之上。墨块的顶部写着"大卷墨"三个字，在另一个侧面上写着"同治六年新安汪近圣"，汪近圣是当时的一个制墨大师，名气很大。侧面还写着"鉴古斋珍藏"，表明这块墨是由同治年间鉴古斋定制的一块观赏墨，若干年后这块墨留传到了安徽某个古玩市场，然后一个偶然的机会，被我发现并珍藏了。这块墨被做成了竹节形，与文人讲求的高风亮节暗合，所以这是适合文人观赏、品评、吟诵的观赏墨，并非实用墨，其制作精美，堪称墨宝。这块墨的表面有很多开片或者称之为微小的裂纹，还有些古墨表面常常析出的白色物质，这是古墨常见的特征，也是鉴定的基本依据。这块墨虽然经过百年以上，但今天如果我们闻

图 10-94　清同治　鉴古斋珍藏诗文竹节臂搁形墨块

一下，仍然感到幽香扑鼻而来，这是古墨的制作过程中可能加入了某种名贵香料的结果。这块墨由于有明确的纪年款、制作者姓名以及定做的堂名款，对研究古代不同时期墨的形制及进一步研究它制作的工艺和各种成分的含量等方面具有重要的意义。

笔、墨、纸、砚为文房四宝，墨块是古代文人必不可少的文房用品，也是皇帝常用的赏赐之物。故宫博物院藏有一件康熙时期的瓷质墨竹图臂搁，也做成了竹节形状，上面用墨彩和浅绿绘竹纹，旁边墨彩书"琅玕枝半踈"，这里的琅玕也暗指竹子，绘画精美，文字浑厚，画面清新疏朗。

墨的主要原料是由烟炱和胶，新墨闻之有异味，而古墨由于年代久远，非但没有异味，反而有幽幽的香气，因此鉴定古墨时观之"苍古幽玄"，闻之则"其臭如兰"。由于古墨色黑如漆，适于运笔，所以是仿古书画者必需的材料。

民国 银质球形盛器

图10-95是一件银器。圆球形状，下边四个腿儿，上面的盖子能翻开，还能扣上。局部显露出雪花状的白银本色，也有一些黑色的包浆，是银子表面氧化产生的黑色锈迹，银子的外表面还残留有鎏金的迹象。我们看它的纹饰，在盖子上面錾刻有龙凤、火珠和祥云纹，龙为四爪龙。这件器物是银鎏金，还有龙凤纹，金银在过去是很珍贵的材料，说明这件银器的档次还是非常高的，也非常珍贵。它的盖子两侧的两个活动的连接轴部位采用了螺纹联接，因此它制作的年代不会很久远，应是一件民国时期的器物。

那么这件银器究竟是做什么用的呢？说来话长，我刚开始也不知道它的用途，也许有人会觉得我连它的用途都不知道怎么就想购买和收藏呢，这是因为我做了多年的古玩收藏，据我的经验和眼力，这件银器无论从材质还是纹饰上看，都是一件值得收藏和研究的老器物，而且这种器物市场上并不常见，机会不应被错过。此外，从表面的包浆和錾花的工艺上可以判断出，这件银器的年代至少应在民国时期或者更早一些，所以我就买了下来。后来与朋友一起研究它的用途，有以下几种观点：第一，这是赌博用的，把骰子放进去摇动，是一种赌具；第二，这就是一个烟灰缸，抽完烟以后把烟头扔在里边，防止烟头冒烟或起火，然后把盖子盖上，而且银子鎏金、龙凤纹的烟灰缸是高级别的烟灰缸，可能是军政要员或富贵人家使用的；第三，这就是小火盆，用来暖手的。后来我咨询了一位资深的古玩收藏家，这位朋友告诉我，这件银器应是一件餐具，也就是喝汤、喝羹或品尝燕窝之类高级食品时使用的餐具，下面可以加热，

图 10-95　民国　银质
球形盛器

盖子合上还能保温，属于餐具中的盛器，盛食物的，其造型还有些西洋器具的味道。后来我在古玩市场上又遇见了一个这样的器物，与我买的那件基本一样，所不同的是，这次遇见的器物的盖子上面还錾刻了"百乐门大酒店"几个字，据卖方说是他几年前从上海某古玩市场上买下的。至此我基本上可以断定，这类器物就是盛食物的餐具，而且从这件器物上我们也可以看出当时的一种饮食文化，我能收藏到这样一件器物心里也感觉非常高兴，现在一些较大的饭店也有类似的器物，只不过尺寸很大，不锈钢的，主要是保温用。收藏古玩，发掘文化，需要不断地研究，从中获得快乐，从这件器物身上就完全体现出来了。如果当时我要是先把它研究清楚了再买，大概早就让别人买走了这种购买不是盲目的，必须具备一定眼力。

清乾隆 铜胎掐丝珐琅蟠龙纹双龙耳宝月瓶

据载，掐丝珐琅器在元代已从阿拉伯地区传入我国，但国内烧制掐丝珐琅器肇始于明代景泰年间（一说明代宣德年间开始制作），开始只有蓝色，因此掐丝珐琅在我国又被称作景泰蓝，以后色料逐渐增加。景泰蓝器物以明代景泰、成化两朝器物质量佳且数量为多，以后各朝虽偶有烧制，但质量与景泰、成化两朝器物不能比。从明代至清代同治之前景泰蓝一直属于宫廷独享的器物，景泰蓝这个称谓明代没有，是清雍正时期才出现的。景泰蓝的制作工艺较为复杂，古代其制作工序主要分为制胎、掐丝、填蓝（点蓝）、烧蓝、打磨（磨光）、镀金（火镀）等步骤。

图 10-96　清乾隆　铜胎掐丝珐琅蟠龙纹双龙耳宝月瓶

　　宝月瓶也被称作抱月瓶。该瓶（图 10-96）直口、双衔花龙耳、扁圆腹、圈足外撇，整体造型呈扁形，外底楷书方栏款"乾隆年制"。明代景泰蓝器物的款识为刻款，清代有直接铸出款识的，这件器物的款识即为铸造出的款识。该瓶胎体为红铜制作，颈部及两侧面为西番莲纹，腹部桃形开光内为海水江崖蟠龙戏珠纹，加以火纹和如意云纹，为典型的皇家制式纹饰。掐丝纹饰内填各色珐琅彩，蓝色如蔚蓝的天空，红色如秋天的红枣皮，并采用正黄、乳白、深绿、淡粉、紫色、黑色等多种色彩，外表面露铜处全部鎏金。古代珐琅器物表面大都有明显可见的气孔（砂眼），但有的多，有的少，总体上看明代器物珐琅釉表面的气孔要少些，这是古代烧制珐琅器物的典型特征，也是鉴定时的重要依据。这件器物的珐琅釉面上也有较多气孔，手感较重，这是古代景泰蓝器物的特征，同光至民国时期以及现代仿品为了节省材料、降低成本，胎体一般都较薄，因此成品的手感较轻。

　　乾隆喜欢烧制瓷器，但也重视景泰蓝的制作，并视为御用之物，因此这一时期也有较多数量的景泰蓝存世，这些器物大多保存在各大博物馆，散落在民间的更在少数。由于西方人喜欢景泰蓝器物，所以晚清至民国时期流向国外的较多。乾隆时期的景泰蓝制作更加细致，也更加精美，也能制作较大尺寸的器物。据说这件景泰蓝器物是乾隆皇帝赏赐给大臣柯瑾的。柯瑾，湖北大冶人，是湖北省清代四大进士之一，乾隆年间宠臣，曾任翰林院编修、侍讲、钦差大臣等职。柯瑾告老还乡时将该瓶带回湖北，进而留传到民间，一个偶然的机会被我收藏到。该瓶造型规整，制作工艺复杂，纹饰精美，用料贵重，且曾为皇帝在宫廷的摆设之物，因而更显弥足珍贵。

图 10-97 明铜胎掐丝珐琅缠枝莲纹玉壶春瓶（国家博物馆藏）　图 10-98 明铜胎掐丝珐琅花果纹三足炉（国家博物馆藏）　图 10-99 清 铜胎掐丝珐琅饕餮纹簋（国家博物馆藏）　图 10-100 清 画珐琅云蝠海棠瓶（开封博物馆藏）　图 10-101 清 嵌珐琅多穆壶和八卦象足炉（开封博物馆藏）

图 10-102 清乾隆 铜錾胎珐琅七珍（承德避暑山庄博物馆藏）

　　掐丝珐琅的胎体除了采用红铜（又称紫铜）制作外，我曾见过还有采用银质胎体的，那是一件香炉，表面的珐琅几乎全部脱落，显示银质胎体和银丝掐出的图案，十分精致，应是明代宫廷用器。据说，掐丝珐琅器还有采用金胎并用金丝掐成图案的。

　　除掐丝珐琅外，还有画珐琅（在金属器胎上直接施单色珐琅釉做地，烧成后再在上面用珐琅彩绘画并经二次烧成）、透明珐琅（金属器胎上罩透明或半透明的珐琅釉，经焙烧而成）及錾胎珐琅（锤錾出花纹，再填珐琅釉并烧成的器物，又称佛郎嵌）等品种，开封博物馆藏有标明为嵌珐琅的器物，从材料和制作工艺上看应属于掐丝珐琅器物，即掐丝珐琅有时也叫作嵌珐琅，但嵌珐琅一词常用于在木质家具上镶嵌珐琅饰片。

图 10-103　民国　铜胎
掐丝珐琅牡丹花卉纹
洗口冬瓜瓶

民国 铜胎掐丝珐琅牡丹花卉纹洗口冬瓜瓶

该瓶（图 10-103）高 25.5 厘米，洗口，瓶身呈冬瓜状。内部仅口沿附近施釉，外部为掐丝珐琅工艺，掐丝表面镀金，主体纹饰为牡丹及各种花卉，辅助纹饰有石榴纹、仰莲瓣纹及如意头纹。该瓶的胎体应为紫铜，露胎处镀金。据北京花冲先生讲，为了使金与铜能更好地结合，镀金前往往在铜的表面先镀一层镍作为过渡层，从这个瓶子的局部金层脱落处可以看到白色的金属存在，进一步证实了这种工艺的应用。

景泰蓝器物的制作一般要经过制胎、掐丝、点蓝、烧蓝、打磨和镀金（或鎏金）等工序，制作成本较高，器型以瓶类为多，多为摆设之用。从整体数量上讲，由于受到瓷器的影响，清代及以前的景泰蓝器物的总体存世数量不多，收藏过程中不易遇到，其中属于宫廷用的景泰蓝器物常见有款识。民国时期的景泰蓝器物偶尔还能见到，现在市场上大多为现代工艺品。该瓶大致为民国晚期的器物，胎体轻薄，纹饰流畅大气，具有一定的收藏和欣赏价值。

古玩鉴赏知识

鉴定结论的主观性

在收藏一件藏品的过程中，首先需要对藏品进行鉴定，不论是自己鉴定，还是请别人鉴定（掌眼），不同的人常常会得出不同的鉴定结论，这主要是受到下列因素影响：

鉴定者的水平不同。鉴定是一门综合性的学问，要求鉴定者本人要有很深的综合方面的知识，还要有丰富的实践阅历。每个人的知识水平不同、知识结构也不同，实践得来的经验有多有少，因此就会产生不同的鉴定结论。

鉴定的方法不同。鉴定的方法有很多，有科技鉴定和传统经验鉴定，不同的方法有不同的优缺点，只有结合起来才可能得出接近事实真相的结论。

鉴定仪器的影响。要知道任何鉴定仪器除了本身误差外，也存在使用的局限性。例如热释光技术，当环境因素对器物产生影响时（如器物受到人为辐射），其得到的结果往往偏差较大，这看似人为因素影响，实质上是仪器鉴定的局限性，即仪器无法区分自然辐射和人为辐射。此外，仪器的使用方法、操作过程及被测样品的提取位置等都受到人为因素的影响。因而过分依赖和相信仪器检测的结果也可能得出不同的结论。

仿品的仿真程度的影响。现在随着科技的进步，仿品的仿真程度越来越高，高仿品常常会使人"打眼"，甚至一些老玩家。因此鉴定者除了多看真品以外，还要了解作伪的方法，多看仿品，这样进行真伪对比，才能得出较为可靠的结论。鉴定本身就是一个比较的过程，把待鉴定的器物与曾见过的真品以及仿品进行各个方面特征的比较，然后才能得出结论。如果没有多看真品和多看仿品的经验，鉴定结论就难免出现偏差。

鉴定的环境对鉴定结论的影响。一方面，由于光线强弱对器物颜色的呈现有直接影响，很容易产生视觉上的鉴定偏差，所以我们应当避免在晚上、灯光下及昏暗的环境下进行鉴定，鉴定应在白天光线合适的时候进行。另一方面，当多数人得出同样的结论时，我们会产生一种从众心理，从而附和他们的结论；此外，器物所出现的环境和来源经历，如古老的村落、工地的农民工、假出土、老龄者、祖传、王府家藏、达官显贵的从人或后人等说法都可能对鉴定者的心理产生影响。

鉴定者心态的影响。有些鉴定者受个人利益心态的影响或出于某种利益驱动的目的，会把真品故意说成仿品，或者把仿品说成真品，也有把本朝的产品说成不到代，等等。当然如果处于谨慎的心态或眼力不够而把器物断定为不到代也无可厚非。遇到这种情况，如果器物所有者有疑问，可以找不同的鉴定者多鉴定几次，再综合各方意见得出结论，而不要盲目偏听一家之言。

以上给大家介绍了很多瓷片、完整器物和不同种类古玩的鉴赏知识，包括对它们包含的历史信息的解读以及断代的基本依据，但由于不同的鉴赏者有不同的眼光、不同的见解，不同的方法也会得出不同的结论，因而鉴定结论具有主观性。古代的器物毕竟是过去的东西，经历了世事变迁甚至后世的不断仿制，以及人们由于对器物的尊崇而产生的传说和故事，使得古玩器物大都被蒙上了一层神秘的面纱，后人很难看清其真相。鉴定过程中，我们每个人的观点都很难与器物的真实情况完全相符，只能说谁的鉴定意见最接近、最贴近事情的真相，我觉得这是我们鉴定时要努力的方向，目前还没有一个人能对众多门类的藏品的鉴定始终做出毫无差错的判断。我们要多听古玩界专家和学者的意见，再结合自己的想法，才能得出比较贴近事实真相的结论。

图 10-104　少女贵妇图

这是我收藏的一幅经典的画作（图 10-104），我称之为《少女贵妇图》，上面画着一个人的上半身。有些人马上会看出这是一个美丽的少女的图案，但他们只是看到了画面反映的一个方面或者说表面现象，却没有透过现象看到画面的另一面表现的内容。其实这幅画中表现的不但是一个少女的形象，同时还是一个老妇人的形象。不同的人由于各种原因导致洞察事物的能力和角度不一样，所以在观赏这幅画作时便得出了不同的结论，这和我们鉴赏古代器物时有相似的道理。我以前看过三维画，不仔细看，就是一张平面图，当采用一些技巧观看时，就会发现其中呈现的立体画面，这也是同样的道理，说明观察事物时人们的认识会自觉或不自觉地出现偏差。那么未来人们能否设计出一种机器完全代替人来完成鉴定工作呢？比如把古陶瓷放到机器里面，机器经检测会自动显示出造型、胎、釉、纹饰及断代等信息，能否做到呢？答案是否定的，因为除了机器本身检测误差外，建立机器检测的理论基础的正确程度、操作过程方法，以及数据库中数据信息的采集、来源的正确与否难免会受到人们主观行为和意识的影响，藏品的种类也是千差万别的。传统鉴定方式和科技鉴定相结合是目前行之有效的方法和未来鉴定工作的方向，但无论科技怎样进步，对古玩艺术品的鉴定都离不开传统经验的支持。

普通收藏、专业收藏与古玩投资

普通收藏指个人业余爱好。首先表现在利用的是部分业余时间，目的是充实和丰富业余生活，提高个人鉴赏水平，也能促进交友，形成共同话题，这类人员就是收藏爱好者。普通收藏必须具备收藏的基本知识以及鉴定的基本方法，同时要有一定的市场实践经验。这种收藏是不以营利为目的，器物也没有限定的收藏周期，收藏时间可长可短，收藏种类也因人而异。这种收藏通常是对较低价值的器物的收藏，当涉及较高价值的藏品时，一般要通过专业的鉴定机构或专门的鉴定人员、专家、高手来帮助确定，也就是古玩行常说的"掌眼"。掌眼者一定要是自己熟悉的德高望重的人员，以防止鉴定结论错误或受到有意识的人为因素的影响。但要注意，当涉及较高价值的藏品鉴定和出于商业目的时，不要忘了按古玩行规矩按时付出"掌眼费"，就是大家常说的佣金，因为掌眼者或专家们的知识和经验也是用汗水和金钱换来的，有时付出的代价是难以想象的，所以不付佣金从某种程度上讲属于一种失信行为，也是不公平的，搞收藏要做一个讲信用的人。当然有组织的公益性、大众性的免费鉴赏活动就另当别论了，这样的活动是出于公益目的，强调的是古玩的历史、科学、文化和艺术价值，是值得提倡的。有时请朋友帮忙，藏品价值不高，或有某种约定，也可以不付佣金或灵活处理佣金问题。这是一个复杂而敏感的话题，这里不做深入讨论，大家可以自行理解和体会。

专业收藏是指出于特别爱好利用所有时间或全部的业余时间，按门类、有目的地从事收藏活动，这类收藏人员就是收藏家。专业收藏对收藏者的知识水平和阅历经验要求很高，否则极易造成经济损失。这种收藏通常是以喜爱、发现、收藏、保护、研究和传承为主线，但也有营利的目的，比如为了筹集和周转收藏资金，常常使用"以藏养藏"的方法，通过转让一些藏品，再买入适合自己收藏门类或层次高一些的藏品。专业收藏大多数是要求依靠收藏者自己的眼力，因此对收藏者本人要求的综合能力很高。专业收藏的目的除了喜欢外，最重要的是在发现和鉴赏过程中来揭示器物所包含的文化内涵并致力于研究、著述、保护和传承等工作，这是最高境界的收藏活动。当然从事专业收藏的人群中也确有一些人出于藏品的保值和升值的目的，但客观上讲，追求价值是推动收藏活动的直接动力，也是文物得以发现、保护、研究和传承的前提条件之一。专业收藏的周期视收藏者的个人兴趣是否消减以及对藏品的研究等工作是否完成而定，但参考的收藏周期要在半年以上为宜，因为半年的时间通常足以完成对一件器物的研究和鉴赏工作。当然也有人愿意把藏品传给后人，例如常说的传家宝，是以家庭传承的方式世代相传；私人设立的藏书楼，是为了方便人们阅读和查阅历史资料；以社会公益为主要目的的个人博物馆等。这些都是出于对传统文化的喜爱，以保护、传承或服务于社会公益为目的的收藏活动。

古玩投资是指资本进入古玩领域，这完全是一种商业行为，但是正是因为资本的进入才从实际上体现了古玩的市场价值，也从客观上促进了收藏市场的繁荣与发展。投资者实质上属于商人范畴，目的是赚取高额利润。古玩投资者可以是专业的，也可以是不专业的，当然最好是有知识和经验的专业人员，当投资者本人不是收藏界专业人士时，则需要与他人、团队合作或依靠相关机构或掌眼人。投资古玩的既得利益和潜在利益有时会很大，少数人通过低价买入高价卖出或参与拍卖可能会出现一夜暴富的传奇现象，因此极具诱惑力，但同时古玩投资的风险也极大，所以人们才说古玩行业水很深，投资有风险，古玩是特殊商品，而且市场上赝品很多，对人的眼力要求很高，特别是珍贵古玩的价格往往很高，投资者一旦走眼或投资失手，其造成的经济损失将无法估量，历史上在这种高额利润的吸引下也有不少投资失败的例子。古玩买卖从乾隆时期兴起一直延续到现在经久不衰，历史上也曾出现了一些古玩店铺，店主把经营古玩当作一种从业行为，也有很多游走在各地的古董商人，这些人的行为广义上讲都属于古玩投资的范畴。当今一些人经常光顾各种形式和场合的拍卖会，参与拍卖也是古玩投资的重要形式。古玩投资与收藏的本质区别在于，古玩投资追求的是利润，是最大限度的盈利，古玩投资不受周期影响，找到好的器物、找到好的买进和卖出的时机永远是商人追求的目标，这是资本的本质所在，而收藏是出于爱好，以发现、鉴赏、保护、研究和传承为目的的行为，收藏是一种雅趣，也是推动传统文化传承和发展的动力，是社会繁荣进步的表现。

　　在总共十讲的讲座当中，我给大家讲了很多瓷片、瓷器的有关鉴定和鉴赏的知识和相关信息，也简单介绍了一些其他有关藏品鉴赏的基本知识。从形式上看是我在讲述，其实确切地说应该是这些古玩器物本身在讲述真实的历史故事和蕴藏的信息，我只不过是这些历史物证的发现者和记录者。在收集资料和写作的过程中，我始终被创造这些历史经典的古代工匠、劳动人民的勤劳和智慧所感动着，也感受着、体会着中华传统文化的博大精深。

　　古玩的鉴赏是一门综合的学问，要求一个人要具备综合知识和很高的能力水平。从事古玩领域的收藏或投资，不但要有渊博的知识，还要具备丰富的实践经验，这种知识和经验不仅涉及一件器物的材质、工艺技术方面的，还应包括它的历史方面的、科学方面的、文学方面的、宗教方面的、艺术方面的和造型雕塑方面的，甚至于书法和绘画等多方面领域的知识。有时候我经常跟朋友们说，要想在古玩研究和收藏鉴赏领域成为一个大家或高手，不但上述我讲的这些领域的知识要具备，甚至还应该具备音乐、乐器方面的知识。有人可能会说，您这种说法似乎太神乎其神了，收藏鉴赏古玩还能联系到音乐上去，这高度也太高了。其实这里我想诚恳地告诉大家，这并非无稽之谈，因为古器物的造型或纹饰内容上会经常出现演奏的场景。比如当一件古代瓷器摆在面前，我们欣赏的内容应该包括它的造型如何，胎釉如何，画工如何，文字书写怎样，它的制作工艺水平如何，是官窑还是民窑，它所蕴藏和包含的文化信息包括人物故事的内容、花鸟鱼虫所表达的场景怎样，乐器的使用是否符合历史，纹饰特征与时代背景有什么联系等，这些都需要我们具备丰富的知识甚至需要发挥我们的联想力和想象力。当我们看到瓷器上牡丹雉鸡、山水悠人、闲人野鹤、临江垂钓、板桥归人、携琴访友、渔歌唱晚的优美画面时，我们似乎就能聆听到从瓷器身上或画面中迸发出的美妙音符，感受到一种或怦然心动的旋律或扣动心扉的悦动，好像自己也融入画面的场景中，或眼前仿佛再现千百年前炉火熊熊、青烟炸飞、器物赫然乃成的制瓷场面，这是鉴赏过程带给我们的乐趣和收藏的魅力所在，因此欣赏古器物时的眼力和审美水平以及随后对它的断代和价值估量都需要我们鉴赏者具备足够深厚的文化底蕴。鉴赏一件古代器物时要仔细体会它的神韵，要用心去感知器物散发出的远古信息，努力去发现与古人对话的窗口，而要达到这种境界都需要鉴赏者具备扎实的理论知识、丰富的实践经验和深厚的文化底蕴。我见到过很多对古玩"悟性"较好的人，他们对古玩入门很容易，但很难成为高水平的藏家和鉴赏家，很重要的原因就是他们的知识积累和储备还远远不够，因此当他们面对一件器物时所做出的鉴定结论就很可能出现偏差甚至是伪结论。古玩鉴定是一项复杂甚至是难度很大的工作，这是不争的事实，但是只要我们不断地去努力，不断地去钻研，虚心学习，勇于实践，那么在收藏道路上就一定会取得成功。

现在有很多人加入了收藏领域，由于不同的人有着不同的知识和实践背景，因此他们的藏品种类也五花八门，藏品质量也不尽相同。我在作古玩鉴赏交流中确实看到一些人收藏了很多现代仿品，他们为购买这些器物也确实花费了许多，也耗费了很多精力，他们总以为自己的东西没问题，即使不到代至少也是老仿、老物件。每每遇到这种情况我的心情就很复杂，告诉他真相，他或许会受到很大的打击，或许他也不会相信你的话，甚至产生反感；不告诉他真相，他还蒙在鼓里，自我陶醉，继续浪费财力和精力，因此我们做鉴赏的人有时心里也很矛盾。这时我往往会以一种委婉的语言和方式去提示他，通过时间让他慢慢感悟我的建议，我的目的是希望他在收藏过程中能少走弯路，减少经济上的损失和精神上的打击。但是不管怎样，从事收藏、做鉴定，甚至是做人做事，说真话、实事求是还是大家应遵循的一个基本原则。

中华民族具有五千余年的文明史，中华文明源远流长。继承传统文化，发掘时代精品，这是历史赋予我们的重任，文化兴则国运兴，文化强则中国强。传统文化的守护和传承是我们每一个人的责任，需要我们代代相传，从事收藏能从大众参与的角度使祖先创造的文化艺术瑰宝得到更好的保护和传承，功在当代，利在千秋。跨入新时代以来，各大窑口的陶瓷匠人包括一大批优秀的工艺匠师在继承传统工艺的基础上，不断钻研，勇于探索，推陈出新，制作出了众多精美的陶瓷作品，与传统陶瓷文化一脉相承，陶瓷技艺的传承和创新后继有人。我希望爱好收藏的朋友们在阅读本书后，能够以此为契机，携起手来共同加入保护和传承经典文化的队伍中来，一枝独秀不是

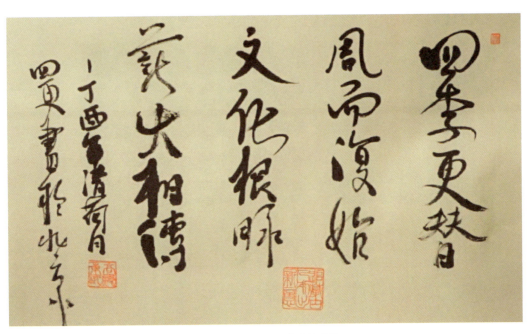

图 11-1　著者书写"四季更替，周而复始，文化根脉，薪火相传"

春，百花齐放春满园，让我们不断学习，勇于践行，不断提高自身的文化修养，不断地丰富收藏方面的知识，为我们国家文化事业的发展和繁荣，为实现中华民族伟大复兴的中国梦贡献自己的一分力量。最后，我想用我写的一幅字来做本书的结束语，也表达了我们全体收藏人的目的和愿望："四季更替，周而复始，文化根脉，薪火相传"。

下面是一些当代陶瓷匠人的艺术作品，供大家欣赏。

图 11-2　当代 广东石湾窑鲁迅坐像　　　　图 11-3　当代 广东石湾窑林伟东款人物雕像

图 11-4　当代 河南禹州神垕镇钧瓷茶壶及茶杯

图 11-5　当代 钧窑蛤蟆洗

图 11-6　当代 定窑白釉孩儿枕　　　图 11-7　当代 定窑白釉卧女枕（河北省定州市定窑研究所制并藏）

图 11-8　当代　白砂（陶）仿蒸笼式茶壶

图 11-9　当代　宜兴窑"钱志良制"款紫砂壶

图 11-10　当代　建窑茶盏

图 11-11　当代　琉璃佛造像　　图 11-12　当代　爱新觉罗·毓骏书毛主席词《卜算子·咏梅》

参考文献

1. 陈万里.陈万里陶瓷考古文集[M].北京：紫禁城出版社，1997.

2. 冯先铭.中国古陶瓷图典[M].北京：文物出版社，1998.

3. 冯先铭.中国陶瓷（修订本）[M].上海：上海古籍出版社，2001.

4. 杭州南宋官窑博物馆.南宋官窑文集[M].北京：文物出版社，2004.

5. 王光尧.明代宫廷陶瓷史[M].北京：紫禁城出版社，2010.

6. （清）寂园叟，杜斌.匋雅[M].济南：山东画报出版社，2010.

7. 叶喆民.中国陶瓷史（增订版）[M].北京：生活·读书·新知三联书店，2011.

8. 刘伟.帝王与宫廷瓷器[M].北京：故宫出版社，2012.

9. （民国）许之衡，杜斌.饮流斋说瓷[M].北京：中华书局，2012.

10. 秦伟.瓷器的故事[M].北京：故宫出版社，2013.

11. 冯小琦.古代外销瓷器研究[M].北京：故宫出版社，2013.

12. 陈重远.瓷器春秋[M].北京：北京出版集团公司 北京出版社，2015.

13. 故宫博物院.官窑瓷器研究[M].北京：故宫出版社，2015.

14. （清）蓝浦，（清）郑廷桂，余柱青.景德镇陶录[M].合肥：黄山书社，2016.

15. 廖宝秀.历代茶器与茶事[M].北京：故宫出版社，2017.

16. 国家教委社科司，杨先材等，中国革命史：试用本[M].北京：高等教育出版社，1993.

17. 林浩基.齐白石[M].北京：中国青年出版，1998.

18. 王双正.梦惊圆明园[M].北京：华文出版社，1998.

19. （明）罗贯中.三国演义[M].长春：时代文艺出版社，2000.

20. 兴华. 和珅秘传 [M]. 北京：国家图书馆出版社，2000.

21. 周矢. 情殇 [J]. 走进神秘乾陵（各界特刊），2000（1）.

22. 杨仕，岳南. 风雪定陵：地下玄宫洞开之谜（修订本）[M]. 杭州：浙江人民出版社，2001.

23. 广东省文物鉴定站. 文物鉴定与研究 [M]. 北京：文物出版社，2002.

24. 马承源. 中国青铜器（修订本）[M]. 上海：上海古籍出版社，2003.

25. 王敏. 商品花木养护与营销 [M]. 北京：中国农业出版社，2003.

26. 程庸. 古玩揭秘 [M]. 上海：学林出版社，2003.

27. 门头沟文化丛书编委会. 门头沟文化丛书（二）·门头沟文物史料 [M]. 北京：中国文联出版社，2004.

28. 鲁迅. 鲁迅精品集 [M]. 北京：作家出版社，2006.

29. （明）曹昭，杨春俏. 格古要论 [M]. 北京：中华书局，2012.

30. 邓之诚，栾保群. 骨董琐记全编：新校本 [M]. 北京：人民出版社，2012.

31. （春秋）孔丘. 诗经 [M]. 哈尔滨：北方文艺出版社，2013.

32. （汉）司马迁. 史记（插图本）[M]. 南京：凤凰出版社，2013.

33. （西汉）刘向，（西汉）刘歆. 山海经 [M]. 哈尔滨：北方文艺出版社，2013.

34. 向斯. 老佛爷吉祥：慈禧鲜为人知的故事 [M]. 北京：故宫出版社，2013.

35. （民国）赵汝珍，于钦. 古玩指南 [M]. 青岛：青岛出版社，2014.

36. 故宫博物院. 兰亭的故事 [M]. 北京：故宫出版社，2015.

37. （唐）陆羽，戚嘉富. 茶经 [M]. 合肥：黄山书社，2015.

38. 柳坡，博溪. 故宫是座博物馆 [M]. 北京：故宫出版社，2017.

窑址访古记

北　线

日　期：2018 年 9 月 6 日—17 日

目的地：定窑、邢窑、磁州窑、耀州窑、汝窑、钧窑窑址，沿途博物馆、历史
名胜、古迹。

9 月 6 日 星期四 北京出发

　　下午 1 点 58 分从北京驾车出发，沿着东、南六环行进，3 点 03 分，此时蔚蓝的
天空中飘着朵朵祥云，但南六环有些堵车，约有 20 分钟转而畅通，出口转京港澳高
速向南行驶，傍晚 5 点 08 分到达高速公路保定服务区，休息后继续行进。夜幕降临
时，车已驶入河北省曲阳县界内，一大鸟忽然从车窗前掠过，也不知是我惊动了它，
还是它吓着了我，总之给寂寞的旅途增添了点小插曲，顿觉精神许多。晚上到了曲阳，
电话预订了连锁酒店。为了旅行住宿方便，我是几家连锁酒店的会员，网上预订不太
熟悉，还是熟悉电话预订的老方式。电话那边说该处没有他们的直营酒店，只有加盟
酒店，我说可以，预定后就驱车赶到酒店，办入住手续时顺便与服务员和经理模样的
人聊天，他们谈论较多的和引以为自豪的是曲阳石雕，谈到定窑时她们告诉我定窑曾
经是"官窑"，我解释说准确名称应是"贡窑"。晚上 8 点 30 分开始在所住的酒店吃

饭，白菜豆腐粉丝火锅，外加鹌鹑蛋一盘，也少不了1杯啤酒，啤酒度数较低，喝点儿真解乏，我的胃消化吸收能力甚强，想来一夜过后，第二天不会有酒驾的嫌疑。

附录·图1　旅行的第一顿晚餐

晚上洗漱后躺在床上看电视剧《三国演义》第十九、二十、二十一集。《三国演义》我已看过多次，但还是喜欢看。看到刘、关、张自从下邳对曹一战失散后首次重逢的场面，有些感慨和激动。看到孙策喝酒使用的酒具是漆器耳杯，其他器皿也大多是漆器，可见东汉末年直到三国时期瓷器还没有普遍应用。饮酒时孙策君臣都席地而坐，而袁绍君臣则是坐着马扎，袁绍饮酒使用的是漆器觚，较为贵重。已到半夜，也有了困意，于是熄灯昏昏睡去。

9月7日 星期五 定窑

9月7日一觉醒来早已天亮，按导航指引，驱车一路来到定窑中心窑址曲阳县涧池村附近。眼看着路边指示牌上写着前方路口向右一公里即是定窑窑址，想着必是个大路口，可是终未发现这样的大路。于是径直开了下去，觉得距离不对时，方停下来问路边几个围坐着聊天、看上去年纪较大的人，得知这里是曲阳县北镇村，已过了定窑的窑址所在地涧磁村，便返回来寻路。我判断标志牌附近的一条小路应该是正确方向，就一路开下去，觉得窑址应该在一公里之内。不料到了距离路标大约一公里时却寻不到窑址。此时车子已经驶进一个村落，停下来询问，仍是北镇村，不过村民指点定窑窑址就在附近。我按其指点方向开车过去，上午10点来到一处红色院墙的院子前，定睛一看，一个门牌子上写的是"河北曲阳定窑遗址文物保管所"，另一侧的门牌上写着"定窑遗址"。我以为到了目的地，但随后出来的人介绍说遗址在两三百米外的不远处，而并非此地。我按其所指方向行进，那是一条荒僻的小路，路旁长满了庄稼、果树和野草，路窄得只能允许一车通过。不久后，来到一个三岔路口，不知所向，没有指路标记，也无人可问。我朝着一条较宽的路开了过去，估算着已远，超过了刚才的人指引的距离，不得不再次找人问路。刚好路边有一位村民，询问才知应在刚才的三岔路口朝着另一条路去才对。由于道路狭窄车辆无法调头，只能倒车回到三岔路口，按指定的方向很快到达了定窑遗址，此时已是上午10点21分。

附录·图2　三岔路口　　　　　附录·图3　定窑作坊遗址展馆外面

附录·图4　定窑窑炉遗迹　　　附录·图5　圆形垫圈、三角支垫
　　　　　　　　　　　　　　　　　　　　及粘连标本

附录·图6　定窑覆烧工艺使用　附录·图7　定窑器物匣钵装烧及
的匣钵及支圈　　　　　　　　　粘连情况

　　展馆里的负责人员是住在附近村里的董大姐，通过她的介绍和展馆内的说明以
及我的观察，我基本了解了这里的情况。展馆内已发掘有几处窑炉，包括唐、五代、
北宋晚期和金代窑炉，据说这里也发现了隋代器物。唐、五代时期为马蹄形窑炉，
宋代为馒头窑，还有一个金代窑炉，目视长度有8到10米。展馆内设有展室，展出
了一些出土的窑具和残片。据介绍，这里发现了带有"尚食局""官"款的残片，证
明窑场曾经烧造过"贡瓷"。定窑起初烧造时是不使用匣钵的，后来才开始使用。

　　据董大姐介绍，这里最重要的一个发现是发掘出土了一件定窑卧女枕（图9），经
拼对后基本完整，十分漂亮。从展馆提供的图片可以看出，这件卧女枕制作和烧造得
十分精美，其釉色洁白，也从一定程度上证明了现存北京故宫博物院和台北故宫博物
院的孩儿枕应是定窑的作品。

附录·图8 窑址周围景色

附录·图9 卧女枕（展馆中图片展示）

附录·图10 北宋 定窑白釉孩儿枕（故宫博物院藏）

附录·图11 定州定窑研究所刚刚烧造完的定窑瓷器

附录·图12 现代 定瓷白釉孩儿枕

　　参观完展馆，来到展馆外面，放眼望去，四周是起伏的山脉，此时风和日丽，在蓝天白云的映衬下，庄稼繁盛，树木像一支支倒插的毛笔，一派秀美恬静的田园风光。这里的自然条件很好，适合建成遗址公园，相信当地政府会认识到定窑的巨大影响力，未来会有所规划和建设。董大姐说，这里窑址的所在地为涧磁村，但附近即是北镇村；窑址东南方向不远处有一河名曰通天河，是古代瓷器外运的通道；曲阳县的东西燕山村也有发现定窑遗址，但考古发掘后已经回填，现在并没有建成展馆对外展出。

　　中午11点34分结束定窑遗址参观，由于时间安排较紧，顾不上吃午饭，仅喝了一盒随车携带的牛奶，就驱车赶往下一处。下一处参观地点原为定州博物馆，但导航显示有定窑标本博物馆，心想既然来了定州，看一下定窑器物标本岂不更好。按导航指示道路，下午1点12分到达的地点却是定州定窑研究所，一打听才知道定窑标本博物馆已搬到他处，并以公司的形式运作，也对外展出。定州定窑研究所现在由刘占山先生管理，听说我为了著述而参观各大窑址和博物馆的目的后很热情地接待了我，并介绍说定窑研究所在定瓷仿古工艺方面取得了一定成就，从研究所展示的作品来看，现在的定窑作品已经达到了很高的水平。随后，刘先生邀请我参观定瓷制作和烧造设备，并相送一件该所烧制的定瓷孩儿枕，该枕釉色乳白、做工精细，很是漂亮，心中十分感激。

　　下午 1 点 48 分离开定窑研究所，来到这家收藏瓷片标本的公司，接待我的是马联合先生，这里有很多古代定瓷器物和定瓷残片，还有定窑"新官"款的瓷片及其他款识的残片，我按照需要选择性地拍摄了一些图片，临走时对马先生的热情接待表示深深谢意。

　　下午 2 点 24 分赶到定州博物馆，博物馆里有很多定窑的藏品，自不能细说。值得一提的是，这里展出有中山穆王刘畅的银缕玉衣，可见古人对玉的重视，生前要佩带和摆设玉器，死后还要随葬玉器，甚至做成玉衣。因为赶时间，我在观摩的同时给器物拍照，以留存图片作为返京后的参考。

附录·图 13　定州博物馆　　　附录·图 14　东汉 银缕玉衣（中山穆王刘畅墓出土）

附录·图 15　北宋 绿釉游鸭纹枕（1979 年定县南关出土）　附录·图 16 北宋 白釉刻莲纹龙首净瓶（1969 年 5 月定县静志寺塔基出土）　附录·图 17 北宋 白釉带盖净瓶（1969 年 5 月定县静志寺塔基出土）　附录·图 18　北宋 白釉刻莲纹"官"款碗（1969 年 5 月定县静志寺塔基出土）　附录·图 19　北宋 白釉圆托五足薰炉（1969 年 5 月定县静志寺塔基出土）

附录·图 20-23　从左至右：北齐—隋 菩萨立像（2015 年 12 月文博园二期出土），北齐 弟子像（2015 年 12 月文博园二期出土），北齐—隋 供养菩萨像（1994 年 4 月定州城东北隅出土），北齐 佛首（2015 年 12 月文博园二期出土）

（定州博物馆藏）

下午 3 点 48 分参观完定州博物馆，驱车来到定州的古玩市场，此时已是下午 4 点 08 分。在这里收到了一些标本，包括一个定窑带有"尚"（"尚食局"的"尚"，"食局"二字残缺）字款的残片、一个带有"官"（字体部分残缺）字款的残片、一块黑定残片、一块茶叶末定瓷残片，最重要的和使我高兴的是收到了一块宋代紫定（又称红定）的器物残片，我心想对方或许是按酱定卖给了我，但这其实是一块罕见的紫定残片。这是我从事收藏事业二十年来得到的唯一一块紫定（红定）残片标本，十分珍贵。

傍晚 6 点驱车前往河北内丘，6 点 59 分在高速公路服务区吃饭，是自助餐，然后一路行驶直到内丘县城，安顿好住处，继续收看《三国演义》，播出的是第二十二集，发现袁绍喝酒已改用铜簋，而曹操用的是铜爵，或许那时的普通百姓喝酒只能用瓢或陶碗。因为东汉末年瓷器使用尚未普遍，尤其是带釉的瓷器，百姓是没有能力购买的，而铜器则是达官贵人以上的人才能使用。

晚上发朋友圈，全文如下：

北线访古第一站：今天参观了定窑遗址、定州博物馆，对定窑的产品进行了观摩学习，然后去了定州古玩市场，学习的同时也结交了一些新朋友，访古第一站圆满结束。白天时间紧张，午饭省略了，晚上一勺烩了。明天内丘邢窑访古。（图片略）

9月8日 星期六 邢窑

早上 8 点 25 分来到邢窑遗址博物馆。博物馆上午 9 点开始参观，来早了无事，停好车后便与博物馆门口的一位老先生攀谈，老先生介绍说附近有卖古玩的，他曾听一个经营古玩的人说自己有一件带"翰林"款识的邢窑器物残片，"翰林"款识非常少见，因此价格很高，问我是否感兴趣，我说很感兴趣，他便给那个人打了电话，不久那人骑着车子来接我，趁着博物馆还未开展，我就坐在车子后面与之前去，到了地方询问方知，带有翰林款识的瓷片不久前已经转让了，我很是遗憾。看了几件其他器物后，匆忙返回博物馆。

邢窑遗址博物馆里通道设置十分便于观众从远及近观察窑址遗迹，周围墙壁上展示了一些当初发掘时的资料。据资料显示，这里发掘出了带有"盈"字款的器物残片，证明该处窑址曾为唐朝宫廷烧制过瓷器。还有一个重要说明是，这里发掘出土了唐三彩器物残片，称之为邢窑唐三彩，并根据这里出土的一个杯子的残片提出了该杯子属于隋三彩的观点。现在公认的唐三彩烧造地点是河南巩义窑，此外陕西黄堡镇的耀州窑遗址也出土了唐三彩，此处唐三彩应是目前已知的第三处烧造唐三彩的地点。

附录·图 24　邢窑遗址博物馆　　附录·图 25　博物馆展　　附录·图 26　博物馆展示的隋三彩图片
　　　　　　　　　　　　　　　　示的唐三彩图片

上午 10 点 14 分参观完邢窑遗址博物馆。经询问博物馆工作人员，方知附近还有一座邢窑博物馆，因建筑外观形如三个邢窑大碗，所以俗称"三大碗"。

10 点 32 分来到邢窑博物馆，博物馆由三个碗形建筑组成。这里展出了很多邢窑相关藏品，包括整器和残片，个别器物是征集的，但年代应该没问题。博物馆里有带"盈"字款的器物，制作得很精致。我看到两个带"大盈"款的碗底残片，但标明是个人收藏。展厅大都是环形的，可能是建筑本身是碗形的缘故。由于展出的器物很多，因此拍摄和观摩也需要很多时间，大约在中午 11 点 45 分的时候，猛然间听到保安喊"闭馆时间到"。我一怔，忙问究竟，原来中午 12 点要闭馆休息，直到下午 2 点开馆，我说："我不知道这里中午闭馆休息，以前参观博物馆从未遇到这样的情况。"保安说："参观时间在大门入口处写着呢！"我说："我心里想的是参观展品，哪里会注意这些细节。"只剩下十几分钟，我说："下午我还有其他安排，只能简单地把剩下的部分看完。"保安说可以。我急急忙忙地把剩下的展厅走了一通，拍了一些我认为重要的照片，然后离开博物馆。此时时间已是中午 11 点 58 分。

中午顾不上吃饭，直接驱车赶往著名的祁村邢窑窑址、西双井村邢窑窑址。途中在一处小商店喝了一瓶维生素饮料，其实在北京出发前，我已备了一些饮品和物品，但这次主要是顺便问路，虽然导航指出了大致方向，但我还是问了一下。可惜商店女主人并不知道祁村邢窑遗址。一路来到祁村附近，突然发现路边有一石碑上面写着"西双井村"，我眼前一亮，西双井窑址也是我此次要考察的窑址。转念一想，还是先考察祁村窑址吧，毕竟还没有找到，心里也焦急，回来再看西双井窑址也不迟。

附录·图 27　石碑旁的路

附录·图 28　石碑隐藏在瓜藤和野藤下

附录·图 29　露出字迹的石碑

　　不久来到前面不远处的村中，导航显示已到祁村，但窑址在何处？问了一下路边商店的女主人，对方说不知道。我说："这是祁村吗？"她说："是的。"我说："资料上记载，祁村有邢窑窑址，你们本地人应该知道的呀。"我拿出手机翻出资料给她看，并说这里应该有一个石碑，上面刻着文物保护的文字。这时旁边的小男孩突然说，他曾在这条路不远处的路旁看到过这样的石碑。我听了非常兴奋，大致问了一下方位，就急忙驾车寻找。这条通向村外的路只有几百米长，尽头连着一条宽阔的马路，按照小男孩的消息判断，石碑断然不可能越过大马路位于更远的地方，于是驱车慢慢沿着道路寻找。两三个来回下来，不见石碑踪迹，路上都是驱车疾行而过的路人，也不方便问路。我又返回村头，问了一下在村口聊天的人，也未能得到准确地址，无奈来到村口一家较大的商店，店主是一位年轻的小伙子。我说明来意，他告诉我石碑就在不远处刚出村口的路边，不要超过远处那间房子。他用手指了一下远处。于是我又按他所指的位置找了两圈，仍然没有找到，无奈只有回到商店再问究竟。这时商店里一位正在买东西的中年男子说他知道石碑的位置，并愿意带我去。我说你可以坐我的车去，然后我再送你回来。他说他骑着摩托来的，在前边引路即可，我表示感谢，并将随身携带的一罐饮料相送，他不肯要，说这没什么，但我还是执意相送。我开车跟在他后面，两分钟后来到一处路边，他指着被野藤和瓜藤覆盖着的地方说："就是这里。"我睁大眼睛，原来石碑隐藏在下面（图 28），我恍然大悟，怪不得转了许久没有找到，原来石碑已被植物遮掩起来，这时时间已是下午 1 点 35 分。

　　扒开茅草和藤蔓，碑身逐渐显露出来，擦掉碑面上的灰尘，字迹清晰起来："全国重点文物保护单位 邢窑遗址（二）（唐）一九九六年十二月国务院公布 临城县人民政府

附录·图30　西双井村石碑　　附录·图31　西双井村邢窑遗址　　附录·图32　岣山白云洞景区　　附录·图33　邢窑文化博览园

立。"邢窑祁村窑址应该就在这里。给石碑拍完照片后，我试图寻找遗迹，但是一无所获。和附近的住户聊了一会儿，他们说当初的窑址早已掩埋起来了，唯有石碑立在这里，每年都有人慕名而来。住户们拿出几件在耕地时拾到的邢窑器物残片，大都较为粗糙，他们知道我的访古来意，愿意把残片送给我，我选了两件，但我不能白拿别人的东西，恰好旁边有两个男孩子蹦蹦跳跳地围着看热闹，送我瓷片的主人表示这是他的两个孙子，于是我给他们每人一盒随车带来的牛奶，两个孩子很是高兴。

我顺着马路两侧探寻这里曾经适合烧瓷的地点，在不远处发现一条沟壑，几丈深的红土崖下有潺潺小溪，这里也许就是当年出产邢瓷胎土的地方。

离开祁村，沿着刚才来的道路，来到西双井村的石碑旁，这时已是下午2点27分。我拍摄了石碑照片后继续前行，导航一路把我导到村里的一处地方，看了看也不知往何处去，索性停下车来，准备打听一下，可路上不见一人，我顺着声音向一户人家走去，一问方知已经走过了，窑址就在刚进村的路边，打听好详细地址及标记，便调转车头一路寻来，找到了资料上记载的西双井村邢窑窑址。

西双井村窑址目前尚未正式发掘，当地建起了房屋用以保护窑址（图31），周围正在架设监控设备，窑址也有专人看守。窑址旁有文物保护石碑，标明为"全国重点文物保护单位 邢窑遗址（一）（唐）一九九六年十二月国务院公布 临城县人民政府立"。从看护人员处得知，在不远处的岣山白云洞景区里有一座邢窑博物馆可以参观，看看时间还来得及，于是离开西双井村，奔向岣山白云洞。

到达临城县岣山白云洞景区（图32）停好车已是下午3点36分。岣山白云洞景区是国家重点风景名胜区，景区是收取门票的，但我只想参观窑址和博物馆，没有时间

附录·图34 金白釉"内府"款梅瓶（临城崆山古陶瓷馆藏）　附录·图35 唐白釉"盈"字款盖罐（临城崆山古陶瓷馆藏）　附录·图36 唐白釉印花皮囊壶（临城崆山古陶瓷馆藏）　附录·图37 著者体验拉坯过程　附录·图38 从崆山白云洞景区旁流过的泜河

浏览白云洞景区的优美风光，于是诚恳地向门口的工作人员表明了来意，并拿出了收藏协会会员证，表示仅仅是参观博物馆，工作人员表示理解，大概是参观白云洞景区还要复验门票，我没票也参观不了，于是就放我进去，我问好道路就来到了博物馆前。

这里是一处邢窑文化博览园（图33），里面建有古陶瓷展馆，进入展馆内，墙上挂着耿宝昌先生书写的横幅"中国邢窑博物馆"。展馆展出了一些邢窑的器物和残片，我看到了带有"大盈"字样的残片。邢窑从北朝开始烧制白瓷，到隋唐进入鼎盛时期，除白瓷外还烧造各种色釉瓷器。这里除白瓷外，还有青釉、黑釉、黄釉、酱釉、紫釉、白釉绿彩、三彩、白釉点褐彩等釉色瓷器，特别值得一提的是，这里藏有一件白釉"内府"款梅瓶，注明是金代器物，说明邢窑曾经为金朝宫廷烧造过器物；还藏有一件唐代邢窑皮囊壶，应是唐晚期邢窑为契丹族烧造的器物。

最后来到陶瓷体验工坊，亲手体验了一把拉坯的过程（图37），真的不太好控制，可以想象古人日复一日、年复一年地拉坯制作大量器物，该有多么艰辛。工坊的工作人员为我介绍了周边情况，告诉我有一条名为泜河的河流（图38）流经这里，还特意带我参观了这里的陶瓷制作和烧造作坊，临走时我向工作人员再三表示感谢。

傍晚5点21分离开临城崆山白云洞景区的古陶瓷馆，准备前往下一站河北磁县。由于时间紧张，中午没有时间吃饭，也真的忘记了吃午饭这一档子事儿，但胃里不停的咕咕叫声提醒了我。我喝些饮料权当充饥，我知道这一天体能消耗肯定不少，之所以能支撑下来是因为身体尚好以及强大的精神力量激励着我，但我必须照顾好自己，才能走完后面的路。我决定在高速服务区抽出时间来补充能量，尽快摄入卡路里才能

附录·图39　服务区自助餐　　　　附录·图40　床单下发现的"方片2"

继续前行。趁天色还亮、视线较好，一路急驰而去，直到晚7点20分来到服务区，仍然吃自助餐，这回我选了些硬货：鸡腿、鱼、大饼，外加青菜和汤等，狠狠吃了一顿，而后驱车继续疾行。待赶到磁县，在宾馆安顿好后准备入眠时已是晚上9点55分。我突然发现床单下有一张扑克牌"方片2"，心想难道是上一个客人的床单没换？看了看床单挺干净的，管它呢，发完朋友圈赶紧抓紧时间睡觉。

晚上发朋友圈，全文如下：

北线访古第二站：今天参观了内丘邢窑遗址博物馆、内丘邢窑博物馆、临城祁村唐代邢窑遗址、西双井村唐代邢窑遗址、临城古陶瓷馆，并尝试拉坯工作，拉坯时本想做一个碗，但发现很难，最终做成了厚壁折沿盘，才知道古人的艰辛。此外，与古玩商交流，也了解了邢窑器物的一些情况。今天对邢窑器物的观摩和相关知识的了解，使我有关邢窑的知识得到了补充、丰富和完善，眼力也比之前感觉略有提高。至此访古第二站圆满结束。值得一提的是到了傍晚才知道中午竟然忘了吃午饭，这才真正理解什么叫废寝忘食。今晚已日夜兼程到达磁县，相信明天的参观会有大的收获。虽然今天有些疲劳，但收获满满，兴趣多多。谢谢大家的支持和关注！（图片略）

9月9日 星期日 磁州窑

早上8点31分驾车来到磁县的中国磁州窑博物馆（图41），看了下参观须知，得知上午9点开馆。闲来无事，在广场上转来转去，并请一位女士帮忙拍照留念。远望博物馆，主体建筑呈圆柱形，屋顶呈圆锥形，好像古代窑炉中的馒头窑或圆窑，主体

附录·图 41　著者在中国磁州窑博物馆前留影

附录·图 42　元代　白地黑花"李白观瀑图"长方形枕（磁州窑博物馆馆藏 征集）

色调采用了与磁州窑器物胎釉相近的灰白色和香黄色；博物馆前面正对广场一侧的墙上采用了类似匣钵的组合体进行装饰；"中国磁州窑博物馆"几个字赫然写在立柱上，远远望去好像窑炉的烟囱，字体采用行书，是磁州窑器物上常见的诗文字体，看起来博物馆的设计是经过精心考虑的。

博物馆 9 点开门，十几个人依次进入，我考虑到一会儿观众会越来越多难免影响拍摄，所以赶紧走在前面，开始参观。据馆内资料介绍，磁州窑的创烧期是在北朝，是北方最早的青瓷窑场，隋代"置磁州，以县西九十里有磁山，出磁石，因取为名"。到了宋元时期，磁州窑主要烧造白地黑花、白地褐彩的产品。宋金元时期，磁州窑瓷枕很是著名。博物馆藏有很多精美的瓷枕。此外，博物馆还藏有一件金代白地黑花划龙纹盆，注明为 1987 年观台窑址出土，说明磁州窑曾为金朝宫廷烧造过瓷器。

中午 11 点 16 分参观完磁州窑博物馆，驱车前往磁县观台镇参观观台窑址。观台窑址是磁州窑的中心窑场之一，很是著名。此行的目的是想一观窑址情况并观赏漳河两岸风光，从而进一步加深对磁州窑的了解。

约下午 1 点钟沿着一条主要的公路（主路）到达观台镇附近，向路边一修车厂内的师傅问路，表明要参观观台磁州窑遗址，但对方表示不太了解。正在厂内做汽车维护的一位男子声称他住在观台镇，可以顺便引路到那里。跟着他的车子从主路一个岔路口下去，不一会儿来到一个去处，男子下车告诉我说，虽然他不详细了解磁州窑遗址，但我可以咨询旁边的一个窑场，因为他们都属于同一个行业，说完驾车离去。我停好车，环顾路旁，果见旁边的厂区内有一处窑炉，旁边矗立着高耸的烟囱，大门的标牌上表明这里是一处耐火厂。我心里不禁有些好笑，心想现在的耐火厂怎能与古代

附录·图 43　东艾
口窑址石碑旁的乡
间小道

附录·图 44　漳河两岸

附录·图 45　小石桥
旁的石碑

的瓷窑混为一类，但它们终究有相似之处，那就是都有窑炉。这时已是下午 1 点 08 分，
问一下吧，周围也无人可问，又不能贸然进厂，于是驱车返回主路。途中，我又问了
一户人家，一男子称听说过窑址的事，但在哪里他却不知。我开车回到刚才的岔路口，
左右寻找可问之路人，恰逢一中年妇女骑电动车路过此地，相问方知她也不了解。正
不知如何是好的时候，有一男子骑着摩托车路过此地，车子后面还坐着一个人。我招
了招手，他停在我身旁，我询问观台窑址的情况，他说此处即是观台，旁边的河流就
是漳河，观台窑址他也不知，但他家所在的东艾口村立有一方石碑，写着"东艾口窑
址"。我一听心里不禁一阵欢喜，东艾口窑址也是我此行准备参观的窑址之一，于是请
他在前面带路，我一路跟随他的摩托车向东艾口村驶去。

　　乡间小路蜿蜒曲折不甚好走，沟石极多，一路颠簸自不必细说，途中他的妻子下
车有事离开。十几分钟后，我们来到村里的一个去处。我停好车，男子指着小路旁的
一座石碑说，这就是窑址的石碑。为了表示答谢，我以一罐饮料相赠。男子离去后，
我开始观察周围环境及石碑情况，时间为下午 1 点 40 分。

　　石碑立于一条乡间小路旁边，路边是一条干涸的河道，河道上有一座小石桥。石
碑上写着"全国重点文物保护单位 磁州窑遗址 中华人民共和国国务院公布 河北省文
物局立"。石碑旁边是居民建屋垒砌的高墙。顺着小路走下去，右侧几米高的断土层里
夹杂着数不清的磁州窑器物残片。再往前下了小路进入田间小道，就来到漳河岸边（图
44），终于见到了书本中写的漳河，我心里一阵激动。漳河养育了两岸人民，也造就
了千年名窑磁州窑。村民指给我看河畔不远处的老爷庙和娘娘庙，据说都是后来建的。
我猜测古时候这里肯定有庙宇，老爷庙和娘娘庙也许就是当年的窑神庙。烧造器物时，

附录·图46　东艾口村　　　　　　　　　　　　　　　　　附录·图47　观台镇

窑工们在满窑后和开窑前，会去庙里祭拜窑神，祈保一窑的器物烧造成功。

　　返回小石桥，发现桥旁立有一方石碑，上面的文字刻的是"重修石桥记"，落款是
"大清同治十二年"。与村民聊天方知，很多年前这里发掘的窑址早已经回填，原窑址
上如今建起了房屋，因此不见窑址踪迹，甚为遗憾。

　　下午2点43分离开东艾口村，途中停车观察东艾口村整体面貌（图46），发现村
中不少房屋似乎是古代建筑，故拍摄了几张照片，然后匆匆离去，接着寻找观台窑址。
我心想，如果东艾口村能把古代窑址遗迹留存至今，保护好古代房屋建筑，依托秀美
的自然景观，以磁州窑文化为主题，联合附近的窑址群，充分发掘瓷文化，想必能形
成一个独具特色的旅游景区：古窑窑址、博物馆、庙宇、古村落被古桥流水环绕，加
之古老的传说，这里的景色将有多么美！

　　这样想着，不久又回到来时的主路上。因导航上没有显示观台窑址具体位置，
索性就导往观台镇。下了主路，沿曲折山路前行，经询问路人才知道山脚下那一片
村落即是观台镇（图47）。但路人说窑址不在镇里，而在不远处漳河上一座桥的附
近，于是调转车头回到主路，路遇一位带着儿童的老者，忙停车询问，老者向身后
一指说，窑址的石碑就在远处的山岗上，但从这里徒步无法到达，于是我驾车找到
通往山岗的小路，停好车，又向一位骑摩托经过的人核实，方知石碑就在不远处，
便徒步向山岗上走去。

　　刚走不远，就见路被土堆封住，绕过去后是一条很长的沟，沿沟边走到山岗，猛
然在丛生的草木之间发现路旁立着一块石碑（图48），我急忙奔去，定睛一看，上面
赫然写着几行文字"全国文物保护单位 观台磁州窑遗址 中华人民共和国国务院 1996

附录·图48 观台遗址石碑和西侧的深沟　　附录·图49 田野、远处的　　附录·图50 金灿灿的谷穗
　　　　　　　　　　　　　　　　　　　　　　　　　　漳河及山脚下的人家

年11月20日公布 磁县人民政府2018年5月28日立"。啊，这就是我寻找了好久的磁州窑观台遗址！此时是下午3点45分。

　　环顾周围尽是田野，不见窑址踪迹，或许曾经的发掘已被回填。田地里金灿灿的谷穗弯着腰，像在迎接远方的客人；成排的玉米秆静静站立，怀揣着成熟的籽粒，不再惧怕叶子被秋日烤得枯黄；南面几户人家或许就是千百年前窑工的后裔；北面几百米远处的山脚下便是奔流不息的漳河水，河畔隐约矗立着的楼房折射着现代文明。向着古老的漳河缓步寻去，映入眼帘的是田间到处散落的瓷片和废弃的残砖，恍惚之间思绪似乎在古与今之间穿越，我仿佛看到了千百年前燃烧的窑火、成片的作坊和忙碌的窑工……

　　下午4点08分，沿着那条几十米长的深沟向山岗下停车处走去，沟中挖掘出的煤的遗迹提示着我，或许古代窑工已经用煤作为燃料来烧造瓷器，因为这里缺少足够的木材资源，而附近的煤炭资源却较为丰富。这条沟也许是当地文物管理部门或当年考古队挖的一个探沟，既起到了提供地层信息的作用又阻止了来往的车辆和行人，对遗址起到了一定的保护作用。

　　观台窑址是著名的磁州窑窑址，理应予以保护，但今天的人类对古代文明探寻的脚步却一刻也没有停止过。遗址回填固然起到了保护作用，但科学的开发和利用却是必然的历史趋势，或许现在开发条件还不成熟，未来成立遗址公园或景区将是一种更妥善的保护和利用形式。考古不仅仅是发掘器物，发掘后的遗迹保存工作同样重要。

　　回到车里休息了一会儿，然后查询下一站，目的地是陕西铜川耀州窑，导航显示距铜川736公里，需要8小时34分钟，将是一段漫长的旅程。从观台窑址出发的时间是下午4点49分。

晚上 7 点 14 分在高速服务区吃自助餐，才想起中午又忘了吃饭。饭后继续赶路，感到困倦或疲惫的时候就开进服务区在车上休息一会儿，休息后继续前行，这样停停走走，一路开往铜川方向。休息的时候发了朋友圈，因为很多微友还在关注我的行程。

晚上发朋友圈，全文如下：

北线访古第三站：今天上午参观了中国磁州窑博物馆，瓷枕太漂亮了，给大家发三张图欣赏一下。下午考查了东艾口磁州窑遗址和观台磁州窑遗址，在漳河岸边，太难找了，可以说历尽艰辛，等到了才发现只有石碑，并无之前发掘的窑址遗存，据说当年考古发掘后回填了，有些遗憾，但访古觅源的目的达到了，今后对瓷器和收藏的认识以及对古代文明的尊崇又上升到了一个新的高度，深刻领悟了土与火的艺术以及古代工匠的艰苦，更加珍惜今天的幸福生活。在寻古探秘的同时身体也得到了锻炼，感觉 24 年的哮喘毛病也减轻了许多，这真是意外的收获。稍微遗憾的是，旅途中不能以酒消遣和解乏了，因为要开车。至此访古第三站就圆满结束了，现在正在前往下一站陕西省耀州窑的途中，今晚疲惫了只能在高速服务区小憩了。朋友们晚安，明天见。

（图片略）

9 月 10 日 星期一 耀州窑

沿着连霍高速一路西行，早上 7 点 35 分来到河南三门峡服务区。三门峡服务区的广场上有一组象群雕塑，长方形基座上有"豫道"二字。据载，古时候三门峡地区是有大象的，由于生存环境的变化，这里的大象消失了，至今河南省的简称"豫"字里还含有"象"字。在雕塑旁边有一棵光秃的枯树模型，它告诫人们要保护环境。雕塑基座前方有一个横幅，上写"为了您和他人生命安全，请您拒绝超限超载"，其实基座好像一个货车的车厢，大象很重，因此这组雕像还有提示司机不要超载的用意，可见设计者的良苦用心。

回到车里休息，看见保安在我附近集结，我不解其意，打开车门与一位保安攀谈，方知保安人员由服务区的物业公司管理，按照规定他们一会儿要和其他服务人员一起做早操，每周一举行升旗仪式。我感到十分稀奇，头一次听说高速服务区的工作人员每天还要做操。正当我面露惊奇时，保安突然提醒我占用了女士停车位。我连忙查看，果然发现一个牌子上写着"女士专用停车位"，环顾四周，发现附近还有"残疾人专用停车位"的牌子。我赶忙表示歉意，并说自己没有注意到，现在马上开走。不过保安笑着说现在车少，暂时没问题，时间久了不可以。保安说完列队报到去了。这时我发现他们队伍前面的房门上方写着"练出精神，路出平安"。不一会儿，又是一些服务人员列队报到，然后他们迈着整齐的步伐穿过高速公路下面的专用通道到对面做操去了。我开车缓缓离开服务区，心中不禁一阵感慨，他们每日的坚持不仅锻炼了身体，还磨炼了精神，此情此景给路人展现的是一道靓丽的风景线。服务区有这样的员工，我们的旅行也增添了几分安全和快乐，向他们致敬！

约中午 12 点 30 分，来到位于陕西铜川黄堡镇的耀州窑博物馆，停好车，向保安了解一下情况。保安很热情，说昨天有一拨美国人刚来这里参观过。得知与博物馆一道之隔的、南面的河流叫作漆水，这里有耀州窑博物馆、耀州窑遗址、发现唐三彩遗址以及临近的千年古镇陈炉镇，十几公里外还有耀县博物馆（在文庙内）可以参观。

12 点 46 分在漆水河边拍摄，漆水河面不宽，但是很清澈，南岸是不高的山坡。古代凡是开设窑炉的地方附近必有河流，一是取水方便，二是运输方便，三是河畔多有山坡，便于修建龙窑，四是有山有水的地方往往是胎土、釉料及木材的产区。

沿着漆水旁的道路一路向东走，12 点 50 分来到了窑址，大门上写着"耀州窑唐宋遗址"，与工作人员打了招呼，做好登记便开始了参观。进入大门向左地面上是一方石碑，上面写着"全国文物保护单位 黄堡镇耀州窑遗址 唐至元 中华人民共和国国务院一九八八年一月十二日公布 陕西省人民政府立"。石碑后面整齐台阶的上面就是窑址保护的建筑，门的上部为拱形，具有陕西窑洞的风格，门口竖立的两个圆圆的柱子好似古代窑炉的烟囱，门上面横写"耀州窑遗址"几个黑地金字（图 51），十分醒目。

这里展示的主要是唐宋窑炉遗址，均为马蹄形窑炉（图 52）。周围墙上有宋代耀瓷制作烧成工艺流程图，重要是墙上还展出有这里出土的瓷器残片标本。墙上的前言部分写道：该窑肇始于唐，五代发展，北宋鼎盛，金代续烧，入元以后制瓷中心转移至陈炉镇。黄堡窑场停烧于明代中叶，而陈炉窑场炉火赓续无息至今，其烧瓷历史近达 1400 年，在中国陶瓷史上写下了无比辉煌的灿烂篇章。

下午 1 点 25 分结束这里的参观，前往下一处遗址参观。

顺着河边公路继续向东走，于 1 点 33 分来到黄堡镇耀州窑的第二处遗址。由于考古人员在这处遗址里发现了唐三彩器物，因而这里被称作唐三彩窑址。大门没有标志性的名称，但在门旁立着的一块文物保护石碑上写着"全国文物保护单位 耀州窑遗址 中华人民共和国国务院 一九八八年一月十三日公布 陕西省人民政府立"。向工作人员说明参观来意，1 点 37 分开始参观窑址。这里发掘出的是唐、金、元的制瓷作坊，唐代、宋代的马蹄形窑炉，特别是唐代三彩作坊和窑炉的发现，为唐三彩在全国范围内发现的第二处烧造地点（第一处为河南巩义窑，第三处为河北内丘邢窑），有着十分重

附录·图51 耀州窑遗址

附录·图52 马蹄形窑炉

附录·图53 展出的瓷片标本

附录·图54 三彩作坊

附录·图55 三彩窑炉（以柴作燃料）

附录·图56 耀州窑博物馆

附录·图57 北宋 青釉刻花婴戏葡萄纹瓶（耀州博物馆藏 1985年黄堡窑址发掘出土）

要的意义。遗址内的《唐三彩窑址简介》介绍了这里的基本情况：这里陈列的唐代三彩作坊和窑炉，是陕西省考古研究所1985年经过科学考古发掘出土的。三彩作坊内遗存的木质转轮、成型模具、器皿坯件、火坑、陶盆等遗迹、遗物，以及试烧三彩釉的小窑和烧造三彩的窑炉，真实、生动地再现了唐代黄埔窑烧制三彩的历史场景和唐人组织三彩生产的序列、分工和烧造工艺技术。

下午1点53分结束参观，看见公路北侧有一个牌坊，上面写着"新村"。经核实，这里是黄堡镇的新村。

沿着来时的路向西往回走，2点04分来到耀州窑博物馆门前准备参观。耀州窑博物馆外部建筑的颜色使用了陕西土壤的红色，门前一个巨大的耀州窑提梁倒流壶模型代表了这里古代工匠的高超技艺和耀州窑的辉煌历史。2点12分进入博物馆参观，这里按顺序展示了唐、五代、北宋、金元、明、清及民国时期的耀州窑器物，特别是五代时期一件带有"官"字款的残片表明这里早在五代就曾为宫廷或官府烧造过贡器。

附录·图58 陈炉镇

附录·图59 窑神庙

附录·图60 大戏台

下午 4 点 06 分离开耀州窑博物馆前往陈炉镇（图 58）。据载，陈炉镇也是古代制瓷的中心窑场，距离黄堡镇不远。开车发现，竟然大部分时间都是上坡路，心想回来时下坡驾车危险一定大得多。路随山转，转弯甚急，开惯了平坦大道的人在这里极不习惯，需倍加小心。放眼望去，山间沟壑纵横，山坡梯田盘绕，蓝天白云、绿树红土、斜阳余晖、窑洞人家，风光别有不同。突然想到，陶瓷是人类融合了金木水火土"五行"之气的产物，而唐三彩的主要色调黄、绿、赤褐加之蓝、白，不正是阳光、草木、土地、蓝天和白云的颜色吗！古人一定是受到大自然的启发并借鉴了自然的颜色才烧造出举世闻名的唐三彩，特别是赤褐色与这里的土壤色调暗合，这是大自然赋予工匠的灵感。而工匠又把大自然的这种色彩，通过土与火的艺术创造凝结在了一件件精美的、汇聚了山川万物和人类灵气的器物上。

一路驶来要靠导航，但偶尔也要询问行人，核对方向，生怕走错了路，因为下午的时间已不是很多。傍晚 5 点 12 分来到了位于半山坡上的陈炉古镇，这里是位于山坡上的一块不大的平地形成的广场，一个巨大的烟囱矗立在广场上，直插云霄，十分醒目，一些仿古建筑正在施工中。停好车后与镇上一户张姓人家攀谈，了解到这里便是陈炉镇中心地带，也是古代陈炉窑场集中的地区，现在古窑遗迹已经不多，但广场边上还可见到清代窑炉；广场上的一排马蹄形小窑炉及有着大烟囱的圆窑，都是 80 年代建筑。与施工人员交谈，方知他们正在建窑神庙（图 59）和大戏台（图 60），而且准备在 9 月 26 日举行开窑仪式，并祭祀窑神。一位年龄较大的当地人叹息着告诉我，她从小在这里长大，这里原来有清代的窑神庙和大戏台，非常古典好看，后来都被拆掉了，如今仿照原来的窑神庙和大戏台新修的建筑怎么看都不如以前的有韵味。我仔细

附录·图61　著者在发现的第一座清代窑炉旁　　附录·图62　第一座窑炉的窑门　　附录·图63　第二座清代窑炉及作坊　　附录·图64　第二座窑炉的大门

观察这两座几近完工的建筑，突然发现窑神庙下面有一个跪着的人像，询问才知是秦桧的造像。相传原窑神庙前就有秦桧造像，但后来不知哪里去了，现在重新制作一个。因人们痛恨秦桧，便让他在这里跪着赎罪。

我急于寻找古代窑炉遗迹，在广场周围边问边找，终于在傍晚5点53分找到第一座清代窑炉。我心里一阵狂喜，这是一座保存十分完整的清代马蹄形窑炉，也是我见到的第一座完整的古代窑炉。于是自拍留念，留下了美好的瞬间，也变成了永恒的记忆（图61）。

不久又在不远处发现第二座清代窑炉（图63）。窑门旁边的一块木牌上清晰地记载着：

清代窑炉

此窑为清代遗存的一处窑炉遗址，由陈炉当地陶瓷余渣合成"三六九式"大红砖砌成，耐火性能好。窑体内分炉栅和燃烧室、窑床、烟道三部结构，一个入口，拱券顶上有三个"印窗"。因其平面似马蹄，外部形制酷似馒头，故称为"马蹄窑"或"馒头窑"，又叫"半倒焰式馒头窑"。烧窑时，最高温度可达到1360摄氏度，烧制时间根据窑炉大小从四天四夜至半个月不等，烧出瓷器"视其色，温温如也，击其声，铿铿如也"。

至此，到陈炉镇的考察目的已经达到。今天的访古日程结束，踏上回程，准备今晚"驻跸"铜川市。回程途中一时停车拍摄路两旁的风景，但见群山起伏，梯田层层，

附录·图65 群山起伏，梯田层层，人家散落，草木杂生，夕阳的余晖撒在远处山坡的红土上，一簇簇火苗似的，仿佛千年前窑炉的火焰点缀其间

人家散落，草木丛生，余晖洒在远处山坡的红土上，一簇簇火苗似的（图65），仿佛千年前窑炉的火焰点缀其间，红红绿绿的样子，一派秀美的西北田园风光。途中偶尔见到道路两旁山体如被刀劈斧砍似的切开，像两扇红色的插屏，整齐地立在两侧，那是人类开山修路、征服自然的杰作，目光掠过山体，猛然间想起这并非来时上山的道路，导航导引的是一条与来时不同的路，下坡的路更加连续而陡急，怎奈不识路，只能使出浑身解数掌控车辆，任随导航一路引去，待到铜川事先定好的住处，只觉浑身疲惫，两眼酸楚得已无力睁开。

晚上8点22分，在宾馆旁边的一个小饭店吃晚饭，点了一盘辣椒拌豆腐，一个木须肉盖浇饭，为了解乏，要了两瓶啤酒，反正至少明天上午的安排里没有开车这项计划。我七八岁的时候，村里的供销社才开始卖啤酒，几毛钱一瓶，喝起来有一股浓浓的玉米秸秆味道。酒一进肚子，话就多了起来，天南海北地与店里的服务员畅聊。一位20岁左右的小伙子问我，如何才能学好英语。我说学英语的关键在于听和说，假如你没有听清对方说什么，你当然回答不了，因此如果听力不好，那么英语等于白学了。比如小孩子跟着大人学说话，几岁后就能进行基本的交流。他也不懂什么是语法。一些人不懂主语、谓语、宾语，但与人交流并没有任何问题。

我喝了一口啤酒，继续话题。现在的高校毕业生大多都有英语证书，但是一些学生无法与外国人交流，既听不懂又说不出，盖因接受的是应试教育，不太注重交流。小伙子又问，怎么能学好听力和口语？我说，首先要选好一本教材、一份音像制品，反复练习，切忌买一大堆书籍和光盘、磁带，埋在书海里学，最后没有抓住主要的，等于白费工夫；其次要练习几百句经典句子，反复听和说，想学习语言，先要搭好一个语言的框架，在需要的时候直接填入单词；最后，每天看英语类电视节目、收听英语广播，我曾经每天戴耳机听一小时英语广播，坚持了一年多，听不懂也听，目的是刺激听感，这导致一侧耳朵出现短时间的神经性耳鸣和听力损伤，当然我是不提倡长时间戴耳机的，因为对听力有影响。按以上方法坚持一年，你的英语听说一定没问题……小伙子连连点头称谢。

晚上发朋友圈，全文如下：

北线访古第四站：今天中午约12点30分到达陕西铜川黄堡镇，开始对耀州窑遗址考查。先后参观了黄堡镇耀州窑遗址、唐三彩发现遗址、耀州窑博物馆，并参观了陈炉镇的古代窑炉及窑神庙、大戏台等建筑。由于半天时间去了四个地点，所以时间非常紧张，人也疲乏得很。通过今天的参观学习，对耀州窑的瓷器烧造情况有了较为全面系统的了解，眼力也有所提高，可见眼力的提高需要付出一定代价，包括精神和物质的。今天的耀州窑考查已完，累得筋疲力尽，头昏眼花，但目的达到了，至此访古第四站结束，明天逛逛铜川市的古玩市场，然后去法门寺地宫博物馆参观秘色瓷。谢谢大家关注，晚安。（图片略）

9月11日 星期二 耀州区博物馆、昭陵、韦贵妃墓、长乐公主墓

上午醒来已快到10点，找了个早点铺子吃了两个包子，喝了一碗稀粥，与铺子里吃饭的几个人聊天。他们听说我是搞收藏的，现在正访问窑址，说自己也喜欢收藏，临走时其中一人坚持为我付费。我执拗不过，5元钱，钱不多，心里还是蛮感激的。同是收藏人，何必曾相识，祝他们一生好运！

饭后回到宾馆又休息了一阵子，然后打车来到昨天保安提到的文庙，想参观耀县博物馆，待到文庙时已是中午12点35分。

耀县是原来的名称，现今已改为铜川市耀州区，文庙（图66）辟为铜川市耀州区博物馆。门前立着一块石碑，上写"陕西省第二批重点文物保护单位 文庙 时代 金 公布单位：陕西省人民委员会 公布时间一九五七年五月三十一日 铜川市人民政府立 一九八三年十月"。旁边一块石碑上写着"文武官员军民人等至此下马"。

这里其实是纪念孔子的文庙，文庙的主要建筑是大成殿，内有孔子坐像。文庙里展出了一些瓷器，我

附录·图66 文庙

附录·图67　昭陵　　　　附录·图68　北司马门门址　　附录·图69　西石刻遗址及石刻
　　　　　　　　　　　　　及石刻昭陵六骏　　　　　　昭陵六骏

咨询工作人员，陈万里先生当年发现的"德应侯"碑原件是否保存在这里？对方回答说没有。

　　下午1点13分参观完文庙的耀州区博物馆，想去古玩市场看看，询问路人，告诉我去问问不远处的"张哥"。我按照那人所指的方向一路循着"张哥"问去，两个人都说并不姓张，也不知道我问的古玩市场。不远处有一处名曰"藏阁"的店铺，猛然醒悟其实并无"张哥"，一定是我听错了，应是指"藏阁"店铺。于是进去询问店主人关于铜川的古玩市场情况，发现主人正在打电话，我不想打扰他。出来询问开三轮车卖凉皮的一位男子，告诉我随他去即可，结果走了大约十几分钟，男子来到一处，指了指旁边的一排门房，说这里原本是古玩店，但现在不是了，让我自己再找找看。无奈，我只好打上出租车，让司机拉着我去找古玩市场。出租车每天都在街道上转，一般都很熟悉情况，过程自不必细说。逛完古玩市场，最大的收获是得到了带有"政和"字样的耀州窑瓷器残片，心中很是高兴。

　　铜川距离唐昭陵较近，既然来到这里，便想参观一下，或许能看到附近博物馆里展示的瓷器。下午3点12分出发，4点08分到达昭陵（图67）。昭陵是唐太宗李世民的陵墓，位于陕西省礼泉县城东北22.5公里处的九嵕山主峰上。大门为三孔石牌坊，上书"昭陵"。进门后不远处为李世民的巨大雕像，雕像左右各有三根蟠龙圆形立柱。

　　不久来到昭陵六骏前，昭陵六骏为现代石雕，再往后是享殿遗址，参观到此结束。李世民的陵墓就在享殿后面的山峰里，但没有上山参观的道路，有一个警示牌子上写着"山高路险，请勿攀爬，注意安全不留遗憾"。至此，心里还是有些遗憾，因为并没有到达墓前，也不知景区不修建到达陵墓位置的路是出于什么考虑。旅行到此的人聚

附录·图70 韦贵妃墓　附录·图71　山顶上的方形建筑　附录·图72　长乐公主墓　附录·图73　长乐公主墓南面的景色

在一起议论此事，其中一人说原因是据某某专家讲，这里的一草一木也不能动，所以山上不能随便修路。

傍晚5点16分离开昭陵，5点24分到达韦贵妃墓（图70）。韦贵妃墓是昭陵的陪葬墓，建在一座小山上，埋葬的是李世民的一位妃子，一条石阶路直达山顶墓室上面的方形建筑。拾级而上，道路两旁有一些守护陵墓的石兽，有的风化腐蚀严重，有的已残缺，大致能看出是狮子或狻猊之类。此时只有两三游人，石阶路上甚是幽静。突然，一只硕大的喜鹊被惊起，扑打着翅膀从眼前飞过。我心想，韦贵妃曾经深得李世民喜爱，这喜鹊也许是她的化身，从前世来到了今生。这样想着，心头不禁涌上一种莫名的感觉。不多时已到山顶，山顶上有一座方形新修的建筑保护着地宫的入口，也许就是曾经的封冢的形状，但我记忆中古代封冢大都是圆形或宝顶形的，方形的很少。刚才听山脚下的人说，因为墓室正在整修，所以不能参观地宫。

下到山下已是傍晚5点40分，道路一侧的牌坊上写着"长乐公主墓"，打听后得知长乐公主墓可以参观，而且地宫也对外开放参观，于是驾车沿路寻去。不多时来到售票处，向工作人员简单了解情况后便开始参观，但景区管理人员提示我地宫内不能拍照，并有一名工作人员时刻跟随着我。

傍晚5点54分来到长乐公主墓（图72），墓建在不高的坡上，墓前有东西二阙台，墓顶上方的建筑也是方形，工作人员介绍说唐代墓的封顶就是方形。墓前有石碑，上记"长乐公主（621—643）名丽质，唐太宗第五女，文德皇后生，十三岁下嫁长孙冲，二十三岁暴病而亡，陪葬昭陵"，落款是"昭陵博物馆1991.8"。地宫入口处的墙壁上也有长乐公主墓简介，是可以拍摄的，部分内容摘录如下：

长乐公主（621—643），字丽质。唐太宗嫡长女，母长孙皇后，是唐太宗李世民的第五女。李丽质性格聪慧开朗，为人仁爱，以美貌而闻名又擅长书画，深受李世民与长孙皇后宠爱，贞观二年（公元 628 年），诏封长乐郡公主，食邑三千户。十三岁下嫁长孙冲，二十三岁暴病而亡。

古人视死如视生，女儿在世时李世民恨不能把天下最好的东西全都给她，死后亦然。昭陵玄宫内设置五道石门，贵戚功臣和妃主墓一般只设一道石门。唯独长乐公主承恩特葬，墓室甬道内设三道石门。这在昭陵已发掘的陪葬墓中仅此一例。显然，太宗给女儿安排了最高规格的葬仪。

沿着墓道往地宫走去，地宫幽深，墓道缓缓通向尽头的官床，两侧的壁画局部已有脱落，壁龛中摆放着文臣武将的唐三彩造像，造像精美得无法想象，堪称国宝。怎奈跟随人员禁止拍摄，因此无法向读者展示 1300 多年前唐代陶瓷工匠的杰作，心里感到非常遗憾。将近尽头时甬道上不时出现几重券门，可见墓葬规格之高，尽头摆放棺椁处面积有几十平方米，穹顶呈圆形，玻璃棺内摆放着三块骨头，一块是头骨、一块是腿骨，还有一块无法分辨。跟随人员解释说，唐朝末年黄巢的军队来此盗走了随葬品，五代时期军阀温韬又一次来此盗掘，因未见随葬品，为发泄不满，临走前将长乐公主的棺椁和尸体一起焚化，只剩下这三块骨头。

傍晚 6 点 14 分参观完地宫，来到外面，拍摄墓周围的景色，南面的景色很是优美，山峦与树木掩映在余晖里，一棵枯树傲然屹立在树丛中，组成美丽与凋谢的反差画面，似乎在述说着长乐公主短暂而凄美的一生。来到不远处的售票处，与工作人员聊起甬道内壁画保护问题，也留下了一些建议，还是玻璃幕墙保护效果好些，参观不受影响。离开前环顾四周，但见北面与远处山顶上的韦贵妃墓遥遥相望，东面果园硕果累累，但愿这优美的景致以及飘香的果园永远伴随和守护着美丽的公主。

傍晚 6 点 26 分离开长乐公主墓，下山途中发现路旁有一排荒废的窑洞。景区附近的窑洞还是有文章可做的，比如改造成民宿、餐馆，很多来自平原地区的游客愿意尝试一把住窑洞的感觉。关键看人们的意识和理念，其次才是如何运营和管理。

前行的车轮不会停止，按规划好的行程，一路向下一站法门寺驶去。晚上 8 点 24 分来到一座牌坊前，已是掌灯时分，街道两侧一片灯火辉煌，远远望去，牌坊上面"扶风"二字隐约可见，知道已到达法门寺所在地陕西省扶风县县城。

在县城安顿好住处后，来到一家餐馆吃晚饭，主人看着是诚实的一家三口人，与男主人交谈，方知这里只有饺子和面食，我想要一二小菜，主人笑着说当地人吃饭都很简单，要一盘面食吃完就走，不像北方人吃饭那么正式，还要酒菜。我说我就是北方人，主人笑了。这时我明显感到疲惫和饥饿，看来今晚只好将就了，一盘饺子果腹也不错。饺子皮有些厚实，我和男主人调侃，是不是这里的面粉产量多所以饭馆里的饺子皮就厚些？我可是爱吃馅大皮薄的。主人又笑了，说或许是你说的这样子。

回到住处，拿出淘来的古董瓶子欣赏了一阵子，接着看电视剧《三国演义》，正在演第三十六集蒋干偶遇庞统这段，二人喝茶用的小茶缸好像是紫砂的，心想紫砂壶的发明和使用应该是在明代，三国时期没有。看着蒋干右手端着茶杯，左手用衣袖挡住嘴喝茶的样子，心里不禁好笑，这个历史人物真是令人啼笑皆非，前番中了周瑜的反间计致使曹操误杀了水军都督蔡瑁、张允，此番引见庞统给曹操使得曹军的战船连在一起，为东吴的火攻准备了条件，也成就了周瑜的千古美名。看看时间，已是午夜时分，该睡了。

晚上发朋友圈，全文如下：

北线访古第五站：今天参观了铜川市耀州区博物馆（文庙），去了铜川市的古玩市场，然后驱车赶赴礼县，参观了李世民的昭陵，并参观了韦贵妃墓和长乐公主墓。今天的斩获品有二：一是带有"政和"字样的耀州窑盏残片（具体见以后拙著），二是清代耀州窑仿磁州窑的双耳洗口瓶（见下面照片），上面有铭文"闻香下马，五味知足"，有褐色铁锈花纹，十分古拙和精美。今天参观昭陵时没有见到地宫，据说是景点还没有开发到地宫处，目的是为了保护陵墓自然景观，有些遗憾，只有陵北的一些遗址。今天最震撼的是在参观长乐公主墓地宫时看到地宫内的唐三彩人物骑马俑、伎乐人物骆驼俑、文官及武士俑，太精美了，简直美到难以置信！不但堪称国宝，据我看来，应该是全世界全人类的宝物，价值连城绝不夸张！可惜不让拍照，原因无法理解。参观时发现长乐公主墓的壁画裸露在空气中，且局部已有剥落，已建议园区管理人员尽快报批修复和保护，同时提出了壁画保护的具体措施：用玻璃罩密封保护，里面充满与原始墓室一样成分、温度和湿度的气体。至此访古第五站结束。晚上已到达扶风县，明天参观法门寺地宫及博物馆并观摩秘色瓷。（图片略）

9月12日 星期三 法门寺、乾陵、永泰公主墓、章怀太子墓、懿德太子墓

早上8点56分在街头喝了一碗老豆腐，这是北京人的称呼，东北人称之为豆腐脑，这里称之为豆花，里边还真放了几颗煮胖了的黄豆粒。

附录·图74 法门寺

附录·图75 法门寺博物馆
（珍宝馆）

附录·图76 法门寺合十舍利塔

附录·图77 秘色瓷碟

附录·图78 秘色瓷碗

附录·图79 银棱鍒漆平脱鎏金
雀鸟团花纹秘色瓷碗（复制品）

附录·图80 鎏金双轮十二环禅杖

附录·图81 多重宝函

（法门寺博物馆藏）

上午 9 点 30 分驱车来到佛教圣地法门寺（图74），这里已经形成了法门寺佛文化景区，殿宇众多，宝塔矗立，规模十分宏大，佛教色彩浓重。

进入法门寺，首先参观了法门寺博物馆，法门寺博物馆又称法门寺珍宝馆，因为这里展示着大量出土自法门寺唐代地宫的精美文物。我重点观摩了秘色瓷器，这是我此行的主要目的。法门寺地宫总计出土了 14 件秘色瓷器，其中碗 7 件，盘碟 6 件，均记册在案，称之为秘色瓷。另 1 件净瓶虽然没有记录，但已被归为秘色瓷一类。据载 14 件秘色瓷中 12 件釉色为青色，另有 2 件碗为草黄色、银棱。参观中仅见到 4 件秘色瓷，包括 1 件秘色瓷碟（图77）、1 件秘色瓷盘和 2 件秘色瓷碗（图78），还有 2 件银棱外壁鍒漆碗的复制品（图79），其余的可能在各地博物馆展出或保存起来。由于这里灯光过于昏暗，无法看清秘色瓷的本来色调，很是遗憾。参观了这里的包括鎏金双轮十二环禅杖（图 80）在内的大唐珍宝展，并参观了宝塔下的地宫，地宫内禁止拍摄。地宫内藏有三枚佛祖舍利影骨，而另外一枚佛祖指骨真身舍利据工作人员介绍存放在专门修建的合十舍利塔内，每逢周六日和农历初一及十五才能隆重奉迎出来供游人参观和礼拜。中午 12 点 59 分离开法门寺，前往下一个参观地乾陵。

下午 2 点 17 分先在乾陵下的一家餐厅吃饭，要了 12 元一碗的西北特色臊子面，我问臊子面名称的来历，女主人却并不了解名称的来由。她介绍了臊子面的组成：圆面条（机器做）、韭菜、猪肉、胡萝卜、芹菜、豆角、过油豆腐、辣椒、酸汤。吃起来确实有一股浓郁的地方特色味道。

下午 2 点 33 分开始参观乾陵（图 82）。景区有乾陵简介如下：

> 乾陵是唐高宗李治和中国历史上唯一的女皇帝武则天的合葬陵，位于陕西省咸阳市乾县城北海拔 1047.3 米的梁山上，是中外著名的旅游胜地。乾陵是唐代"因山为陵"葬制的典范。陵园内现存华表、翼马、石狮、无字碑、述圣记碑等大型石刻 120 余件，被誉为"历代诸皇陵之冠"和"盛唐石刻艺术的露天博览馆"。乾陵陵园的东南隅分布有陪葬墓 17 座。目前正式对外开放三座陪葬墓，出土了唐三彩、唐墓壁画、石椁线刻画等珍贵文物 4300 余件，被誉为"唐代文化艺术的宝库"。

乾陵建在梁山上，一条宽阔的大道（神道）通向山脚，道路两旁排布着石像生，有鸵鸟、仗马与牵马石人、挂剑石人像（又称翁仲或直阁将军）等，石像生的尽头是阙楼遗址、六十一藩臣石像（图 83）、石狮等建筑。再往后是清乾隆年间立的"唐高宗乾陵"石碑（图 84），旁边是文物保护石碑，标明乾陵是 1961 年 3 月 4 日公布的第一批全国重点文物保护单位。

再往后走道路变得窄了起来，路边一方巨石上刻着"乾陵"二字，落款是"一九六三年三月 郭沫若"。著名学者、诗人郭沫若先生为了在有生之年目睹可能保存在地宫中的王羲之《兰亭序》，主张发掘乾陵，但由于种种原因和文物保护条例限制，乾陵至今没有被发掘。从这里向梁山望去，在山体的西面山坡上，有一道由裸露的山石形成的带状轮廓，据说那就是唐末黄巢率兵寻找乾陵地宫时挖掘山体形成的，后人称之为黄巢沟。但那次黄巢挖错了方向，因而并没有找到地宫入口。再往后的路面变成了砖铺的路面，而且越来越窄，直到山脚下，这里再往前已没有人工修建的路面，山坡上只有游人踏出的小路，弯弯曲曲地通向梁山主峰，石面已被踏得光滑，同行的

附录·图 82　唐 乾陵

附录·图 83　唐 乾陵六十一藩臣石像

附录·图 84　唐 高宗乾陵石碑

附录·图 85　上山的路

附录·图 86　山顶拍摄的陵园南面的风光

附录·图 87　无字碑

游人说，当初山石缝隙中都被灌满了铁水，使得地宫与山体成为一个十分坚固的整体。到达山顶时已是下午 3 点 21 分，唐高宗和武则天就埋葬在这座巨大的山体中，传说地宫内埋藏着大量珍宝，王羲之的《兰亭序》也被埋藏于此，而并非在李世民的昭陵内。山顶微风徐徐，四周山色秀美，真是一处绝美的风水宝地。

下午 3 点 38 分从梁山主峰开始下山返回，下山的路比来时更难走。3 点 56 分来到陵园中的无字碑（图 87）前，石碑位于一块平坦的地面上，一旁有一块石头，上面刻字如下：

无字碑

中宗李显为母后武则天而立。通高 8.03 米，重约 98.8 吨，为碑中之巨制。

初立时，未刻一字，宋、金以后多有文人学士题诗刻文。

在碑座周围的栏杆内的一角落处，也立有一块说明此碑的牌子，其文曰：

无字碑

因唐代初立时未刻一字，故称"无字碑"，或称"没字碑"。乾陵无字碑通高 8.03 米，总重约 98.8 吨。圆首方趺，碑身由一块完整的巨石雕成，高 6.54 米，宽 2.10 米，厚 1.49 米。长方形座长 3.37 米、宽 2.61 米，高 1.49 米。碑首镌刻八条螭龙相互缠绕，碑身两侧与碑座四侧线雕云龙纹和瑞兽纹饰。宋金以后始有游人题诗刻文。

仔细观看碑上刻写的文字，其中一段是"大明嘉靖四年六月上旬陕西布政使霍州郭韶陕西宪副洪洞韩士奇 游此"。看后我在想，出于文物保护的目的，今人绝对不可以在文物上乱刻乱画，这是毋庸置疑的。但宋金之后的古人却在碑上刻了很多文字，而且大都是文人或官僚，一方面说明当时陵园文物保护力度不够，一些人想借此碑留名千古，另一方面也给我们提供了一些历史文字资料，反映了当时的社会习俗。不管什么时期，在文物上乱刻乱画都是不被允许的。古人在此无字碑上刻字的目的是想借助此碑千古留名，其做法任凭今人评述，想来实是令人啼笑皆非甚至有些厌恶的感觉。

下午 4 点 08 分离开乾陵，前往乾陵景区的另一个景点永泰公主墓（图 88）。4 点 30 分到达永泰公主墓，永泰公主墓陵园内现已开辟为乾陵博物馆（包括乾陵文物精品展以及武则天时代展），展示了大量的出土文物。陵园内有关于永泰公主墓的简介，摘录如下：

永泰公主墓简介

永泰公主原名李仙蕙，字秾辉，是唐中宗李显的第七个女儿，唐高宗和武则天的孙女，公元 701 年去世，时年 17 岁，公元 706 年被迁至乾陵陵园，作为陪葬。

永泰公主墓的发掘工作从 1960 年 8 月开始到 1962 年 4 月结束。墓道全长 87.5 米，深 16.7 米，宽 3.9 米。墓室有 6 个天井，8 个便房，每两个便房对称，呈 4 组，便房中有各种大量的陪葬品，比如陶俑、唐三彩等。

永泰公主墓被盗过，但仍然出土了 1353 件种类繁多的珍贵文物，他们反映了古代劳动人民的聪明才智，对唐朝的政治、经济、文化、艺术的研究留下了弥足珍贵的资料。

附录·图88　唐 永泰公主墓（乾陵博物馆）　　　　　　附录·图89　唐　　附录·图90　唐　永泰公主
　　　　　　　　　　　　　　　　　　　　　　　　永泰公主墓地面　　墓园内苍松翠柏、花团锦簇
　　　　　　　　　　　　　　　　　　　　　　　　封冢

附录·图91　唐 陶彩绘胡人骑　附录·图92　唐　附录·图93　唐　附录·图94　唐 三彩贴花马
马俑（昭陵博物馆藏品，乾陵博　彩绘釉陶载物骆驼　三彩骆驼（乾陵　（乾陵博物馆藏，唐永泰公主
物馆 展出）　　　　　　　　　（昭陵博物馆藏品，　博物馆藏，唐永　李仙蕙墓出土）
　　　　　　　　　　　　　　　乾陵博物馆 展出）　泰公主李仙蕙墓
　　　　　　　　　　　　　　　　　　　　　　　出土）

附录·图95　唐　附录·图96　唐 永泰公主墓地宫内
永泰公主墓地宫长　精美的壁画
长的墓道（甬道）

　　傍晚5点24分参观完永泰公主墓后，驱车赶往章怀太子墓，一路上感慨万千，心中久久不能平静。那是一个怎样传奇的时代，一个年轻如花的生命瞬间消失，留下了一段令人无限伤感的、凄凉而美丽的爱情传说。

　　在《走进神秘乾陵》[①]中，有一篇唐代诗人宋之问的堂弟宋之悫，和唐永泰公主李

---

① 　周矢. 情殇 [J]. 各界特刊，2000（1）：120.

附录·图 97　唐 章怀太子墓　　　　　　　附录·图 98　唐 懿德太子墓

仙蕙的爱情故事，故事的结局是李仙蕙迫于武则天之命嫁给了魏王武延基，不久后离奇死去。而宋之闵借为永泰公主李仙蕙修墓之便暗留地道，最终自杀殉葬在永泰公主墓中。永泰公主李仙蕙也留下了生前所做的悲情诗作《冬日咏菊》："中元孕新枝，重阳曾留香；琼萼已凋春，冬日何长长。"1260 年后的 1961 年，永泰公主墓发掘开启，人们在墓道内廊一处倾斜 35 度的洞穴中发现一具呈坐姿的骨骸。虽然有专家认定这是一个盗墓贼，但也有人认为这个人就是自杀殉葬在公主墓中的宋之闵，因为人们更愿相信这段传说中的美好的爱情故事。

现在的唐永泰公主墓园修茸一新，乾陵博物馆也位于此处。园内苍松翠柏、花团锦簇、绿草如茵。愿美好的景色永远陪伴着美丽的公主，愿美丽的传说永远流传，愿天下有情人终成眷属。

永泰公主墓、章怀太子墓及懿德太子墓相距很近。傍晚 5 点 29 分到达章怀太子墓（图 97）。墓园内章怀太子墓简介摘录如下：

　　章怀太子名贤，字仁，是唐高宗与女皇武则天的次子。曾封潞王、沛王、雍王，食邑万户。上元二年（675）六月册封为皇太子。曾注范晔《后汉书》。调露二年（680）以"忤逆"罪被武则天废为庶人，贬于巴州（今四川巴中市）安置。文明元年二月终于巴州公馆，并葬于巴州城南化成山麓，时年 31 岁。中宗神龙二年（706）7 月，以雍王身份陪葬乾陵。睿宗景云二年（711）追谥为"章怀太子"，并将其妻清河房氏与之合葬。

　　墓为覆斗形封土堆，1971 年 7 月至 1972 年 2 月发掘。地下部分由斜坡墓道、过洞、四个天井、六个便房、甬道、前墓室和后墓室等组成，全长 71 米，宽 3.3 米，深 7 米。虽曾被盗，仍出土墓志两合及大型唐三彩、彩绘陶器、铜镜等珍贵文物600余件；大型壁画50多组，著名的有"客使图""马球图""狩猎出行图""观鸟捕蝉图"等，大都保存完好，为研究唐代社会政治、军事、外交及文化艺术提供了珍贵资料。

章怀太子墓形制与永泰公主墓类似，其出土的部分文物在乾陵博物馆展出。由于时间所限，5点39分结束参观，前往下一个景区懿德太子墓。

傍晚5点46分到达懿德太子墓（图98）。墓园内懿德太子墓简介摘录如下：

懿德太子李重润，是唐中宗的长子，唐高宗和武则天的孙子。懿德太子在公元701年去世，时年19岁。他于公元706年被迁葬乾陵陵园，陪葬乾陵。

懿德太子墓的发掘工作从1971年开始，墓道长100.8米，有7个天井，8个便房。墓室曾经被盗，但仍然出土了2000多件珍贵文物，比如陶俑、唐三彩等，出土的著名壁画有"阙楼仪仗图""驯豹图"等，这些都反映出古代劳动人民的聪明才智，这些对唐朝的政治、经济、文化、艺术的研究留下了弥足珍贵的资料。

懿德太子墓园也是唐懿德太子墓博物馆，这里有懿德太子墓出土文物陈列室，展示了一些珍贵文物。

附录·图99 唐 贴金彩绘铠甲骑马武士俑　附录·图100 唐 三彩三足鼎
（唐懿德太子墓出土，唐懿德太子墓博物馆藏）

傍晚6点13分结束参观，驱车前往下一个参观地西安碑林，到达西安安顿好住处，晚上10点22分在西安吃过晚饭，发完朋友圈后沉沉地睡去。

晚上发朋友圈，全文如下：

北线访古第六站：今天上午参观了佛教圣地法门寺，包括法门寺地宫和法门寺博物馆（珍宝馆），观摩了法门寺地宫出土的4件秘色瓷（共出土14件，其余在各地博物馆），包括2件秘色瓷碗、1件秘色瓷碟和1件秘色瓷盘，由于展厅内灯光昏暗，根本看不出本色，基本都是草黄色，所以非常遗憾（见发的一个碗图）。下午参观了乾陵、永泰公主墓（也是乾陵博物馆）、章怀太子墓和懿德太子墓，由怀古引发的心情有些伤感和怅然，思古及今，有些悲伤。高兴的是看到了大量的唐三彩，特别是永泰公主李仙蕙地宫中出土的那件（见下图）异常精美。至此，访古第六站结束。今晚已到西安，刚吃完饭，赶紧发朋友圈，向大家汇报今天的情况。明天还有好消息。晚安。
（图片略）

9月13日 星期四 西安碑林博物馆、陕西历史博物馆

早晨匆匆吃了一碗馄饨，时间已是8点20分，问了一下住处到碑林博物馆的距离，步行即可到达，到达西安碑林博物馆（图101）已是早上8点32分。牌楼式的大门，上书"西安碑林博物馆"，三个方形门洞，乳钉朱漆大门，一对狮子分立大门两侧，古朴而典雅。

附录·图101　西安碑林博物馆大门

院内有西安碑林博物馆简介，摘录如下：

西安碑林博物馆，是以孔庙和碑林为基础建立的专题性博物馆。西安碑林始建于北宋元祐二年（1087年），现有七个碑石陈列室、八个碑亭、六个墓志廊，珍藏展示了秦汉至近代的各类碑刻4000余方。东侧石刻馆陈列宗教石刻《长安佛韵》，西侧石刻艺术室陈列汉唐陵墓石刻。另有四个展室，举办各类临时展览。西安碑林博物馆被誉为中国"历史文化宝库，书法艺术殿堂"。西安碑林博物馆现为国家一级博物馆和国家AAAA级景区。

今天来碑林博物馆的主要目的是参观王羲之《兰亭序》碑刻，想一睹碑刻真容并了解碑刻年代，有机会也顺便参观一下碑拓的过程。跟着参观的人群一路走去，来到一面墙下，墙上满满镶嵌着各种碑石，一名工作人员正在进行拓片操作，拓的是廖承

附录·图 102 往碑刻上贴宣纸　　附录·图 103 正在拓片　　附录·图 104 著者在兰亭序碑刻墙旁　　附录·图 105 墙上镶嵌的兰亭序碑刻（西安碑林博物馆）

附录·图 106 佛坐像（北魏）　　附录·图 107 弥勒像（北魏）　　附录·图 108 佛头像（北周）　　附录·图 109 观音菩萨立像（隋）　　附录·图 110 石刻佛造像　　附录·图 111 石刻碑　　附录·图 112 石人像

（西安碑林博物馆藏）

志于 1978 年书写的周恩来总理在 1919 年作于日本京都的一首诗《雨中岚山》，据说要赠送给即将到访的重要客人（廖承志后裔）。我循着墙壁上找，发现了镶嵌的碑刻中有两方王羲之的《兰亭序》碑刻，碑刻上方有"复刻兰亭序"的标牌。拓片的人说，这两方碑刻是复刻的《兰亭序》，原《兰亭序》碑刻应在库房中，由专人进行拓片，也谢绝游人参观。我不禁略感失望。于是就在此仔细观摩拓片过程，发现拓片过程大致如下：

往碑刻上贴润湿的宣纸并用棕树皮制的刷子刷平—用专用的毛刷压实纸面—贴边纸加固—用扇子扇风并晾干—用特制拓布墩拓片—略干后揭下贴边纸—揭下拓片。

随后参观了这里的石刻艺术馆，里面有大量精美的古代石刻雕像，为了解古代石刻艺术、体会古代造像神韵、提高审美水平提供了很好的学习机会。我买了两幅王羲之《兰亭序》拓片留念，工作人员说一幅拓片是褚遂良临摹的，另一幅是赵孟頫临摹的，馆藏的王羲之《兰亭序》大致是清代石刻，由专人在库房中拓片，不对游人开放。由于时间所限最后大致参观了这里的古代碑刻后于上午 10 点 31 分离开碑林博物馆返回宾馆，驱车前往陕西历史博物馆。

附录·图 113　陕西历史博物馆　　　　　附录·图 114　博物馆门前排队等待领票的人群

附录·图 115　秘色瓷碗和盘　　　　附录·图 116　五代青瓷提梁倒灌壶　　附录·图 117　明　彩绘仪仗俑群

（陕西历史博物馆藏）

中午 11 点 45 分到达陕西历史博物馆（图 113），停好车后就来到大门处准备领票进入，发现站队等待领票的人很多，一两个小时内不一定能排到，于是打车去了附近的古玩市场。从古玩市场出来，肚子咕咕叫，方知必须吃点东西。下午 2 点 42 分来到一处饭馆，要了一碗腊汁肉揪面片，13 元，一瓶汽水，200 毫升，价格 3 元左右，便仔细品尝起来。现在市场上饮料种类丰富，玻璃瓶装的汽水反而只有不多见的几个品种，喝起来很有些小时候才能感觉到的滋味。

下午 3 点 38 分，陕西历史博物馆门前排队的人依旧很多。但有特殊人群领票窗口，与里面的工作人员沟通，说明了我的哮喘病和肝脏肿瘤（良性），又说明了时间紧迫，却被告知不在特殊人员之列，此时天色将晚，保安已将排队人群的后面隔断，举着"今天门票发售完毕"的牌子，宣布停止排队，于是匆匆向排队中的一人说明情况，加了个塞后继续排队，待到领取门票进入博物馆，时间已是下午 4 点 15 分。

来陕西历史博物馆的主要目的是想观摩这里收藏的秘色瓷器及一件耀州窑提梁倒灌壶，据说有法门寺地宫出土的秘色瓷在此展出，当然也想观摩其他古代陶瓷，特别是著名的唐三彩。

陕西历史博物馆的古陶瓷展厅器物很多，规模宏大，无法一一道来，即使是到了将近闭馆的时间，参观的游人依旧很多。找到两件秘色瓷，一件是秘色瓷碗（图115左），一件是秘色瓷五曲花口盘（图115右），这里光线还好，基本上能辨别出瓷器的釉色，均为青色，但盘子的颜色青中有些偏黄。终于目睹了秘色瓷的本来面目，心中十分高兴，于是请保安人员帮助在秘色瓷旁合影留念。又仔细观赏了这里收藏的一件耀州窑倒灌壶（图116），并浏览了全部古代陶瓷后，在工作人员闭馆时间已到的提示下离开博物馆时，已是傍晚6点10分。从博物馆出来，顾不上休息，开车继续前往下一个目的地河南省宝丰县清凉寺，参观大名鼎鼎的汝窑遗址及出土器物，一路上辛苦自不必细说。

晚上发朋友圈，全文如下：

北线访古第七站：今天参观了西安碑林博物馆，看到了拓片的拓制过程。博物馆中除了石刻字碑外，还有大量的石刻雕像，异常精美。下午去了西安的两个古玩市场。最后参观了陕西历史博物馆，人非常多，排队领票等了很久，险些没参观上。博物馆中藏品丰富，气势恢宏，大量的唐三彩令人目不暇接。参观中看到了五代时期的耀州窑青瓷提梁倒灌壶。最重要的也是此行的目的是看到了2件法门寺地宫出土的秘色瓷，包括1件秘色瓷碗和1件秘色瓷五曲花口盘，灯光效果较好，一件为青色，另一件青中偏黄。至此到陕西访古的目的已全部达到，访古第七站结束。今晚正驱车赶赴河南平顶山宝丰县清凉寺，晚上疲惫了只能睡在车上了，预计明天中午前到达，汝官窑正在向我走来。旅途虽然辛苦，但是收获满满，心里是快乐的。（图片略）

9月14日 星期五 清凉寺汝窑、张公巷窑、汝州文庙

中午12点29分到达河南省平顶山市宝丰县清凉寺附近的宝丰汝窑博物馆，据说这里收藏着很多汝官窑遗址出土的器物，但被工作人员告知博物馆正在内部布展，暂停对外开放，要等到9月23日才可以参观，心中不免有些遗憾。于是步行前往几百米远处的清凉寺和汝窑遗址博物馆（图118）。

遗址博物馆的全称是"中国宝丰清凉寺汝官窑遗址展示馆"，里面展示了一些窑炉及作坊遗迹（图119），据现场资料记载，总共发掘出20座窑炉，其中7座为马蹄形，13座为椭圆形。遗址内还发现了玛瑙石，证明汝窑烧造时曾以玛瑙末入釉，与文献记载相符。展馆内设有四个玻璃展柜，内有器物残片和窑具。

附录·图118 清凉寺和汝官窑遗址展示馆外景　　附录·图119 展馆内发掘出　附录·图120 展馆内的汝窑
的古代汝窑遗址　　　　窑炉和作坊模型

附录·图121 清凉寺　附录·图122 清凉寺　　附录·图123 张公巷窑址
外部

从展馆内出来时已是下午2点18分，匆忙参观了与展馆一墙之隔的清凉寺（图122）。据现场资料记载，清凉寺始建于宋代，明万历和清嘉庆年间曾两次重修，现存部分建筑应是清代遗存。清凉寺的一些建筑正在重建，其所在的村庄称为清凉寺村。

下午2点35分离开清凉寺，前往张公巷（图123）。3点52分到达张公巷，张公巷位于汝州市，本是一条街巷，由于这里发现了古代窑址因而被称作张公巷窑。现场考古发掘并未全部完成，因此禁止入内参观。围墙上的宣传资料表明，这里发掘出了大量的器物及残片，并认为这里应是人们寻找多年的北宋汴京官窑遗址。发掘现场附近已建起了一条具有古代风格的街道，名为"中大街"，街旁店铺林立，成了旅游景点。张公巷窑是全国重点文物保护单位，但这里窑址的年代及出土器物的性质还需通过继续的考古发掘和研究来确定，这里将是喜欢陶瓷和收藏的人士考查、研究和学习的地方，也必将带动附近地区经济的发展。

下午4点11分离开中大街，返回停车处，开车前往汝州文庙，因为之前听说在文庙发现了汝窑窑址，4点33分到达汝州文庙，这里现在是汝州市汝瓷博物馆，展示了很多汝州出土的青瓷残片，包括张公巷窑址出土的残片。与工作人员交谈得知，这里并没有人们所说的文庙窑。也许是张公巷窑距这里很近，先前人们说的文庙窑其实和张公巷窑在同一片区域。

傍晚 5 点 15 分离开汝州文庙，前往下一处参观地禹州钧官窑址博物馆。晚饭在高速公路的服务区餐厅解决，餐厅设有"自种无公害蔬菜"宣传橱柜，这其实是向用餐人员的一种承诺宣传，无疑是一种进步的表现和姿态，也提醒人们绿色生态环境和绿色食品对人类的生存是多么重要。到达禹州市内当看到街旁矗立的"夏都 钧都"宣传墙时已是晚上 8 点 24 分。找好宾馆休息，准备明天参观这里的钧官窑遗址。

晚上发朋友圈，全文如下：

北线访古第八站：今天参观了清凉寺汝官窑遗址展示馆，看到了窑址及部分汝窑瓷片和窑具。遗址附近还有座宝丰汝窑博物馆，据说里面有大量汝窑出土的残片和器物，可惜闭馆重新布展，要等到 9 月 23 日才能开馆。今天也到了汝州的张公巷考古现场，但发掘还没有完成，也不对外开放。从现场宣传的发掘出土器物的照片及陈列在文庙的瓷片上看，当初有很精致的器物在此烧造或存放，因而张公巷汝窑遗址或许是第二处汝窑遗址，或者是官搭民烧性质，至少也可能是官方临时贮存汝窑器物的地方，但也不排除这里是宋金时期的青瓷民窑，具体结果还要等到进一步的考古发掘结果出来和发掘报告问世。最后参观了文庙（汝州市汝瓷博物馆），里面有一些汝州各地窑址出土的汝窑（确切说应为汝州青瓷）和钧瓷残片。对汝窑遗址的访问和观摩使我加深了对汝窑的了解，对汝瓷的辨别能力也有了进一步提高，至此访古第八站结束。现在正在赶赴禹州，明天访问钧窑遗址并参观钧窑器物。（图片略）

9月15日 星期六 钧官窑址博物馆、禹州神垕镇

早上 8 点 28 分，用水清洗了一下溅满污泥的车子，出发去往禹州钧台附近的钧官窑窑址。据载，禹州的名字是因为大禹治水有功受封于此地而得名大禹之州。宾馆距离窑址博物馆很近，上午 9 点 11 分到达钧官窑址博物馆（图 124）。博物馆是一栋现代化的三层大楼，大门口写着"钧官窑址博物馆"，这里古称钧台，因此窑址称钧窑，是钧官窑（或供御）的烧造地点。博物馆入口上方写着三行字，分别是"河南钧瓷博物馆""河南古陶瓷博物馆""禹州钧官窑址博物馆"。这里不仅展出本窑址出土的钧窑器物、残片及窑具，还展出属于民窑的神垕窑出土的器物残片，以及古代禹州地区其他窑炉烧制的器物和残片，如扒村窑、苌庄窑等。

"御用官钧"展厅展出了一些出土并经修复的钧窑器物和残片，以及一些制作精美的宋代官钧仿制品（其真品大都收藏在台北故宫博物院）。这里展出有一组带数字款识

附录·图124　钧官窑址博物馆　　附录·图125　钧官窑址博物馆内提供　附录·图126　仿宋钧官窑
　　　　　　　　　　　　　　　　　的出土标本与传世器物底款的对照图片　莲花式盆托（原件现藏台北
　　　　　　　　　　　　　　　　　　　　　　　　　　　　　　　　　　故宫博物院）

附录·图127　带有数字款识"一"至"十"　附录·图128　宋元　扒村窑遗址器物　附录·图129
的钧窑瓷片标本　　　　　　　　　　　残片　　　　　　　　　　　　　　元　白釉黑彩
　　　　　　　　　　　　　　　　　　　　　　　　　　　　　　　　　　龙凤梅瓶

（钧官窑址博物馆藏）

　　"一"到"十"的钧窑器物残片（图127）。从展品情况和现场资料来看，当初这些北宋钧官窑带数字款识的器物类型仅有花盆、盆奁和渣斗（渣斗也可能用作花盆），有些带有鼓钉类似笔洗的有数字款识的器物其实当初的作用也是盆奁。这些数字仅仅是为了器物成套组合使用方便而做的标记而已，这些器物应为北宋徽宗时期修建御用花园"艮岳"时园内使用的定烧器物。这里展出的钧窑制品有些是民窑烧造的器物。

　　从现场提供的资料看，直到明清时期禹州的民窑还在烧造钧瓷，这种民窑的烧造活动持续到民国时期。

　　两座钧官窑的窑址在博物馆后面，分别为"北宋钧官窑址双火膛窑"和"北宋钧官窑址倒焰窑"，窑址上均建有房屋保护（图130），工作人员说，当地正准备整修窑址及后续发掘工作，暂停对公众开放，因此此次无缘一睹宋代钧官窑窑炉遗迹的风貌。工作人员的解释很耐心，临走还送上一本导览手册。

附录·图130　宋钧官窑遗址两座窑炉的地面建筑

附录·图131　神垕老街

附录·图132　陶瓷官署

附录·图133　关
帝庙

附录·图134　伯灵
翁庙

中午 12 点 10 分离开禹州的钧官窑址博物馆，去往古代民窑钧瓷的烧造中心地区神垕镇，此行主要是想考察著名的神垕镇钧瓷窑场野猪沟，因为那里的古代制瓷业代表了钧瓷民窑的最高水平，此外也想一睹神垕古镇风采。下午 1 点 03 分到达神垕镇附近，路尽头的宣传墙上赫然写着"中国钧瓷之都""中国历史文化名镇"，中间是"神垕"两字。1 点 31 分在神垕镇一处饭馆吃了一碗面片充饥，饭后和附近的人打听野猪沟的位置，得知野猪沟在距此很远的山中，是个人迹罕至的地方，看看远处幽深的山峦，再回味野猪沟这个略带神秘和凶险的名称，加之时间也不够充足，于是打消了考查野猪沟窑场的念头，驱车向镇子中心区域驶去。在一处停车方便的地方停好车子，询问路边一位老人，得知神垕镇著名的古代街道"老街"就在距此不远处。老人的家就在此处，主动说帮我照看车子，谢过老人家并坚持送上一瓶随车携带的矿泉水后，步行前往老街。

一路边走边看，路两旁不时出现现代制瓷的标志和信息，路灯也被制成钧瓷模样。下午 2 点 15 分到达神垕镇老街（图 131）。

神垕镇地处伏牛山余脉的群峰环抱之中，古称神垕店，明代改称镇，自唐代开始烧造瓷器。神垕镇老街俗称"七里长街"，位于古老的肖河岸边，其故址连接着肖河两岸五个古老的村落，后来村落连成一片而成神垕镇。据载，神垕镇的卢姓匠人在晚清民国时期生产出了高仿的宋代钧瓷，被称作"卢钧"。与老街附近居民交谈得知，现在神垕镇并无对外开放的可供参观的古代窑址，这里曾经发现大量的钧窑瓷片埋藏区域，但都被保护性回填了，也许今后会开发利用。得知无窑址可参观，心里很是遗憾，因为对于收藏古代钧瓷的人而言，神垕镇名气很大，心中的神垕镇应是古窑林立，至少残存的窑址遗迹很多，开发和参观古窑址应该不成问题，如今却感到有些失望。旁边一位中年男子也表达了因没有古窑址可参观而产生的失落之感。虽然无窑址和出土器物可供参观，但老街的风貌依然很古朴，这里至今仍保留着很多古代建筑可供参观和游玩，置身其中有些穿越时空回到古代的感觉。这里有省级文物保护单位的明清时期"陶瓷官署"古建筑群（图132）、建于乾隆年间的关帝庙（图133）、始建于宋代的伯灵翁庙（图134）等古代建筑，其中伯灵翁庙前的介绍摘录如下：

　　伯灵翁庙被神垕当地人称"大庙""窑神庙"。始建于宋代，《禹州志》记载元延祐年间伯灵翁庙有重修的记录。1986年被定位"河南省重点文物保护单位"。整体风格为单檐歇山式建筑。伯灵翁庙特点在于石雕、木雕和彩绘非常的精美，庙门为山门和戏楼合二为一的设计，外观是庙门，而内里则是戏楼，戏楼正朝着窑神殿。窑神殿内供奉着三尊神像，中间是"土山大王"舜帝，为制陶业祖师。左首窑神则是战国时期的军事家孙膑（字伯灵），为烧炭业祖师。右侧则是当地供奉的火神"金火圣母"。

　　老街上有许多销售和展示当代钧瓷制品的店铺，有些器物制作得十分精美，这是当代钧窑工匠对古代钧瓷技艺的传承、创新和发展。游完老街后去了附近的古玩城，下午4点55分离开神垕镇前往下一个目的地——开封博物馆，当晚在高速公路的服务区餐厅吃晚饭：一盘饺子、一穗玉米外加一罐饮料，而后在车里发完朋友圈信息，已感觉到身体相当疲惫，于是躺在车里一觉睡去。

　　晚上发朋友圈，全文如下：

　　北线访古第九站：今天上午参观了钧官窑址博物馆，看到了一些钧窑古瓷残片和完整器物，特别是看到了出土的带有"一"至"十"数字的残片并进行了仔细观摩。遗憾的是，钧官窑址没有对外开放，工作人员说正在整修，也可能还要继续发掘。下午参观了有"中国钧瓷之都"之称的神垕镇。神垕镇是一座以钧瓷文化为主题的千年古镇，是古代钧瓷烧造的中心地区，但属于民窑烧造的范畴。参观了神垕镇的老街，咨询当地居民了解了一下情况，得知目前没有古窑址可以参观，当地还没有开发这个项目，但已发现了一处埋藏的瓷片区域并划出范围保护起来，可能今后会有窑址或遗址参观，因此有些遗憾。最后逛了神垕古玩城，据说每周二上午地摊很多，形成了古玩一条街。临走前在地摊上和店铺中买了几件心仪的当代钧窑小件器物。今晚赶赴开封，明天参观开封博物馆、逛古玩市场并到黄河边上寻觅具有神话般传说的北宋汴京官窑遗迹。（图片略）

附录·图135 开封博物馆

附录·图136 乾隆款朱漆菊瓣盘（开封博物馆藏）

附录·图137 开封博物馆展出的精美瓷器

附录·图138 佛和罗汉造像（开封博物馆藏）

附录·图139 古代佛造像（开封博物馆藏）

附录·图140 黄河开封段

9月16日 星期日 开封博物馆

早晨起来，在服务区洗漱完毕，开车继续赶路，前往开封。在高速公路出口被收费人员告知，我在这一段高速公路上超时了，我一头雾水。工作人员解释说，我经过的这段路是有最低速度限制的，要限时通过。我说可能是我在服务区休息了一晚上造成的，之前没有过这样的经历，今后如何避免恐怕也没法预测，因为我为了节省费用和方便旅行，经常在服务区的车中休息。

早上8点40分到达开封博物馆（图135），上午9点开始参观。开封博物馆里有很多陶瓷珍品，特别是有一个名为"祥开紫禁——馆藏明清皇家用品展"的展厅，展出了包括官窑陶瓷在内的皇家器物；馆内设有"梵影佛光——馆藏明清佛像展"，展出了很多精美的古代佛造像（图138、图139）。

下午2点05分离开开封博物馆，前往黄河开封段（图140），我之前没有到过黄河岸边的经历，今天想感受一下。开封博物馆的大屏幕上演示了历史上黄河多次决口给开封带来的灾难。陶瓷界有一个传说：历史上由于黄河水泛滥，北宋汴京官窑被埋在现今开封城下6~8

米的深处。下午 2 点 40 分到达黄河岸边，其实距离黄河还有两三百米。奔流不息的黄河宛如镶嵌在黄与绿的秋色中的一条银链，滋润着广袤的大地，孕育了黄河流域灿烂的古代文明，也演绎了无尽的人间悲欢离合，怎能不令人浮想联翩、感慨万千！由于天空中有一层薄云，也未到日落的时间，因此无缘欣赏王维诗中"长河落日圆"的壮美景象了。

为了能到达黄河岸边，近距离感受滔滔河水带来的震撼，我又重新选择了一条道路向着黄河靠近，但终因不熟悉道路而未能如愿，看看天色已晚，只好作罢，驱车返回黄河大堤，踏上返京的归程。

晚上发朋友圈，全文如下：

北线访古第十站：今天上午参观了开封博物馆。开封博物馆是一个综合性展馆，藏品丰富，种类齐全，很多窑口的瓷器在这里都能见到，还有明清宫廷用瓷及御用器物展出。特别是佛像展馆中有各朝代的佛像，如铜鎏金佛造像，都十分精美。此外还有玉器、铜器、铜镜等，是一个学习古玩和收藏知识的好去处。下午去了黄河边上，黄河开封段在开封市北十几公里处。历史上黄河曾多次决口，给城市造成了巨大破坏，著名的北宋汴京官窑遗址据说就被埋在现在的开封市地下 6~8 米深处，至今不见踪迹。站在黄河边，抚今追昔，心中久久不能平静，思绪仿佛穿越时空，回到了千年前的古城，置身于人类不屈不挠征服黄河的劳动人群中，千年的窑火似乎就在眼前闪耀，一件件官窑瓷器在红彤彤的窑炉中赫然而成。还有那传说中的柴窑究竟在哪里？郑州？开封？东窑又哪里去了？真的在陈留吗？历史给后人留下了解不尽的谜团。望着被驯服的黄河水，回首眺望现代化的古都开封，不禁想起了诗句："俱往矣，数风流人物，还看今朝！"接近傍晚，逛了一下开封的古玩市场。至此访古第十站结束。因今晚要踏上归程，所以最后把爱车加满了油，整理行装，检查装备，简单地打了尖（"打尖"指简单地吃饭、充饥），即驱车回京，现在正在归途上，预计明日到京。

（图片略）

回京途中顺便去了高速公路附近几个古玩市场，就这样走走停停，一昼夜后，于 2018 年 9 月 17 日傍晚 6 点 56 分回到北京家中。此次访古从 9 月 6 日出发，至 9 月 17 日返京，历经 12 天，行程 3722.1 公里（里程表计），自此北线访古圆满结束。

晚上发朋友圈，全文如下：

北线访古结束语：今天回到了北京，至此窑址访古（北线）圆满结束。此次访古之行历经 12 天，行程 3722.1 公里（里程表计），途经曲阳、定州、内丘、磁县、黄堡镇、陈炉镇、铜川、耀州区、西安、宝丰、禹州、开封等市、县、镇，先后参观或到访了定窑、邢窑、磁州窑、耀州窑、汝窑、钧窑等窑址、窑址博物馆、瓷器博物馆以及沿途著名博物馆；拜访了法门寺；到访了西安碑林；游览了千年古镇陈炉镇和神垕镇；参观了昭陵、韦贵妃墓、长乐公主墓、乾陵、永泰公主墓、章怀太子墓和懿德太子墓；去了沿线的古玩市场。今天在回程途中又去了高速公路附近的几个古玩市场，淘到了几件器物，其中一件是清代的温酒器具，可放置炭火或点起小油灯温酒（据说也可通过燃烧高度酒来给低度酒加热），看起来古人对饮酒也是很有讲究，特别是冬天，要保持适宜的酒温；另一件或是民国时期的一件人物瓷枕，人物面容很呆滞，甚至有些怕人，这是因为民国或以前的社会中大多数妇女的社会地位较低，受的教育又少，工匠塑造的人物表情正是当时人物的真实写照。现代人因为接触现代元素较多，因而仿制过程中不免掺入现代元素，所以无法再现当时的社会风格。就像我们看电影一样，现在拍摄的电影和五六十年代的在情调和韵味上很难一样。

今天返程途中遇到了一件趣事，一只苍蝇落在了汽车发动机盖子上，在接近 120 公里的时速下竟然坚持了 20 分钟之久，真乃奇事。我想这只苍蝇一定是群体中的矫健者，它不安于现状，擅于利用外界因素，在呼啸的风中随车成功到达了另一个地方，这是内因与外因共同作用的结果。它坚持，也成功了，这种精神值得我们学习。尽管我们都不愿做一只苍蝇，而愿做一只苍鹰或雄鹰。苍蝇确实给人类带来了烦恼，可是如果世界上没有烦恼也就无所谓快乐，人们也就不会为追求快乐而拼搏奋斗。我忽然想起不久前在北京街上看到的一幕，一个身长只有约 2.5 毫米的蚂蚁托着一个 3 厘米长的草杆儿奋力前行，但终究没能越过一个深沟，最终不得不放弃，这件事带给我的启示是：人不但要有想法和梦想，还需要勇气和坚持，最重要的是还要考虑自身实际情况并与环境条件相适应，这样才能成功。这次旅行还看到了高速公路上有很多假人在警示和指挥交通。小时候，庄稼地里常设假人来吓唬鸟，但时间长了鸟就不怕了，因为假人不动，于是有人把木棍绑在假人手上，把布条拴在假人身上，风一吹，呼啦啦响，就把鸟吓跑了。现在路上的假人至少起到了警示作用，还能代替人的危险工作，所以还是有益的。收藏过程中没有人对假货赝品有好感，因为一旦走眼，就会损失钱财，而且心里和生活也受到冲击。古玩假的不好，假人真的很好，事情要一分为二地看。

夜深了，我也有些困意。收藏永远在路上，坚持走下去，一定会有收获，愿与藏友共勉。这次的访古之行圆满告一段落，后续的东南线访古之行路线图正在规划中，

欢迎大家继续参与微信互动，有什么想法和好的建议可随时与我沟通。一路同行，感谢有你！晚安，再见！（图片略）

东南线

日　期：2018 年 10 月 1 日—20 日

目的地：建窑、吉州窑、长沙窑、御窑厂、湖田窑、越窑、郊坛下官窑、修内司官窑窑址，沿途博物馆、历史名胜、古迹。

10 月 1 日　星期一　北京出发

10 月 1 日，整理好装备，于下午 1 点 50 分，从北京通州区住处出发，2 点钟到达附近的加油站，加满油后把车停到安全处，发完朋友圈，这时时间为下午 2 点 41 分，这是正式出发的时间。窑址访古第一站是福建省的建窑，导航上显示距离是 1768 公里，预计用时 21 小时 19 分钟。

所发朋友圈内容如下：

东南线访古出发：整理好行囊，检查了车况注满了油，又一次开始了漫长的窑址访古之行。太阳已向西偏去，阳光洒在乍凉的秋风里，依旧是暖洋洋的。梳理好了心情，在蔚蓝的天幕映衬下，在黄与绿的大美秋色中，我将砥砺前行。建窑是个遥远的地方，但目标既已确定，断无更改之理，因为箭已出弦，不达目的誓不罢休。为了我的著作，为了我未来的读者，也为了实现人生的价值，我别无选择。和上次的北线访古之行一样，热烈欢迎大家参与我本次访古之行的微信互动，您的赞许就是我前行的动力和信心，您的建议会时时修正我的行程。一路同行，感谢有你，出发！（图片略）

沿着 G2 京沪高速，一路南下，傍晚 6 点 54 分到达沧州服务区吃晚饭：一个肉夹馍、三个茶蛋、一碗豆浆。晚上 7 点 17 分离开沧州服务区继续前行。

10 月 2 日早上 7 点 29 分到达 G3 京台高速曲阜服务区，来到了孔子故里，自然少不了有关儒家文化的内容。服务区内有孔子及关羽的木制雕像，也有很多以孔府名义

附录·图 141　高速公路旁花团锦簇

售卖的小吃等，游人悠然有序地感受着儒家文化的氛围。上午 9 点 01 分到达枣庄服务区，服务区的标语写着"有朋自远方来不亦乐乎"。9点 49 分高速公路旁边出现了风力发电设备，高高的塔架上三个叶片慢悠悠地转着。风力发电是现代清洁能源的重要来源，人类征服自然、利用自然的脚步一刻也没有停息。上午 11 点 29 分，G30 连霍高速。是日风和日丽，道路两旁花团锦簇，秋日的天空显得更蓝、更高，心情也清新愉悦起来。下午 1 点 06 分在 G3 京台高速君王服务区吃午饭，特意吃了一个鱼头，一来是平日里喜欢吃鱼，二来也希冀接下来一帆风顺到达目的地，预示着能"拔个头筹"，当然这仅是心理作用罢了，这样想着心里暗自好笑，心情也更加放松起来，全然没有了疲倦之感。喝汤的时候发现不锈钢保温碗的外壁被做成了旋纹形（相当于瓷器上的扇骨纹或折扇纹），或许这也受到了古代瓷器样式的启发。

下午 4 点 45 分，京台高速旁施工路段处出现了指挥交通的假人，一个挥舞着小旗，一个举着"慢"的牌子，显得有些滑稽。假人代替了真人指挥交通，既节省了人力，也降低了安全风险，效果很好，只有人类才具有这样的智慧。

晚上 8 点 38 分，在 G35 济广高速花园服务区吃晚饭，发现服务区有龙王九子印章式石雕，可见传统文化的影响深入人心，无处不在。

10 月 3 日清晨 6 点 33 分，一轮红日从地平线上拔地而起，我正行驶在 S36 德昌高速上。下德昌高速，走 S33 上万高速，穿越隧道，饱览秋色，路边的人家快速掠过，太阳也像捉迷藏似的忽隐忽现，但总是伴随着我一路前行，在这略有些凉意的晨霭中，心里骤然升起一股暖意。有陪伴就不会孤独，太阳有月亮的陪伴不会孤独，而我白天有太阳、夜晚有月亮和星星做伴，还有绿水青山、莺歌雁舞、鸟语花香，旅途不再孤独。

早上 8 点 08 分，G60 沪昆高速上饶服务区，一个老玉米、一个茶鸡蛋，早餐的味道挺好。服务区建筑顶部呈圆形，像蒙古包一样，似乎是草原风格。早饭后继续前行，经 G1514 宁上高速，跨过铅山乌石三大桥，穿越分水关隧道，小憩洋庄服务区，旅途如歌、如诗、如画，一路引吭高歌向着福建建阳疾驰而去……

10月3日 星期三 建窑遗址

10月3日中午12点17分，到达福建省南平市建阳区博物馆附近，停好车子，里程表显示1691.3公里，这是从北京加油站出发到这里的实际行驶距离。停好车子，步行到博物馆门前，得知博物馆下午开放时间是3点钟，还早，于是坐上三轮车去了古玩市场。

从古玩市场回来，博物馆大门已开，但除一处书画作品展厅外，其他并未对外开放，或许是节假日休息的原因，因此也没有见到想要观摩的古代建窑器物。在当地两位朋友的陪同下，匆匆赶往向往已久的建窑窑址所在地水吉镇。

从建阳区博物馆到水吉镇的路程大约是30公里。傍晚5点02分，到达水吉镇附近的南浦溪畔，南浦溪是古代瓷器运输的水上航道，但见眼前青山绿水，一船划开水面，缓缓前行；远处山色弥蒙，连绵起伏。一泓碧水，绕着青山，抚着绿野，缓缓向远处蜿蜒而去，似乎有"一水护田将绿绕，两山排闼送青来"的韵味。目光尽头处的山脚下矗立着一片白色楼房，红色屋顶犹如绽开的花团，眼前的一切都浸染在夕阳的余晖中，仿佛被镀上了一层金色，一幅大美的山水画卷，徐徐在眼前展开……

傍晚5点10分到达窑址保护标志碑前，这里有一方石碑（图143），上刻"水吉窑址 经本府于一九八五年十月公布为第二批省级文物保护单位 福建省人民政府 公元一九八六年十二月□日立"。旁边建有一座碑墙（图144），上写"国家重点文物保护单位 建窑遗址"，附有"建窑遗址区位示意图"。我的理解是，这里原来是省级文物保护单位，现已上升为全国重点文物保护单位。南浦溪就在石碑和碑墙附近流过，从这里再次拍摄的南浦溪风光更是别有不同，静谧清秀，湛蓝的天空映在宁静的水中，"秋水共长天一色"的感觉油然而生（图145）。

附录·图142 南浦溪

附录·图143
水吉窑址文物
保护石碑

附录·图144 建窑遗址文物
保护碑墙

附录·图145 再次拍摄的南浦溪风光更是别有不同

附录·图146　后井村大路后门建窑遗址大门　　附录·图147　大路后门建窑遗址　　附录·图148　不远处山坡上的牛皮仑窑址

附录·图149　建窑芦花坪窑址区域　　附录·图150　从芦花坪遗址向远处眺望　　附录·图151　后井村街道和古民居

　　车子沿着文物保护石碑左侧一条弯弯曲曲的小路前行。据朋友介绍，这条小路通向建窑现在唯一对外开放参观的窑炉遗址——大路后门窑址（图146、图147）。

　　傍晚5点20分来到位于水吉镇后井村的建窑大路后门窑址。已发掘的此处窑址为一座龙窑，据现场记载，这是迄今为止全国发现的最长的一座龙窑（135.6米）。紧邻该处窑址的南侧是营长墘窑址，西面不远处山坡上为牛皮仑窑址。

　　返回途中于傍晚5点41分到达建窑芦花坪遗址（图149），这里堆积的建窑器物很多，破碎的建窑瓷器残片、废弃的垫饼、残破的匣钵等窑具遍布山坡。窑址附近一侧是稻田，从这里向远处眺望，青山、红土、金色的稻穗交相辉映。漫步在窑址间的小路上，周围尽是杂树草丛，显得有些荒芜，也增添了几分野趣。看着眼前的情景，追寻着千百年前古人的足迹，朦胧之中眼前仿佛出现了一幅热闹的制瓷场面和炉火映天的长卷。皇帝的推崇、士大夫的喜爱，曾几何时，这里的人群是多么忙碌，一代又一代朴素的窑工坚守着祖业，用聪明的才智和勤劳的双手在这块红土地上创造了不朽的传奇，并续写了一部辉煌的建窑历史。直至今天，他们曾经用泥与火铸就的艺术作品仍然令世人惊艳和陶醉。

从窑址回来，傍晚 6 点 06 分来到水吉镇路口处的标志碑下，标志碑一面有"水吉"二字，另一面有窑工劳作场面和宋徽宗肖像浮雕。附近就是水吉镇，我们驱车来到镇里，我想既然来了就一定要到古镇上感受这里的风土人情。据随行的朋友讲，现在镇里建有上千家（这个数据未经进一步核对）烧制建盏的作坊，仿古及创新作品仍在续写着建窑的历史。

从了解的情况和亲身经历得知，目前建窑遗址还没有建成专门的窑址旅游风景区，从遗址保护和旅游开发的角度上看，这里依山傍水，景色秀丽，一些古代民居尚存，但需要修缮和保护，这里应建立一座大型的遗址博物馆及旅游配套设施。古窑址、古镇、古村落，这里还是大有文章可作的，相信不久的将来一定会成为一处集访古、旅游、休闲为一体的好地方。

傍晚 6 点 45 分，离开水吉镇返回建阳区，晚上 7 点 53 分，与随行的朋友话别后，离开建阳区赶往下一个目的地江西吉州窑。

晚上发朋友圈，全文如下：

东南线访古第一站：历经约 1720 公里的行程，今天下午到达了福建省南平市建阳区水吉镇，参观了位于水吉镇后井村的大路后门和芦花坪两处建窑遗址，其中大路后门的龙窑长度为 135.6 米，是迄今为止全国发现的最长的龙窑。两处窑址及周围遗存丰富，说明古代建窑器物烧造数量很大。建窑创烧于唐、五代时期，历经宋元明清，烧造建窑器物长达千年之久，为宋代七大窑系之一，并曾为北宋宫廷烧造过御用建盏，以满足宋代宫廷流行的斗茶需要。今天也去了建阳的古玩市场。宋代建窑的茶盏非常古典优美，尽显千年古韵。除著名的黄兔毫（也称金兔毫）品种外，还有银毫、柿叶红、茶叶末、乌金釉等，据说还有珍贵的珍珠地品种。南平市建阳区即原来的建阳市或建阳县，这里山清水秀，人杰地灵，崇阳溪从城区流过，更给城市增添了灵气。南浦溪从水吉镇旁流过，是古代瓷器外运的重要渠道。今天要特别谢谢两位当地朋友的耐心介绍和帮助。上午忙于赶路，下午忙于参观，中午又忘了吃饭，一会儿连晚饭一勺烩了。今晚除了休息外，在茫茫夜色中还要出发奔向江西的吉州窑，希望下一站会继续有好的消息和大家一起分享。朋友们晚安。（图片略）

10 月 4 日 星期四 吉州窑博物馆、吉州窑遗址

进入江西省境内，车子大都在山路上行驶，因此要穿越很多隧道。早上 8 点 52 分，在 S46 抚吉高速相山服务区休息，一穗玉米填了填肚子，继续前行。

附录·图 152　吉州窑博物馆

附录·图 153　南宋 吉州窑木叶纹盏（1981 年吉州窑出土）

附录·图 154　元　吉州窑釉下褐彩波涛纹罐（1982 年吉州窑出土）

（吉州窑博物馆藏）

　　中午 11 点 38 分，到达位于江西省吉安县永和镇的吉州窑遗址，停好车，步行。眼前出现一个木制的牌楼，上写"宋街"，这是通向吉州窑遗址的一条二三百米长的步行街。沿街走去，两侧店铺林立，俱是仿古建筑，其中是否有真正的民国或清代建筑也不得而知，据一位当地人讲，宋街两侧大都是现代仿古建筑。边走边浏览风景，发现其中一些建筑还带有安徽建筑特有的马头墙，其实一进入吉安界内，道路两旁就不时出现类似的徽派建筑（也有资料称徽赣派的），可见其影响范围之广。宋街上游人往来不断，十分热闹。11 点 55 分，到达宋街尽头，道路左侧是中国吉州窑博物馆（图 152），道路右侧是吉州窑国家考古遗址公园（图 155）。首先进入博物馆参观，博物馆主要展示吉州窑出土器物，也有专门的商店销售当代吉州窑作品。

　　下午 1 点 30 分从博物馆出来，外面是一个小广场，石条铺就的地面，有些石条表面刻有"吉"字。广场上一株直径约 1.5 米的古树仍在为人们提供阴凉，它见证了这里几百年来的变化。这里正在举行"吉州窑国庆旅游嘉年华"活动，现场美食节搞得红红火火。

　　距离博物馆不远处即是吉州窑国家遗址考古公园，公园大门为三孔歇山顶式仿古建筑，门两侧分别摆设有一个吉州窑大碗和一个大花瓶。

　　下午 1 点 34 分进入遗址公园。公园为园林风格，湖光塔影、亭台楼榭、草木莲池，令人赏心悦目。公园内发掘有吉州窑龙窑遗址和马蹄窑遗址，证明此处即是宋元时期吉州窑瓷器的烧造地。公园内有一处现代吉州窑作坊，制作和烧造仿古树叶纹作品，有些堪称精致，我买了一些作为留念以及留待回京后赠送亲友。询问作坊主人，方知器物上的树叶纹使用的是桑树叶子，桑树就在院子后面。

附录·图155 吉州窑国家遗址考古公园　　附录·图156 湖光塔影　　附录·图157 草木莲池　　附录·图158 唐 本觉寺塔　　附录·图159 本觉寺岭龙窑遗址　　附录·图160 本觉寺塔和龙窑遗址

附录·图161 老街照片（一组）　　附录·图162 古老的樟树　　附录·图163 奔流不息的赣江水

下午3点16分参观完遗址公园，与店铺的人聊天，听说附近有一条老街，两边是真正的古代建筑，心中很是高兴，于是欣然前往，一探究竟。

老街（图161）坐落在距离宋街不远处的赣江河畔，曾是古代丹砂渡码头。街道两旁的建筑大多为清代到民国时期的遗存，也有20世纪六七十年代的房屋。有些房屋即将坍塌，亟须修缮。

老街上现存有急公局旧址、永和木业社、永和铁业社、易氏宗祠等建筑，当然也少不了用以装点街景的吉州窑代表性瓷器。老街尽头屹立着一棵古樟树（图162），从当地人那里得知这棵树为古代的樟树，树木苍老遒劲，树干上满布青苔和藤蔓，看样子树龄有几百年，历经百年雨雪风霜的洗礼，至今仍巍然屹立，枝叶繁茂，守护着赣江河水，守护者老街的人们，静观着人世间的悲欢离合、苦辣酸甜。

下午4点18分，离开吉州窑遗址所在的永和古镇，驱车赶往吉安市的古玩市场，逛了几家古玩店铺，天色已晚，于是决定在此吃晚饭，补充能量后再前行。晚饭很简单，米饭、一盘肉末茄子，外加一瓶饮料便是晚饭的全部。晚上7点23分，离开吉安市，向高安市进发，准备参观位于那里的元青花博物馆。

晚上发朋友圈，全文如下：

东南线访古第二站：今天参观了吉州窑博物馆和吉州窑考古遗址。吉州窑位于江西省吉安市吉安县永和镇，又名永和窑和东昌窑。吉州窑创烧于唐末五代时期，北宋时期烧制青白瓷、白釉和黑釉瓷器，南宋为大发展和高峰烧造期，历经元末明初，至今有一千二百余年历史。吉州窑在南宋时期形成了较浓郁的地方特色，创造性地烧制出了木叶纹、剪纸贴花及虎皮斑（当地人称虎斑）、玳瑁釉、鹧鸪斑花釉等洒釉瓷器，此外还大量烧制具有定窑和磁州窑风格的器物及兔毫盏（但胎质为黄白色，与建盏黑胎不同）等，因此可以说品种繁多。从窑属关系上，通常把吉州窑归属于磁州窑系的范畴。现在的永和镇已建起了优美的吉州窑国家考古遗址公园，公园内已发掘两座龙窑和一座马蹄窑遗址，其中一座龙窑已经修缮，另一座龙窑（本觉寺岭龙窑遗址）和马蹄窑仍保留当初考古发掘原状。公园内还有建于唐代的本觉寺塔（又称飞来塔）。公园内湖水、坡地、窑址、古道、楼阁、树木、古塔交相辉映，婉约而秀美。

遗址公园外有一条保留着清代至民国时期建筑遗存的老街，老街旁有著名的赣江水缓缓流过，赣江是古代瓷器运输的航道。今天也匆忙逛了一会儿吉安市的古玩市场，小有收获。吉州窑木叶纹和剪纸贴花的器物很昂贵，哪怕是好一点的瓷片也要上百元或几百元一个。我最是喜欢木叶纹的器物，有极强的装饰和视觉效果，千百年前古代工匠的智慧和审美观很是让人赞叹。今晚在去往高安的高速公路服务区休息，明天参观高安市博物馆，据说那里藏有很多元青花器物。相信明天会有更好的照片和信息分享给大家。夜已深了，月亮和星星也不知藏哪儿去了，公路四周一片漆黑，只有人类制造的几许稀疏的灯火依然在闪烁，提醒匆匆的过客已是入眠的时分。也许你已经进入甜美的梦乡，也许你还在查阅我的信息，但不管怎样，今夜的美梦、平安和来自我满满的祝福一定属于你，我的朋友。Good night！（图片略）

10月5日 星期五 高安市博物馆（元青花博物馆）

凌晨0点06分，到达G60沪昆高速樟树服务区，就此休息。樟树服务区的建筑为欧式风格，建筑内外装点得像花园一样，别有一番异域味道。在卫生间的中间部位甚至还用玻璃做的鱼群来装饰，但个别鱼已有破损，显然是游客好奇触动导致的结果。卫生间的墙上还用抽象画来装饰，可见设计者的细微之处。

上午9点13分，在公路旁的一棵树下停车观察树上的果实形状，从落在地面上的果实看，呈三角形的样子，里面包裹着一些梨形的籽粒。这次东南线访古之行，一

附录·图 164　一路上道路两侧有很多这种类型的树，或一簇，或一排，或一片，果实大都位于枝头，有红色的，也有黄色的，在绿叶的映衬下甚是可爱，但我却不知道这种树的名字

路上道路两侧有很多这种类型的树，或一簇，或一排，或一片，果实大都位于枝头，有红色的，也有黄色的，在绿叶的映衬下甚是可爱，但我却不知道这种树的名字（图164）。这次近距离接触、观看、拍照，心想随后一定要弄清楚它的名字。2019 年 6 月在北京游园时向一位公园内施工的园林师傅请教，得到的回答是他听他们的技术员讲过，这种树的名称叫"栾树"，有意思的是，老师傅仅知道树的名称发音，但却不知道"栾"字的写法，后来按此发音信息在网络上查找，发现栾树确实是这个样子。回家后查阅一本书《商品花木养护与营销》，书中确有此类树木的图片和相关资料，栾树别名灯笼树、摇钱树，属于乔木类花卉，由于我在当时访古途中为 10 月份，恰为果实成熟期，书中对果实和种子有如下描述："蒴果三角状、卵形，由膜状果皮结合而成灯笼状，秋季呈红褐色，成簇；种子圆形，黑色，9~10 月熟。"文态方面："树冠优美，枝叶茂密，春嫩叶嫣红，夏黄花满树，秋果色橙黄，犹如灯笼串串。"功能作用："对 SO_2、Cl_2、HCl 等有害气体有较强抗性，对烟尘有一定吸附能力，做工矿区行道两旁的绿化树，不仅景色宜人，而且可以改善生态环境。"工商方面："木材可用于板材、加工器具，种子可榨制润滑油，还可制佛珠。"[1] 至此，终于完全确定了这种树的名称确为栾树，而且了解了它的相关知识，也明白了它被大量栽种在高速公路两旁的目的是"不仅景色宜人，而且可以改善生态环境。"通过学习，又收获了新的知识。

　　上午 9 点 25 分，街道中间的矗立的元青花器物模型提示着我，已到达高安市。今天的天空特别蓝，好像要与元青花的钴料比比看，哪一个更幽蓝，哪一个更明艳。

---

① 王敏. 商品花木养护与营销 [M]. 北京：中国农业出版社，2003：160.

附录·图165　高安市博物馆

附录·图166　元青花云龙纹兽耳盖罐

附录·图167　元　青花缠枝牡丹如意云肩纹梅瓶

附录·图168　元　釉里红芦雁纹匜

（高安市博物馆藏）

　　上午10点02分，到达高安市博物馆（图165）。高安市博物馆还有一个名称就是元青花博物馆，这里除了展出有关高安市的历史和人文遗迹外，还设有专门的展厅展示高安市域内一次性出土的19件元青花器物和4件元代釉里红器物，还有与此伴随出土的其他器物。据现场资料介绍，这些元代器物均为元末明初朱元璋和陈友谅大战时元代官员临走时的窖藏之物。

　　下午1点28分离开高安市博物馆，按导航提示寻找高安市的古玩市场，转了一圈，时间已是下午3点21分，于是在一家饭馆坐下来吃饭：米饭、一盘豆角烧茄子，外加一瓶饮料。本以为是芸豆角，但菜上来后却发现是豇豆角（长豆角），厨师说他们菜谱上的豆角指的就是豇豆角。仔细看了一下墙上菜谱图片中的豆角，还真是如厨师所说。唉，管它什么呢，谁让自己没仔细看呢，菜都做成了，还能怎样，肚子早就饿了，尽管吃。厨师的手艺还不错，菜做得有滋有味。3点46分离开饭馆，按计划一路向长沙挺进，直奔铜官窑而去。傍晚5点45分，S38昌栗高速上，夕阳在前方缓缓下坠，但此时的夕阳却显得无比瑰丽，像巨大的一团火，中间是白色的圆球，萦绕着一圈娇黄色的光晕，再向外逐渐过渡成为一圈橙红色的光环。这光环逐渐向四周弥散开来形成万丈光芒，原本蓝色的天空仿佛被抹上了淡淡的红色，一幅多彩壮丽的夕阳美景展现在眼前（图169）。这色彩好像瓷器釉彩的五颜六色，这种瑰丽的景色是我窑址访古

附录·图169　多彩壮丽的夕阳美景

旅行以来从未见过的画面。此时的夕阳沉甸甸地渐渐坠下，似乎要降落在远处平坦光亮的路面，又恰似诗中描绘的"长河落日圆"的景象，车子也犹如向着太阳前进……

晚上发朋友圈，全文如下：

东南线访古第三站：今天（10月5日）上午到达了江西省宜春市高安市，参观了高安市博物馆。高安市在元代为瑞州路治地，明清改瑞州路为瑞州府。高安市博物馆分为两个馆：一个是高安市博物馆，主要展示高安较有代表性的历史、人文遗迹等；一个是元青花专题博物馆，展示高安窖藏出土的元青花以及国内外博物馆所藏主要元青花的复制品，此外还展示有窖藏出土的卵白釉瓷、龙泉窑及钧窑器物。其中窖藏一次性出土19件元青花和4件元代釉里红器物。19件元青花包括9件高足杯、1件花觚（复制品，原件现藏国家博物馆）、1件兽耳盖罐、2件荷叶盖罐和6件梅瓶，其中在6件元青花梅瓶的盖和器底部位分别墨书"礼""乐""书""数""射""御"6个字（古代六艺），并在1件元青花缠枝菊纹高足杯杯心上有青花草体诗文："人生百年长能醉，算来三万六千场。"釉里红器物包括1件元代釉里红开光花鸟纹罐、1件元代釉里红堆塑螭纹高足转杯、1件元代釉里红菊纹高足转杯以及1件元代釉里红芦雁纹匜。这批元代窖藏是于1980年11月29日夜在高安发现的。据不完全统计，全世界元青花完整器物不足300件。目前收藏最多的为土耳其伊斯坦布尔托布卡比博物馆，为39件；第二位的是伊朗阿迪比尔寺（现伊朗国家博物馆），为33件；第三位的就是高安市博物馆，为19件，且为一次性出土。元青花器物十分珍贵，甚至是残片也不常见。青花瓷为中国古代工匠创烧，元代的青花瓷烧造工艺已经很成熟。元青花不仅是中国人的骄傲之作，也是对世界人类文明的贡献。现在元青花已成为高安市的一大亮点和品牌。参观结束后今夜现已到达湖南长沙，明天参观长沙铜官窑遗址及博物馆。明天见！（图片略）

10月6日 星期六 长沙铜官窑

到达长沙在宾馆住下，发完朋友圈已是凌晨1点06分，吃了点儿面包，喝了一罐啤酒，就进入了梦乡。早上8点37分在宾馆的餐厅吃早餐，早餐的种类很多，味道很好，特别是腐乳的味道真是好极了，心想，同样是腐乳，为什么这家的味道这么好。

由于昨晚睡得较晚，早餐后又休息了大约一个时辰，出发时已是上午10点38分。车子随着导航指引的路线在长沙市区穿行，两边林立的楼群和商业大楼表明长沙已是一座现代化气息很浓厚的城市。11点11分行驶在一条宽阔而整洁的双向六车道上，导航界面上显示这里是芙蓉北路。但见两旁高楼林立，树木由高低两个不同的树种组成

附录·图170　谭家坡遗迹馆

附录·图171　遗址公园内风景

附录·图172　湘江

附录·图173　长沙铜官窑博物馆

附录·图174　长沙铜官窑博物馆内的展品

并齐刷刷地立在道路两侧，白色的路灯杆上带着蓝色的灯罩，腰上悬挂着红色的中国结笔直地排成一列，似乎在迎接远方的客人，此时心情也随着这宽宽的路面和美景逐渐敞亮起来。11点22分已驶出长沙城区，路边的指示牌上标明距离长沙铜官窑博物馆还有11公里。

　　中午11点46分到达长沙窑窑址附近的停车场，停好车子，环顾四周，不远处一个方形的碑柱上放着一把巨大的白釉褐彩执壶，这是长沙窑遗址的标志，执壶是唐代长沙窑的典型器物。11点51分进入遗址园区内参观。进入园区不远处的道路右边，一个烟囱形的用红砖砌成的碑上赫然写着"长沙铜官窑国家考古遗址公园"。园中目前为止仅发掘一处谭家坡窑址遗迹（图170），但现在已闭馆，因此无缘参观。通往谭家坡遗迹馆的路口中间立着一块公告牌，上写"谭家坡遗迹馆因提质改造，暂停对公众开放，开馆时间另行通知，不便之处，敬请谅解！长沙铜官窑遗址管理处2018年8月10日"。中午12点46分，在谭家坡遗址馆前拍照留念。

　　向园内的居民打听长沙窑博物馆的情况，园内的居民讲，这里确有一座博物馆，但从园内要绕路才能到达，于是在园内一路寻去，但见一潭湖水，水面飘着几艘小船，湖边散落着几处农家院菜馆和旅馆，远处一塔矗立在山岗上，颇有一些古韵。绕湖转来转去，多次询问，方才找到博物馆，其实博物馆就在园外公路的一侧，但从园内寻来确实不易。

下午1点29分来到长沙铜官窑博物馆（图173），1点31分进入馆内参观。博物馆展品很多，都是长沙窑的器物，种类也非常齐全，是观摩和研习长沙窑器物的好去处。2点47分结束博物馆参观，来到与博物馆仅一条公路之隔的湘江岸边。

下午3点08分离开铜官窑遗址公园，沿着湘江旁边的公路向长沙市内驶去，希望在今天有限的时间内参观一下湖南省博物馆（图175）。到达博物馆附近，把车子停在地下停车场后，于下午4点22分来到湖南省博物馆，但由于下午4点停止售票，5点闭馆，所以无缘参观。徘徊在博物馆前，突然发现博物馆大门以及建筑上没有任何博物馆名称的标识，经询问门口的工作人

附录·图175　湖南省博物馆

员，得到的回答是虽然没有博物馆名字标记，但一看就应该知道是湖南省博物馆。在我一再追问下，工作人员方告诉我在博物馆的另一个地点（大概是停车场附近）有一个博物馆的标志，虽说也没有文字，但人们一看此标志就应该知道此处是湖南省博物馆，因为那个标志的形状与博物馆中展示的马王堆汉墓形状有关。

博物馆没有参观成，于是打车去逛长沙的古玩市场，下午4点52分到达长沙的一处古玩市场，买了几个长沙窑的瓷片作为标本。离开古玩市场返回博物馆附近时已是傍晚5点50分，返回途中即将到达博物馆时，特意提醒出租车司机把车绕到据说"一看此标志就应该知道此处是湖南省博物馆"的标志前看看，但司机说他也不知道哪里有这么个标识，只好作罢。徒步到达地下停车场时时间已是傍晚6点12分，启动车子准备走的时候，突然发现停车场的墙上到处贴着"自助停车缴费"的标志，下面写着"先缴费 后出场"，还附有二维码。我想询问一下情况，周围不见一人，心想也许是节假日，停车场无人管理，靠自助缴费完成，如果不能成功缴费，可能就出不了这里，于是扫描了二维码，准备按提示缴费。结果鼓捣半天也没个结果，心里很是焦急。后来又一想，是否出口处有人工收费呢？于是开车径直向出口驶去，出口处确实有人设卡收费，一问才知道，原来车场里的自助缴费标识虽然张贴，但系统还未启用，原来如此！傍晚6点20分，出发向湖北省武汉市，准备参观湖北省博物馆。一路饥餐渴饮，昼夜兼程，疲倦了就在高速公路服务区休息，自不必细说。

晚上发朋友圈，全文如下：

东南线访古第四站：今天来到了长沙铜官窑遗址。据载早在三国时期即有官府作坊在此造铜，"铜官"之名由此而来。长沙铜官窑又名长沙窑，位于今湖南省长沙市

望城区丁字镇湘江河畔的彩陶源村，是唐五代时期著名的民窑，是唐代外销瓷主要产地之一，在这里瓷器釉下彩绘装饰技法得到了发展和大量运用（越窑青瓷已有釉下褐彩装饰，但没有发展起来）。窑址于1956年首次被发现，之后进行了发掘，在谭家坡遗址发现了一条完整的龙窑，并建成了长沙窑窑址博物馆，但遗憾的是现在遗址正在提质改造，并暂停对外开放，只能在遗址大门外观望并摄影留念，不知何年何月还能重来。

今天参观了位于窑址附近湘江之滨的长沙铜官窑博物馆，该馆藏有丰富的长沙窑器物，同时也开设一个专题展馆展示唐代"黑石号"沉船的部分器物，十分精美。模印贴花、釉下彩绘以及在器物上题写中文与阿拉伯文是长沙窑器物的主要地方特色。此外，长沙窑器物的造型也特别古拙典雅，尤其是执壶的短流短柄大腹的形态体现了大唐王朝追崇雍容富贵、雄浑壮美的时代风格。唐代之前的瓷器主要为单一釉色的青瓷，唐代又形成以越窑和邢窑为代表的"南青北白"局面，器物以单一的釉色取胜，而唐代的长沙窑正是在这种激烈的市场竞争环境下以一隅之地异军突起，烧造了大量的具有地方特色的釉下彩瓷器，是人们从注重器物的釉色美到注重彩绘美的产生、过渡和发展时期，在中国陶瓷史上留下了浓墨重彩的一笔。长沙窑器物的釉下彩装饰主要有色斑和彩绘写意花鸟两种形式，色彩由单一的褐彩装饰到运用褐绿两彩装饰，整体上给人以梦幻般的效果，特别是写意花鸟犹如后来的齐白石大师的写意画作的风格，从长沙窑遗存的带有写意花鸟纹饰的器物上看，那时的瓷器画匠甚至可以说人人堪称大师，长沙窑器物是梦幻般大唐时代天人合一的划时代作品。

今天也去了湖南省博物馆，但因时间已是下午4点22分，而停止进入参观的截止时间是4点，因此未能进入馆内参观，他年他月也许还有机会参观。让人赶到奇怪的是湖南省博物馆没有馆名文字标牌，询问门口周围的工作人员方得知据说是一位日本设计者设计了一个人们一看就知道是湖南省博物馆的标志，而标志也不在博物馆正门附近，大多观众当然也不能看到。我知道有无字碑，今天才见识到了还有"无名博物馆"，甚是惊讶和不解，没准儿以后还会有类似的事情出现。假如你与博物馆合了影，别人问你这是什么地方，那时这句话就用上了："你猜猜？"想起来挺有趣的。下次有时间再来长沙时一定要参观湖南省博物馆里精美的古陶瓷，也要看看日本设计者设计的标志。最后打车去了较近的古玩市场，小有收获。长沙窑器物以其彩斑的抽象美、花鸟的写意美和造型的轮廓美永远受到今天藏家的追捧。晚上驱车去武汉，明天参观湖北省博物馆。望断苍穹尽染墨，谁留月下追梦人。明天见。（图片略）

附录·图176 天空出现了羊毛卷式的白云（左图）

附录·图177 湖北省博物馆（右图）

10月7日 星期日 湖北省博物馆

凌晨 0 点 29 分，在 G4 京港澳高速赤壁服务区休息。早上 7 点 12 分一杯豆浆作为早点。7 点 15 分从服务区出发，这时天空出现了羊毛卷式的白云（图 176），"羊"在古代通"祥"，这是吉祥的象征，但愿今天一切顺利！

上午 9 点 21 分，停车于湖北省博物馆（图 177）的地下停车场。从停车场到博物馆的指路标识很清晰，很快就到达了博物馆大门。

上午 9 点 37 分进入馆内开始参观。重点参观了梁庄王墓展厅、土与火的艺术展厅（古代瓷器专题展）、凤舞九天（楚文物精品展）、曾侯乙墓展厅，也参观了在这里举办的"法老的国度——古埃及文明展"。特别值得一提的是在郢靖王墓出土的元青花四爱图梅瓶（图 181~图 184）和元青花龙纹梅瓶（图 185）[①]前，驻足参观的人络绎不绝，等了好久才抢拍到几张自己比较满意的照片。越王勾践剑（图 186）前也是人流如织，只能见缝插针式地拍摄照片。据载，在武汉市博物馆也藏有一件元青花四爱图梅瓶，与湖北省博物馆的这件大小及纹饰相同，是文物商店从民间征集到的。

在梁庄王墓展厅，有如下介绍：

> 明梁庄王墓是明仁宗朱高炽（1378—1425）的第九子朱瞻垍（1411—1441）与魏妃的合葬墓，位于湖北省钟祥市长滩镇大洪村龙山坡。2001 年抢救性发掘，出土金器、玉器、瓷器等珍贵文物 5300 件，其丰富与精美程度仅次于明十三陵的定陵。

---

① 元青花四爱图梅瓶和元青花龙纹梅瓶，2006 年出土于湖北省钟祥市郢靖王朱栋墓。朱栋（1338—1414），明太祖朱元璋第二十三子。

附录·图178 青花瑶台赏月图瓷钟（梁庄王墓出土）　附录·图179 青花龙纹瓷钟和金钟盖（梁庄王墓出土）　附录·图180 南朝青瓷莲花尊（1956年武汉市武昌钵盂山392号墓出土）

附录·图181 王羲之爱兰　附录·图182 陶渊明爱菊　附录·图183 周敦颐爱莲　附录·图184 林和靖爱梅、鹤　附录·图185 元 青花龙纹梅瓶

元 青花四爱图梅瓶

（2006年出土于湖北省钟祥市郢靖王朱栋墓）

附录·图186 战国 越王勾践剑（1965年江陵望山1号墓出土）

附录·图187 曾侯乙墓编钟（1978年湖北省随州市曾侯乙墓出土）

（湖北省博物馆藏）

在这个展厅，第一次了解到高足碗在明代也被称为"瓷钟"（图178）。

在"法老的国度——古埃及文明展"中，最精美的也是最震撼人心的文物展品莫过于木乃伊，在此提供以下图片和说明，以飨读者。

附录·图188　希腊—罗马时期　木乃伊与彩绘镀金木乃伊盒（威尼斯国立考古博物馆藏）

标签上提供的说明如下：

　　这具男性木乃伊的身体以布带缠绕，制作成复杂的菱形图案。覆盖在头部的木乃伊面具彰显了他的贵族身份，脸部镀金，其他部分则绘有逝者向诸神敬献祭品的情景。古埃及人认为诸神的骨骼是银质的，黄金象征他们的皮肤，在制作法老与贵族的木乃伊时，他们也会用黄金打造面具，让木乃伊拥有永恒的完美面孔。在木乃伊的头部上方有一只张开双翼的圣甲虫，足部有模仿逝者双脚的木乃伊盒，盒面描绘两名囚徒匍匐的形象，象征混乱被降魔。

　　希腊—罗马时期木乃伊的制作技术得到很大改进，保存良好的木乃伊数量众多。此时，埃及人、希腊人和罗马人是尼罗河沿岸定居的三大族群，不同文化的融合在当时的丧葬习俗中尤其明显。在希腊文化的浸染下，陵墓随葬品从大量护身符逐渐转为首饰、玻璃器皿等日常用品，并出现了希腊罗马风格的肖像画，但丧葬习俗始终保留了原本的核心意义：帮助亡灵追随奥西里斯的步伐获得重生。

下午2点09分参观完博物馆，打车去了武汉市的古玩市场。傍晚5点43分回到停车场，出发去往下一个目的地景德镇，因为今天是节日的最后一天，我必须赶在半夜12点之前下高速收费路口，才能节省高速费用，自费出来访古，费用不能不考虑。

一路小憩，补充能量，不能一一道来。半路上高速公路的收费口工作人员主动给我一张卡，并告知如果超过半夜12点下高速，可以凭此卡仅交后段的费用。这下我心里头踏实多了，也感觉到心中有了些暖意，免得我还在考虑接近12点未到达目的地时要提前从出口下去再折返上来。现在工作人员主动改变了服务方式，改被动为主动，确实方便了司机和乘客。这不但是一种工作方式，其实也是一种积极态度。半夜11点31分到达目的地景德镇附近的高速出口，交了卡，下了高速，来到景德镇，准备入住预定好的宾馆，打开房门进入，突然，门后站着一人，顿时被吓了一跳！恍惚之间，觉得这人有些面熟，其实夜晚开车时间长了，眼睛有些疲劳，心里也没有准备，等定睛仔细一看，嗨，原来是被门后镜子里的自己吓着了！镜子安置得离门太近了，没有思想准备。安顿好后来到宾馆外，在街旁的饭馆吃过晚饭，回到宾馆时已是10月8日凌晨1点35分，一路虽然奔波劳累，但今天一切顺利，参观和行程都在计划掌控之中完成，看起来今天是吉祥的一天。此时心中只有一个念头：睡觉。

晚上发朋友圈，全文如下：

东南线访古第五站：今天（10月7日）参观了湖北省博物馆，参观内容主要包括梁庄王墓出土器物展、馆藏瓷器展、郢靖王墓出土的元青花四爱图梅瓶（王羲之爱兰、陶渊明爱菊、周敦颐爱莲以及林和靖爱梅、鹤）和元青花龙纹梅瓶，参观了越王勾践剑、馆藏出土的部分青铜器、曾侯乙墓出土文物，还参观了博物馆正在举办的"法老的国度"暨"古埃及文明展"。湖北省博物馆藏品种类十分丰富，有些藏品的精美程度及包含的丰富的历史文化信息令人叹为观止，观后既增长了知识，也更加钦佩和敬仰中国古代的工匠，他们创造了悠久的历史文明和辉煌灿烂的文化，给我们今天留下了宝贵的精神财富，特别是在元青花四爱图梅瓶前人们的流连忘返以及曾侯乙墓的大型编钟都给视觉带来了强大的冲击和心灵的震撼。有时间朋友们应该亲自来博物馆参观和体验一下。今晚于夜里约11：30左右已到达中国和世界的瓷都景德镇，并将在此逗留两天，一观瓷都的千年风采并探寻土与火艺术的源头和遗存。（图片略）

10月8日 星期一 御窑厂

这一觉睡到上午10点32分，醒来后洗漱完毕，隐隐感觉还是有些倦意，索性躺在床上继续昏睡直到中午12点30分。由于宾馆距离御窑厂很近，步行即可到达，于是打开手机步行导航，向御窑厂方向走去，此时已是中午12点53分，走着走着忽然感觉腹中有些饥饿，于是找到路旁的一家饭馆吃饭。这是一家粥店，一开始点了一碗

附录·图189 御窑厂大门

附录·图190 龙珠阁和御诗亭

附录·图191 明代窑炉（葫芦窑）

附录·图192 窑神庙

附录·图193 建设中的御窑厂博物馆

附录·图194 明成化 三彩鸭形香薰

附录·图195 明成化青花龙凤纹窝盘（一只龙爪被画成六爪）

附录·图196 明永乐 青花海浪仙山双耳三足炉

（景德镇御窑博物馆藏）

皮蛋瘦肉粥，6元，后来想增加些营养，改成排骨青菜瘦肉粥，10元。要了两碟小菜，一个是咸黄瓜，一个是类似糖蒜模样的东西，老板说这叫藠头。我说这个菜的名称我没有听说过，你写给我看看。老板写不出来，又冲着手机喊叫试图借助手机显示出汉字来，结果没有成功。不一会儿，粥上来了，我吃着吃着发现粥里并没有排骨，一问方知这是皮蛋瘦肉粥，刚开始点的，后来换了排骨青菜瘦肉粥，老板忘了。嗨，生米已做成熟饭，粥已经做得了，吃吧。

下午2点02分到达昌江的一座桥上，昌江水南北方向流经此处，昌江是古代景德镇瓷器外运的主要通道，昌江水养育着两岸的人们，被景德镇人亲切地称为"母亲河"。在桥两侧的柱子上有许多青铜雕塑，细看铭文写的是"景德镇七十二道制瓷工序青铜组雕"。过了桥向东不远处，即是御窑厂。下午2点28分来到御窑厂大门（图189）前，拍摄多张照片留念。约2点50分进入御窑厂开始参观。御窑厂现在已建成了御窑厂国家考古遗址公园，园内的主要景点和建筑包括古井、明代制瓷作坊、阅瓷楼（残器拼对和修复处）、督陶官青铜雕塑、御诗亭、龙珠阁、明代窑炉遗址、中国御窑工艺博物馆（也称御窑博物馆，展出御窑厂发掘出土的器物）及佑陶灵祠等。在公园的东侧墙外，新的博物馆正在建设中。

傍晚 5 点 34 分离开御窑厂。手机导航显示，这里距离樊家井古玩市场不远，于是便步行过去。一是散散步，逛逛景德镇的夜景，二是找到樊家井市场，熟悉道路，为白天来这里做准备。这样一路走去，转来转去也没有找到，忽然听到肚子咕咕响，知道该吃晚饭了，于是找到路边的一家小饭馆。米饭、单炖嘎鱼，我倒觉得在嘎鱼中加些豆腐更好些，当然我主动愿多付出 2 元豆腐钱，老板在我坚持下在嘎鱼中加了豆腐，味道挺好，也增加了数量，吃饭时当然少不了啤酒。问问老板这鱼是养殖的还是江里野生的，老板说市场买来的，哪知道是养殖的还是江里野生的。得，一句话回答得真好，但心里隐隐有些失落感，真想听到：江里野生的。转念一想，其实哪有那么多野生鱼够人类食用，重要的应该是维持生态平衡、保护自然环境，实现可持续发展。

饭后到达樊家井时已是晚上 8 点 07 分，虽然是晚上，但道路两侧的很多瓷器店铺仍然亮着灯。向路边的当地居民简单了解了一下这里古玩市场的情况，便打车返回宾馆，时间已是晚上 8 点 47 分。

晚上发朋友圈，全文如下：

东南线访古第六站：今天（10 月 8 日）参观了御窑厂。由于要参观心中向往已久的陶瓷圣地，参观前进行了充分的准备：检查了装备包括手机、充电器、充电宝、笔、本等用品并沐浴更衣，剃净了胡须（指甲未剪，因为"甲"字在古代也用于科举考试中的一甲，有中榜之意，属于吉祥字语，其实这仅是我心中对旅途平安快乐的美好期盼罢了），吃好了早点，又继续睡足了觉，中午时分，拿出算命的铜人（我收藏的一个抽签的游戏玩具）摇出了"大吉"签。由于住处距御窑厂很近，所以准备步行，先咨询了御窑厂的位置并借助于手机导航，出发！

御窑厂位于江西省景德镇市珠山中路北侧、昌江东岸（昌江是古代瓷器外运的主要航道），这里已建成了国家考古遗址公园。洪武时期这里称为陶厂，也有记载自永乐元年（1403 年）这里改称御器厂。而根据《景德镇陶录》记载，明代洪武二年开始在此烧造官窑瓷器，该处官窑遗址在明代正德以前称厂官窑，正德以后始称御器厂，但《明史》中则有"宣德初，置御器厂于此"的记载，可见御器厂的名称还有始自宣德一说。清代改称御窑厂。光绪三十三年以后御窑厂改归商办江西瓷业有限公司经营，并以景德御窑厂为总厂，鄱阳官窑为分厂，直至宣统三年。根据现场资料介绍，元世祖忽必烈设立了浮梁磁局"元官窑"，这个"元代官窑"也曾设置在珠山一带。今天参观的内容包括明代制瓷作坊遗址、明代窑炉遗址（发掘出六座明早期的葫芦窑、明代落选贡品堆积坑，并在此处发现晚清民国时期"江西瓷业公司"发行所遗迹）、御诗亭、龙珠阁（1990 年重建）、中国御窑工艺博物馆、佑陶灵祠（明代供奉窑神童宾牌位，清代塑童宾像，称童宾为"风火仙师"，其庙为"风火仙师"庙，即人们常说的窑神庙。现在该祠堂为 2008 年重新修复）。由于受周围建筑的影响因而御窑厂遗址公园景区面积范围并不大，现在在景区东侧正在修建新的博物馆，预计不久将投入使用。中国古代工匠创烧了瓷器并销往世界各地，是对人类文明发展的巨大贡献，御窑厂器物代表了中国瓷器烧造的最高水平而占有十分重要的地位，御窑厂国家考古遗址公园是研究和收藏古代陶瓷的各方人士心中的圣地和向往的地方，也是景德镇乃至国家的亮点和品牌，必须保护好、开发好和利用好，把历史和文明的信息世世代代传承下去。（图片略）

10 月 9 日 星期二 景德镇湖田窑、景德镇中国陶瓷博物馆

上午 10 点 44 分，从宾馆开车出发去景德镇的某处古玩市场转转，11 点 05 分到达一处古玩市场，市场较大，由于时间关系，仅仅是了解情况而已，因此匆匆看了几家店铺。外面也有一些地摊，整器和残片都很多，令人眼花缭乱，要想淘宝，比的就是眼力了。在这里，如果没有足够眼力也只能望而兴叹了。

附录·图 197　整器和残片都很多，令人眼花缭乱，要想淘宝，比的就是眼力了

中午 11 点 43 分，离开古玩市场去往湖田窑遗址。导航中显示湖田窑遗址距离这里不远，车行驶不久导航显示已到古窑遗址附近，问了一下路人，方知这里是杨梅亭，已过了湖田窑。我调转车头往回走，估摸着湖田窑就在附近，也到了中午，心想不如先找个饭馆吃饭，顺便再详细打听一下湖田窑遗址的位置。于是在河边的一个饭馆停好车，点好菜，顺便与饭店老板攀谈起来。老板很热情，谈话中得知这条河叫南河，

附录·图198
南河

附录·图199
注浆制坯

附录·图200
笔筒坯胎

附录·图201　沿河街道一侧墙上装饰
的瓷片和垫饼

附录·图202
湖田窑文物保护碑

附录·图203　景德镇民窑博物馆

是景德镇两条河流之一（稍后在博物馆参观中发现地图上还标注有东河，后来查到还有小南河），另一条河就是著名的昌江。饭菜还没有做得，于是出去拍照。这个季节南河的水不多，河面也就十几米、二十几米宽，河道还在整修中。

与饭店相隔不远有一处作坊正在给瓷器做坯（图199），向主人说明了来意，也想观察一下做坯的过程。征得主人的同意后就仔细看他们的操作，这里正在做笔筒（图200），采用的是注浆的工艺。原来只在书本上知道瓷器的做坯有注浆工艺，但始终无缘亲眼见到，今天才彻底弄明白了基本的操作过程，临走时再三向主人致谢。

中午12点27分吃午饭：米饭、西红柿炒鸡蛋、一瓶饮料。老板说湖田窑遗址及博物馆就在附近，你尽管去，车子停在这里有我们照看。我按老板提供的位置向湖田窑一路步行寻去。沿河街道一侧的砖砌墙上，装饰有很多湖田窑的瓷器残片和垫饼（图201），也绘有景德镇"制瓷七十二道工序"的图画。墙上的瓷片中也不乏精美之作，但几乎无人触动，保持相当完整，令人十分惊讶。这表明当地人的文明水准和行为秩序达到了很高的程度，他们一定为着自己是古镇的居民、祖辈曾有过的辉煌制瓷历史以及向游人展示瓷都的精神文明风采而骄傲。

下午 1 点 02 分，来到湖田古窑遗址附近（景德镇南河边的湖田村境内）。在街道的一侧立有文物保护碑（图 202），其上的文字表明这里是全国重点文物保护单位。保护碑的旁边的墙壁上有关于湖田窑的介绍，部分内容摘录如下：

湖田古窑遗址

湖田窑，创烧于五代，鼎盛于宋、元，结束于明代中期，延续烧造时间长达七百余年，是景德镇古代烧造历史最长、规模最大、文化内涵最丰富的著名窑场。其五代白瓷胎釉洁白，是目前发现的我国江南地区时代最早的白瓷；宋代青白瓷晶莹别透，名冠群窑，是我国宋代青白瓷窑系产品中的极品；元代青花、釉里红和霁蓝等瓷器品种装饰新颖，异彩纷呈，开创了中国彩瓷时代；明代青花瓷貌似简略，却尽显最粗犷、最自由的民窑青花绘画艺术风格。

与文物保护碑一路之隔的是景德镇民窑博物馆（图 203），进入博物馆参观，这里展出有出土的湖田窑的器物。据这里的工作人员介绍，湖田窑窑址遗迹现在正在整修中，暂不对外开放，因此本次未能一观湖田古窑址遗迹的原始风貌。

结束了民窑博物馆的参观，下午 2 点 43 分，驱车去往景德镇中国陶瓷博物馆，导航显示距离为 10 公里，这时天空中开始飘起了雨点。

下午 3 点 05 分，到达景德镇中国陶瓷博物馆，雨越发大了些，雨点飘落在车窗上，好像瓷器表面的蟹爪纹。进入博物馆开始参观，博物馆规模宏大，展品很多，因此直到闭馆时间，仍然没有参观和拍摄完毕。下午 4 点 43 分离开博物馆，明天接着参观。

晚上 7 点 55 分在宾馆吃晚饭，面包、火腿、饮料，吃得很香甜。发朋友圈、洗热水澡、看电视、睡觉，一天结束，这是人生旅途中经历的又一个驿站，今天的光阴没有虚度。

晚上发朋友圈，全文如下：

东南线访古第七站：今天（10 月 9 日）参观了景德镇民窑博物馆和景德镇中国陶瓷博物馆。景德镇民窑博物馆位于珠山区岚山路附近的南河河畔，主要展示以湖田窑为代表的出土的遗物。景德镇在五代时期创烧了青白瓷，宋代逐渐形成了以景德镇为中心烧造区的青白瓷系，是宋代七大窑系之一。湖田窑在宋代主要烧制青白瓷器，在元代还烧制卵白釉瓷，也是元青花和青花釉里红的烧制地区，明代湖田窑烧制器物的品种更为丰富，由此可见湖田窑是景德镇民窑的代表。由于民窑博物馆内禁止拍摄，因此遗憾的是无法给大家提供一些实物照片。民窑博物馆所在地属于古代湖田窑烧造地区，博物馆大门口对面有全国重点文物保护单位"湖田古窑遗址"的碑刻，湖田窑的窑址暂时还没有对外开放。从今天参观现场得到的信息以及昨日参观御窑厂的情况，可以得出这样的结论：所谓的"元代官窑"或者说宫廷瓷器及官府用瓷的主要烧造地区是在明代御器厂也就是清代御窑厂所在的珠山附近，具有地方官窑性质，元代设立的浮梁磁局是对宫廷瓷器和官府用瓷的生产管理机构，除珠山窑场外，也通过"官监民烧"的方式在其他民窑中生产，而湖田窑当时应该是属于"官监民烧"或"官定民烧"的性质，属于民窑烧造的范畴，而且官定民烧的器物全部的制作和烧造工序应该都在湖田窑完成，如著名的枢府窑应该就在湖田窑的烧造区域内。湖田窑的青白瓷在宋元时期有正烧和覆烧的工艺方式，进入明代也有采用涩圈叠烧的方式。景德镇中国陶瓷博物馆藏品十分丰富，今天由于时间所限只参观了部分展品，明天继续参观，并与大家一起分享精美器物的照片。明天见！（图片略）

10 月 10 日 星期三 景德镇中国陶瓷博物馆

上午去了刚结识的一位朋友的公司，参观了朋友公司的陶瓷作品和他个人收藏的古代瓷器，也应邀试着对几件藏品做了断代和鉴赏，朋友很是高兴。由于心里急着继续参观博物馆，因此婉言谢绝了朋友邀请的午餐。中午 11 点 24 分独自来到一家餐馆，米饭、木耳炒肉、瓦罐鸡汤、饮料，对我而言是绝好的美味，尤其是瓦罐鸡汤的味道美极了，临走告诉老板，有机会还会来这里喝瓦罐鸡汤，临走时拍摄下了这家餐馆的名称和电话。

到达景德镇中国陶瓷博物馆已是中午 12 点 05 分，进入博物馆继续参观，展品丰富多彩，特别是明清瓷器更是精美异常，此外还有"珠山八友"的作品和为毛主席烧造的"7501 瓷"（图 214）。参观及拍摄过程不必细说，仅提供几张照片供大家欣赏。

从景德镇中国陶瓷博物馆参观完出来，已是下午 4 点 54 分。之前听朋友说景德镇至今还存有元代"浮梁磁局"的旧牌匾，据说在浮梁县城，导航显示浮梁古县衙距离这里不远，我觉得浮梁古县衙应该就是古代浮梁县城所在地，于是想今天赶往那里探探路，明天再正式去那里参观。傍晚 5 点 33 分到达浮梁古县衙大门外，因天色已晚，今天没有时间参观，于是简单向门口的工作人员了解了一下情况，就返回住处，傍晚 6 点 17 分赶回宾馆。晚上 7 点 15 分在街上的饭馆吃晚饭：米饭、鱼炖豆腐，喝点啤酒解解乏。饭馆里，一位老太太在帮助身为饭店主人的儿子和儿媳照顾客人，小孙子也在帮助奶奶打理桌面，我得知孩子正在上小学，建议奶奶不应当让这么小的孩子来做活儿，孩子应以学业为主才对。老太太说："很多客人也这么说，但孩子却喜欢干这行，还要将来也干这个。"我说："将来干什么都可以，但必须把书念好才行，无论做

附录·图 204 明宣德 红釉金钟碗（金钟）　附录·图 205 明成化 三彩鸭形香薰　附录·图 206 清康熙 红釉刻暗纹太白尊　附录·图 207 清雍正 祭红釉玉壶春瓶（中国陶瓷博物馆藏）　附录·图 208 清雍正 窑变花釉双耳瓶

（收藏单位：景德镇市陶瓷考古研究所，中国陶瓷博物馆展出）

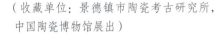    

附录·图 209 清雍正 青花缠枝莲纹佑陶灵祠瓷匾（唐英 题）　附录·图 210 清乾隆 粉彩百鹿尊　附录·图 211 清乾隆 粉彩镂空蟠螭福寿字双耳瓶　附录·图 212 清乾隆 绿地粉彩八宝纹贲巴瓶　附录·图 213 清乾隆 粉彩九桃天球瓶

（中国陶瓷博物馆藏）

附录·图 214 7501瓷（共11件套，赵波先生收藏，中国陶瓷博物馆展出）　附录·图 215 民国 汪野亭 粉彩瀑布云山图瓷板（中国陶瓷博物馆藏）

什么都必须要有知识。"我边吃边和主人一家聊天，没想到老太太突然问我："你是不是很喜欢吃鱼？"我说："是的。"她说："那你一定很聪明，听说喜欢吃鱼的人都很聪明。"我说："是不是喜欢吃猪肉的人就不聪明了？"老太太不置可否，冲我笑了起来。我心说老太太还有这么一讲，以前似乎听人随意说过，但毕竟没有科学论证啊，应该是想吃什么，一定是身体需要什么，这才符合自然规律。这样胡乱想着，看看碗里的鱼，只剩下骨架了。

这一天的活动排得满满，饭后感觉脑袋昏昏的，不时涌上来一股倦意，今晚需早些休息，但必须要发完朋友圈，因为微友们还在等待我的访古信息和欣赏图片呢。

晚上发朋友圈，全文如下：

东南线访古第八站：今天继续参观景德镇中国陶瓷博物馆。博物馆的藏品非常丰富，其中有雍正九年仲冬由督陶使沈阳唐英题写的青花缠枝莲纹"佑陶灵祠"瓷匾，此匾原应挂在御窑厂的窑神庙。为了纪念唐英对古代陶瓷的贡献，景德镇现在有以唐英名字命名的街道"唐英大道"。馆里还展出了赵波先生收藏的 11 件"7501"瓷，其装饰技法包括釉上彩水点桃花、釉下彩梅花和釉下彩芙蓉。在博物馆里还可以看到珠山八友（王琦、王大凡、徐仲南、汪野亭、田鹤仙、程意亭、刘雨岑、邓碧珊、何许人、毕伯涛）的作品。博物馆还有《归来·丝路瓷典》外销瓷展览，展示了很多漂洋过海回归故里的明清外销瓷。此外，恰逢这里还举行了纪念中日和平友好条约缔结 40 周年特展"第二届日本工艺展 in 景德镇 九谷烧 2018 新锐展·巨匠展"，展示了一些现代精美的日本九谷烧瓷器艺术作品。至此完成了对景德镇中国陶瓷博物馆的参观，由于图片数量所限，这里只能给大家欣赏有限的几幅照片，其中一件清代乾隆的"黄地青花九桃纹盘"底款为"储秀宫制"，并不是后来专为慈禧烧造的器物，而是乾隆年间的。最后一幅照片是一件"金漆细纹《圆满》盛器"为日本九谷烧作品，作者是作田花仙。景德镇陶瓷是中国文化的一张独特名片，魅力无限，展示了世界瓷都的风采。（图片略）

10 月 11 日 星期四 景德镇御窑厂、樊家井、浮梁县旧县衙

早晨起来较晚，在宾馆的餐厅吃早饭时已是上午 9 点 19 分，一碗粥、一碗豆浆，夹了点儿咸菜，顺手抄起一个鸡蛋，心想，今天的参观活动还多，需要消耗体能，鸡蛋是个好东西。把鸡蛋在桌子上一磕，拿起掰开，意想不到的事情发生了，鸡蛋洒在了桌子上和盘子里，天啊，原来是生鸡蛋！餐厅工作人员说："这鸡蛋是生的。"我说："我怎么会知道是生的？"她说："你没看见装鸡蛋的盘子旁边放着一个电锅吗？那是给客人现场煎着吃的。"我说："你不好放个牌子写上生鸡蛋吗？放个锅就能说明一切吗？"我心说我这个自我感觉社会经验较多的人都没有料到，原来放个锅就代表鸡蛋是生的，看来昨天的鱼是白吃了。定睛再看，鸡蛋白都洒在了桌上，而鸡蛋黄洒在了盘子里，看起来在鸡蛋裂开的瞬间我下意识地保护鸡蛋的主要部分，昨天吃的鱼还是多多少少起了点儿作用啊！转念一想，自己的胡乱想法真是滑稽好笑。

早饭后徒步去往御窑厂，其实 10 月 8 日我已经去过那里一次，但因位于龙珠阁里

附录·图216
早餐中的生鸡蛋

附录·图217　明宣德
青花螭龙纹大盖罐（景
德镇御窑厂藏）

附录·图218
珠山和龙珠阁

附录·图219　樊家井市场

的几个展厅没有参观完，今天想再去看一下。

上午10点02分，再次来到御窑厂参观。买票的时候解释了一下上次没有全部参观完成，今天是补充参观，御窑厂给我提供了优惠门票，我连连表示谢意。这次主要参观了龙珠阁的展厅，在四楼的展厅里看到了御窑厂出土的明宣德青花螭龙纹大盖罐（图217），器型很大，也很典雅壮观。从龙珠阁里出来来到外面，又重新补拍了一些照片。

中午12点02分结束御窑厂的参观，12点09分来到昌江的桥上拍摄一侧桥柱上的"景德镇七十二道制瓷工序青铜组雕"（来的时候已经拍摄完另一侧）。12点22分结束青铜组雕拍摄。

12点42分打车来到樊家井古玩市场，下午1点02分在樊家井附近的饭馆吃饭，饭馆里的菜按重量计价，挺有意思。饭后来到樊家井市场里边，这里店铺众多，也有一些地摊，这里仿古的瓷器很多，有些也很精美，但据说到代的也有，就看眼力了。在这里，第一次亲眼看到了在坯胎上采用钴料进行青花绘制的过程。

下午2点07分离开樊家井，打车回到宾馆。2点35分，离开宾馆驱车前往浮梁县旧县衙参观。途径"唐英大道"，道路以督陶官唐英的名字命名表达了今天的人们对唐英的赞美、怀念和感激之情。据载，唐英在景德镇除了研习陶瓷技术外，还非常关心窑工的生活，因此景德镇的窑工在唐英54岁生日的时候为他立了一块"唐公仁寿碑"，并称他为"佛爷"，可见窑工对唐英的景仰以及唐英的人格魅力。有这样的"领导"在，窑工能不努力工作吗？这和明代的太监督窑时残酷对待窑工形成了鲜明的对照。正是由于唐英在雍正、乾隆年间在景德镇督陶期间的卓越贡献，才使当时的御窑厂陶瓷的制作技术达到了炉火纯青、登峰造极的地步，这一时期景德镇御窑厂的器物精美之极，唐英和当时景德镇的窑工们一起为中国陶瓷登上世界陶瓷的巅峰立下了不可磨灭的功绩。

附录·图 220　昌江

附录·图 221
著者在昌江河边

附录·图 222
著者触摸昌江水

　　下午 3 点 09 分到达浮梁县旧县衙，停好车，开始参观。浮梁县旧县衙紧邻昌江，古代这里是昌江的一座码头，称作南门渡码头，后人也称作三贤码头，因为这里自古流传着宋代苏东坡、黄庭坚与佛印三贤出城由此码头登舟夜游昌江的故事，现在码头旁建有以三贤码头为标识的主题餐厅，是一座优美的带有马头墙的徽派风格建筑。沿着码头的石阶向下，于下午 3 点 13 分到达昌江河边（图 220），这是我第一次如此近距离地感受这条古老的河流，放眼望去，蔚蓝的天空把江水染成了蓝色，两岸绿色的树木倒映在水中，在这蓝色的画面上增添了一些绿色，使色彩不再单调；远处几间瓦舍掩映在岸边高低错落的树丛里，沿水而居是人类生存的古老法则；岸边的河水清澈见底，鱼儿在杂草和乱石间穿梭。此时太阳已经斜挂在半天空，天边淡淡的白云宛如缕缕轻纱，罩在远处的树梢上，好一派水天一色、用蓝与绿绘就的江南美景！千百年来，奔流不息的昌江水，不但养育了两岸的人民，更重要的是她成了景德镇陶瓷画卷中不可分割的部分，是陶瓷传奇和故事传说的承载者和见证者。3 点 19 分，我俯下身来，用手触摸着江水，感受江水的清爽，身影倒映在水中，粼粼的波光也翻动着我的思绪。千年前三贤的影子，也曾映在这一江水里，仿佛就在眼前，历史与今天，都源于这亘古不变的美丽的江水，难以割舍，一脉相连。同在江边游玩的一对情侣，为我拍摄留念，使这美好的画面，永远印在了我人生的记忆中。

　　下午 3 点 26 分，穿过浮梁牌坊，一路向前走去，继续按计划参观浮梁旧县衙。3 点 27 分来到浮梁旧县城城门楼前旁边的千年瓷坛（窑炉一样的建筑）。3 点 42 分来到浮梁旧县城城门楼（图 223）前。

附录·图 223　浮梁县城门　　　　附录·图 224　红塔

进入城门向里走，不久来到一处寺庙前，寺庙里一高塔矗立。寺庙前有说明，该塔称为红塔（图 224）。说明如下：

红塔，又名"大圣宝塔"，始建于公元 961 年，原为唐代西塔寺内之塔。塔高 40.47 米，塔身为 7 层，为空筒式建筑，攀登此塔的方式比较特别，属于穿座绕壁式，要绕半圈外檐才能登上去。塔由青砖、糯米、红泥、石灰砌成。塔身外围染成红色，故称红塔；此塔整个建造过程长达 79 年。传说朱元璋与陈友谅大战鄱阳湖时，曾在此避难。该塔历史内涵丰富，被誉称为"江西第一塔"。1957 年 7 月江西省人民委员会第一次公布为省级文物保护单位。

寺门有一副对联：出入有僧皆佛印，往来无客不东坡。横批是：大圣宝塔。

进入寺门，除了红塔之外，没有太多的古代遗存建筑。出于文物保护和安全的目的，现在也不能进入红塔参观。

参观完红塔，离开寺庙，沿着中间的大路向里走，穿过几道石牌坊，于下午 4 点 16 分，来到浮梁旧县衙门（图 225）前，墙上刻着"浮梁旧县衙"，这里是江西省级文物保护单位。大门匾额上写着"浮梁县署"，左右楹柱上的对联写的是：

治浮梁一柱擎天头势重，
爱邑民十年踏地脚跟牢。

附录·图225　浮梁旧县衙
大门

附录·图226　仪门和两侧
的"六房"

附录·图227　旧县衙大堂上，
我穿上"官服"，亲自体验了一
下坐堂的感觉

附录·图228　著者在旧县衙
大堂上与鲍先生合影

附录·图229　县衙院落

附录·图230　县衙后花园

附录·图231　香山别墅

附录·图232　晚霞下的城墙

里面进门的门柱两侧也写着一副对联：

地位清高日月每从肩头过，
门庭开豁江山常在掌中看。

进入门内，就来到了县衙的里边。首先进入眼帘的是两侧分别建有的一排房子，
上面分别写着：瓷税房、矿税房、碳税房、茶税房、盐税房、户税房。再往里边走就
进入了仪门，仪门内两侧建筑为"六房"（图226），包括吏房、户房、礼房、工房、
兵房、刑房。再往里，就来到了县衙大堂前，旧县衙大堂上，我穿上"官服"，亲自体
验了一下坐堂的感觉。正在此游玩的浙江衢州的一位鲍先生听说我写书需要照片也热
情地邀我一起合影，因为我先穿的是龙袍（后来仔细看发现是四爪蟒袍），鲍先生愿意
扮演大臣，手机拍摄下了这有趣的一幕，能和鲍先生相遇并合影，这是缘分，可惜匆
忙间没有留下联系方式。

后来才发现，合影时右腿的裤子还露在外面，真是令人贻笑大方。这和瓷器仿古
一样，虽然尽心模仿，但还是露出了破绽。

再往里面去，县衙的建筑一一呈现，保存十分完整，因篇幅所限，不能逐一介绍。

在衙署的最后面是一座后花园，名曰"逸园"，在花园的一侧还建有一座"香山别墅"，牌子上的简介如下：

> "商人重利轻别离，前月浮梁买茶去"，公元816年，唐代诗人白居易《琵琶行》中的这两句诗，描述的正是唐代浮梁产茶、销茶的空前盛况。康熙初年，浮梁人在县署后花园东北高埠上修建了"香山别墅"，以纪念大诗人、政治家和思想家白居易……

结束了浮梁旧衙署的参观，临走前与值守旧衙署的门卫攀谈，得知不远处的红塔曾在日军侵华期间遭到日军飞机的轰炸，局部被破坏，后来进行了修复。

浮梁旧县衙经过修缮，保存了相当完整的古代衙署建筑群，是研究古代衙署建筑及相关历史知识的绝好资料，也是一处景色古典而优美的旅游好地方。置身其中，思绪不知不觉仿佛穿越时空，回到了千百年前的古代社会，衙署内曾经发生的一幕幕，仿佛就在昨天。在参观过程中，并没有看到"浮梁磁局"的旧牌匾，经询问得知离这不远的现在的浮梁县城里有座博物馆，或许那里能找到一丝踪迹，但天色已晚，按行程计划没有时间参观了。傍晚6点17分，离开浮梁县衙前往温州，导航显示距离479公里，将用时6小时13分钟，出发！

晚上发朋友圈，全文如下：

东南线访古第九站：今天（10月11日）上午去了御窑厂龙珠阁参观，并补拍了一些照片。中午来到了景德镇樊家井古玩市场，樊家井古玩市场很大，店铺鳞次栉比，各种瓷器种类齐全，全凭个人需要、爱好和眼力了。下午参观了浮梁旧县衙和红塔，旧县衙和红塔相距很近，同属一个景区。根据现场记载，红塔又名"大圣宝塔"，始建于公元961年，原为唐代西塔寺内之塔，塔由青砖、糯米、红泥、石灰砌成，塔身外染成红色，故称红塔，此塔建造过程长达79年。传说朱元璋与陈友亮大战鄱阳湖时曾在此避难。该塔是一座千年古塔，且历史内涵丰富，被誉为"江西第一塔"。浮梁旧县衙位于景德镇市浮梁县的昌江北岸，最早设县治始于唐代，有一千二百多年历史，县署屡毁屡建。古代浮梁县署职官五品，是个等级较高的大县。白居易《琵琶行》中有"商人重利轻别离，前月浮梁买茶去。"说明浮梁在古代是个茶叶生产和贸易的繁华之地。县衙前的昌江南门渡码头自古流传着宋代苏东坡、黄庭坚与佛印三贤出城由此码头登舟夜游昌江的故事以及饶州知府范仲淹捐银修建码头等佳话。旧县衙经过修缮后建筑完整齐全，规模庞大，知识内容丰富，环境优美。主要建筑保留着古代原貌，是了解和研究古代衙署文化的好去处，置身其中仿佛穿越了时光，回到了古人生活的年代，兴奋、伤感和怀古之情百感交集，最终身不由己我也穿上了四爪蟒袍坐在大堂上体验了一把古代当官的感觉。特别提到的是这里有中国古代刑罚展，其中的酷刑种类介绍和图片展示令人触目惊心，发人深省。至此景德镇参观结束，今晚已离开美丽的江城瓷都，起程赴浙江，追寻越窑的源头，体验千峰翠色的秘色瓷神话。途经各处将观光、采风和淘宝几日，自不能及时细说，还望谅解。越窑见。（图片略）

10 月 12 日 星期五 温州

早上 7 点 14 分，行驶在 S26 德婺高速上，经过赣浙界白沙关收费站，进入浙江境内，已在 G60N 杭新景高速上。两侧山岭连绵，远处山林中晨霭氤氲。太阳已上三竿，躲在如纱的白云幕后，舞动着大把大把的火苗，把温暖和光亮源源不断地送给地球和万物，世间一切都贪婪地尽情地享受着这无私的馈赠……

7 点 34 分，驶入芹源岭隧道，路牌上显示隧道全长 3102 米，限速 100 公里每小时。其实这次访古之行一路上经过很多隧道和桥梁，也感想颇多。古代有愚公移山的传说，而如今的人们借助现代化的工具只需在山体上打一个洞或在河上架一座桥就可以了。自然界总是以其固有的姿态和方式阻碍人类前进的脚步，也常以譬如地震、台风、洪水等方式向人类宣战，自然规律是值得敬畏和尊重的，但人类与自然抗争和征服自然的信念和脚步也从未停止过，并且总能找到与其和谐相处的办法和平衡点，因为人类的智慧无限，科技无限。愿这神奇的星球和她的子民永远相随、和谐相处，愿世界安宁、祥和到永远。

附录·图 233　栾树

上午 9 点 12 分，到达 G3 京台高速芳村停车区，再一次近距离地看到了先前不知道树名的装点道路两旁如花般的树种，这树、这叶、这花、这果实被秋日染成或粉红、或青翠、或鹅黄等不同色调，在湛蓝的天宇下既显妩媚婀娜、风姿摇曳之态，又能独步秋凉，不卑不亢，彰显君子风度。请教同在这里休息的游客，一位先生告诉我，这种树叫"枫树"。我说枫树我见过，叶子不是这样的。他说枫树的种类有很多，这是其中的一种，他从小在乡下长大，那里有很多这样的树，因此名字不会弄错的。噢，原来如此！知识是无限的，需要不断地学习，才能不断地进步（我返京后经过查证，确认此树是栾树）。事实上瓷器上面的绘画中也有很多植物和花鸟，了解和认识它们的种类和基本特征对器物的鉴赏是大有帮助的。

中午 11 点 56 分在 S33 龙丽温高速松阳服务区吃午饭，一碗梅菜扣肉盖饭，另送一碗鸡蛋柿子汤和一小碟木耳小菜。餐具的颜色为外壁黑色，里面白色。饭碗式样好似斗笠碗，汤碗好似罗汉钵，好像制作时都受到了古代瓷器造型和釉色的启发。

下午约 4 点钟到达温州预定的宾馆，由于宾馆外面停车位紧张，宾馆的工作人员建议我把车子停在不远处的一个地下停车场，费用是 1 天 24 小时以内 10 元，我觉得价格可以接受，于是按着宾馆工作人员指引的方向，不一会儿把车子停在了地下停车场内，这时一位年迈的老婆婆走到我面前，她讲着一口浓重的方言，我很难听懂。我讲普通话，与婆婆交谈了大约 15 分钟，通过语言、口型和手势综合分析和猜测婆婆的话意，得知我明天只要中午 12 点之前开走车子，是不收费的，超过 12 点但在下午这个时间之前走，收费 10 元。我心存感激，既有免费的时段，超时也至多 10 元，心想这真好，自然满口答应下来。可是当我离开车子刚要走的时候，突然背后传来婆婆的一声吆喊。在地下停车场里，这声音显得格外沉闷，吓了我一跳。这次我听明白了，婆婆说的是：把钞票留下！我愣住了，连忙问到底是怎么回事。又经过大约 5 分钟艰难的交流，我终于弄明白了：先付 10 元，直到明天中午 12 点之前就不收费了，明天超过 12 点，要继续缴费！天啊，我停个车子，仅双方沟通就用了接近 20 分钟，可又能如之奈何呢？摸摸额头，豆粒大的汗珠不知不觉渗了出来。

距吃晚饭时间还略早些，于是打车去往附近的古玩市场。大约在七、八年前我在温州出差的时候就经常光顾这家古玩市场，经过这些年不知有什么变化。下午 4 点 52 分，到达古玩市场，进去走了一圈，大多店铺已经关门，一切都和之前我来过的时候一样，其建筑和规模几乎没有什么变化。打听一下，明天是周六，早上大约 7 点 30 分就会有人来此赶集。

回到宾馆附近吃晚饭已是傍晚 6 点 02 分了，晚饭：米饭，一碗酸菜鱼，两罐啤酒。今天没有实质性的参观活动，晚上也就不用发朋友圈了。

10 月 13 日 星期六 温州、慈溪

　　早上 7 点 33 分来到昨天晚上曾来过的古玩市场。外面地摊上早已被赶集的商贩们摆满了各式各样的器物，拉好了架势等着人们来选购。很快，这里的人渐渐多了起来，人们交流的话题也五花八门，诸如器物是否到代、什么窑口的、价格等。有的卖家对器物年代做出保真的信誓旦旦的许诺，也有的卖家装作一无所知的模样。有的买家挠着头皮谨慎地琢磨，一头雾水的样子，也有懵懂问津的、夹杂着不同方言交流的、拉锯式的砍价的、谈不成转身就走的、商家吆喝买家回来的、数钱的、包裹器物的、抱着大瓶子走的，小吃和早点的叫卖声也混杂在人群中。我用尽可能短的时间大致浏览了一下地摊和店内的器物。一件黑釉建盏，虽然局部有点儿残缺，但价格合适，于是便买了下来。一方昌化鸡血石印章，红色面积虽然不是很多，但形状甚好，也能表达出一些寓意，于是也收入囊中。去了以前经常去过的几家古玩店铺转转，一切依旧，只是主人看上去被岁月烙上了一丝苍老的痕迹。

　　上午 10 点 34 分离开古玩市场，返回宾馆，整理好衣物退了房，来到地下停车场，老婆婆颤颤巍巍地走过来询问情况，我告诉她昨天我已经交过费了，今天还没有到中午 12 点，不需继续交钞票了。婆婆似乎觉得车库里光线有些暗，于是走到墙边合上一个开关，顿时周围亮了许多。老婆婆走到我车旁与我聊了几句，虽然我听得很吃力，但基本上理会了她的意思，得知她并非温州本地人，因女儿嫁到这里，她过来看看，临时帮忙照顾停车场，她已经 80 岁了。我临走前，她还坚持为我指挥车子，我再三叮嘱她年龄大了，照看车场的工作对于老年人是不妥的，一定要注意安全，也祝愿婆婆身体健康，平安快乐！

　　中午 11 点 38 分离开停车场，向慈溪市驶去，上林湖越窑遗址是计划中的参观目的地之一。12 点 35 分行驶在 G15 沈海高速上，天空祥云朵朵，一座座高楼和神秘的寺庙不时在视野中掠过。路随山转，穿隧道，过桥梁，筑路工人逢山开道、遇水搭桥，用他们勤劳的双手使得天堑变成了通途。下午 1 点 23 分，G15 沈海高速清江服务区，午饭清单：米饭、红烧肉、清炒葫芦瓜（实际上还是有些肉的）、一枚茶叶蛋，感觉吃得很美。饭后在车内休息，下午 3 点 13 分，继续我的行程，青山做伴，绿水见证，车轮滚滚，一路高歌，向北，向北……

　　下午 4 点 55 分，G15 沈海高速宁海服务区小憩，傍晚 5 点 38 分奉化服务区逗留，一碗豆花细细地感受着这里的味道。当夜色降临，灯火阑珊之际，到达慈溪市预定的住处。晚 8 点 35 分，一小袋面包，一根火腿肠，外加小酒，开吃开喝之前，猛然间发现面包的包装袋上写有"吃货"的字样，不禁好笑，管它呢，吃！

10月14日 星期日 慈溪上林湖越窑遗址

上午 10 点 05 分来到慈溪上林湖越窑遗址，这里现在已建成为国家考古遗址公园（图 234）。公园的大门用匣钵和装烧的瓷器做成的标志性建筑墙，显示出这里曾是古代越窑瓷器的烧造地。进入公园，迎面而来的是一湖碧水，这就是著名的上林湖（图235）。这里是全国重点文物保护单位。湖边的一个牌子上有越窑遗址的简介，摘录如下：

上林湖越窑遗址

上林湖越窑遗址位于浙江省慈溪市中南部翠屏山丘陵地带，分为上林湖、古银锭湖、白洋湖、里杜湖 4 大片区。现已发现瓷窑遗址近 200 处，已编号窑址 179 处，仅在上林湖周边就密集分布有 115 处。

上林湖越窑遗址是我国公元 2—12 世纪创立的规模较大、遗存分布密集、保存较好的大型古代瓷窑遗址群，展现了越窑从创烧、发展、繁盛至衰落的整个历史轨迹，被称为"露天青瓷博物馆"。上林湖一带是唐宋时期越窑青瓷的中心产地，这里烧造的秘色瓷代表了唐宋瓷业生产的高度成就，晚唐时设有"贡窑"，五代时设有"瓷窑务"，专事生产供奉瓷器。精美的上林湖越窑青瓷不仅用于内需，而且是我国最早输往海外的大宗商品之一，推动了中西方文化经"海上丝绸之路"实现的交流与融合。

这里是上林湖南端的尽头，或向左，或向右只有两条参观路线可走。上午 10 点15 分，向路旁摆摊的一位老婆婆问右边的路通向何处，老婆婆用手向右侧一指，说道："八崴板。"（音译）这句方言一下使我蒙了，一个字也没有听出来是什么意思。我又问了几遍，还是同样的回答，后来婆婆见我不明白，索性用手指着路口的指示牌（刚开始我没有注意到指示牌），示意我自己看，我到近前一看，牌子上标注为向右是上林湖越窑博物馆，向左是荷花芯窑址。我猜测婆婆说的是"博物馆"。那就先参观博物馆吧。我顺着石条铺就的小路走去，越过一座石块铺面的小桥，不久来到一座建筑前。远观这座建筑，进口处呈现一个"介"字的形状，好像寓意着越窑瓷器搭起了东西方文化交流的桥梁，是起着"媒介"的作用；整个建筑又好似搭在龙窑上面的遮雨棚，有窑炉的感觉。远处观察并未发现有博物馆的标识，询问周围游人确认，这就是上林湖越窑博物馆。走到入口处，在左边墙上的一个牌子上写着开放时间，落款是"上林湖越窑博物馆"（图 236），心想这就是博物馆了，应该不会搞错。后来了解到博物馆

附录·图 234　上林湖越窑国家考古遗址公园

附录·图 235　上林湖

附录·图 236　上林湖越窑博物馆

附录·图 237　唐 秘色瓷葵口圈足碗

附录·图 238　唐 秘色瓷净瓶

（上林湖越窑博物馆藏 上林湖后司岙窑址出土）

附录·图 239　上林湖唐代龙窑遗迹（荷花芯窑址）

附录·图 240　满布山坡和河边的越窑器物和装烧器具的残片

刚刚建成，估计博物馆名称的大标识还没有来得及制作。

　　上午 10 点 24 分进入博物馆参观。博物馆里展示有很多上林湖地区出土的越窑器物及残片，其中也有不少已被确认为秘色瓷的器物和残片。展厅内的光线较好，基本能看清器物胎釉的本来面貌，这对观众的观摩和学习是至关重要的。

　　中午 12 点 38 分结束博物馆参观，再次来到公园进口处的湖边，靠近岸边的湖水清澈见底，鱼儿在水中慢悠悠地游动；湖水呈南北方向延伸远处，两岸青山环抱，苍翠欲滴，就像越瓷的釉色；湖面微风轻拂，碧波荡漾。弯下身去，用手捧起一抔湖水，亲身感受了一下这神奇的湖水蕴藏的越窑文化的韵味。

沿着湖边向左侧走去，不久就来到了荷花芯越窑遗址（图239），这是一座唐代龙窑遗迹。窑址位于上林湖边的山坡上，这里不但取水方便，而且古时候这里一定是树木茂盛，便于取柴烧窑，同时紧邻湖水，也便于烧成后器物的运输。窑址附近及岸边的水中到处可见越窑器物和装烧器具的残片，可以看出古时候这里曾经的窑火是多么的兴旺。这里目前只有这一处古窑址对外开放参观，据说上林湖是重要的饮用水源地，因此众多发现的窑址区域也没有建成风景区，参观到此为止。

　　大约下午1点30分回到公园入口处摆摊的婆婆处，买了几个茶蛋，边吃边和老婆婆攀谈起来，得知婆婆说的"八崴板"就是指的博物馆，婆婆说自己也不是本地人，但普通话说不好。我试着跟婆婆学着她说的方言"八崴板"，在婆婆的纠正下，我练习几次终于说出了婆婆认为还可以的方言，婆婆笑了起来。我又教婆婆说普通话的"博物馆"，婆婆学得也很吃力，毕竟是年纪大了。其实说普通话是为了不同地域的人方便交流，现在的年轻人都能说一口流利的普通话和自己生活地、出生地的方言或少数民族语言。中华民族是个多民族的大家庭，任何一种语言都有着漫长的形成和演变的历史，都是中华民族文明的重要组成部分。正是由于不同语言的存在才使得今天的人们能更好地了解、认识历史，才使得我们的文化和生活更加丰富多彩。

　　与婆婆话别时，祝愿她健康长寿，平安快乐！下午1点58分回到停车场，无意中发现两旁的树木十分奇怪，同一棵树上的叶子要么很绿，要么很红，泾渭分明，红绿界限十分清晰。偶尔也有几片叶子红中显绿、绿中泛红，但在秋天阳光的沐浴下却也似乎急着抛开绿色而向红色靠齐。这些树叶相互依存在一起，绿的似翠，红的似火，争奇斗妍，俨然有瓷器中的"斗彩"之意。当然读者朋友们可能猜到了，这一回我还是不知道这种树的名字，因为我不是植物学家，也不是花木种植者，但我却非常喜欢花草树木，于是之前我已经买了一本有关花木方面的书放在家里，其目的原本是为了

附录·图241　这些树叶相互依存在一起，绿的似翠，红的似火，争奇斗妍，俨然有瓷器中的"斗彩"之意

辨识瓷器和书画上的纹饰，但还没有来得及研读，平时这方面点滴的知识积累与系统的学习相比还远远不够。大千世界无奇不有，花草树木万紫千红，自然知识、社会知识包括不同的语言，都需我们不断学习、不断进步，收藏和鉴赏也是一样。

下午2点离开上林湖，前往慈溪市的古玩市场逛逛，寻找收藏的机会，却不想天空渐渐沥沥下起雨来，这雨中淘宝，却别有一番清新的感觉，直到离开古玩市场时已是傍晚6点12分。下一个目的地本是杭州南宋官窑遗址，但明天是星期一，博物馆大都闭馆休息，索性今晚前往绍兴住宿，明日浏览一下绍兴的古玩市场和历史名胜，也是一个不错的选择。

车子一路向绍兴驶去，晚上7点44分，G92杭州湾环线高速某服务区吃饭，一碗东北水饺，15元，吃饺子之前，猛然想起之前在饭馆吃饺子，饺子每份大都是按数量计算，也有个别时候饺子数量少的情况，与服务员交涉，会出现饺子被落在锅里的现象，这次还是查一下数量好。一数，共计10个饺子，这能吃饱吗？我对服务员说："数量不够，应该是15个。"服务员说："你这个人心太细了，还查数，不过一份10个没错，是你自己看错了。"我说："墙上不是写着15个吗？"服务员说："是15元一份。"我重新仔细看了一下墙上的菜谱，果然是15元一份。我说："你如果不标明数量，那一份饺子多少个都由你们说了算。一份就七八个或九个也能搪塞过去，顾客岂不吃了亏？这墙上写着东北水饺，东北人可不是这样做的，会告诉你数量的，因此我断定这水饺肯定不是东北人做的。"柜台里的两三个服务员都笑了起来，说："先前你也没问数量啊，这饺子的确不是东北人做的，但确是东北风味，之前有个东北人在这里做，后来有事就走了，现在是我们当地人在这里做。"咯咯的笑声更大了。谈笑间，我忽然发现旁边的温州麦饼也写着每份15元，每份麦饼已用袋子包好，可以清楚地看出标牌为"梅干菜"的一包二个，"雪菜"的一包三个，个头还挺大，后悔真不如吃这个了。我说："这个麦饼挺好，也实惠，感觉有些东北韵味，但写的是温州麦饼。"服务员一听，止不住笑得前仰后合，说："那个麦饼真是一个东北人做的，现在已经下班回家了。"临走时，我说我一定要把这段经历写在我的游记里，挺有意思的。她们在笑，我也在笑，笑声赶走了全身的疲劳。看了下时间，该赶路了。路上突然想起很多年前与朋友在一个饭店吃饭，预先自选的螃蟹中有一个螃蟹是掉了腿的，等蒸熟上来后发现螃蟹的腿都是全的。一问才得知，是服务员把不同客人点的螃蟹搞错了，要知道那可是按重量计算费用的，感觉这份少了许多，与大堂经理沟通，最后补偿我们一只螃蟹了事。虽然想起了这事有些好笑，但觉得出门在外还是仔细一些为好。

继续行驶在去往绍兴的路上，从慈溪到现在雨一直没有停止，车外的雨点仍在拍打着车窗，也赶走了旅途中的寂寞，雨珠被风吹着和雨刷推赶着向窗边漫去，远方的道路伸向茫茫的夜色里，车子在雨中匆匆前行，一路向绍兴驶去。进入绍兴城区，两旁的建筑被雨水刷过后显得更加润洁，透进车内的空气也倍感清新，七彩斑斓的各色灯火不断映入眼帘，在这不大不小的雨声中一切喧嚣仿佛都被淹没，时间在默默流淌着……

晚上8点45分到达绍兴预定的宾馆，这一天的经历真的很充实。

晚上发朋友圈，全文如下：

东南线访古第十站：今天（10月14日）来到了位于浙江省宁波市慈溪市的上林湖越窑国家考古遗址公园，参观了上林湖越窑博物馆和唐代荷花芯越窑遗址（龙窑）。东汉时期越窑青瓷实现了从原始青瓷到成熟瓷器的演化，因此越窑青瓷也被称为"母亲瓷"。上林湖地区烧造瓷器可追溯到东汉、三国时期，因此是瓷器的发祥地之一。上林湖一带是唐宋时期越窑青瓷的中心产地，这里烧造的秘色瓷（贡瓷）代表了唐宋时期越窑青瓷的最高水平。秘色瓷的色泽标准和器物认定是由于法门寺地宫出土了有确切记载的秘色瓷器。唐代诗人陆龟蒙的《秘色越器》诗"九秋风露越窑开，夺得千峰翠色来。"是对越窑秘色瓷的高度赞美，成为千古名句。上林湖地区窑址分布密集（上林湖周边已发现115处窑址）、保存完好，被誉为"露天青瓷博物馆"。位于上林湖畔的上林湖越窑博物馆里展出了许多精美的越窑器物和残片，包括相当数量的秘色瓷器。据我仔细观摩后认为这里的秘色瓷从釉色上大致可分为三种，即青色、青黄色和青灰色（也称艾色，即艾草或艾蒿色），釉层较薄，胎质主要呈灰色，器物精美，是越窑瓷器中的精品，属于细瓷的范畴。从博物馆的藏品以及我个人收藏到的瓷片上看，越窑在宋代还有仿烧汝窑的产品（越汝）。现在精美的越窑器物和瓷片市场价值很高，特别是具有"秘色"的器物或残片始终是藏家追捧的对象。越窑青瓷与长沙窑、邢窑和定窑瓷器一起是中国古代海上丝绸之路（或海上陶瓷之路）非常重要的外销瓷。（图片略）

10月15日星期一 绍兴

早上8点34分在宾馆餐厅吃早餐，发现装生鸡蛋的盆之前有个标牌，上写"生鸡蛋"，旁边摆着一个电饼铛，显然，客人不会发生"砸生鸡蛋吃"的事故了，这家餐厅的管理工作做得很到位。

中午11点18分徒步来到绍兴的某古玩市场，11点25分在一家古玩店里看到主人养的一条巨大的金龙鱼，很是气派。在另一家古玩店里见到一件四爪蟒袍，应是清代王公大臣所穿之服。中午12点08分参观章学诚故居（图243），章学诚是清代乾隆、

附录·图242 鸡蛋盆 　附录·图243 章学 　附录·图244 鲁迅
前的标牌上写着"生鸡蛋" 　诚故居 　祖居

嘉庆时期人，清代著名史学家、思想家，这里是章学诚晚年的住所，是绍兴市文物保护单位。

　　绍兴有几处古玩市场，在去往另一处古玩市场的途中正好经过鲁迅故里景区，这是稍后一定要参观的地方。去往古玩市场的途中发现一个墙上写着大大的一个"当"字，旁边写着"恒济当旧址 少年鲁迅因家道中落曾经常来此典当衣服、首饰"，这是鲁迅故里景区的一部分。下午1点30分来到一处古玩市场，买了几个越窑残片作为标本。大致浏览了一下古玩市场的藏品。

　　下午2点47分，来到鲁迅故里景区的正门，景区门口处的介绍摘录如下：

　　　　鲁迅故里不仅保存有鲁迅故居、鲁迅祖居、三味书屋、百草园，还恢复了周家新台门、寿家台门、土谷祠、长庆寺等一批与鲁迅有关的文物古迹，重新修建了鲁迅生平事迹陈列馆、鲁迅笔下风情园。

　　鲁迅故里是全国重点文物保护单位，是著名的历史街区，是解读鲁迅作品和了解鲁迅当年生活的真实场所，被称作绍兴的"镇城之宝"。

　　进入景区不远，一侧的墙上写着四个大字"民族脊梁"。一路走去参观，不久来到了著名的"三味书屋"景区。我读中学的时候，语文课本中就有《从百草园到三味书屋》及《孔乙己》等课文，所以对这些曾经出现在课本里的鲁迅笔下的风物就尤为感兴趣，实际上也正是书中描写的这些景点的观众似乎比别处更多些，特别是来此参观的学生。三味书屋（图245）其实是寿家台门（图246）内的一处书房，关于寿家台门和三味书屋景区里有这样的介绍：

附录·图 245　三味
书屋

附录·图 246　寿家台门

附录·图 247　著者在三味书屋前

寿家台门（三味书屋）

寿家台门系清代建筑，是鲁迅塾师寿镜吾家人世居之地，由门斗、厅堂、座楼、平屋与厢房组成。其中东厢房为三味书屋，寿镜吾在此设馆教书。

下午 2 点 58 分来到三味书屋拍照留念。在此拍照的游客特别多，需要找到游客拍摄的空隙进行抢拍才可以。关于三味书屋，景点有这样两则介绍，一则是：

三味书屋是清末绍兴城内有名的师塾。塾师寿怀鉴（1849—1930），字镜吾，是"本城中极方正，质朴，博学的人。"鲁迅 12 岁至 17 岁在此读书。他勤奋好学，注重思考，在这里打下了良好的文学基础。书屋正中为塾师桌椅，两侧为客席，窗前壁下则为学生座位。

另一则是：

三味书屋是清末绍兴城内颇负盛名的一所师塾。正中上方悬挂着的"三味书屋"匾额及两边柱子上的抱对"至乐无声唯孝弟，太羹有味是诗书"，均系清朝著名书法家梁同书所题。"三味"的意思为：读经味如稻粱，读史味如肴馔，诸子百家味如醯醢。匾额下挂着一幅松鹿图，学生每天上学要先对着匾额和松鹿图行礼，然后才开始读书。

附录·图248　鲁迅纪念馆

　　参观完三味书屋来到街上，这里有很多售卖"孔乙己茴香豆"的摊位，因为鲁迅笔下有关于孔乙己吃茴香豆的描写，所以茴香豆的生意在这里也就格外红火。我自然也想找一下鲁迅笔下时人的感觉，尝尝茴香豆的味道。我来到一家售卖"孔乙己茴香豆"的摊位前，茴香豆有褐红色和浅绿色两种，按包售卖，无论什么颜色，每包价格一样。我想两种颜色的都尝尝，但买两包我吃不完，于是和摊主说我想买一包颜色两掺的，但无论我怎样解释，摊主就是不卖。我表示不理解，两种颜色的茴香豆掺多掺少我并不介意，但摊主坚持说两种颜色的价格不一样，浅绿色的要贵些，每包的数量不同，唉，买卖未成，谁让我的要求特殊呢。摊主最后也无暇顾及我，因为购买的人很多，我知道我买与不买对这位摊主并不重要，因为她的生意很红火。

　　下午 3 点 16 分来到鲁迅纪念馆（图248）。纪念馆里的墙上还有一首毛泽东的七绝诗句《纪念鲁迅八十寿辰》："鉴湖越台名士乡，忧忡为国痛断肠。剑南歌接秋风吟，一例氤氲入诗囊。"

　　参观完鲁迅纪念馆，来到街上，吃了一盒老绍兴臭豆腐，那老远飘来的香气不由得你不吃。下午 3 点 38 分，参观周家新台门（鲁迅故居，图249），这里是鲁迅的出生地。景点介绍内容如下：

　　　周家新台门是周氏聚族而居的地方，建于清嘉庆年间，1881 年 9 月 25 日
　　鲁迅诞生在这里。1918 年周氏族人将整座台门连同后面的百草园卖给东邻朱
　　姓。房子易主后，大部分遭改建，但位于新台门西侧的鲁迅故居幸得保存。
　　现在的周家新台门是 2003 年根据周氏亲友的回忆重建的。

附录·图249 周家新台门　　附录·图250 德寿堂　　附录·图251 鲁迅卧室（1910年7月—1912年2月鲁迅回绍兴任教，这是他当年的卧室）　　附录·图252 鲁迅故居内的建筑

"德寿堂"系周家接待来访宾客及举行婚丧、祭祀等大型活动的场所。

下午3点50分，参观百草园（图253）。这里关于百草园的介绍如下：

百草园原为周家新台门族人所共有的一个荒芜的菜园。鲁迅曾经回忆说："我家的后面有个很大的园，相传叫作百草园。……其中似乎确凿只有一些野草；但那时确是我的乐园。"童年鲁迅经常和小伙伴们来此园中玩耍，自寻乐趣。

关于百草园，鲁迅在《从百草园到三味书屋》一文中作了非常形象生动的描述："不必说碧绿的菜畦，光滑的石井栏，高大的皂荚树，紫红的桑葚；也不必说鸣蝉在树叶里长吟，肥胖的黄蜂伏在菜花上，轻捷的叫天子（云雀）忽然从草间直窜向云霄里去了。单是周围的短短的泥墙根一带，就有无限趣味。油蛉在这里低唱，蟋蟀们在这里弹琴……"

新台门房产易主后，百草园除南北两端被改变外，基本保持原貌，西边的矮墙还是原物。

这里如今仍然是菜地，但从鲁迅的回忆和描述的情况看，这里曾经不仅仅是菜地，还应该有很多野草和树丛，否则不会有很多虫鸟隐藏和嬉戏在此。

参观完鲁迅故居已是下午4点10分，来到另一家卖茴香豆的摊位前，这里的游人不多，售卖茴香豆的规则同之前我经历的一样，也是分开两种颜色售卖。不过这里的摊

附录·图253　百草园

附录·图254　晚饭:
米饭,西施豆腐羹,外
加绍兴黄酒

附录·图255　两掺
的茴香豆

主听了我的要求后,很爽快地卖了我一包两掺的茴香豆。我心里一阵高兴,连忙道谢。

傍晚5点13分,在所住宾馆附近的一家不大的饭馆吃饭,米饭、西施豆腐,外加绍兴黄酒,本以为是熘豆腐,上菜时才发现原来是一碗豆腐羹。询问方知,墙上的菜谱本来写的就是西施豆腐羹,我没注意后面的"羹"字,这能吃饱吗?嗨,怨谁呢,晚饭的预算没有了,将就一下吧。还好,晚上还有茴香豆"打牙祭"。

傍晚6点10分,在宾馆房中慢慢品味茴香豆,回想鲁迅笔下描写的当年孔乙己穿着长衫站着喝酒、吃茴香豆时的情景:"温两碗酒,要一碟茴香豆。""窃书不能算偷……窃书! ……读书人的事,能算偷吗?""不多不多! 多乎哉? 不多也。"嚼着今天的茴香豆,想着当年孔乙己的故事,孔乙己偷东西的毛病固然不可取,但鲁迅笔下描写的他那种落魄的穷苦书生的样子,又让人隐隐约约产生一丝怜悯。今天身临当年故事的发生地,吃着同样的豆子,感觉别有一番滋味,旧社会有多少穷苦人生活在水深火热之中,而今天人们的生活多么幸福,新旧两重天,真是"萧瑟秋风今又是,换了人间"。想着想着,忽然觉得浅绿色的豆子比褐红色的硬了些,或许是品种不同,或许是做法不同,或许是出锅到现在的时间不同,或许我的牙不行了,或许……这样想着,忽然感觉头有些沉,该睡觉了。今天没有进行窑址和博物馆的参观,晚上没有发朋友圈。

10月16日 星期二 杭州南宋官窑遗址

早上8点11分从绍兴所住的宾馆出发,导航显示到杭州南宋官窑博物馆的里程为65.1公里,用时需1小时13分钟,当然这是理论情况下的数据。

上午9点54分到达杭州南宋官窑博物馆(图256),开始今天的参观。根据博物

附录·图 256　南宋官窑博物馆 　　附录·图 257　南宋官窑鼎式炉 　　附录·图 258 南宋官窑梅瓶（局部） 　　附录·图 259　南宋官窑簋式炉

附录·图 260　南宋官窑器物

（南宋官窑博物馆藏）

馆园内导览图的介绍可知，这里与古陶瓷有关的展览主要有三个：南宋官窑历史文物陈列、中国陶瓷文化陈列、南宋郊坛下官窑遗址。

上午 10 点 01 分来到南宋官窑历史文物陈列展厅（南宋官窑博物馆）参观，里面展出很多郊坛下官窑遗址和老虎洞修内司官窑遗址出土的官窑器物，但器物旁边的标牌上并没有写出器物具体是出土于郊坛下官窑遗址还是修内司官窑遗址，也就无法更加深入地研究两处出土的器物的差异。这里的一位张姓保安人员工作很仔细，也时常提醒参观的人们不要大声喧哗和拥挤，要有秩序地参观。此外，他热情地帮我拍照留念并向我介绍了展馆器物的情况，以及分享了他所了解的古陶瓷知识，我连连表示感谢。这里的器物大都保持出土后残器拼对的原始状态或采用石膏进行修复，使观众很容易看出器物哪部分是原始的部分及断面的胎釉状态。我认为，博物馆的器物，尤其是瓷器，如果客观条件允许则必须保持原始状态，反对人为干预和修复从而使得器物无法分辨出哪些是本来面目。因为这样会造成原始信息的丢失，使得专业人士或后人无法认识器物的本来面貌并造成错觉，影响进一步的研究，特别是对考古发掘的残器进行胎釉的修补并重新回炉烧造的行为是不可取的。联合国教科文组织要求文物保护要具有"原真性"，因此保持出土文物的原状是文物发掘和保存过程的基本要求，当然也并不是任何器物都不做修复为好，应该针对文物种类就具体问题进行具体分析。

附录一　窑址访古记

附录·图261 战国 原始瓷提梁盉（中国陶瓷文化陈列展厅）

附录·图262 明 琉璃陪葬器一组（中国陶瓷文化陈列展厅）

附录·图263 南宋郊坛下官窑窑址遗迹展馆

附录·图264 郊坛下官窑作坊遗址

附录·图265 郊坛下官窑发现的龙窑遗址

附录·图266 南宋官窑博物馆园内的景色

附录·图267 南宋官窑博物馆大门

11点16分，参观中国陶瓷文化陈列展厅，这里展出有历史上不同时期的古陶瓷器物。

中午12点11分参观南宋郊坛下官窑遗址（图264），该遗址位于乌龟山西侧山脚下，于1958年发现，现在遗址内展示有发掘出的作坊和一座龙窑遗迹。

南宋官窑博物馆是中国第一座在古窑址旁建立的博物馆，1992年对外开放，位于馆区园内的郊坛下官窑遗址是全国重点文物保护单位，园内风景如画，空气清新，是观摩古陶瓷和旅游休闲的好地方。

下午3点15分离开南宋官窑博物馆，前往老虎洞修内司官窑遗址参观。老虎洞官窑遗址位于距郊坛下官窑窑址不远的凤凰山。下午3点35分到达凤凰山的停车场，凤凰山是旅游风景区，附近还有万松书院，老虎洞窑址就在山里，向这里的人们了解了一下情况之后，剩下的山路只有靠步行了。

沿着一条山间小道向山里走去，首先来到了节义亭，这里的碑文记述的是清代嘉庆年间北京的书生崔生携妻陈氏客居在此因贫困不能返乡，有好事者劝其妻改嫁，但夫妇为坚守节义最终双双自缢于此的故事。清同治年间这里曾有崔氏夫妇塑像供人祭拜，清人描述此地曾经"香火甚盛"。

附录·图 268　通往山里的小路和遇到的岔路口

　　继续向山里走，经过一处假人时，假人能自动说话，向游人介绍防火注意事项，这是现代科技参与防火宣传的实际应用，声光结合，十分生动有趣。

　　沿着小路继续向里走，道路忽上忽下，这时天色已渐晚，山路上游人已稀少，路旁不时有坟墓忽然闪现，幽深的小路，遮天的树木，一切都显得如此的静谧，只听到我急促的脚步声，似乎传得老远，一种莫名的幽寂的感觉隐隐在脑海中游荡，精神也感觉紧张起来，但神秘的皇家御窑、古老的记载和传说吸引着我，追根溯源的目的和猎奇探索的决心激励着，我知道我不会停下脚步，只有向前。

　　下午 3 点 50 分来到一处岔路口，这里没有任何有关老虎洞窑址的方向标记，手机导航也无法找到准确地点，于是选择上山的主路继续前行。但走着走着心里也在犯嘀咕，心想古人应该不会把窑址设在山上较高的位置，一定是在山脚下或不高的山坡上，难道我走错了路？

　　下午 4 点 04 分又来到一处岔路口，这里有一块"山景指路牌"，近前观看，上面标明的景点还真不少，有凤凰亭、万松书院、将台山、玉皇宫、紫来洞，还有玉皇山顶以及南观音洞、圣果寺、三尊大佛等景点，"修内司窑"四个字也在其上，但我却没有找到我此时在图上的位置，因为图例上标明红色圆圈的标志代表游客此时的位置，可图上却没有明显的红色圆圈标志。没有自己的位置，我就无法确定窑址的方向。这时从前面的山路上走下来两个人，看似一对旅游的夫妻，年龄估计在六十岁以上，但步伐却十分稳健，精神矍铄。我急忙客气地询问古窑址的位置，但他们也不知在那里，我说指路牌的线路图上有，只是我不知道此刻的位置，那位老先生听我说完来到了指路牌前观看，眼里似乎射出两道亮光，仅一瞬间就找到了此处的位置标记，我一看，圆形的标记就在图上刻着，只不过原来填充的红漆已有些脱落，难怪我先前没有发现，我心中暗暗吃惊，这老者的眼力十分了得，真乃奇人。看起来在这空气清新的山里坚持走步、锻炼和游玩不但有益于身体，或许还能提高视力水平呢。

　　谢过老先生，发现自己现在已经走错了路，从线路图上看，之前遇到的岔路口的另一条小道应该通向古窑，于是折返往回疾走，夹杂着一路小跑，来到先前的岔路口，向着小道急匆匆赶去，因为时间已晚，如果不能在窑址关门之前及时赶到，就只能明日再来，岂不耽搁了行程。

　　沿着这条小道一路向下走去，下午4点30分来到一处铁栅栏门前，门旁墙上的牌子上写着"南宋老虎洞窑址"（图269），我知道这里就是我要找的地方，但上面标明的闭馆时间是下午4点30分，我到此地的时间刚好闭馆，我心想如果不走错路，我早就到了。据说当年的官窑器物中不合格的全部砸碎就地掩埋，不允许流落在民间，官窑窑址也被历史淹没，以至于后人很难找到当年给皇家烧造器物的具体地点。老虎洞窑址也是人们苦苦寻找了多年直到1996年才被发现，2005年通过一件发掘出土的荡箍上的铭文才最终确定老虎洞窑址就是南宋的修内司官窑。但今天的寻找依旧不易，甚至手机导航上都不见踪迹，古老的窑址到今天似乎依然有些神秘，让我今天也经历了苦苦的找寻。

　　时间不容多想，还好，牌子上有联系电话，打电话试试看，或许我说明情况，能特例照顾一下我这远方的来客，其实我的参观时间也不会太长。事如所愿，值班的人员真的给我打开了门，心中不禁十分高兴和感激，来人说今天他恰巧替保安值班，原则上已经关门了，但考虑到我的情况，还是照顾一下。我连声表示感谢。他主动陪我边走边看边聊，我知道他除了热情欢迎我这远方的客人外，也有安全方面的考虑，毕竟我是一位陌生人，时间又晚，我的安全和窑址的保护也是他的工作职责。从与他的短暂交谈得知，他是南宋官窑博物馆辖区的一位老员工，从事博物馆工作已多年。

　　这里已发掘出的窑址遗迹有作坊、一个依山而建的窑炉（龙窑，现场参观只见这一座龙窑，但据载这里曾发掘出三座龙窑）、几座素烧炉以及瓷片堆积坑分布区和其他遗迹，七八百多年前那些当时认为不合格的器物被打碎后就掩埋在这些坑里。

　　按现场资料的记载，这里发掘并清理出的遗迹具体清单如下：

　　　　不同时代的龙窑窑炉三座、小型馒头窑四座、作坊十座、澄泥池四个、辘轳车基座坑十二个、釉料坑两个、采矿坑遗迹两处，还发现瓷片堆积坑二十四个，出土大量瓷片和窑具。

可见当年这里瓷器制作和烧造的盛况。

附录·图269　老虎洞窑址 　　　　　　　　　　　　　附录·图270　老 　附录·图271 　　　　附录·图272　老虎洞
虎洞窑址素烧炉 　老虎洞窑址龙窑 　　窑址瓷片堆积坑分布区

　　老虎洞窑即是南宋修内司官窑，这里是全国重点文物保护单位，它位于凤凰山和九华山之间的狭长溪沟的西端，南距南宋皇城北城墙不足百米。当年皇帝把御窑设在这里，一方面是因为这里距离皇城很近，便于管理；另一方面也说明这里制瓷的原料包括木材、瓷石、紫金土、釉料、水源一定很充足。这里青山环抱、草木青翠、泉水清澈，自古就是个钟灵毓秀的地方。可以想象当年这里一定是工匠荟萃、人来人往、炉火熊熊的忙碌而热闹的场面。工匠们在这块神奇的土地上烧造出了神奇的宝物，千百年来被人们所推崇和传颂，在人类的陶瓷史上写下了辉煌的篇章。

　　这里位于南宋皇城附近，看着这秀美的山色，感受着被历史淹没的古代遗存，忽然想起了宋人林升的那首著名的《题临安邸》诗："山外青山楼外楼，西湖歌舞几时休？暖风熏得游人醉，直把杭州作汴州。"南宋朝廷偏安一隅，不思图强，当政者贪图享乐，最终难免亡国的命运。这首诗辛辣地讽刺了当时的社会现象，表现了诗人忧国忧民的情怀。

　　下午4点57分结束老虎洞遗址参观，沿着来时的小路往回走，边走边想，老虎洞窑址地处偏僻，游人想来也不会很多，而这里需要有人常年坚守，这不仅仅是一种坚守的责任，也需要一份能耐得住寂寞的热爱文博事业的热情和耐心，在这荒僻的山野甚至还需要一点勇气和胆量。如果说古代的工匠是文明的创造者，那么今天这里工作的人们就是文明的守护神。正是有了他们的守护，这段被揭开的历史和文明才能平安传承，光耀千秋，我们应该向他们致敬！这样想着走着不久又回到了那个曾令我迷路的岔路口，突然间一条黄色的大狗从山上向我跑来，我心头不禁一紧！

　　看看周围并没有出现狗的主人，我心想不好，或许是只流浪狗。那狗一开始只顾低头跑路，似乎没有发现我，顺着下山的贯力，一直跑到距我大约十几米处才戛然止住，惊恐地看着我，好像要从我的身边夺路而过，但我无法判定它是否会对我发起攻击。我想到了似乎是电视节目中介绍的知识，不主动招惹它，也不逃跑，只是原地不动静静地注释着它的眼睛（据说这种方法对熊不可以，因为注视熊的眼睛对熊而言意味着向它发起挑战，会遭到熊的攻击），心想这叫狭路相逢勇者胜，看你能奈我何！当然我不是装成恐惧相和愤怒相，只是平静又略显友好地看着它。果不其然，一阵对视后，它终于胆怯，转身向着山上逃去。我终于放下紧张的心情，疾步向山下走去。看到狗，勾起了我的一段回忆。小时候在农村我很喜欢养狗，曾经养了一条德国黑背和一条灰黄毛色的大狗。这两条狗很听话，我也经常带着它们在房前屋后、河滩林地玩耍，甚至训练它们追捕野兔和狐狸的技能。后来这两条狗因病相继离去，我伤感了很久，至今仍不能忘掉那段时光。由于城市环境条件所限，我之后再也没有养过狗。这样的回忆在脑海里一闪而过，傍晚的山里已经渐渐暗下来，我急匆匆地奔下山去。突然，前方拐弯处好像隐藏着人，吓了我一跳，难道是劫匪不成！

但我别无他路，当我硬着头皮走到近前时，才发现原来是几片枯死的芭蕉叶！一场虚惊，这时感觉额头上已渗出汗珠来，也许是心里紧张而且走得太快的缘故。环顾四处静悄悄，我也加快了下山的步伐，空旷的山谷间只有我急匆匆的脚步声在回荡。

待回到停车场，已是傍晚5点26分。设定好导航，在茫茫的夜色下，向着下一个目的地上海博物馆挺进。傍晚6点43分，到达G60沪昆高速长安服务区，6点57分餐厅吃饭。饭后顿感疲惫和倦意阵阵袭来，但还是坚持要把朋友圈发完。今晚只好在此休息，睡在车里了。

晚上发朋友圈，全文如下：

东南线访古第十一站：今天（10月16日）参观了南宋郊坛官窑（也称郊坛下官窑）遗址、南宋官窑博物馆和南宋修内司官窑遗址。郊坛官窑遗址位于浙江省杭州市玉皇山南面乌龟山西麓，已发掘出生产作坊区和一座龙窑遗迹。修内司官窑遗址位于杭州凤凰山和九华山之间的老虎洞附近（经询问和实地考察并无真正的老虎洞，老虎洞仅是地名），已发掘出生产作坊和一座龙窑遗址。

南宋官窑博物馆建在乌龟山郊坛官窑遗址旁，博物馆展示的是以上两处南宋官窑遗址发掘出土并经修复的器物和少部分残片。南宋官窑器物的胎土采用紫金土和瓷石二元配方，烧成后胎体呈黑色或灰黑色，有的器物的口沿和圈足部分呈现较为明显的"紫口铁足"现象。通过对出土器物的观察可以看出，南宋官窑采用裹足支烧和垫圈烧两种工艺。釉色主要色调有青色（指青绿色）、青灰色、灰色、米黄色和天蓝色（天蓝色即古代的天青色），具有玉质一样的特征，其中最漂亮的釉色是青色和天蓝色，此外还有与以上主色调邻近的其他色调的釉色。南宋官窑器物包括厚胎薄釉和薄胎厚釉两类，采用先烧成素胎、再上釉烧造的工艺，有的多次上釉，釉面产生玉质的效果。器物表面有开片和无开片两种形式，开片又分大开片和细碎开片。南宋官窑器物的釉色（包括开片形式）与汝窑器物类似，故有官汝不分之说，需仔细辨别，但汝窑器物的胎质呈明显的香灰色，即常说的香灰胎，而南宋官窑器物胎体大都呈黑色或灰黑色，即所谓的铁胎。

南宋官窑是宋高宗赵构南渡后在临安府（今杭州）设立的两处专为皇家烧造礼祭器以及日常用瓷、文房用瓷、陈设用瓷等的窑炉。南宋官窑器物以釉色取胜，达到了中国古代青瓷烧造的顶峰，特别是青色和天蓝色的釉面美不胜收，百观不厌，代表了南宋官窑瓷器的最高水平。宋代共有三处官方设立的官窑，除以上已发现的南宋两处窑址外，还有一处是北宋时期位于汴京（今开封）的汴京官窑，但至今窑址还没有被发现。官窑是传统观点中宋代五大名窑之一。宋代官窑器物是稀世珍品，在藏家的心中具有很高的地位，是重要的收藏对象，但留传在民间的完整器物极其罕见，即使是残片也十分珍贵。现在市场上宋代官窑器物的仿品很多，甚至出现了很多仿品的残片。只有多观摩真品，掌握古代真品的胎釉和造型特征，方能加以辨别。（图片略）

10 月 17 日 星期三 上海博物馆

G60 沪昆高速长安服务区，早上 7 点 15 分，一碗牛肉粉丝汤，一杯现磨热豆浆，吃得浑身暖乎乎的。豆浆味道鲜美，能解渴，旅行中随时喝上一杯，真好。7 点 37 分驶离长安服务区，继续前行。

上午 10 点 09 分来到上海博物馆（图 273）。之前我曾几次来过上海博物馆，这次主要是再次观摩两件器物，一件是明代宣德釉里红三鱼纹高足碗（图 274），因为我也藏有一件这样的藏品；另一件是清康熙黑地素三彩狮耳炉（图 275）。虽然之前也曾参

附录·图 273 上海博物馆

附录·图 274 明宣德景德镇窑釉里红三鱼纹高足碗

附录·图 275 清康熙 景德镇窑黑地三彩狮耳炉（"大明嘉靖年制"款）

附录·图 276 明宣德 景德镇窑青花琴棋书画图罐　附录·图 277 明成化 景德镇窑斗彩盘　附录·图 278 明嘉靖 景德镇窑五彩鱼藻纹罐

附录·图 279 明洪武 景德镇窑釉里红开光人物故事图瓶　附录·图 280 清雍正 景德镇窑炉钧釉瓶　附录·图 281 清雍正 景德镇窑粉彩蝠桃纹瓶（张永珍女士捐赠）　附录·图 282 清乾隆 粉彩八仙人物图瓶

（上海博物馆藏）

观并进行了拍摄，但由于拍摄设备清晰度不够，不能很好地反映器物的本来面目，而这次是购买了像素更高的手机来拍摄，效果会更好些，也顺便把其他器物再重新拍摄一遍，留待今后参考和研究。上海博物馆的藏品很多，不能详述，只能给大家提供几张照片欣赏一下。

下午 1 点 47 分结束上海博物馆的参观，前往江苏金坛博物馆。下午 3 点 32 分 G2 京沪高速阳澄湖服务区休息。这里有专门售卖阳澄湖大闸蟹的水产市场，在高速公路服务区设置专门的水产市场，之前我还没有见到，实际上方便了过往的游客。3 点 57 分，三个包子、一穗玉米，算是补上今天的午饭，饭后稍做休息。傍晚 5 点 38 分继续赶路。约晚上 8 点 10 分，到达预定的宾馆。安顿好以后去超市采购今天晚饭的食品，超市较远，回到宾馆已是晚上 8 点 59 分。休息、发朋友圈，待到吃饭时，已是晚上 10 点 30 分，馒头、火腿、饮料，晚餐简单而实惠。

晚上发朋友圈，全文如下：

东南线访古第十二站：今天（10 月 17 日）参观了上海博物馆。以前我曾去过上海博物馆，但因拍摄设备原因照片效果不太理想，所以今天再次来观摩并拍摄照片。今天主要参观了这里的中国古代陶瓷馆，并参观了部分古代青铜器。瓷器参观中再次详细观看了明宣德釉里红三鱼纹高足碗（我也收藏一件，但其是明宣德的还是雍正仿宣德的还需推敲）和康熙墨（黑）地素三彩狮耳炉（底款"大明嘉靖年制"，为稀世珍品）。陶瓷馆里的宝贝、珍品很多，令人眼花缭乱，流连忘返，我几乎拍摄了全部的瓷器照片，限于篇幅，这里仅能提供有限的几张，供大家分享（其中没有标签说明的一件是乾隆珐琅彩人物图瓶，这是大图，效果好些），如果大家有机会可以亲自来这里参观，既能增长知识，又能提高眼力。（图片略）

10月18日星期四 江苏金坛博物馆、南京市博物馆、南京博物院、南京大报恩寺

早晨起来较迟，饭后继续我的参观行程。导航显示，金坛博物馆就在此不远，沿着一条小河岸边的路徒步寻去，于上午9点48分来到金坛博物馆（图283）。这次来参观金坛博物馆的主要目的是观摩一件宋代红定瓷器。据说目前全世界完整的宋代红定瓷器总数不超过十件，因此十分珍贵。之前仅是在某电视节目上看过，并没有见到过实物。而且即使是宋代红定器物的残片也难得一见，因此特意来此参观。但今天在这里并未见到宋代红定瓷器，据说已被送到南京的某博物馆珍藏。参观时看到这里展出有一只宣德炉，标明为明晚期，应该是明晚期仿宣德炉的作品。宣德炉的认定很困难，据说故宫博物院藏有经确认的宣德炉，后世多有仿制。

附录·图283 金坛博物馆　　附录·图284 明晚期 宣德炉（"大明宣德年制"楷书款，红木透雕荷叶盖）　　附录·图285 南宋 青瓷双龙瓶　　附录·图286 明 白釉双耳瓷香炉　　附录·图287 明 德化窑白釉达摩祖师像（配象牙座）

（金坛博物馆藏）

　　结束博物馆参观回到宾馆时已是中午 11 点 28 分。12 点 09 分驱车前往南京市博物馆，导航显示距离为 103 公里，需用时 1 小时 33 分钟。这次到南京市博物馆参观的主要目的是观摩元青花萧何月下追韩信图梅瓶以及继续寻找那件神秘的宋代红定瓷器。

　　下午 1 点 51 分到达南京市博物馆所在地明代的朝天宫（图 288），博物馆在明代的朝天宫内。朝天宫是一组以祭祀孔子和历代先贤为主体内容的明代宫殿建筑群，据说明代朝见天子之前人们需要在这里接受礼仪培训，合格后才能觐见皇帝。南京市博物馆（图 290）就在朝天宫的最后一进院落。

　　下午 2 点 02 分进入馆内参观，一些藏品很精美，给大家提供几张照片欣赏一下。

附录·图 288　朝天宫

附录·图 289　大成殿

附录·图 290　南京市博物馆

附录·图 291　清 铜胎画珐琅花卉双寿纹狮钮三足炉

附录·图 292　清 铜胎画珐琅镶宝石草虫纹秋叶形托盘

附录·图 293　清 黑漆描金双面绘开光山水图折扇

附录·图 294　清 银鎏金累丝烧蓝骨纸本彩绘人物故事图折扇

附录·图 295　清道光 广彩锦地开光人物故事图大碗

附录·图 296　元末明初 青花"萧何月下追韩信图"梅瓶（注：馆内标明此梅瓶年代为"元末明初"）

（南京市博物馆藏）

关于清道光广彩锦地开光人物故事图大碗，标签上有如下说明：

这种体形硕大的碗一般称为"潘趣碗"，音译自英文"punch"。自 18 世纪开始，欧洲人大量从广州定烧这种大碗，用于调制果酒（潘趣酒）。清代道光至光绪时期，广彩外销的主要市场从欧洲移向美洲，以大红、大绿、大金的艳丽色调为特色。此时潘趣碗的纹饰图案通常为程式化的开光样式，里外均满绘纹饰，色彩绚丽，表现热闹喜庆的生活场景。

在南京市博物馆参观时也未见到那件宋代红定瓷器。下午 3 点参观完南京市博物馆，打车前往南京博物院（图 297）。3 点 32 分到达南京博物院。由于时间关系，仅围绕陶瓷、珐琅器物、佛造像及少部分其他器物进行了参观，南京博物院的藏品十分精美，很多都是皇家宫廷用器，可以说宝贝众多，令人流连忘返。

附录·图 297　南京博物院　附录·图 298 清乾隆 胭脂红地粉彩花卉纹覆钵式塔　附录·图 299 清 清宫铜佛像（月相佛）　附录·图 300 清乾隆 粉彩太平有象瓷塑　附录·图 301 清 金坛城

附录·图 302　清光绪粉彩花鸟长方形花盆（大雅斋款）　附录·图 303　从上至下：清 红木柄寿星三镶嵌玉如意，白玉如意，红木柄三多嵌玉如意　附录·图 304　清同治至光绪 湖绿地墨彩加粉花鸟纹荷花缸　附录·图 305 清宫陈设

（南京博物院藏）

附录·图 306　清宫陈设

附录·图 307
明永乐　大报恩寺
塔琉璃拱门

附录·图 308　清乾隆　正面
珐琅背面黑漆描金大座屏，
清　黑漆描金龙纹山水纹宝座

附录·图 309　清嘉庆　粉彩莲座托八吉祥

（南京博物院藏）

关于南京博物院收藏如此多的宫廷用品，博物院内有如下介绍：

　　南京博物院作为民国时期国立中央博物院的传承者，收藏了较多的宫廷
旧藏，大部分原置于清宫和奉天、热河两个行宫，曾因"九·一八"事件和
抗日战争而辗转滇、川，十载颠沛。它们的种类琳琅满目，造型千姿百态。
展览从清宫礼制、信仰、生活、赏玩、陈设等各个层面，为您呈现清代宫廷
生活多姿多彩的生动画面。不仅展示了清代帝王对艺术品的偏爱和审美取向，
更是作为人类文化的艺术宝库，展现着中国人的聪明才智和创造能力。

　　傍晚 5 点 10 分结束南京博物院的参观，步行前往地铁站，准备乘坐地铁去往大报
恩寺，参观一下大报恩寺的夜景。5 点 12 分，走在去往地铁站的路上，路两旁尽是些
白皮绿叶长成了杈状的树木，满是绿叶的枝干斜伸向路的上方，好似撑开无数把天然
的大伞，在炎热的季节起到了很好的遮阴效果。南京街头大都是这种树木，有的直径
很粗大，看来应有几十年甚至上百年的树龄。打听了一下行人，确认这种树为梧桐树。

附录·图 310　南京街头的梧桐树　　附录·图 311　南京大报恩寺塔夜景

其实上午在金坛街头也见到很多这种树，但南京街头这种树格外的多，因为南京在夏天是有名的热都，从某种程度上讲梧桐树似乎成了南京城市的标志，是南京街头一道绿色的风景线。一路寻到地铁站，乘上地铁前往大报恩寺方向，大报恩寺附近的站点为中华门站。

傍晚 6 点 01 分，还未走出地铁中华门站台，远远看见一座火红色的宝塔屹立在远处，我知道这就是大报恩寺遗址上新建的大报恩寺塔（图 311）。设定好手机步行导航，一路寻去，华灯初上，下班的人群和车流像滚滚的河水一样，流淌在五彩缤纷的夜色里，灯光下的梧桐树显得更加婀娜多姿，远处的宝塔，犹如一盏巨大的灯笼，悬挂在深蓝色的夜幕中。

傍晚 6 点 19 分，来到大报恩寺门前，大门早已关闭，徜徉在寺门前，仔细欣赏着夜色下的宝塔和寺院建筑，思绪在千百年的历史时空中穿梭，这里曾经的故事、曾有过的辉煌、曾遭遇的不幸，此时此刻，怎能不令人产生无尽的遐思。

古代大报恩寺塔当时曾被称为"金陵四十八景"之一，明朝人张岱在《陶庵梦忆》中称其为"中国之大古董，永乐之大窑器"，是金陵（今南京）的标志性建筑，被称为"天下第一塔"，可惜在咸丰年间（1854 年）毁于战火。现在的大报恩寺塔是在原址上新建的。关于南京大报恩寺，在南京博物院里有如下记载：

大报恩寺，位于南京城南古长干里，即今中华门外雨花路东侧。原址有建于孙吴、史称"江南佛寺之始"的建初寺及阿育王塔。后代多有兴废。传说永乐皇帝朱棣为纪念其生母硕妃（朝鲜人）而兴建该寺，历时 19 年建成。施工极其考究，完全按照皇宫的标准来营建。大报恩寺琉璃塔，建造于永乐十年（1412），九层八面，约高 80 米。塔身白瓷贴面，琉璃拱券门，门框饰有佛教题材五色琉璃砖，塔内壁布满佛龛；刹顶镶嵌金银珠宝，角梁下悬挂风铃100多个，日夜作响，声闻数里；自建成之日起就点燃长明塔灯140盏，金碧辉煌，昼夜通明。大报恩寺塔被誉为"中古世界七大奇观之一"。该寺、塔毁于太平天国战争期间。

历史上不知有多少文物古迹和精美的建筑毁于战火，令今天的人们无比惋惜。保护古代遗存，传承人类文明，是每一位公民应尽的责任和义务。

傍晚6点46分，离开大报恩寺。车子还停在朝天宫外，步行过去，也顺便看看秦淮河两岸的夜景。经外秦淮河上的长干桥，穿过中华西门（图313），沿着一条不宽的河边小路走去，打听当地居民方知路旁的这条小河为内秦淮河。两旁的一些建筑还保留着古代的风貌，带有徽派马头墙风格的粉墙黛瓦的房子周围总有绿竹形影相随。房屋上曲折的栏杆、多角的窗棂，酒肆门前大红的灯笼，牌楼门上黑地金漆的对联，幽深巷子里的深宅大院，绿树掩映下静静的流水，到处都流露着江南秀美的风光，不禁令人联想起历史上这里曾经的繁华和多少传说中的故事。晚上7点43分，走出河边的小路，经过内秦淮河上的小桥，眼前豁然展现出一片灯火辉煌的现代街市美景，古老的城市与现代文明交相辉映，心绪也似乎从遥远的过去回到现实中来。

附录·图312　外秦淮河和中华门附近　　附录·图313　中华西门

附录·图314　河边的小路　　　　附录·图315　　　附录·图316　古老的城市与现代文明
　　　　　　　　　　　　　　　　内秦淮河　　　　　交相辉映

一路向停车的朝天宫门外走去，晚上7点51分，我回到了车子旁，附近的一队人伴随着欢快的旋律跳起了广场舞，一片祥和的气氛弥散在灯火阑珊的夜色里。今天的参观活动安排得很满，肚子也饿了，就近找个饭馆，米饭、干锅花菜、青菜豆腐汤，感觉很好。

晚上8点46分，出发前往河南省宝丰县清凉寺，导航显示距离658公里，需用时8小时37分钟，又将是一个遥远的行程。

晚上发朋友圈，全文如下：

东南线访古第十三站：今天（10月18日）参观了金坛博物馆、南京市博物馆和南京博物院，并参观了南京大报恩寺的夜景。今天上午首先参观了金坛博物馆，按之前有关媒体介绍，金坛博物馆藏有一件珍贵的宋代红定瓷器，所以早在这次访古旅行前就已列入参观计划，但今天在金坛博物馆并未见到这件红定瓷器，据说这件瓷器已转存在南京的一个博物馆，也不知现今是否仍在展出。于是中午便驱车首先赶到南京市博物馆，其实到该馆的最初目的是观摩该馆收藏的一件元青花萧何月下追韩信图梅瓶，当然这次也顺路寻觅一下心中向往已久的原藏金坛博物馆的那件红定瓷器。南京市博物馆位于南京市的朝天宫内，很高兴在此目睹了这件大名鼎鼎的元青花"萧何月下追韩信图"梅瓶，该瓶是南京市博物馆的镇馆之宝，安保工作十分严密，观众不能靠得太近，只能大致在2米左右处观赏，室内除监控外，还有专职保安人员不间断守护，足见其珍贵和被重视的程度。由于距离及光线等多方面原因，照片效果不太理想，但据现场观察，这件梅瓶十分漂亮，青花发色幽艳，绘画精美，名不虚传，是元青花器物的代表作品之一。该馆也同时展出了许多馆藏精品，特别是清代的折扇更是精巧华丽无比，其当时所有者的奢华程度可见一斑。参观中未见宋代红定瓷器。参观该馆后匆匆赶往南京博物院，除了参观馆藏的精美器物外，也试图找到那件红定瓷器一睹为快。

南京博物院藏品更是十分丰富，很多器物精美绝伦。由于时间关系，只是匆忙拍摄了部分器物的照片，但愿以后有机会再来观摩。这里也终未找到似乎是传说的那件宋代红定，或许馆方考虑适时有计划地展出，或许是其他原因，我努力到此只能无奈作罢。

傍晚夜色即将来临，急匆匆乘地铁加上步行赶到大报恩寺门口，此时夜色已经降临，门早已关闭，只能徘徊在景区门前拍摄了几张照片。据载大报恩寺的琉璃塔早已在清代咸丰年间毁于战火（南京博物院中藏有原大报恩寺塔琉璃拱门）。现在的宝塔据说为新建，采用了现代的灯光技术，夜幕下塔的轮廓在很远就能看见，红彤彤的，美轮美奂，瑰丽无比，是南京市的标志性建筑之一。

至此今天的参观已结束，晚上正驱车赶往河南省宝丰县清凉寺，明天参观位于清凉寺附近的宝丰县汝窑博物馆，上次在北线访古时曾去过，但博物馆未开放，现已确认对外展出。明天将一睹汝窑瓷器的风采。明天见！（图片略）

10月19日星期五 宝丰汝窑博物馆

附录·图317 蓝色天际间飘荡着缕缕淡墨色的云烟，下面一片火红散发着光亮，宛如炉火在烧制汝窑器物

凌晨1点16分，G36宁洛高速大溪河服务区休息，1点27分，吃了一个之前剩的馒头，喝了点儿剩余的饮料作为打尖（简单吃饭），之后在此休息。清晨5点51分在服务区拍照，发现大溪河服务区完全是徽派马头墙风格的建筑，我心想这里一定是到了安徽省界内。这时太阳即将升起，远远望去，东方的蓝色天际间飘荡着缕缕淡墨色的云烟，下面一片火红散发着光亮，宛如熊熊的炉火正在烧制那"清如天、明如镜"的汝窑器物。5点55分继续行程，导航显示还有499公里，路途遥远，我还需努力前行。

早上8点21分到达G36宁洛高速吕望服务区，5个包子，一包豆奶（豆奶是包装好的），这些足够我坚持几个小时不会感到饥饿了。中午12点58分G36宁洛高速漯河西服务区午餐。车靠加油才能跑路，人靠食物才能补充能量，长途开车，吃好了休息好了才有精神，才能保证行车安全。民以食为天，保证粮食生产和供应是人类生存的重中之重，生活中也应该养成节约粮食以及合理消费的好习惯。

下午2点10分，驶离宁洛高速进入去往宝丰的匝道，匝道旁立着一个很大的天青色汝窑瓶模型，提醒人们这里是宋代汝窑瓷器的烧造地区。匝道尽头是高高矗立的收费站，为三孔歇山顶式仿古建筑，匾额上楷书"宝丰"两字，上部中间横额上写有"千年古县"四字。整个建筑十分古典优美，也把人们的思绪带入历史时空，不禁联想起神秘的汝官窑和古老的传说。

下午2点19分，车子行驶在241省道上，路两侧的灯杆上都装设有汝窑瓶子的轮廓模型。2点21分经过241省道和329省道的交叉路口处，路口环岛上矗立着一个巨大的金属瓶子模型，上面红色大字"中国汝瓷之都宝丰"。下午2点32分，经过一处路口，路口中间的环岛上也有一个在建的汝窑瓶子模型，导航显示这里距清凉寺的宝丰汝窑博物馆仅有几公里。2点43分，路旁再次出现一个在建的汝窑器物的模型，但器型看上去应该是钵，又好像是盏的样子，其颜色犹如此时天空的蓝色，纹饰为仰莲瓣纹，很是优雅。后来查阅资料发现此器物造型与《中国古陶瓷图典》一书中有一个图片名为"北宋潮州窑青白釉莲瓣纹炉"的造型十分相像，因此我猜测该器物也应是香炉的造型。再后来在故宫博物院编的《官窑瓷器研究》一书的彩图一〇中终于发现了此器物，据此确认了此器物模型的原型为宋汝窑莲花形香炉。

经过昼夜兼程，于 10 月 19 日下午 2 点 50 分到达清凉寺村的宝丰汝窑博物馆附近，这里矗立着一方文物保护石碑，碑的正面文字为"清凉寺汝官窑遗址"，这里是全国重点文物保护单位。石碑后面碑文中有这样的内容：

清凉寺汝官窑遗址，时代，宋。位于宝丰县大营镇清凉寺村、韩庄村。
在北宋晚期，汝窑作为官窑，专为宫廷烧造御用瓷器，居宋代五大名窑之首。

下午 3 点 01 分到达宝丰汝窑博物馆，博物馆就在汝官窑遗址展示馆附近。上次北线访古时曾来过这里，但因临时闭馆，未能进入博物馆内参观，因而上次仅参观了遗址展示馆。本次参观前已和博物馆方面确认展馆已经对外开放，因此在返程途中顺路到此参观。

下午 3 点 05 分进入博物馆开始参观。在博物馆的第一展厅"汝瓷之源"有如下介绍：

清凉寺窑址位于河南省中西部的宝丰县清凉寺村，北依汝水，西傍伏牛，有着得天独厚的瓷土资源和瓷器烧造传统。周围分布着鲁山段店、汝州严和店和郏县黄道等窑址群。
依据目前考古资料，清凉寺窑约创烧于晚唐五代，主要烧制白瓷和青瓷。北宋中晚期是清凉寺窑烧造的鼎盛时期，白釉、青釉、黑釉、酱釉瓷和釉陶制品异彩纷呈，尤其是青釉瓷，不仅器型更加丰富，釉色及装饰手法也更为完美，为北宋晚期供御汝瓷的烧造打下了基础。

从上面的介绍可以看出，清凉寺窑本属民窑，晚唐五代以来一直在烧造民间器物，只不过在北宋晚期，清凉寺窑中的部分窑炉为皇家烧造宫廷器物，这些被选中的窑炉（或许也有官方投资兴建的窑场）也就成了后世人们称作的汝官窑，这些汝官窑大致分布在一个较大的区域内，在这个区域内，不仅有汝官窑，也有汝民窑。下面是一组清凉寺窑烧造的民窑器物照片。

附录·图 318　清凉寺汝官窑遗址　附录·图 319　宝丰汝窑博物馆
文物保护石碑

附录·图 320　北宋中期　青釉
印花海水游鱼纹瓷碗（1998 年
清凉寺汝官窑遗址 I 区出土）　附录·图 321　北宋晚期　青釉
刻花菊瓣纹瓷碗（1988 年清凉
寺汝官窑遗址 I 区出土）　附录·图 322　北宋晚期　青釉
内凸线花口瓷钵（2015 年清凉
寺汝官窑遗址Ⅳ区出土）

附录·图 323　北宋晚
期　青釉划花凤纹瓷执
壶（2015 年清凉寺汝
官窑遗址Ⅳ区出土）　附录·图 324　北宋中期　白釉
瓷碗（1989 年清凉寺汝官窑遗
址 I 区出土）　附录·图 325　北宋中期　白釉珍珠地划花牡
丹纹瓷盘（1989 年清凉寺汝官窑遗址 I 区
出土）

附录·图 326　北宋晚期　黑釉
瓷盘（1989 年清凉寺汝官窑遗
址 I 区出土）　附录·图 327　北宋晚期　三彩
刻划花卉纹腰圆形枕（1989 年
清凉寺汝官窑遗址 I 区出土）

（宝丰汝窑博物馆藏）

博物馆附近的汝官窑遗址展示馆的发掘区域应为第Ⅳ区，是汝官窑的中心烧造区。汝官窑出土器物集中在第二展厅"青瓷典范"展出，选择几张照片如下：

附录·图328 北宋晚期 汝窑天青釉莲花式鸳鸯形香薰瓷炉（2000年清凉寺汝官窑遗址Ⅳ区出土）　附录·图329 北宋晚期 汝窑天青釉瓷器座标本（2000年清凉寺汝官窑遗址Ⅳ区出土）　附录·图330 北宋晚期 汝窑天青釉瓷盏托（2000年清凉寺汝官窑遗址Ⅳ区出土）

附录·图331 北宋晚期 汝窑青釉鸭形香薰瓷炉标本（2000年清凉寺汝官窑遗址Ⅳ区出土）　附录·图332 北宋晚期 汝窑天青釉刻划龙纹瓷梅瓶标本（2000年清凉寺汝官窑遗址Ⅳ区出土）　附录·图333 北宋晚期 汝窑天青釉水仙瓷盆（修复）（2000年清凉寺汝官窑遗址Ⅳ区出土）

（宝丰汝窑博物馆藏）

博物馆第二展厅内对汝官窑遗址Ⅳ区出土的器物在命名时关于釉色大都称为"天青"色，其实天青色和天蓝色在宋代指的都应是一种颜色，也就是晴朗天空的蓝色，它们的基本色调应是蓝色，博物馆中的部分汝瓷的色调呈现的却是青绿色。虽然这里的器物大都标明为"汝官窑遗址Ⅳ区出土"，但器物名称中却都标明为"汝窑"，而并不是"汝官窑"，这表明这些器物的官窑和民窑性质还没有被确认，也就是说同为汝官窑遗址区域出土的器物，有的可能是民窑烧造的纯属民用的器物，也有的可能是由专门承担供御器物的窑炉烧造的宫廷用瓷，甚至具体到每一个窑炉，也可能有时烧造供御的器物，有时烧造民间的器物。因为从出土的器物上看，并非都是皇帝要求的"雨过天青"的天蓝色，而且个别器物釉面的乳浊程度明显不够，玻璃质感较强，此外个别器物的造型也不很规整，这都是民窑烧造出的民用器物的风格。

附录·图334 宝丰汝窑博物馆后面的现代　　附录·图335 著者在
窑炉遗存　　　　　　　　　　　　　　　　清凉寺前拍照留念

　　下午4点57分结束博物馆的参观，在博物馆外面观赏了几座现代窑炉（据说大都在二十世纪八十年代左右，图334），并再次参观了不远处的清凉寺。清凉寺内有一尊佛造像及天王造像等，墙上还有一些壁画，但年代似乎不是很久远。现在这里正在对清凉寺的一些建筑进行重建或修缮，清凉寺范围和规模虽然不大，但由于在其仅一墙之隔的地方发现了汝官窑遗址而名扬天下，来参观汝窑遗址的人们大都会来这里看看。

　　晚上8点10分离开清凉寺，夜色已经降临。本次东南线访古的行程安排基本完成，出发踏上返京的归程，在返京途中顺路去往计划中的最后一站天津博物馆。

　　晚上发朋友圈，全文如下：

　　东南线访古第十四站：今天参观了位于河南省宝丰县清凉寺村的宝丰汝窑博物馆。据现场资料记载，宝丰县商周为应国，秦置父城，北宋徽宗宣和二年（1120年），因县境内有白酒酿造、汝瓷烧制、冶铁工场等，宝货兴发、物宝源丰，奉敕赐名宝丰县，并沿用至今。清凉寺最早创建于宋建隆四年（963年），明万历和清嘉庆年间重修，所在村落称清凉寺村。清凉寺窑约创烧于晚唐五代，主要烧制青瓷和白瓷，直至北宋中期。"北宋晚期，清凉寺窑发展到鼎盛时期，在原有烧制品类的基础上，宋三彩异军突起，黑釉、柿叶红釉瓷有所增加，黑釉红斑、兔毫等新的装饰工艺在这一时期不断涌现。青釉瓷的器形及釉色等方面，均在民用瓷基础上有所突破。器物类别除日用的碗、盘外，还涵盖了茶具、酒具、香具等。工艺水平整体趋于精致。天青釉汝瓷已产生并日臻成熟"，最终成为供御皇室的专用瓷。清凉寺附近区域为北宋汝瓷的中心烧造区，现在的汝官窑遗址为烧制供御瓷的窑址。汝窑器物采用低温烧胎、高温烧釉的二次烧成工艺，烧造的釉料中含有玛瑙粉末。由于清凉寺窑经历了不同的历史时期，其最晚延续到明代，烧造的品种很多，但大家关注的主要还是北宋汝官窑的产品。下面提供一些今天拍摄的照片，供大家欣赏。（图片略）

10 月 20 日星期六 天津博物馆

　　原来计划参观天津博物馆的目的主要是为了观摩一件明代正统年间的青花天降麒麟大罐（之前看到媒体介绍过），而之前并没有参观过天津博物馆。离开清凉寺后昼夜兼程自不必细说，于 10 月 20 日下午来到天津，但在距离博物馆不远时恰逢修路，等绕路到达博物馆附近的停车场时已是下午 4 点 36 分，博物馆已经闭馆，因此今日无缘参观。但天津距离北京不远，它日再有时间来此参观也可。今天确已疲劳，暂回京休息，参观时间以后再定，于是返程。

　　10 月 20 日晚上 7 点 34 分回到北京，此次东南线访古之行结束。

　　晚上 7 点 49 分开始回家的第一顿晚餐，妻子给我准备了爱吃的大鱼、五香豆腐丝，还有咸鸭蛋和炒花生米，外加新鲜的黄瓜，香甜的米饭，还有朋友之前给准备的一壶现酿啤酒。

　　此次东南线访古之行行程紧、参观内容多，一路虽然十分辛苦，但时时充满着收获的快乐，也在记忆中永远留下了一段美好的时光。从事收藏和做其他事情一样，选定方向和目标并为之不懈努力、孜孜以求，就会收获成功和快乐。做自己喜爱的事真好，访古旅行真好，回家的感觉真好，还有，这顿晚餐真好。

10 月 21 日 星期日 北京

　　发朋友圈，全文如下：

　　东南线访古之行结束语：

　　按原计划，东南线访古之行的最后一站是在返京途中参观天津博物馆，其主要目的是观摩这里收藏的一件明代正统年间的青花天降麒麟大罐，并以此作为东南线访古的第十五站。10 月 19 日晚从宝丰县清凉寺出发，经过长途昼夜旅行，于 20 日下午来到了天津，但巧合的是正赶上天津的个别路段施工，车辆无法通行，由于不熟悉道路，结果是下了高速，又返回高速，虽然导航上显示天津博物馆近在咫尺，但绕来绕去，等赶到天津博物馆时已是下午 4 点 36 分（据说下午 4 点停止进入），因此，此次参观未能成行，想了想，这应算是为我本次访古之行即将圆满结束设定的一个"结"，但以后我会尽快补上对该馆的参观。最后于当晚 7 点 34 分回到北京，东南线访古之行结束。加上上次的北线访古之行，至此五大名窑和宋代七大窑系（龙泉窑在以前已去过）以及其他一些重要的窑址已访问参观结束，访古过程中收集到的信息和拍摄的照片将用

于我未来的著作中。

此次东南线访古从10月1日出发，至10月20日结束，历经20天，行程6757.5公里（按里程表计），途经北京、河北、安徽、福建、江西、湖南、湖北、浙江、上海、江苏、河南、天津等省、直辖市，先后到达了南平建阳、吉州、吉安、高安、长沙、武汉、景德镇、温州、慈溪、绍兴、杭州、上海、金坛、南京、宝丰、天津等市、区、县，参观了建窑、吉州窑、长沙窑、御窑厂、越窑、南宋官窑、汝窑等窑址、窑址博物馆及相关沿途的一些著名博物馆，并参观了位于绍兴的鲁迅故居，去了沿线的古玩市场。本次访古之行行程时间长、路程远，历尽艰辛，可谓是"路漫漫其修远兮，吾将上下而求索"。本次访古之行最大的收获是不仅使我的收藏知识得到了丰富和提高，开阔了眼界，而且锻炼了身体，培养了坚韧不拔的意志，也结识了一些新的朋友，实现了我多年的夙愿，思想认识上也得到了提高或升华，增加了对祖国大好山河的热爱之情及对古代工匠辛勤劳动和聪明智慧的尊敬，此外也淘到了一些心仪的藏品及宝贝，特别高兴的是收到了一件乾隆皇帝曾经拥有的宝瓶，限于古玩收藏行业的特殊性，就不给大家一一展示了，有些将被编入我的著作中。今天仅给大家展示一件本次旅行我收到的一件清末民初粉彩福禄寿三星之中的禄星瓷造像，该造像通高54.5厘米，造型生动形象，绘画繁缛古拙，并使用了五爪龙的装饰，造像端庄大气、面容富贵、体态丰满、衣饰华丽，属于清末民初的精品之作，十分难得。

这次访古之行也得到了广大微友的热情关注和积极参与。我说过，没有朋友们的参与、支持和关心，我也就失去了前进的巨大动力，在这里表示衷心的谢意，谢谢你们！本次和上次访古之行的所见所闻将以"窑址访古记"的形式编入我的著作里，详细描述访古行程中一路的信息和见闻，并配以精美的图片，敬请期待。访古之行中还有一个体会就是高速公路网络已经十分发达，交通畅行，路上车辆繁忙，人们喜气洋洋，豪情满怀，一片祥和的盛世景象。幸福是劳动换来的，人们正在为创造自己的幸福生活而奔波忙碌，祖国的城市和乡村十分壮观美丽，但愿祖国母亲明天更加美好！好了，还是那句话：收藏永远在路上，一路坚持走下去，一定会有收获。最后用我的一位朋友郭雪原先生为我的这次访古之行所作的一首诗作为这两次窑址访古的结束语："万里迢迢访古瓷，披星戴月觅真知；百炼千锤得真器，大作著成应有时"。谢谢郭先生！朋友们，再会！（图片略）

注：2018年11月06日参观了天津博物馆（图336），天津博物馆展品丰富，也很精美。参观过程中详细观摩了空白期的几件器物包括青花天降麒麟大罐。这里展出的

一颗清代翡翠白菜也使人印象十分深刻，它是否就是传说中慈禧太后陵墓中的白菜也不得而知。现选择几幅照片以飨读者。

附录·图 336　天津博物馆

附录·图 337　元 青花缠枝牡丹纹兽耳罐

附录·图 338　明洪武 青花云龙纹盘

附录·图 339　明永乐 青花莲瓣纹鸡心碗

附录·图 340　明永乐 青花龙纹扁壶

附录·图 341　明正统 青花麒麟纹罐

附录·图 342　明天顺 青花人物图罐

附录·图 343　明天顺 青花人物图梅瓶

附录·图 344　明成化 青花人物图三足炉

附录·图 345　明弘治 青花人物图夹层碗

附录·图 346　明弘治 青花昭君出塞图炉

附录·图 347　明正德 青花凤穿花纹绣墩

附录·图 348　明嘉靖 青花婴戏图罐

附录·图 349　清雍正 青花双龙赶珠纹琵琶尊

附录·图 350　清乾隆款 青花八宝纹扁壶

附录·图 351　清乾隆 唐英敬制款白釉观音

（天津博物馆藏）

附录·图 352　清乾隆款　珐琅彩胭脂紫轧花地宝相花纹瓶（大清乾隆年制款）

附录·图 353　清乾隆款　珐琅彩芍药雉鸡图玉壶春瓶

附录·图 354　清同治　体和殿制款　青花花卉纹捧盒

附录·图 355　清　碧玉兽面纹提梁卣

附录·图 356　清　翡翠蝈蝈白菜

（天津博物馆藏）

东北线

第一次东北线访古

日　期：2019 年 07 月 16 日

目的地：承德避暑山庄博物馆。

7 月 16 日 星期二

清晨 5 点 47 分驱车从北京出发，上午 10 点 28 分到达避暑山庄附近的停车场，然后步行到避暑山庄，中午 11 点 09 分到达避暑山庄正门（丽正门）（图 357）前。

进入丽正门内有避暑山庄简介如下：

> 避暑山庄建于 1703—1792 年，经康熙、雍正、乾隆三代帝王历时 89 年建成。总占地 564 万平方米，是世界现存规模最大的皇家园林。园内西北为山岳区、东南为湖泊区、东北为平原区……避暑山庄于 1994 年被联合国教科文组织列入《世界文化遗产名录》。

避暑山庄原名"热河行宫"，1711 年（康熙五十年）康熙正式题名为"避暑山庄"。

避暑山庄博物馆即避暑山庄内的宫殿区。博物馆里有这样的介绍：

> 承德位于北京东北部的燕山深处，距首都仅 256 公里。风景优美、气候宜人。清代皇帝在这里修建了避暑山庄，在此避暑消夏、处理政务、行围狩猎、训练军队、接见少数民族王公贵族和外国使节。

避暑山庄博物馆内珍藏有清乾隆碧玉交龙钮"避暑山庄"宝，为镇馆之宝。"澹泊敬诚"殿建筑奢华，关于此殿有说明如下：

> 建于康熙五十年（1711 年），乾隆十九年（1754 年）用金丝楠木改建。康熙御题"澹泊敬诚"，隐喻君王"静以修身，俭以养德"。等级、法度类同紫禁城太和殿，凡重大庆典、内外朝觐皆于此殿举行。

博物馆内藏有大量的珐琅器物和包括瓷器在内的其他珍宝，其中的清乾隆铜珐琅盆景的枝干用黄金、叶子用玉片制成，因而又被称作"金枝玉叶"。由于博物馆内没有灯光照明，因此对拍摄效果或有影响，据工作人员介绍，为保证用电安全，正考虑博物馆展厅内不设灯光或设置低压电源照明。

附录·图 357　避暑山庄丽正门

附录·图 358　避暑山庄"澹泊敬诚"殿

附录·图 359　清乾隆碧玉交龙钮"避暑山庄"宝

附录·图 360　清乾隆　铜珐琅八宝

附录·图 361　清乾隆　铜鋈胎珐琅七珍

（避暑山庄博物馆藏）

附录·图 362
清乾隆 铜珐琅
盆景　　附录·图 363
清乾隆 珐琅太
平有象　　附录·图 364
清乾隆 铜珐琅
双耳瓶　　附录·图 365
清乾隆 铜珐琅炉　　附录·图 366　清乾
隆 铜珐琅三环尊　　附录·图 367
清乾隆 铜珐
琅塔

附录·图 368　清康熙
素三彩花果纹盘　　附录·图 369　清雍正
斗彩八宝纹高足碗　　附录·图 370　清乾隆
画珐琅盘

附录·图 371
清雍正 斗彩绿龙
盖罐　　附录·图 372
清雍正 炉钧釉
双耳瓶　　附录·图 373
清乾隆 青花
缠枝莲纹赏瓶　　附录·图 374
清乾隆 粉彩
安居乐业壁瓶　　附录·图 375
清乾隆 粉彩
无量寿佛　　附录·图 376
清乾隆 胭脂
地粉彩八宝
纹奔巴瓶　　附录·图 377
清光绪 钧紫双
耳尊

（避暑山庄博物馆藏）

博物馆中还专门设有慈禧生活用品展室，几幅图片如下：

附录·图 378　清
白地青花加紫梅瓶　　附录·图 379　清 画珐琅
高足盘　　附录·图 380　清
珐琅菊花盆景

关于烟波致爽殿（图 381），有如下的说明：

烟波致爽

建于康熙四十九年（1710 年），取"四围秀岭、十里澄湖、致有爽气"
颜额明义，居康熙三十六景之冠。内设明厅、暖阁、佛堂，为皇帝礼见亲伦、
燕居休憩的寝宫，殿堂富丽华奢，庭院清幽静谧。

烟波致爽殿是《北京条约》签准地，对此在殿旁有如下说明：

1860 年英法联军攻入北京，咸丰皇帝避难热河，在烟波致爽殿西暖阁批
准了奏折，同意恭亲王奕䜣同英、法、俄三国签订不平等的《北京条约》。
《北京条约》主要内容有：清政府承认《天津条约》有效；增设天津为商
埠；割让九龙司一区给英国；准许英、法招募华工出国；对英、法两国赔款
各增至 800 万两白银；追认《瑷珲条约》有效，并割让了乌苏里江以东（包
括库页岛）约 40 万平方公里的领土。《北京条约》的签准，使中国丧失了大
片的领土和主权，陷入了半殖民地半封建社会的深渊。

附录·图 381　烟波致爽殿（避暑　　附录·图 382　避暑山庄风光
山庄博物馆）

下午 2 点 40 分结束避暑山庄博物馆（宫殿区）的参观，从博物馆东侧绕出避暑山
庄。下午 3 点 16 分开始返程，到达北京时间为傍晚 6 点 50 分，此次访古之行共计行
程 495.7 公里，旅行圆满结束。

第二次东北线访古

日期：2019 年 8 月 15 日—17 日

目的地：本次东北线访古的目的地为内蒙古赤峰博物馆、巴林左旗林东镇辽上
　　　　京窑、赤峰缸瓦窑。

8 月 15 日 星期四 北京出发

整理好装备，发朋友圈，内容如下：

　　东北线窑址访古：时间，8 月 15 日凌晨，目的地——赤峰博物馆、林东
辽上京窑、赤峰缸瓦窑。为了使拙著的内容更加丰富和完美收官，为了更加
深刻体会和感受历史上契丹族创造的陶瓷文明，今夜就出发，向赤峰进发！
初秋的夜晚依然有些闷热，今晚的月光格外皎洁，月亮总是不离不弃，伴我
前行，今晚因为有了月亮值班，星星也就大多不见了，仅有几颗眨着疲倦的
眼睛，默默地注视着人间发生的和即将发生的一切，喧嚣的世界随着昼起夜
伏的人们都沉沉地睡去。再一次整理好行囊，车子加满了油，箭已在弦，不
能不发，为了梦想，为了成功，今夜不能入睡，人生能有几回搏，向着契丹
人曾经建立的大辽国，出发！（图略）

　　凌晨 0 点 07 分出发，披着茫茫夜色，一路向北而去。清晨 5 点 39 分，当一轮红
日横在公路前方的时候，车子继续行驶在 G45 大广高速上。青山绿水，隧道穿行，北
国风光无限。一路风尘仆仆，自不必细说。

　　上午 10 点 39 分，来到赤峰市博物馆，此时行程 433.5 公里。在蓝天白云下，花团
锦簇之间，一座白墙蓝瓦的层楼式建筑出现在眼前，这就是赤峰博物馆（图 383）。

　　中午 11 点进入博物馆参观。辽国境内的瓷器包括辽代窑场生产的陶瓷以及同中原
地区贸易和交往过程中获得的陶瓷，辽代窑场生产的陶瓷以具有契丹族风格的器物最
为著名，此外还有著名的辽三彩器物。浏览、观摩和拍摄过程不必细说，提供几幅精
美的图片如下，供大家欣赏。

　　鸡冠壶（又称皮囊壶、马镫壶）是最具契丹族风格的器物，是仿皮囊壶而烧制，
游牧时用于盛水和奶浆。据载皮囊壶形制的器物早在唐代的邢窑即有烧制，而辽代的
工匠将其发展、演绎至极致，形成了具有浓郁的马背民族风格的器物，是契丹文明重

要的组成部分。赤峰博物馆藏有精美的鸡冠壶。

附录·图383 赤峰博物馆

附录·图384 辽代 白瓷碗（赤峰地区出土）　附录·图385 辽代 白釉划花三鱼洗（赤峰地区出土）　附录·图386 辽代 三彩方盘（赤峰地区出土）

附录·图387 辽代 圆形三彩砚（赤峰市松山区岗子乡辽墓出土）　附录·图388 辽代 三彩海棠盘（赤峰地区出土）　附录·图389 辽代 三彩印花盘（赤峰市敖汉旗乌兰召出土）

附录·图390 北宋 青白釉瓷炉(赤峰市翁牛特旗山嘴子乡毛布沟村辽墓出土)　附录·图391 辽代 三彩龙纹执壶（赤峰市松山区征集）　附录·图392 辽代 白釉绿彩鸡冠壶（赤峰地区出土）　附录·图393 辽代 绿釉提梁鸡冠壶（赤峰地区出土）　附录·图394 辽代 绿釉马镫壶（赤峰地区出土）　附录·图395 辽代 黑陶穿带鸡冠壶（赤峰市喀喇沁旗娄子店上烧锅辽墓出土）

（赤峰博物馆藏）

附录一 窑址访古记

725

附录·图 396 辽代 白釉提梁鸡冠壶(赤峰市宁城县出土)　附录·图 397 辽代 白釉鸡冠壶（赤峰市翁牛特旗亿合公征集）　附录·图 398 辽代 白釉绿彩执壶（赤峰地区出土）　附录·图 399 辽代 黄釉执壶（赤峰地区出土）　附录·图 400 辽代 茶绿釉牛腿瓶（赤峰地区出土）　附录·图 401 辽代 黄釉葫芦形执壶（赤峰地区出土）

附录·图 402 辽代 白釉剔花注壶（赤峰地区出土）　附录·图 403 辽代 黄釉长颈瓶（赤峰市松山区大庙乡大庙村出土）　附录·图 404 辽代 黄釉凤首瓶（赤峰地区出土）　附录·图 405 辽代 黄绿釉（赤峰市喀喇沁旗马蹄营子乡出土）　附录·图 406 元代 白釉、黑釉"内府"瓶（赤峰地区出土）

（赤峰博物馆藏）

　　下午 2 点 15 分结束博物馆参观，打车去赤峰的古玩市场，傍晚 6 点 15 分回到博物馆停车场，准备出发去往巴林左旗辽上京博物馆，这时天空已渐渐沥沥落下些雨点来，刚走不远，突然下起瓢泼大雨，不久路上水流汹涌，为防不测，不得不暂时停歇避雨，6 点 53 分雨势渐小，上高速继续行程。晚上 7 点 59 分 G16 丹锡高速桥头服务区吃晚饭，自助餐，这是本次两天两夜访古行程中唯一一顿正式吃饭，其他时间为赶行程均以随车携带的牛奶和饮料充饥。

　　饭后，发朋友圈如下：

　　今天参观了赤峰博物馆，主要观摩了陶瓷，给大家发几张图片欣赏一下。今晚赶路到巴林左旗，明天参观辽上京博物馆及辽上京窑，返程途中参观赤峰缸瓦窑。晚安！（图略）

　　发完朋友圈后继续赶路，晚上 9 点 55 分到达头分地服务区，觉得有些疲劳，雨还在下着，为保证行车安全，于是决定今晚在车内休息，等待天明继续行程，此时导航显示距离目的地还有 138 公里。北方的夜晚有些凉意，为保持车内空气新鲜，微微开

附录·图 407　G16 丹锡高速头分地服务区　　附录·图 408　几头牛突然出现在前方的道
路上并逆行而来的几头牛

启天窗（防止窒息），和衣睡去，朦胧中感觉雨点噼啪作响，敲打着车窗和寂静的夜晚，这雨时断时续、或急或缓，有时淅淅沥沥地陪我度过了一夜……

8月16日 星期五 契丹博物馆、辽上京临潢府故城皇城遗址、赤峰缸瓦窑

早上 7 点 05 分，从头分地服务区出发继续行驶，天空时不时有些雨点儿飘洒下来，雨势时大时小。7 点 32 分到达 G16 丹锡高速大板出口，ETC 通道显示我的车子超时，无法通过，只能改由人工卡口通行，卡口工作人员告知我在高速公路上行车延时了，询问我延时期间哪里去了，我告知他因为疲劳以及雨天赶路不安全因而在高速服务区休息或睡觉，工作人员向上级汇报了情况并告知我如此查问也是为了我的安全，我说谢谢！在等待几分钟后才被放行，进入 303 国道，这时雨忽然大了起来。7 点 41 分，几头牛突然出现在前方的道路上并逆行而来，吓了我一跳，心想这高速路上牛如何上得来？（其实已经下了高速，此段应是未封闭的快速路）7 点 44 分，雨下得愈发紧了，刚才的一吓还没有平静下来，突然发现前方左侧的路边几头牛似乎在雨中腾空而来。这一下吓得不浅，心想怎么牛还飞了起来？来不及细看，车子即将驶过，心说会不会是一组牛群的雕塑？于是将车子停靠在路旁，隔窗拍摄，雨太大，也驶出了很远，在雨中望去似乎是一组牛群雕塑。继续行驶，不久发现路旁有警示牛出没的交通警示牌，才想起此时周围已是内蒙古大草原，出现牛羊是正常的，而该条道路也不属于封闭式的高速公路。记得很多年前坐火车旅游，车子突然在途中停了下来，同行的单位的老师傅说是遇上了牛群过铁路，火车必须让行，因为发生火车撞牛的事故时，由于牛皮很韧滑，有时甚至会使火车脱轨，果然不久就看到牛群从车旁走过。现在我驾驶的是小汽车，与牛比起来或许是弱者，这样一想，开车便愈发小心起来。雨时而淅淅沥沥，时而瓢泼如注，变化无常。在雨中，草原和远处的山峦被洗得更加苍翠，一切都那么新鲜，道路在雨水中宛

附录·图 409　辽上京博物馆（新馆）　　　　附录·图 410　辽上京博物馆（新馆，全景）

附录·图 411　辽上京临潢府故城皇城遗址　　　附录·图 412　辽上京遗址残存古城墙

附录·图 413　辽上京遗址旁　　附录·图 414　著者在感　　附录·图 415　"小心牛群"的交通警示标志
边的沙里河　　　　　　　　　受沙里河水

如一条白练随着山岗起伏盘绕，左躲右闪，向着巴林左旗蜿蜒而去……

　　上午 9 点 19 分到达巴林左旗林东镇辽上京博物馆，此时天已放晴，里程表显示距离北京出发地已经行驶 702.6 公里。下车拍摄外景后准备参观博物馆时，才发现此处为博物馆旧址，原来的博物馆早已闭馆，新博物馆已搬迁至不远处的辽上京皇城遗址附近。由于道路不熟，为避免耽搁时间，于是将车停在此处，打车前往博物馆新址。

　　其实新馆距离博物馆旧址很近，新馆附近建有一座契丹博物馆，上午 9 点 55 分开始参观契丹博物馆。展馆藏品很多，多为具有契丹少数民族风格的器物。

　　上午 10 点 56 分结束对契丹博物馆的参观，开始在当地的古玩市场游玩。中午 11 点 51 分来到辽上京博物馆（新馆）（图 409、图 410），但从工作人员那里得知，博物馆正在布展，还没有开馆，将在 8 月 18 日开馆，很遗憾，本次访古无缘参观，只能等待以后有机会了。

中午 12 点 16 分来到辽上京临潢府故城皇城遗址参观，蓝天白云下，但见绿草茵茵，城墙残垣。远眺四周，山色苍茫，溪水潺潺，好一处风水宝地。亲身感受古韵今风，抚今追昔，不禁令人浮想联翩，世事变迁，这里曾经的辉煌早已淹没在历史的长河中。古道残垣今犹在，不见当年契丹人。辽国曾经拥有北方广袤的地域，契丹文化是中华文明的重要组成部分，契丹在历史上甚至对西方国家都曾产生一定的影响，我在大学期间主修的外语是俄语，至今俄语中称中国仍为 "Китай"（发音：契丹）。

下午 1 点 15 分回到停车处，开车来到古玩市场游玩、观摩各种古玩，并向当地人进一步了解窑址情况。下午 2 点 24 分启程去往下一个目的地赤峰缸瓦窑，导航显示距离为 304 公里。下午 3 点 35 分，经过来时看到的 "牛在雨中腾空" 处，发现确实为一组牛的雕塑。这里的天气或阴或晴，或雨或风，太阳也时隐时现，路旁不时出现小心牛群的标志，提醒着司机注意安全。走着走着路旁出现了马头琴的雕塑，马头琴是蒙古民族特有的乐器，旋律十分优美。极目远眺，山岗和原野披着一层青翠的植被，连绵起伏，偶尔远处也有几处较高的山崖耸起，一派辽阔壮美的草原秋色。

傍晚 5 点 13 分行驶在 111 国道上，虽然看到了前方修路的标志，但发现同向行驶的小轿车径直驶去，也就心存侥幸尾随而去，但心中不免有些忐忑，因为几年前似乎相似的一幕：修路区域的尽头往往是一堆土形成的高土坎，车辆难以通行，但愿今天不会如此。5 点 22分，眼前的情景使我的担心成了现实：路前方一道很高的土坎横在路中央！眼

附录·图 416　横在路中央的土坎

看着底盘较高的车都慢慢地磨蹭了过去，心里也想尝试一下，但前轮刚过土坎的最高点，车子底盘就卡在土堆上，于是赶紧倒车回来。无奈，我的车子底盘太低，无法通过，车子的安全要紧，只好掉过头来按原路返回，重新找路前行，历史的一幕就这样再次上演。这样一来自然耽搁了一些时间，心里十分着急，但也只能任凭导航重新规划路程，随它而去……

傍晚 6 点 09 分，车子行驶在 206 省道上，6 点 14 分，导航提醒我进入河边的一条003 乡道向西而去，夕阳从裂开的乌云缝隙中把影子映在地面的雨水上，瞬间天地一片白亮，遮光板已经不起作用，好在这样的时间很短。一路小心西去，觉得路面越来越窄，不禁心里嘀咕：导航显示距离缸瓦窑还有 26.5 公里，应该不会就是这样的小路吧？停车

附录·图 417 天地一片白亮　　　　　附录·图 418 夕阳已经坠到远方的山峦下

附录·图 419 "缸瓦窑"路标　　　　　附录·图 420 缸瓦窑村

附录·图 421 著者在缸瓦窑文物保护　　附录·图 422 "辽缸瓦窑遗址"保护坝墙
石碑旁

附录·图 423 窑址旁的一座小山和　　　附录·图 424 村旁通往香山寺的路口
山下干涸的半支箭分川河

问路缸瓦村怎样走，一位大娘诧异地反问我：是做屋瓦的村子吗？我说，不是，是古代的缸瓦窑。大娘这回听明白了，告诉我这条路不对，应是河对岸的路。谢过大娘，驱车原路返回，来到河对面的路上一路西行，导航上显示此路与刚才的路一样仍是 003 乡道，心想这河两侧的道路也就相差几十米，或许导航的精度不够，或者是因为这两条路同为一个名字，因而难免出错。想想刚才问路的情景，缸瓦村和缸瓦窑仅一字之差，就造成了不小的误会，今后理应注意些。突然回想起多年前在北京的一处地铁口问路的情景，我想问的是"C"口在哪里？但我把字母"C"的发音说成了音"西"，回答的人告诉我，这不是西口，这是东口，唉，想想心里就想笑，能怪谁呢。一路随导航而去，6点56分，夕阳已经坠到远方的山峦下，天色不久即将被夜幕笼罩，心里也越发紧张起来。

晚上7点到达缸瓦窑，与村民聊天得知，这里的村子叫缸瓦窑村，如今仅有不到二十户人家。很多年前考古队曾在这里进行缸瓦窑的考古发掘，但发掘后窑址已被重新填埋，并建坝墙保护起来，这里也并没有建立窑址博物馆。环顾四周，三面环山，山脚下一条被称作半支箭分川河的小溪已经干涸，这条小溪就是古代制瓷的水源。村民介绍，这里的窑址面积很大，土地下面尽是窑址遗存，当初发掘时他们了解到这里除了发现有一座龙窑外，其余都为马蹄窑，考古发掘出来的大多为粗瓷，附近不远处还建有一座香山寺。其实本次访古的目的是想参观这里的窑址博物馆，对缸瓦窑遗址出土的器物种类和胎釉做全面的了解，因为据记载这里曾经是一处辽代的官窑，但遗憾的是无法看到，或许这里暂时还不具备建立遗址博物馆的条件。

缸瓦窑遗址文物保护石碑（图421）的正面写有："全国重点文物保护单位 缸瓦窑遗址 中华人民共和国国务院 1996年11月20日 公布 内蒙古自治区人民政府2001年8月 立"。石碑后面碑文记载：缸瓦窑遗址位于松山区城子乡瓦房村缸瓦窑自然村，是辽、金、元三代在北方草原地区设立的重要制瓷窑址。遗址中分布着大量马蹄窑和一座龙窑，地下埋藏丰富，被誉为"草原瓷都"，总面积约69万平方米。第四批全国重点文物保护单位。

看来这里仍然埋藏着很多不为人知的秘密，这里将来应该会建成大型的窑址博物馆和旅游区，再现古老的少数民族创造的文明，它们是中华文明重要的组成部分。

晚上7点45分，踏上返京的归程，导航显示距离北京出发地为430公里。一路兼程自不必细说。

8月17日 星期六 返京

凌晨3点29分回到北京，里程表显示本次东北线访古之行总行程为1475.3公里。吃饭、睡觉，醒来已近中午12点，发朋友圈如下：

8月16日参观了位于内蒙古赤峰巴林左旗林东镇的辽上京临潢府故城皇城遗址，遗址四周至今仍残存有土坯夯筑的城墙，遗址面积很大，但除城墙外地面已没有其他残存建筑。据当地人讲，考古队近来正在遗址考古发掘，当地政府在考古和保护遗址的同时也正在准备皇城遗址区的旅游开发建设，现在城墙四周已建有围栏保护。在现场看到，遗址地面全部为荒草，远望皇城四面群山环抱，青山绿地河流（附近有一条小河名曰沙里河），是古代建筑皇城的一个很好的地址选择。遗址地面没有发现资料记载的林东辽上京古窑遗址，可能当年发掘后已经回填，但从当地收集到的瓷片上看该处官窑在辽代曾经生产过精美的瓷器。据载当年宋辽战争期间，辽兵从河北定窑掠夺来了大量的定窑窑工，并在林东镇一带生产包括定窑类型在内的契丹风格以及中原风格的瓷器，主要窑址有林东辽上京窑（辽代官窑）、林东南山窑和林东白音戈勒窑，但据当地人讲这些窑址如今地面上都看不到了，现在当地人把林东一带的窑口（林东窑）生产的具有定窑特征的瓷器称为土定，其中的白釉精品与河北定窑十分相似，较难区别，也是我本次访古探索研究的课题。至今当地建筑工程出土的瓷片中仍有大量的定窑类型的器物残片，其中包括辽国本地生产的以及通过贸易获得的河北定窑产地的器物，此外在当时还有产自北宋的青白瓷、越窑青瓷以及耀州窑等器物参与宋辽的贸易，这些器物在赤峰博物馆都有收藏并出土自辽朝地域。访古期间还发现有钧窑、绞胎的器物残片，这些都应是辽金元时期与中原贸易的结果。在辽上京古遗址附近，新建有一座辽上京博物馆，但开馆时间定于本月18日，因此此次没有参观成功，其实本次访古之前也并不知道还有这座博物馆，新建博物馆规模很大，是从原来的老博物馆搬迁过来的，据说展品很多，只能等待以后有机会参观了。同日参观了博物馆附近建有的一座契丹博物馆，里面展出的多为辽国遗存的文物，其中著名的具有契丹特色的器物如鸡冠壶（又称皮囊壶、马镫壶）、辽三彩、辽白釉等器物十分精美。

下午驱车赶到了位于赤峰的缸瓦窑村参观缸瓦窑遗址。据记载，缸瓦窑是辽代的官窑，从辽初开始烧造，直至金元时期。缸瓦窑遗址现为全国重点文物保护单位，窑址区域面积很大，但之前发掘的部位已经回填，遗址旁并未建立遗址博物馆。据当地村民讲，此处发掘的窑炉除一座龙窑外均为马蹄形窑炉，产品大都为粗瓷，似乎是民窑。参观完缸瓦窑遗址后，昨晚驱车返回北京时已是凌晨三点半，里程表显示此次东北线访古总行程为1475.3公里，历时两天两夜，其中一天一夜均在下雨，旅行中的辛苦可想而知，但苦中有乐。遗憾的是未能参观辽上京博物馆，因有其他安排所以匆匆返京，只能等待以后机会了。至此本次窑址访古之行结束，收集到的资料将用于研究辽代窑场当年产品的烧造情况，并补充和丰富未来的著作内容。全部的窑址访古计划也暂时到此结束，访古过程中提供的微不足道的资料和图片如果能给大家带来点滴收获和快乐，那将是我最大的欣慰，谢谢大家的关注和陪伴！（图片略）

第三次东北线访古

日　　期：2019 年 9 月 4 日—6 日

目的地：本次东北线访古的目的地为内蒙古赤峰巴林左旗林东镇辽上京博物馆、
　　　　赤峰红山文化博物馆、宁城辽中京遗址及博物馆。

09 月 04 日 星期三 北京出发

火车票：K2559 次，北京站到赤峰站，时间 2019 年 09 月 04 日 20 ∶ 40，05 车
018 号下铺（硬卧）。

附录·图 425　北京站夜景　　　　　　附录·图 426　绿皮车　　　附录·图 427　我的铺位

傍晚 6 点 38 分从家里出发，乘公交车去往北京站，晚上 7 点 50 分到达北京站，
夜晚的北京站灯火阑珊，车辆行人井然有序，有着辉煌历史的北京站，如今依然焕发
着青春和活力，迎接着南来北往的各地旅客。

晚上 8 点 08 分，站内加餐。本来出发前已经吃过晚饭，但较为匆忙，想着车上会
有晚饭，但禁不住站内快餐盒饭的香味和价格诱惑，15 元一份：土豆丝、熘豆腐、两
个丸子，米饭管够。心想估计上车后也不一定有晚饭，干脆提前补充吧。我掏出随身
携带的二锅头边吃边喝起来，如今在站内还能吃上这么便宜的盒饭，还真没想到。曾
经某年某月，机场内 39 元一碗面条，还没吃饱。

晚上 8 点 24 分通过检票口，8 点 30 分登上绿皮车。好多年没有坐绿皮车了，心中
不禁浮起段段往事，曾经的回乡旅途，硬座或站票，一路下来十几个小时，靠的全是
年轻，身体好。

收回思绪，赶紧发朋友圈向朋友们汇报行程信息。

朋友圈内容如下：

第二次赤峰之行：本打算窑址访古之行结束，怎奈上次旅行恰逢辽上京博物馆没有开馆，因此总觉得对辽代瓷器的认识还不够全面和深刻，为了不留遗憾，今晚再次起程，主要目的地为赤峰市巴林左旗林东镇辽上京博物馆和宁城辽中京大定府，有时间再参观一下红山文化博物馆。今晚8点40分已登上北京至赤峰的绿皮车，明日在赤峰换乘大巴到巴林左旗。大约有十多年没坐绿皮车了，感觉好像回到了从前，也年轻了许多。像乘坐这绿皮车一样，曾经的记忆和岁月总是令人难以忘怀，曾几何时，硬座一坐就是十几个小时，有时甚至干脆站着，或睡在狭小空间的座下。如今身体扛不住了，只好硬卧，还得下铺。岁月终将淹没和带走一切，绿皮车、便宜的盒饭、漫漫的行程，还有我。珍惜现在，人生能有几回搏，逐梦的征程中有朋友们的关注和支持，旅途就不再孤独寂寞。朋友们晚安，明天巴林左旗见！（图片略）

对面下铺的呼噜声忽起忽落，时不时夹杂着某人的咬牙和梦呓声，这一晚我在迷迷蒙蒙中度过。

09月05日 星期四 辽上京临潢府故城皇城遗址、辽上京官窑遗址、辽上京博物馆

清晨5点23分，火车继续奔驰在广袤的北方大地上，窗外的一切也从沉睡中醒来，5点59分，当一缕晨曦洒在树梢的时候，我知道很快就要到达赤峰站了。清晨6点29分，从车厢内走出，已到达赤峰站，列车晚点约10分钟左右。6点37分到达车站广场前拍摄照片留念。然后乘上出租车到赤峰汽车站。

早上7点01分到达赤峰汽车站，7点10分在车站附近的一家餐厅吃早餐，早餐味道很好，纯粹的北方风味，顺便把随身携带的酒喝尽，心想中午或许没有时间吃饭了，这一顿要能顶两顿，要多吃些。

早上7点50分乘上赤峰到林东的大巴车出发，公路十分平坦，两旁青山绿野在窗外一幕幕急促地闪过，于中午11点19分到达巴林左旗林东汽车站。巴林左旗是隶属于赤峰市的一座旗县级城镇，林东镇位于巴林左旗城中，巴林左旗如今是座清新美丽的小城，但因其背后蕴藏着深厚的辽文化而为世人所熟知。

中午11点27分乘出租车来到距汽车站不远处的辽上京博物馆（图432），并在博物馆外拍摄照片。这里正在打造以辽上京遗址和博物馆为中心的辽文化旅游观光产业

附录·图 428　清晨 5 点 23 分，火车奔驰在广袤的北方大地上　　附录·图 429　赤峰站　　附录·图 430　早餐

附录·图 431　巴林左旗如今是座清新美丽的小城，但因其背后蕴藏着深厚的辽文化而为世人所熟知　　附录·图 432　辽上京博物馆

布局。博物馆分三层，正门为西门，墙面被设计成了辽上京古城墙的断面形式，显得古老而厚重。中午 11 点 35 分来到位于二层的入口处，却发现大门已经上了锁，一看开馆时间为上午 8 点 30 分到 11 点 30 分，下午 2 点 30 分到 5 点，此时正是闭馆时间，而下午返回赤峰的末班车是 4 点，心中不免紧张起来。

离下午开馆的时间还早，于是决定去逛逛古玩市场并再次到辽上京临潢府皇城遗址参观。由于是中午，古玩店铺大都锁着门，人们或许已回家吃饭或午休。走进几家开着门的店铺，得知下午店铺都会开门。其实逛逛每处的古玩市场，看看里面的真品和仿品的特征，是绝好的学习机会，因此想着下午这里还要来。觉得肚子也不饿，时间还很充裕，于是再次来到辽上京皇城遗址。其实上次窑址访古时已到访过该遗址，但未能进入更远的地方。

中午 12 点 41 分，独自一人向着荒芜的遗址深处走去，其实本想看一看资料记载中的位于皇城内的辽上京窑遗址，顺便了解一下遗址的全貌和如今的历史遗存，从而加深对辽文化的印象。12 点 54 分，发现前方荒草中有一块巨石，走进一看，原来是一方乌龟形状的石碑底座，称作龟趺，龟趺又名赑屃，传说是龙的九子之一，喜好负重。乌龟的头部已残缺，心想这必是辽代皇城的遗存。千百年来遭受风雨侵蚀，它的威严已经不再，如今仅剩下孤零零的残缺的碑座散落在荒野中。

附录·图433
遗址里的龟趺

附录·图434 从遗址上可以看到
远处的辽上京博物馆

附录·图435 向着遗址的东面望去，远处的遗址深处已建成供游人
参观的像城垛一样的木质廊道

附录·图436 刺穿鞋子的
蒺藜

附录·图437 像城垛一样
的木质廊道

附录·图438 辽 铁蒺藜（辽上京博物馆藏）

附录·图439 带有沟痕
的砂堆

附录·图440
石碑

附录·图441 散落在遗址上的黑釉瓷片

　　向着遗址的东面望去，远处的遗址深处已建成供游人参观的像城垛一样的木质廊
道，于是沿着车辙小道信步走去，突然，感觉右脚的鞋底被什么东西刺穿，随之脚也
如针刺般疼痛起来，低头一看，鞋底已被一种好像蒺藜的植物刺穿，于是不得不停下
将之从鞋底拔出，所幸脚伤得不重，心想或许《水浒传》中祝家庄使用的铁蒺藜也是
从这种植物中得到了启发。后来在辽上京博物馆还真的看到了辽代的铁蒺藜。

　　下午1点08分，道路一侧的沙堆上，一道奇特的沟痕引起了我的注意，走进一看，
沟痕中满是类似狼或狗之类动物的爪子扒挠的痕迹，我感觉脑袋嗡的一下就大了起来，
难道这里有狼或野狗等野兽出没？这荒郊野外，也很难说。环顾四周，荒野茫茫，不
见人影，万籁俱寂，只有无数的蝗虫在眼前飞来飞去，夹杂着不可名状的虫子的幽鸣

声。此刻头顶烈日炎炎，不知是炎热还是胆怯，我的额头渗出大粒大粒的汗珠来。突然，砂堆上出现的一枚枯骨映入我的眼帘，这是古人的遗骨还是动物的骨头？这样想着，心头骤然紧了起来。好奇心驱使我绕着砂堆来到后面，猛然发现一段白亮亮的东西躺在砂堆上，定睛一看，顿时我的心里打了一个冷战，脑袋似乎炸了起来，那分明是一段白色干枯的人类手指！手指非常纤细，还有指甲，似乎是一段女人的手指！我吓得一蹦，不由得倒退了几步，心想这是现代人的手指还是古代人的，如果是古人的，或许是辽代契丹人的？这一吓，于是满脑袋想着尽快离开这里，可刚走几步，心想究竟怎么回事还没搞明白就这么退却了，将来说起来岂不被人耻笑。于是又回到断指前，仔细一看，唉！原来是一段树脂材料的手指，应该是某个废弃的树脂材料做成的模特的手指。

继续在遗址参观，脚下的步伐也快了些。下午 1 点 20 分来到一方石碑（图 440）前，石碑表面已经被风雨侵蚀，但仍可辨出上面的字迹：

大内城遗址

大内城亦称紫禁城，是辽上京之宫城。

巴林左旗人民委员会

一九六四年十月六日立

继续向前走去，这里的蝗虫太多了，所到之处，蝗虫在我的脚旁、身边乱窜，有的急匆匆逃走，倏地躲进草丛不见踪迹，有的蛰伏在地上注视着我的一举一动，有些胆子大些的，竟然像大黄蜂一样飞到我的头顶上嗡嗡作响，似乎随时要向我俯冲下来，或许是向我宣示着它的领地。草丛中不时出现散落的陶瓷残片，有白釉的，也有黑釉的，也有似乎是摆设器物的残片。我做了拍摄，而不去打扰它们的存在，它们本就应该留在这里。

附录·图 442　辽上京遗址内的考古发掘工地

　　下午 1 点 27 分，来到了遗址中一处正在进行的考古发掘工地，此处应是辽代大内城遗址，从远处观望，已发掘的探坑似乎并没有窑炉的迹象，其实当初的辽上京官窑即使在皇城内，也不可能位于宫城区域，此处考古发掘应该是为了找出原来的宫殿的柱础痕迹，为复原宫殿建筑群的原貌提供资料，当然也许有别的发现和意外收获。

　　下午 1 点 42 分，从考古工地附近开始返回。这次遗址参观过程中并没有发现冯先铭先生在《中国陶瓷》一书中记载的已经发掘的位于皇城内的辽上京官窑遗址，或许已经回填。但不管怎样，亲临现场感受到了辽文化的气息也是有一定意义的。返程途中，遇到一对年轻人也是来这里欣赏风景的，相信这里不久将会形成以辽代宫城遗址为中心的旅游文化风景区，让更多的人了解契丹人曾经创造的历史和文化，因为这是中华文明的重要组成部分。

　　返程时走错了一段路，不见地上车辙形成的小路，只好在杂草中穿行。这荒郊野外的草丛中，难免会有毒蛇出现，而我最怕蛇了，提心吊胆、连跳带蹦地一路小跑而去。草丛中胆大的蚂蚱一动不动地看着我，似乎觉得好笑。也许它在想，蚂蚱这么小都不怕，你们人类这么高大怕什么。

附录·图 443 辽白釉皮囊式鸡冠壶　　附录·图 444 辽白釉提梁皮囊式鸡冠壶　　附录·图 445 辽白釉钮索式鸡冠壶　　附录·图 446 辽绿釉单孔式鸡冠壶　　附录·图 447 辽白釉绳梁乳钉纹鸡冠壶

附录·图 448 辽三彩圆盘　　附录·图 449 契丹壁画：备食图、备宴图、备茶图　　附录·图 450 新石器时代 玉猪龙首玦形龙

（辽上京博物馆藏）

下午 2 点 05 分走出遗址，看着离博物馆开馆还有点儿时间，于是又打车返回古玩市场观摩，这样一来，当返回辽上京博物馆时已是下午 2 点 54 分，留给我参观的时间已经不多了。博物馆的藏品很多，由于时间关系，我仅仅重点观摩并拍摄了陶瓷，遗憾的是博物馆中古陶瓷藏品并没有标明它们的来源、出土地点或窑口，这无疑不利于我更深入地了解林东地区乃至辽地的窑口当年瓷器的烧造情况。

下午 3 点 36 分结束博物馆参观，乘坐出租车去往汽车站，3 点 43 分到达林东汽车站，登上 4 点钟发往赤峰的末班车。

晚上 7 点 47 分到达赤峰汽车站。到达定好的宾馆办好手续出来吃晚饭时，已是晚上 8 点 35 分。饭馆为一个不大的饺子馆，吃饭前心想能有韭菜鸡蛋馅的该多好，一问方知除了肉馅的外，只有素三鲜的，无奈只好定了一盘素三鲜馅饺子（20 个），外加两瓶啤酒。这里的啤酒每瓶仅有 500 毫升，与北京的 600 毫升相差约 2 两，其酒精度为 ≥ 2.5%Vol，原麦汁浓度为 8° P，显然为清爽型啤酒。饺子上来，咬开后才发现果然是韭菜、鸡蛋和虾皮。老板说这就是素三鲜，嗨！正和我的胃口。我曾吃过的素三鲜馅什么材料都有，而韭菜鸡蛋馅的通常会单列出来。饭后感觉没有吃饱，就到巷子里吃地道的草原烤串：一串鸡胗、一串鸡心、六串羊肉，免不了又喝了一瓶啤酒。与老板闲聊，得知老板也姓高，祖上是艺人，早年从山东那边闯关东过来的，后来定居在了赤峰。草原的羊肉质量好，老板的烤串手艺高，烤串香酥嫩滑，很好吃。晚上躺在床上，还在回味串的味道。

09 月 06 日 星期五 赤峰红山文化博物馆 宁城辽中京大定府遗址

赤峰是孕育中华文明最早的地区之一，尤以红山文化最为著名。从林东回到赤峰的目的一是想参观红山文化博物馆，二是从这里顺路去往宁城也方便些。早饭后离开宾馆乘出租车去往红山文化博物馆，打开导航，一路给司机提示，司机提醒我导航显示的目的地没有博物馆，仅是红山文化公园，而二道井子那里确有一座遗址博物馆。我说不管怎样，既然已经来了，就一定要去看看。

上午 9 点 17 分，到达红山文化博物馆。看起来此处并非司机所说的没有博物馆，而是确有一座即将建设完成的红山文化博物馆（图 451），但目前还没有完工，当然也没有开馆。博物馆附近不远处矗立着一列红褐色局部披着绿色的山峰，这就是著名的红山（图 452），放眼望去，红彤彤的一片，在蓝天和绿草的映衬下颇有气势，红山文化即因此山而得名，赤峰市的"赤峰"（红色的山峰）也源于此山。红山文化属于原始

附录·图 451　红山文化博物馆

附录·图 452　红山全景图

社会新石器时代以农业为主，兼以渔猎、放牧的古代人类文明，初期为氏族社会，晚期进入红山古国阶段，尤以制陶、制玉闻名于世，著名的红山文化玉龙曾有"中华第一龙"之称。

　　离开红山文化博物馆前往二道井子遗址博物馆（夏家店遗址博物馆），但因路程较远，恐回来时交通不便，以及时间安排较紧，于是途中改变路线往赤峰汽车站。上午10点06分到达赤峰汽车站，买好10点10分到宁城的车票，上车时却没有找到标有目的地为宁城的车，旁边一位乘客告诉我说去往天义的车即是宁城的，与司机核对确认无误上车后，心里还是放心不下，明明买的是去往宁城的，怎么变成了天义？其实当我在窗口购买去宁城的车票时，票面上写的是赤峰到天义，我也没有细看。为防止搭错车，车子出发不久后我再次询问乘务员，方知天义镇即在宁城。

　　汽车在路上奔驰，窗外是一望无际的田野，高粱举着红彤彤的穗子，玉米把沉甸甸的棒子揣在腰间，谷穗似乎在弯腰鞠躬致意，向日葵那圆圆的笑脸沐浴在秋日的阳光里，所有的一切预示着又一个丰收的季节。

　　中午12点07分到达宁城汽车站，乘出租车前往辽中京博物馆。12点32分到达辽

附录·图 453　汽车在路上奔驰，窗外是一望无际的田野　　附录·图 454　辽中京大塔（大明塔）　　附录·图 455　远处应该就是记载中的辽中京半截塔

附录·图 456　当夕阳向山后坠下的时候，秋日的余晖静静地洒向窗外苍茫的山野、宁静的湖水和暮霭中的村落

中京博物馆，博物馆所在地即是辽中京大定府遗址。辽中京博物馆又名草原青铜器博物馆，下午 2 点钟开门，此时正是闭馆时间，因为宁城至承德的末班车时间为 2 点 25 分，因此没有参观博物馆，仅参观了辽中京遗址公园。辽中京遗址是全国重点文物保护单位，遗址由外城、内城、皇城三重城组成，博物馆所在地是遗址的外城区域，这里有著名的辽中京大塔，又名大明塔（图 454）。除大明塔外，宁城还有金代小塔和辽中京半截塔（仅存塔座和一层塔身，图 455）。

　　结束辽中京遗址参观，返回宁城汽车站时已是下午 1 点 53 分，乘下午 2 点 25 分的汽车往承德进发，下午 2 点 47 分，窗外不远处突然闪现一座半截塔，急忙用手机拍摄了下来，心想这应该就是记载中的辽中京半截塔。快到承德东站前的路段上，一侧的山势愈发险峻，心里隐隐感到落石的危险，尽管山脚下布置着防护网。

　　到达承德汽车东站时已是傍晚 5 点 48 分。由承德汽车东站换乘 6 点至北京的大巴车，车子准时出发，当夕阳向山后坠下的时候，秋日的余晖静静地洒向窗外苍茫的山野、宁静的湖水和暮霭中的村落，一切都沉浸在安宁、祥和的气氛里，人们世世代代生息在这块美丽的土地上，用勤劳的双手收获着幸福和希望。

当晚回到北京，回到家里的时间是晚上 10 点 29 分，本次访古行程结束。晚饭自然少不了小酌一杯，望着窗外圆圆的月亮，猛然想起再过一周就是中秋节了，想起整个窑址访古期间朋友、微友们的支持、参与和鼓励，想起旅途中经历的艰辛和收获的快乐，想自己如今已到知天命之年龄，也想起了远方的亲人，于是一时兴起，拿起笔来，写下了一首词，献给亲人和朋友们：

《卜算子·中秋抒怀》：漏断人不静，圆月挂疏柳，自古谁人独往来，相伴有朋友。丹桂香如故，人却难依旧，岁岁年年今如是，共饮相思酒。

夜深了，该睡了。

附录·图457　著者与邓晓冰先生（左一）、张戈兵主任（中间）合影

附录·图458　著者与定州市副市长李同勋（中间）、中央电视台老干部处董新华（左一）、定州市定窑研究所所长刘占山（左二）、艺术家邓晓冰（右二）合影

附录·图 459　著者应邀在北京收藏家协会上作收藏讲座并与协会藏友进行古陶瓷交流鉴赏

附录·图 460　著者和北京市平谷区古玩收藏商会张宝军会长合影

附录·图 461　著者与收藏家李群祥先生在交流鉴赏古陶瓷

附录·图 463　窑址访古期间著者应邀在景德镇为藏友鉴赏瓷器

附录·图 462　著者与收藏家王志德先生合影

附录·图 464 著者与北京市通州区博物馆任德永先生合影

附录·图 465 著者与收藏家花冲先生合影（一）

附录·图 466 著者与收藏家花冲先生合影（二）

附录·图467　著者与藏友马更平先生（左一）、刘景生先生（右一）、郭雪原先生（右二）一起交流鉴赏古陶瓷

附录·图468　著者在网络直播现场讲解收藏知识

附录·表1 常见古瓷片（瓷器）款识一览表

序号	图片		款识名称	年代	说明
1			福	弘治—正德	变体"福"字
2			大明宣德年制	正德	圈足、底足釉色发青，应是正德仿宣德的款识
3			福寿康宁	嘉靖—万历	艺术字
4			福寿福寿	嘉靖—万历	内心：双福双寿；龙泉窑
5			上品佳器	嘉靖—万历	足脊修圆
6			万福攸同	嘉靖—万历	底上凸

序号	图　片		款识名称	年　代	说　明
7			万福攸同	嘉靖—万历	底上凸
8			万福攸同	嘉靖—万历	—
9			长春佳器	嘉靖—万历	内心写有：清泉流水注香茶。
10			大明万历年制	万历	—
11			大明万历年制（字残缺）	万历	—
12			万历年制	万历	—
13			长命富贵	万历	圈足下敛呈倒梯形，足脊修圆；底内凸形成所谓"馒头底"

序号	图　片	款识名称	年　代	说　明
14		长命富贵	万历	—
15		长命富贵	万历	足脊滚圆，底内凸
16		长命富贵	万历	携琴访友
17		天禄佳器	万历	—
18		大明成化年造怡堂佳器	万历	内外双款；底下塌
19		成化年造	明末清初	足墙较高，馒头底外凸，有明显跳刀纹
20		雨香斋	清早期	—

序号	图　片		款识名称	年　代	说　明
21			雨香斋	清早期	—
22			博古斋	清早期	—
23			百卉居	清早期	—
24			百花堂	清早期	—
25			集雅斋制	清早期	—
26			大明嘉靖年制 （字残缺）	清早期	—
27			化年制	清早期	—

序号	图 片	款识名称	年 代	说 明
28		大明成化年制	康熙早期	款识在碗内心；底下塌
29		大明成化年制	康熙早期	—
30		乙巳年春月制	康熙早期	干支款
31		永乐年制	康熙	—
32		大明成化年制	康熙早期	图案有明末的风格
33		大明成化年制	康熙	—
34		大明成化年制	康熙	西瓜纹

序号	图 片		款识名称	年 代	说 明
35			大明成化年制	康熙	西瓜纹
36			大明成化年制	康熙	西瓜纹
37			大明成化年制	康熙	西瓜纹
38			大明成化年制（字残缺）	康熙	—
39			大明成化年制	康熙	胎质不甚洁白、细实，非景德镇窑生产。
40			大明成化年制	康熙	—
41			大明成化年制（字残缺）	康熙	青花五彩

序号	图　片		款识名称	年　代	说　明
42			成化年制	康熙	一
43		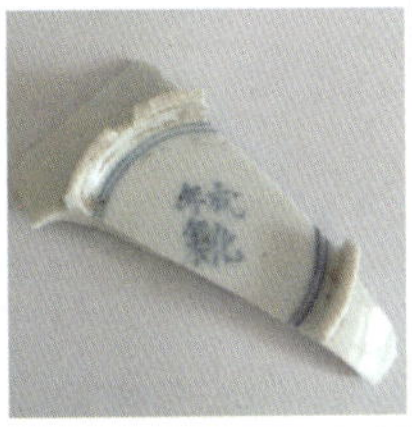	成化年制	康熙	一
44			大清康熙年制	康熙	一
45		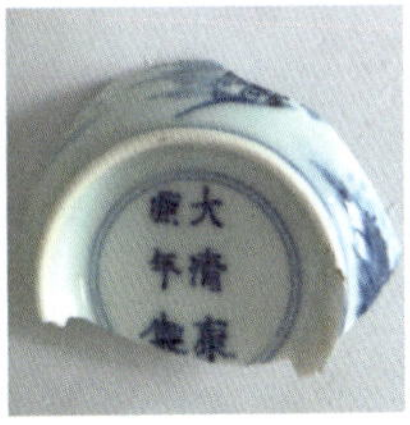	大清康熙年制	康熙	一
46			慎德堂制	康熙	一
47			聚玉堂制	康熙	外壁酱釉
48			光裕堂制	康熙	一

附录三　常见古瓷片（瓷器）款识一览表

753

序号	图 片		款识名称	年 代	说 明
49			光裕堂制	康熙	—
50			如玉堂制	康熙	—
51			怡怡堂制	康熙	—
52			兆庆堂制	康熙	—
53			兆庆堂制	康熙	—
54			金玉堂制	康熙	—
55			天宝唐制	康熙	—

序号	图 片		款识名称	年 代	说 明
56			金玉满堂	康熙	—
57			余庆堂	康熙	—
58			玉堂佳器 （字残缺）	康熙	西瓜纹
59			怡德堂玉石制	康熙	—
60			益友珍玩	康熙	—
61			益友珍玩	康熙	—
62			怡怡珍玩	康熙	—

序号	图　片	款识名称	年　代	说　明
63		美玉珍玩	康熙	—
64		慎友珍玩	康熙	—
65		美玉奇玩	康熙	—
66		清奇雅玩	康熙	—
67		清奇雅玩	康熙	—
68		正顺奇珍	康熙	—
69		玉石奇珍	康熙	—

序号	图　片		款识名称	年　代	说　明
70			如昆之珍	康熙	—
71			玉石宝珍	康熙	—
72			玉堂珍玩美器	康熙	—
73			应德轩制	康熙	—
74			应德轩制	康熙	—
75			清玩美玉雅器	康熙	—
76			益友鼎玉雅制	康熙	—

序号	图　片		款识名称	年　代	说　明
77			益友鼎玉雅制	康熙	—
78			益友鼎玉雅制	康熙	—
79			益友鼎玉雅制 （字残缺）	康熙	—
80			鼎玉雅制	康熙	—
81			美玉雅制	康熙	—
82			美玉雅制	康熙	—
83			美玉居制	康熙	—

序号	图　片		款识名称	年　代	说　明
84			奇石鼎玉雅制	康熙	—
85			忠有美玉雅制	康熙	—
86			忠有美玉雅制	康熙	青花五彩
87			永庆奇珍雅制	康熙	—
88			复香轩玉清制	康熙	—
89			万字符加方栏	康熙	
90			远古斋宣和式	康熙	—

附录三　常见古瓷片（瓷器）款识一览表

序号	图　　片		款识名称	年　代	说　明
91			远古斋宣和式（字残缺）	康熙	—
92			余庆堂做古制	康熙	—
93			晋耕堂做古制	康熙	—
94			景濂堂做古制	康熙	五彩
95			应孔堂博古制	康熙	—
96			瑞玉斋古式制	康熙	—
97			芝兰斋选式制	康熙	—

序号	图 片		款识名称	年 代	说 明
98			玉盛宝鼎之珍	康熙	—
99			奇石美玉之珍	康熙	—
100			奇石宝鼎之珍	康熙	—
101			奇石宝鼎之珍	康熙	青花五彩
102			卞玉连城	康熙	—
103			昌水奇珍 （字残缺）	康熙	—
104			昌江鼎玉	康熙	—

序号	图　片		款识名称	年　代	说　明
105			昌江美玉	康熙	刘建国 先生藏
106			奇石宝鼎之珍 （字残缺）	康熙	—
107			杏林春宴	康熙	—
108			杏林春宴成池	康熙	—
109			宴乐长春	康熙	—
110			杏林轩制珍玩	康熙	—
111			松柏长青 （字残缺，款 识在内底心）	康熙	底无釉，胎质灰白， 非景德镇窑生产

序号	图 片	款识名称	年 代	说 明
112		福	康熙	西瓜纹
113		树叶	康熙	图案款，称"秋叶底"
114		树叶	康熙	图案款，称"秋叶底"
115		树叶	康熙	图案款，称"秋叶底"
116		双鱼	康熙	佛教八宝纹之一（八宝纹也称八吉祥纹）
117		鸟，往外加双圈	康熙	图案款
118		大清雍正年制（字残缺）	雍正	—

序号	图 片		款识名称	年 代	说 明
119			大清雍正年制	雍正	—
120			笔锭如意（必定如意）	雍正	图案款
121			笔锭如意（必定如意）	雍正	图案款
122			大清乾隆年制	乾隆	—
123			大清乾隆年制	乾隆	半边体字
124			大清乾隆年制	乾隆	—
125			大清乾隆年制	乾隆	百花不露地

序号	图 片		款识名称	年 代	说 明
126			大清乾隆年制	乾隆	盖碗的盖子
127			大清乾隆年制	乾隆	三行六字篆书方款； 宝石蓝釉
128			乾隆年制	乾隆	青花白描
129			盘长（肠）	乾隆	—
130			乾隆年制	乾隆	青花五彩
131			鼎式炉加单圈	清中期	图案款
132			盘长（肠）	清中期	八宝纹款

序号	图　片		款识名称	年　代	说　明
133			祁英浙秀	清中期	—
134			黻	清中期	皇帝礼服十二章纹之一
135			方胜	清中期	—
136			大清嘉庆年制	嘉庆	—
137			大清嘉庆年制	嘉庆	—
138			大清嘉庆年制	嘉庆	—
139			大清嘉庆年制	嘉庆	—

序号	图 片		款识名称	年 代	说 明
140			大清嘉庆年制	嘉庆	—
141			大清嘉庆年制	嘉庆	—
142			大清嘉庆年制	嘉庆	豆青釉粉彩
143			嘉庆年制	嘉庆	双方框款
144			嘉庆年制	嘉庆	双方框款
145			嘉庆年制	嘉庆	—
146			嘉庆年制	嘉庆	—

序号	图　片		款识名称	年　代	说　明
147			嘉庆年制	嘉庆	—
148			嘉庆年制	嘉庆	—
149			花押款	嘉庆—道光	—
150			慎德堂制	道光	外壁为粉彩花卉纹
151			慎德堂制	道光	—
152			慎德堂制	道光	—
153			慎德堂制	道光	—

序号	图　片	款识名称	年　代	说　明
154		若深珍藏	道光	—
155		大清道光年制	道光	—
156		大清道光年制	道光	—
157		大清道光年制	道光	—
158	/	雍正年制	同治	同治仿雍正，方章款
159		雍正年制	同治	内松石绿釉，口沿描金；同治仿雍正，方章款
160		同治年制	同治	—

序号	图 片		款识名称	年 代	说 明
161			图案款 （蝙蝠和石榴）	清晚期	寓意多子多福
162			大清乾隆年制	清晚期	手写款，铁线篆； 外底波浪釉
163			大明成化年制	清晚期	狮子绣球纹；外底波 浪釉；有锔钉
164			图案款	清晚期	以绘画竹纹作为外底 图案款识
165			太昌	光绪至宣 统	—
166			民国年制	民国	—
167			仿古若深珍藏	民国	—

序号	图　片	款识名称	年　代	说　明
168		东阳轩平八制	民国	日本风格瓷器
169		江西瓷业公司	民国	—
170		南昌振华公司	民国	—
171		江西陈新茂记	民国	记名方章款
172		义	民国	方章款
173		刘松茂号	民国	印章款
174		大清乾隆年制	民国	印章款

附录·表2 古陶瓷品种分类简表

按胎质分	陶器：如黑陶、红陶、白陶、彩陶、各种釉陶如汉绿釉、唐三彩、辽三彩等 炻器（属于半陶半瓷）：如一些磁州窑器物（以前称为磁器）、原始青瓷 缸胎：各种盛器包括瓶类、坛类、罐类、缸类等 瓷器：各类瓷胎、浆胎	
按釉色及绘画色彩分	颜色釉（单色釉、多色釉）	例如，甜白釉、枢府釉、红釉、郎窑红、豇豆红、钒红釉、珊瑚釉、抹红、祭红、绿釉、瓜皮绿釉、孔雀绿釉、秋葵绿釉、松石绿釉、黄釉、蓝釉、天蓝釉、祭蓝、洒蓝釉、酱色釉（柿色釉、褐色釉、紫金釉）、黑釉、龙泉釉、翠青、粉青、东青、豆青、旧玉釉、木纹釉、茄皮紫釉、茶叶末釉、铁绣花釉、古铜彩釉、炉钧釉、窑变釉、色斑釉（迷彩釉）、汝官哥钧定釉及仿汝官哥钧定釉等
	本色瓷	施透明釉并基本呈现胎质本色，如日常所见的透明釉白瓷
	彩瓷	釉上彩。例如，珐琅彩、粉彩、五彩、金彩、红绿彩、素三彩、各种白地彩瓷和色地彩瓷等
		釉下彩。例如，青花、釉里红、青花釉里红（青花加紫）、釉里三彩、杂地釉下彩（豆青地青花、豆青地釉里红、洒蓝地釉里红、绿地青花）
		斗彩。例如，青花红彩、青花绿彩、青花黄彩、青花粉彩、小斗彩
		青花五彩。包括釉下青花和釉上彩共同组成同一图案的大斗彩以及同一器物上釉下青花和釉上彩各自分别组成图案的纯粹的青花五彩
按纹饰内容分	人物故事	例如，三国人物、刀马人、西厢记人物、仕女、婴戏图、渔家乐、农家乐、耕织图、祝寿图、炼丹图、八仙图、四爱图、鬼谷子下山、萧何月下追韩信图、尉迟恭救主图、对弈图、仙人乘槎、携琴访友图等（注：画面中既有人物又有动物的也归属于人物故事类，以人物故事为主并带附属其他纹饰的也归此类）
	动物	例如，麒麟望月、龙凤纹、鹿鹤同春、八骏图、螃蟹图、蝠鹿蜂猴、蝴蝶纹、五蝠捧寿等
	山水	例如，山水纹（或以山水为主并带附属人物）、海浪仙山、海水江崖等
	花鸟	例如，松竹梅（岁寒三友）、锦上添花、月影梅、凤穿牡丹、缠枝花卉、过枝花卉、满池娇、五伦图、一束莲等
	诗文	赤壁赋、后赤壁赋、圣主得贤臣颂、皇帝御诗（如三清茶诗文等乾隆御题诗）
	其他	例如，印章纹、徽章纹、钱纹、八宝纹、杂宝纹等
按装饰工艺分	例如，画花、划花、印花、剔花、双勾、白描、涂抹、一笔平涂、点彩、色斑、窑变、青花分五色、百花不露地、堆塑、雕塑、堆料、捏塑、立粉、镂空、玲珑、刻瓷、轧道、开光及各种皴法等	

按器物造型分	碗类：弧腹碗、宫碗、折腰碗、折沿碗（草帽碗）、斗笠碗、净水碗、夹层碗、诸葛碗等
	盘类：折沿盘、折腰盘、花口盘、菱口盘、高足盘、各种碟子等
	杯类：敞口杯、压手杯、爵杯、建盏、坛盏、高足杯、秋操杯等
	罐类：将军罐、灯笼罐、壮罐、茶叶罐、人头罐（万年罐）等
	壶类：执壶、盘口壶、鸡冠壶（皮囊壶）、鸡首壶、提梁壶、僧帽壶、唾壶（渣斗）等
	尊类：苹果尊、马蹄尊、太白尊（渔父尊、鱼篓尊）、牛头尊、鹿头尊、出戟尊、无挡尊等
	瓶类：各种方瓶和圆瓶。例如，荸荠瓶、包袱瓶、胆式瓶、蒜头瓶、天球瓶、赏瓶、净瓶、梅瓶、玉壶春瓶、观音瓶、灯笼瓶、纸槌瓶、胆式瓶、觯瓶、葫芦瓶、五管瓶、凤首瓶、牛腿瓶、五管瓶、龙柄双联瓶（传瓶）等
	缸类：鱼缸、卷缸等
	盆类：花盆、盆奁等
	人物动物俑：陶俑、唐三彩等
	雕塑像：各种佛造像、平安童子立像、人物造像等
	枕类：方枕、腰圆枕、孩儿枕、娃娃枕、卧女枕、贵妇枕等
	其他：花觚、烛台、仿生瓷、象生瓷、花浇、造像、圆洗、各种文房用器等
按器物用途分	日用器：碗、盘、碟、杯、茶具、水壶、酒具、唾壶、绣墩、香薰等
	摆设器：各种瓶、罐、花觚、壁瓶、花盆、盆奁、瓷板画、鱼穿、石山脚等
	祭器：天蓝、黄色、白色及红色等各类宗庙、祠堂、郊坛祭器等
	文房器具：水盂（水丞）、笔筒、笔洗、臂搁、笔床、笔架、水滴（水注）、印盒、瓷砚、文具盒等
	葬器：各种葬器，如唐三彩等
	佛教器具：烛台、香炉、花瓶、净水碗、净瓶、钵等
	礼器：各种礼仪活动用瓷
	祝寿、婚礼瓷：皇帝祝寿用瓷（万寿节用瓷）、皇太后祝寿用瓷、皇帝大婚礼用瓷

注：本表中所列出或举例的仅为部分器物，并非全部器物，仅供初学者参考。

附录·表3　古陶瓷传统经验鉴定法基本程序简表

序号	鉴定方法	鉴定项目	真品时代风格及器物特征（鉴定参考依据）				鉴定内容
			年代举例	时代风格	主要品种举例	器物主要特征举例	
1	目视	造型或器形（型）	唐代	雍容典雅	越窑青瓷	常见壶、钵、碗、盘类器物。碗盘类器物圈足直径较大，常见葵口、花口	属于主要鉴定项目。伪品造型感觉生硬，尺寸通常不准确，各部比例不协调，轮廓失真。有些伪品的造型纯属主观臆造。应仔细观察待鉴定器物的造型，与已有的古陶瓷器形做比较。如果在已有器形中没有出现过，则要么为新出现的古代陶瓷器形，要么为伪品。这时就要参照该器物的其他特征做综合鉴定。也要注意不同器形创烧的时期不同，比如一件彩瓷转心瓶。如果款识为大清康熙年制，则肯定为伪品，因为康熙时期并未有这种器形出现，转心瓶应是乾隆时期的作品
					邢窑白瓷	常见玉璧底；茶盏外壁与水平线夹角约45度	
					长沙窑瓷	执壶：短流短柄，常见瓜棱形	
					唐三彩器	造型准确生动，以各种俑类著名	
			宋代	清瘦秀美	汝窑瓷	碗类圈足大多外撇	
					官窑瓷	多种造型	
					哥窑瓷（暂定为宋代）	以瓶、盘、洗居多	
					钧窑瓷	花盆、盆奁居多	
					定窑瓷	碗、盘、瓶居多	
					耀州窑瓷	碗、梅瓶居多	
					磁州窑器	碗、盘、罐居多，以瓷枕著名	
					青白瓷	常见斗笠碗、小足，形如斗笠状	
					龙泉青瓷	碗、盘、瓶，香炉居多；造型多纤巧秀雅	
					建窑盏	多斗笠形、小足	

序号	鉴定方法	鉴定项目	真品时代风格及器物特征（鉴定参考依据）			鉴定内容
		年代举例	时代风格	主要品种举例	器物主要特征举例	
		元代	大气洒脱	青花	盘、罐、梅瓶居多，常见接痕、手工拉坯和修整痕迹	
				枢府瓷	折腰碗、折腰盘及高足杯居多	
				龙泉	大盘、大瓶、大碗、大罐、高足杯（碗）居多，以高足杯（碗）为特色器物	
		明早期	粗犷率意	洪武釉里红	盘、大碗、梅瓶、玉壶春瓶居多	
				永宣青花	瓶、碗、盘居多；天球瓶、抱月瓶、莲子碗出现，有些器物造型具有伊斯兰风格	
		空白期	不甚精致	青花	以罐、碗、盘、高足杯居多，造型古朴	
		明中期	规整雅致	各品种	各种器形、夹层碗、诸葛碗出现	
		明晚期	不甚规整	各品种	各种器形、碗、罐类居多	
		明末期	造型粗俗	各品种	罕见官窑器，庙宇供器常见	
		清早期	精致不足	各品种	常见花觚及盘类，少见官窑器	
		清中期	严谨复杂规整精致	各品种	各种造型、造型规整、精美，清代瓷器的高峰期和鼎盛期。其中雍正器物的造型多雅致，秀气；乾隆器物造型复杂、镂空瓷、象生瓷、仿生瓷、转心瓶、交泰瓶等极尽工巧	
		清晚期	循规蹈矩	各品种	缺少新器形，大多仿清三代	
		清末期	多种多样	各品种	缺少新器形，多仿清三代。半机械化、机械化制作特征明显，瓷器特征由趋于向现代瓷过渡	

真品时代风格及器物特征（鉴定参考依据）

序号	鉴定方法	鉴定项目	年代举例	时代风格	主要品种举例	器物主要特征举例	鉴定内容
		胎质	唐代	白胎、灰胎为主	越窑青瓷	灰胎；厚胎薄釉	属于主要鉴定项目。 不同窑口的器物其所用胎土成分不同，因而器物胎质的颜色、致密程度也不同。 除了个例如未代龙泉窑器物有黑胎、白胎以及耀州窑有灰胎和极少数白胎等较大颜色反差的少数特殊情况外，大多窑口器物的胎色都围绕本窑口胎质的一个基本的主色调发生不大的变化。除颜色外，不同地区的胎土烧成陶瓷后有不同色泽的致密或疏松程度不同，有的还带有不同色泽的杂质，这都是鉴定时的依据
					邢窑白瓷	白胎	
					长沙窑瓷	灰胎	
					唐三彩器	白胎，含较多高岭土	
			宋代	香灰胎	汝窑瓷	香灰胎	
				紫金土和瓷石二元配方；黑胎为主	官窑瓷	黑、黑灰、黑褐胎；厚胎薄釉、薄胎厚釉均有；紫口铁足	
				灰胎	哥窑瓷（暂按宋代）	灰胎，灰黄胎	
				灰白胎为主	钧窑瓷（暂按宋代）	灰胎，灰白胎	
				白胎为主	定窑瓷	白胎	
				灰胎为主	耀州窑瓷	灰胎，少见白胎	
				灰白胎为主	磁州窑器	灰白胎	
				白胎	青白瓷	白胎	
				灰胎为主	龙泉青瓷	灰胎，黑胎、白胎	
				黑胎为主	建窑盏	黑胎，黑灰胎	

真品时代风格及器物特征（鉴定参考依据）

序号	鉴定方法	鉴定项目	年代举例	时代风格	主要品种举例	器物主要特征举例	鉴定内容
			元代	白胎为主 发明高岭土加瓷石二元配方	青花	麻仓土加瓷石的二元配方，白胎	
				白胎、灰白胎	枢府瓷	白胎、灰白胎	
				灰白胎为主	龙泉	灰胎、灰白胎	
			明代	白胎为主	永乐甜白	白色半脱胎，薄壁，厚壁均有	
			清代	白胎为主 坚硬细实	青花、彩瓷、颜色釉	白胎、薄壁、厚壁均有，薄壁甚至几乎为全脱胎。官窑和民窑精品常呈"糯米胎"，有糯米汁光泽，个别种类如郎窑红器物断面呈锯齿状的所谓"狗牙胎"	

续 表

真品时代风格及器物特征（鉴定参考依据）

序号	鉴定方法	鉴定项目	年代举例	时代风格	主要品种举例	器物主要特征举例	鉴定内容
		釉彩	唐代	南青北白	越窑青瓷	青、青灰、湖水绿色釉，如冰似玉	属于主要鉴定项目。 不同时期、不同窑口、不同品种的器物的釉质、釉色和彩色也不同。准确掌握不同时期、不同窑口、不同品种器物釉彩的特征对鉴定过程是十分重要的。 比如说回青料出现在宣德款识的器物上则肯定为伪品；苏料出现在乾隆时期的青花瓷上也不可思议；咸丰年间也不可能烧造珐琅彩器物等等。 仔细观察待鉴定器物的釉彩发色也是十分重要的，因为不同时期的器物即使是同一种颜色也会有所差异，如不同时期的祭红颜色就不尽相同，不同时期的釉里红发色也不一样，例如洪武釉里红发色多呈暗红甚至偏黑，被人们戏称为"釉里黑"
				独树一帜	邢窑白瓷	白釉、类银类雪，白如雪	
				五彩斑斓	长沙窑瓷器	釉下褐彩、褐绿彩	
					唐三彩器	黄、绿、赤褐、蓝、白；釉面常见蛤蜊光、开片	
			宋代	青如天	汝窑瓷	天青釉（即天蓝釉，釉色中含有蓝色色调）	
				青釉无彩绘	官窑瓷	粉青、天青、青、青绿、青黄、月白釉	
				无彩绘	哥窑瓷（暂定宋代）	草黄	
				无彩绘，以色、釉和窑变色釉取胜	钧窑瓷（暂定宋代）	半玻璃质釉、天蓝、月白、玫瑰紫、海棠红等多种窑变色调，"入窑一色，出窑万彩"	
				白定为主	定窑瓷	白釉、黑釉、绿釉、酱釉、红釉；罕见白釉点褐彩	
				无彩绘	耀州窑瓷	橄榄绿釉、青黄釉	
				色彩纷呈	磁州窑器	釉下褐彩；白釉、酱釉、黑釉、白地黑彩、白釉彩绘、白釉红绿彩	
				五代创烧，宋代流行有"饶玉""假玉器"之称	青白瓷器	青中显白、白中闪青	

续表

真品时代风格及器物特征（鉴定参考依据）

序号	鉴定方法	鉴定项目	年代举例	时代风格	主要品种举例	器物主要特征举例	鉴定内容
			元代	青一色，玉质感	龙泉青瓷	粉青、梅子青、青灰、米黄，少见龙泉仿汝天青色；有龙泉仿官的釉色并有开片现象	
				黑釉为主兔毫为上	建窑盏	黑釉，金兔毫、银兔毫、茶叶末、柿叶红、鹧鸪斑（即油滴），极品为曜变天目	
				蓝白幽靓	青花	钴料为苏料和国产料，青花多有铁锈斑现象	
				卵白，卵青色，属于乳浊釉	枢府瓷	卵白釉，或称卵青釉，偏青者为元代早期作品，偏白者为元代中、晚期作品。有用金彩和红、绿彩来装饰的，但十分罕见	
			明代	青一色	龙泉	青、青翠、草黄釉	
				色泽不一	青花	苏料：洪武至成化中期 平等青：成化至正德 回青：正德晚期至万历 浙料：万历至明末	
				洪武尚红	釉里红	主要在洪武，永宣时期烧造，洪武瓷颜色常发暗红，宣德瓷有宝石红	
				永乐贵白	甜白	永乐创烧，色如糖白，有甜的感觉	
				红色较为纯正	祭红	永乐鸡血红，宣德宝石红；宣德后少见烧造	
				争奇斗妍	斗彩	宣德创烧，成化达到顶峰；成化斗彩较多采用双钩填色手法（小斗彩）	

真品时代风格及器物特征（鉴定参考依据）

序号	鉴定方法	鉴定项目	年代举例	时代风格	主要品种举例	器物主要特征举例	鉴定内容
			清代	嘉万流行	青花五彩	宣德创烧，嘉靖至万历为主要烧造期，万历达到高峰	
				清雅素淡	素三彩	常用黄、绿、褐等色彩，不用红色，成化创烧，正德著名	
				发色蓝艳	青花	主要使用浙料，有的呈翠毛蓝，康熙时期还有使用珠明料	
				皇宫专用	珐琅彩	康熙晚期创烧，主要烧造期为康熙至乾隆，嘉庆早期，同治和宣统时期有少量烧造；珐琅彩分为进口料和国产料，国产料又称洋彩	
				温柔妩媚	粉彩	康熙晚期创烧，采用玻璃白打底工艺，也有把玻璃白掺入彩料中的，特征是花瓣，皮肤有过渡色	
				色如初凝的牛血，玻璃质釉	郎窑红	康熙创烧，玻璃质釉，牛血红（色如初凝的牛血）；脱口（灯草边）垂足郎不流	
				色如豇豆	豇豆红	色如红豇豆，红釉中常见水渍般绿苔点或暗红点，有桃花片、娃娃脸，美人醉之称	

续 表

序号	鉴定方法	鉴定项目	真品时代风格及器物特征（鉴定参考依据）				鉴定内容
			年代举例	时代风格	主要品种举例	器物主要特征举例	
		纹饰	唐代	写意润脱	长沙窑器	色斑、写意花鸟、诗文、阿拉伯文	属于主要鉴定依据。不同时期瓷器绘画的时代风格不同。比如说元青花器物就罕见山水纹；洪武时期器物就极少出现人物画面；万历时期乃至天启、崇祯就较多出现婴戏图；元青花上的龙纹，明代永宣时期、清代康熙时期的龙纹就比较威猛，而乾隆时期的龙纹显得程序化，显得温和了许多，清晚期的龙纹就更显羸弱无力了。掌握不同时期的纹饰特征甚至画法和用笔技巧对瓷器鉴定起着至关重要的作用
			宋代	流畅娴熟	耀州窑器	刻划花、印花、剔花	
				风情浓郁	磁州窑器	民俗画面、诗文、警句	
				纹饰精美	定窑器	常见刻划花、印花、少见剔花	
				纹饰精细	龙泉青瓷	常见印花、多见鱼纹	
			元代	古朴繁缛流畅率真	青花	多为历史人物故事、花鸟、龙凤纹	
				印花随意	枢府窑瓷	大都为龙纹和花卉纹，并配有铭文。属于元代官窑瓷	
				粗犷随意漫不经心	龙泉青瓷	印花、刻划花	
			明代	丰富多彩	青花、彩瓷等，品种繁多，新品种不断出现	洪武时期主要是云龙纹和花卉纹，永宣时期主要是人物、花卉纹、罕见山水纹，空白期主要为人物、动物及云纹，成化时期盛行岁寒三友、携琴访友等纹饰，成化以后人物、动物、山水、花鸟各种纹饰均有，嘉靖、万历时期道教题材的纹饰盛行，万历至明末婴戏图、山水悠人、仙人乘槎、临江垂钓纹饰居多，画面有飘逸之感	

真品时代风格及器物特征（鉴定参考依据）

序号	鉴定方法	鉴定项目	年代举例	时代风格	主要品种举例	器物主要特征举例	鉴定内容
			清代	登峰造极	继承与创新的所有品种	清代继承了明代所有纹饰题材并有很大发展，人物、动物、山水、花鸟、诗文、象生、仿生瓷等几乎无所不能。康熙官窑纹饰古典、老横、人物面目似陈老莲人物画，刀马人画片流行，山水似"四王"。雍正官窑纹饰精美、俏丽，花卉画法似恽南田。乾隆官窑纹饰繁缛、工致。同治、光绪时期御窑厂炉火兴旺，烧制出了很多精美的器物，也仿制了许多前朝器物，大有"同光中兴"之势	
		款识	唐代	罕见款识	/	几乎未见款识的唐代器物	属于主要鉴定依据，但在某些时候可转化为辅助鉴定依据。比如康熙时期有些器物的款识写的是明代款识，光绪时期的很多器物落的是清三代时期的款识等，这时的款识就成了辅助鉴定依据，需要观察器物其他款识方面的特征，而不能仅仅依靠款书姓氏款识来确定器物年代
			宋代	少见款识	钧官窑器	钧官窑器物上有"一"至"十"的数字款；有末代和清代补刻的标明使用途的款识标记	
				款识繁多	建窑器	供御、进琖、进御、蹴鞠纹、几何纹、文字记号等	
			元代	款识不多	枢府瓷磁州窑器青花瓷	枢府瓷器物上常在内壁有"枢府""福禄"及其他元代官廷机构铭文款；元代磁州窑器物上也可见墨书姓氏款，也有在碗内心见款识；青花瓷罕见款识	

续 表

真品时代风格及器物特征（鉴定参考依据）

序号	鉴定方法	鉴定项目	年代举例	时代风格	主要品种举例	器物主要特征举例	鉴定内容
			明代	纪年款识空白期无款识	各品种	明代洪武器物上至今未见款识；永乐以后至明末款识大多为纪年款，亦有标明器物用途的款识如"茶""茶汤""金箓大醮坛用"等；器物款识通常都在外底，但宣德时期款识的位置却比较随意，故有"宣德款识遍器身"之说	
			清代	种类繁多	各品种	纪年款、图案款、双圈款、印章款等	
	装烧工艺		唐代	形式单一	越窑器邢窑器	唐代器物大都采用器物外底垫烧的形式	属于辅助鉴定依据。不同窑口或许采用相同的装烧工艺，同一窑口的器物类型采用相同的装烧工艺也不尽相同
			宋代	形式多样	各窑口	正烧、覆烧、叠烧均有；支烧器物有垫饼、垫圈、支钉等。在器物内心（如大碗）一圈刮釉形成"涩圈"的装烧方式是金代以后才有的工艺	
			元明清	形式简单	各窑口	器物基本采用外底加垫饼或垫圈的正烧工艺	
	表面状态		各个时期	各种各样	各品种	宝光、开片、蟹爪纹、蚯蚓走泥纹、鱼子纹、蝉翼纹、自然磨损痕迹、沁色、附着物（污垢、金属、贝壳等）、鸡爪纹、缩釉、棕眼、橘皮纹、黑疵、脱色、脱釉、爆釉、火石红、波浪釉、流釉、泪痕、跳刀痕、拉坯旋纹、修胎痕、指搽纹、支钉痕等	属于主要鉴定依据。有时会成为辅助鉴定依据。需要结合各时期器物釉面不同的特征进行判断

真品时代风格及器物特征（鉴定参考依据）

序号	鉴定方法	鉴定项目	年代举例	时代风格	主要品种举例	器物主要特征举例	鉴定内容
2	闻味	闻味	各时期，但元代以前器物土沁气味明显	有出土气味	陶器；半陶半瓷器（炻器）；釉陶器；有出土附着物的瓷器；有土沁的器物	出土器物常会带有土沁味道，如果在出土器物表面洒上少许水则气味更明显；新仿烧的器物偶有窑炉里的气味，即人们常说的火气味。高古陶瓷器物（元代以前）器物土沁味较为明显	属于辅助鉴定依据。有的作伪者也有将仿品埋入土中一段时间再取出的做法
3	问询	器物来历	各个时期	/	各品种	器物来历清楚或"传承有序"。未元以前器物大多为出土或窖藏，明清器物有传世，也有出土及窖藏	属于辅助鉴定依据。作伪者常会编制故事，谎言说明器物来历，但往往证据不足，或难以自圆其说，因此古玩行有纸漏有不听故事，看实物之说
4	触摸	触摸器物表面或釉面	主要应用于唐以后瓷器	元代罐类接痕明显；明清釉质细腻；清晚期釉波浪釉明显	各类瓷器	俗称"上手"。古代不同时期的器物釉质不同，有玻璃质釉、半玻璃质釉、乳浊釉、石灰碱釉等，釉质不同，感觉不同；也可感觉釉面和纹饰的凹凸感、波浪釉、感觉壁厚薄；感觉拉坯、接痕、轮廓、开片等综合方面的内容	属于辅助鉴定依据
5	感重	上手感觉重量	各个时期	轻重适中	各类陶瓷	古陶瓷器物的重量大都很适中，感觉很"舒服"，但也有少量薄壁器物（如薄胎永乐甜白）和少量偏重器物，偏重的器物主要是由于造型要求或较大尺寸的影响，为便于制作和防止烧造变形而加厚胎体所致	属于辅助鉴定依据

真品时代风格及器物特征（鉴定参考依据）

序号	鉴定方法	鉴定项目	年代举例	时代风格	主要品种举例	器物主要特征	鉴定内容
6	听声	敲击	各个时期	古瓷响声清亮	瓷器	完整古代瓷器用竹筷轻轻敲击或用手轻轻弹碰会发出清亮悠扬的响声，声韵悠长。伪品敲击时发声糠散。器物有裂纹或损坏时发声也糠散或沙哑	属于辅助鉴定依据
7	测量	测量尺寸	宋、元代以后	/	官窑器物或特殊品种	古代有些器物是各部分有按比例制作的，如枢府釉折腰碗，其圈足直径是碗口直径的三分之一。建盏盏有口沿直径为9厘米的，高为5厘米的，寓意"九五之尊"	属于辅助鉴定依据
8	微观	借助放大镜观察	各个时期	/	主要为带釉瓷器	看气泡大小、稀疏及老化、破裂、细小划痕，表面及纹理沁蚀等情况，如有的汝瓷器物会呈现"晨星"现象，官窑器物出现"聚沫攒珠"现象	属于辅助鉴定依据，有时会成为主要鉴定依据
9	韵味	体会、感受	各个时期	与当时社会崇尚有关	所有陶瓷器物	古代陶瓷器物有人们常说的"古韵""神韵"，但体会古陶瓷的韵味是建立在丰富的知识和经验的基础上。现在也有人否认体会韵味的方式，强调以证据来判断真伪	属于辅助鉴定依据，有时会成为主要鉴定依据。看多了真品，再看伪品就会产生一种韵味不足的感觉

鉴定人员要求：矫正视力1.0以上，无色泽缺陷；听力正常；嗅觉正常；扎实的古陶瓷理论知识；10年以上实践经验；正直诚信，德才兼备

鉴定环境要求：白天，自然光；场所安静；器物摆放安全

鉴定工具要求：10X、20X、30X、50X、80X、100X放大镜；手机、电脑等成像设备；手电筒；薄手套；竹筷；卡尺、直尺等

鉴定结论要求：应被业内公众普遍认可

注：本表所列内容为鉴定古陶瓷器物过程中最基本的方法，仅仅是一种简单的归纳和整理，是一种尝试性的工作。

后记

从事收藏事业 20 余年，在人生即将进入老年之际，我总惦记着写点什么，留下来，以不枉人生一回并留与世人使之成为借鉴。内容无碍乎对收藏经验的总结，亦涉及所谓的研究鉴赏拙见。多年来奔波于生计，虽做了一些基础的准备工作，但至于成书成文，始终未能如愿。

2016 年 10 月，北京李群祥君在微信朋友圈倡议大家自愿参与有关收藏方面的微信网络直播活动，并鼓励我参与进来。我再三考虑后欣然应允，决定一试身手。但静下心来细想，蓦然发现虽然自己在收藏领域摸爬滚打 20 余年，但始终未能系统化地构建出理论框架体系，也并未上升到一定高度，随后就大量翻阅资料恶补之，希冀短时间内能有所突破，为的是直播之中尽量不出现较大纰漏，不至于愧对广大观众。多年来，我利用业余时间不断亲身实践，混迹于古玩领域，也经营过很多年的古玩店铺，收集了一些藏品，自认为经验丰富，但后来通过不断地学习新知，特别是看到这一领域权威专家的著作，才真正体会到收藏领域知识的浩瀚，自身专业素养亟待提高。

在一番紧锣密鼓的准备后，直播如约开始了。直播地点选在李群祥君的府邸，一处宽大宅院的三楼，每次直播前李君及其夫人都忙里忙外地布置场地，并准备好香气四溢的茶水，照顾得周到备至。直播组工作人员也精心调试设备，确保直播工作的顺利进行。就这样时断时续地做了 10 讲直播节目，收到了朋友们的一些建议和意见，直播过程中也不断地进行调整，但终未能避免出现失误。同时，讲座内容的编排当初仅仅是为了体现全面和精彩，以增强吸引力，因此并未做系统分类。如今回看这几期节目，感触颇多。

闲来无事时回首自己的人生之路，年近 50，并没有留下亮点，更谈不上出彩。以至于每每在同学、朋友甚至家人相聚之时感觉到没有成绩可谈，因此常想自己是否虚度了光阴。年轻读书时特别喜欢历史和文学，但总是被数学和外语成绩拉后腿，致使高中时读文科班的梦想成为泡影。命运安排我成了一名理工类大学的学生，曾经的豪情壮志和人生目标都因过于耿直的性格磨灭在岁月中，于是倍感世事无奈、生活艰辛。待恍然大悟，几十年的岁月已匆匆逝去。50 岁是古人知天命的年龄，我也不例外。对于能否拾起曾经的记忆，以收藏为切入点从事写作工作，起初并没有信心。此次直播过后，忽然想到应该以此次直播为契机，着手完成著书工作，否则人生晚矣，再无机会。于是乎，自 2017 年 6 月开始着手写作。首先面临的是资料缺乏问题，这时才知道需要大量的资料和素材。还好，在多年的收藏过程中我已养成了收集资料的习惯，无论是在书店、网站还是古玩地摊上，从未放过任何一本与收藏相关的好书。对于颇感缺乏的学术专著，也多方求购，因而花费颇多。其次面临的是标本收集问题，虽然此前积累了一些标本，但对于写就一本具有系统性和综合性的书籍而言，还是相差很多。于是一边忙于写作，一边奔走在古玩市场及藏友家中，不断收集新类别、新样式的古玩器物和残片标本，来充实和丰富写作内容。其实最重要的是，实物标本能够提供翔实、具体和真实的一手资料，使得写作时有据可依，不至于空谈。这样一来就花费了很多积蓄，也时常觉得资金不足而显得力不从心。就这样磕磕绊绊地边写作边收集标本，忙忙碌碌近四年坚持下来，自觉已接近完成心愿，人生第一部著作也呼之欲出。

在成书过程中，闲暇时也想了很多。首先就是为什么很多人乐衷于收藏。"收藏"二字从字面上理解就是收集物件后再藏起来，秘不示人，其实这种理解是片面的。人们做任何一件事情都有原因，这是人类活动的规律，从事收藏也不例外。有人认为，购买藏品后多少年之内不卖出才能称之为收藏，也有人认为保存时间越长越好，甚至终生收藏并传承下去才对，但我对收藏概念的理解却不尽然。

古玩的价值属性是促使人们从事收藏事业的根本原因。收藏往往能给收藏者带来一定经济回报，这是收藏者的动力所在，试想一项事业总是投入而没有产出，在以经济活动为中心的今天，是绝没有人会参与的，只有利益才能驱使人们加入收藏的队伍中来。对有些藏家而言，他们省吃俭用，甚至用尽毕生积蓄，如果没有任何回报其实是难以维持的。

人们对传统文化的热爱是从事收藏事业的前提条件。爱好是最基本的出发点，一个人如果对某种事情不感兴趣，勉强来做，很难得到好的结果。人们的兴趣和爱好各有不同，我也喜欢偶尔和家人、朋友打打牌，喝点小酒，吟几句打油诗，一时兴起去钓鱼或开车兜风，但收藏是我的最爱。收藏门类之多，知识之浩瀚，涉猎内容之广，参与人数之众，得与失的激动和惋惜，成功和收获的快乐，甚至造就跌宕起伏的人生，实为大趣、雅趣，甚至可以说收藏最终成了我的一项事业。当然，做收藏虽然是出于兴趣，但也伴随着风险。作为一个有一定经济实力的藏家，收藏可能不是为了追逐利益，而是一项爱好。当欣赏一件精致藏品时，能调节紧张的生活节奏，甚至陶醉其中，其乐融融。

收藏的目的不同。一部分人是出于保护和传承古物的目的，历史上如张伯驹、孙瀛洲等前辈和收藏大家为了保存文物倾尽所有，为祖国的传统文化事业做出了巨大贡献。他们必将永远受到世人的尊敬。但也有一部分人是出于获取经济利益的目的。他们买进古玩并不是束之高阁"藏"起来，而是想在流通中获利，其实这无可厚非。无论人们参与收藏的动机如何，事实上正是由于这些人的参与，才逐渐壮大了收藏队伍，繁荣了文化市场，有利于对历史文化的发现、保护和传承，从某种程度上甚至可以说给很多人提供了就业机会。这不能不说是一种认识上的进步。投资古玩收藏和其他领域一样是有风险的，只不过这种风险更大一些。因此没有足够的理论支持和市场实践经验，其结果不言而喻。

收藏古玩有利于对文明、文化信息密码的解读和文化的传承。古玩中的珍品、精品和艺术品是中国古代文明的精粹，特别是古代陶瓷，更是古代工匠将土与火结合产生的艺术作品。我们收到一件好的藏品，比如一件古代瓷器，会欣赏它的胎质、釉色、造型和纹饰，研究它的材料、成分、工艺，以及纹饰中所描绘的画面内容及其所蕴藏的文化信息。这些纹饰是中华文明不同时期历史信息在器物上的反映。因此，瓷器或其他藏品本身就是文明、文化信息的载体，甚至是文明、文化的源泉和佐证。这一点是毋庸置疑的。如果我们不去研究和解释器物包含的各种信息，而是仅仅把它当作一种保值的器物甚至是商品，就偏离了收藏的本质，也失去了收藏带来的深层次的乐趣。收藏家的最高目标和最高境界就是在收藏的同时成为古玩学术研究家，但事实上仅有少数人达到这一高度。传承也很重要，我们解读了一件器物所包含的信息，甚至著书立说之后，就涉及藏品的归宿和传承问题，因为人的生命是有限的，在保存和欣赏若干时间后，器物需要找到下一个归宿或被传承下去。器物的传承通常是家族式的，经典作品和艺术品能世世代代留传下去，也有人通过流通或捐献等方式给藏品找到好的去处。因此解读器物包含的信息、研究器物的发展历史、著书立说以供后世借鉴及给藏品找到归宿这一系列的社会活动过程，就是收藏的本质、灵魂及真正意义所在。基于这种目的民间收藏是保护文物、传承和弘扬民族文化的重要途径。

收藏工作也是一种社会责任。文明包括物质和精神两个方面，文化和文明是立国之本，是一个国家和民族的灵魂。文化和文明的载体及表现形式多种多样，需要有人去做具体的工作才能延续下去，因此真正的收藏家一定是有社会责任感的人。发现经典、解读信息、完好保存及延续传承，这些其实都是社会责任。正是有了这样一群辛勤工作的人，中华文明才能够生生不息。文化和文明是根，是凝聚力，需要一大批肩负耿耿情怀的有责任心的人来传承，有时为了保护古玩、文物甚至需要承担身体和经济上的巨大压力。

收藏的意义还在于发展和创新。我们在解读藏品的历史、文化信息之后，还要发掘在当今所能展现的时代意义和时代精神，比如开发与藏品造型、纹饰和内涵相关的创新产品，将传统文化与现代科技进行深度融合，来服务社会。博物馆的文创产品就是很好的实例。同时，我们还要努力做好宣传工作，与全世界共享藏品包含的历史信息和时代精神。

综上所述，我对现代收藏从广义上的归纳和解释是：收藏是发现、鉴赏、拥有、解读、保护、流通、传承和创新的过程。其中的任何一个环节都是收藏工作的组成部分，而与藏品的收藏时间没有必然联系。比如流通环节，没有流通，古玩就无法体现出市场价值，人们也就没有收藏渠道，无法实现真正意义上的收藏。现代收藏不仅是一种文化，也是一种经济和时尚，并逐渐融入人们的生活中。

持续了20年的收藏和近四年的写作，其间经历的困难很多。困难来自方方面面，有身体方面的，也有精神方面的，甚至常常是经济方面的压力，还有就是周围一些人的不理解所带来的困惑。暑往寒来，常常需要奔波于路上，大自然雨雪风霜的洗礼是无法抗拒的。为了收集标本和资料，需要经常在户外，冷的时候多穿些衣物就好，但热的时候汗水淋漓，透不过气来，甚至经常中暑，实为不易。疾病也困扰着我，多年的哮喘和气管炎折磨着我的肉体，影响着我的写作，只能靠药物维持。每每写作有一点进步或收藏到中意的标本，我都会兴奋得像个孩子，全然忘却了病痛。有时遇到困难，不得不停下笔来思考自己的初衷，努力寻找和挖掘内心潜在的动力，不断地自我鼓励。当再次树起信心之后，马上投入到工作中，伏案疾书或砥砺前行。当看到一件心仪的器物或标本的时候，往往是倾囊而出，直到果腹时才感到囊中羞涩，常常为吃一顿便宜的盒饭而徘徊多处，费尽心思，但无论吃的是什么，总感觉口中满满的是香甜，心中满满的是收获的快乐。有时家人也不理解我，因为我辞去工作，专心收藏和写作，对于原为工薪阶层的业余藏家而如今却做专业收藏的人而言，迈出的每一步都伴随着艰辛。尤其是多年前因眼力不够造成的"打眼"，不但让我蒙受了经济损失，也给内心带来了伤害。每每遇到挫折，我总是独自承受，努力找回自我，从消沉中振作起来，重新积极投入到火热的生活和热爱的收藏事业中。

收藏会带来很多乐趣，这是其他方面所无法替代的。收藏的道路确实充满艰辛，

后记

甚至要付出很多，但收藏过程中及成功带来的快乐却装满了我的行囊。尽管有时会感到失落和伤感，但我始终相信，风雨过后才有机会看到彩虹。收藏过程中的寻觅、发现、鉴赏以及真与伪的搏击，斩获后的开心和失败挫折的忧伤，不参与其中是难以体会的。有时为了得到一件心仪的藏品真是费尽周折，我收藏元代赵孟頫临摹的《兰亭序》和《十三跋》拓片就是例子。2018 年夏天，一个周六早晨，北京某古玩市场，一位摆地摊卖古玩的老者知道我喜欢收藏，悄悄把我叫到一旁，拿出一本王羲之《兰亭序》古拓本，让我欣赏。我很快断定这是《兰亭序》古代一手拓片无疑，其内容为赵孟頫临摹的王羲之《兰亭序》全文，还附带其他文字信息，但我对附带的文字信息没能够全部理解，认为是古人对《兰亭序》的评价，这些古人的评价和《兰亭序》全文一样重要，值得收藏。由于对方期望的价格较高，所以此次并未达成交易。回到家后，急忙查阅有关《兰亭序》的信息。经研究发现，早在唐代就有很多人临摹《兰亭序》，元代赵孟頫临摹过，也写过一些针对《兰亭序》的跋文。这些古代临摹作品大多被摹刻在石碑上，而这些石刻在千百年的留传中多有损毁，所以石刻拓片就显得十分重要。这些古代拓片的数量有减无增，在千百年后的今天，收到古拓片也实为不易。有了认知后等到下一个周六，我又来到古玩市场，寻找收藏拓片的机会。可惜因为担心天要下雨，老人已提前回家，我迟来了一步。几经周折，通过朋友得到了老人的电话，并与老人沟通，表示要上门协商收购。怎奈老人不在家，我却要在次日离开北京到外地出差，于是加了老人的微信并约定拓片留到我出差回来后再议。四天后我回到北京，为了打消老人的顾虑，我并没有表示要登门拜访，直等到下一个周六，约老人带上拓片到古玩市场见面再谈。商谈中老人讲，自己 64 岁，该拓片在其手中已经保存近 40 年，最近一家拍卖公司承诺可以拍卖该拓片。他意欲送到拍卖会，如果拍卖不出再与我商量，让我等待机会。我诚恳地向老人表明了希望收藏的态度和写书的需要，最终老人以一个合适的价格将拓片转让给我。回到家中仔细研究拓片，确认《兰亭序》正文为赵孟頫临摹《独孤本定武兰亭》而写的《兰亭序》，附属的文字正是赵孟頫所写《题独孤本定武兰亭十三跋》，一字不缺十分完整，字体肥瘦适中，苍劲有力，实为不可多得的珍贵藏品，心中自然十分高兴，收藏带来的快乐不言而喻。

为了对某些收藏知识追本溯源或厘清概念性问题，我也进行了一些有趣的观察和试验。关于枢府窑卵白釉的釉色，有的资料上说是鹅蛋色，有的说是鸭蛋色，也有说是熟的鹅蛋或鸭蛋的蛋清色。我先是仔细观察了熟的鹅蛋蛋皮颜色、剥开蛋皮后蛋白的颜色，并与收藏的枢府窑卵白釉碗的釉色进行对比；之后与一个卖鹅蛋的老汉攀谈，观察其所售生鹅蛋的颜色方知不同颜色的鹅所下的蛋的皮色也不同，通常白鹅下的蛋为白

后记·图1 观察市场上售卖的生鹅蛋色泽

后记·图2 观察柿子、柿子叶和建盏的颜色

后记·图3 观察柴鸡鸡油和腹中鸡卵的色泽

皮，而长有黑褐色鹅毛的鹅下的蛋为青皮。熟咸鸭蛋的皮色大都白中泛青，而去皮后的鸭蛋白色泽偏白。于是我得出结论，枢府窑卵白釉的颜色既有鹅蛋皮偏白偏青的颜色，也有鸭蛋皮偏青的颜色，还有和它们的蛋白颜色有相似之处，在青与白之间会有些许不同，不能一概而论。为了确认建窑柿叶红建盏的颜色，我曾两次摘取秋天成熟的柿子和柿子树叶并与收藏的建盏进行比较，证明了建盏中的一种被人们习惯称为柿子红的色调准确讲应为柿叶红，属于一种偏红的色调，并非所谓柿子红的偏黄色泽。在剖开一只柴鸡时特意留心观察了鸡油的颜色，又回想在博物馆中看到的明代弘治黄釉瓷器的色调，发现弘治黄釉瓷器的颜色远比鸡油更娇艳，接近柴鸡腹中未生下的鸡卵的颜色。为了仔细体会资料上描述的汝窑瓷器蟹爪纹开片的真实形态，我特意买了几个螃蟹观察它们在湿润泥土表面爬行时留下的痕迹，由此对古人描述的蟹爪纹有了更加感性的理解，这对后来鉴赏瓷器帮助很大。最有意思的是，在我不断地拨弄下，一只螃蟹奋起抗争，不愿重复爬行，用两只蟹钳紧紧钳住我的竹筷以示抵抗，虽然它最终挣扎掉了一条腿，但还是帮助我圆满地完成了试验任务，螃蟹的这种不甘屈服的精神使我深受启发。这些比对和试验我自己也觉得有些好笑，是不是自己做事情太较真了。

在写书的过程中，我发现自己对窑址及窑址出土器物特征的认识，大多是从书本上得到的信息，缺乏窑址实地考察及观摩窑址出土器物的经验，于是在2018年9月至10月间两次前往全国各大窑址

后记·图4 著者在写作中

进行现场考查和观摩学习。回来后将所见所闻整理成窑址访古记附在了本书中，希冀与读者一起分享考察旅途中的收获和快乐。第一次旅行我定名为北线访古，从9月6日至17日，共12天，行程近4000公里。第二次旅行定名为东南线访古，从10月01日至21日，共20天，行程6000多公里。两次行程共10000多公里，路程遥远而艰辛，身体上是疲惫的，但心情十分快乐。最后的窑址访古是在2019年，为了观摩承德避暑山庄的藏品而进行的承德之行以及为了更加深入地认识辽代器物而进行的内蒙古赤峰和巴林左旗之行，由于目的地位于北京东北方向，我称之为东北线仿古。因第一次到达巴林左旗林东镇的辽上京博物馆新馆时，博物馆搬迁到新址后还没有正式开馆，所以又第二次前往参观。为了节省费用，参观时间都安排得很紧张，由于兴趣所致，也由于为了抓紧时间赶路，常常忘记及时吃饭，即使是吃饭也尽量简单，为的是争取时间。后来发现仅北线和东南线两次旅行下来，体重就减少了10斤之多。参观时经常由于疲劳和饥饿造成体力不支，出现头晕甚至要晕倒的情况（也许是天气炎热或哮喘缺氧所致）。记得在湖北省博物馆参观时，由于观众很多，为了拍摄到清晰的元青花四爱图梅瓶、元青花龙纹梅瓶和越王勾践剑图片，我趁着中午吃饭时间观众少些的间隙找机会拍摄，博物馆里楼上楼下跑了几个小时，几次几乎晕倒，最终还是坚持下来，完成了预定的参观项目和拍摄任务。旅行期间为了节省时间和赶路方便，很多个夜晚就睡在车上，采取困了、疲劳了就睡，醒来了精神了就走的战术，昼夜兼行，整个窑址访古行程下来（包括东北线访古），总行程约14000公里。在强大的精神动力和坚强的毅力支撑下，最终圆满完成了窑址访古之行，为编写本书提供了大量的照片和翔实的第一手资料。

在本书的准备阶段和编写过程中，得到了很多朋友的热情关心和鼎力相助。特别是收藏家、古瓷艺术家邓晓冰先生，非常喜欢收藏和研究古代陶瓷，在古陶瓷鉴赏方面有着丰富的理论知识和实践经验及独到的见解。我们经常就古陶瓷收藏和鉴赏问题进行交流。邓晓冰先生无偿提供自己多年收集的器物、标本供本书拍摄和作为写作时的参考并积极参与本书的策划，其精神可嘉可敬。邓晓冰先生也是一位民间古瓷艺术品制作大师。他利用古陶瓷残片制作的艺术作品涵盖文字、人物、动物、花鸟等系列，其中文字系列作品精致古朴，蕴藏着深厚的文化底蕴，彰显了汉字艺术与古陶瓷文化结合的魅力，人物、动物系列作品更是形神兼备、栩栩如生。这些精美作品的制作周期通常都很长，不但需要高超的技术和丰富的想象力、创造力，

后记·图5 邓晓冰先生

也需要极具耐心。邓晓冰先生用非凡的热情和耐心，为中国传统文化大家庭增添了一朵朵璀璨奇葩，也为传统文化的传承和创新做出了自己应有的贡献。

最为难得的是，邓晓冰先生耗费两年半时间，将本书中展示的元赵孟頫临《独孤本定武兰亭》之《兰亭序》拓片原文，用宋代建窑古瓷片制成了集观赏价值和收藏价

后记·图6　海纳　后记·图7　禅宗达摩　后记·图8　属你牛　后记·图9　马到成功
百川

后记·图10　古瓷福字系列　　　　　　　　　　　后记·图11　宋代磁州窑系瓷片奔
　　　　　　　　　　　　　　　　　　　　　　　马图作品登记证书

（邓晓冰 作）

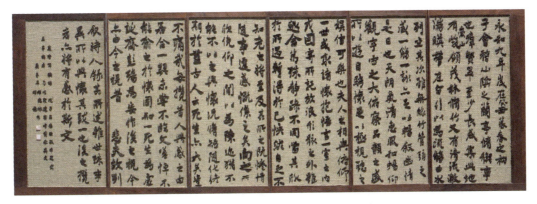

后记·图12　艺术家邓晓冰先生创作完成的大型古瓷艺术字作品《兰亭序》

后
记

值于一身的艺术珍品。他仔细观摩原文，精心挑选材料，精雕细琢，投入了全部的热情和精力，终于创作完成大型古瓷艺术字作品《兰亭序》，其幅面之大（3.43×1.22米）、制作工艺之精美、与原文相似程度之高、创作时间之长，均达到了令人惊叹的地步，堪称"天下第一宋瓷兰亭序"（图12）。

收藏当中遇到更多的是朋友的真诚相待。有这样几位朋友，首先是北京的花冲先生，他年轻时勤于做企业及发明创造并获得了成功，但始终对收藏情有独钟，待人真诚。老先生已到耄耋之年，但仍然精神矍铄，乐于收藏和交往，他始终恪守一个原则——拿了东西一定要付款，不能让人白白相送，这是古玩行必需坚守的规则，因此在一次先是我决定卖掉一个铜盘后来决定免费送给先生时，他一定坚持付款。后来听说我正在编写一本收藏方面的书籍，老先生非常热情地把我邀至家中，任我观摩、拍摄他的毕生所藏，任我拿走对写作有参考价值的藏品并不计较价格的得失，甚至由我决定价格，仅希望书成之后买来一本阅读，我一再表示书成之后将奉送一本供他多提宝贵意见，但他认为书籍是有成本的，一定要付费，先生何等的襟怀和高风亮节，实在令人仰慕。我与先生是君子之交。先生一生遍访各处窑址、博物馆，观摩陶瓷制作工艺，对藏品胎釉、纹饰、造型的研究一丝不苟，是收藏界的前辈和典范，我曾多次请教，受益匪浅。

北京的李群祥君曾在我经营的古玩店对面开店，由于爱好相同并彼此为邻，所以逐渐交往起来。李先生做事勤勤恳恳、兢兢业业，早年参与过艺术品公司的收藏经营活动，也是北京的大收藏家，见过和经手过的器物很多，经验丰富，尤其是在明清瓷器鉴赏方面有着独到的见解。李先生待人诚恳热情，我们经常在一起谈古论今，彼此交流经验，对请教的问题，他总是百问不烦地一一作答。在之前的直播活动中，他更是不计得失、尽心尽力，彰显了收藏界前辈高贵的品格和风范。

北京的王志德先生一生热爱收藏事业，但由于孩子在国外，自己和老伴晚年准备到国外定居，临行前把我邀请到家中，把一生积攒起来的有关收藏方面的资料全部送给我，希望对我的写作有所帮助，并把几件喜爱的藏品以较低的价格转让给我，希望我能保护好和传承好。特别一提的是一件青花山水人物大花觚，高43厘米，是先生一生的最爱，曾经有过把它带到身边以便时常欣赏的念头，但出于内心对祖国传统文化的热爱和传承的责任，最终转让给了我，希望文明之火代代相传。在此谢谢王先生的真情厚意！前辈们做出了榜样，吾辈自当笃力践行，尽己所能积极参与传统文化的保护和传承。

郭雪原先生早年毕业于北京某著名大学并在香港工作多年，知识渊博，我多次向他请教有关藏品上的文字和画面信息。刘景生先生喜爱收藏并对古文字有一定研究，因此不时地提供给我帮助，特别是他收藏的瓷器和标本都能首先提供给我以满足我写书的需要。北京的张先生把16年前收藏的一件南宋修内司（或郊坛下）官窑花觚残存的底座部分以低于他购买的价格转让给了我，为了便于我收藏、研究和书籍的编写工作。北京的张国维先生也十分喜欢收藏，我们经常一起探讨有关收藏的话题，在窑址访古过程中，他给了我很大的精神支持。定州的刘占山先生在我窑址访古过程中热情地邀请我去参观他们的制瓷工艺流程和设备，临走还赠送给我一件他们研制和烧造的定瓷孩儿枕作为留念，心中感到不尽的感激，他们的仿古定瓷作品十分精致，彰显了现代匠师致力于研究和恢复古代定瓷工艺的严谨态度和执着精神。定州的马联合先生听说了我的写作目的后无偿提供了自己收藏的大量古代定瓷器物和残片供我观摩和拍摄，在此再一次深表感谢。北京的关继增先生收藏古玩多年，在瓷器鉴赏方面颇有眼力和较深的见解，与之交流受益匪浅。他也很关心本书的写作情况，在此对关先生表示谢意！北京的胡玉光先生在本书的成书过程中也提供了样品上的帮助。胡先生眼力很好，与之交流受益颇多，在此一并表示谢意！值得一提和感谢的是，北京的刘亚楠女士在台湾旅行期间特意到台北故宫博物院为我拍摄了瓷器和其他器物照片，以供我写书时使用和参考。也感谢北京的高博先生在新疆旅行期间到新疆维吾尔自治区博物馆为我拍摄了大量的照片。在成书的过程中，有关制瓷工艺方面的知识，景德镇的叶军先生也热情地给我提供了帮助，在此向叶先生深表谢意！沈阳的谢凤涛先生毕生致力于金属铸造方面的工作和研究，其作品精益求精，深得用户好评。在本书成书过程中，在铜器和佛像铸造工艺方面，得到了谢凤涛先生的耐心细致的指导，在此表示诚挚的谢意！

也有很多微友参与了我在窑址访古途中的微信互动，他们都对我的访古之行提供了大力的支持，也对本书的出版寄予了厚望。还有很多给我提供瓷片和器物标本的人，他们为了满足我写书的需要都能给我提供购买的机会和合理的价格，偶然也遇到过价格较高而不肯优惠的，但我都能理解他们对器物和瓷片价值的认同或为了生活和发展之需要，总之，他们是辛苦的也是快乐的一个群体，所有这些人对古玩器物的钟爱、发现、保护和传承都值得我尊重，正是他们每个人点点滴滴的努力和奉献，才使一条条承载着传统文化的涓涓小溪最终汇聚成大江大河，奔流不息，使中华文明的殿堂更加璀璨和耀眼。还有就是要感谢北京的白雪莹女士，在本书申请国家版权局《作品登记证书》（即著作版权）过程中，她在百忙当中特意为本书设计了封面。在此也特别感谢于文志先生为我精心篆刻了"高殿东印"的印章，于先生多年致力于治印，秉承"师

后记·图 13　长江武汉段

后记·图 14　万里长城北京居庸关段

后记·图 15　万里长城北京八达岭段

古出新"的理念，锲而不舍，精雕细琢，兢兢业业，其作品精美而不失古朴，雅致而不落俗，刀起刀落之间足见功力深厚，韵味十足。还有很多朋友无偿给我提供了观摩和拍摄藏品的机会，为我撰写本书提供了帮助。在此对所有提供给我帮助和支持的朋友们再一次表示衷心感谢！

　　值得一提的是我的爱人，为了我在收藏事业上能够有所成就，几乎承担了全部家务，在经济困难之时，能够同甘共苦，给我以坚强的支持。虽然也曾有过疑虑、不解甚至埋怨，但事后总能默默地支持我砥砺前行。

　　最后特别要感谢的是北京收藏家协会常务理事、瓷器专业委员会主任张戈兵先生。张戈兵先生深爱祖国传统文化，是著名的收藏家，在其精心细致的组织和领导下，协会的讲座交流活动举办得红红火火，为传统文化的传承做出了贡献。他听说了我的窑址访古之行后，热情地邀请我为协会的会员们举办了一场汇报和交流讲座，使我能有机会把自己在窑址访古期间的所见所闻分享给大家。张戈兵先生一直关注本书的编写工作并提出了宝贵意见，也无偿提供自己的藏品用于本书的插图拍摄和写作工作，并热心地为本书撰写了序言，在此深表谢意！

后记·图16　著者参观西安秦始皇兵马俑，感受祖国辉煌灿烂的历史文明

后记·图17　2019北京世界园艺博览会

　　由于本书内容繁多，且插有很多图片，因此出版过程中的编辑和排版工作就显得较为烦琐且工作量很大，在此也对所有致力于本书出版发行的工作人员表示由衷的谢意。在本书即将付梓之际，我衷心地向所有支持、帮助过我的人致以最诚挚的谢意和发自内心的祝福。此书也是我献给祖国母亲的一份厚重的礼物。文化兴则国运昌，祝愿祖国母亲繁荣富强，明天更美好！

　　给本书撰写后记前，其实我想了很久，也想了很多，曾经想过运用一些华丽的辞藻写得好看一些，但想来想去，觉得还是把我的创作过程和最真实的感受写出来，与大家一起分享。古诗有云："三更灯火五更鸡，正是男儿读书时。"而我为了编写本书，为了撰写某一部分内容却时常要工作到四更时分，当下写完后记的时间也是如此，四更将过，五更来临，五更是古人闻鸡起舞的时刻，也是秋日里即将天亮的时分，它预示着新的一天将要来临。写了很久，也许是精神兴奋的缘故，又是一个不眠之夜。曾几何时，奔波在旅途中，伏案在孤灯下，在古与今的时空中穿越，在苦与乐的寻觅中前行，终于迎来了秋天这个美好的和收获的季节。遥望窗外，天色已经泛白，东方的地平线隐约出现了一抹红色，这红色逐渐扩大开来，不久一轮红日在几片朝霞的映衬下冉冉升起，刹那间霞光普照，瑞彩千条。和所有前人一样，我终将老去，但我相信，祖辈创造的和人们正在创造的文明和文化事业一定会世世代代传承下去，更加兴旺发达，我们的民族与文明必将与天地同在，与日月同辉！

四更一剑　己亥年 秋月
于北京 四更一剑古陶瓷工作室

（注：本书基本内容完成于 2019 年国庆节前夕，2020 年略有修改、补充和完善）